Karl Gustaf Andresen

Über deutsche Volksetymologie

Karl Gustaf Andresen
Über deutsche Volksetymologie
ISBN/EAN: 9783743362215
Hergestellt in Europa, USA, Kanada, Australien, Japan
Cover: Foto ©Thomas Meinert / pixelio.de

Manufactured and distributed by brebook publishing software (www.brebook.com)

Karl Gustaf Andresen

Über deutsche Volksetymologie

UEBER

DEUTSCHE VOLKSETYMOLOGIE

VON

KARL GUSTAF ANDRESEN.

VIERTE, STARK VERMEHRTE AUFLAGE.

HEILBRONN A/N.,

VERLAG VON GEBR. HENNINGER.

1883.

Vorwort zur ersten Auflage.

Es kann als ein in unsern Tagen seltenes Ereignis betrachtet werden, daß über einen Gegenstand, dem nicht nur jeder wißbegierige Laie sondern auch die achtbarsten Sprachforscher bei guten Gelegenheiten eine unverkennbare, theilnahmvolle Aufmerksamkeit zu widmen pflegen, seither noch niemals ein eigenes Buch verfaßt worden ist. Ja, mit einer einzigen vorzüglichen Ausnahme (Förstemanns Abhandlung in der Zeitschr. f. vergl. Sprachforsch. Bd. 1) hat es selbst an längern Aufsätzen über deutsche Volksetymologie in wissenschaftlichen Zeitschriften, die doch sonst alle möglichen Erscheinungen des sprachlichen Lebens in ihren Kreis zu ziehen wissen, so viel mir bekannt ist, durchaus gefehlt. Ob dabei der bloße Zufall gewaltet habe, oder ob ein innerer, aus dem eigenthümlichen Wesen der Volksetymologie zu erklärender Grund anzunehmen sei, muß hier unerörtert bleiben.

Bei der Ausarbeitung dieser Schrift, welche nicht allein sprachliche und kulturhistorische Belehrung des Gebildeten zum Zwecke hat, sondern auch auf seine Empfänglichkeit für naive und unbefangene Aeußerungen des stets geschäftigen Volksgeistes berechnet ist, haben mir außer der angeführten Abhandlung Förstemanns und bekannten Wörterbüchern, Idiotiken und sprachwissenschaftlichen Schriften insbesondere einige Programme gute Dienste geleistet. Man wird leicht wahrnehmen, daß die in die Anmerkungen aufgenommenen Verweisungen auf diese Schriften sich in einem etwas ungleichen und unregelmäßigen Verhältnisse bewegen, insofern ihrer viel mehr hätten verzeichnet werden können, wenn ich es als Bedürfnis und Pflicht betrachtet hätte jedesmal die Quelle anzugeben, aus der mir eine volksthümliche Erklärung zugeflossen war. Viele von ihnen sind seit langer Zeit überall und allgemein bekannt, verdanken ihre Verbreitung nicht der Entdeckung und Erkenntnis eines Einzelnen, sondern sind und bleiben ein Gemeingut aller, welche auf das sprachliche Leben des Volkes zu achten verstehn. Daher bin ich auch nicht geneigt gewesen, was mir selbst an volksthümlichen Auffassungen und Deutungen begegnet ist und bisher noch nirgends gedruckt gestanden hat, als solches ausdrücklich zu bezeichnen; nur in wenigen hervorragenden Fällen habe ich mir aus Gründen, die aus der Art des Beispiels erkennbar sind, eine Ausnahme gestattet. Wie durfte ich z. B. jene Verdrehung von *Hymen* und *Amor* (S. 111) in die Welt schicken, ohne die Versicherung eigenen Erlebnisses hinzuzufügen?

Hoffentlich wird es mir nicht zum Vorwurfe gereichen, daß ich es oft unterlassen habe einer volksthümlichen Erklärung diejenigen Wörter oder Formen beizuschreiben, welche zu derselben Anlaß gegeben oder mitgewirkt haben; wenn sie jedem verständigen Leser handgreiflich sind — und die Mehrzahl der neuhochdeutschen Beispiele befindet sich ohne Zweifel in dieser Lage —, durfte ich mir diese, im ganzen genommen, nicht unbedeutende Ersparung wohl erlauben.

Mit Rücksicht auf die Einordnung der Wörter, welche die Umbildung und Umdeutung zwar schon in der altdeutschen Zeit erfahren, aber die angenommene Gestalt ohne fernere Entstellung in die gegenwärtige Schriftsprache hinübergetragen haben, bin ich aus guten Gründen zu Gunsten der letztern verfahren. Deshalb sind z. B. die Wörter *wissagen, zwibolle* einerseits und *nigromanzie, trougemunt* anderseits, obgleich derselben Sprachperiode entsprossen, an verschiedenen, weit von einander abliegenden Stellen besprochen worden, weil jene unserer heutigen Sprache verblieben sind (*weissagen, Zwiebel*), diese nicht.

Um eine Menge lästiger Angaben, daß ein verglichener Geschlechtsname wirklich vorhanden ist, zu vermeiden, habe ich darauf Bedacht genommen dies durch ein äußeres Merkmal kenntlich zu machen: die Namen, welche in cursiver Schrift auftreten — und beinahe alle tragen dies Gewand —, sind heutige Familiennamen.

Für das Register, dessen weite Ausdehnung nur Vortheil, keinen Nachtheil bringen kann, ist es mir in den meisten Fällen zweckmäßig erschienen etwanigen Zweifeln, die dem Leser über die Beschaffenheit einer Form entgegentreten könnten, durch Beifügung eines zurechtweisenden Attributs vorzubeugen. Daher sind, mit Ausnahme der neuhochdeutschen Schriftsprache und des Griechischen, die verschiedenen Sprachen durch ausdrückliche Angabe bezeichnet worden, bloß dialektische Wörter in der Regel ebenfalls, unter den örtlichen und persönlichen Eigennamen diejenigen, welche entweder minder bekannt oder nicht kenntlich genug und daher der Verwechselung mit einem Appellativ ausgesetzt zu sein schienen.

Bonn, im Februar 1876.

Zur vierten Auflage.

Die fortgesetzte Theilnahme der gebildeten Welt hat diesem Buche schon wieder eine neue Auflage verschafft, welche sich von der vorhergehenden äußerlich durch engern Druck unterscheidet. Ungeachtet dieser erneuten Erweiterung des Raumes ist die absolute Zahl der Bogen wiederum erheblich gestiegen, so daß diese vierte Auflage den Umfang der ersten um weit mehr als das Doppelte überragt. Einzelne Druckfehler sind stehen geblieben: man ändere S. 26 Z. 4 „ital." in „dial.", S. 110 Z. 23 „*selig*" in „*seelig*", S. 122 Anm. 7 „Gute" in „Gut".

Bonn, im Februar 1883.

Inhalt.

Assimilation und Volksetymologie	1
Sprachbewustsein	2
Arten und Stufen volksthümlicher Erklärung	3
Volksetymologie und Gelehrsamkeit	4
Neigung der verschiedenen Sprachen zur volksthümlichen Deutung	20
Griechisch	21
Lateinisch	23
Französisch	27
Englisch	37
Italienisch	52
Spanisch, Neugriechisch, Holländisch	54
Deutsch	55
Althochdeutsch	56
Mittelhochdeutsch	57
Neuhochdeutsch	64
Bewustsein und Absicht in der Umbildung und Umdeutung	64
Vulgäre und literarische Volksetymologie	70
Vulgäre Volksetymologie	70
Literarische Volksetymologie	117
Lokalbegriffe	118
Straßennamen	127
Städte, Dörfer, Burgen	132
Personennamen	145
Appellativa der gegenwärtigen Schriftsprache	166
Substantiva	167
Persönliche Begriffe	167
Thierreich	179
Pflanzenreich	186
Mineralreich	195
Naturerscheinungen	196
Lokalbegriffe	197
Der menschliche Leib	199

Krankheiten und Heilmittel 201
Waffen 203
Andere Instrumente. 204
Kleid, Decke, Lager 210
Speise und Trank 214
Bauwerke 222
Geld 224
Spiel und Kunst 225
Zeitbegriffe. 227
Zeichen, Wort, Schrift 231
Streit und Strafe 234
Andere abstrakte Begriffe 235
Verba und Verbalausdrücke 242
Adjectiva 262
Adverbia 274
Andere Wortarten 278
Register. 282

In dem Wortvorrath einer Sprache zeigen sich, selbst bei einer nur mittelmäßigen Aufmerksamkeit und in manchen Fällen von selbst und unwillkürlich, eine Menge von Wörtern, deren entweder fern oder naheliegendes ursprüngliches Verhältnis durch **Assimilation**[1]), um einen einigermaßen bezeichnenden allgemeinen Ausdruck für das zu gebrauchen, was man **Anlehnung**, **Umbildung**, **Zurechtlegung**, **Umdeutung** und in dem Verhältnis einer fremden zu der deutschen Sprache **Umdeutschung** zu nennen pflegt, entstellt und vielfach verdunkelt worden ist, dergestalt daß Misverständnisse der mannigfachsten Art sich insgemein geltend machen, vgl. *Armbrust, Beispiel, Karfunkel, ereignen, herrlich, anderweit*. Dergleichen Wörter werden der sogenannten **Volksetymologie**[2]) überwiesen, die gewissermaßen als eine Kraft zu bezeichnen ist, durch welche zwei etymologisch in der Regel ganz unverwandte Wörter mit einander verknüpft werden[3]). Liegt es aber im Wesen dieser Etymologie, daß sie das Unverstandene, Ungewohnte, Fremde nicht nach der Wahrheit (ἔτυμον), sondern nach dem mehr oder minder verführerischen Scheine oberflächlich deutet, so muß ihr Gebiet weiter ausgedehnt werden, so gehören zu ihr auch diejenigen Wörter, für welche eine solche Auslegung in Anspruch genommen wird, ohne daß die Form dieser Wörter auf einer eigentlichen Entstellung oder Assimilation beruhte, wie *Leumund, Lindwurm, Windhund, beschwichtigen, umringen, maßleidig*, deren Umdeutung lediglich in der Vorstellung wirksam ist. Hier wie dort läuft der Unvorbereitete Gefahr falsch zu deuten oder falsch zu beziehen. In zusammengesetzten Wörtern, besonders Namen, kann zuweilen die bloße Einordnung eines einzigen Buchstaben für die Beurtheilung entscheiden. Auf dem Gebiete der Appellativa treten in dieser Richtung die später zu besprechenden

---

1) Die übersetzten Ausdrücke „Anähnelung, Anähnlichung" lauten ungefällig, „Angleichung" sagt zu viel.
2) Den Namen hat Förstemann in die Wissenschaft eingeführt; vgl. Kuhns Zeitschr. f. vergl. Sprachforsch. Bd. 23 (N. F. 3) S. 376.
3) Vgl. Kuhn u. Schleicher Beitr. z. vergl. Sprachforsch. 6, 300. Max Müller Essays (deutsch) 3, 254. Wackernagel Kl. Schr. 3, 257.

Wörter *Epheu*, *männiglich*, *entrinnen* hervor; unter den Eigennamen mögen folgende zwei persönliche als Beispiele dienen: *Alfred* (vgl. *Albert* und Manfred), *Glaub-recht* (vgl. *Glaubtrei* und *Haberecht*) sind volksetymologische, *Alf-red* (vgl. *Elfrath* und Tankred), *Glau-brecht* (vgl. *Klauprecht* und *Albrecht*) wissenschaftlich etymologische Zerlegungen.

Grund aller volksthümlichen Erklärungen ist das Sprachbewustsein, welches sich dagegen sträubt, daß der Name leerer Schall sei, vielmehr einem jeden seine besondere Bedeutung und eine zweifellose Verständlichkeit zu geben bemüht ist. Die Kräfte des menschlichen Geistes verfahren dabei durchaus instinktiv und naiv, ohne alle Reflexion; sie lassen sich insgemein durch Laune und Zufall bestimmen, wirken zunächst für den Augenblick und fragen nicht darnach, ob den aus dem mächtigen und geheimnisvollen Walten der Assimilationskraft hervorgegangenen Deutungen durch Aufmerksamkeit und Ueberlegung leicht Abbruch geschehe. In sorgloser Hingabe an den Gleichklang genügt es etwas zu haben, worauf sich stützen läßt, etwas zu denken, das zu passen scheint, mag es, bei Lichte betrachtet, noch so unsicher und unwahrscheinlich oder unzweifelhaft verkehrt, ja völlig sinnlos sein. Wenn es wahr ist, daß auf volksetymologischem Wege eine Menge alter Wörter und Formen theils fremden theils heimischen Gepräges in arger Weise entstellt worden sind, und wenn sich die Geschichte der Sprache berufen fühlen darf mit ihren schärfsten Waffen allen mannigfachen und verwickelten Ausschreitungen und der Täuschung ausgesetzten Ergebnissen entgegenzutreten; so gewährt es dem besonnenen Forscher, welcher die wahre Beschaffenheit und den Ursprung solcher Wörter zu erkennen vermag, doch wieder eine große und gerechte Freude, auch hierin die Beweglichkeit und Bildsamkeit der Sprache, ihr wunderbares Wirken und Walten wahrzunehmen und der Genialität und Naivetät des Sprachgeistes ein gutes und wohlerworbenes Recht mit lauter Stimme einzuräumen. Die höchsten Stufen des Wissens vertragen sich sehr wohl mit der angenehmen Erinnerung einer durch keine Denkqual getrübten, unbefangenen Zeit, da das unausgesprochene Gefühl vielen fremd herantretenden Namen, Wörtern, Ausdrücken, Formen, insofern sie überhaupt den Ideenkreis berührten, einen Ursprung lieh, der vor der gereiften Erkenntnis nicht bestehn kann, sondern einem andern oft weit weniger anziehenden Platz zu machen hat. Ohne der nüchternen theoretischen Betrachtung das geringste zu vergeben, wird eine Forschung, welche die offenen oder geheimen

Wandlungen der Wörter mit noch andern Mitteln als der bloßen Grammatik und Linguistik zu verfolgen und zur Schau zu bringen weiß, geflissentlich darauf Bedacht nehmen einen großen Theil jener naiven Deutungen auch für die Praxis jederzeit gelten zu lassen. Denn offenbar ärgerlich und verdrießlich ist das Bestreben, welches dann und wann zu Tage tritt, bedeutungsvollen und in Wirklichkeit unersetzlichen Wörtern, wie *Sündflut*, *Friedhof*, an die seit lange mit Ehren behaupteten Glieder zu tasten; solche Eiferer rufen eine viel schlimmere Verunstaltung (*Sinflut*, *Freithof*) hervor, als sie in ihrer Sorge zu beseitigen wähnen. Freilich gegen eine Menge auf Anlehnung und Assimilation beruhender Formen, denen bis in die jüngste Zeit übertriebene Schonung widerfahren ist, sträubt sich, wer auf Reinheit seiner Sprache hält, mit vollstem Recht, schreibt nicht oder nicht mehr z. B. *Abendtheuer*, *Sinngrün*, *Blutigel*, *Dammspiel*, *Sprüchwort*, *Styl*, *Satyre*, *bezüchtigen*, *bläuen*, *allmälig*, *tödtlich*, sondern *Abenteuer*, *Singrün*, *Blutegel*, *Damspiel*, *Sprichwort*, *Stil*, *Satire*, *bezichtigen*, *bleuen*, *allmählich*, *tödlich*. Auch kann derselbe sich sehr wohl veranlaßt finden noch weiter zu schreiten und z. B. statt *gleißen* (simulare), *herrschen*, *mausen* und *mausern* vielmehr *gleisen*, *herschen*, *maußen* und *maußern* walten zu lassen. Diesem überaus schwierigen Gegenstande, bei dem man sich in vielen Fällen lange zu bedenken angewiesen sein kann, fernere Aufmerksamkeit zu widmen ist hier nicht der geeignete Ort: im allgemeinen darf behauptet werden, daß eine durch Unverstand oder Misverstand neu gestaltete, der Schriftsprache zugeführte Form unter günstigen Bedingungen nur dann etwa der Berichtigung anheimfallen kann, wenn nicht zugleich eine Aenderung der Bedeutung stattgefunden hat. Man ersieht indessen an solchen Beispielen, wie nahe die Volksetymologie mit der Orthographie zusammenhängt, deren Mängel und Irrthümer sowohl von ihr ausgehn als auch sie selbst veranlassen und befördern können. Dasselbe Wechselverhältnis zeigt sich in manchen Fällen einer fehlerhaften Aussprache und Betonung.

In der Volksetymologie lassen sich verschiedene Arten erkennen und nachweisen. Darauf, ob das Wort, welches ihrer Auffassung, erforderlichenfalls Gestaltung und Entstellung unterzogen wird, ein ursprünglich fremdes oder ein heimisches ist, kommt wenig an; denn für den, der es nicht kennt und nicht versteht, ist auch das Heimische ein Fremdes, mögen immerhin fremde Wörter und Namen vermöge der ungewohnten Laute, welche ihnen häufig beiwohnen, in der Regel einer gewaltsamern Aenderung als die heimischen unterworfen werden und, ehe sie sich völlig einbürgern, mehrfache Stufen der Acclimatisation durchmachen müssen. Die Unterscheidung muß sich vielmehr auf Unterschiede der Bedeutung und der Form in dem Verhältnis des Gewordenen zum Ursprünglichen richten. Auf der höchsten Stufe stehn Bildungen, deren formelle Verdunkelung mit einer Aenderung der Bedeutung verknüpft ist (*Hagestolz*, *Abseite*, *bethätigen*). Darnach folgen Wörter, die zwar ebenfalls und in nicht geringerm Grade entstellt sind, aber den ursprünglichen Begriff festgehalten haben (*Eichhorn*, *Rohrdommel*, *verweisen*). Eine andre Klasse begreift solche Formen, welche sich nicht ohne Widerspruch der Bedeutung lediglich durch den Einfluß eines äußerlich nabestehenden bekannten Wortes gestaltet haben (*Maulwurf*, *Währwolf*, *Bockbier*). Endlich läßt sich eine Anzahl Ausdrücke unterscheiden, deren volksthümliche Deutung auf einem Misgriff zwischen zwei Homonymen beruht (*Vormund*, *Flitterwoche*, in die *Schanze* schlagen).

In den meisten Fällen ist der Vorgang der Umbildung vollkommen klar und deutlich und mit Bestimmtheit nachzuweisen; zuweilen hat das Urtheil keine ausreichende Stütze, sondern beruht auf einer bloßen Annahme, über welche nur schwer entschieden werden kann. Wenn sich voraussetzen läßt, daß die vorhandene Menge der anerkannt volksetymologisch gestalteten Wörter durch sorgfältige Bemühungen des Sprachforschers, der sich dieser anziehenden und lohnenden Beschäftigung eigens widmet, leicht um eine beträchtliche Zahl neuer vermehrt werden kann: so erhebt sich von anderer Seite die Frage, ob unter den Wörtern, welche nach dem Scheine des Klanges und der Schreibung erklärt, von der wissenschaftlichen Kritik auf einen andern Ursprung zurückgeführt zu werden pflegen, sich nicht wirklich mehrere befinden, bei denen die natürliche Deutung das Wahre getroffen hat, die Gelehrsamkeit aber auf Abwege gerathen ist. Es verlohnt der Mühe Beispielen dieser Richtung mit Aufmerksamkeit nachzugehn.

Fast allgemein wird angenommen, der hochdeutsche Vogelname *Bachstelze* sei aus einer niederdeutschen, dem engl. wagtail (vgl. holl. wipstaartje, niederd. wipstert, bei Fr. Reuter wepstart) entsprechenden Imperativbildung entstellt und an beiden Seiten umgedeutet hervorgegangen[1]). Unterstützung findet die Ansicht an der

---

1) Bemerkenswerth sind die heutigen Geschlechtsnamen *Wagenschwanz* und *Bachenschwanz*, in deren Zusammensetzung die Subst. Wagen und Bache sicher keine Rolle spielen.

Thatsache, daß auch außerdeutsche Sprachen eine gleiche Bildung in diesem Namen aufweisen ¹). Nichtsdestoweniger kann die Richtigkeit der Ableitung angefochten werden. Vor dem 15. Jahrh. hieß der Vogel *waʒʒerstelze* (ahd. *waʒarstelza*), im ältern Niederd. *waterstelte*, ein Beweis, daß wirklich eine *Stelze* vorliegt und auch das Element nicht fehlt, in dessen Nähe sich das muntre Thier gern aufhält ²). Die Benennung Stelze erinnert an Stelzfuß, Stelzbein für den Menschen, der mit einer Stelze versehen ist; noch mehr gehört hierher, daß auch der Storch zuweilen 'Stelze, lange Stelze' genannt wird ³). Sodann ladet der spanische, mit *andar* (gehen) und *rio* (Fluß) zusammengesetzte Name *andario* zur Vergleichung ein; desgleichen dän. *elvekonge* (Flußkönig). Endlich darf nicht unbeachtet bleiben, daß die Bachstelze auch sonst noch Namen trägt, die nicht imperativisch gebildet sind und zugleich einen andern Inhalt aufweisen, wie *Ackermännchen* und tirol. *Bauvogel*⁴), frz. *bergeronnette* und *semeur*, schwed. *plogärla* und *sädesärla*. — Einige neuere Etymologen behaupten, das Wort *Meerkatze* sei aus sanskr. *markata* (Affe) umgedeutet worden. Wer sich der Namen

---

1) gr. σεισοπυγίς; lat. motacilla; franz. battequeue, branlequeue; ital. quassacoda, batticoda, tremacoda; vgl. Höfer Zeitschr. f. d. Wiss. d. Spr. 3, 171. Diez Etym. Wtb. (2. A.) 2, 23. Stier Zeitschr. f. vergl. Spr. 11, 231. Frommanns Zeitschr. f. deutsche Mundarten 2, 286. Grimm Wörterb. 1, 1063. Becker Progr. Basel 1873 S. 5 u. 15.

2) Noch heute begegnet in oberd. Mundarten der Name *Wasserstelze* (bei Hebel *Wasserstelzli*), ferner *Bachvogel* und *Bachamsel*. Rücksicht verdient auch das niederd. *bêkesteltje* (Schambach Wörterb. d. niederd. Mundart S. 20ª), sowie *Kuhstelze* (motacilla boarula) in Adelungs und Grimms Wörterbüchern; in einem Vogelbuche des vorigen Jahrh. wird die alauda campestris *Gereutstelze* und *Waldstelze* genannt (Frommanns Zeitschr. 7, 94).

3) In der alten Sprache begegnet das Wort als Masc. gleich stelzaere (Lexer Mhd. Handwörterb. 2, 1173).

4) niederd. *ackermantje* oder *ackermänneken* und *baumantje*; vgl. *ackermann un plôgstért* (Frommanns Zeitschr. 1, 87), gelbe und weiße Bachstelze (Abhandl des naturwiss. Vereins zu Bremen 2, 302). Im Schmalkaldischen (vgl. Reinwald Henneberg. Idiot. 1, 9) führt der Vogel den Namen *Beinsterz*, zu dessen Erklärung Vilmar Idiot. von Kurhessen S. 30 nichts beizutragen vermag; auch tritt daselbst mitunter die 'monströse Corrumpirung' *Steinberz* auf. Deutungen der seltsamen Benennung *Beinsterz* haben Regel (Ruhlaer Mundart S. 162. 163) und Peters (Zeitschr. f. d. österr. Gymn. 1878 S. 752. 753) vorgetragen.

Meerkalb, Meerschwein erinnert, wird das nicht glauben mögen. Die *Meerkatze* heißt darnach, daß sie übers *Meer* zu uns gekommen ist und einen langen Schwanz gleich der *Katze* hat. — Das Meer hat noch in einem andern Worte beseitigt werden sollen. Lediglich dem engl. *horseradish*, wo „horse" der Verstärkung dient [1]), zu Gefallen ist man, ohne Rücksicht auf die deutlichen und entscheidenden altd. Formen *meriratich, merratich, merretich*, noch bis in die jüngern Zeiten beflissen gewesen *Meerrettich* [2]) in *Mährrettich* zu verwandeln. Die cochlearia armoracia ist eine im nördlichen Europa in sumpfigen Niederungen (vgl. dial. Mahr) einheimische Wurzel; andere denken auch bei diesem Namen an überseeische Herkunft. — Nicht geringes Beifalls erfreut sich die Erklärung des Schimpfnamens *Maulaffe* durch: qui aperto ore omnia admiratur [3]), woher Adelung lehrte, daß *auf* oder *offen* im zweiten Gliede stecke, wie denn wirklich im Oberd. *Maulauf*, im Niederd. *múlop* gilt [4]). Nun aber wird der *Affe* als dummes Thier zur Bezeichnung eines Menschen, der mit aufgesperrtem *Maul* in die Welt gafft, gebraucht [5]). Wer durch seine Dummheit zum Gespötte dient, heißt schon in mhd. Gedichten Affe, später desgleichen [6]); daher die fingierten Lokalnamen Affenberg und Affen-

---

1) Kuhn u. Schleicher Beiträge 5, 452. Vgl. *Rossameise* u. *Pferdeameise*, *Rossegel* u. *Pferdeegel* (gröste Art), engl. *horse-emmet, horse-leech*, dial. *Rossglück* neben *Sauglück* (studentisch *Schwein*); s. Frommann 5, 24. 6, 227. Hare Fragments of two essays in english philology (London 1873) 1, 50 führt auch *horse-mint* (Rossminze) und *bull-rush* (große Binse) an („intending no more than great"). Im Gegensatze zu „horse" verkleinert im Engl. vorgesetztes „chicken" (Küchlein); s. Hoppe Engl. deutsch. Suppl. Lex. (Berl. 1871) S. 68.

2) besser *Merrettich*, wozu auch die Aussprache stimmt.

3) Frisch Wörterb. 1, 649ᶜ. Vgl. Weinhold Beiträge zu einem schles. Wörterb. 5ᵃ (Sitzungsberichte der philos. hist. Kl. der Wien. Akad. d. Wiss. Bd. 14). Frommann 4, 553.

4) Schmeller Bayer. Wtb. 2. A. 1, 1586. Frommann 2, 32. 5, 168; vgl. frz. bégueule (Diez Et. Wtb. 2, 212).

5) in Baiern *Ginaff* (v. ginen, hiare), in Würtemberg *Gähnaffe*, koburgisch *Sperraffe*.

6) Vgl. *Schlaraffe* f. *Schlauraffe* (slûr, faul), mit eingelegtem *d* auch *Schlauderaffe* (Zarncke zu Brants Narrenschiff 455. Vilmar Idiot. 353), als Familienname (*Schlaudraff*) erhalten; *Glaraffe*, Mensch mit stierem Blick (Frommann 3, 577); ferner niederd. *grináp* (der viel lacht) in Richeys Hamb. Idiot. 60. Allgemein bekannt ist *Zieraffe*.

tal¹). Bekannt ist äffen, zum Narren haben. Unterdes bleibt jene lat. Erklärung, wenn bloß auf den Sinn geachtet wird, unangefochten; was sich reimt, Affen und gaffen, gehört hier eng zusammen²). Es folgt aber nicht daraus, daß *Maulaffe*³) aus *Maulauf* zurechtgelegt worden ist; eher dürfte der umgekehrte Vorgang Grund haben. Im Niederd. stellt die Redensart „âpen an'n mûl hem"⁴) das, worauf es ankommt, dar, die Verbindung von *Affe* mit *Maul*; hochdeutsch wird gesagt: „Maulaffen feil haben", mit ungenialer Umdeutung: „das Maul offen viel haben"⁵); dialektisch stehen in der Phrase auch 'Schluiraffen'⁶). — Eine andre empfindliche Schelte, *Dummbart*, ist sicherlich nicht aus *tumphart* (?), wie sich ein Gelehrter allzu gelehrt einmal hat vernehmen lassen, hervorgegangen. Der Weg von *Bart* oder Schnauze (vgl. niederd. dummschnute) zum Munde, der *dummes* Zeug schwatzt⁷), ist nicht weit. — In unsern Tagen ist wiederholt worden⁸), wogegen schon Adelung sich gesträubt hatte, der *deutsche Michel*, worunter bekannt-

---

1) wie Narrenberg u. Narrental, oder Gouchesberc u. Eselsberc (Grimm Myth. 2. A. S. 645. W. Wackernagel in Pfeiffers Germania 5, 311. 314. 315). Ueber den Affen als Vertreter des Thoren und Narren vgl. Zarncke zum Narrenschiff S. XLVII.

2) Vgl. Haupts Zeitschr. f. d. Alt. 6, 257. 8, 513. Ein mhd. Dichter spricht:
„Mit ir zuht si vüegen kan,
daʒ min muot sô gar *veraffet*,
daʒ er anders niht enschaffet,
wan daʒ er si *kapfet* an".

Bei Abraham a S. Clara findet sich: „*vergafft* und *verafft* in die große Titul" und: „Mancher *vermaulafft* sich an der schönen Gestalt". In Uhlands Volksl. 642 heißt es: „Ich *gin* und *gaff* und bin ir *aff*".

3) schon mhd. *mûlaffe* neben *muntaffe*; s. Lexer Handwörterb. 1, 2222.

4) Schambach Niederd. Wtb. 12ᵃ. Die holstein. und hamburg. Mundart nennt „Affen" und „offen" beide „âpen". In den hansischen Geschichtsblättern Jahrg. 1874 S. 153 bespricht Koppmann das interessante Wort „âpenkrôs" (Art Krug), welches der Verf. des holst. Idiot. von *âpen*, offen, anstatt von *âpen*, Affen, hergeleitet habe. Die 'apengeter' (Bildgießer niederer Art) bildeten ein eignes Handwerk im Mittelalter.

5) W. Wackernagel Kl. Schr. 3, 56.

6) Regel Ruhl. M. 262.

7) W. Grimm im deutschen Wörterb. 2, 1514. Hildebrand das. 5, 1358. Zu der Persönlichkeit von 'Dummbart' vgl. die ähnlichen Ausdrücke 'Brummbart' und 'Knasterbart'. Im Niederd. heißt es für „halts Maul" geradezu „hol den *bart*" (Brem. Wtb. 1, 57).

8) Illustr. Sonntagsbl. 1877 No. 46 S. 548.

lich die Gesammtheit unserer Nation mit Bezug auf ihre geistige Eigenart verstanden wird[1]), sei ursprünglich der protestantische General *Michael* Obentraut[2]) gewesen, der den Spaniern im 17. Jh. empfindlichen Schaden zugefügt und großen Schrecken eingejagt habe. Wäre diese Erklärung richtig, wie verhielten sich denn dazu die Bezeichnungen „dummer Michel, grober Michel, Quatschmichel, Vetter Michel"? Sie ruhen vielmehr alle auf einem und demselben Grunde, und leicht begreift es sich, daß Michel hier, wie in andern Fällen Hans und Peter, appellative Geltung hat[3]). — Die Deutung des Wortes *Knote*[4]) für einen derben, rohen Menschen, insbesondere in der Studentensprache für einen Handwerksburschen, aus dem niederl. u. niederd. *genôt*, *genôte* (hochd. Genoß, Genosse) erfreut sich in gewissen Kreisen großen Beifalls, jedoch ohne Zweifel mit Unrecht: die sinnlich wahrnehmbaren Eigenschaften eines Knotens, namentlich desjenigen, der als harter Auswuchs das Gegentheil des Glatten, Feinen, Geschmeidigen bildet, lassen eine Uebertragung auf den Menschen um so natürlicher erscheinen, als auch andere ähnliche Subst., wie *Knopf*, *Knobbe*, *Knauf*, *Knocke*, *Knorre*, *Knoll*, *Knaust*[5]) und *Knust*, desselben bildlichen Gebrauchs fähig sind[6]). — Daß der Name *Fuchs* für den angehenden Studenten aus *Wuchs* (Anwüchsling, Ankömmling) und *Stiefelfuchs* aus *Stiefelwuchs* im Gedanken an *wichsen* entstanden sei[7]), scheint nicht recht glaublich zu sein[8]); manche sprechen in der That,

---

1) Der Ausdruck kommt, wie mir Büchmann schreibt, schon in Seb. Brandts Sprichw. vor; vgl. Schnorr v. Carolsfeld in seinem Archiv f. Literaturgesch. 1880 S. 123.

2) Abendroth?

3) W. Wackernagel German. 4, 131. 5, 354; vgl. Schmeller Bayer. Wtb. 2. A. 1. 1722. Daß das alte Adj. *michel* (groß) mit hinein spiele (Zeitschr. f. vgl. Spr. 1, 16), darf man kaum annehmen.

4) Diefenbach Vergl. Wtb. der goth. Spr. 2, 117.

5) Dasselbe bedeutet wohl auch der Name *Knaus*.

6) Vgl. Hildebrand in Grimms Wtb. 5, 1507. 1508. Anmerkung verdient, daß sämmtliche angeführte, mit *Kn* anlautende Substantiva als heutige Familiennamen vorhanden sind.

7) So behauptet Ferd. Schulz in der Schrift über Hymonyme S. 13.

8) Ueber den vermuthlichen Ursprung jener Uebertragung s. Grimm Wtb. 4ᵃ, 339; vgl. Gräße Bierstudien (Dresden 1872) S. 141. Zu „Fuchs" gehört „*Schulfuchs*", als Bezeichnung eines überklugen, pedantischen Kathederlehrers; die Mittheilung (Herrigs Arch. f. d. Stud. d n. Spr. 58, 226), daß dieser Ausdruck einem Jenenser Professor des 16. Jahrh., der einen mit Fuchspelz verbrämten Mantel getragen, seine Entstehung verdanke, kann

doch wohl mit bewuster Absicht, deutliches *w* in dem zusammengesetzten Worte, einzelne schreiben es auch. — Ebenso unwahrscheinlich klingt die von J. Grimm¹) geäußerte Vermuthung, *Schuhputzer* entspringe aus *schuochbüeʒer*; zudem heißt büeʒen ja flicken (vgl. altbüeʒer), nicht reinigen. — In neuerer Zeit hat man wiederholt ausgesprochen, die Bezeichnung *Schwager* für den Postillon sei aus dem franz. *cheval léger* entstanden. Gegenüber dieser Erklärung, welche sich auf eine vor Jahrhunderten in Süddeutschland üblich gewesene Form 'Schwalger' stützen will, muß doch daran erinnert werden, daß jene Bezeichnung mit der Vertraulichkeit, welche den Postillonen von vielen Reisenden aus guten Gründen erwiesen wird, in nahem und natürlichem Zusammenhange steht²). — Ist es anzunehmen, was gelehrt wird³), die Benennung *Schar-* oder *Scherwenzel* sei aus dem ital. *servente* umgedeutet? Zusammensetzungen solcher Art gibt es genug, z. B. Pumpernickel, Schmutzbartel, Faselhans, Lausewenzel, Brummpeter⁴), wo freilich regelmäßig das erste Wort den Ton hat, während in „Scherwenzel" das zweite, d. h. der Name, betont wird⁵). — Die herkömmliche Annahme, *Kobold* entspreche mit Anlehnung an die im Deutschen beliebte Form *-old*, wobei zugleich die nicht minder geläufige Form *-bold* entgegentritt, dem gr. κόβαλος, beruht wohl auf Irrthum. Schon Adelung hat angemerkt, daß vielleicht an „*Koben*" zu denken sei; in neuerer Zeit ist diese Herleitung durch den Vergleich mit angels. *cofgodas* (Hausgötter) wesentlich unterstützt worden⁶). — Weil sich mit den beiden Wörtern, aus denen der Name *Maßliebchen* besteht, kein rechter Sinn zu vereinigen schien, ist man darauf verfallen, da diese Blume auf Wiesen (*Matten*)

---

ohne weitere Bürgschaft nicht befriedigen; ebenso wenig die Vermuthung, welche sich in den Idiotiken von Richey und von Schütze ausgesprochen findet, daß an das niederd. schūlen (verstohlen, lauernd von der Seite sehn; vgl. 'he schūlt as en Voss') zu denken sei.

1) in Haupts Zeitschr. f. d. A. 8, 396.
2) Vgl. Deecke Die deutschen Verwandtschaftsnamen (Weimar 1870) S. 126, wo der Worte Goethes: 'Er trank mit allen Lohnkutschern Schwägerschaft' treffend gedacht wird.
3) Wackernagel Kl. Schr. 3, 175. Frommann Zeitschr. f. d. M. 2, 277. Blätt. f. liter. Unterh. 1876 No. 31.
4) Vgl. Frommann 3, 1 fg. 371 fg. 7, 470 fg. Wagners Arch. f. d. Gesch. d. Spr. 1873 S. 420.
5) In Baiern (Schmeller 3, 388) hört man auch einfach 'Scherer'.
6) Hildebrand in Grimms Wtb. 5, 1551. Lucae Preuß. Jahrb. Mai 1873 S. 536 fg.

wächst, eine Verhochdeutschung der niederl. Benennung *matelief*, *madelief*, gewöhnlich *madeliefje*, anzunehmen. Diese Voraussetzung eines Misgriffs dürfte selbst ein Misgriff sein. In dem niederl. Worte bedeutet *mate* dasselbe was im hochd. Den Gedanken: „*Liebe* mit *Maß* dauert am längsten" drückt ein niederd. Sprichwort so aus: „Mate lêfte lange lêfte"[1]). Da nun diese Blume fast das ganze Jahr lang blüht, so ist die Beziehung sinnvoll genug. Als Rupfblume bedeutet die *Maßliebe* das *Maß* der *Liebe*[2]). Die Form „*matsöβche*", welche am Niederrhein (auch in Bonn) üblich und durch „Mattensüßchen" übersetzt worden ist[3]), scheint eine auch sonsther bekannte Mischung von Nieder- und Hochdeutsch zu enthalten. — Eine andre unter den mehrerlei Benennungen derselben Blume ist *Zeitlose*, offenbar sehr bezeichnend, weil sie sich an keine Zeit bindet, adh. zitelôsa, niederd. tilôt, tierliesken, früher tidelose, holl. tijdeloos, tijlos[4]). Wackernagel und ihm nachschreibend andre behaupten Umdeutschung aus *citamus*, über welchem lat. Worte Dunkel schwebt. — Die gelehrte Ableitung von *Schmollis* aus dem lat. Satze 'sis (mihi) mollis (amicus)' ist nicht glaubwürdig; man darf vielmehr Verwandschaft mit dem holl. *smullen* (schlemmen), *smul* (Gasterei), niederrhein. *schmölle* (in Kaffe und Leckerei schwelgen) annehmen[5]). — Während nichts näher liegt und durch analoge Erscheinungen sich leichter stützen läßt, als daß nach dem Volksglauben der sogenannte *Hexenschuß* der Einwirkung einer *Hexe* beigemessen wird, hat man mitunter der Vermuthung Ausdruck gegeben, daß bei diesem Namen vielmehr an *Hechse* (Hächse) im Sinne von Hüfte (?) zu denken sei[6]). — Die Frage, ob *Hakenbüchse* (holl. haakbus), eine

---

1) Brem. Wtb. 3, 154. Wagners Arch. f. d. Gesch. deutscher Spr. 1873 S. 264.

2) Wackernagel Kl. Schr. 1, 231.

3) Bedburger Progr. 1873 S. 9. 1880 S. IV. Vermuthungen anderer Art über den Namen äußert die Köln. Zeit. 1876 No. 146.

4) Vgl. Brem. Wtb. 5, 68. Stürenburg Ostfries. Wtb. 282ᵃ. Vilmar Idiot. 467. Woeste Zeitschr. f. vergl. Spr. 4, 133 und Zeitschr. f. deutsche Philol. 6, 93. Abh. d. naturwiss. Vereins zu Bremen 2, 263. Korrespondenzbl. des Vereins f. niederd. Sprachforsch. 2, 65.

5) Vgl. Bedburg Progr. 1860 S. XVI.

6) Geiger Urspr. d. Spr. 1, 449. 2, 17. Ueber die Deutung plötzlich eintretender Uebel und Krankheiten aus der Berührung dämonischer Mächte s. Gerland Zeitschr. f. deutsche Phil. 1, 310. Pictet Zeitschr. f. vergl. Spr. 5, 353. Regel Ruhlaer Mundart S. 139. W. Grimm im d. Wtb. 2, 1325 unter *Drachenschuß*, was im Grunde ebendasselbe bedeutet.

durch einen Haken befestigte Feuerwaffe, aus dem ital. *archibuso* (frz. arquebuse, woher Arkebusier) zurechtgelegt sei, wird zu verneinen sein; mit ziemlicher Sicherheit darf gerade das umgekehrte Verhältnis angenommen werden[1]). — Einige sind der Ansicht gewesen, die echtere Form für *Katzenjammer* sei *Kotzenjammer*[2]); dagegen werde die umständliche Auseinandersetzung Hildebrands im deutschen Wörterb. verglichen, aus welcher hervorgeht, daß die *Katzen* in diesem Worte gerade so ursprünglich sind als in „Katzenmusik". — Simrock[3]) leitete den Namen *Schlachtmonat* für den November nicht vom häuslichen Einschlachten ab, sondern stellte ihn dem angels. blôtmônadh (Opfermonat) gleich; richtiger wird geurtheilt, daß die Bezeichnung Schlachtmonat ein jüngerer Ersatz jenes sächs. Ausdrucks sei und wirklich vom Einschlachten herrühre[4]). — Unter den wenigen Beispielen volksetymologischer Gestaltung, welche K. F. Becker[5]) vorführt, befindet sich der Name eines Käfers, *Holzbock*. Becker meint, wie der Maikäfer im Engl. *maybug* heiße, wohne auch jener deutschen Benennung ursprünglich *bug* inne. Abgesehen von der Auffälligkeit dieser Verbindung eines deutschen mit einem engl. Worte, leuchtet ein, daß die Bezeichnung *Holzbock* für ein im *Holz* lebendes, mit langen *bocks*artigen Fühlhörnern ausgerüstetes Thier, welches bei der Berührung in die Höhe springt[6]), so passend wie möglich ist. Der griechische Name κεράμβυξ deutet auf κέρας hin. — Während insgemein die nahe liegende Ansicht gilt, daß die Benennung *Knüttelvers* für einen ungeregelten, holperigen Reimvers mit dem Appellativ *Knüttel* zusammengesetzt sei, hat man in Würtemberg den Abt *Knüttel* von Schönthal, einen zu seiner Zeit (um 1700) berühmten Versemacher, mit derselben in Verbindung gebracht und aus seinem Namen den Ausdruck erklärt[7]); so lange nicht andere historische Beweise beigebracht sind, vermag diese Mittheilung kein Vertrauen zu erwecken. — Bei *Geldkatze* oder

---

1) Scheler Dictionn. d'étym. fr. 19ᵃ. Diez Et. Wtb. 1, 29. L. Tobler Die fremden Wörter in d. deutsch. Spr. S. 15.

2) Zeitschr. f. vergl. Sprachf. 1, 5.

3) Mythol. 3. Aufl. S. 486.

4) Pfannenschmid, Germ. Erntefeste 217 fg. Weinhold Deutsche Monatnamen 27.

5) Das Wort in s. organ. Verwandl. 82.

6) Vgl. Hintner Progr. Wien 1877 S. 99. Abh. des naturwiss. Vereins zu Bremen 2, 311.

7) Ueber Land und Meer 1878 S. 374ᶜ.

bloß *Katze* als Geldbeutel an das gleichnamige Thier zu denken ist ganz gerechtfertigt, da diese Behälter gewöhnlich von Katzenfell waren und wohl noch sind; Adelung und Weigand haben andere, zum Theil undeutsche Wörter verglichen. — Der seit Adelung weit überwiegenden Ansicht, *Hering* sei aus dem lat. *halec* entstellt und früh umgedeutscht worden, ist vor Jahren Schleiden[1]) mit nicht zu verachtenden Gründen in ausführlichster Auseinandersetzung entgegengetreten; dem gelehrten Naturforscher gilt es als unbestreitbar, daß der Name von *her* (Heer), wie schon Wachter geurtheilt hat, mit Rücksicht darauf, daß dieser Fisch in Heerzügen schwimmt, mittelst der bekannten Silbe *-ing* abgeleitet sei[2]). — Anstatt der allgemeiner bekannten Benennung Kaldaunen heißt es in einigen Mundarten *Kuttelfleck*. Da nun das poln. *flak* Darm bedeutet, so soll aus diesem Worte der zweite Theil jener Zusammensetzung entstanden sein. Allein *Fleck* bezeichnet, wie Fetzen, Lappen Zeug, so auch Fetzen, Stücke Fleisch, wie denn in einem alten Schauspiel „würste, flecke, wampen" mit einander verbunden werden[3]). — Seitdem Wackernagel[4]) bekannt gemacht hat, daß *Arzenei* nach einem berühmten Arzte *Archigenes* den Namen trage, ist diese Herleitung sehr oft wiederholt worden; das deutsche Wörterb. weiß nichts davon. Im Mhd. gehn *arzâtie* und *arzenie* neben einander, und diese Formen sollten nicht zusammengehören? Allerdings fällt das *n* des zweiten Wortes[5]) auf, scheint aber seinen Ursprung der Analogie des begriffsverwandten *lâchenie* zu verdanken: *lâchenie, lâchentuom, lâchenôn* und *arzenie, arzentuom, arzenôn* sind buchstäbliche Gleichungen; ein persönliches „arzen" (neben arzât) braucht keineswegs vorausgesetzt zu werden, dagegen hat es in der ältern Sprache die Inf. „*arzen*[6]), *erzen, arznen*" gegeben, denen gleichfalls das ursprüngliche *t*

---

1) Das Salz (Leipz. 1875) S. 51 fg.

2) Schleiden gedenkt S. 114 des schlesw. „Stüemhering" (dän. stüem, Schar).

3) Vgl. frz. *flèche de lard*, Speckseite (Diez Et. Wtb. 2, 296), engl. *flitches* of bacon (E. Müller Et. Wtb. 1, 390), niederd. *Flicken* Speck (Brem. Wtb. 1, 420), ferner die nordd. Bezeichnung *Flick-* oder *Fleckhering* (Art fetter Heringe), wofür anderswo *Flackhering* gesagt wird.

4) Kl. Schr. 3, 300.

5) Grimms Wtb. 2, 463 lehrt: 'bubenei, was büberei, gebildet wie arzenei'.

6) noch heute am Niederrhein gebräuchlich (Fuß in Picks Monatsschrift IV, 85).

(arzât, Arzt, nicht aus artista, vielmehr aus ἀρχίατρος) nicht mehr beiwohnt[1]). — Daß das *Rebhuhn* seinen Namen von der Rebe führt, weil es sich gerne in Weinbergen aufhält, liegt wohl jedem Unbefangenen auf der Hand; nichtsdestoweniger hat es Gelehrte gegeben, welche sich auf ein niederd. Adj. *rapp* (schnell, leicht; Rapphohn, Rebhuhn) bezogen oder gar an Zusammenhang mit *Rabe* gedacht haben[2]). — Das Collectiv von Vogel lautet im Mhd. *gevügele*, heute heißt es, jedoch meist in beschränktem Sinne, *Geflügel*. Folgt daraus, daß dieses aus jenem entstanden sei? Schwerlich, zumal da sowohl im Nhd. auch *Gevögel* gilt, als vor Alters *geflugel* üblich war. — Schmeller und Wackernagel haben gelehrt, *Hahnrei* sei eine Entstellung aus dem frz. *Henri*; aus der sorgfältigen Untersuchung Heynes[3]) geht dagegen hervor, daß wirklich ein *Reigen* der *Hähne* gemeint sei, wer diesen mitmache und in die Genossenschaft der Hähne gehöre, sei *Hahnrei* genannt worden. — Die Bezeichnung eines faulen, schmutzigen, gemeinen Menschen durch *Flätz* oder *Fläz* (auch *Flötz*) hat man auf den Namen des Gelehrten *Flacius* Illyricus, eines höchst groben Polemikers des 16. Jahrh., zurückgeführt; diese Deutung zerfällt in nichts, das Wort scheint vielmehr mit dem Subst. *Flat*, Schmutz[4]), zusammenzuhangen, wie denn in Mundarten Flat und Flätangel in demselben persönlichen Sinne begegnen. — In den Nibelungen kommt *rigelstein* vor, welches *Rinnstein* übersetzt wird. Daraus ist nun voreilig geschlossen worden, daß dem heutigen Worte, welches in der alten Sprache nicht angetroffen wird, vielmehr aus dem Niederd. (rennstên) zu stammen scheint, jene Form zu Grunde liege. — Daß *Furt*, ahd. ebenso, von *fahren* (faran) herkomme, scheint auf der Hand zu liegen; doch leugnet Weigand die Möglichkeit, weil das kurze *a* in *uo* ablaute, nicht in *u*. Dagegen muß erwogen werden, daß genau so, wie *mül* (Mühle) und *molte* nebst *mull*[5])

---

1) „Ein *arzât*, der wol *erzen* kan, der *erzent* dicke ein siechen man" (Welsche Gast). Vgl. niederd. *verarzen*, für Arzt und Arznei ausgeben (Schambach Wtb. 259b); altköln. *arzerinne* (Aerztin), *arzung* bei Logau (Schmeller Wtb. 1, 115. Frommann 2, 304b).

2) Richey Hamb. Id. 206. Adelung Wtb. 3, 1089. Schneller Roman. Volksmundarten 128.

3) Grimm Wtb. 4b, 170 fg. Vgl. Herrigs Archiv 58 (1877), 204 fg.

4) Grimm Wtb. 3, 1728. Vilmar Idiot. 104. Frommann 7, 262. 263.

5) Für *Milbe* und *Mehl* (mël), deren Vokal sich zu *malu*, *muol* nicht schicken will, wird insgemein ein älteres Wurzelverb *milan*, *mal* in An-

den aus *a* (*mal*) geschwächten Vokal tragen, auch *Furt* auf Vokalschwächung (im Prät. vuor liegt die Steigerung) beruht. — Das hier berührte Verhältnis offenbart sich ebenfalls bei *Gruft* und *grübeln*. Beide Wörter zeigen den kurzen Vokal (mhd. gruft, grübelen), welcher dem *uo* des Prät. von *graben* (gruop) widerstrebt. Berühmt ist die Herleitung von *Gruft* aus *Krypta* [1]), für *grübeln* setzen Weigand, Lexer u. a. ein unvorhandenes ahd. Wurzelverb kriopan an. Doch mit Recht und ohne ein Wort der Begründung stellt Schleicher [2]) beide Formen zur Wurzel *grab*. — Ueber die Zusammensetzung *Bratenrock* [3]), die auf der Hand zu liegen scheint [4]), sind mir vor kurzem zwei verschiedene Ansichten entgegengetreten: 1) statt *Paraderock*, 2) st. *paraten Rock*; mein Urtheil hat indessen keine Aenderung erlitten [5]). — Die Behauptung [6]), daß das Sprichwort 'Viel *Geschrei* und wenig Wolle', welches auch in andern Sprachen begegnet [7]), ursprünglich laute 'Viel *G'scherei* (Scheren) und wenig Wolle', da in Schwaben '*G'scher*' Lärm bedeute [8]), muß gerechten Zweifel hervorrufen. — Das familiäre *Kohl* für breites, langweiliges Geschwätz nebst dem davon gebildeten Verb *kohlen* hatte Weigand mit dem lat. „crambe re-

spruch genommen; vielmehr gehören *i* und *ë* der zweiten Schwächung der Wurzel *mal* an.

1) Im ältern Deutsch findet sich dies Wort in *Kluft* umgedeutet (Richey Hamb. Idiot. S. 125. Zeitschr. f. d. Phil. 1, 451. Grimm Wtb. 5, 1265); im Mnd. begegnet „cluchtʺ f. Krypta (Schiller u. Lübben Mnd. Wtb. 2, 492b), wird auch jetzt noch am untern Rhein vernommen (Fuß in Picks Monatsschr. IV, 85).

2) Die deutsche Sprache S. 150. Amelung in Haupts Ztschr. f. d. Alt. 18, 191 erklärt „Gruftʺ ebenfalls aus dem Deutschen, nimmt aber ein verlornes Verb mit präsentischem *i* an; in derselben Weise urtheilt er über „Furtʺ.

3) In Berlin wird auch 'Bratenstipper' gesagt; vgl. 'Dreckstipper', langer Gehrock (Der richtige Berliner 10a. 14a).

4) Vgl. das engl. 'roastmeat clothes' (Albrecht, Die Leipziger Mundart 1881 S. 92b).

5) In der Neumark hört man auch 'Patenrock'.

6) Bonn. Zeit. 1876 No. 182.

7) engl. Much cry and little wool (Hoppe Suppl. Lex. 106a), roman. Gran gridore e poca lana (Richey Hamb. Idiot. 190). Daneben läßt sich mit gleicher Beziehung auf das Getöse und den geringen Erfolg stellen das span. Mucho ruido y pocas nueces (Köln. Zeit. 1878 Aug. 13 Bl. 1). Bekannt ist im Niederd. 'Vêl Geschrei un wenig Wull, säd de Düvel un schör en Swin' (Schütze Holst. Idiot. 2, 28).

8) Schmid Schwäb. Wtb. 459.

petita" (aufgewärmter Kohl) in Verbindung gebracht; hinterher bezeichnet er dies als unrichtig und behauptet Entlehnung aus der Gaunersprache¹). Aber nicht ohne triftigen Grund hält Hildebrand im deutschen Wörterb. jene einleuchtende Beziehung aufrecht. — Der gegen die Juden gerichtete Ruf *Hep Hep*, heißt es, verdanke seinen Ursprung den drei auf der Fahne der verfolgenden Würgerbanden (im ersten Kreuzzuge) stehenden Buchstaben *H. E. P.*²), welche bedeuten sollen: Hierosolyma est perdita. Diese Mittheilung, so interessant sie sein mag, verdient keinen Glauben. Jener Ruf ist vielmehr nachweislich zunächst ein Zuruf an Thiere, vornehmlich Ziegen³), und da ein langer Judenbart als Ziegenbart gescholten wurde⁴), so läßt sich die Uebertragung leicht begreifen. Daß *hep* formell der Imperativ von „heben" sei (heb den Fuß), ist möglich, aber kaum wahrscheinlich⁵). — Die zwar weit überwiegend dem Volksmunde angehörigen, bisweilen jedoch auch in der Schriftsprache hervortretenden Redensarten: „sein *Fett* haben oder kriegen, einem sein *Fett* geben" hat man bald auf die ungefähr entsprechenden frz. Ausdrücke „avoir son *fait*, donner oder

---

1) Wtb. 1, 617. 2, 1179. Vgl. Dunger Neue Jahrb. f. Phil. u. Päd. 1877 (2. Abth.) S. 505.

2) Mit Anfangsbuchstaben ist in der Etymologie mancherlei Scherz und Misbrauch getrieben worden. Es genüge zu erinnern an die Erklärung von „*Pfaf*" (Pfaffe) durch „*Pastor fidelis animarum fidelium*" (M. Höfer Et. Wtb. 2, 318. Lexer Kärnt. Wtb. 23), des dialekt. „*rips*" oder „*ripsch*" (bankerott), wo das engl. *rip* (zerreißen) Rücksicht zu verdienen scheint, aus „*requiescat in pace sancta*" (Progr. der Realschule zu Barmen-Wupperfeld 1875—1876 S. 8. Hönig Wtb. d. Köln. Mundart 1877 S. 134ᵃ), an den vermeintlichen Ursprung des engl. Parteinamens „*Whig*" aus den Worten „*We hope in god*" (E. Müller Et. Wtb. d. engl. Spr. 2, 543). Selbst die sehr verbreitete und beliebte Deutung des sogenannten *Cabal*-Ministeriums aus den Anfangsbuchstaben der Namen von 5 Ministern Karls II. (*Clifford, Ashley, Buckingham, Arlington, Lauderdale*) ist nur insofern richtig, als diese Staatsräthe allerdings „*the cabal*" genannt wurden, nicht aber in dem Sinne, daß das Wort *cabal*, welches neben *cabala* (frz. *cabale*) existirt, aus jenen Buchstaben zu erklären sei; vgl. Diez Et. W. 1, 197. E. Müller Et. W. 1, 157. Nordd. Allg. Zeit. 1877 No. 120 (Feuilleton).

3) Die Ziege heißt dialektisch außer *Hippe* auch *Heppe*.

4) Vgl. den Namen *Moses* für den Ziegenbock (Pfeiff. Germ. 4, 152).

5) Frommann 5, 450. Heyne in Grimms Wtb. 4ᵇ, 998. Vgl. dag. Bartsch Germ. 22 (1877), 106. Das Volk deutet den Zuruf daraus, daß die Juden, als der Heiland am Kreuz emporgezogen wurde, gerufen hätten: Heb! Heb! (Frommann 7, 297). Eine neue Erklärung findet sich Germania 26, 382.

dire à qu. son *fait*" zurückgeführt [1]), bald dem Worte *Fett* das frz. *fête* (faire *fête* à qu., einem viel Ehre anthun, ironisch: ihn schelten) zu Grunde legen zu müssen geglaubt [2]). Aber ist denn das deutsche Wort nicht als solches ganz gut zu erklären? Das Fett ist der beste Theil, der Vortheil, steht aber hier ironisch im Sinne des schlimmen Theils, des Nachtheils [3]). — In der Bibelstelle: 'Es ist leichter, daß ein *Kamel* durch ein *Nadelöhr* gehe, als daß ein Reicher in das Himmelreich komme' ist unter *Kamel* theils ein dickes Tau verstanden, theils *Nadelöhr* als Pförtchen gedeutet worden. Allein schon von dem Orientalisten Wetzstein wurden beide Annahmen zurückgewiesen und wörtliche Auslegung behauptet, welche unstreitig die einfachste und annehmlichste ist [4]): das gröste Thier und die kleinste Oeffnung bilden den mit Absicht herbeigeholten starken Gegensatz. — Sogar das so einfach verständliche Sprichwort: „Viele *Hunde* sind des *Hasen* Tod" [5]) ist einer gelehrten Auslegung nicht entgangen: ursprünglich, meint man, habe es, mit Rücksicht auf der Nibelungen und ihres Haupthelden Hagen Kampf im Hunnenlande, gelautet: „Viele *Hunnen* sind des *Hagen* Tod" [6]). — Woher wissen diejenigen, die dies lehren, daß in der sprichwörtlichen Redensart „sein *Schäfchen* ins Trockne bringen" ursprünglich *Schiffchen* gemeint sei? Bloß daher, daß beide im Niederd. ungefähr gleich lauten (*schäpken*)? Es heißt indessen dort geradezu: „sin *schäp* in'n drügen hem [7]), was doch schwerlich erst nach der angeblichen Umdeutung sich festgesetzt hat. — Aus dem ital. *impaccio*, welches Verwickelung, Hindernis

---

1) Herrigs Archiv f. d. Stud. d. n. Spr. 54, 237. 55, 459.
2) Axt Progr. Creuznach 1855 S. 31a.
3) Vgl. Herrigs Arch. 55, 234. Grimm Wtb. 3, 1572.
4) Vgl. Passow Griech. Wtb. 1, 779. T. Tobler im Ausland 1877 No. 1 S. 19. 20.
5) Im alten Egypten wurde gesagt: 'Viele Hunde sind der Gazelle Tod' (Ebers Uarda 1, 211).
6) Das Buch für alle, Jahrg. 1872 S. 384[b].
7) Schambach Wtb. 180[b]; vgl. Jütting Bibl. Wtb. 193. Kern und Willms in der Schrift: „Ostfriesland wie es denkt und spricht" (Bremen 1871) S. 76 machen zu dem Satze: „He hett sien Schäpkes up't Dröge" die Bemerkung: „Auf einer niedrigen und nassen Weide sterben die Schafe; wer seine Schafe auf dem Trocknen hat, dem sind sie sicher". Man vergleiche auch die andre Redensart: „He wêt sin Schäpken to schêren" (Strodtmann Idiot. Osnabr. 197. Brem. Wtb. 4, 606. Hennig Preuß. Wtb. 223), er weiß seinen Vortheil zu machen.

bedeutet, soll der Ausdruck 'in die *Patsche* gerathen', wie unlängst behauptet worden ist¹), umgedeutscht worden sein. Dies unbedingt für wahr anzunehmen wird keinem Unbefangenen so leicht in den Sinn kommen. Das von der schallnachahmenden Interj. patsch! stammende Subst. *Patsche* bezieht sich auf spritzendes Wasser, durch welches man tritt; die übertragene Bedeutung des Wortes begreift sich ohne Schwierigkeit aus der unangenehmen und unbequemen physischen. — Nachdem man sich bisher damit begnügt zu haben scheint die Bezeichnung der auf eine kreisförmige Schnur gereihten Kügelchen, deren sich die Katholiken zum Beten bedienen, durch *Rosenkranz*, lat. *rosarium*, theils auf eine gewisse Aehnlichkeit jener kleinen Kugeln oder Knöpfe mit Rosen, insbesondere Rosenknospen zurückzuführen, theils mit dem Rosenkranz (frz. chapelet) der Jungfrau Maria zu verbinden; ist kürzlich das überraschende Urtheil ausgesprochen worden, daß der Name aus dem neugriech. ῥοζάριον, welches von ῥόζος (Knoten, Auge) stamme, zurechtgelegt sei²). Einer an sich so wenig glaubwürdigen Nachricht gegenüber mag hier die Bemerkung ausreichen, daß das neugriech. ῥοζάριο (nach dem verglichenen Wörterb., in welchem ῥοζάριον nicht steht) vielmehr umgekehrt dem ital. *rosario* nachgebildet sein dürfte. — Ueber *frohlocken* hatte J. Grimm die unwahrscheinliche Vermuthung ausgesprochen, daß ein Subst. *froleich* (frohes Spiel, froher Sprung, Freude) zu Grunde liege und *leichen* in *locken* gewandelt sei. Heute läßt sich mit einiger Sicherheit behaupten, daß *locken* zuerst klopfen, schlagen bedeutet habe; *frohlocken* heißt: vor Freude die Hände zusammenschlagen (lat. plaudere). — Da für Geld nicht selten Blech gesagt wird, so bedarf das Wort *blechen* (Geld lassen, zahlen) keiner weitern Erklärung; allein in einer weit verbreiteten Zeitschrift³) will ein Gelehrter glauben machen, daß das ahd. *plechan* (sichtbar machen, hier: den Beutel öffnen) zu Grunde liege. — In derselben Zeitschrift⁴) meint jemand, der Ausdruck 'ein toller *Christ* sein' sei auf den Herzog *Christian* von Braunschweig, der sich im 30jährigen Kriege ausgezeichnet habe, zurückzuleiten. Auf wen mag sich dem Einsender dieser seltsamen Erklärung beziehen, was noch häufiger gehört wird: ein wunderlicher Christ? Doch nicht etwa auf denselben

---

1) Xanthippus Mahnwort 13.
2) Gegenwart 1881 No. 53 (Rud. Kleinpaul).
3) Ueber Land und Meer.
4) 1879 S. 215.

Herzog? — Die Meinung, 'anbrechen vom Tage' gehöre nicht zu *brechen*, sondern zu mhd. *brehen* (glänzen), beruht auf Irrthum [1]). — *Anzapfen* in übertragenem Sinne soll nach Adelung für *anzupfen* stehn, nach Weigand auf oberd. *zepfen* (Aehren abschneiden) sich gründen. Das Verhältnis scheint vielmehr viel einfacher zu sein. Wie vom Faß auch *anstechen* gesagt wird, so hieß es vor nicht langer Zeit in figürlicher Bedeutung ebenfalls: jemand *anstechen* (pungere, lacessere); gerade so steht es um *anzapfen* [2]). — Niemand wird so leicht der Ansicht Wackernagels [3]) beipflichten, *ausreißen* f. weglaufen, fliehen, und *einreißen* f. eindringen, sich verbreiten, seien nicht mit *reißen* zusammengesetzt sondern giengen auf *risen* (steigen, fallen) zurück. Zwar heißt es in österr. Mundarten: „in fremde Lande *ausreißen*" [4]); doch bedarf es keines Beweises, daß damit jener schriftdeutsche Gebrauch durchaus nicht erklärt wird. Zu *ausreißen* [5]) vgl. man „sich los-, wegreißen", zu *einreißen* das synonyme „einbrechen". — Da *schreiten* im Niederd. *striden* (engl. stride) lautet, so ist angenommen worden, daß dasjenige *bestreiten*, welches im Sinne von „parem esse" mit Bezug auf Ausgaben gebraucht wird, dem niederd. *bestriden* (beschreiten, „im Schritte erreichen, gewachsen sein") nachgeahmt sei. Wer aber unbefangen überlegt, wird kaum zweifeln können, daß die Bestreitung der Kosten, des Haushaltes u. s. w. ein viel natürlicherer, leichter in den Sinn fallender Begriff ist, als die Beschreitung derselben. — Wenn es wahr sein sollte, was oft behauptet wird, das dial. *dürängeln* (durchprügeln, quälen, plagen) sei als „*durrängeln*" zu verstehen, zusammengesetzt aus *dür* (durch) und *rängeln* (prügeln), so würde die anderswo übliche und schon bei Hans Sachs vorkommende Form *thürängeln* eine sehr sinnreiche, echt plastische Umdeutung offenbaren; allein vermuthlich muß der umgekehrte Erklärungsweg eingeschlagen, *thürängeln* (in die Enge treiben), von *Thürangel* (vgl. „zwischen *Thür* und *Angel*"), als die ursprüngliche, die Menge der andern mit *d* beginnenden mundartlichen Formen als ebenso viele entstellte betrachtet werden [6]).

1) Zu *anbrechen* vgl. Grimm Mythol. 708.
2) Grimm Wtb. 1, 478. 523. Bei Schmeller 4, 278 lautet es: 'anzepfen', verdächtigen.
3) Haupts Ztschr. f. d. A. 9, 369.
4) Schatzmayr Deutschl. Norden u. Süden (Braunschw. 1870) S. 110.
5) niederd. ûtriten, neben ûtknipen und ûtneien.
6) R. Köhler Zeitschr. f. vergl. Sprachf. 11, 397. Vilmar Idiot. 412. Weigand Wtb. 2, 885. Ganz anders lehrt Heyse Fremdwörterb. 13. A.

— *Fechten* der Handwerker hat Wackernagel[1]) als *pfechten* (mhd. pfehten von pfaht, pactum), das visieren bedeutet, gefaßt. Dem gegenüber spricht für die Uebereinstimmung mit *fechten* (pugnare) 1) daß jenes Verb nicht nach der Regel der Fremdwörter schwach, sondern ganz wie das deutsche Verb konjugiert wird, 2) was Grimm im d. Wörterb. zur Erläuterung des Ausdrucks über die Fechtschulen der Handwerker und das Umherstreifen wandernder Gesellen ausführlich lehrt[2]). — Durch das *h* verführt, haben ältere Sprachforscher das nhd. *bejahen* dem mhd. *bejëhen* (bekennen), dessen Plur. Ind. Prät. *bejâhen* lautet, gleichgestellt; im Mhd. hieß das von *ja* stammende Verb jâzen, bejâzen, und Lessing schrieb, wie der heutige Holländer, historisch richtig 'bejaen'. — Für den Ursprung von *hunzen* hat man sich von dem Nächstliegenden losgesagt und nach Entferntem umgesehen (hoenen, dial. verhondesten; verhundaesen, v. huntâȝ; böhm. huntowati, schlachten). Ohne Zweifel liegt *Hund* zu Grunde, was hinsichtlich der Begriffe des Nachweises nicht zu bedürfen scheint; die Form anlangend, läßt sich ableitendes *-sen* oder *-zen* annehmen. In der Schweiz wird für *aushunzen, verhunzen* auch *aushunden, verhunden* gesagt. — In der Formel „*helle* Haufen" haben einige mit Unrecht das niederd. *hêl* (ganz) zu finden geglaubt[3]) und Anlehnung an *hell* behauptet. Der jetzige Ausdruck ist auch der ursprüngliche, mag das Adj. sich auf Ton und Schall beziehn (vgl. hëllen, sich schallend bewegen) oder bloß der Verstärkung dienen. — Nachdem früher fast allgemein behauptet worden war, *rothwelsch* stamme nicht von dem Adj. *roth*, sondern gründe sich auf das zigeunerische *rot*, Bettler[4]), verträgt heute die Ansicht, daß der Name allerdings mit dem deutschen Adj. zusammengesetzt sei, kaum einen Widerspruch: *roth* bezieht sich auf das Haar, Rothhaarigkeit

---

S. 939[a]: *thürängeln* sei auf den franz. Marschall *Turenne*, der im 17. Jh. deutsche Gegenden plagte, zu beziehen, während Woeste bei Frommann 3, 368 der gleichfalls unrichtigen Zurückführung auf *Düringen* (Thüringen), welche sich bei Firmenich finde, gedenkt.

    1) Umdeutschung S. 11.
    2) Vgl. Boner: „Dô diu ameiȝe sêr um ir spîse vaht" (sich mühte). Schmeller Wtb. 2. A. 1, 688 vergleicht angemessen das engl. 'I *fought* my way towards England' (Vicar of Wakefield).
    3) Adelung Wtb. 2, 1067. 1099. Frommann 1, 299.
    4) Sogar an das Subst. *Rotte*, desgleichen an das ital. *rotto* (gebrochen) hat man gedacht. Umständlich wird das Wort in Herrigs Archiv 33, 198 fg. besprochen.

galt als Zeichen von Trug und Bosheit[1]). — Daß bei *mausetodt* an *Mäuse* nicht zu denken sei, meint Adelung, werde leicht eingesehen; er vergleicht, wie schon Richey gethan hatte, das niederdeutsche *mursdôd*, bemerkt aber zugleich, daß *mausen*, sofern es den Begriff einer großen Stille habe, der Ursprung sein könne. Solchen haltlosen Vermuthungen gegenüber leisten die aus niederd. Gegenden nachweisbaren Ausdrücke *poggdôd* und *huckendäud*, wo Frosch und Kröte anstatt der Maus stehen[2]), die sicherste Gewähr dafür, daß die wörtliche Erklärung allein richtig ist. Die genannten drei Thiere, insbesondere Mäuse, sieht man zumal auf dem Lande oft todt liegen; ja, Mäuse und Kröten schlägt der westfälische Bauer todt, wo sie sich finden[3]). — Die von Frisch herrührende, von Adelung gebilligte Ableitung des Wortes *kauderwelsch* aus *churwelsch* hat auch Wackernagel[4]) aufgestellt. Da indessen *kaudern* in zwei verschiedenen Bedeutungen, deren jede einen passenden Sinn bietet, vorhanden ist, so liegt es nahe sich daran allein zu halten. Kaudern heißt 1) Zwischenhandel treiben, mäkeln, 2) unverständlich reden, plappern; vgl. $\beta\alpha\rho\beta\alpha\rho\acute{o}\varphi\omega\nu o\varsigma$ und plattd. kramerlatîn[5]). — Der früher beliebten Erklärung des Gebirgsnamens *Hundsrück* oder *Hunsrück* als „Hunnenrücken" (nach dem Volke der Hunnen; vgl. S. 16) redet heute kaum einer das Wort; der Name bedeutet Hundes Rücken. Daß Berggestalten durch Thierformen beschrieben werden, kommt mehrfach vor; vgl. Katzenbuckel im Odenwalde.

Wenn gleich in allen Sprachen Volksetymologien angetroffen werden, so erscheint doch das auf Umbildung des Unverstandenen ins allgemein Verständliche gerichtete Bestreben des Volksgeistes in keiner Sprache so umfangreich, so ausgeprägt, als in der deut-

---

1) Wackernagel Kl. Schr. 1, 175 führt den alten Spruch an: „Hüet dich vor eim *roten Walhen*".

2) Frommann 4, 123. 131. 5, 63.

3) Die weitern Verstärkungen *mausverrecktlodt* und anklingend *mausedreckeltodt* kommen in Mundarten vor (Frommann 1, 234ᵃ. 2, 234). Die Ansicht, daß *mausetodt* zu erklären sei: bis auf das Kleinste d. i. gänzlich todt, insofern Maus das Kleinste bildlich bezeichne (L. Tobler bei Frommann 5, 20), scheint keine Empfehlung zu verdienen.

4) Umdeutschung 20.

5) Dialektisch findet sich auch „*krautwelsch*" (Zaupser Bair. oberpfälz. Idiot. 64).

schen, insbesondere der neuhochd. Sprache[1]). Nächst ihr dürfte die engl. zu nennen sein, während die franz. bei derselben oder einer zum Theil noch größern formellen Assimilationsfertigkeit nicht in gleichem Grade der begrifflichen Umdeutung geneigt zu sein scheint. Aus den beiden altklassischen Sprachen stehn verschiedene merkenswerthe Beispiele zu Gebote.

Eine der ältesten volksetymologischen Umbildungen und Umdeutungen im Griechischen ist das Wort βούτυρον (Butter), wofern sich die Mittheilung des Hippokrates richtig verhält, daß ihm eine skytbische Form zu Grunde liegt[2]): βοῦς und τυρός ergeben die durchaus angemessene Uebersetzung „Kuhkäse"; im Ahd. heißt die Butter fast ebenso: „chuosmëro", wörtlich Kuhschmer[3]). Bei dem Namen der Ente, νῆσσα, welcher des vokalischen Anlauts der verwandten Formen des Lat. und der german. Sprachen ermangelt (lat. anas, ahd. anut, ags. ened), darf vielleicht an einen volksetymologischen Anklang an νήχειν (natare) gedacht werden[4]). Gleicherweise mag die Aspirata in ἀλκυών (Eisvogel) im Gedanken an ἅλς (Meer) eingetreten sein und es ursprünglich ἀλκυών (lat. alcedo) gelautet haben[5]). Die Komparationsformen δεύτερος und δεύτατος haben mit δύο, δύω etymologisch nichts zu thun, sondern gehören zu δεύομαι und bedeuten eigentlich 'abstehend, in der Zeit oder im Raume nachfolgend'; wegen ihrer äußern Aehnlichkeit mit δύο, δύω sind sie aber stehender Ausdruck für den Begriff secundus geworden[6]). Die altgriech. Sage, daß Deukalion und Pyrrha Steine geworfen hätten, aus denen neue Menschen zur Bevölkerung des verwaisten Erdkreises entstanden wären, verdankt ihren Ursprung einer Volksetymologie, welche damit den lautlichen Gleichklang von λαός (Volk) und λᾶας, λᾶς (Stein) hat erklären wollen[7]). Den Namen der *Amazonen*, Ἀμαζόνες, jenes skythischen kriegerischen Weibervolkes, dessen schon Homer gedenkt, hat man aus Zusammensetzung von μαζός (Brust) mit dem soge-

---

1) Vgl. Nationalzeitung 1876 No. 447.

2) Plinius erwähnt an der Stelle, wo er von butyrum handelt, davon nichts; dagegen heißt es bei ihm: „plurimum e bubulo, et inde nomen" (Grimm Gesch. d. d. Spr. 2. A. S. 695).

3) Adelung Wtb. 1, 1282. Vgl. *smör*, den im Nordischen gangbaren Ausdruck für Butter.

4) Curtius Grundzüge der griech. Etymologie 4. A. S. 317.

5) Curtius 132. Vgl. Förstemann Ztschr. f. vergl. Spr. 3, 48.

6) Brugmann Ztschr. f. vergl. Sprachf. 25 (N. F. 5) S. 296 fg.

7) Vgl. Pindar Olymp. 9, 46 fg. Passow Griech. Wtb. 2, 11[b].

nannten *a* privativum gedeutet und behauptet, diesen Weibern sei,
damit sie den rechten Arm zur Führung der Waffe freier gebrauchen könnten, in der Kindheit die rechte Brust abgenommen worden; allein dies ist ohne Zweifel eine reine Fabel, dem Namen
wird vielmehr irgend ein fremdes, asiatisches, hier nicht weiter zu
untersuchendes Wort zu Grunde liegen, welches man sich ziemlich
oberflächlich, da die Begriffe „brustlos" (ἀμαζών) und „halbe
Brust" doch nicht dieselben sind, zurechtgelegt hat. Der *Pruth*
wird mit Anlehnung an πῦρ (Feuer) Πυρετός genannt, welches
appellativ „Gluthitze" bedeutet; vgl. Πυριφλεγέθων, Fluß der
Unterwelt. Eine seltsame Verdrehung des lat. Wortes *saxifraga*
in σαρξίφαγος, wo beide Theile der Zusammensetzung ein neues
und ganz verschiedenes Wort zeigen, wird von Pott[1]) aus Schneiders gr. Wörterb. mitgetheilt. *Πάν*, ursprünglich *Πάων* (Weidegott, Hirtengott; vgl. pasco), wurde umgedeutet als Allgott[2]),
Λύκειος, Beiname des Apollo, ohne Zweifel von einem dem lat.
lux, lucere entsprechenden Stamme, als Wolfstödter (λυκοκτόνος)
gefaßt, oder auf die Landschaft *Λυκία* bezogen[3]). Den Namen
der Stadt *Jerusalem* (Jeruschalajim, d. i. Friedenswohnung) haben
die Griechen in Ἱεροσόλυμα gewandelt, dessen erstes Glied das
Adj. ἱερός (heilig) enthält[4]), während das Ganze nach einer heiligen Stadt der Solymer klingt; den in der Bibel häufig vorkommenden Bach *Kidron* haben sie zu einem Bach der *Zedern*
(κέδρων[5]), das *Sanhedrin* (die oberste Behörde) der Juden zu
einem συνέδριον (Sitzung, Versammlung) gemacht. Die römischen
Lucius und *Lucullus* (v. lux, lucere) gelten ihnen, heimischen An-

---

1) Doppelung S. 81.

2) „Πᾶνα δέ μιν καλέεσκον, ὅτι φρένα πᾶσιν ἔτερψε" (Hom. hymn.),
einen Allerweltsgott, der alle erfreut; vgl. Kohl Progr. Quedl. 1869 S. 25.

3) Schmidt Progr. Minden 1873 S. 19 fg. Augsb. Allg. Zeitung 1876
No. 239 Beil., wo sich noch eine Anzahl anderer griech. Volksetymologien
verzeichnet findet; vgl. auch Samland Progr. Neustadt (Westpr.) 1878
S. 34.

4) Weise in d. Ztschr. f. Völkerpsychologie 1880 (Bd. 12) S. 221,
wo noch andere Anlehnungen an ἱερός mitgetheilt werden. Eine neuere
deutsche Umbildung des Namens der heiligen Stadt ist „*Jerusaleben*". In
den Götting. Gel. Anz. 1877 St. 10 S. 320 macht Wilken auf die altnord.
Form *Jórsalir* aufmerksam, die (im Schwed. als Jorsala fortdauernd) in
ihren Endsilben an *salir* (Säle, Wohnungen) sich anlehne; vgl. altn. Uppsalir, heute Upsala.

5) Fuchs Roman. Spr. S. 113 Anm.

klängen zu Gefallen, als *Λεύκιος*, *Λεύκουλλος* (vgl. *λευκός*, weiß); *Remus* wird '*Ρῶμος* (wegen *ῥώμη*, Kraft; vgl. '*Ρώμη*, Rom), *Dolabella* (wegen *δόλος*, Schlauheit, List) *Δολοβέλλας* genannt[1]), *Caracalla* mit geschickter Benutzung der Wörter *κάρα* (Haupt) und *καλός* (schön) in *Καράκαλλος* umgesetzt[2]); die materiellen Namen *Piso*, *Bibulus* gehen in *Πείσων*, *Βίβλος* über und gewinnen damit einen edlern Inhalt (*βίβλος*, *πείθω*). Für *Arminius* wird dieselbe Form benutzt, welche den Armenier bezeichnet, nemlich '*Αρμένιος*; aus *Numitor* entsteht *Νουμήτωρ*; die *Numidae* werden mit einem gewiss glücklichen Griff *Νομάδες* genannt[3]). Der punische Name *Adherbal* lautet griechisch '*Ατάρβας*, ohne Zweifel mit Anlehnung an *ἀτάρβης* (furchtlos). Den Volksnamen *Gepidae* deutschen Ursprungs[4]) lassen byzantinische Schriftsteller als *Γήπαιδες*, welches später falsch *Γετίπαιδες* (Kinder der Geten) erklärt wurde, auftreten[5]). *Bisantium*, heute *Besançon*, wurde in ersichtlicher Beziehung auf mhd. *bisant* (mlat. Byzantius, eine Goldmünze) als *Χρυσόπολις* (Goldstadt) bezeichnet[6]).

Die lateinische Sprache überläßt sich der Anlehnung und Umbildung theils bei der Uebernahme griechischer Wörter, theils innerhalb ihres eigenen Gebiets. Bei manchen Wörtern der zweiten Art ist durch den Einfluß der neueren Gelehrsamkeit die volksthümliche Auffassung wieder beseitigt und das ursprüngliche Aussehn hergestellt worden; dies beurtheilen und etwa mit ähnlichen Verhältnissen im Deutschen vergleichen zu wollen würde hier zu weit führen. Aus *ὀρείχαλκος* (Bergerz, von *ὄρος*, Berg) entspringt *aurichalcum* (frz. archal, Messing), das sehr deutlich an *aurum* erinnert und wohl erinnern soll (Gleichheit der Farbe), weil es sonst bei „orichalcum" verblieben wäre[7]). Die Form *liquiritia*, Lakritze[8]), aus *γλυκύρριζα* (Süßwurzel, Süßholz), zeigt doppelte

---

1) Kuhns Ztschr. f. vergl. Spr. 1, 223. 224.
2) Vgl. die deutschen Geschlechtsnamen *Schönhaupt*, *Schönkopf*.
3) Förstemann Zeitschr. f. vergl. Spr. 23 (N. F. 3), 377. 378.
4) W. Wackernagel in Haupts Ztschr. f. d. Alt. 6, 257. Vgl. Grimm Gramm. 4, 930. Förstemann Namenb. 2, 572.
5) Grimm Gesch. d. d. Spr. S. 324. Isidor brachte bei den Gepiden („Gipedes") das lat. *pes* in Anschlag (Grimm Kl. Schr. 1, 304).
6) Wackernagel Ztschr. f. d. Alt. 9, 558. Grimm Kl. Schr. 3, 22.
7) M. Müller Essays (deutsch) 3, 256.
8) *Lakritze* (ital. legorizia, frz. metathetisch réglisse) erfährt in Mundarten die lebendige Umdeutschung *Leckeritzen* (sächs. Oberlausitz) und *Leckerzweig* (Regel Mnd. Goth. Arzneib. 21); in Meklenburg hört man

Anlehnung: in der ersten Hälfte tritt *liquere, liquor* entgegen, in der zweiten bietet sich die bekannte Ableitungsform *-itius, -itia* dar. Das Wort *caerefolium*, woher unser „Kerbel"[1]), läßt mit der anlautenden Silbe *cae-* die Uebernahme aus χαιρέφυλλον nicht sogleich erkennen; es darf daher irgendwelche bloß formelle Anlehnung an ein bekanntes heimisches Wort vermuthet werden, während der zweite Theil der griech. Zusammensetzung geradezu übersetzt ist. Wenn *caduceus* (Heroldstab) nur eine Latinisierung des dorischen καρύκιον (att. κηρύκειον, von κῆρυξ, Herold) ist, so scheinen „caducus" und „cadere" mitgewirkt zu haben[2]). *Remulcare* (remulco agere, ins Schlepptau nehmen) stammt von ῥυμουλκεῖν (ῥῦμα, Zugseil; ἕλκειν, ziehen), lehnt sich aber an *remus* (Ruder) an[3]). Dem Namen Βερενίκη (f. Φερενίκη, Siegbringerin) entspricht der Name *Veronica*, wobei an das Adj. *verus* gedacht sein wird[4]). *Pontifex*, oft scherzhaft übersetzt „Brückenmacher"[5]), erklärt Kuhn[6]) schön als „Pfadbereiter", der zum Pfade der Götter leitet; *pons*, gleich dem nahe verwandten πόντος (Meer), bedeutet ursprünglich „Pfad", das derselben Wurzel angehört. Der vielbestrittene Name *Germani* scheint jedesfalls, wo auch sein Ursprung liegen mag, eine Accommodation zu Gunsten des römischen Sprachgefühls zu enthalten. Aus Μαλόεις (Apfelstadt) ist *Maleventum* (später, nach dem Sieg über Pyrrhus, Beneventum umgenannt) hervorgegangen[7]), aus Ἀκράγας mit Anlehnung an *ager Agrigentum*. Dem Ehre verkündenden Namen *Honorius* liegt ein himmel-

---

Kritzelsaft, in Sachsen *Christelsaft* (Axt Progr. Creuznach 1855 S. 30ᵃ), ebenda und in Schlesien *Lukrezie, Lukrezel, Lukrezchen* (Weinhold Dialektforsch. 7. Grenzboten 1877 No. 17 S. 130. Albrecht Leipz. Mundart S. 163ᵇ). Die engl. Form *licorice* erinnert an „lick, lickerish".

1) Richey und das Bremer Wtb. meinten, der Kerbel trage nach den gekerbten Blättern seinen Namen.
2) Curtius Grundz. 430.
3) Vgl. N. Jahrb. f. Phil. u. Päd 1877 (2. Abth.) S. 505.
4) Pott, Personennamen S. 107.
5) Im Ernste aber haben andere doch den 'Brückenschläger' festgehalten: der Brücke sei eine gewisse religiöse Bedeutung beigemessen worden, die Ueberbrückung des Tiberflusses habe hohe religiöse Wichtigkeit gehabt; die Pfleger hätten eine priesterliche Vereinigung, später das oberste Priestercollegium gebildet.
6) Ztschr. f. vergl. Sprachforsch. 4, 75.
7) Schmidt Progr. Minden 1873 S. 20. Augsb. Allg. Zeit. 1876 No. 239 Beil. Förstemann Ztschr. f. vergl. Spr. 23, 378. Nordd. Allg. Zeit. 1877 No. 120 (Feuilleton). Vgl. Pott Personennamen S. 17.

weit abstehender, aber kaum minder ehrenvoller germanischer zu Grunde, got. *Hunjareiks*; aus *Theodahard* (got.) soll *Deodatus* entstanden sein¹). *Architectura* von ἀρχιτέκτων hat lediglich durch die Form der Ableitung (vgl. natura, figura) lateinisches Ansehn gewonnen. Wie es scheint, bezieht sich die nach Varro aus dem Griech. stammende Benennung der Krickente, *querquedula*, auf irgend eine Weise volksetymologisch auf *quercus*²). Aus dem einheimischen Namen *Erin* (Westinsel?) haben die Römer *Hibernia* geschaffen, mit Hindeutung auf eine angeblich winterliche Kälte des Landes³). Durch die grundlose Schreibung mit *h* verführt, hatten ältere Philologen das Wort *postumus* (*posthumus*) gedeutet: qui *post humationem* patris natus est; heute weiß man, daß *postumus* (mit dem ältern *u*) sich zu *posterior* verhält, wie ultimus, extimus zu ulterior, exterior, und zu *postremus*, wie extimus zu extremus. Die früher allgemein übliche Schreibung *buccina* erinnert an einen Ursprung von *bucca* (frz. bouche); dagegen offenbart *bucina*⁴), aus bovicina, die richtige Quelle (Kuhhorn, Hirtenhorn). Ebenso lehnt sich *promontorium* an *mons* an; es heißt aber *promunturium* (Vorsprung), von prominere. Bei *seculum*, wie vor nicht langer Zeit insgemein geschrieben wurde, lag der Gedanke an *secare* überaus nahe; allein die bessern Handschriften bieten *saeculum*, welches nicht etwa (nach Doederlein) als Deminutiv von aevum zu betrachten, sondern mit *saepe* verwandt ist und zu *saepire* gehört. Die Form *coena* deutet mit dem oe bald auf κοινός, bald auf *coesna*, *coedna* hin; aber das Wort entspringt aus cesna, cersna⁵) und ist *cena* zu schreiben. Nicht *concio*, wie von *conciere*, sondern *contio*, aus *coventio* = conventio (vgl. *cunctus* aus covinctus) muß es lauten, desgleichen nicht *caeteri*, worin man καὶ ἕτεροι vermuthet hat, sondern *ceteri*, von dem demonstr. *ce*; auch nicht *dissidium*, als ob von *sedere*, vielmehr *discidium*⁶). Ob *convitium*, aus „convocitium", oder *convicium*, „quasi convocium", vorzuziehen sei, darüber gehen die neuern Forscher auseinander; dieselbe Ungleichheit zeigt sich bei

---

1) Weise Ztschr. f. Völkerpsych. 1880 S. 223.
2) Förstemann Ztschr. f. vergl. Sprachf. 3, 44.
3) Pott Etym. Forsch. 1. A. 1, XXXIV. M. Müllers Vorles. 1, 206. 364.
4) Der Name des alamann. Volkes *Bucinobantes* ist nicht aus *bucina* zu deuten, vielmehr aus dem deutschen *bôkin* (ahd. puochîn, fagineus, buchen); s. Grimm Gesch. d. d. Spr. 412.
5) Vgl. silicernium, Leichenmahl.
6) Zu diesen Wörtern vgl. A. Fleckeisens fünfzig Artikel.

suspītio, aus „suspicitio", und *suspīcio*, mit Vokallängerung von suspĭcere [1]). Die von Wackernagel wieder aufgenommene Ableitung der *formica* a *ferendo micas* (gleichs. Schleppekrümel) ist nur volksetymologisch, da sich im Griech. μύρμηξ mit dem ital. *βύρμαξ* (sanskr. valmika) dem Vergleiche darbieten [2]). Der Volksname *Treviri* lehnt sich an *tres viri*, ein römisches Beamtencollegium, mit dem er natürlich nichts zu thun hat, deutlich an; die richtige, aus dem Keltischen stammende Form lautet *Treveri* [3]). Daß der berühmte Dichter *Vergilius* (vgl. *Fεργ*) von griechisch Redenden zu seinem Verdrusse Parthenias genannt wurde, hängt mit der Entstellung seines Namens in den viel bekanntern Namen *Virgilius* zusammen. Die mlat. Benennung *agnus castus*, ins Nhd. übersetzt *Keuschlamm* (ein südital. weidenartiger Baum), gründet sich darauf, daß dem griech. Namen der Pflanze, ἄγνος, unter Verwechselung mit ἄγνος (rein, keusch) die lat. Erklärung *castus* beigeschrieben und darauf das griech. Wort als das lat. *agnus* (Lamm) gefaßt wurde [4]). Neben *pistris, pristis* (πρίστις, Art Walfisch) kommt auch *pistrix* vor, was sonst bekanntlich Bäckerin bedeutet. In die romanischen Sprachen ist ein mlat. Subst. *widerdonum* (altfrz. guerdon, ital. guiderdone) mit der Bedeutung „Vergeltung" eingetreten; da nun derselbe Begriff im Ahd. durch *widarlón* (gleichs. Wiederlohn) ausgedrückt wird, so liegt die Vermuthung nahe, daß jene halblateinische Form aus dieser deutschen entstellt worden ist [5]). Aus *strangulare* (vom griech. στραγγαλόειν) machte die Vulgärsprache durch Versetzung des einzigen Buchstaben *s* das ihr auf jeden Fall verständlichere *transgulare* (gula, Kehle). Ein Beispiel höchst ausgeprägter Umbildung und Umdeutung gewährt das neulat. Wort *baccalaureus*, in welchem sich der Lorber bedeutungsvoll geltend macht, während es im Mlat. *baccalarius* [6]) heißt, zunächst Besitzer eines größern Lehnguts,

[1] Vgl. Corssen Krit. Beitr. 12 fg. Schweizer in Kuhns Ztschr. f. vergl. Spr. 8, 303.

[2] Grimm Gesch. d. d. Spr. 229. Zeitschr. f. vergl. Spr. 3, 51, besonders 66 u. 67; das. 10, 382. Curtius Grundz. 340. Frommann 5, 456.

[3] Ztschr. f. d. Gymnasialwesen 1877 S. 32. Picks Monatsschr. 5, 35 fg.; vgl. Cic. ad Fam. 7, 13.

[4] Geiger Urspr. d. Spr. 1, 283. 284; vgl. Axt Progr. 32ª.

[5] Diez Et. Wtb. 1, 235.

[6] Aus *baccalarius* haben sich frz. *bachelier* und engl. *bachelor* (vgl. später *Hagestolz*) entwickelt; s. Diez Et. Wtb. 1, 41. Zu Anfang des 16. Jahrh. wurde von Humanisten 'bacillarius' geschrieben und das Wort von bacillum (Stab des baccalaureus) abgeleitet.

vielleicht für vaccalarius. Mehrfache Entstellungen und Umdeutungen hat der Name des *Mephistopheles* erfahren, ehe er sich in dieser Form festgesetzt hat: ursprünglich *Mephaustophiles* (Feind des *Faust*), sodann mit dem Gedanken an φῶς (φωτός) *Mephostophiles* (Feind des Lichts), ferner an „*mephitisch*" angelehnt, *Mephistophiles*, endlich die heutige Gestalt[1]). Der Berg *Pilatus* in der Schweiz heißt nicht nach dem bekannten römischen Landpfleger, obgleich die Sage sich auf ihn bezieht[2]), sondern ist der *Pileatus* (der Behutete). Flüchtige Schriftsteller[3]) schreiben 'concilium abeundi' statt 'consilium abeundi'.

Auf französischem Gebiete hat einmal Max Müller[4]) die Entwickelung einer Reihe von Formen aus dem Lat. unter Mitwirkung des Deutschen besprochen, namentlich *haut, hurler, huppe*, aus *altus, ululare, upupa*, mit dem *h* versehen im Hinblick auf *hoch, heulen, Wiedehopf* (holl. *hoppe*); ferner *feu (focus* und *Feuer), laisser (laxare* u. *lassen), tailler (talcare* u. *teilen*; vgl. mhd. teilieren); *gâter, guêpe*, von *vastare, vespa*, mit Einmischung und phonetischem Einflusse von ahd. *wastjan, wefsa*[5]). So guten Grund dies Urtheil zu haben scheint, ist ihm doch nicht in jedem Falle mit Bestimmtheit zu trauen; insbesondere muß entgegengehalten werden, daß es andere mit *h* beginnende frz. Wörter gibt, die in demselben Verhältnis zum lat. Ursprunge stehn, ohne daß zu ihrer Bildung deutsches *h* mitgewirkt haben kann, wie *huile, huit, huissier, huitre*, aus oleum, octo, ostiarius, ostrea. In noch anderer Weise als das bei uns gebräuchliche *Posamentier* aus dem frz. *passementier*, ist das frz. *passement* (Borte, Besatz), vorausgesetzt daß es keine selbständige Bildung von *passer* ist, aus dem ital.

---

1) Hierüber vgl. Hagemann in einem vortrefflichen Programm, Graudenz 1872. Der Verf. einer breiten Abhandlung in Herrigs Archiv Bd. 62 Heft 3 u. 4 gelangt zu dem Resultate, daß die ursprüngliche Namensform 'Hephästophilus' sei.

2) Osenbrüggen Culturhistor. Bilder a. d. Schweiz 74 fg. Globus XXXI (1877) No. 24 S. 380a. Hertslet Der Treppenwitz der Weltgeschichte (Berl. 1882) S. 14. Aus *Pontius Pilatus* machten, nebenbei bemerkt, mittelalterliche Mönche einen *pontischen Pilatus* (Nordd. Allg. Zeit. 1877 No. 120, Feuilleton).

3) Vgl. Wachenhusen, Die Hofdamen Ihrer Hoheit 1, 152.

4) Ztschr. f. vergl. Sprachf. Bd. 5 zu Anf.

5) Ueber einige der genannten Wörter äußert sich auch Diez in gleicher Richtung; vgl. ferner Fuchs Roman. Spr. 113. Scheler im Anhang zu Diez Et. Wtb. 4. A. S. 765.

passamano (wörtlich: geh durch die Hand) entstellt hervorgegangen[1]). Umgekehrt hat die frz. Sprache in *manicordion* (ein Saiteninstrument) das lat. *manus* aufgenommen; zu Grunde liegt nemlich μονόχορδον (Instrument mit nur éiner Seite), ital. monocordo[2]). Das frz. *sorbet* (süßer Kühltrank) und die übereinstimmenden Formen der andern roman. Sprachen stammen, wie es scheint, zwar aus dem orient. *scharbat, scharbet* (vgl. engl. sherbet neben sorbet), jedoch unter Einwirkung des lat. *sorbere*[3]). Großen Zweifel erregt die Annahme[4]), *prestidigitateur* (Taschenspieler, Gaukler) sei vom ital. *presto* u. *digito*, so passend diese Begriffe sind, gebildet, also ursprünglich nicht gleich *prestigiateur*, das zu *prestige* (Gaukelei) gehört; vielmehr dürften jene beiden Wörter erst später zur Erklärung hineingelegt worden sein, besonders da *prestigiateur*, welches die gewöhnlichen Handwörterbücher gar nicht bieten, auf den Begriff des lat. praestigiator eingeschränkt blieb. Das Wort *rouette*, welches oberflächlich an *roue* (Rad) erinnert, muß nach den altfrz. Formen reote, reorte, roorte als *retorte*, etwas Gedrehtes (v. retorquere), verstanden werden[5]). Ein ungemein ansprechendes Beispiel der Umdeutung im Altfranzösischen ist die Bezeichnung des Erlösers durch *roi amant* (liebender König), welcher Ausdruck durch die Formen 'roiament, raiement, raement, reement' auf das lat. *redimentem* (rédempteur) zurückweist[6]). Da *parapluie* und *parasol* dazu dienen gegen Regen und Sonne zu schützen, so könnte im Hinblick auf ursprünglich dem Griech. angehörige Wörter, welche mit denselben Silben beginnen, z. B. *paradoxe* (παρὰ δόξαν, wider Erwarten), die zwar sehr oberflächliche Vermuthung gehegt werden, jene frz. Benennungen seien auf gleiche Art zusammengesetzt, als ob die griech. Präposition sich mit einem romanischen Subst. bände: *parasol* kommt vom ital. *parasole* und *parapluie*[7]) folgt der Analogie, in beiden Wörtern liegt *parare* im Sinne von „abhalten" (vgl. „parieren", z. B. einen Hieb). Der Grund, weshalb *vilain*, das heute fast nur der aus dem Mittelalter herrührenden moralischen Bedeutung fähig ist, des doppelten *l* der

---

1) Weigand Wtb. 2, 401. Vgl. Diez Et. Wtb. 1, 309.
2) Diez 1, 281. Littré Dictionn. 3, 422ᵃ.
3) Koch Engl. Gramm. 3ᵇ, 203.
4) Vgl. Littré Dictionn. 3, 1304ᶜ.
5) Scheler im Anhang zu Diez Wtb. 729.
6) Von Prof. Tobler in Berlin nachgewiesen.
7) Die Italiener sagen dafür *ombrello* (vgl. engl. *umbrella*).

ital. und span. Form *villano* (auch engl. *villain*) ermangelt, läßt sich zwar auf das Altfrz., wo es ebenso geschrieben wurde, zurückführen, wahrscheinlich jedoch hat er durch den naheliegenden Gedanken an *vil* (lat. vilis) eine weitere Stütze gewonnen[1]). Der Name der peruanischen Pflanze *Sarsa parilla* (Sassaparille) lautet den Franzosen *salsepareille*, wo im ersten Gliede sich die Vorstellung von etwas Salzigem aufdrängt, wenn auch im zweiten das Adj. pareil kaum in Anschlag zu bringen ist. Weil es im Span., Altfrz., auch Altengl. *coronel*, nicht *colonel* heißt, so hat man jene Form für die ursprüngliche gehalten und sich auf „corona" bezogen; dem ist entgegenzuhalten, daß der Wechsel von *l* und *r* ein zu gewöhnlicher, für die Etymologie zu wenig bedeutender Vorgang ist, als daß die weit angemessenere Rücksicht auf „colonna" (Heersäule, Zug), welche bei der Form *colonel* waltet, beeinträchtigt werden könnte. Bekanntlich heißt dem Franzosen die Königin im Schachspiel *vierge*, als ob man sie sich unvermählt zu denken hätte; in Wahrheit steckt dahinter bloß die naheliegende Benutzung eines geläufigen Wortes, da die altfrz. Formen *fierge*, *fierche*, *fierce* auf einen ganz andern Ursprung zurückleiten, nemlich auf das persische Wort *ferz*, welches Feldherr bedeutet[2]). Ferner darf der Name, den der Turm in diesem Spiele führt, *roc* (mhd. daʒ roch, nhd. der Roche), nicht mit *roc* Fels, wie die Handwörterbücher zu thun pflegen, vermengt werden; er stammt gleichfalls aus dem Persischen, wo das Kamel, nach andern ein großer fabelhafter Vogel *rokh*, *roch* heißt[3]). In frz. deutschen Handwörterbüchern pflegt *flamme* im Sinne von Schnepper, Laßeisen, mit *flamme*, Flamme, verbunden aufzutreten: ob damit die Identität beider Wörter ausgesprochen werden soll, steht dahin; sicher aber ist, daß *flamme* als Werkzeug der bezeichneten Art vom lat. griech. *phlebotomus* (die Ader schneidend) herrührt, woher auch ahd. fliedima und nhd. *Fliete* stammen[4]). Von denjenigen, welche lat. und frz. verstehn, werden die meisten *foire* (Jahrmarkt) von *forum* (Markt) ableiten; unterdes lehren die Gesetze der Lautübergänge, daß dies nicht richtig sein kann: *foire* (ital. fiera, portug. feira)

---

1) Diez Et. Wtb. 1, 440.
2) Wackernagel Kl. Schr. I, 109.
3) Vgl. Weigand Wtb. 2, 503. E. Müller Et. Wtb. 2, 272. Wackernagel Kl. Schr. I, 110.
4) Diez 1, 178. Littré Dictionn. 2, 1690ᶜ. Auf *Fliete* gründen sich die Geschlechtsnamen *Fliedner*, *Flittner* (Aderlasser).

kommt vom lat. *feria* (Festzeit), da die Märkte an Feiertagen gehalten wurden¹). Bei *surplis* (engl. surplice), Chorhemd, liegt der Gedanke an „*pli*" (Falte) ziemlich nahe; das Wort steht aber für „surpelis" und hieß im Mlat. superpellicium, vermuthlich weil das Hemd ursprünglich über einem Pelzkleide getragen wurde²). *Brugnon*, eine dunkelfarbige Pfirsichart, Blutpfirsich, gehört zwar derselben lat. Quelle an wie *prune* (Pflaume), allein der Uebergang des *p* in *b* wird einen bestimmten Assimilationsgrund haben, der sich in dem Adj. *brun* (braun) findet; vgl. span. *bruno*, wilde, schwarze Pflaume³). In *vert-de-gris* (Grünspan) gibt *gris* (grau) keinen Sinn, die Erklärung als „viride aeris"⁴) wird schwerlich zutreffen, da die älteste Form „verte-grez" lautet, welche vielleicht aus „*vert aigret*"⁵) zu deuten ist. Der Name *vaudeville* ist eine anscheinend an „ville" angelehnte Entstellung aus *vau* (val) *de Vire*, Thal der Vire, eines Flüßchens in der Normandie, wo im 14. Jahrh. dergleichen seinen Anfang nahm⁶). Dem Adj. *mauvais* spricht Diez⁷) ursprünglichen Zusammenhang mit *mal* (lat. malus) ab und räumt nur Umdeutung ein: als passendes Etymon biete sich das got. Subst. *balvavêsei* (Bosheit). Die uneigentliche Präp. *selon* ist nach Diez⁸) aus Vermischung der lat. Wörter *secundum* und *longum* hervorgegangen. Neben *calfater* (kalfatern) wird auch *calfeutrer* gebraucht, wahrscheinlich im Hinblick auf „feutre", Filz⁹). *Poser* und *reposer* stammen nicht vom lat. „ponere", sondern vom spätlat. „pausare", scheinen aber mit ihrem *o* für *au* (vgl. das Subst. pause) Wörtern wie déposer, proposer u. a., denen ponere zu Grunde liegt, gefolgt zu sein¹⁰). In den Verbindungen „*chevalier errant*" (fahrender Ritter) und „*le juif errant*" (der ewige Jude) mag es überaus nahe liegen den Begriff „umherirren" als den wesentlichen vorauszusetzen und sich an *errer*, lat. errare,

---

1) Diez 1, 160. Vgl. Schmeller 1, 367.
2) Littré 4, 2102ᵇ.
3) M. Müller Ztschr. f. vergl. Sprachf. 5, 15.
4) E. Müller Et. Wtb. 2, 513.
5) Littré 4, 2466ᵇ: „le vert produit par l'aigre, l'acide".
6) Adelung Wtb. 2, 427. Diez Et. Wtb. 2, 432. Heyse Fremdw. 13. A. S. 951ᵇ. Littré 4, 2428ª.
7) Et. Wtb. 1, 262; vgl. Littré 3, 479ª. Scheler Anhang S. 723.
8) Et. Wtb. 2, 409. Gramm. 2, 455. Vgl. Littré 4, 1883ª. Förster in Gröbers Ztschr. f. roman. Phil. 1, 564. Scheler Anh. S. 773.
9) Scheler Dict. 48.
10) Diez Et. Wtb. 1, 310.

zu halten; aber der eigentliche Begriff ist doch ein andrer, nemlich „reisen", und dazu stimmt die durch die alte provençal. Form *edrar* vorzüglich gestützte Ableitung von mlat. *iterare*[1]). Der sprichwörtlichen Verbindung „querelle d'*Allemand*" (Streit ohne Grund) soll ein Misverständnis innewohnen: nicht der Volksname, sondern der Name der mächtigen, kampf- und rachsüchtigen Familie *Alleman*, welche im 12.—14. Jahrh. im Dauphiné lebte, liege zu Grunde[2]). Im Wörterb. leitet Diez *refuser* von *refutare* mit Berücksichtigung von *recusare*, während er früher in der Gramm. sich auf *refusare*, als vorauszusetzendes Frequentativ von *refundere*, bezogen hatte[3]). Aus *arangia*, dem mlat. aus dem Orientalischen gebildeten Namen der Frucht, welche im Ital. *arancio*, bei uns nach einer alten aus dem Mlat. herrührenden Zusammensetzung mit pomum *Pomeranze* heißt, ist den Franzosen *orange* geworden, offenbar angelehnt an *or*, mit Bezug auf die goldgelbe Farbe[4]). Die appellative Verwendung der Namen *Nicolas* (auch *Colas*) und *Nicodème* als Tropf, Gimpel, Einfaltspinsel scheint sich auf das gleichbedeutende *nigaud* zu stützen[5]). Zu der Bemerkung einer bekannten frz. Grammatik, die Form *écorce* sei „par une fausse assimilation" aus *cortex* hervorgegangen, als fienge das Etymon mit *sc* an[6]), genügt es auf das ital. *scorza* hinzuweisen, dem sich der Anlaut von *scorzare* (excorticare) mitgetheilt zu haben scheint. Mag die wahre Quelle der Benennung *Marzipan* noch unentdeckt sein[7]), in der frz. Form *massepain* stellt sich jedenfalls Anlehnung an *masse* oder *masser* heraus. Neben *mandragore* (Alraun) wird der daraus umgedeutete Name *main de gloire* gebraucht. Der zusammengesetzte Ausdruck *courte-*

---

1) Diez 2, 280. Scheler 118[b]. Littré 2, 1481.

2) Herrigs Archiv 43, 66. Littré 1, 110[c]. Büchmann Geflüg. W. (12. A.) S. 367. Heute spricht man auch von *querelles Allemandes* mit Bezug auf den Hang der deutschen Kleinstaaten einander zu verspotten; vgl. K. Braun Bilder a. d. deutschen Kleinstaaterei 1, 178.

3) Vgl. meinen Aufsatz im Jahrb. f. rom. u. engl. Spr. 12, 113. Scheler Anh. 729.

4) Diez Et. Wtb. 1, 28. Treffend gedenkt Hehn Kulturpflanzen S. 389 des Wortes „Goldorange" bei Goethe.

5) Ad. Tobler Zeitschr. f. vergl. Sprachf. 23 (N. F. 3) S. 419.

6) Schola z. B. ergibt école, scrinium écrin, Scotia Écosse.

7) Am meisten befriedigt die Deutung aus (lat.) *maza* (Teig, Brei); s. Nagel Franz. engl. etym. Wtb. 212. Heyse Fremdwörterb. 547[a]. Grimm Wtb. 6. 1692.

pointe (Steppdecke), in welchem das Adj. *court* (kurz) sich aufdrängt, geht aus *culcita puncta*, altfrz. *coulte-pointe*, hervor. Eine überaus glückliche Zurechtlegung ist *choucroute* (*chou*, Kohl; *croûte*, Kruste) aus *Sauerkraut* oder vielmehr niederd. „Sûrkrût". Das Adv. *toutefois* steht für *toutevoie* (ital. tuttavia, altfrz. toutesvoies, im 16. Jahrh. toutesfoys); *fois* und *voie*, ähnlich klingend aber unverwandt, berühren sich im Begriffe nahe[1]). Diez[2]) bemerkt, *accise*, indem man dabei an *accidere* (anschneiden) gedacht habe[3]), sei nur eine Abänderung von *assise*. Sonderbar heißt im Frz. ein Strickbeutel *ridicule*, gestaltet aus *réticule* (lat. *reticulum*, von rete), engl. reticule[4]). Das Wort *pertuisane* ist an *pertuiser* bloß angelehnt; dem persönlichen *partisan* (Parteigänger, Freibeuter) entspricht die ursprüngliche, vom Deutschen übernommene Form *partisane*[5]). *Prébende* und *provende* stehen sich nach Form und Bedeutung sehr nahe und können beide durch *Pfründe*, welches Wort auch etymologisch dasselbe ist, übersetzt werden; *prébende* (ital. prevenda) geht ersichtlich auf das lat. *praebere* (darreichen) zurück, und *provende* (ital. profenda) ist nur durch Einwirkung von *providere* (woher Proviant) davon getrennt worden[6]). Das niederd. *Bugspriet* hat sich in *beaupré* (ital. buonpresso) umgesetzt, wo zwei bekannte Wörter der Sprache entgegentreten, die hier freilich keinerlei vernünftige Beziehung zulassen. Das heutige *arrièreban* (Vasallenaufgebot) gründet sich auf das altfrz. *arban* (Frohndienst), welches für *harban* steht und aus dem fränk. lat.

---

1) Vgl. im Nordischen *gang* und *sind* für Mal.

2) Et. Wtb. 2, 202. Schon Adelung (Wtb. 1, 143) trägt im wesentlichen dieselbe Ansicht vor; vgl. auch Bech Germ. 18, 258. E. Müller Et. Wtb. d. engl. Spr. 1, 354. Nagel Franz. engl. etym. Wtb. 276[b]. Hare Fragments of two essays 2, 22. Dagegen trennen Scheler (Dict. 4[a]) und Littré Dict. 1, 30[a]) beide Wörter etymologisch. „Assisen" werden bei uns vom gemeinen Mann „Accisen" genannt (vgl. Accessor, in Berlin Aktzessor f. Assessor); Frisch Wtb. 1, 5[c] führt aus dem ältern Niederrhein. „Accinse" (wie von „Zins") an.

3) Vgl. ital. taglia und schweiz. Schnitz (Steuer).

4) Deutsche Volksmundarten haben sich des fremden Ausdrucks ebenfalls bemächtigt, und zwar mit neuer Assimilation als *Rittekiel* oder *Ritterkiel*; s. Schmeller Mundarten Bayerns 168. Wtb. 2. A. 2, 59. Wackernagel Umdeutsch. 50. Schütz Sieg. Sprachidiom 1, 19.

5) Diez Et. Wtb. 1, 308. Scheler Dict. 250[a]. Nagel Franz. engl. et. Wtb. 216[b].

6) Diez 1, 331, Nagel 136[b].

haribanum (Heerbann) entspringt[1]). *Bonheur* und *malheur* stammen zwar nicht von *heure* (vgl. „à la bonne heure" und besonders das volksthümliche „à la maleheure", unglücklicher Weise), sondern aus dem lat. *augurium* (Vorbedeutung); doch scheint sich die Form *heur* für *eur* (altfrz.) nicht ohne einen Blick auf *hora* festgesetzt zu haben[2]). Zu der umdeutenden Gestaltung des Wortes *lendore* (Faulpelz, Schlafmütze), welches mit andern mundartlichen Formen vom mhd. und nhd. (dial.) *lendern* (langsam gehn, schlendern) abgeleitet wird, hat der Gedanke „*il endort*" Anlaß gegeben[3]). Wie es auch mit dem merkwürdigen Namen *chantepleure* (Seihtrichter, Abzugsloch, wohl kaum Gießkanne), der sich als Zusammentritt zweier Imperative darstellt, eigentlich beschaffen sein mag[4]): so viel leuchtet ein, daß hier eine der kühnsten und auffallendsten Umdeutungen vorliegt, die gleichwohl keinen besonders schicklichen Sinn zu offenbaren scheint. Euphemistisch rufen und betheuern die Franzosen mit *mortbleu*[5]) und *parbleu*[6]), wo *bleu* mit der blauen Farbe an sich nichts zu schaffen hat, obgleich früher so erklärt wurde, sondern durch „*bieu*" aus *dieu* hervorgegangen ist: *mortbleu* bedeutet *mort de dieu*, *parbleu par dieu*; daneben begegnen auch *corbleu* (corps de dieu), *sambleu* (sang de dieu), *ventrebleu*, *vertubleu*. In *ventre-saint-gris* steht das letzte Wort f. *Denis*. Die Interj. *dame* hat nichts mit „dieu me damne" zu thun, es wird damit auch nicht der Name der heiligen Jungfrau angerufen, sondern *dame* entspricht dem lat. Vocat. *domine*; vgl. altfrz. damedieu[7]). In Goethes Aufsätzen zur deutschen Literatur erscheint als einziges Beispiel der Verwandlung eines deutschen Wortes durch frz. akademische Jugend das Wort *verjus*, worunter sonst der Saft unreifer Trauben oder die Sauertraube

---

1) Diez 1, 51. Littré 1, 202ᵃ. Scheler Anh. 708. Schiller bedient sich im Tell noch der alten Form *Heribann*.

2) Vgl. Diez 1, 39. 295. M. Müller Vorles. 2, 228.

3) Diez 2, 346. Littré Dict. 3, 276ᶜ trägt dagegen Bedenken.

4) Außer Diez und Scheler vgl. insbesondere Wendler im Zwickauer Progr. 1865 S. 27; neuerdings hat A. Tobler (Sitzungsberichte der Berl. Ak. d. Wiss. 1882, XXVI, 15) das Wort besprochen und die Uebertragung desselben auf Personen im Altfranz. nachgewiesen.

5) In südd. Volksprache (Lichtenstein, von Hauff) wird „mortbleu" verdeutscht: „Mordblei".

6) Aus diesem Worte ist *Parapluie* in dem Ausruf „Donnerwetter Parapluie!" entstanden; s. Büchmann Geflügelte W. 142.

7) Diez Et. Wtb. 2, 262. Gramm. 2, 461.

verstanden wird, zurechtgelegt aus der unter deutschen Studenten allgemein üblichen derben Benennung für das feiner klingende Verruf; von andrer Seite[1]) wird mitgetheilt, daß umgekehrt das deutsche aus dem frz. Worte abgeleitet werde. Es gibt eine Birnart in Frankreich, welche *bon chrétien* (Christbirne, Apothekerbirne) heißt; dieser Name soll aus *panchreste* hervorgegangen sein[2]), nach andern[3]) aus *bona Crustumina* (pirum Crustuminum). Diez macht darauf aufmerksam[4]), daß *par* in der Formel „de *par* le roi" (im Namen des Königs) aus *part* (von Seiten) entstellt sei; dieses *par* wird übrigens auch in andern Verbindungen gebraucht, z. B. „de *par* le principe des nationalités". Anstatt *ecstase* (ἔκστασις) lautet es frz., im Hinblick auf die zahlreichen mit *ex*- beginnenden Fremdwörter, *extase*[5]), eine Form die auch vielen deutsch Redenden, jedoch mit Unrecht, mund- und schriftgerecht zu sein pflegt. *Charlemagne* gründet sich auf *Charlemaine* (Karlman) und ist erst später als *Carolus magnus* ausgelegt worden[6]). Die zweite Silbe der Städtenamen *Honfleur, Barfleur, Harfleur* hat nichts mit *fleur* (Blume) zu schaffen, ist höchstens hieran angelehnt; im Altfrz. zeigen sich Formen (-fleu, -flo, -flue), welche auf lat. „fluctus" zurückgehen. *Bonmoutier* in Lothringen hieß ehedem *Bodonis* (nicht *Bonum*) *Monasterium*[7]); *Tonnerre* und *Nanterre* sind aus *Ternodurum* und *Nemetodurum* entsprungen, *Arqueneuf* aus *Riconorus*; die alten Oerter *Castellum Vandalorum, Castrum Radulfi, Sanctus Pancratius, Sanctus Medardus* heißen heute *Casteljaloux, Châteauroux, Saint-Branches, Cinq-Mars*[8]). Mit Benutzung zweier deutlichen frz. Wörter soll aus *Reinbert Holm* in der Normandie *Robehomme*, aus *Die Annakapelle* in Lothringen *Diane-la-Chapelle* geworden sein[9]). Bei Grenoble befindet sich ein Turm, von dem es heißt, daß giftige Thiere in

---

1) Gräße Bierstudien 137.

2) Scheler Dictionn. 57ᵃ. In Schlesien sagt man *Punkatine* (Gleim Progr. Breslau 1853 S. 24), anderswo *Pankratiusbirne*.

3) Heyse Fremdwörterb. 118ᵃ. Hare Fragments 1, 25.

4) Et. Wtb. 2, 383. Vgl. Scheler 247ᵇ. Littré Dict. 3, 934ᶜ.

5) Vgl. engl. extasy, doch besser ist ecstasy.

6) Grimm Gramm. 2, 463. Ztschr. f. vergl. Spr. 23, 378. Vgl. *Champagne* aus *Campania*, früher auch *Champaigne* geschrieben.

7) Anzeiger f. Kunde der deutschen Vorzeit 1877 S. 111.

8) Quicherat, De la formation française des anciens noms de lieu (Paris 1867).

9) Hamburg. Corresp. 1878 No. 244 Beil.

seiner Nähe sterben müssen, „la tour *sans venin*"; der wirkliche Name ist aber „tour *San Verena*" oder „tour *Saint Vrain*"[1]). Victor Hugo[2] erzählt von einem alten Turm in Paris, „la Tour-Roland", welcher eine schwarze, feuchte und finstere Zelle oder Höhle, als Wohnort einer vornehmen, trauernden Dame, enthalten habe; über dem Fenster dieser festvermauerten Zelle sei die kurze lat. Devise „*Tu, ora*" (du, bete!) zu lesen gewesen, allein das Volk habe dies nicht verstanden und in *Trou-aux-rats* (Rattenloch) umgesetzt. Ein dritter Turm, la tour de *Constance* im südlichen Frankreich, wird theils von der örtlichen Ueberlieferung theils von der Alterthumssucht mit Kaiser *Constantius* in Verbindung gebracht, führt aber in Wahrheit seinen Namen von *Constance*, Gattin des Grafen Raymund VI. von Toulouse[3]). Ein Berg bei Kochern (Lothr.) wurde von den dortigen Umwohnern früher stets *Herappel* (wahrsch. keltisch) genannt; hieraus hat die gelehrte Etymologie das pseudogriech. *Hiéraple* (angeblich eine römische Stadt Hierapolis) gemacht, welche bisher in officieller Geltung geblieben ist[4]). Den engl. Feldherrn *Wellington* sollen die Franzosen *Vilainton* genannt haben; daß der Beherrscher Persiens vor wenig Jahren in den Straßen Brüssels mit „Miau!" begrüßt wurde, beruht auf dem Gleichklange von *schah* (Schach, König) und *chat* (Katze[5]). *Amandier* (Mandelbaum) wird in Paris scherzhaft der Theaterregisseur genannt, der die *amendes* (Strafgelder) einzuziehen hat[6]). In Paris heißt eine Straße Rue St. André *des Arts* (Künste), früher aber Rue *des Arcs* (Bogen); aus dem alten Namen der Rue *des Oues* (d. h. oies, Gänse) wurde, als derselbe nicht mehr verständlich war, Rue *des Ours* (Bären) gemacht[7]). Die Geschichte wird es verzeichnen müssen, daß im Jahre 1878 durch Dekret des Präsidenten die Rue *d'Enfer* zu Ehren des Vertheidigers von Belfort in eine Rue *Denfert* verwandelt

---

1) Max Müller Vorles. 2, 401.
2) Notre-Dame de Paris T. 2 L. 6 Ch. 2.
3) Köln. Zeit. 1879 Nov. 10 Bl. 1.
4) Anzeiger f. Kunde d. d. Vorzeit 1877 S. 361 fg.
5) Nationalzeitung 1876 No. 447. Das Berliner Volk nannte diesen Monarchen, vielleicht im Hinblick auf sein häufiges Spucken, mit Umdeutung seines Namens Nassr-Eddin: Nasser Ede (Eduard); vgl. Der richtige Berliner S. 15$_b$.
6) Lindaus Gegenwart 1876 Nr. 34.
7) Mittheilung des Dr. Ulrich in Winterthur, nach Ménage Dict. 296 . 543$_b$.

worden ist. Aus „*Hellengasse*" (nach einer Familie „zur Hellen") ist in Straßburg „*rue S. Helène*" hervorgegangen¹). Dem berühmten *Montmartre* in Paris liegt die aus *Mons Mercurii* erwachsene Form *Montmercre* zu Grunde²). In der sprichwörtlichen Redensart: „parler français comme une *vache* espagnole" scheinen die *Basken*, die auch *Vasken*, *Waschen* heißen, gemeint zu sein³). Der volksmäßige Name des Kibitz, *dix-huit*, gründet sich auf *tiwit* (kiwit), wie der Vogel in deutschen Dialekten heißt⁴). Wenn in frz. Apotheken „de l'huile *d'Henri cinq*" gefordert wird, so reicht der Apotheker, der diese Verdrehung kennt oder kaum merkt, „de l'huile *de ricin*" (Ricinusöl). In Wien existirte bis vor nicht langer Zeit eine *Schiffbank*, so genannt nach einem Banquier Schiff; ein belgisches Finanzblatt übersetzt: *banque maritime*⁵). Als im J. 1865 die Bildsäule des *Vercingetorix* bei Alise-Sainte-Reine aufgestellt wurde, bekreuzten sich die Bauern vor dem neuen Heiligen, dem *Saint Gétorix*⁶). Der letzte Krieg hat vielerlei zu Wege gebracht, was der frz. Volksetymologie angehört, z. B. *amnistie* für *armistice*, *cachemate* (wohin man sich verkroch) f. *casemate*; die Soldaten der deutschen *Landwehr* wurden von den Bauern als *langues vertes* bezeichnet⁷), der preuß. Präfekt *v. Brauchitsch* galt unterm Volk als Mr. *Bronchite*⁸). *Gambetta* hieß seinen Landsleuten nach den Zeitungen anfangs *Grandbetta*, nach seinem Sturze aber *Grandbéta*⁹). Ueber dergleichen witzige oder scherzhafte Einfälle der neuern Zeit ragt ein älteres Beispiel bei weitem hervor: Als im Jahre 1815 die verbündeten *Russen, Oester*-

---

1) Im neuen Reich 1873 No. 2 S. 54.

2) Quicherat S. 59; vgl. Pott Personennamen S. 30.

3) Merkwürdigerweise wird die Redensart, einer Mittheilung des Oberlehrers Fuss in Bedburg zufolge, auch am Niederrhein gehört: „Hä sprich fränsch wie de Koh spänsch".

4) Hildebrand in Grimms Wtb. 5, 658.

5) Kreuzzeitung 1877 Beil. zu No. 211. Dergleichen ließe sich manches aus ältern und neuern Zeiten beibringen; recht artig sind z. B. *l'idole de Berlichingen* (*Götz v. B.*), *académie des singes* (Singakademie); s. Berliner Krakehler 14. Sept. 1848.

6) Schmidt Progr. Minden 1873 S. 23.

7) *Langue-verte* pflegt man den Pariser Argot (Volksdialekt) zu nennen; s. Gegenwart 1878 No. 43 S. 268ᵃ.

8) Gaidoz Revue polit. et litt. 1874 No. 35 p. 831ᵇ.

9) Einem ähnlichen Witze haben sich nach einem Zeitungsberichte die Türken in ihrem letzten Kriege überlassen: Mukthar Pascha wurde zuerst „Ghazi", der Siegreiche, später aber „Gaz", die Gans, genannt.

reicher und *Preußen* in Paris einzogen, hieß es: 'les *rustres*, les autres *chiens* et les *plus chiens*'¹). Den Beinamen des Prinzen Jerome Napoleon, *Plon-Plon*, hat man oft auf seine Theilnahme am Krimfeldzuge zurückgeführt, wo er überall *plomb! plomb* (Blei, Kugel) gewittert habe: sehr viel wahrscheinlicher lautet die aus Würtemberg stammende Nachricht, daß der Prinz selbst als Kind sich *Plon, Plon*, d. h. Napoleon, genannt habe und so auch von dem würtemb. König Wilhelm, seinem Oheim, oft gerufen worden sei. Die Namen verschiedener Heiligen und Schutzpatrone werden mit Anspielung auf Wörter, deren Begriffe mit ihnen in Beziehung stehen, angerufen und bisweilen verdreht: *S. Claude* soll das Hinken (la *claudication*) heilen; *S. Claire* macht hell sehn; *S. Lucie* heilt Blinde; *S. Liénard* (Leonhard) befreit (*délie*) zusammengewachsene Kinder, auch wohl Gefangene; *S. Mamertus* geht in *S. Mammaire* über (mammaire ist Adj.; vgl. mamelle, weibliche Brust, lat. mamma) und wird Schutzpatron der Ammen²). Die heutigen Erzrepublikaner, Radikalen, werden von ihren Gegnern la *radicaille* genannt; vgl. *racaille* und *canaille*. Französische Schulkinder pflegen ihre *grammaire* (Grammatik) als ihre *grand'mère* (Großmutter) scherzhaft zu bezeichnen. Folgende rebusartige Schilderung der durch den letzten Krieg Frankreichs gegen Deutschland hervorgebrachten französischen Zustände ist der Prager 'Bohemia' im Jahre 1872 zugegangen: La nation française = A. B. C. (*abaissée*) la gloire = F. A. C. (*effacée*), son armée = D. P. C. (*dépecée*), les places fortes = O. Q. P. (*occupées*), deux provinces = C. D. (*cédées*), le peuple = E. B. T. (*hébété*), les lois = L. U. D. (*éludées*), la justice = D. C. D. (*décédée*), les juges = H. T. (*achetés*), la liberté = F. M. R. (*éphémère*), le credit = B. C. (*baissé*), les denrées = E. L. V. (*élevées*), la ruine = H. V. (*achevée*), la honte seule = R. S. T. (*est restée*).

In der englischen Sprache spielt, wie schon gesagt, der etymologisierende und assimilierende Trieb des Volksgeistes eine sehr bedeutende Rolle. Die Wörter und Ausdrücke, die er seiner bald ernsthaften bald humoristischen Gestaltung und Deutung unterworfen hat, gehören, wie sich erwarten läßt, nur zum Theil der Schriftsprache an, ein andrer beträchtlicher Theil derselben wagt es nicht oder nur selten über die Grenzen der Volksprache

---

1) Treitschke Deutsche Gesch. im 19. Jahrh. 1, 540.
2) Nach der Börsenzeitung (4. Dec. 1872) mitgetheilt von Herrtlet in Berlin.

zu schreiten. Genauere Bekanntschaft wird ausweisen, zu welcher Art einzelne weniger übliche Auslegungen zu rechnen seien; hier genügt es eine Reihe von Erscheinungen ohne eingehende Prüfung des Charakters oder der Ausdehnung ihres Gebrauches vorzuführen. Was der Franzose *redoute* nennt, heißt dem Engländer *redoubt*, worin der Ursprung aus dem lat. reductus nicht mehr erkennbar ist, offenbar also eine Anlehnung an *redouter* (redubitare), als wäre es eine Schreckschanze statt eines Rückzugsortes. Das dem deutschen *Krebs* entnommene frz. *écrevisse* hat sich zu *crawfish*, *crayfish* und *crabfish* gestaltet, wodurch nicht allein an *fish* sondern auch an *craw* (Kropf), *crawl* (kriechen, krabbeln) und *crab* (Krabbe) erinnert wird. Obschon *island* dem ags. *eáland* (vgl. später *Eiland*) entsprungen ist, kann doch die erste Silbe, besonders das *s* derselben, nur aus dem Einfluß romanischer Formen des lat. *insula* (frz. isle, it. isola) erklärt werden[1]). Das *a* des Adj. *female* (weiblich), welches dem Vokal des frz. *femelle* (lat. femella), woher das Wort zunächst stammt, widerstreitet, wird seinen Grund in der Angleichung an den Gegensatz *male* (männlich) haben[2]). Ein Vergleich mit dem ags. *stigráp* (ráp, engl. rope) legt die Vermuthung nahe, daß die Form *stirrup* (Stegreif, Steigbügel) im Hinblick auf *up* (auf), vielleicht auch *stir* (bewegen) eingetreten sei[3]). Das Wort *orchard* (Obstgarten) läßt die ursprüngliche Zusammensetzung mit „Garten" nicht erkennen, sondern auf auslautendes -*ard* schließen; es entspricht dem got. *aúrtigards*, womit Ulfilas κῆπος überträgt[4]), und heißt im Ags. *ortgeard* (ort, nord. urt, Kraut). Den Papagei nennen die Engländer mit ersichtlicher Anlehnung an *pope* (Pabst) und *jay* (Holzheher) *popinjay*, wodurch auch der Schützenvogel bezeichnet wird. Man hüte sich zu meinen, daß *waistcoat* mit *Weste*, was es allerdings oft bedeutet, etymologisch zusammenhange; *waist* ist Wuchs (Taille), gehört zu *wax* (wachsen) und steht dem got. *vahstus* (statura) ganz nahe[5]), während *Weste* (frz. veste, auch engl. vest) aus dem lat. *vestis* (Kleid) hervorgegangen ist. Ein Vergleich des engl. *welcome* mit

---

1) E. Müller Et. Wtb. 1, 534. Ztschr. f. vergl. Spr. 23, 379.
2) Mätzner Engl. Gramm. 1, 242. Nagel Frz. engl. et. Wtb. 99ᵇ.
3) E. Müller 2, 405. Ztschr. f. vergl. Spr. a. a. O.
4) Grimm Gramm. 2, 62. Gesch. d. d. Spr. 715.
5) Grimm Gr. 2, 12. Diefenbach Wtb. der got. Spr. 1, 230. E. Müller Et. Wtb. 2, 521. Dialektisch begegnet „Wasthm" (Wuchs, Statur) aus „Wachsthum" (Reinwald Henneberg. Idiot. 2, 137).

dem deutschen *willkommen* zeigt an der ersten Stelle der Zusammensetzung zwei verschiedene Wörter; durch das ags. *vilcuma*, welches dem altd. *wilicumo* entspricht, wird jedoch die ursprüngliche Uebereinstimmung, zugleich die Anlehnung der engl. Form an *well* (wohl) dargelegt. Das frz. *frontispice* hätte ins Engl. unverändert aufgenommen werden können; es heißt aber *frontispiece*, weil *piece* (Stück, frz. *pièce*) sich aufdrängte. Daß die ältere Schreibung *sent* (Geruch), aus frz. *sentir*, der Form *scent* gewichen ist, scheint von „ascent" und „descent", obschon deren Bedeutung so fern wie möglich liegt, veranlaßt worden zu sein [1]). Aus dem frz. *migraine* ist im Engl. *megrim* entstanden, wo das allen germanischen Sprachen eigene Wort *grim* [2]) entgegentritt. Der Pflanzenname *fox-glove* (Fingerhut) soll früher *folk's glove* (the good people's glove) gelautet haben, weil sich die Blume verneigt, wenn die Elfen vorbeiziehn [3]). Weder mit *counter* noch mit *pane* hat *counterpane* (Steppdecke) etymologisch etwas zu schaffen; zunächst dürfte es für das daneben gebrauchte *counterpoint* stehen, welches seinerseits auf das gleichbedeutende frz. *courtepointe* (S. 31. 32) zurückweist [4]). *Query* (Frage, fragen) gehört nicht zu den Subst. mit ableitendem -y, sondern ist der Aussprache des lat. Imperat. *quaere*, der im Engl. auch begegnet, nachgeschrieben [5]). Nach den Wörterb. heißt der Johannis- oder Juniapfel außer *John-apple* u. *apple-John* auch *Juneating* (June's eating), *Junetin, jenneting* und endlich vollkommen entstellt und an einen andern lat. Wortstamm (vgl. genitive, genitor, geniture) angelehnt, *geniting*. Der Name *cudbear*, rother Indigo, zeigt zwei Wörter der Sprache ohne irgend einen Zusammenhang; die rein formelle Assimilation gründet sich auf willkürliche Verdrehung aus dem Namen desjenigen, der diese Farbe zuerst in England eingeführt hat, Dr. *Cuthbert* Gordon [6]). In der Benennung *Jerusalem-artichoke* (Species von Helianthus tuberosus) ist der Name der orientalischen Stadt aus dem ital. *girasole* (Sonnenblume) entstellt [7]). Obgleich die engl. Sprache aphäretische Formen in Menge besitzt, z. B. story aus history,

---

1) Hare Fragments 2, 5. E. Müller Et. Wtb. 2, 297.
2) Vgl. „old Mr. *Grim*" für den Tod.
3) Hoppe Suppl. Lex. 162[a].
4) E. Müller Et. Wtb. 1, 242.
5) Hoppe 328[a].
6) H. Kindt in Neustrelitz brieflich.
7) Globus XXXI No. 24 S. 378[b].

drake aus andrake, so bleibt doch nicht ausgeschlossen, daß in dem aus dem frz. hydropisie (Wassersucht) überkommenen Worte *dropsy* (die Gelehrten sprechen hydropsy) der Gedanke an *drop* (tropfen) mitgewirkt habe. Die Pflanze *febrifuga* heißt noch im Ags. *feferfuge*, im Engl. aber mit Assimilation des zweiten Wortes *feverfew*; allein dabei ist es nicht geblieben: Volksdialekte kennen auch die vollständigen, an bekannte Wörter der Sprache angelehnten Verdrehungen *featherfew, featherfoil, featherfowl*[1]). Ein merkwürdiges, noch nicht enträthseltes Wort zunächst der schott. Vulgärsprache, *hagmane* oder *hogmanay* oder *hogmenay*, für den letzten Tag des Jahres[2]), hat seinen Weg auch nach England gefunden, und hier sind es insbesondere arme Kinder und junge Leute, welche von Thür zu Thür gehend und um eine Neujahrsgabe bittend jenes Wort ausrufen, es sich aber gewöhnlich als „*hog-money*" (Schweinsgeld) verständlich machen. Außer „bat" und „racket" heißt im Engl. das Ballholz oder der Ballschläger auch *battle-dore* u. *battle-door*, mit Angleichung hervorgegangen aus nicht verstandenen roman. Wörtern, namentlich frz. *batadour* (Schlagstein im Puffspiel) und span. *batador* (Waschbleuel), die vom mlat. batuere (schlagen) stammen[3]). Die Benennung *wormwood* für *Wermut* ist unbestritten eine Umdeutung aus der alten Form dieses Wortes, ags. vermôd, vormôd; sie stützt sich zugleich darauf, daß diese Pflanze in der That als Mittel gegen Würmer gebraucht wurde[4]). Neben *asparagus*, wie die Gebildeten den Spargel nennen, gilt auch *sparrowgrass*[5]), gleichsam Sperlinggras, was zwar keinen rechten Sinn gibt, aber doch an zwei bekannte Wörter anklingt. *Buchweizen* übernimmt der Engländer als *buckwheat*[6]); *buck* heißt aber der Bock, die Buche beech. Der auffallende Name *caterpillar* für die Raupe entspringt mit formeller Anlehnung an andere Wörter aus dem altfrz. *cate pelue*[7]). Die

---

1) Von Prof. Aufrecht mitgetheilt.

2) Vgl. Jamieson Scott. Diction., wo der Artikel ausführlich behandelt worden ist.

3) Nagel Frz. engl. etym. Wtb. 21b.

4) Die Holländer haben sich aus demselben Grunde *wormkruid* (Wurmkraut) geschaffen.

5) Bloßes *grass* (f. Spargel) verzeichnet Hoppe Suppl. Lex. 181b.

6) Aus dem niederd. „bôkwêten" haben, wie M. Höfer Et. Wtb. 2, 17 meldet, einige Schriftsteller ein hochd. „Bockweizen" gemacht. Im ältern Nhd. kommt eine andere Umdeutung vor: *Bauchweizen*.

7) E. Müller 1, 180. Scheler Anhang S. 756.

Annahme, *peruse* (durchlesen) sei mit *use* und der lat. Präp. *per* zusammengesetzt, oder aus *per* u. *usus* entstanden, lautet in hohem Grade bedenklich, zumal da im Lat. nicht einmal „peruti" oder etwas Aehnliches existiert; daher läßt sich die Vermuthung[1]), daß die Schreibung *peruise* (lat. pervisere) den Misgriff verursacht habe, wohl hören, obgleich dagegen wieder einzuwenden ist, daß Entstellungen solcher Art nicht durch das Auge sondern durch das Ohr herbeigeführt zu werden pflegen. Wer unter uns oberflächlich den Namen des engl. Witzblattes *Punch* betrachtet, wird leicht irrthümlich irgend welchen Zusammenhang mit dem im Engl. homonymen Namen des Getränkes (Punsch) voraussetzen; der persönliche Ausdruck *punch* bedeutet Hanswurst und fußt auf dem ital. *pulcinella* (frz. polichinelle). In *curfew* (Abendglocke) bieten sich wieder zwei deutliche Wörter der Sprache, *cur* und *few*, phonetisch dar; *curfew* entspringt aus dem frz. *couvre-feu*, Zeichen das Feuer auszulöschen (mlat. ignitegium). Eine sehr hübsche Umdeutung, bei welcher die formelle Assimilation durch das Gefühl der Begriffsverwandtschaft in hervorragender Weise gestützt wird, ist *furbelow* (wörtlich: Pelz unten) aus dem rom. *falbala*, Falbel, Falten-, auch wohl Pelzbesatz am Kleide[2]). Zwischen *currant* (Johannisbeere) und *corinth* (Korinthe) wird unterschieden; allein jenes Wort, worunter im Handel auch Korinthe verstanden wird, geht wie dieses aus dem frz. *corinthe* hervor. Mittelst verschiedener Uebergangsformen entspringt aus *paragraph* (frz. parafe) *pilcrow*, Zeichen eines neuen Paragraphen im Druck[3]). *Handicraft, handiwork*, die beide wesentlich dasselbe bedeuten (Handarbeit), lassen, zumal da statt *i* auch *y* in der Schreibung auftritt, Zusammensetzung mit dem Adj. *handy* vermuthen; aber jenes *y* vertritt, wie in andern Fällen die ags. Vorsilbe *ge-* der Wörter *handgecraft, handgeveorc*[4]). Der engl. Name der Meise, *titmouse*, gründet sich auf ags. *tit* (klein) und *mâse* (Meise), welches letztere mit *mouse* (ags. mûs, Maus) verwechselt wurde[5]). Ohne Zweifel

---

1) Herrigs Arch. f. d. Stud. d. n. Spr. 29, 462. Vgl. Koch Gramm. 3b, 194. Bartsch Germ. 22 S. 106.

2) E. Müller Et. Wtb. 1, 419. Koch Gramm. 3a, 162. Mit Unrecht zieht Schmeller (Wtb. 1, 526) das engl. *velvet* (vgl. E. Müller Et. Wtb. 2, 511) zu Falbel, falbala.

3) Koch a. a. O. E. Müller 2, 180.

4) E. Müller 1, 488. Von ganz andrer Art ist *handicap* (bei Spielen und Wetten), worüber Hoppe Suppl. Lex. 63a u. 190a ausführlich handelt.

5) Vgl. Koch 3a, 100. E. Müller 2, 471.

darf, wie im Deutschen „*Dornbutt*"[1]), so im Engl. *thornbut* als eine Umdeutung aus *turbot* (holl. tarbot), Steinbutt, betrachtet werden[2]). Der im Börsenverkehr auch bei uns bekannte Plur. *consols* ist aus *consolidated annuities* verkürzt[3]). Das frz. *besace*, *bissac* (bisaccium, Zwietasche, Doppelsack), assimiliert sich die Volksprache als *bysack* (Quersack), als wäre es ein Nebensack, was ja ganz guten Sinn gibt. Weil es nach dem Volksglauben am Pfingstmontag zu regnen pflegt, wird dieser Tag, dessen richtiger Name *whit-monday* ist, häufig wortspielend *wet-monday* genannt. Der 26. Dec. heißt *boxing-day*, nicht etwa des Boxens wegen, welches hie und da in den spätern Stunden vorkommen mag, sondern der Christmas-*boxes* wegen, d. h. der Weihnachtsgeschenke, welche an diesem und den folgenden Tagen verabreicht werden[4]). Für das *Passah* oder *Passahfest* gilt allgemein der Ausdruck *passover*, eine ganz vorzügliche Zurechtlegung, mit Bezug darauf, daß der Würgengel vorbei-, vorübergeht (vgl. to *pass over*); oder wuste man, daß in dem hebräischen Worte dieselbe Bedeutung liegt? Daß es *excise* heißt, nicht *accise*, hat wohl noch einen andern als bloß phonetischen Grund (vgl. accident, access); die Geläufigkeit der mit *ex-* beginnenden Wörter wird jene Form wesentlich begünstigt haben. *Mushroom* (Pilz) hat sich der Engländer aus dem frz. *mousseron* (Moospilz) angeeignet[5]); *mush* bedeutet nach den Wörterb. Maisbrei, *room* bekanntlich Raum, Zimmer. Dialektisch heißt der Dreschflegel, der in England einen viel kürzern Stock hat als bei uns, *anstiff*, welches der nachlässigen Aussprache gemäß f. „handstiff" steht; die zu Grunde liegende Form *handstaff* (Handstab) aber, deren zweiter Theil zu „stiff" (steif) geworden ist, bedeutet in der Schriftsprache keineswegs einen Flegel (flail), sondern einen Wurfspieß[6]). Wie es scheint, ist *trainoil*, *Thran* (holl. traan), mit dem deutschen Worte zusammengesetzt, an *train* folglich nur angelehnt. *Belfry* (Glockenturm) erinnert an *bell* (Glocke), entspringt aber aus mlat. *belfredus*, berfredus (Kampfturm). *Cannel-coal* (Kännelkohle) ist entstellt

---

1) Grimm Wtb. 2, 1293.
2) Koch 3ᵇ, 125.
3) E. Müller 1, 233. Koch 1, 223.
4) Köln. Zeit. 1878 No. 359 Bl. 2.
5) Das verkürzte *mush* wird im Slang für Regenschirm gebraucht (Aehnlichkeit der Form); s. Hoppe Suppl. Lex. 267ᵇ.
6) Mittheilung des Prof. Aufrecht.

aus *candle-coal*, welcher Name sich darauf bezieht, daß diese hellbrennende Kohle an den Fundorten von ärmern Volksklassen zur Beleuchtung benutzt wurde; eine weitere Umbildung liegt in *canal-coal*, begünstigt etwa durch *sea-coal* (Steinkohle). Neben *lantern* existiert die Form *lanthorn*, wohl mit Beziehung darauf, daß die Seiten mancher Laternen, vorzüglich Stallaternen, nicht aus Glas sondern aus Horn bestanden, hie und da noch heute auch bei uns bestehn, während die Silbe *lant* einigermaßen an *lamp* erinnert[1]). Da mit *cockney* ein Schlaraffe, Zierbengel u. dgl. gemeint wird, so liegt der Gedanke an *cock* (Hahn) nicht ganz fern; zunächst aber ist das Wort dem frz. *cocagne*, mlat. *cucania* (Schlaraffenland) gefolgt, welches aller Wahrscheinlichkeit nach von „Kuchen" stammt, insofern die Häuser in diesem Lande mit Kuchen gedeckt sind[2]). *Cutlas* (Hirschfänger) und *cutler* (Messerschmid), so sehr sie an *cut* (schneiden) anklingen, haben doch einen ganz andern Ursprung, nemlich frz. *couteau* (lat. cultellus). Der Blumenname *primrose*, die Primel, ist aus dem frz. *primerole* im Hinblick auf *rose* umgedeutet worden. Auch im Engl. hat die fremde Benennung *Marzipan* Assimilation erfahren, welche diesmal nur in einem bedeutungslosen Anklang an ein heimisches Wort besteht: in *marchpane* liegt der bloße Name *March* (März), kaum mehr. Wie im Frz. ist ferner die Zauberwurzel *mandragora* mit Benutzung zweier andern Wörter umgebildet worden, und zwar als *mandrake*. Der später mitzutheilenden Umdeutschung *Liebstöckel* aus ligusticum, levisticum vergleicht sich das an *love* (Liebe) angelehnte engl. *lovage*. Die für zauberhaft gehaltene Eberesche führt gewöhnlich nicht den ursprünglichen Namen *rountree* (ags. rûn, Rune), sondern den wahrscheinlich mit Rücksicht auf die Farbe der Beeren (roan, röthlich grau) umgedeuteten Namen *roantree*[3]). Das aus dem gr. $\dot{\alpha}\pi\acute{o}\sigma\tau\eta\mu\alpha$ (Geschwür) gebildete frz. *apostumer* (schwären, eitern) hat der Engländer mittelst eines neuen Anlauts zu *impostumate* verdreht, und wenn er dafür, wie in Wörterbüchern zu sehen ist, sogar *imposthumate* schreibt, so drängt es ihn offenbar den Gedanken an ein noch anderes, hier freilich wohl sinnloses Wort nur um so deutlicher darzulegen. *Gilliflower* (Nelke) aus dem frz. *girofle*[4]), *giroflée*, welches vom gr. $\varkappa\alpha\rho\nu\acute{o}\varphi\nu\lambda\lambda\sigma\nu$ stammt,

---

1) Kohl Progr. Quedl. 1869 S. 26.
2) J. Grimm Kl. Schr. 3, 78. Diez Et. Wtb. 1, 147. E. Müller Et. Wtb. 1, 223. Hoppe Suppl. Lex. 79a.
3) E. Müller 2, 267. 274.
4) Vgl. bair. *groffel* (Schmeller Wtb. 2, 106).

zeigt nicht bloß das volle Wort *flower* (Blume), sondern es wird auch der *Juli* von engl. Grammatikern in Anspruch genommen, wie denn bisweilen geradezu *Julyflower* begegnet. *Columbine*, Akelei oder Aglei (Aquilegia), lautet in Northamptonshire *colourbine*, an „colour" (Farbe) angelehnt und nach „woodbine" für „woodbind" (Waldwinde, Geißblatt) gebildet[1]). *Rosmarin* heißt *rosemary*, wo sich *rose* und *Mary* offen mit einander verbinden[2]). Nachdem über den Ursprung von *gooseberry* (Stachelbeere) allerlei unwahrscheinliche Vermuthungen vornehmlich von Seiten englischer Etymologen aufgestellt worden waren, herrscht heute wohl allgemein die richtige Ansicht, daß es aus dem frz. *groseille* zurechtgelegt worden ist. Da die Gefahr nahe zu liegen scheint *time* dem frz. *temps* etymologisch gleich zu stellen, so sei darauf aufmerksam gemacht, daß *time* mit *tempus* nichts zu schaffen haben kann, sondern mit *tide* zum ags. *tihan* (got. teihan, anzeigen) gehört, demselben Wurzelverb (hochd. zîhan, zeihen), dem 'Zeit' entsprungen ist[3]). Die auf -*most* ausgehenden Superlativformen, z. B. *utmost, uppermost*, sind keine Zusammensetzungen mit dem den Superlativ umschreibenden Adv. *most* (maxime), sondern gründen sich auf eine doppelte Steigerung im Ags., -*ma* und -*st*, welche im Altengl. noch -*mest* lautet[4]). Für *whole, wholly* (ganz) steht mitunter *hollow*, das sonst „hohl" bedeutet, namentlich in der Verbindung „to beat *hollow*", gänzlich schlagen oder besiegen. *Chirrup* und *chirp*, die dem deutschen „zirpen" entsprechen, haben zuweilen den Sinn von „erheitern"; alsdann liegt ihnen *cheer-up* zu Grunde[5]). Mit deutlicher Benutzung bekannter Wörter hat sich aus dem irischen *seamar, seamrog* die Benennung des Klees, *shamrock*, gestaltet[6]). *Summerset, somerset*, Luftsprung, Burzelbaum, ist aus dem frz. *soubresaut* (lat. supra u. saltus) entsprungen[7]); *charter-house*, Kartause, aus *chartreuse* (nach einem Lokal bei Grenoble) angeeignet[8]); das bekannte Kartenspiel *vingt-un*

---

1) Von Prof. Aufrecht mitgetheilt.

2) Deutsche Mundarten kennen ebenso *Rosmarie*; vgl. „Roßmariggen" in Strodtmanns Idiot. Osnabr. 189.

3) Grimm Gramm. 2, 236. 258. E. Müller 2, 469.

4) Mätzner Engl. Gramm. 1, 270. Koch Gramm. 1, 452.

5) E. Müller 1, 199. Hoppe Suppl. Lex. 69ª.

6) Grimm Gesch. d. d. Spr. 211. Kl. Schr. 2. 121. E. Müller 2, 316.

7) Koch Gramm. 3ª, 162. E. Müller 2, 366.

8) E. Müller 1, 191. Hoppe in Herrigs Arch. 28, 393. Suppl. L. 65ᵇ.

heißt volksthümlich *van John*[1]). Der Ruf *O yes*, dessen sich die öffentlichen Ausrufer bedienen, um Stillschweigen und Aufmerksamkeit zu erlangen, gilt für eine Verderbnis des frz. Imperativs *oyez*, v. ouir, hören[2]). Aus „*ayes* and *noes*" (Plur.), dem Ausdrucke für die parlamentarische Abstimmung durch *ay* (ja) und *no* (nein), hat man wortspielend „*eyes* and *nose*" (Augen und Nase) gemacht[3]). Die Interj. *welaway* (ach! leider! weh!), welche im Vergleiche mit der ags. Grundform *válává*, d. h. wehoweh (vâ = engl. woe, lâ = engl. lo), schon bedeutend entstellt ist, wird zuweilen misverständlich in *well a way*, selbst *well a day*, aufgelöst[4]). Aus dem ursprünglichen *shamefast* (vgl. steadfast, stedfast), verschämt, blöde, hat sich im Bewustsein der Funktionsverwandtschaft das phonetisch sehr nahe liegende *shamefaced* (vgl. honestfaced, mit ehrlichem Gesicht) für die jetzige Sprache entwickelt[5]). Der ags. Zusammensetzung *rihtwis* entspräche im Engl. „rightwise", statt dessen gilt die Ableitung *righteous* (gerecht, rechtschaffen) mit der bekannten romanischen Endung -*ous*[6]). Eine höchst interessante Assimilation, bei welcher der phonetische Faktor von dem Gefühl der Begriffsnähe aufs glücklichste unterstützt wird, ist der im engl. Slang heimische Ausdruck *showful* (wörtlich „voll Schein", praktisch aber im Sinne von armselig, schlecht), der für nachgemachte und falsche Münzen und Kostbarkeiten, insbesondere von den Droschkenkutschern spöttisch von den hansomcabs gebraucht wird, aus dem jüdisch-deutschen *schofel*[7]). Ebenfalls dem Slang gehört *lemoncholish* (vgl. lemon, Citrone) für *melancholish* an, *countinghouse* (Comptoir) f. *countenance*, Ansehen, Gesicht[8]). Mit Anlehnung an das Adj. *ancient* (alt) hat sich aus dem frz. *enseigne* (vom lat. insignia) das für die Fahne sowohl als für den Fähnrich geltende Subst. *ancient* gestaltet; daneben

---

1) Hoppe Suppl. Lex. 441ᵃ.
2) Sporschil Wtb. der engl. Gesetzes- und Gerichtsausdrücke (Lpzg. 1834) S. 47. Hoppe 291ᵇ.
3) Briefliche Mittheilung aus Neustrelitz. Vgl. Hoppe 13ᵇ fg.
4) Grimm Gramm. 3, 289. 292. E. Müller Et. Wtb. 2, 536.
5) M. Müller Essays 3, 255. 4, 61. Hoppe 369ᵇ.
6) E. Müller 2, 262. Hare Fragments 2, 6.
7) Hoppe 375ᵃ.
8) Mittheilung von Kindt in Neustrelitz. „What a pretty *counting-house* that girl has!" hört man junge Herren sagen, die vermuthlich zugleich an das Geld des Vaters denken.

ist freilich die unentstellte Form *ensign* viel üblicher[1]). M. Müller bemerkt[2]), aus *coat-cards*, König, Königin und Bube im Kartenspiel, sogenannt wegen ihrer prächtigen Röcke, seien die *court-cards* (Hofkarten), wie man die Figuren oder Bilder nennt, emporgestiegen. Nach ältern Formen zu schließen, gründet sich *perform* (verrichten) auf das altfrz. *parfournir* (vom ahd. frumjan); an *form* findet daher bloß Anlehnung statt[3]). Es gibt in England eine Art Wurst mit dem Namen *polony*, welcher aus „saucisse de *Bologne*" erklärt wird[4]). *Donkey* und *monkey* (Esel und Affe) gehören zusammen: nemlich jene Form, in der *don* (Herrchen) entgegentritt, hat sich der andern, welche aus dem Romanischen stammt (vgl. ital. monna, Aeffin), aber auf *monk* (Mönch) und *man* (vgl. holl. *manneken*) hinweist, angeglichen. Dem frz. *côtelette* ist im Hinblick auf *cut* (schneiden) und mit Bewahrung der angemessenen Deminutivform das Wort *cutlet* glücklich nachgebildet worden[5]). *Chincough* (Keichhusten) sieht aus, als ob das Kinn, *chin*, bei diesem Husten betheiligt wäre; die niederd. und niederl. Mundart sagen aber regelmäßig *kinkhôst*, *kinkhoest*[6]), weshalb *chinkcough* die ursprüngliche Form gewesen sein muß. Besonderes Interesse gewährt die Entstellung der Redensart *good b'ye*, auch *good by* (für adieu), welche man oberflächlich als gute Wohnung (*bye*, ein veraltetes Subst.) fassen oder noch anders auslegen könnte, aus God be wi'ye (with you), Gott sei mit dir! Für *coward* (geschwänzt, schwänzelnd, schmeichelnd, feig) sagt das Volk *cowheart* (Kuhherz), gebildet wie sweetheart, welches schwerlich aus „sweetard" entstanden ist[7]); *curtail* (gestutzt) erinnert an *tail* (Schwanz), entspringt aber aus dem mlat. *curtaldus* (frz. courtaud), von curtus. Die Nebenform *reindeer* für *raindeer* (Rennthier) scheint im Gedanken an *rein* (Zügel) entstanden zu sein. Eine scherzhafte Kürzung von *collegian student* ist *colley*, da in Mundarten der Hirtenhund grade so genannt wird[8]). In ähnlichem Scherze wird durch die Redensart „to ride in the *marrow-bone*

---

1) Vgl. E. Müller Et. Wtb. 1, 21. 343.
2) Essays 3, 255.
3) E. Müller 2, 174. Koch Gramm. 3ᵇ, 193.
4) Hoppe Suppl. Lex. 313ᵇ.
5) Vgl. Wiener Schnitzel.
6) Ueber kink u. chink s. Hildebrand im d. Wörterb. 5, 437.
7) M. Müller Essays 3, 254. 4, 61. 438.
8) Hoppe Suppl. Lex. 80ᵇ. Hat mit *colley* das süddeutsche „Kollel" für einen schwarzen Hund (Pfeiff. German. 4, 146) etymologisch zu thun?

(wörtlich „Markknochen") coach" (bei uns: auf Schusters Rappen) auf *Marylebone* ¹), einen Bezirk in London, angespielt²). Bloß formelle Assimilation offenbart der vulgäre Ausdruck *appleplexy* f. *apoplexy* ³); einen Sinn hat zugleich *allblaster* f. *alabaster* ⁴), zumal wenn dabei auch an *all plaster* (ganz Mörtel) gedacht werden darf. Dem frz. *surlonge* (Lendenstück) folgt das engl. *surloin*; dafür gilt aber vielmehr *sirloin*, an *sir* angelehnt, womit der Braten gewissermaßen angeredet und tituliert wird⁵). *Periwig* neben *wig* allein, das nur gekürzt ist, entspringt aus dem frz. *perruque*; aus *chaussée* hat sich mit Benutzung zweier Sinn verleihenden Wörter (*cause* und *way*) *causeway* gestaltet. Neben *arquebuse* (vgl. S. 11) gelten unterm Volke auch die zurechtgelegten Formen *hackbut* und *hackbush* (*hack*, hacken), neben *benzoin* (Benzoe) auch *benjamin*. Aus *pulegium* (Flöhkraut) entsteht wie im Deutschen *poley*, aber ebenfalls die wunderliche Zusammensetzung *pudding-grass*. Ohne Zweifel gründet sich *penthouse* (Wetterdach) auf das frz. *appentis* (zu lat. pendere). Es scheint, daß *sorry* (traurig) das doppelte *r* (vgl. ags. sârig und engl. sore) wegen der Nähe von *sorrow* (Sorge), das doch etymologisch weit abliegt, erhalten hat. Wie durchaus passend, daß sich das Volk das aus dem Roman. überkommene *renegade* als *runagate* zurechtlegt, dabei an *runaway* denkt und an *gate*, Thor, aus dem der Ausreißer hinausläuft! Das frz. *contredanse* wird *countrydance*, als wäre es ein Tanz des Landvolks. Wie erzählt wird, macht das Volk in einigen Gegenden den Apotheker gewissermaßen zum Topfträger (keineswegs sinnlos), indem es *apothecary* (pothecary) in *potecarry* oder *pottercarrier* verwandelt⁶), . Es gibt ein aus Wales stammendes Gericht, welches aus geröstetem Käse mit Senf und Pfeffer oder einer gebratenen Zwiebel besteht, *Welsh rabbit* genannt; dies *rabbit* (Kaninchen) ist eine Verderbnis aus *rare bit*, wo *rare* nicht sowohl „selten" als vielmehr „fast roh, halbgar"

---

1) Dieser Name selbst bedeutet zwar Mary la Bonne, im Ursprunge aber Mary Bourne (bourne sächs. = Born; vgl. Tyburn).
2) Hoppe 253ᵇ.
3) Vgl. „Appelnariskirche", wie man in Remagen die dortige Apollinariskirche nennen hört.
4) Diefenbach Vergl. Wtb. d. got. Spr. 1, 422.
5) Vgl. Hoppe 378ᵃ.
6) Hare Fragments 1, 50 theilt die Deutung mit: „*a pot he carries*" (apothecary).

bedeutet¹). *Periwinkle* in der Bedeutung von Singrün entspringt aus *pervinca*; wenn darunter eine Art Muschelthier verstanden wird, soll das ags. *pinevincle* zu Grunde liegen²). Die sogenannten *beefeaters* (Rindfleischesser), eine Art Leibwache am königlichen Hofe, sind eigentlich *buffetiers*, welche an dem buffet, wo Arme und Reisende zulangen durften³), ihres Amtes walteten. Mitglieder englischer Mäßigkeitsvereine werden oft als *teatotalers* bezeichnet, worin liegen soll, daß ihr Getränk ganz in Thee aufgeht; die Form *teetotalers*, die daneben läuft und die ursprüngliche zu sein scheint, wird aus *T. totalism*, Abkürzung von *Temperance totalism* (völlige Enthaltsamkeit), gedeutet, wogegen von anderer Seite verlautet, das Wort sei eine höhnende Nachahmung der stotternden Aussprache des für die Mäßigkeitssache wirkenden Richard Turner⁴). Für *controller* wird zuweilen *comptroller* (vgl. compt, Rechnung, Abrechnung) gesagt; in den London Illustr. News stand kürzlich ein 'comptroller of the household of Her Majesty' aufgeführt. Die Benennung *Uncle Sam* für die nordamerikanische Union gründet sich darauf, daß im Unabhängigkeitskriege die auf allen Proviantfäßern gezeichneten Buchstaben *U. S.*, d. h. *United States*, von den Arbeitern auf den als *Uncle Sam* bekannten Inspektor *Samuel* Wilson bezogen wurden. Auf einem ähnlichen Misgriff beruht die Bezeichnung *Bruder Jonathan*: Washington nemlich sagte bei jeder Gelegenheit: „wir müssen Bruder Jonathan um Rath fragen", indem er damit seine verläßlichste Stütze, den Gouverneur *Jonathan* Trumbull, meinte⁵). Daß die Polizeidiener von australischen Engländern *Israelites* genannt werden, hat folgenden merkwürdigen Zusammenhang: nachdem Robert Peel die Polizei neu eingerichtet

---

1) Hoppe Suppl. Lex. 331ᵃ u. 422ᵃ vergleicht „roasted rare, done rare" (underdone).

2) Ed. Müller Et. Wörterb. 2, 175. Hoppe 456ᵃ gedenkt der in Londons Straßen üblichen Verkürzungen *winkle* u. *wink* (the periwinkle-sellers are called „wink-men"). Nach Adelung Wörterb. 1, 741 wird Singrün in oberd. Mundarten *Bärwinkel* genannt, aber auch im Niederd. begegnet derselbe Name (s. Schambach Wtb. 154ᵃ); Schiller u. Lübben Mnd. Wtb. 1, 439ᵃ führen dafür „*brunwinkel*" an; in den Abhandl. des naturwiss. Vereins zu Bremen 2, 273 werden beide Entstellungen für Oldenburg nachgewiesen.

3) Max Müller Vorles. 2, 469.

4) Hoppe Suppl. Lex. 413ᵃ. Ganz anderer Art ist übrigens „teetotum", Drehwürfel, dessen Einrichtung von Hoppe beschrieben wird.

5) Herrigs Archiv 30, 212. Heyse Fremdwtb. 472.

hatte, erhielt auch Australien eine Menge Beamte derselben; weil aber das Schiff, welches die Mehrzahl von ihnen hinüberführte, „Exodus" hieß, bekam die ganze Klasse, mit Anspielung auf den alttestamentlichen Exodus (Auszug), jenen Spitznamen[1]). In England heißen die policemen nach den beiden Namen ihres Gründers, nicht bloß unterm gemeinen Volke sondern auch in gebildeter Sprache, theils *bobbies* (Bob = Robert), theils *pcelers* (Peel); nun aber trifft es sich, daß *bob* und *peel* zwei engl. Verba sind, deren Begriffe aus dem Kreise der Thätigkeit eines Polizeidieners nicht heraustreten, vielmehr gelegentlich in denselben hineingehören[2]). Ein engl. Geschichtschreiber urtheilt, die Erzählung von Wittingtons *Katze* (*a cat*) gründe sich auf das Wort *acat* (frz. achat, zu acheter), den Handel, dem der Reichthum zu verdanken gewesen[3]). Der aus Cromwells Zeit stammende Spruch „*God encompasseth us*" wurde später in „*Goat and compasses*" verdreht, wie denn „Ziege und Zirkel" auf manchem Wirtshausschilde noch heute vereinigt sein sollen[4]). Noch in einem andern Falle sind Ziegen oder Geißen durch Umdeutung auf ein Hausschild gerathen: ein Gasthaus nemlich in Lincoln, welches nach den drei Wasserabzügen, *gowts*[5]), an denen es steht, ursprünglich „The three *gowts*" genannt wurde, zeigt jetzt drei Geißen, *goats*, auf dem Schilde. Mehrere Wirtshäuser in London und anderswo führen den sonderbaren Namen *Bag of nails* (Beutel oder Sack mit Nägeln); die gelehrten unter den Engländern wissen, daß *Bacchanals* (Bacchanalien) der Ursprung ist. Eine andre Herberge der Hauptstadt mit einem auffallenden Schilde heißt *Bull and Mouth* (Stier und Mund), entstellt aus *Boulogne mouth* (der offene Hafen von Boulogne); nach der kostspieligen Einnahme dieses Platzes durch Heinrich VIII. hatte man daraus jenes Schildzeichen gemacht, wo John Bull die Zähne seines Mauls fletscht[6]). Auch findet sich daselbst ein Lokal Namens *The bell and savage* (die Glocke und der Wilde), entstanden aus frz. *la belle sauvage* (die schöne Wilde). *Bridewell* und *St.*

---

1) Frank Fowler, Southern lights and shadows (London 1859) S. 22.

2) Im Slang wird der policeman auch „*copper*" genannt, von *cop* (festnehmen, kriegen); s. Hoppe Suppl. Lex. 89a.

3) Max Müller Vorles. 2, 505.

4) Sachs in Herrigs Archiv 19, 366.

5) Beiläufig die Bemerkung, daß neben *gowt* (vgl. Gosse) in den Wörterbüchern auch umgedeutet *goout* d. i. *go-out* (vgl. go-down, Schluck, Zug) angetroffen wird.

6) Pennant Beschreibung von London, übersetzt v. Wiedmann S. 351.

Bride's Church lassen die Beziehung auf eine Braut (*bride*) vermuthen; zu Grunde liegt aber der Name der heiligen *Bridget* oder *Brigitta*[1]). Was heute *Rotten row* (faule Allee) heißt, gründet sich auf das frz. *Route du roi*, womit der Corso des Königs in Hydepark gemeint ist[2]). Eins der sogenannten „colleges" in Oxford trägt nicht allein den auffallenden Namen *Brazenose*, sondern es ist auch daran das Bild einer messingenen Nase zu sehen; früher aber war das Gebäude ein Brauhaus, ein *brazing-house*, von dem veralteten braze (brauen, frz. brasser), und aus diesem *brazinghouse* gieng mit der Zeit *brazenose* hervor, das natürlich als „brazen nose" verstanden wird[3]). Das Schild eines Hauses bei Oxford trug den Namen *Plume of feathers*, mit Beziehung auf den Helmbusch des Kronprinzen; später hat der Volksmund daraus gemacht: *Plum and feathers* (Pflaume und Federn[4]). In Oxfordshire soll es einen Landsitz *Shutover* geben, zwiefach assimiliert aus dem frz. *Château vert* (grünes Schloß); in Yorkshire hat ein deutscher Gelehrter das *Colosseum*, wo Künstler Vorstellungen geben sollten, in witziger Erläuterung nennen hören: „*Call-an-see-em*" (geh hin und sich sie). Das Schiff, welches den ersten Napoleon ins Elend trug, hieß *Bellerophon*; das engl. Volk machte daraus *Bullyruffian* (*bully*, Eisenfresser, Renommist; *ruffian*, Raufbold). Eines andern Schiffes französischer Name war *Hirondelle* (Schwalbe); gewaltiger klingt der daraus gebildete englische *Iron devil* (eiserner Teufel). Der Name der Stadt *Oxford* wird gewöhnlich als Bosporus (Ochsenfurt[5]); vgl. Schweinfurt) verstanden; er enthält aber im ersten Theile vielmehr ein keltisches Wort, Wasser oder Fluß, das auch in den Ortsnamen *Uxbridge* und *Exmouth* steckt[6]). Bei Oxford heißt dieses Wasser heute *Ouse*, der Fluß, an dem die Stadt liegt; allein dafür ist, voraussetzlich durch engl. Studenten, der Name *Isis* eingetreten, den die meisten Bewohner der gelehrten Stadt viel häufiger im Munde führen, als den eigentlichen und offiziellen[7]). In der Nähe von Portland in Dorsetshire befinden sich zwei Oertlichkeiten mit Namen *Chesil*-

---

1) Briefliche Nachricht aus Neustrelitz.
2) Arn. Ruge Gartenlaube 1868 S. 170ᵇ. Hoppe Suppl. Lex. 348ᵇ.
3) Mittheilung des Prof. Aufrecht; vgl. Globus XXXI No. 24 S. 378ᵇ.
4) Max Müller Vorles. 2, 487, wo noch einige ähnliche Beispiele zu lesen stehn; desgl. Essays 3, 258 fg.
5) Ein Ort dieses Namens liegt unweit Würzburg.
6) M. Müller Essays 3, 255.
7) Nach Prof. Aufrecht. Bei Washington Irving findet sich *Isis* f. *Ouse*.

beach und *Chesilburn*, wo „chesil", wie „chisel" (Meißel) gesprochen, keinen Sinn bietet; zu Grunde liegt das altengl. chesel, ags. ceosel, *Kiesel*, und die beiden Namen bedeuten Kieselstrand, Kieselbach. *Smithfield* in London soll ursprünglich *Smoothfield* gelautet haben; *Bedlam*, das ehemalige Irrenhaus daselbst, war zu Anfang das Hospital der heil. Maria von *Bethlehem*, daher der Name, der jetzt an „bed" (Bett) und „lamb" (Lamm) erinnert. Aus *Ligorno*, d. i. *Livorno*, hat sich mit Benutzung zweier deutlichen Wörter der Sprache, die freilich keine vernünftige Beziehung zu gewähren scheinen, *Leghorn* gestaltet; *Vlissingen* heißt dem Engländer *Flushing*. Der Beiname der nordamerikan. Stadt New-Orleans, *crescent city*, bezieht sich darauf, daß die alte Stadt sich halbmondförmig (vgl. „the moon is in *crescent*", im Zunehmen) um eine Krümmung des Mississippi zog[1]). „Paradise and the *Peri*", jenes berühmte Gedicht von Thomas Moore, wird in England volksmäßig gefaßt als „Paradise and the *Peer*". Koch[2]) erwähnt der spaßigen Zurechtlegung *Peter-see-me* aus *Pedro-Ximenes* (span. Wein). Es wird erzählt, daß der imperativische Name des großen Dichters *Shakespeare* (Schüttesper; vgl. später *Schutzbar*) von einem wallonischen Vorfahr desselben, welcher *Jaques Pierre* geheißen, dem engl. Idiom assimiliert worden sei[3]). Den in England sehr gewöhnlichen Namen *Campbell* pflegt man dort auf das Keltische zurückzuführen: aus guter Quelle verlautet aber, daß der Name eines mit den Normannen nach England gekommenen italienischen Ritters *Campobello* (Schönfeld) zu Grunde liege[4]). Die Anhänger des russenfreundlichen Engländers *Merriman* werden in London scherzweise *merry maniacs* (lustige Wahnsinnige) genannt[5]). Nach der Times hat ein der frz. Sprache nicht kundiger Engländer die *Franctireurs*, welche gerechtermaßen der Schrecken jedes ruhigen Beobachters waren, in *Francterrors* umgewandelt. Dickens sagt irgendwo witzig: Experience *does it* (docet), in seinem Oliver Twist kommt *outdacious* (audacious) vor; Thackeray verwandelt *anecdote* humoristisch in *anygoat*. Bei Shakespeare lauten *homicide*, *homicidal* im Munde einer ungebildeten Frau *honeyseed*,

---

1) Hoppe Suppl. Lex. 101ᵃ.
2) Gramm. 3ᵃ, 162. Heyse Fremdwörterb. 680ᵃ nennt als Quelle den Namen des Holländers *Peter Simon*, der die Reben nach Spanien gebracht habe; vgl. Mnd. Wtb. 3, 324ᵃ.
3) Sachs in Herrigs Archiv 19, 370.
4) Mitgetheilt von Prof. Aufrecht.
5) Köln. Zeit. 1878 No. 33 Bl. 2.

*honeysuckle*¹); eine andere sagt *temporality* anstatt *temperature* (von Schlegel nachgebildet: Tempramentur); aus *Jupiter* macht ein einfältiger Landmann *gibbeter* (gibbet-maker) und *Jew Peter*; *Hannibal* wird von einem Prahler *Cannibal* (Kannibale) genannt. Für *lieutenant* läßt W. Scott einen Ungebildeten mit Rücksicht auf die Aehnlichkeit der Aussprache *Lifetenant* schreiben. Euphemismen der Betheurung oder des bloßen Ausrufs hat der Engländer gleich dem Franzosen, wie *good* gracious, my *goodness*, *goodness* knows, thank *goodness*, wo *good* f. *god* steht (vgl. *good b'ye* (S. 46); *cod* f. *god* oder by *god*, auch by *gum* (god), by *George* (god); *odds*, in dem Gedanken an *odd* (sonderbar), f. *gods*²); in früherer Zeit by *cock* (god) und *cocks* bones; *law* (f. *lord*) bless me. Die Interj. *zounds* ist aus *God's wounds* entstanden; *marry* enthält den Namen der Jungfrau Maria (*Mary*); durch Zusammenziehung entsteht aus *by our Lady* die Form *bloody*. Hinter *deuce* verbirgt sich *devil* (Teufel), *deuced* heißt verteufelt; außerdem gelten *dickens* und als Seemannsausdruck *Davy* Jones f. *devil*; die Worte *the devil I care* gehen über in *devil-may-care* (devil-me-care). Anstatt *damn* (verdammen) werden phonetisch ähnliche Wörter gebraucht; vgl. *dang* it! *drat* it! *dash* my wig! *darn* politics!³)

Im Italienischen ist mit Anlehnung an *freno* (Zügel) aus dem mlat. *paraveredus*, woher bekanntlich „Pferd" stammt⁴), *palafreno* (vgl. frz. palefrenier, Stallknecht) geworden. Mit Rücksicht auf *battere* (schlagen) hat sich das mlat. *berfredus*, frz. beffroi (oben S. 42), zu *battifredo* gestaltet. Aus *terrae motus* kann *tremuoto* nur durch Einfluß von *tremare* (zittern) entstanden sein⁵). Das doppelte *z* des Wortes *gazzetta* (frz. gazette), welches von *gaza* (vgl. Schatzkästlein, von einer schriftlichen Sammlung) stammt, wird im Hinblick auf den Namen der geschwätzigen Elster, *gazza*, eingetreten sein⁶). In *puppagallo* (Papagei) scheine man sich,

---

1) Blätt. f. litt. Unterh. 1876 Juli S. 490ᵃ.
2) Vgl. später *Polz* und *Kotz*.
3) Zu allen diesen Euphemismen vgl. Hoppes Suppl. Lex. an verschiedenen Stellen, auch Schaible Stich- u. Hiebworte (Straßb. 1879) S. 54.
4) Vgl. die interessante Auseinandersetzung dieser Entstehung bei Baemeister Germ. Kleinigk. S. 59, auch Schrader in der Wochenschrift „Im deutschen Reich" 1877 No. 42 S. 606.
5) Fuchs Rom. Spr. 113.
6) Jahrb. f. roman. u. engl. Spr. Bd. 3 (1876) S. 199; vgl. Diez Et. Wtb. 1, 207. Scheler Anhang 721. Heyse Fremdw. 375ᵃ.

bemerkt Weigand[1]), den fremden Namen durch *pappa* (Semmelbrei) und *gallo* (Hahn) umgedeutet zu haben. Die Nebenform von elefante, *liofante*, hat sicher einen volksmäßigen Assimilationsgrund; wahrscheinlich bietet ihn „lione", wie der Löwe außer „leone" heißt[2]). Ebenso muß *diamante* (Diamant), verglichen mit der lat. griech. Grundform *adamas* (-ntis), auf Anlehnung an ein mit *dia*-beginnendes Wort (etwa diaspro, Jaspis, oder diafano, durchsichtig) beruhen[3]), oder bloß diesem fremden, aber häufigen Compositionstheile zu Gefallen eingetreten sein. *Convitare*, einladen, besonders zu einem Gastmal, ist zwar mit *invitare* zu verbinden, an der Vertauschung der Präp. scheint aber der Gedanke an *convivium* (Gastmal) schuld zu sein[4]). Der beim Zutrinken übliche Ausdruck *brindisi*, welcher dem heutigen Namen der alten Stadt Brundusium völlig homonym ist, stammt aus dem deutschen, in Mundarten lebendigen *bring dirs*, d. h. ich trinke dir zu[5]). Diez[6]) äußert die Vermuthung, daß *vedetta* (frz. vedette), Wache, aus *veletta* (vgl. veglia, frz. veille, von vigilia) entstellt, an „vedere" (sehen) mithin bloß angelehnt sei. In Welschtirol soll ein aus der ungarischen Stadt *Szanto* stammender Tokayer 'Vino *santo*' (heiliger Wein) genannt werden[7]). Dem ahd. *muntwalt* (Vormund) ist regelmäßig *mondualdo*, aber auch *manovaldo* gefolgt, welche beide insbesondere den Curator einer Frau bezeichnen; die zweite Form lehnt sich, wie man sieht, an *mano* (Hand) an[8]). *Forese* (Landmann, Bauer) kommt vom lat. *forensis*, auf den Mangel des *n* (dem Adj. forense ist es geblieben) scheint indessen die Bedeutung von *foras* (draußen, außerhalb der Stadt) eingewirkt zu haben[9]). Aus der Devise Caesar Borgias „O Cesare o niente" (aut Caesar aut nihil) machte das römische Volk: „O Cesare o *Niccolo*"[10]). Der alte

---

1) Wtb. 2, 334.
2) Vgl. „Im neuen Reich" 1877 S. 614.
3) Diez Et. Wtb. 1, 154. Nagel Frz. engl. etym. Wtb. S. 2b.
4) Diez 1, 139.
5) Vgl. Schmid Schwäb. Wtb. 96. Schmeller 1, 262. Frommann 4, 211.
6) Et. Wtb. 2, 75. Vgl. Heyse Fremdw. 952a.
7) Mitgetheilt von Pfarrer Schlenker in Frankenbach bei Heilbronn.
8) Diez 2, 46. Das gleichbedeutende altfrz. *mainbour* entspringt mit derselben Anlehnung aus dem mlat. *mundiburdus*, ahd. *muntboro* (Diez 2, 355). Beachtung bei dieser Assimilation verdient es, daß ahd. *munt* (Schutz) und lat. *manus* derselben Wurzel angehören; s. J. Grimm Rechtsalt. 447.
9) Diez 1, 189. Scheler Anhang 732.
10) Globus XXXI No. 24 S. 380.

klassische *Soracte* ist in den seltsamen Heiligen *San Oreste* verwandelt worden[1]). Das *Capitol* gilt den Italienern als *Campidoglio*, wo deutlich *campo* (Feld) und *oglio* (Oel) hervortreten; die Stadt *Gibraltar* nennen sie *Gibilterra* und denken dabei an *terra*[2]). Eine merkwürdige Wandlung hat der Name der Stadt *Famagusta* auf Cypern durchgemacht: die ursprünglich phönikische Form kommt bei Ptolemaeus als Ἀμμόχωστος (die Sandverschüttete) vor, woraus die Venetianer den an *fama* und *augusta* anklingenden heutigen Namen gestaltet haben[3]). Der persönliche Name *Federico* scheint Anlehnung an *fede* (fides) zu enthalten; doch vgl. deutsche Geschlechtsnamen wie *Fidrich*, *Fitzke*, *Fick*. Thorwaldsens Vorname *Bertel* wurde von den Italienern in *Alberto* umgewandelt[4]). — Schön heißt den Spaniern die Nachtigall *ruiseñor*, wodurch sie als die Königin der Haine und Wälder bezeichnet wird, schon altfrz. *roisignor*, jedoch daneben *roisignol*; das Wort geht, wie das frz. *rossignol*, aus *lusciniodus*, einem Deminutiv von luscinia, mit Vertauschung des *l* in *r*[5]), hervor. Die wohl aus dem frz. *fagot* (Reisbündel) entlehnte Form *fogote* wird ihr erstes *o* der Laut- und Begriffsnähe von *focus* (Herd), span. port. fuego, fogo (Feuer) verdanken[6]). Während die Italiener *foresta* (engl. forest, frz. forêt) sagen, heißt es im Span. (u. Portug.) *floresta*, wie es scheint, durch Einfluß des lat. *flos*, weshalb auch eine blumige Wiese und figürlich eine Blumenlese darunter verstanden wird[7]). Dem lat. *vagabundus* steht *vagamundo* (Landstreicher) gegenüber, wo sich *mundo* (Welt) geltend macht[8]). — Der Neugrieche

---

1) Beil. z. Wiener Abendpost 1877 No. 258. Globus a. a. O.

2) Diez Et. Wtb. 1, XXVI; vgl. Globus XXXI, 379ª. Andere Beispiele s. bei Fuchs Rom. Spr. 113.

3) Globus 1878 No. 8 S. 127.

4) Köln. Zeit. 1879 Nov. 5 Bl. 1.

5) Vgl. den frz. Familiennamen *Lossignol*.

6) Diez Et. Wtb. 1, 170.

7) Diez 1, 187.

8) Eine Menge span. und port. Beispiele volksthümlichen Gepräges finden sich in dem lehrreichen Buche von C. Michaelis über rom. Wortschöpf. 1876 S. 103 fg. — Aus dem Got., Altnord., Angels. und andern hier übergangenen Sprachen hat Förstemann Ztschr. f. vergl. Sprachforsch. 23, 379 fg. verschiedene bemerkenswerthe Fälle mitgetheilt; von slavischer Volksetymologie handelt Malinowski in Kuhns u. Schleichers Beiträgen z. vergl. Sprachforsch. Bd. 6, von litauischer Bezzenberger Altpreuß. Monatsschr. 1880 S. 214—216. Daß auch in der Türkei Neigungen zur Volksetymologie sich äußern, darf man voraussetzen; es sei gestattet ein einziges

nennt seine Hauptstadt Ἀνθῆνα, mit Anklang an ἄνθος (Blume); Delphi wird in Ἀδελφοί (ἀδελφός, Bruder), umgewandelt[1]). Im Hinblick auf das Adj. ἅγιος (heilig) ist aus αἰγόκλημα (Geißblatt) ἁγιόκλημα, aus τὸ Αἰγαῖον πέλαγος (das Aegäische Meer) τὸ ἅγιο πέλαγος gebildet worden[2]). — Im Holländischen heißt ein *Rhetoriker*, Dialektiker, *rederijker* (*rederijk*, redereich, beredt, gesprächig); *caprifolium* (Geißblatt) ist als *kamperfoelie* (*kamp*, Feld), das frz. *coutelas* (Hirschfänger), weil es eine *kurze* Waffe ist, als *kortelas* zurechtgelegt worden; die *Mandragora*, deren nun schon zum dritten Male Erwähnung geschieht, hat Umdeutung in *mandraagerskruid* erfahren.

Auf dem Gebiete der deutschen Sprache ist eine Sonderung nach dem Alter der Assimilation, d. h. aus welcher der drei großen Sprachperioden dieselbe stammt, für die sprachliche und kulturhistorische Beurtheilung von Wichtigkeit. Fast alle Wörter, welche im Ahd. und Mhd. durch Anlehnung und Umdeutung entstellt worden sind, wofern nicht ein bloßes Spiel mit Worten vorliegt, gehören einer fremden Sprache an, während das Nhd. viele aufweist, die auf heimischem Boden erwachsen sind. Dies ist begreiflich vermöge der großen Entartung der Sprache im Verhältnis des Neud. zum Altd. Während in dem frühern Stande der Sprache die Wörter und Formen ihre ursprüngliche Reinheit und Durchsichtigkeit mehr oder weniger bewahrt hatten, mithin fast durchgängig verstanden wurden, traten beim Uebergange zum Nhd. und im Verlaufe seiner Entwickelung und fortschreitenden Gestaltung eine Menge wenn auch nicht immer verkehrter, so doch das Verständnis unnöthig erschwerender Dinge hinzu, so daß das Heimische fremd erschien und neu angeeignet, das Untergegangene oder nur noch in einzelnen dunkeln Resten Vorhandene mit einem Anschein von Deutlichkeit versehen, in neue Beleuchtung gebracht und zu neuem Leben wiedergeboren werden muste.

Beispiel hier anzuführen: das bulgarische *Plewna*, der Ort des grausigsten Blutvergießens, bedeutet „Kirschenstadt", die Türken aber, im Gedanken an ihr bekanntes Nationalgericht (pilav, Reis), sollen sich den Namen in *Pilavna*, Reisstadt, zurechtgelegt haben (Mittheilung des Dr. Mitzschke in Weimar).

1) Steinthal Gesch. d. Sprachw. b. d. Griech. u. Röm. S. XIX. Vgl. Förstemann Ztschr. f. vergl. Spr. 23, 379.

2) Ztschr. f. Völkerpsych. 1880 (Bd. 12) S. 221. Andere Beispiele neugriechischer Volksetymologie gibt N. Dossius in Beszenbergers Beiträgen zur Kunde der indogermanischen Sprachen Bd. 2 Heft 4.

Im **Althochdeutschen** erscheint die aus dem gr. lat. *anachoreta* (Einsiedler) treffend umgedeutschte Form *einchoranêr*, allein gekorner [1]. Minder bedeutsam ist die Verkehrung des Namens der *Lamprete*, mlat. lampreta f. lampetra, von lambere u. petra, weil sich dieser Fisch mit dem Maul an die Steine anhängt (vgl. engl. lickstone), in *lantfrida*, wo sowohl *lant* als auch der bekannte Eigenname *Lantfrid* (vgl. *Bertram*) entgegentreten [2]). Aus dem roman. *falavesca*, welches mit konsonantischer Umstellung vom lat. *favilla* stammt, ist im Hinblick auf *falo* (fahl, falb), dessen Gen. *falawes* lautet, *falawiska* (Asche) entstanden [3]). Das lat. *mancipium* (Sklave; manus u. capere) hat sich zu *manahoubit* (man, Mann; houbit, Haupt) gestaltet, dem zweiten Theile liegt vielleicht Verwechselung mit „caput" zu Grunde [4]). Wenn *Krokus* als Safran im ärztlichen und Hausgebrauche *cruogo* hieß, so zeigt sich nicht allein Umdeutschung [5]), sondern wohl zugleich die Neigung das Wort mit *cruoc* (Krug) in Einklang zu bringen. Neben *pedarsilli* (Petersilie) kommt die Umdeutschung *federscelli* vor, augenscheinlich mit besonderer Rücksicht darauf, daß das Kraut der Fahne einer Feder ähnlich ist; neben *tagarod* (Tagesanbruch) findet sich *tagarôt*, deutlich angelehnt an morgenrôt [6]). Aus dem lat. *herodius* hat sich *herfogeli* durch Umdeutschung entwickelt; vgl. herefugol (avis exercitum sequens) im Ags. [7]). Das Subst. *antluzi* (mhd. antlütze und antlitze), welches neben *antlutti* begegnet, zeigt eine Mischung zweier etymologisch verschiedenen aber in der Bedeutung übereinstimmenden Wörter, deren Simplicia im Goth. *vlits* und *ludja* lauten: mit dem *z* wird auf *vlits*, mit dem *u* auf *ludja* hingewiesen, jedenfalls also findet eine formelle Anlehnung statt. Aus dem unverstandenen, mit fir- (ver-) zusammengesetzten *firiwizi* (mhd. virwitze) ist *furwize* (mhd. vürwitze, nhd.

---

1) Wackernagel Umdeutsch. 56. Bei Shakespeare begegnet die aus „anachoret" merkwürdig verkürzte, mit einem andern bekannten Subst. (= Anker) wohl nicht von Ungefähr buchstäblich zusammentreffende Form *anchor*; s. E. Müller Et. Wtb. 1, 20. Koch Engl. Gramm. 3b, 22.

2) Hildebrand Ztschr. f. d. Philol. 2, 255. Grimm Wtb. 6, 90.

3) Diez Et Wtb. 1, 170. Scheler Anhang 718. Wackernagel Umdeutsch. 24. Die mhd. Form *valwisch* findet sich noch in heutigen Mundarten (vgl Schmeller 1, 523), in Siebenbürgen wird *falmesch* gesprochen (Siebenb. Tagebl. 1878 No. 1526).

4) Vgl. Grimm Gramm. 2, 415. 467. 967. Wackernagel 57.

5) Hildebrand in Grimms Wtb. 5, 2351.

6) Mitgetheilt von Dr. Ries in Königsberg.

7) Grimm Gramm. 2, 459. Wackernagel Umdeutsch. 59.

Vorwitz st. Fürwitz) umgedeutet worden¹). Das Adj. liutmâri (hlût, laut), öffentlich bekannt, ruchbar, wurde zuweilen in liutmâri (liut, Volk) umgesetzt²). Vielleicht in der allerdings irrigen Meinung, daß kar (Trauer, Klage) ein fremder Ausdruck sei, hat die althochd. Sprache kartag (karfritag) in garotag (Rüsttag) entstellt³); möglich ist indessen auch, daß der Ausdruck bloß Uebersetzung von παρασκευή sein soll⁴). Schon der ältesten Periode gehört die Umbildung und Neugestaltung des gr. lat. Namens der Perle, margarita, an; während der Gote noch marikreitus sagt, heißt es im Ahd. marigrioȥ, ags. meregreot, mhd. mergrieȥ, etwa durch „Meerkies" zu übersetzen⁵). Die kelt. lat. Städtenamen *Lugdunum* und *Verdunum*, heute *Lyon* und *Verdun*, heißen im Ahd. *Liutana* u. *Wirtina*, wo liut (Volk) und wirt (Wirt) anzuklingen scheinen⁶); aus *Eboracum* (York) ist *Ebirwih* (Eberwîc, Eberstadt) gebildet worden⁷).

Reichlicher stehn mittelhochdeutsche Beispiele zu Gebote. Beim Klange der Wörter *enschumpfieren*, *schumpfentiure* und besonders *schimpfentiure*⁸), rechter Kraftausdrücke mit dem Begriffe von devincere, wird wohl unwillkürlich an etwas, was an Schimpf und schimpfliche Niederlage erinnert, gedacht: *schumpfieren* entspringt aus dem ital. sconfiggere (frz. déconfire, engl. discomfit, vom lat. conficere), ist also mit *schimpfen*, dem im Mhd. freilich die jetzige Bedeutung noch nicht zukam, wohl aber der Begriff des Spottes innewohnte⁹), völlig unverwandt. In der Form *almuosen* (Almosen¹⁰), aus ἐλεημοσύνη), stecken deutlich *al* und *muos* (Mus, Speise), wie *arm* in der Nebenform *armuosen*. Daß der *Elefant* sowohl *helfant* als auch *helfentier* genannt wurde, hat vermuthlich einen tiefern Grund, als in dem bloßen Vorsatz eines *h* zu finden

---

1) Schmeller Wtb. 4, 207. 2. A. 1, 746. Weigand Wtb. 2, 1001. Wackernagel Wtb. z. altd. Leseb. 344ᵃ.

2) Grimm Wtb. 6, 391.

3) Vgl. altköln. *gartag* (Diefenbach Vergl. Wtb. 2, 444).

4) Fuß in Picks Monatsschr. 4, 85.

5) Grimm Myth. 1169. Wackernagel Ztschr. f. d. Alt. 9, 564.

6) Wackernagel Umdeutsch. 14. 61. Vgl. „Im neuen Reich" 1877 No. 43 S. 662.

7) Wackernagel Wtb. 66ᵃ.

8) Mit diesem Worte vergleicht Fuß Progr. Bedburg 1880 S. XV das niederrhein. *schampfutter*, kleiner Unfall.

9) Vgl. Lexer Mhd. Handwörterb. 2, 744. 745. 817.

10) Luther schrieb, obgleich er die Quelle kannte, zuweilen *Allmosen*.

ist; man denke dabei an *helfen* und an den Nutzen dieses Geschöpfs. Statt *Antichrist* begegnet *Endekrist* (auch später im Nhd., z. B. bei Luther). Der Bernstein hieß *agestein* (aus achates), wie im ältern Nhd., oder *agetstein*, zuweilen aber auch, was freilich gleich *agetstein* sein kann, *eitstein* (vgl. eiten, brennen) und später *augstein*; ferner wurde der Name oft mit „Achat" und „Gagat" verwechselt und insbesondere auf den Magnet übertragen[1]). Aus *schâchzabel* (Schachbrett, Schachspiel; zabel, tabula) wurde, wohl im Bewustsein des Humors und Scherzes, auch *schâchzagel*, ja sogar *schâfzagel*, welches letztere Schafschwanz bedeutet[2]). *Prisant* (Ehrengabe, Huldigungsgabe) stammt von *praesentare* (vgl. frz. présent), aber das *i* deutet auf *pris* (Preis) hin[3]). Ein Lesebrett, Katheder, wird *pulbret*[4]) genannt; zu Grunde liegt lat. *pulpitum* (Pult, frz. pupitre). Mitunter findet sich anstatt *stôlbruoder* (stôle, Stola) vielmehr *stuolbruoder* (Kirchendiener[5]); aus *porticus*, das sonst in *pforzich* übergeht, wird einmal *fürzog* gebildet. Wenn der *Orion* (ein Sternbild) als Morgenstern begegnet, so geschieht das etwa im Hinblick auf *oriens*. Die Formen *Norwaege* und *Norweide* offenbaren Anlehnung an *waege*, v. *wâc* (Woge, Wasser), und *weide*; *Norwegen* bedeutet Nordweg (engl. Norway). *Cumberland* wird in Wolframs Parzival zu *Kukumerlant* (Gurkenland); vgl. ags. cucumer, engl. cucumber. Die Städte *Ravenna* und *Verona* hießen *Raben*[6]) und *Bern*, mit Rücksicht auf den *Raben* und *Bären*; aus *Pons Ragintrudis* wurde *Brunnentrût* (Pruntrut) gemacht. Zwiefach zurechtgelegt tritt *Ortrant* auf, das jetzige *Otranto*; *ort* und *rant* sind rechte Schlachtwörter, mit denen am liebsten verkehrt wurde. In *Vinipôpel* ist *Philippopel* erkannt worden; das benachbarte *Byzant* hat man zuweilen in *Wizsant* (Weißsand) verdreht, auch in dem üblichern Namen *Kunstenôpel* scheint Anlehnung (an *Kunst*) zu stecken. *Passau, Mantua, Pa-*

---

1) Wackernagel Ztschr. f. d. Alt. 9, 566. Grimm Wtb. 1, 190. 816. 3, 393. Lexer Mhd. Wtb. 1, 28.

2) Frisch Wtb. 2, 155ᵇ. Wackernagel Kl. Schr. 1, 109. Lexer Mhd. Wtb. 2, 624. Vgl. *schafzagel* als Mühlenspiel bei Schmeller 3, 334. 4, 230.

3) Wackernagel Undeutsch. 20.

4) Vgl. „pulbrett" in Birlingers Schwäb. Augsb. Wtb. 100ᵇ und dazu Lexer in Kuhns Ztschr. f. vergl. Sprachf. 14, 394.

5) Ueber den spätern Gebrauch des Wortes vgl. Schmid Schwäb. Wtb. 517. Schmeller 3, 633.

6) Ein Franzose soll die darnach benannte „Rabenschlacht" „la bataille des corveaux" übersetzt haben (Schmidt Progr. Minden 1873 S. 21).

dua lauteten *Pazzouwe* (*Batavium*), *Mantouwe*, *Padouwe*, wo *ouwe* (Au) unverkennbar ist; neben *Osenbrugge* (gewöhnlich als Brücke der Asen verstanden [1]), *Osnabrück*) kommt *Ohsenbrucke* vor [2]), *England* (*Engelland*) wurde gelegentlich und auch später im Nhd. als *Land* der *Engel* gedeutet [3]). Es fragt sich, ob das *Môrlant* in der Gudrun, welches gewöhnlich „Mohrenland" (Mauritania) übersetzt wird, ursprünglich nicht vielmehr ein *Moorland* gewesen ist, wie es sich im nordwestlichen Deutschland findet [4]). Der *Kaukasus*, bei Wolfram *Kaukasas*, begegnet als *Goukelsahs* [5]), wo sich zwei bekannte Wörter der Sprache aufdrängen. Der Name des starken *Rennewart* in Wolframs Wilhelm geht aus dem frz. *Raynouard* (ahd. Raginwart) so zu sagen zurückgedeutscht hervor; aus *Loherengrin* scheint durch die Umbildung „Lorenglin" der Name *Lorengel* entstanden [6]); *Bleda*, Attilas oder Etzels Bruder, heißt in der deutschen Heldensage *Bloedel* u. *Bloedelin* (vgl. bloede, zaghaft, schwach). Das aus dem Arab. stammende Wort *dragoman* (Dolmetsch) lautete *tragemunt* und *trougemunt* [7]), doppelt ans Deutsche angelehnt; ein andres *tragmunt* für eine Art schneller Schiffe (altfrz. dromont) entspricht dem mlat. *dromo* (δρόμων [8]). Statt *windesbrût* (Windsbraut) findet sich die Umdeutung *windes sprout* (v. sprôuwen, spargere); aus θηριακόν (Theriak) ist *driakel* hervorgegangen, anscheinend an die Dreizahl angelehnt [9]). *Stanthart*

---

[1] Bedenken äußert Peters Ztschr. f. d. österr. Gymn. 1878 S. 753. 754.

[2] Wackernagel Wtb. z. altd. Leseb. 221ª. Ztschr. f. d. Phil. 8, 397 („Bischof von Ochsenbrück").

[3] Angelsächsische Jünglinge, die in Rom als Sklaven feilgeboten wurden, reizten durch ihr „*englisches*" Aussehen Pabst Gregor den Großen zu einem Wortspiel mit „Angli" und „angeli" (Wackernagel Ztschr. f. d. Alt. 9, 563). Ein englischer Lord hat die Stelle in Goethes Faust, wo von den bösen Geistern gesagt wird: 'Sie lispeln *englisch*, wenn sie lügen', übersetzt: 'They lisp in *English*, when they lie'; s. Kottenkamp Die Engländer S. 238.

[4] Schmidt Progr. Minden 1873 S. 21.

[5] Wackernagel Umdeutsch. 61. Lexer Mhd. Wtb. 1, 1060. Vgl. Schmeller Wtb. 2. A. 1, 886.

[6] Steinmeyer Ztschr. f. d. Alt. 15, 244; vgl. 17, 389. 18, 160.

[7] Vgl. Ztschr. f. d. Alt. 3, 25. Lexer Mhd. Wtb. 2, 1489, wo zugleich der Scherz „*trag im munt*" aus Brants Narrenschiff mitgetheilt wird.

[8] Diez Et. Wtb. 2, 268.

[9] Auch im Engl. begegnen außer *theriac* die Formen *treacle* und *triacle*; s. Hoppe Suppl. Lex. 428ª. Heutige deutsche Volksdialekte sagen *Dreiackers* (Frommann 2, 416); sonderbar und lächerlich verdreht sich *Theriak* außerdem theils in *Theerjacke*, theils niederd. in *Dit un Dat*.

(Standarte) erinnert an „*Stand*", entwächst aber dem frz. *étendard*,
altfrz. estendart, mlat. standardum (v. extendere). Was heute
schwarze Kunst heißt, beruht auf Uebersetzung des mhd. *nigromanzie*, spätlat. *nigromantia*, einer Umdeutung aus νεκρομαντεία
(Todtenbeschwörung); das lat. *niger* mochte ein bekannteres Wort
sein als das griech. νεκρός, um den zweiten Theil bekümmerte man
sich nicht[1]). Neben *vischatze* und *vischenze*, aus piscatio, erscheinen
als treffende Umdeutschungen des lat. Wortes *vischenutz* und
vischschutze; *segisen* und *wegisen*, an îsen angelehnt, leiten auf
die einfachen Wörter *segense* (Sense) und *wagense* (Pflugschar)
zurück[2]). Die aus *pigmente* (lat. pigmentum) um einen Buchstaben gekürzte Form *bimente* (Gewürz) kommt mit Anlehnung an
„minze" (lat. menta) als *biminze* vor; *basûne* (Posaune), Nebenform
von *busûne*, *busîne* (lat. bucina), wird in *blâsûne* (vgl. blâsen)
umgedeutscht. *diemuot* (Demuth), dessen erster Theil freilich der
Stamm (ahd. diu, Knecht, Magd) von „dienen" ist, als *dienmuot*
verständlich gemacht. Ein mhd. Schriftsteller klagt darüber, daß
der apostolische Segenspruch „*in nomine domini amen*" im Munde
leidenschaftlicher Roheit zu „*in nummer dumen nâmen*" geworden
sei[3]). Bruder Bertold spricht einmal von Ketzern Namens *pôver-
lêwen*; das Wort enthält in seinem Ursprunge zwar das frz. *pauvre*
(arm), aber nicht das deutsche *lêwe* (Löwe), sondern dafür den aus
Lugdunum hervorgegangenen altfrz. Namen der Stadt Lyon, *Leun*:
pauvre de Leun[4]). *Salwirt* steht für *salwürhte* und dies f. *sarwürhte* (engl. -wright), Verfertiger der Rüstung (sar), wie aus
schuochwürhte (Schuhmacher) schon früh *schichwirt* hervorgegangen
ist[5]). Der aus dem Lat. übernommene Name des *Leopard* tritt
im Mhd. in einer großen Menge von Formen auf, unter denen

---

1) Vgl. Grimm Myth. 989 Anm. Diez Et. Wtb. 1, 288. 289. *Nigromanzie, nigramanzie* kürzt sich in *gramazie* (Gaukelei); aber *gramazien*,
Dank sagen, scheint aus *gramerzien* (vom frz. grand merci) entstellt zu
sein (Lexer Mhd. Wtb. 1, 1067; vgl. R. Köhler in Frommanns Ztschr.
6, 76). Sollte das westerwäldische 'Kranmanzien' (überflüssige Komplimente, Umstände), welches Schmidt im Idiot. verzeichnet hat (in Straßburg 'Gramanzies', Ziererei), zu 'gramazien' gehören? Im Brem. Wtb. findet sich für denselben Begriff 'Kranzi-Mänzi'.

2) Vgl. Peters Ztschr. f. d österr. Gymn. 1878 S. 757.

3) Lexer Wtb. 2, 119. 120.

4) Pfeiffer in Haupts Ztschr. f. d. Alt. 9, 55 fg.

5) Lexer Wtb. 2, 585. 610. 821. *Sallwürk* und *Schuhwirth* sind heutige Geschlechtsnamen.

folgende auf Zurechtlegung und Anlehnung beruhen, oder doch an andere Wörter der Sprache denken lassen; *liebart, lebehart, leibhart, lewehart, lewenbart, löwpart*; selten begegnet *leopard* selbst. Es gibt zweierlei *entrâten*, das eine mit *râten* zusammengesetzt (nhd. entrathen), das andere zu einem vorauszusetzenden „*trâten*" (engl. dread, fürchten) gehörig, mit der Bedeutung „erschrecken", angels. ondraedan, alts. andrâdan¹). Neben *coliander*²), aus *coriandrum*, wird *kolyras* angetroffen; *bolz* (Mehlbrei) entspringt mit wortspielendem Bezug aus dem lat. *puls*³); für *alantwurz* begegnet *lantwurz*. Was wir *Polei* nennen (vgl. S. 47) lautete im Mhd. ebenso, aber auch *polenkrût*; neben *mirtel* (Mirte) kommt *merdorn* vor. Das lat. *malum granatum* (Granatapfel) ist in *margrât* u. *margram*, wobei Anklänge an andere Wörter hervortreten, umgebildet worden⁴). Der dem romanischen majorana, wo sich der Gedanke an das lat. „major" aufdrängt, entlehnte Pflanzenname *Majoran* (plattd. meieran), aus dem lat. *amaracus* entstellt, hat sich in *meigramme* umgewandelt, das wenigstens in der ersten Silbe eine Anlehnung (*meie*, Mai) zu enthalten scheint⁵). Der in verschiedenen Glossensammlungen befindliche Name *warcgengel* für den Neuntödter, der die Vögel erst aufspießt, ehe er sie frißt, ist zwar durchaus angemessen als „Würgengel" verstanden worden; allein die ursprüngliche Zusammensetzung findet aller Wahrscheinlichkeit nach nicht mit *engel* sondern mit *gengel* (Gänger) statt, so daß *warcgengel* einen bezeichnet, der als *warc*, d. i. Wolf, einhergeht⁶). Aus dem mlat. porcilaca, ital. porcellana, d. i. *portulaca* (Portulak), ist *purzel* (nhd. zuweilen *Burzelkraut*) hervorgegangen. In *merlîn* (Amsel) beruht die Assimilation im Vergleiche zum lat.

---

1) Wackernagel Wtb. z. altd. Leseb. 75ᵇ. Müller u. Zarncke Mhd. Wtb. 4, 84. E. Müller Et. Wtb. d. engl. Spr. 1, 314.

2) Vgl. Kolander in Grimms Wtb. 5, 1601.

3) Vgl. *Pfannenbolzen*, Art Mehlspeise, in Schmellers Wtb. 1, 173. 2. A. 1, 238.

4) Kuhn und Schleicher Beitr. 6, 337; vgl. Schmeller 2, 616. Regel Mnd. Goth. Arzneib. 28.

5) Vgl. bair. *Maigram* (Schmeller 2, 556).

6) W. Grimm in Haupts Ztschr. f. d. Alt. 7, 633. 12, 203 fg. Vermuthlich gehört *warc* der Wurzel von *würgen* an (Grimm Gesch. d. d. Spr. 230. Gramm. 2, 62); der Neuntödter hieß im Mhd. auch *wergel* (J. Grimm in Haupts Ztschr. 8, 558), in Schlesien führt er den auffallenden Namen „Wagenkrengel" (Weinhold Beitr. zu e. schles. Wtb. 47ᵇ. 103ᵃ), „Wahnkrengel" (Frommann 4, 190).

merula auf der Benutzung der im Deutschen so geläufigen Deminutivform *-lîn*, wenn auch nicht zugleich an *mer* (Meer) zu denken ist. Die Thiernamen *panter* und *vasân* sind auf Grund einer generellen Bezeichnung in *pantier*[1]) und *vashan*[2]) verwandelt worden[3]); das Kaninchen heißt gegen Ende der mhd. Periode *künigel*, zwar nach dem lat. *cuniculus*, aber zugleich in dem Gedanken an *künec*[4]). Der Name des sagenhaften *lëbermer* (geronnenes Meer), wofür zur Verdeutlichung, weil es alles an sich zieht, einzeln auch *klebermer* begegnet, ist nicht mit *lëbere* (Leber) an sich zusammengesetzt, sondern mit einem diesem Worte zu Grunde liegenden Stamme, der sich am deutlichsten in dem nhd. *Lab* (coagulum) und mhd. *liberen* (*geliefern*, gerinnen) nebst dem niederd. Adj. *libberig* offenbart. Wenn das etymologisch überaus schwierige, wohl ursprünglich orientalische Wort *Hasard* im Mhd. *hasehart*[5]) lautet, so liegt darin Anlehnung an *hase*[6]). Dem lat.

---

1) Die zu Grunde liegende griech. Form πάνθηρ enthält wahrscheinlich denselben Anklang (θήρ, Thier); s. Curtius Grundz. 430. Weise Zeitschr. f. Völkerpsych. 1880 S. 55.

2) Schon im Ahd. findet sich auch *fasihuon*, mhd. *phaschuon*. Merkwürdig ist „vaschang", das ja im Mhd. Fasching bedeutet, für Fasan; s. Lexer Kärnt. Wtb. 91 u. vgl. Schmeller 1, 568.

3) Sollte nicht ähnlich *Pfarrherr* dem mhd. *pfarraere* (Pfarrer) entsprungen sein? Jedoch vgl. *Kirchherr*, mhd. kirchherre, später kircher. Ueber *-herr* aus *-er* s. Bacmeister German. Kleinigk. S. 45. Empfehlenswerth wäre die Verdrängung des durchaus unbequemen Wortes „Banquier" durch „Bankherr" oder „Banker".

4) Heutige Dialekte kennen auch *Künihas* (Königshase), im ältern Nhd. begegnet *Küniglein*; vgl. Diefenbach in Kuhns Ztschr. f. vergl. Spr. 10, 74. Hehn Kulturpflanzen 2. A. S. 530. Eine andre Umbildung ist *Karnickel* (Schmeller 2. A. 1, 1293). Aus dem Vogtländischen führt Dunger N. Jahrb. 1877 (2. Abth.) S. 511 *Kuhhase* an, Kaninchen halte man gern in Kuhställen.

5) J. Grimm in Haupts Ztschr. f. d. Alt. 1, 575 fg.

6) „Swer disem *hasen* (dem Würfelspiel) jaget nach, dem ist gên himmelrich niht gâch" (Pfeiff. Germ. 5, 306). Eine seltsame Umdeutung von *Hasard* findet sich in mitteld. Dialekten: „Hassard" im Sinne von Haß, gehässigem Neid; s. Heynatz Antibarb. 2, 699. Reinwald Henneb. Id. 1, 60. 2, 57. Vilmar Idiot. 153. Regel Ruhlaer M. 82. 149. Grimm Wtb. 4ᵇ, 524. Es ist indessen möglich, daß *Hassard* oder *Hassart* umgekehrt von „Hass" stammen und sich an Hasard anlehnen. Schambach 75ᵇ leitet „hasardig", boshaft, nicht richtig aus dem fr. hasardeux; ebensowenig tauglich scheint der Vergleich mit dem engl. hatred (Schmeller 2, 245. Albrecht Die Leipziger Mundart S. 130ᵇ) zu sein.

fundamentum ist *vullemunt* (mnd. ebenso) gefolgt, auch *vollemunt*[1]), was sich als voller Schutz verstehen läßt; vielleicht darf zugleich an *fulcimentum* gedacht werden (allgemeiner Begriff: Stütze). Die beiden an sich völlig verschiedenen Wörter *hantwerc* (Handwerk) und *antwerc* (Maschine, Werkzeug; von entwürken) werden, da sich nicht bloß die Formen sondern auch die Begriffe nahe berühren, nicht selten verwechselt, was sich auch noch in die Anfänge der nhd. Periode hinein erstreckt[2]). *Brieven* (niederschreiben) scheint sich einzeln mit *brüeven* (prüfen) zu mischen[3]); bei Konrad v. Megenberg (14. Jahrh.) kommt *himmelblitz* vor, offenbar aus himelitz (Wetterleuchten, Blitz) umgedeutet[4]); neben *türteltûbe* (Turteltaube) erscheint am Ausgang des Mhd. vereinzelt *gürteltûbe*[5]). Wenn das Mhd. aus dem frz. *sénéchal* neben andern entstellten Formen die Form *seneschalt* zurückgedeutscht bekommen hat, so ist dies vielleicht zum Theil in dem Gedanken daran geschehen, daß es dem ältesten Diener — denn das bedeutet *Seneschall* eigentlich — wohl zusteht im Hause und am Hofe des Fürsten zu *schalten*. Zu den dem nhd. *Bräutigam* (Brautmann, ahd. gomo = lat. homo) voraufgegangenen alten Formen (briutegome, briutegoume, briutegum) gehört auch *briutegunt*, das sich in Predigten des 13. Jahrh. findet, angelehnt, wie es scheint, an -gund (Krieg), als zweites Glied zusammengesetzter Personennamen[6]). Möglicherweise entspricht *missepris* (Schande) dem frz. *mépris* (mespris); doch kommt daneben *unpris*, das Gegentheil von *pris*, in derselben Bedeutung vor. *Singôʒ* (kleine Glocke) soll[7]) durch das ital. *segnuzzo* (von segno, Glocke, lat. *signum*) stammen, hat sich aber sehr deutlich an *singen* gelehnt und rührt vielleicht gradezu daher; vgl. *singessa*,

---

1) Im nordrheinfränk. Dialekt als *follemang* französiert erhalten (Bedburg. Progr. 1873 S. 6). Noch andere altd. Formen s. in Wackernagels Wtb. 357ᵇ. Adelungs Wtb. 2, 351 bietet *Füllmund*, Grund, Grundbau; vgl. Weigand in Grimms Wtb. 4ª, 519. 535.

2) Schmeller 4, 141. Wackernagel Wtb. 15ₐ. Grimm Wtb. 1, 507. 4ᵇ, 423; vgl. Lexer Mhd. Wtb. 1, 82. Linnig Bilder z. Gesch. d. d. Spr. 396.

3) Wackernagel in Haupts Ztschr. f. d. Alt. 6, 150. Müller und Zarncke Mhd. Wtb. 2ª, 536ᵇ; vgl. Lexer Mhd. Wörterb. 1, 353. 2, 303.

4) Schmeller 2. A. 1, 1112.

5) Vgl. Müller u. Zarncke 3, 125ª. Schmeller 2. A. 1, 944.

6) Bekanntlich heißt der Bräutigam im Engl. *bridegroom*, assimiliert an *groom* (Diener, Reitknecht), das jedoch seinerseits aus gome (ags. guma) entstellt ist.

7) Wackernagel Umdeutsch. 19; vgl. Lexer Wtb. 2, 931.

Kuhschelle¹). In der Form *bischolf,* welche statt *bischof* (aus episcopus) öfters begegnet, offenbart sich der Trieb, ob bewust oder unwillkürlich, ein ohnehin reichlich entstelltes Fremdwort durch den ausschließlich deutschen Ausgang *-olf* (vgl. Rudolf) vollends zu acclimatisieren²). Da nach dem Gesetze der Lautverschiebung dem *th* des altn. *thurs,* ags. *thyrs* (Riese) ein hochd. *d* entsprechen sollte, so scheint die Form *türse* mit Rücksicht auf *turren* (audere; vgl. *türstec,* kühn) entstanden zu sein. Daß die Löwin außer *lewinne* bei Konrad v. Würzburg auch *lunze* heißt, wird seinen Grund in einer Verwechslung mit einem andern Thiernamen haben, ital. *lonza* (frz. once, nhd. Unze). In den persönlichen Namen auf *-her* (Heer) findet sich diese Form mitunter vermöge falscher Deutung mit *-hêr* (hehr) vertauscht, z. B. *Giselhêr, Gunthêr, Volkêr, Walthêr, Wernhêr.* Auch das gehört zur Assimilation, daß sich neben dem regelrichtigen Prät. *began* noch ein anderes, *begunde,* festgesetzt hat, wofern hier eine irrige Rücksicht auf *gunde* (gönnte) vom Präs. *gan* im Spiel gewesen ist³).

Beim Uebergange zum Neuhochdeutschen muß zunächst daran erinnert werden, daß die bisher vorgeführten Beispiele aus der deutschen sowohl als aus fremden Sprachen meistens das Gepräge des Natürlichen, Ungesuchten und Ungekünstelten tragen, welches der Vorgang volksetymologischer Umbildung und Umdeutung, wie gleich im Anfang bemerkt worden ist, ursprünglich überhaupt offenbart. Von anderer Art sind die Gestaltungen und Erklärungen, die auf Bewustsein und Absicht, auf einem gelehrten Spiel mit Worten, einem Haschen nach geistreichen Witzen und humoristischen Verdrehungen beruhen⁴). Diese Richtung wird im allgemeinen durch das ältere Neuhochd. bestimmt. Wer kennt nicht die Strafrede des Kapuziners in Schillers Wallenstein? Was und wie der Mönch da redet, ist großentheils dem nachgeahmt, was zu einer viel frühern Zeit der Oesterreicher Ulrich Megerle, bekannter unter dem Namen Abraham a Santa Clara, in seinen Predigten zum Besten gegeben hat⁵). Aehnliches ist auch von

---

1) Frommann 2, 568.
2) Wackernagel Wtb. 37b.
3) J. Grimm in Haupts Ztschr. f. d. Alt. 8, 14 fg.
4) Vgl. Wackernagel Kl. Schr. 3, 323.
5) Vgl. Viehoff Arch. f. d. Unt. im D. II (1844), 3, 62 fg.

seinem Zeitgenossen, dem wackern Hamburger Pastor Schupp oder Schuppius, der Nachwelt überliefert worden. Ihnen beiden hat es im 16. Jahrh. der geniale und sprachgewaltige Fischart[1]) zuvor gethan, dessen witzige Wortverdrehungen und Wortspiele ein mannigfaches Vergnügen gewähren. Fischart bezeichnet die *Jesuiten* als *Jesuwider*[2]) und *Jesubitter*, seinen eignen Beinamen *Manzer* (Mainzer) legt er „*Mannsehr*" aus, nennt sich auch einige Male *Wischhart*, Luthers Gegner Thomas *Murner* ist ihm ein *Murrnarr*, die *Heroen* deutscht er in *Herhohen* (hêr, hehr) um, das *Helveterland* in *Heldväterland*, aus *Podagra* macht er *Pfotengram*[3]), *Affenteuer* aus *Abenteuer*, die *Sarazenen* sind ihm *Saurezähnen*, der *Notar* ein *Notnarr*, *Rhetorik* verwandelt er in *Redtorich*, *Republik* in *Redpöblicheit*, *Amen* in *Amend* (am Ende), *Fundament* (vgl. S. 63) in *Untenamend*, *Provision* in *Brotfression*, *melancholisch* in *maulhenkolisch*[4]), *calvinisch* und *lutherisch* in *kaltwinisch* (kalt, Wein) und *luterisch* (lûter, lauter). Von hungrigen Leuten redend, die im Begriffe sind sich zu Tische zu setzen, bedient er sich eines fingierten Personennamens und zweier bekannten Städtenamen, indem er sagt: „Der *Happetit* (vgl. *happig*, gierig) von *Darmstadt* und *Esslingen* fieng an sie zu reiten"[5]); der *Karthäuser* erwähnt er als „*Kartenhäuser*"[6]) und „*Kartenhausierer*", das *Astrologium* ist ihm ein *Lastrolugium* (Laster u. Lug); ihm zuerst scheint es eingefallen zu sein ein arbeitscheues Mädchen, mit Anspielung auf *lehnen*, oder ein Wort wie das dial. *laene*, langsam,

---

1) ein „Brunnen mit zahllosen Röhren" (Uhland).

2) Vgl. *Jesuwiter, Jesuwitter* bei Fr. Reuter. Gleichen Sinnes ist das Wortspiel: Si cum *Jesuitis*, non cum *Jesu itis* (s. Büchmann Geflüg. W. 353). Ohne Anlehnung übrigens wird auch im Volksdialekt gesagt *Jesuwiten* und *Jesuwiter* (Schmeller 2, 271. Frommann 2, 198); vgl. Luwise f. Luise, gekürzt Wiesche, schwed. Lovisa.

3) im Achener Idiom, auch auf dem Westerwalde „*Putekramp*" (Pfotenkrampf).

4) noch heute in der Oberlausitz *maulhängolisch* (Anton im Görlitzer Progr. II, S. 11). Der Form „maulhangtkomisch" geschieht N. Jahrb. f. Phil. u. Päd. 1876 (2. Abth.) S. 605 Erwähnung. In der Gegend von Dresden soll für denselben Begriff „mankolisch" vorkommen, wofür Anlehnung an das dialekt. „mauk" (lat. mancus), gebrechlich, hinfällig, in Anspruch genommen wird; s. Dunger N. Jahrb. f. Phil. u. Päd. 1877 (2. Abth.) S. 506.

5) R. Köhler Germ. 7, 235.

6) Vgl. S. 44 engl. *charter-house*.

eine faule *Lene* (Helene) zu nennen[1]); die beiden Frauen des Nibelungenliedes, *Krimhilde* und *Brunhilde*, gelten ihm als *Grimmhilde* und *Brennhilde*. Hans Sachs schreibt *Eidmann* f. *Eidam*, das von „Eid" stammt[2]), *Seckeldarius* f. *Secretarius*, Luther *Lügende* f. *Legende*[3]), Joh. Pauli *Stückgarten*, andere zuweilen *Stockgarten* f. *Stuttgart* (v. stuot, Gestüt). Statt *Alchimie*, *Alchimisterei* heißt es bei Schuppius, mit Benutzung sogar dreier deutschen Wörter, zur Verspottung dieser Kunst ungemein treffend und geistreich *Allkühmisterei*; derselbe sagt statt *Philosophus* öfters *Philosaufaus*; einem Federheld, der anderswo Federhans heißt, gibt er im Gedanken an *Kiel* (mhd. *kil*) den Namen *Kilian*. Abraham a S. Clara sagt: „Der liebe Gott ist mit seiner Hülfe nicht immer von *Eilenburg*, sondern auch zuweilen von *Wartenberg*; drum sollen wir in unserm Gebet von *Anhalt* sein. Wenn uns die Vorsehung über *Kreuznach*, *Bitterfeld* und *Dornburg* führt, so dürfen wir nicht verzagen, sondern müssen unsern Blick auf *Seligenstadt* richten, wohin wir aber nicht gelangen, wenn wir uns unterwegs in *Weinheim* und *Spielberg* aufhalten oder ungebührlich lange in *Frauenstadt* und *Magdeburg* verweilen". Von einem Schlemmer heißt es bei ihm: „Er reitet auf dem *Gaul* nach *Bethlehem*[4]) und *Leiden*" (lat. *gulo, gula*; *Bettelstab* und *Leid*); zu einem Zanksüchtigen spricht er: „Du bist öfter ein *Hadrian* (Haderer) als ein *Friedrich*"[5]). „Wie oft", ruft er einmal aus, „ist der Ehestand ein Wald, in welchem alles Holz wachset, außer der *Segenbaum* nit"; dieser Baum führt sonst die aus (juniperus) *Sabina* bereits umgedeutschten Namen *Sadebaum*, *Sagebaum*, *Sebenbaum*[6]), *Segelbaum*, *Siebenbaum*. Den *Heliogabal* nennt er

---

1) Wackernagel in Pfeiff. Germ. 5, 295.

2) Vgl. M. Höfer Et. Wtb. 1, 11. Schmeller 1, 27. Dietz Wtb. zu Luthers Spr. S. 491ᵃ. Deecke Die deutschen Verwandtschaftsnamen S. 123. Diefenbach Vergl. Wtb. 2, 725, wo noch das etymologisierende „Ehethum" f. „Eidam" angeführt steht.

3) Herder zu Anf. des Aufs. üb. d. Legende. R. Köhler Vier Dialoge von Hans Sachs (Weimar 1858) S. 95; vgl. Dietz S. 420ᵃ. Aus *Lügende* ist später, wie Büchmann (Geflüg. Worte 57) annehmlich darlegt, *Lüg-Ente* hervorgegangen und hieraus *Ente* (Zeitungslüge) gekürzt worden; andere Ansichten über den Ursprung und die Beziehung dieses letztern Ausdrucks s. bei Schmeller Wtb. 2. A. 1, 114 und Grimm Wtb. 3, 509.

4) Prof. Birlinger theilt mir mit, daß in Würtemberg Ortsviertel, wo arme Leute wohnen, „Bethlehem" heißen.

5) Schmeller 1, 182. Pfeiff. Germania 5, 295. 14, 219.

6) Dialekte deuten dies von neuem in *Lebensbaum* um.

Höllgabel, den verlornen Sohn einen *Irrländer* (Vagabunden); er urtheilt, daß das gemeine Volk bei dem Namen *Iscarioth* verstanden habe: *Ist gar roth,* weshalb dem Judas der rothe Bart zuerkannt sei; mit *Danzig* spielt er auf *tanzen* an. *Kandelberg,* den umdeutenden Namen der engl. Stadt *Canterbury,* gebraucht er wortspielend mit *Kandel,* Kanne. Unter den alterthümlichen Notennamen dienen ihm *la mi fa re* mehrmals zur Erinnerung an den Tod, indem er auslegt: „*Laß mich fahren*", einmal mit dem Zusatze: „nach *Engelland*" (vgl. oben S. 59). Weit früher hatte Bruder Bertold das Wort *Ketzer,* bekanntlich von καθαρός[1]), in einer Predigt umständlich und mit geistreichen Bemerkungen von *Katze* geleitet[2]); derselbe denkt bei *witewe* (Witwe) nicht übel an *wite* (weit) und *wê* (Weh). Die im J. 1514 gegen Ulrich von Würtemberg empörten Bauern nannten sich selbst den armen *Konrad* (koan Rat) und sprachen von ihren Aeckern und Weinbergen in *Nirgendsheim* und *Bettelrain,* zu *Fehlhalden* und auf dem *Hungersberge*[3]). Aus dem Jahre 1551 wird *Hinterim* f. *Interim* nachgewiesen[4]); dies erinnert an den Spruch: 'Das *Interim* hat den Schalk *hinter ihm*'. Die *Ungarn* oder *Ungern* wurden, nachdem dem Namen *H* vorgetreten war, als *Hungerer* (Hungerleider) verstanden[5]). Seb. Frank verbindet den „got Venter" mit dem „closter *Maulbrunn*" (Maulbronn in Würtemb.) und macht zu letzterm Namen den Zusatz: „ich meyn das loch unter der nasen"[6]). Brant im Narrenschiff bedient sich des Ausdrucks: „den *Schemel* unter die Bank stoßen", d. h. die *Scham* verlieren[7]). Zu Brants Zeit führte eine enge Gegend in Straßburg den Namen *Dummenloch,* vielleicht aus *Thomae locus* entstellt[8]). Der in den

---

1) *Gazari* (ital.) = καθαροί, die Reinen (Ztschr. f. d. Alt. 9, 61. Grimm Wtb. 5, 639).

2) Vgl. „Katzenmeister" f. „Ketzermeister" (Grimm a. a. O.).

3) Kriegk Schriften zur allg. Erdkunde S. 100. Hauff Lichtenstein (Werke Bd. 5) S. 395. Vgl. Schmid Schwäb. Wtb. 419.

4) Frommann 7, 21. In der Voss. Zeit. 1881 Sonntagsbeil. 18 macht Pröhle darauf aufmerksam, daß in den untern Klassen höherer Schulen die *Interpunktion* als *Hinterpunktion* gefaßt werde.

5) „A fame, quam patiebantur, Hungri vocati sunt"; s. Wolff im Siebenbürg. Tagebl. 1878 No. 1526.

6) Pfeiff. Germ. 17, 305.

7) Frisch Wtb. 2, 160b. Vgl. mhd. schemel, schamhaft; unschemel, schamlos.

8) Zarncke zum Narrenschiff 402b.

alten deutschen Rechtsverhältnissen begründete sogenannte *Biergelde* heißt wahrscheinlich nicht nach dem Bier, sondern nach der Gerste (got. baris; vgl. die ältere Form barigildus), die er zu liefern hatte[1]. Aus Kaisersberg und spätern Schriftstellern wird die Verdeutschung *Vorzeichen* aus *pforzich* (porticus) nachgewiesen[2]. Kaiser Ruprecht meldet 1407, sein Sohn werde gen *Handborg* fahren, wo im Gedanken an *Hand* und *Handel* die Stadt *Hamburg* gemeint ist[3]. *Antwerpen* (zu werfen, got. vairpan[4]) hieß vor Zeiten *Antorf*, eine Form, die auch lautlich, obwohl mit Anlehnung an „Dorf", aus jener andern erklärt werden kann[5]; statt *Erfurt* wurde in Büchern[6] regelmäßig *Erdfurt* geschrieben. *Weimar* (Vimaria) erlitt im 17. Jahrh. Verwandlung in *Weinmar* (Vinaria), weil man den Wein mit dem Namen in Verbindung bringen wollte[7]; *Paderborn*, das doch deutlich genug nach der *Pader* heißt, an der es liegt, wurde vielfach, unstreitig in dem Gedanken an das dortige geistliche Regiment, von dem lat. *pater* abgeleitet und zuweilen demgemäß geschrieben: Padresbrunna, Patrisbrunna[8]. *Rostock* (slav.) wird in schlesw. holst. Urkunden bisweilen *Rothstock* genannt, anderwärts wurde *Rosenstock* daraus gemacht; in mnd. Urkunden steht die Insel *Guernsey* als *Garnsee*, die Stadt *Yarmouth* als *Germuden* aufgeführt. Leicht entstand, unter andern bei Seb. Münster, aus *Polán* die Form *Poland*[9]), die auch aus Zusammenziehung von „Polenland" erklärt werden mag[10]). Auffallen muß es, daß die Stadt *Roveredo* von dem Tiroler *Hofreit* genannt wird; man wird dabei an das mhd. *hovereite* (Hofraum am Bauerhause) erinnert[11]. — Auch in der neuern Zeit

---

1) Woeste Ztschr. f. deutsche Phil. 6, 211; vgl. Grimm Rechtsalt. 313 fg.

2) Schmeller Wtb. 1, 635. 2. A. 1, 847.

3) Hildebrand Ztschr. f. deutsche Phil. 2, 256.

4) Förstemann Ortsn. 45; vgl. 271.

5) Vgl. Steinmeyer Ztschr. f. d. Alt. 15, 231. Förstemann 315.

6) z. B. in Goedekes Schwänken des 16. Jahrh., ferner in Lappenbergs Ulenspiegel.

7) Förstemann in Kuhns Ztschr. f. vergl. Spr. 1, 10. Im neuen Reich 1877 No. 43 S. 664. 665.

8) Förstemann Ortsn. 189; vgl. Namenb. 2, 1115.

9) So heißt das Land im Englischen.

10) Vgl. Pólander, Pölender in Lexers Mhd. Wtb. 2, 283.

11) Vgl. Frommann 3, 462. 6, 152. Das mhd. Wort lebt noch in oberd. Mundarten, wo es *Hofreide*, *Hofert* und ähnlich lautet, vereinzelt sogar *Hofereise*; vgl. Vilmar Idiot. 173. Frommann 7, 303. Grimm Wtb. 4ᵇ, 1697.

überlassen sich einige Schriftsteller, jedoch gewöhnlich nicht in ihrem eigenen, sondern im Sinne der Volkssprache, welche sie darstellen, dergleichen zum Theil erläuternden Verdrehungen; manches Treffende dieser Art findet sich insbesondere bei Fritz Reuter, namentlich in dem Munde Bräsigs (ut mine Stromtid), z. B. *Timothee* f. *Dementi*, *assistieren* f. *existieren*, umgekehrt *Existent* f. *Assistent*, *Stinkstoff* f. *Stickstoff*, *sonnenbuhlerisch* f. *somnambul*, *Olekolön* f. *Eau de Cologne*, *Olewang* f. *Eau de Lavande*, einiges auch bei Auerbach, wie das schwäbische *Kohlebrater* st. *Collaborator*. Es fehlt aber auch heute nicht an Geistern, deren Witz sich gelegentlich in ähnlicher Absichtlichkeit ergeht, als das 16. und 17. Jahrh. dargeboten haben. Lessing erkennt in der wiederholten Schreibung „*Equivocen*" des Pastors Göze (anstatt „*Aequivoken*") ein Wortspiel: „*aequivocum, quasi dicas, equi vocem*". Goethe und Schiller haben dergleichen fast ganz gemieden; jener spielt einmal mit der Verdrehung *Macklotur* st. *Maculatur* auf den Namen *Macklot* an. Eine Menge scherzhafter, nicht immer besonders gelungener Entstellungen geographischer Namen Asiens bietet Schlegels Gedicht „Kotzebues Reisebeschreibung"[1]), z. B. *Bücharei* f. *Bucharei*, *naturalische Klotzaken* f. *uralische Kosaken*. Witziger heißt es in dem darauf folgenden „Abschied": „Du wolltest Esel bohren, doch wirst du *überbohrt*. Das sind die *Hyperboren* u. s. w". Ein Epigramm Schlegels auf *Grillparzer* lautet: „Wo *Grillen* mit den *Parzen* sich vereinen, da müssen grause Trauerspiel' erscheinen." Kürzer faßt sich Rückert in dem Wortspiel: „Ich *kost'* im *Kosegarten* schon *matt* von *Matthisson*"; auf den letztgenannten Dichter ließe sich auch Körners Vers beziehen: „*Matter* strahlt der *Sonne* letztes Glühn". H. Heine spricht von einem „*Millionarrn*" und einer „*Millionärrin*", legt einem Diener die Worte in den Mund, daß ihn Rothschild ganz „*famillionär*" behandelt habe, und bemerkt, in Hamburg herrsche der Geist *Bancos*; von einer Berlinerin heißt es bei ihm: „Sie ergreift die „*Katarrhe*" (Guitarre) und spielt und singt die „*Kravatte*" (Cavate, Cavatine) aus Tankred". Bei dem Hallenser Leo findet sich *Aufkläricht* (vgl. Kehricht) f. Aufklärung, auch spricht er von *demokrätzigem* Gesindel. Im Jahre 1848 gab *Herwegh* den „Krakehler" heraus, wobei er sich Dr. *Herr-weg* unterzeichnete. Bald nach dem letzten Kriege mit Frankreich hieß es in einem Gedichte, die Franzosen hätten

---

[1] A. W. v. Schlegels Werke herausg. v. Böcking 2, 336. Vgl. Förstemann Ortsnamen 291.

die *Moltkekur* (vgl. *Molkenkur*) durchgemacht¹). Auf das unhöfliche Sprichwort: „Holsatia non *cantat*" antwortet Klaus Groth recht hübsch: „Holstên *kann dat*"²).

Es bedarf keines Beweises, daß der in dem Namen **Volksetymologie** enthaltene **Begriff des Volkes** nicht jenen niedrigen Standpunkt einnimmt, welcher nach dem Sprachgebrauche manchen andern ebendaher gebildeten Wörtern innewohnt, z. B. auch der Volksprache im Gegensatze zur gebildeten Schriftsprache. An und für sich betrachtet gibt es nur eine einzige natürliche und ungekünstelte Volksetymologie; der Unterschied zwischen **vulgärer** und **literarischer Volksetymologie** bezieht sich lediglich auf die heutige Geltung. Wörter wie *Armbrust*, *Felleisen* einerseits und *Ziehjarn* (Cigarre), *rattekahl* (radikal) anderseits ruhen auf einem und demselben Grunde: jene sind aus Ursachen, die sich leicht erkennen lassen, Eigenthum der Schriftsprache geworden und haben sie bereichert; die letztern werden von derselben fern gehalten, weil neue Schöpfungen solcher Art nicht leicht mehr einen sichern Boden in ihr finden, mag auch die Unbefangenheit, mit welcher der Sprachgenius des Volkes zu verfahren pflegt, nicht allein unser Erstaunen hervorrufen, sondern fortwährend auch unsere gerechteste Theilnahme verdienen und in vielen Fällen ein Gefühl von Behaglichkeit und Gemüthlichkeit wecken und verbreiten. Denn in der That immer gewähren Wörter und Ausdrücke der **vulgären Volksetymologie** der kulturhistorischen Betrachtung eines Volkes und einer Sprache einen hohen Reiz; es zieht daher an deutsche Beispiele aus ältern und neuern Zeiten reichlich vorzuführen. Zwischen bewuster und unbewuster Deutung fällt die Entscheidung zuweilen schwer; einige absichtliche Wortspiele, jenen früher genannten vergleichbar, liegen auf der Hand.

In ältern Schriften findet sich *Bißschaf* und *Beißschaf* (niederd. Biteschâp) f. *Bischof*³), während Luther wortspielend *Beischaf* (der bei den Schafen sein soll) auslegt; ferner *Frißgar* f. *Fiskal*, *suffraganeus* als *sûfsgarûs* (saufs ganz aus) gedeutet⁴), *Holderstock* (Holunderstamm) für eine geliebte Person (*holder Stock*), *Honig*-

---

1) Mitgetheilt von Dr. Holzmüller in Hagen.
2) Schlesw. Holst. Sonntagsbl. No. 1 (1878 Dec.).
3) Merkwürdig, weil Form und Aussprache viel weniger günstig sind, ist im Engl. *bitesheep*. Hoppe Suppl. Lex. 31ᵇ führt an: „those bloodthirsty *bitesheeps* (*bishops*, I should say)".
4) Frommann 6, 76.

sam und *Honigsaum* f. *Honigseim*, *Trunkenbolz* f. *Trunkenbold*[1]). Das lat. *atramentum*, mhd. *atriment*, wurde in *Atterminz*[2]), das frz. *passeport* (Reisepass) in *Paßwort* und *Postbart* umgedeutet, *Weihnacht* als *Weinnacht* (nox vini), *Windsbraut* als *Windbraus* (noch heute tirol.), *Knoblauch* als *Knopflauch* (holl. knooplook, knoplook neben knoflook) verstanden[3]), dem lat. *oblongus* deutsches *ablang*[4]) nachgebildet. Ein schwacher Ehemann, den seine Frau beherrscht, erhielt den Namen *Simon* und *Siman* (österr. Simandl, niederd. Seman), weil dabei an *Sie* und *Mann* gedacht wurde[5]). Die sogenannten *Liedsprecher*, welche um Broterwerb als Versemacher und Deklamatoren umherreisten, wurden bisweilen *Liebsprecher* genannt[6]). Im 15. Jahrh. begegnen die Ausdrücke *Baucharzt* und *Bucharzt*[7]), welche sich zwar beide leicht verstehen, im Grunde aber doch eins zu sein scheinen; vgl. mhd. bûch u. buoch. Verwechselung von *Karat*, *karatieren* mit *Grad*, *gradieren* kommt in der ältern Sprache häufig vor[8]); eine Verordnung des Kaisers Sigismund v. 1428, wonach die Stadt Frankfurt Goldmünzen prägen durfte, spricht von 19 *Grad* feinem Golde[9]). In einem Briefe des Joh. Potty aus Hamburg vom J. 1659, welcher sich in den Akten der „Fruchtbringenden Gesellschaft" im Großherzogl. Sächs. Staatsarchiv aufbewahrt findet, hat sich ein *Orlogschiff* (Kriegsschiff) in ein *Ohrlochschiff* verwandelt[10]). Wer in der Limburg. Chronik liest: „die Ritter hatten eisen *Böcklein* vor den Knien", hat natürlich an „Buckeln" zu denken. Merkwürdig ist die in Hessen im 16. und 17. Jahrh. übliche Bezeichnung *Andacht* für *Dinkel*; noch merkwürdiger wäre es, wenn sich die Vermuthung

---

1) Vgl. „trunkne pölz", Trunkenbolde, bei Hans Sachs.

2) Wie es scheint, ist damit die Wiesbader Glosse „addermince" getroffen, welche W. Grimm in Haupts Ztschr. 6, 328 nicht verstanden zu haben erklärt.

3) Frisch Wtb. 1, 528c; vgl. Herrigs Archiv 60, 435^b.

4) Das Wort ist noch nicht erstorben, Schmeller 3, 101 braucht es: „*ablanges* Becken".

5) Vgl. Idiot. Austr. 114. Schlegels Mus. IV, 474. Frommann 3, 357. Wackernagel Germ. 5, 296. Bei Schmeller 3, 182 heißt es: „An St. *Simons* Tag soll ja kein Mann seinem Weiblein widersprechen".

6) Grimm Wtb. 6, 979. 995.

7) Schmid Schwäb. Wtb. 1, 47. 48. Grimm Wtb. 1, 1165. 2, 469.

8) Grimm Wtb. 5, 206.

9) Von Hertslet in Berlin mitgetheilt.

10) Mittheilung des Dr. Mitzschke in Weimar.

bestätigen ließe, daß mit Beziehung auf die Form *Dünkel*, wie statt und neben *Dinkel* sehr oft gesprochen und geschrieben wurde, und darauf, daß *Dünkel* und *Andacht* nicht selten, z. B. von Luther[1]), synonym gebraucht worden sind, eine freilich sonderbare Uebertragung auf die Getreideart eingetreten sei[2]). Das alte *Volbort* (entscheidende Einwilligung, Genehmigung), dessen zweite Silbe zu *bërn* gehört[3]), ist zuerst in *Volwort*, später sogar in *Wohlwort* verderbt worden[4]). Schriftsteller des 16. Jahrh. nennen das Ohrenklingen *Klingsohr*, ohne Zweifel mit Anlehnung an den sagenhaften *Klingsor*, dessen Namen man sich so ausdeutete[5]). Weiter um sich gegriffen hat die Verwandlung des in oberdeutschen Mundarten sehr geläufigen, ursprünglich wahrscheinlich unzusammengesetzten Wortes *Egert*, *Egerde* (unbebautes Land, Brachland) in *Egarten*, *Ehegarten*[6]); auch „*Oedgarten*" begegnet einzeln. Aus *hîlîch* (Ehevertrag) ging zwiefach zurechtgelegt ein Subst. *Ehelich* hervor[7]). Ein Zeug mit dem ursprünglichen Namen *Engelseit*, d. i. englisch Seit (frz. saie, sayette), hieß später *Engelsaat*; *Triangel* wurde als *Dreiangel* deutsch gemacht, *Lavendel* in *Laubangel*, *Clavicymbel* in *Klaffenzimmer* umgesetzt. Was wir jetzt in schlimmem, meist betrügerischem Sinne *Finessen* nennen, hieß ehedem *Finanzen* und heißt in Dialekten noch heute so[8]). In *Gurmann* (ganzer Mann) deutete man *Germane* um, in *Ehrenhold* (gleichs. Ehrenbote) den dramatischen *Herold*[9]), *Konstabler* (comes

---

1) Vgl. Grimm Wtb. 1, 303.

2) Vilmar Idiot. 10. Hier wird zugleich der Möglichkeit Raum gegeben, daß das lat *ador*, indem man es als von adorare abstammend und gleichbedeutend mit adoratio faßte, zu der Bezeichnung des ador durch *Andacht* beigetragen habe.

3) Mhd. Wtb. v. Müller u. Zarncke 3, 362ᵇ.

4) Vilmar Idiot. 431. 432.

5) Grimm Wtb. 5, 1194.

6) Ueber Form und Bedeutung, Ursprung und Umbildung des Wortes vgl. Adelung Wtb. 1, 1639. Schmeller Wtb. 1, 4. 2, 69 fg. Frommann 4, 40. 202. 5, 218. 6, 31. Grimm Wtb. 3, 34. Mhd. Wtb. v. Müller u. Zarncke 1, 411ᵇ. Vilmar Id. 83. Schweiz. Id. v. Staub u. Tobler II, 130.

7) Vilmar Idiot. 168.

8) Vgl. Schmeller Wtb. 1, 534. Goedeke Schwänke des 16. Jahrh. 207. Mnd. Wtb. v. Schiller u. Lübben 5, 254ᵃ. Dietz Wtb. zu Luthers Schr. 665.

9) Luther erklärte geradezu das ihm bekannte *Herold* aus *Ernhold*: „qui virtutem et honestatem quaerat et servet"; vgl. Grimm Wtb. 3, 61. Dietz Wtb. 487ᵃ.

stabuli) in *Kunststäbler*, wofür in Achen die Formen *Christophel* und *Kerstoffel* gelten [1]). Eine recht hübsche Zurechtlegung aus dem 16. Jahrh. zeigt der Name „*Trauminner* Wein" für *Traminer* (Tramin in Tirol). Die Namen *Bierhold* und *Bierholer*, früher auch *Birolf* [2]), haben die fremde Benennung *Pirol* (Goldamsel), mhd. *piro* [3]), verständlich machen sollen; für *Eidechse* galt *Heidechs* [4]) und *Heidochs*, Formen die in heutigen Mundarten noch einen Klang haben; der *Kapaun* (lat. capo) wird durch Anlehnung an *kappen* (schneiden) und *Hahn* schon vor Jahrhunderten zum *Kapphahn*, auch *Kapphuhn* kommt vor (vgl. S. 62 *vashan*, *phasehuon*); aus *alausa*, dem lat. Namen eines sehr geringen Fisches, welcher in der Schriftsprache *Alse* heißt, ist im vorigen Jahrh. *Lausefisch* geworden [5]). Die mittelalterlichen *Vaganten* nannte man, weil sie ein ausschweifendes Leben führten, *Bacchanten* [6]). Die frz. Redensart „faire bonne *chère*" (Mahl) wurde in „gut *Geschirr* machen" (wohl bewirten), *Golgatha* in *Galgenberg*, *Languedoc* in *Langendocken* umgedeutscht, statt *Elbogen* zuweilen *Enkelbogen* (vgl. Enkel, hervorstehender Theil eines Gelenkknochens) geschrieben. Dem Bischof *Bucco* oder *Buco* von Halberstadt ist es widerfahren, daß ihn das plattd. Kinderlied in eine *Bûkô* (Kuh, die „Bu" sagt) oder ein *Bûköken* verwandelt hat [7]). In der Wetterau gab es vor reichlich 50 Jahren einen sogenannten *Steuerperaequator*, das Volk deutete den für es halsbrechenden Namen in *Steuervater* und *Steuerquaker* um [8]). Der Aufseher über den Bremer Stadtsweinkeller wurde, weil er ehemals zugleich den

---

1) Ausführlich handelt von dem Amt dieser Konstabler Loersch in den Annalen des histor. Vereins f. d. Niederrhein Heft 17 S. 265 fg.

2) Grimm Myth. S. 342 hat diesen Namen misverstanden, da er auf „Biewolf" und „Biterolf" gerathen ist.

3) Frisch Wörterb. 1, 161. Gräße Bierstudien 119. Wackernagel Voces var. an. S. 17. Frischbier Preuß. Volksreime u. Volksspiele S. 70. Grimm Wtb. 1, 1824. Heutige Dialekte haben *Biereule*.

4) Axt Progr. 31b. führt sächs. *Hedehexe* (Heidehexe) an.

5) Grimm Wtb. 1, 260. 6, 357.

6) Kriegk Deutsches Bürgerthum im Mittelalter 2, 100; vgl. Schmeller 1, 145.

7) Vgl. Richey Idiot. 27. Schütze Idiot. 1, 177. Dähnert Plattd. Wtb. 27a. Förstemann Ztschr. f. vergl. Spr. 1, 10. Rochholz Alem. Kinderlied u. Kinderspiel 115. Grenzboten 1877 No. 17 S. 131. Frommann 6, 529. Statt *Bûkô* oder *Bûkauh* heißt es auch *Mûkauh*; vgl. Pröhle Voss. Zeit. 1881 Sonntagsbeil. 20.

8) Vom verst. Prof. Weigand brieflich mitgetheilt.

Hopfenhandel zu besorgen hatte, *Hoppmann* genannt; hieraus aber gieng im Hochd. bald „*Hauptmann*" hervor[1]). Heute bedeutet der Scherz „nach *Bethlehem* gehen" soviel als „zu *Bette* gehen"; in Basel heißt es dafür nach einem benachbarten Dorfe „nach *Bettingen* gehn", ähnlich in Schwaben[2]), während die Sachsen im Wortspiel mit dem Namen eines dortigen Städtchens sagen: „nach *Ruhland* gehn", in Berlin aber „nach *Posen* reisen" (vgl. Federposen) dann und wann gehört wird[3]). Gleich scherzhaft gilt hie und da *S. Blasius* als Personification des *blasenden* Windes, in einigen Gegenden des Niederrheins feiern die Nachtwächter ihn als Patron der *Hornbläser*. Zur Bezeichnung eines Geizhalses wird gesagt: „er ist aus *Anhalt*" (er *hält an* sich); in niederd. Gegenden: „he is van *Kniephusen* (Kniphausen im Amte Jever) und *Holfast*" (Holtgast in der Landdr. Aurich); von einem Aufdringlichen: „er ist ein *Anklamer*" (vgl. *anklammern*); von einem Habgierigen: „er ist vom Stamme *Nim*"; wenn ein Ding *nichts kostet*: „es ist aus *Kostnitz*"; wer sich gerne *rühmt*, von dem sagt der Niederdeutsche: „he is van *Rom*"; zu einem Schwächling: „du büst en *Amakker*" (Amak, Insel bei Kopenhagen), mit dem Gedanken an *Amacht* (Ohnmacht); im Wortspiel mit „Ulm", Fäulnis (vgl. anderwärts „olm, olmig", morsch) hat es auch geheißen: „He is van *Ulm*"[4]). Von einem *dummen* Menschen sagt man, er sei aus *Domnau* (Kr. Friedland) oder *Dummsdorf* (Sachsen), von dem, der sich durch die Menge *fort drängt*, er sei von *Drengfurt* (Kr. Rastenburg), von einem *Eilfertigen*, er gehöre nach *Eilenburg* oder *Eilau*; von einer Schweigsamen, sie stamme aus *Stumsdorf* (Dorf bei Halle a. d. Saale). Aelter ist die Redensart „nach *Straßburg* auf die Hochzeit gehn" für „auf der *Straße* liegen, verarmt sein"[5]). In Baiern wird „flattern" durch *flandern*, ein flatterhaftes Mädchen durch *Flanderlein* bezeichnet; hierauf bezieht sich der Ausdruck „ein Mädchen aus *Flandern*"[6]). „Du bist ein rechter *Windischgrätz*",

---

1) Brem. Wtb. 2, 656.
2) Staatsanz. f. Würtemb. 1878 Beil. No. 245. 380. Thüringische Seitenstücke, wie mir Regel schreibt, sind *Bettenhausen* und *Federhausen*.
3) Mitgetheilt von Dr. Bolte in Berlin.
4) Vgl. Brem. Wtb. 5, 148.
5) Goedeke Schwänke des 16. Jahrh. S. 10.
6) Schmeller Wtb. 2. A. 1, 792. Bei ältern oberd. Schriftstellern findet sich häufig die Redensart „von *Flandern* sein" für „flatterhaft, unbeständig, treulos sein"; s. Grimm Wtb. 3, 1722, wo auch eine Stelle aus Goethe angeführt steht.

d. h. ein rechter windischer, überzwercher Geselle, hört man in Schwaben¹); vgl. *windisch,* verkehrt, verdreht, und *grätschen*, mit gesperrten Beinen gehn. Daß *Krähwinkel* allgemein für den Ort des kleinstädtischen, spießbürgerlichen Wesens gilt, daran ist wahrscheinlich der dürftige, nichts Großartiges versprechende Klang des Namens schuld²). In Achen, wo das Butterbrot, wie in andern Gegenden der Rheinprovinz, „Botteram" heißt, lieben es die Knaben ihre *Botanisierbüchse*, in der sie auch ihre Provision mitnehmen, „*Botteramisierböss*" zu nennen³). Zur Zeit der kriegerischen Begeisterung für die Polen sang man in Hessen: „Polen macht sich frei, bricht die *Thüren ein*" d. h. „*Tyrannei*"⁴). Mundarten bedienen sich statt des einfachen *speien* der Umschreibung: „nach *Speier* appellieren" oder bloß „*appellieren*", wobei zugleich Anspielung auf das in dieser Stadt befindlich gewesene Reichskammergericht nahe liegt⁵). Nach unmäßigem Trinken sich übergeben wird zuweilen „Sanct *Ulrich* anrufen" oder bloß „*ulrichen*" genannt; in der Gunst und unter dem Segen dieses heil. *Ulrich* standen die Theilnehmer an Trinkgelagen, aber sein Name spielt in den übeln Klang des Erbrechens hinein⁶). Wesentlich denselben Begriff hat der ältere, in südlichen Mundarten erhaltene Ausdruck: „speien wie ein *Gerberhund*" oder „*Gerberschwein*"; er gründet sich auf „*gerben*", wie dort und anderswo f. würgen (sich erbrechen) gesagt wird⁷). „*Kif-*" oder „*Kieferbsen*" essen",

---

1) Frommann 7, 472.
2) Förstemann Ortsn. 290. Grimm Wtb. 5, 1975. 1976. Zu *Krähwinkel* vgl. Schnorr v. Carolsfeld in seinem Archiv f. Literaturgesch. 1880 S. 123. Staatsanz. f. Würtemb. 1878 Beil. 24 S. 380.
3) Botteram, in Koblenz Butterrahm, kommt vom holl. boterham; vgl. Stürenburg Ostfries. Wtb. 22ᵇ.
4) Prof. Crecelius mündlich.
5) Anton im Görlitzer Progr. I S. 4. Weinhold Beitr. z. e. schles. Wtb. 92ᵃ. Vgl. Wackernagel Germ. 5, 313. Heyse Fremdw. 63ᵃ. Von Prof. Regel in Gotha werde ich benachrichtigt, daß in Thüringen neben *appellieren* auch *protestieren* für *speien* gesagt werde, anscheinend in Erinnerung an den 1529 zu *Speier* gehaltenen Reichstag, wo die evangelischen Stände gegen die katholische Mehrheit protestierten und an Kaiser, Concil und jeden christlichen Richter feierlich appellierten.
6) Vgl. Strodtmann Osnabr. Id. 150 („den Olrik anbeen", anbeten). Schmeller Wtb. 1, 46. Schmidt Westerwäld. Idiot. 279. Wackernagel Germ. 5, 296. Vilmar Ztschr. f. hess. Gesch. 4, 96. Idiot. v. Kurhess. 421. Weigand Wtb. 2, 939.
7) Weinhold Beitr. 26ᵇ. Sanders Blätt. f. lit. Unterh. 1876 No. 31

scherzhaft an „*keifen*" (mhd. kîben) angelehnt, bedeutete zu Zeiten soviel wie „Gekeife" zu schmecken bekommen [1]). Bekannt ist der Ausdruck „einen *Animus* haben" für „*ahnen*", offenbar ein Spiel mit zwei einander phonetisch und auch dem Begriffe nach naheliegenden Wörtern. Aehnlicher Art sind die theils bloß scherzhaften theils einigermaßen witzigen Bezeichnungen und Erklärungen: *Sophist*, *Bankier* für die, welche den *Sopha*, die *Bank* lieben; *Moritz* (für *Mores*, Sitten) lehren; *Pericles* in *Morea*, umgeändert aus *periculum* in *mora* (Gefahr im Verzuge). Lateinschüler lieben es ihren *Direktor* mit assimilierender Kürzung *Direx* zu nennen; Studenten hört man vom *Jux* sprechen, wenn sie den *Judex* d. h. den Universitätsrichter meinen, in Baiern wird zuweilen *Prinzipal* in *Prinz* gekürzt [2]); in weitere Kreise verbreitet ist „*Balbuz*" u. *Barbuz* f. *Barbier* (Balbier), wohl mit Anlehnung an „putzen" (vgl. Bartputzer u. Putzbeutel). Das allgemein bekannte *Lex* f. *Lection* beruht nicht auf Verstümmelung des jetzigen schriftdeutschen Wortes, entspricht vielmehr den mhd. Formen *lectie, letzge, letze*, denen sich später *lekse, leks* anschließen [3]). Das Bremer Wtb. [4]) gedenkt der hübschen Buchstabenversetzung *Sládôt* (Schlag todt) für *Soldat*. In Ulm wird ein laut schreiendes, heulendes kleines Mädchen *Brigete, Erzbrigete* genannt, wo sich der Name *Brigitte* mit dem schweiz. alemann. *brigen* (weinen, flennen) begegnet [5]). Einem Menschen, der sich in auffallend roher, gemeiner Weise gierig, besonders habgierig zeigt, gibt man in niederd. Gegenden den imperat. Namen *Schlûkspeck*; anderswo heißt es dafür „*Schlûkspecht*", *Schluckspecht* [6]). Da von Rumänen vor einigen Jahren viel mehr als früher die Rede war, so mag damit zusam-

---

S. 490ᵇ. Der letztere bringt bei diesem Anlaß den derben Witz Zelters in einem Briefe an Goethe in Erinnerung: „Einer davon „*kotzebute*" einen schwer geladenen Gurkensalat von sich". Scherzhaft wird für denselben Begriff auch gesagt: „*Kotzebues* Werke studieren"; vgl. Albrecht Die Leipziger Mundart S. 153ᵃ.

1) Schmeller 2, 285. A. v. Keller Alte gute Schwänke 2. A. S. 25. Grimm Wtb. 5, 671. Frommann 2, 567.
2) Schmeller 1, 344.
3) Vgl. Grimm Wtb. 6, 488. 853.
4) 4, 602.
5) Schmid Schwäb. Wtb. 98.
6) Vilmar Idiot. 357. Der richtige Berliner S. 55ᵇ. Spielhagen in seinem Roman „Hammer und Amboß" (vgl. Hausfreund 1869 S. 257ᵃ) nennt so einen pietistischen, aristokratischen, dabei bettelarmen Gefängnisprediger.

menhangen, daß in gewissen Kreisen der preuß. Hauptstadt der Salat, den die Franzosen laitue oder salade romaine nennen, als „*Rumänensalat*" feilgeboten wurde¹): das frz. *romaine* tritt jenem Volksnamen in der Aussprache allerdings sehr nahe. Ein vor kurzem erstatteter ländlicher Baubericht aus der Rheinprovinz soll von „*rumänischem*" und „*gothaischem*" Baustil, anstatt „*romanischem*" und „*gotischem*", gesprochen haben. Es gab vor Jahren einen Tanz, welcher auf ländlichen Kirchweihen mit vieler Kunst und großem Anstande getanzt wurde, mit Namen *Siebensprung*, im köln. Volksdialekt „Sibbesprüng"; im Hessischen ist daraus *Silbersprung* gemacht worden ²). Der jetzt vielfach angewendete künstliche Dünger, *Superphosphat*, wird von den Landleuten regelmäßig „*Suppenfaß*" genannt ³). Einer wunderbaren Erzählung (*Mirakel*), die gehörig breitgetreten ist, gibt man in der Gegend von Oppenheim am Rhein den vergröberten Namen „*Schmirakel*"⁴). In Mundarten, z. B. der niederhessischen, wird die *Lerche*, deren bis jetzt nicht vollständig aufgeklärter Name auch im Holl. (leeuwerik neben lewerik) die wunderbare Anlehnung an „Löwe" (leeuw) zeigt, *Löweneckerchen* genannt ⁵). Wenn Münchener Brauer ihre Hauptkunden auf den *Sathan* einladen, so denke man dabei an nichts Arges: der *Sathan* (Sat-han), ursprünglich der Hahn, der nach der Aussaat den Arbeitern gegeben wird, d. h. der ländliche Schmaus zur Saatzeit, wird hier auf ein Gelag übertragen, wo das letzte Bier vom jährigen Vorrath vertrunken werden soll ⁶). Was in Süddeutschland *Seldner* genannt wird, von *Selde*, Wohnung eines ärmern Landmanns und Tagelöhners (mhd. selde, Wohnung überhaupt), erfährt häufig Verwandlung in *Söldner* und fällt alsdann dem Misverstande zu ⁷). Im ältern bair. Dialekt begegnet die gerichtliche Redensart „ein Gut mit eignem *Rücken* besitzen", wo *Rücken* aus *Rauch* verderbt ist; der „*Rückenbesitzer*" hält in

---

1) Das Wort soll im Produktenbericht der Nationalzeit. vom 28. Aug. 1877 stehen.
2) Weigand Wtb. 2, 702.
3) Kreuzzeit. 1877 Sonntagsbeil. zu No. 35.
4) Vgl. „Schmieralien" (Weigand Wtb. 2, 609). Der henneberg. Dialekt versteht unter *Schmirakel* einen schmierigen Menschen (Frommann 3, 131).
5) Grimm Gramm. 2, 281. Reinh. Fuchs 370. Wackernagel Ztschr. f. d. Alt. 5, 14. Kl. Schr. 3, 41; vgl. Frommann 4, 31.
6) Schmeller 3, 288; vgl. Schnitthan (zur Erntezeit).
7) Schmid Schwäb. Wtb. 497. Schmeller 3, 236 fg.

seinem eignen Besitz Haus[1]). Der mir mündlich mehrfach geltend gemachten Ansicht, die pfälzische Schelte: „du *eindärmiger* Mensch", welche sich vorzüglich an Schläfrige richtet, sei im Gedanken an das frz. *endormir* entstanden, darf doch entgegengehalten werden, daß „*Eindarm*" und „*eindärmig*" auch sonst einen magern Menschen bezeichnen, der gleichsam nur einen Darm zu haben scheint[2]). Südliche Dialekte kennen die Wörter *Kreidenfeuer*, *Kreidenschuß* (misverstanden auch *Kreuzfeuer*, *Kreuzschuß*) im Sinne von Signalfeuer, Signalschuß; „*Kreide*" bedeutet Schlachtruf, Feldgeschrei, Losung, und kommt vom ital. grida (mhd. crîe), aus gridare (frz. crier), schreien, rufen[3]). In einigen Gegenden wird das Schneeglöckchen, nach Heyse auch die Maßliebe und der Huflattich, durch *Sommerthierchen* bezeichnet, wofür sich bei Voss *Sommerthürlein* finden soll[4]): welche dieser beiden Benennungen die entstellte und umgedeutete sei, wird schwer zu erweisen sein; aber die Vossische spricht ungemein an, während der andern kaum eine angemessene Beziehung abgewonnen werden kann. Die mit dem oberd. *ürte* (Wirtszeche, Gesellschaft im Wirtshause) zusammengesetzte zunftmäßige Bezeichnung *Uertengesell* hat folgende Verunstaltungen erlitten: *Ortsgesell*, *Ordensgesell*, *Erdengesell*, *Ehrengesell*[5]), zum Beweise, wie wenig Anhalt das dunkle Wort dem Verständnis zu bieten vermag. *Roland* wird vom pommerschen Volk im Sinne von Wüstling gebraucht[6]), anderswo heißt es mit gleicher Anlehnung für Vagabunde, Herumstreicher „*Roländer*" (vgl. *Irrländer* S. 67). Aehnlich nennt man in einigen Gegenden einen magern Menschen, in andern einen Menschen, der arm an Mitteln ist, *Dürrländer*; zu der ersten Bedeutung scheint die Beziehung auf „dürre Lenden", zu der zweiten auf „dürres Land" am besten zu passen[7]). Einen langen, schlaffen Menschen bezeichnen Norddeutsche manchmal durch „langer *Laban*", in Schlesien heißt es

---

1) Schmeller 3, 45.

2) Grimm Wtb. 3, 161.

3) Schmeller 2, 381. 382. Hildebrand in Grimms Wtb. 5, 2137 fg. 2142; Frommann 6, 302. Von *grida* stammt der *Cridar*, öffentlich ausgerufener Fallit (Schmeller a. a. O.).

4) Schroer Sitzungsberichte der philos. hist. Kl. d. Wiener Akad. Bd. 27 S. 206ᵇ. Vgl. Wagners Arch. f. d. Gesch. d. Spr. 1873 S. 275.

5) Frommann 1, 96; vgl. Schmeller 1, 114.

6) A. Höfer Germania 2, 171.

7) Vgl. Weinhold Beitr. z. e. schles. Wtb. 16ᵇ. Grimm Wtb. 2, 1745. Frommann 3, 132.

dafür *Labander*¹); beide Benennungen gehören zu „*labben*" (schlaff hängen) und verwandten Wörtern²), aber dort liegt der Gedanke an den biblischen *Laban* nahe, hier die Beziehung auf den Bewohner des schles. Dorfes *Laband* (vgl. *Laband* in Böhmen). Aehnlich scheint es sich mit *Lamech* zu verhalten, wie man in Baiern einen unbehilflichen, einfältigen Menschen nennt³); zu Grunde liegt das Adj. *lahm*, ohne Wortspiel heißt es auch geradezu „*Lamerlein*". Schwacher Kaffe, lange, dünne Brühe wird in Nassau, mit scherzhafter Anspielung auf das Dorf *Langenbach* bei Weilburg, *Langenbacher* genannt. Der *Bonifaciustag* gilt in einigen Gegenden als günstig fürs *Bohnenpflanzen*, den heiligen *Donatus* hat man zum Schutzpatron gegen Gewitter (*Donner*) gemacht⁴). Aus *spinula* (woher frz. épingle), mhd. spinele, bair. „Spenel", geht mundartlich *Spinadel*, *Spenadel* hervor⁵); „*Saucisschen*" (frz. saucisses) werden bisweilen in „*Süßchen*" (dünne Bratwürste) gekürzt und zugleich so gedeutet, auch hört man die Erklärung „*Zieskenwürste*"⁶); die Sprache der Maurer verwandelt den technischen Ausdruck *Kapital*, *Kapitäl* (Säulenknopf) in „*Kapptheil*"⁷). In Baiern wird ein Einfaltspinsel wegen des Anklanges, den die mittlere Silbe des Wortes bietet, *Valtl* (Valentin) genannt⁸); der thüring. Mundart ist ein Adj. „*neidral*" im Sinne von „neidisch" eigen, angelehnt an das Fremdwort „neutral", und „*modest*" bedeutet dort nicht bloß „bescheiden" sondern auch „modern, modisch"⁹). In Schwaben nennt man einen Menschen mit seltsamen Einfällen „*Zuberklaus*"; da hier „Zuber" keinen Sinn gibt, darf wohl an eine Entstellung, vielleicht Mischung von „superklug" und „Klaus" (Narr) gedacht werden¹⁰). Anstatt des kaum noch verstandenen *Bauerwetzel* (*Bauerwäschel*), Drüsenge-

---

1) Weinhold Beitr. 50ᵃ.
2) Frommann 6, 353. In Ostpreußen hört man einen jugendlichen Bummler *Labommel* nennen.
3) Schmeller 2. A. 1, 1470.
4) Fuß in Picks Monatsschr. 4, 86.
5) Schmeller 3, 569. Frommann 2, 542. Weigand Wtb. 2, 750; vgl. Zaupser Bair. oberpfälz. Idiot. 73. Gombert Progr. Gr. Strehlitz 1877 S. 19.
6) Idiot. v. Lief- u. Ehstland 234. Hennig Preuß. Wtb. 312.
7) Grenzboten 1877 No. 17 S. 130.
8) Schmeller 1, 629. Vgl. *Valten*, Dummbart, in Schambachs Wtb. 256ᵇ.
9) Regel Ruhl. M. 148. 149.
10) Schmid Schwäb. Wtb. 551. Vgl. Wackernagel Germ. 5, 350.

schwulst an Hals und Ohren[1]), eigentlich Schlag wie ihn ein Bauer gibt, tüchtige Maulschelle, von *wetzel*, Demin. zu *wetze* (watsche), Ohrfeige (vgl. mhd. ôrwezelîn), heißt es da, wo der Ausdruck überhaupt zu Hause ist, gewöhnlich *Bauernwenzel*[2]). Eine geschickte Verdeutschung des böhm. *brusnice* ist der in einigen mitteld. Mundarten übliche Name *Braunschnitzer* für die braunrothe Preiselbeere[3]). In Oesterreich wird eine Henne ohne Schwanz (vgl. dial. *buttet*, niederd. *butt*, stumpf) *Butterhenne*, in Schlesien *Buttelhenne* genannt[4]). Zu den vielen Namen, die der Kibitz in deutschen Mundarten hat[5]), gehört *Peterwitzel*, wie man ihm im Vogelsberg ruft[6]); ohne Frage ist dies nichts als Entstellung und Zurechtlegung von *Piewitz* (vgl. engl. peewit) oder einer ähnlichen Form. Einige Volksdialekte nennen den *Maikäfer*, der sich mit den Füßen klammert, als wäre er festgeklebt, *Maikleber*[7]). Neben *Muff*, *Muffel*, *Muffmaff*, welche einen Maulhänger, mürrischen Tadler bezeichnen, gilt dialektisch auch *Mufti* für denselben Begriff[8]). Das dem niederd. *flömen* (rohes Thierfett) entsprechende, aber viel weniger übliche hochd. *Flaumen* oder *Flaum* wird vom Volke zuweilen in *Pflaumen*, *Pflaum* und selbst in *Blume* abgeändert[9]). Neben *Pfeitel*, ärmlicher Weiberrock (mhd. pfeit, got. páida), gilt in Schlesien[10]) auch „*Pfeifel*" (wodurch der Wind pfeift). Anstatt *Nießbrauch*, welches dem gemeinen Manne in Westfalen begreiflich kein geläufiges Wort ist, gleichwohl in Rechtsachen von ihm gelegentlich gehört wird und auch seinerseits genannt werden muß, hat man dort „*Misbrauch*", das ebenfalls ziemlich ungewohnt sein mag, sprechen hören[11]). Im Munde des fränkischen Volkes ist die schon mhd. Fragwendung „waӡ (ist der) maere"? (maere, Kunde, Geschichte, Sache) in „was

---

1) Grimm Wtb. 1, 1184.
2) Gerland Ztschr. f. d. Alt. 1, 309 fg.
3) Regel Ruhl. M. 155 Bezzenberger Ztschr. f. d. Phil. 5, 229. Dunger N. Jahrb. f. Phil. u. Päd. 1877 (2. Abth.) S. 512.
4) Vgl. Frommann 2, 513. 4, 318. Schmeller 1, 226.
5) Grimm Wtb. 5, 657 fg.
6) Vilmar Idiot. 35.
7) Schmidt Westerw. Idiot. 112. Kehrein Volksspr. u. Volkssitte in Nassau S. 270.
8) Schmeller 2, 554. Frommann 3, 555.
9) Duden Rechtschreib. S. 96ᵃ.
10) Weinhold Beitr. z. e. schles. Wtb. 69ᵃ.
11) Mittheilung des Prof. Klostermann.

ist der (da) *mehr*"? (was gibts? was ist da los? wovon ist die Rede?) verwandelt worden[1]). Ein hervorragendes, in hohem Grade überraschendes Beispiel der Verdeutschung und Aneignung eines fremden Wortes im Munde eines Mannes aus dem Volke zeigt folgender Fall, welcher den Aufzeichnungen eines Juristen entstammen soll: Es handelt sich zwischen zweien vor dem Berliner Stadtgericht um den Ersatz für zwei Kaninchen; als der eine 10 Silbergroschen bietet, ruft der andere, dem das frz. *lapin* (Plur. *lapins*) zu Ohren gekommen sein mochte, entrüstet aus: „Was? 10 Silbergroschen? das waren ja echte „*Lapphengste*"[2]). Rheinische und mitteldeutsche Gegenden nennen den Regen scherzend *Nassauer*, während anderswo einer, der gerne trinkt, Nasses liebt, darunter verstanden wird[3]). Wackernagel vermuthet[4]), der Ausdruck „*Matthäi* am letzten" nehme auf das Adj. *matt* Bezug; von andrer Seite wird berichtet, daß die Jesuiten damit die Lutheraner verspottet hätten, indem Luther gesagt habe: „Unser Herr Christus spricht *Matthäi* am letzten: gehet hin u. s. w.": vor beiden Erklärungen verdient indessen vielleicht die einfachere Auslegung den Vorzug, daß die Redensart eine Umschreibung des Wortes „Ende" sei, welches den Schluß des Evangeliums Matthäi bildet[5]). Wahrscheinlich enthält die bekannte studentische Benennung *Manichäer* f. hartherzige Gläubiger eine witzige Anspielung auf „*mahnen*"[6]), obwohl sich auch erklären ließe, daß die Manichäer im Mittelalter als Ketzer verhaßt waren und mahnende Gläubiger gleich ihnen Verdruß erregen und unausstehlich sind. Der ungelehrte Hamburger nennt seine Stadt, „das mächtige Emporium[7])

---

1) Frommann in seiner Zeitschr. 1, 142.
2) In Nassau sollen Kaninchen „*Lappen*" genannt werden.
3) Pfeiff. Germ. 14, 220. Nicht bloß in Berlin bedeutet *Nassauer* jemand, der etwas genießt ohne dafür zu zahlen (s. Der richtige Berliner S. 43ª), sondern derselbe Ausdruck nebst einem davon abgeleiteten Verb „nassauern" ist auch in der Sprache der Bonner Studenten bekannt.
4) Kl. Schr. 1, 119. 3, 169. Germ. 5, 349.
5) Vgl. Büchmann Geflüg. Worte S. 38. N. Jahrb. f. Phil. u. Päd. 1877 S. 506.
6) Treffend bemerkt Gombert Progr. Gr.-Strehlitz 1876 S. 19, daß die gelehrte Anlehnung an die Sekte des Manes auf die Studenten der Theologie als Erfinder des Ausdrucks weise; auch führt er die Schreibung „Mahnnichäer" aus einem ältern Schriftsteller an. Heyse Fremdwörterb. 544 erinnert daran, daß man im Mittelalter Juden und Manichäer oft verwechselte oder gleich achtete.
7) Mancher Ununterrichtete wird bei diesem Worte an *empor* (etwa

an den Ufern der Elbe", wie sich der Tageslitterat gelehrt ausdrückt, gerne *Hanséestadt*; das dunkle Wort *Hanse* wird durch das verständliche *Seestadt* verdrängt, die erste Silbe aber unbeachtet gelassen, vielleicht dabei an „Handel" gedacht oder das ganze als „Anseestadt" gefaßt. In Hamburg führten die sogenannten *Currentknaben* im vorigen Jahrh. den Namen *Krintenjungens* (hochd. Korinthenjungen[1]). Früher wurde hier, wie Schütze und Richey in ihren Idiotiken berichten[2]), eine Gaunerin, welche „de *Putzmakersche*" (Possenmacherin) hieß, in eine hochd. *Putzmacherin* verwandelt; die *Provisores* am Zucht- und Spinnhause wurden *Professores* genannt. Die unterste Klasse der Gerichtsdiener führte im 17. Jahrh. zu Hamburg nicht nur beim Volke, sondern auch in der amtlichen Sprache den Namen *Schlupfwächter*; hieraus aber machte man bald *Schluckwächter*, „entweder weil sie grausam trinken konnten, oder weil ihre grimmige Amtsmiene die Beute zu verschlingen drohte"[3]). Der echte Berliner sagt *Tretoir* oder *Trittoir* für *Trottoir*, indem er an *treten* denkt; vorzugsweise dem Berliner Bummler heißt seine Hausfrau, der er zu *Zank* und Streit häufigen Anlaß gibt, *Zanktippe*; zur Bezeichnung eines dummen Menschen werden die Ausdrücke *Potsdamer*, *potzdämelich*[4]) gebraucht; aus Berlin stammt der „*kantegorische* Imperativ" einer Dame der höhern Gesellschaft. Ebenda hat man, wie auch anderswo, aus *egal* und *einerlei* ein Adj. *einjal* gebildet; *Ziehjarn* f. *Cigarre* (S. 70) wird mit dem Gedanken an *ziehen* gesagt[5]). Aehnlich verhält sich in Westpreußen *Ziehbock* für eine Art Pfeifenrohr, zurechtgelegt aus dem gleichbedeutenden orient. *tschibuk*[6]). Wenn im 17. Jahrh. und heute in Hessen für *rächen* gewöhnlich *rechnen* gesagt wird, so liegt darin vielleicht mehr als bloße Ein-

---

seit dem großen Brande) denken. Fuß in Picks Monatsschr. 4, 86 bemerkt, die Orgelbühne heiße unterm Volke ziemlich allgemein „das Emporium".

1) Richey Hamb. Idiot. S. 139. Schütze Holst. Idiot. 2, 351. Brem. Wtb. 6, 155.

2) Vgl. Beneke Hamb. Gesch. u. Sag. S. 221.

3) Beneke Von unehrlichen Leuten (Hamb. 1863) S. 105. In andern Gegenden soll „Schluckwärter" gesagt werden und im Magdeb. sich der Familienname *Schlockwärter* finden.

4) Vgl. dämelig, dämisch, verdummt, albern.

5) In Schlesien heißt es „Ziegeröhrel" f. Cigarre; s. Holtei Schles. Ged. (Berl. 1830) S. 162ᵃ.

6) Idiot. v. Lief- u. Ehstland S. 270. Förstemann in Kuhns Zeitschr. 1, 426.

schiebung eines *n*[1]): Rache läßt sich wirklich als eine Art Rechnung, Anrechnung auffassen. In Sachsen spricht man humoristisch vom *Zuvielverdienstorden*[2]) und meint den *Civilverdienstorden*; *Aprikosen* nennt hier das Volk, wie in Holstein, *Appelkosen*, während es der Berliner bei *Apfrikosen* bewenden läßt; für *Grünspecht* hört man in Schwaben *Grünspeck*. Ein bair. Gericht heißt *Pfennigbrei* oder *Hirschbrei*, d. i. Hirsebrei, lat. *panicum* (Hirse) als *Pfennig* wiedergegeben und „Hirsch" statt „Hirs" gesprochen[3]); für *Spinnewebe* wird in Baiern *Spinnenwät* (von wât, Kleid) und *Spinnebett* gesagt, aus dem *Pfinztag* (Donnerstag) nicht selten ein *Pfingsttag* gemacht[4]); *Antlitz* findet sich vereinzelt *Anglitz*, wie von glitzen (glänzen), geschrieben[5]). Im Nassauischen hört man mitunter *Fußbaum*, *Fußmai* st. *Buchsbaum*, *Buchsmai*, *Braunbeere* und *Braubeere* st. *Brombeere* sagen; eine *Visite* erleidet hie und da Umbildung in *Fressitt*[6]). In einigen niederd. Bauerfamilien finden sich alte, von Seide und Wolle gewebte Stuhlküssen mit dem aus *Gobelins-Küssen* verdrehten Namen *Coblenzküssen*[7]). Das schwäb. *Großdank* soll aus *Grußdank* hervorgegangen[8]), das henneberg. *Bartel* für Mütze aus *Baretlein* zusammengezogen[9]) sein, leitet sich aber viel einfacher von „Bart"[10]); Rheingegenden verdrehen das frz. *couche* (Mistbeet) in *Kutsch*[11]). In einigen

---

1) Vilmar Idiot. 319. Oder sollte, wie Schmeller 3, 14 urtheilt, *rechnen* eine Ableitung von *rechen* (rächen) sein? Die ältere Sprache scheint davon nichts zu wissen. Andere Mundarten kürzen *rechnen* in *rechen*; vgl. Gleim in einem Breslauer Progr. 1853 S. 14. Zarncke zu Brants Narrenschiff 299b. Umgekehrt soll in Nassau für ein anderes *rechen* (harken) *rechnen* gesagt werden; s. Kehrein Volksspr. 326.

2) Dr. Gries in Hamburg bezeichnet mir als Seitenstück: *Zuvielehe* f. *Civilehe*.

3) Vgl. Schatzmayr Deutschlands Norden u. Süden (Braunschw. 1871) S. 30.

4) Schmeller 1, 321. 322. 2. A. 1, 439.

5) Schmeller 2, 96.

6) Kehrein Volksspr. u. Volkssitte Nachtr. S. 93. 145. 147.

7) Mitgetheilt von Diermissen in Uetersen.

8) Birlinger Alemannia 3, 176; vgl. Frommann 5, 268. 270. Dagegen hat mir Weigand brieflich mitgetheilt, *Grußdank* in der Wetterau sei *Großdank*, „groß" werde „gruß" gesprochen.

9) Reinwald Henneberg. Id. 1, 7. Schmidt Westerwäld. Idiot. 208. Schmid Schwäb. Wtb. 42. Schmeller I, 203.

10) Weinhold Beitr. z. e. schles. Wtb. 8a; vgl. 45b.

11) Vgl. „sich *einkutschen*" (im Bette liegen, sich daselbst einwickeln), vom frz. se *coucher* (Frommann 3, 213).

Gegenden von Hessen wandeln sich die Namen für Frühling und Herbst, *Auswart* (gewöhnlich *Auswärts* genannt) und *Einwart* (*Einwärts*) in *Ausfahrt* und *Einfahrt*[1]). Westfälische Oerter kennen in ihrer Volksprache das Wort *Glaszeug*, womit *Klaszeug* (Geschenke zu Nikolaus) gemeint ist[2]). Einen *Gymnasiast* hat man irgendwo in einen „*Gymnasiengast*" umgesetzt, er selbst soll den ihm vor dem Examen zum Auswendiglernen aufgegebenen *Hexameter* gar nicht übel „*Examenvers*" genannt haben[3]). Ein kleiner Schüler pflegte sich die *Abruzzen* als ein steiles Gebirge vorzustellen, von dem man leicht *abrutschen* könne[4]). Das Fremdwort *Omnibus* verwandeln hannoversche Bauern in „*Ohnepost*"; für *Uniform* wird auf dem Oberharz *Ohneform* gesagt[5]); statt *Confusion* heißt es im Niederd. „*Kunkelfusen*", im Sinne von Finten[6]). Der in ganz Nord- und einem Theile von Mitteldeutschland bekannte uralte Name für den Storch, *Adebar*, der wahrscheinlich entweder „Glückbringer" oder „Kinderbringer" bedeutet[7]), wird zuweilen als „*Heilebart*" und (niederd.) „*Olevâr*" (alter Vater) neu belebt[8]). *Eiternessel* (Brennessel), wofür im Mhd., jedoch wohl ohne Umdeutung, heiterneʒʒel gesagt wurde, läßt der henneberg. Dialekt in *Etternessel* (Etter ist Zaun) übergehen[9]), während

---

1) Vilmar Idiot. 20. 85, wo zugleich die Namen erklärt sind; vgl. außerdem Grimm Wtb. 1, 1011. Schmeller Wtb. 1, 117. 4, 16. Frommann 5, 330.

2) schweiz. *chlausazüg* (Grimm Wtb. 5, 1035). Vgl. den Flußnamen *Glas-* (oder *Claus-*) Aurach (Förstemann Ortsn. 222); ferner in Eisenach die aus *Nikolaskirche* u. s. w. entstandenen *Glaskirche, -thor, -turm, -brunnen*. Zu der in Rede stehenden Verwechselung theilt Schütze Holst. Idiot. 2, 267 eine Anekdote mit.

3) Vgl. Kreuzzeit. 1877 Beil. vom 22. Juli.

4) Aus eigener Erfahrung mitgetheilt von Dr. Mitzschke in Weimar. Zu *abrutschen* läßt sich das altköln. *steinrutze*, steiler Abhang an Felsen (Frommann 2, 451a), vergleichen.

5) Herrigs Archiv 60, 439a.

6) M. Müller Essays 3, 110 u. Liebrecht das. 516; vgl. Richey Idiot. 144. Schambach Wtb. 116b. Frommann 5, 521. Daß aber das niederd. Wort sich aus dem schriftd. Fremdworte entwickelt habe, ist keineswegs ausgemacht, ja nicht einmal wahrscheinlich; vgl. Schütze Holst. Id. 2, 366 (gegen Richey). Hildebrand in Grimms Wtb. 5, 2659. 2660.

7) Grimm Mythol. 638. Wackernagel Kl. Schr. 3, 189.

8) Diefenbach Ztschr. f. vergl. Spr. 8, 237.

9) Reinwald Idiot. 1, 28; vgl. Frommann 2, 318. 5, 355. 6, 472.

der schles. *Heiternessel* und *Hitternessel* sagt¹). Das frz. *rocambole* (Art Lauch) ist dialektisch als *Rockenbolle* (gleichsam Roggenzwiebel) verständlich gemacht worden²). Auf das ital. *broccoli* (Kohlsprossen, Spargelkohl, Art Blumenkohl, bair. Brockeln) gründet sich der Name *Bröckelkohl*, den jener Kohl in einigen oberd. Mundarten führt. Im Straßburger Dialekt wird eine Spröde „*Spreziees*" genannt³); zu Grunde liegt das frz. *précieuse*, aber man denkt zugleich an „spröde" und etwa „spreizen". Anstatt *Jähhunger* (Heißhunger, köln. Jihhunger) hört man, wie versichert wird, oft *Gehhunger*⁴); das wird wohl vorzüglich auf Märsche, wo es nahe liegt, sich beziehen. Vielleicht steckt in dem weit verbreiteten *rungenieren* (plattd. rungenêren) f. *ruinieren* mehr als ein bekannter Einschub des *n*⁵); man darf an „runger", wie freilich keineswegs überall vom Volke gesprochen wird, f. „herunter" denken⁶). In Rheingegenden hört man f. besolden *sollerieren* sagen, wo eine Mischung von *sollen* und *salarieren* vorzuliegen scheint; das hennebergische *derbärmetieren* (gestatten) gründet sich zwar auf frz. *permettre*, ist aber an *derbarmen* (erbarmen) angelehnt⁷); für „offenbaren" heißt es dort und in der Schweiz *offerieren*. In oberd. und niederd. Mundarten hat *simulieren* die Bedeutung von „sinnen, grübeln, speculieren"⁸); obgleich daneben hie und da auch *sinnieren* gebraucht wird, scheint doch das lat. simulare, dessen Sinn freilich ein anderer ist, zu Grunde zu liegen. Die holländischen sogenannten *Maatjesheringe*, d. h. Jungfernheringe, Heringe vom ersten Fang, werden oft als *Matschheringe* aufgefaßt, der oberd. schweiz. *Ziegerkäse* (aus Molken bereiteter Käse) als *Ziegenkäse*, der ähnlich geartete sogenannte *Schabzieger* (caseus rasilis) als *Schafzieger* misverstanden. Für *Sakristei* heißt es in mehrern Mundarten *Sankristei*, wobei sich eine unklare

---

1) Weinhold Beitr. z. e. schles. Wtb. 35ᵃ; vgl. Schmidt Westerw. Idiot. 218.
2) Vgl. Adelung Wtb. 3, 1137. Schmeller Wtb. 3, 45.
3) Gedichte v. Dan. Hirtz (Straßb. 1846) S. 259ᵃ.
4) Duden Rechtschr. 98ᵇ.
5) Vgl. profentieren, revendieren, visentieren, Präsendent, Posentur; engl. passenger, messenger.
6) Dunger N. Jahrb. f. Phil. u. Päd. 1877 S. 507.
7) Frommann 3, 136.
8) Schmeller 3, 248. 256. Schmidt Westerw. Idiot. 217. Frommann 4, 276. Vilmar Idiot. 385.

Vorstellung von dem heiligen (Sankt) Christus betheiligen mag[1]). Trefflich sind die Verdeutschungen der beiden aus dem Frz. übernommenen Wörter *Rouleau* und *Avis* in „*Rollauf*" oder „*Rolluf*" u. „*Anwies*", Anweisung; drastisch ist „sich *krällen*" aus „*se quereller*"[2]). Die allbekannte Entstellung der frz. Redensart „pour *passer le temps*" (zum Zeitvertreib) in „pasterlantant" hat keinen volksetymologischen Werth; anders steht es um das in Sachsen eben daraus hervorgegangene Subst. *Passeltand* im Sinne von Zeitvertreib, Spielerei, weil es hier nahe liegt dem Gedanken an „Tand" Raum zu geben[3]). Die bair. Mundart kennt eine zwar formell sich leicht darbietende, dem Begriffe nach jedoch, es sei denn daß man Euphemie annehmen will, greifbar widerstreitende Umdeutschung des vom lat. *gutta* stammenden frz. *goutte*, welches Schlagfluß bedeutet, in „*Guot*, Guet", Gut[4]); ein Uebel wird ein Gut genannt[5]). Auf Spielerei und mehr oder weniger Witz beruht *Trillirium clemens* für *Delirium tremens*, *Dose an Dose* f. das frz. *dos à dos* (Rücken an Rücken), *durchleuchtig* f. *durchlöchert*, während das südd. *Amulett* statt *Omelette*, das plattd. *Vagelbunt* und das berlin. *Fahrebund* st. *Vagabund*, selbst *Jean-Peter-Ball* st. *Bal champêtre*, *Criminalsteuer* st. *Communalsteuer* ganz ernsthaft gemeint klingen. In der Gegend des sächs. Freiberg hat man einer Birne, die eigentlich *Pfalzgräfin* heißt, den hieraus entstellten Namen *Feldkrebschen* gegeben[6]); der sonderbare Ausdruck *Meerrettich* für fades, ungeordnetes Geschwätz, welcher im Dresdener Bezirk gebraucht wird, scheint im Gedanken an „*mähren*" (mischend rühren) aufgekommen zu sein[7]). Die unter dem Titel „fromme *Minne*" bekannte Anthologie ist zu einer Geschichte von der frommen *Mine* verändert worden[8]). Auf einer im verflossenen Jahre in Stuttgart ausgestellten Handwerkerrechnung findet sich „*Windelator*" anstatt „*Ventilator*" geschrieben; der Fall ist ungemein interessant und lehrreich: 1) nemlich lautet in der schwäbischen

---

1) N. Jahrb. f. Phil. u. Päd. a. a. O.

2) Daheim 1876 S. 495ᵇ.

3) N. Jahrb. S. 513. Von Götzinger (Deutsche Spr. 1, 593) wird die Entstellung *Possentanz* nachgewiesen.

4) Wackernagel in Haupts Ztschr. 9, 368. Umdeutsch. 57.

5) Vgl. bair. *Gesegnet* f. Rothlauf, *Selig* f. Apoplexie; s. Schmeller 3, 212. 223.

6) N. Jahrb. S. 512.

7) N. Jahrb. S. 513.

8) Grenzboten 1877 No. 17 S. 131.

Mundart das fremde Wort gerade oder doch ungefähr so, wie der Handwerker geschrieben hat, da die Schwaben „Wend-" od. „Wind-" sprechen, 2) wird durch den Zufall das lat. „ventus" mit dem deutschen „Wind", das nicht entlehnt ist sondern nur lautverschoben stimmt, zusammengeführt[1]). In Bonn habe ich eine Frau von einem *tiefen* (f. *intimen*) Freund ihres Mannes, eine andere für *Stola* (gewöhnlich *Stolam* genannt) deutlich *Stuhlamt* sprechen hören. Eine hiesige Gärtnersfrau empfahl die *Compressen* ihres Mannes, meinte aber *Cypressen*[2]); das amerikanische Büchsenfleisch *Corned Beef* pflegt hier bald *Conrad Beef* bald *Cornétt Böff* genannt zu werden. Der nahe bei Bonn befindliche *Trajekt* zur Beförderung der Bahnzüge über den Rhein heißt im Munde des gemeinen Mannes *Dreiéck*; theils bildet die Lage der sogenannten Trajektbahn diesseits des Flusses in der That ein *Dréieck*, theils gibt es eine verkehrsreiche Gegend in Bonn, die diesen Namen trägt. Man hat sich hier und in benachbarten Gegenden vielfach daran gewöhnt kleine Stücke oder Abfall Steinkohle „*Geriß*" (wie von „reißen") zu nennen und so auch zu schreiben[3]); allein ein solches Wort ist in der Sprache nie vorhanden gewesen sondern ersichtlich aus *Gries*, wie es anderswo richtig lautet, durch Misverstand geschaffen worden. Interessant an und für sich und zugleich als seltenes Beispiel der Umdeutung eines heimischen Ausdrucks in einen französischen ist, was das Bonner Volk sagt: „aus der *Fassong* (façon) gebracht", d. h. aus der *Fassung*[4]); das Wort *façon* wird in hiesiger Gegend gemeiniglich „Fazung" gesprochen. Eine Köchin, die das Fremdwort *pikant* gehört aber nicht verstanden hatte, fragte ihre Hausfrau, ob sie die „*bekannte*" Sauce machen sollte. Wohl nicht ohne Einfluß des Namens *Leverenz* für *Lorenz* spricht in niederd. Gegenden das Volk von einem krummen *Lorenz*, wenn es *Reverenz* (Verbeugung) meint[5]). In Mecklenburg soll sich *Salbei* in *Zallfi*,

---

1) Briefliche Mittheilung des Prof. Fischer in Stuttgart; vgl. Staatsanz. f. Würtemb. 1878 Beil. 24.

2) Mitgetheilt von Prof. Binz.

3) Eine Ableitung von „rîsen" (fallen) würde besser passen; vgl. mhd. louprise, Abfall des Laubes. Regel Ruhl. M. 191 erwähnt des thüring. Lokalnamens „Geressen", der vermuthlich mit rîsen, nicht mit rîȝen, zusammenhange.

4) Nach der Beobachtung des verst. Prof. Simrock.

5) Vgl. Brem. Wtb. 6, 186. Der Ausdruck ist übrigens auch an-

Saphie und endlich *Sophie* verwandeln[1]), der fremde Ausdruck *Fanfare* wird hier durch „*von Pharao*" wiedergegeben[2]); anstatt „*unverehlicht*" heißt es im Magdeburgischen zuweilen „*unveredigt*" (unvereidigt). Trübselige Gedanken werden in Nassau *Schagrillen* genannt, wo sich offenbar das frz. *chagrin* an das deutsche *Grillen* lehnt[3]). Wenn *Roggenbrot, -mehl* im hessischen Volksmunde *Rückenbrot, -mehl* lauten[4]), so liegt es nahe das altd. Adj. *rückin* (aus Roggen bestehend) zu vergleichen. In Baiern wird *Salvaterwurst* für *Cervelatwurst* gesagt; vgl. Salvatorbier und Salvette f. Serviette[5]). Darf zu dem von Goethe mitgetheilten *Rückruten* st. *Rekruten* niederd. *rück rût* (rück heraus) gehalten werden? Den gemeinen Mann hört man *Partisane, Bajonnet, Boutique, Tribüne, Cideressich, Cylinder, Bosket, Staket, Bibliothek, Kloake, Conservatorium* in *Parteisen, Bangenett, Budike, Treppine, Zitteressich, Seeländer, Buschkett, Stocket* und *Stankett, Bibelapthek, Kothlake, Konzertvatorium* umdeuten; aus *radikal, horribel, famos, justement, successive* macht er *rattekahl*[6]), *harübel, fermos* und *vermost, just am End, schluckzessive* und *zickzackzive*[7]); einen *läppischen* Menschen, einen *Laps*, nennt er zuweilen *Labsal*, ein Wort das ihm sonst ungeläufig sein mag[8]); wer nachlässig und unordentlich oder gar zerlumpt (vgl. *Lappen*) einhergeht, heißt ihm ein *Lappländer*; für *renovieren* braucht er *reneführen, renne-*

---

derswo bekannt; s. Bernd Deutsche Spr. in Posen 158. Birlinger Schwäb. Augsb. Wtb 318ᵇ. Grimm Wtb. 6, 1151.

1) Schiller Thier- u. Kräuterb. 1, 30ᵃ. Regel Mnd. Goth. Arzneib. 31.
2) „De Stadtmuskant blos *von Pharao*" (Fr. Reuter).
3) Kehrein Volkssprache u. Volkssitte Nachtr. S. 45.
4) Vilmar Idiot. 330. Weigand 2, 504.
5) Schmeller Wtb. 2. A. 2, 272.
6) Daß dieses Wort in der ernsten Schriftsprache wie jedes andere gebraucht werde, sollte man nicht für möglich halten; in der Zeitschr. „Ueber Land und Meer" heißt es: „Der Ort liegt auf *rattenkahlen*, sonnverbrannten Höhen". Thiemes Engl. Wtb. übersetzt das Wort durch „as bald as a rat's tail", kennt also die Umdeutung vermuthlich nicht.
7) Vgl. Schwäb. Kronik 1877 No. 124 S. 1061ᵃ. Europa 1876 S. 726. Augsb. Allg. Zeit. 1876 No. 289 Beil; „zickzackzive" wird zunächst mit Bezug auf Wege, die sich langsam in Windungen eine Anhöhe hinauf schlängeln, gebraucht.
8) Das stimmt zu der Erzählung von der Bäuerin, welche versicherte, die vielen Beweise von Theilnahme während ihrer schweren Krankheit seien ihr ein wahres „*Lavement*" gewesen; s. Schmidt Progr. Minden 1873 S. 24. Augsb. Allg. Zeit. a. a. O.

fieren[1]), *mordsackerieren* f. *massacrieren*, für *fouragieren* gilt ihm *futraschieren*; *empfehlen*, *Empfehlung* spricht er nicht ohne Sprachgefühl *entfehlen*, *Entfehlung* aus, *engagiert* verdeutscht er in *angeschirrt*. Sagt er, insbesondere wenn ihm der niederd. Dialekt der geläufigere ist, *Einländer* f. *Inländer*, *einwendig* f. *inwendig*, so scheint ihm das im Hochdeutschen richtiger zu sein, weil er weiß, daß in Zusammensetzungen jeden Augenblick das niederd. *in* dem hochd. *ein* entspricht. *Gasbeleuchtung* ist in *Gassenbeleuchtung*, *Janitscharmusik* in *ganze Scharmusik*, *Wallfahrt* in *Wohlfahrt*, *Ouverture* sowohl in *Opernthüre* (hochd.) als auch in *Owendör* (niederd.), *Contrescarpe* in *Kunterschaft*, *Silentium* in *Stillentium*, *Petition* in *Bittation* (Straßb.), *Trainsoldaten* gar nicht übel in *Tränksoldaten* verwandelt worden. „Machen Sie mir eine Petition an den „*Unterstützminister*", sagte einmal einer, welcher *Unterstützung* von dem *Justizminister* wünschte, zu seinem Advokaten; ein andrer machte die Bemerkung: „Ich habe die Sache in allen *Distanzen* verfolgt", er meinte „*Instanzen*"[2]). Aus Creuznach[3]) wird „aus seiner *Fähre* (st. *Sphäre*) kommen" berichtet; sehr oft hört man, auch in gebildeten Kreisen, „durch die *Latten* gehn", während es „*Lappen*" heißen muß, da der Ausdruck von der Jagd herrührt, wo für das Wild Lappen Zeug als Scheuchmittel hingehängt werden[4]). Ueber viele Gegenden erstreckt sich die volksthümliche Form *neuschierig* f. *neugierig*, welche zwar in dem niederl. und niederd. mit dem genit. *s* versehenen *nieuwsgierig*, *nesgirig*, *niggesgirig* (vgl. lat. novi cupidus) ihren Grund hat, jedoch so, daß dabei „sich *scheren*" (sich kümmern) in dem Bewustsein zu haften scheint[5]). Das Adj. *pestialisch* (z. B. pestialischer Gestank) enthält eine Mischung von *bestialisch* und *pestilenzialisch*. In Baiern spricht man von einem *abgewürgten* Feiertag und meint einen *abgewürdigten* d. h. aufgehobenen[6]); der schwäb. Volksmund ver-

---

1) Goethe führt *reine führen* an. Der Ausdruck hat noch eine besondere Bedeutung: wenn in Apotheken etwas zum „Reineführen" gefordert wird, so weiß man, daß der Arzt ein Abführmittel verordnet hat.

2) Mittheilungen des verst. Prof. Freudenberg.

3) Axt Progr. S. 31a.

4) Vgl. Ueber Land und Meer 1878 S. 1060c. Daheim 1881 No. 2 S. 25b.

5) Schambach Wtb. 145b verzeichnet *nischérn* f. nischirig; Woeste bei Frommann 4, 273 vergleicht *scire*, cura u. curiosus; als rheinisch wird *neidscherig* von Kehrein Volksspr. 19. 292 angeführt.

6) Schmeller 4, 154.

dreht *Sanctjohannsträuble* in *Zartehansträuble*[1]); vorzugsweise in Sachsen hört man „*stande Bene*" für *stante pede* sprechen. *Canarienvögel* werden zu *Canaillenvögeln* (niederd. karnaljenvagels), *Schwarzwelscher* (Reben) zu *Schwarzwäldern*, *Stearinlichter* zu *Sternlichtern*, *Pantomimen* zu *Pantominen* (vgl. *Mienen*) gemacht. Anstatt *Kartoffel* heißt es *Artoffel*, *Ertoffel* und endlich *Erdapfel*[2]), welcher letztere Name ursprünglich einer andern Erdfrucht zukommt; anstatt *Kastanie*, *Petersilie*[3]), *Artischocke*, *Cichorie* wird *Christanie* und sogar *Christiane* (vgl. niederd. u. holl. kristanje u. karstanje), *Bitterzilje* u. *Peterle* nebst *Peterlin* u. *Peterling*, *Erdschocke*, *Zuckerei* (vgl. engl. succory neben chicory) vernommen; *Seradella* (ein Futterkraut) wandelt sich in *Sardelle*, *Champignons* werden in Gegenden Mecklenburgs als *Schampeljungs* (vgl. dial. schampeln, wackeln, im Gange schleppen, umherziehn) feilgeboten. Daß aus *Sanct Nicolaus* (6. Dec.) in niederd. Gegenden *Sünder Klås* entspringen kann, hängt zunächst mit einem Vokalwechsel zusammen, dem das erste Wort, welches anderswo „Sinter" lautet, unterliegt[4]). *Apotheker* (dial. Abdéker), *Chirurgus*, *Pietist*, *Distriktreiter* und *Strichreiter* müssen sich die Verwandlung in *Abdecker*, *Cichorius* und *Gregorius*, *Betist*[5]), *Strickreiter* gefallen lassen; der ital. *Pulcinella* heißt bair. schwäb. *Pritschinell* (vgl. *Pritsche*), niederd. *Putznelken*, eine *Harfenistin* zuweilen *Harfelieschen*, der *Freimaurer* ein *Freimeier* und sogar *Freimörder*[6]), der *Zigeuner* ein *Ziehgauner*, der *Pionier* ein *Pikenier*[7]), der *Pro-*

---

1) Schmid Schwäb. Wtb. 136. Peters Ztschr. f. d. österr. Gymn. 1878 S. 754.

2) Vgl. frz. pomme de terre, Kartoffel. Der deutsche Name *Kartoffel* ist, nebenbei bemerkt, keineswegs aus *Erdapfel* entstellt (Schmeller 1, 103) sondern fremder Herkunft: er entstand durch Dissimilation aus dem ital. *tartufola* und wurde von der Trüffel auf das ähnliche Knollengewächs übertragen; das Nähere lehren Diez Et. Wtb. 1, 431. Weigand Wtb. 1, 565. Hildebrand in Grimms Wtb. 5, 244. 245. Weserzeit. 15. Dec. 1878.

3) Dieses Wort ist schon an sich (aus petroselinum) volksetymologisch gestaltet.

4) In der Schweiz heißt es „Samiklaus" (Stalder Schweiz. Idiot. 2, 299); in Schwaben soll, wie mir von dort geschrieben wird, „Schandeklas" gesagt werden.

5) Im Staatsanz. f. Würtemb. 1878 S. 381 erwähnt Prof. Fischer der seltsamen schwäb. Nebenform „Debist".

6) Frommann 3, 327. 4, 52. 339; vgl. Schmeller 2. A. 1, 631.

7) *Pikeniere* nannte man früher Fußsoldaten, die eine Pike trugen.

visor ein *Professor*, der *Juwelier* ein *Jubilierer* (mnd. jubilerer), der *Medicinalrath* ein *Dezimalrath*, der *Studiosus* in Königsberg ein *Statiosus*; in Gegenden Holsteins werden *Creditoren* in *Creaturen* umgesetzt[1]); scherzhaft wird *Brotfresser* f. *Professor*, *Rennthier* f. *Rentier*, *Muskelthier* f. *Musketier* und darnach *Fuselthier* f. *Füsilier* gesagt. Ungewohnheit und Unkenntnis des Ausdrucks trägt die Schuld, daß Norddeutsche die in südlichen Gebirgsländern allgemein so genannte *Schweigerin* (Sennerin, mhd. sweigerinne) in eine „*Schwägerin*" verwandeln[2]). Im Süden selbst wird der sogenannte *Eschheie*, Aufseher über die Feldflur, Flurschütz, zuweilen durch Misverstand als „*Etzscheider*" und sogar „*Ehescheider*" bezeichnet[3]). Die aus *atra salamandra* (Erdsalamander, Alpensalamander) entstandene oberdeutsche Benennung *Tattermandl* lehnt sich an *tattern* (zittern) und *mandl* (Männchen) an. Aus *Aktuar* hat der frühere Volkswitz *Aktenwahr* (in Baiern *Akrat* und *Aktèr*) gemacht, sogenannt *gesperrte* Geistliche nennt der heutige *Sperlinge*. Der *Konditor* lautet dem Volke *Kanditor*, wobei an *kandieren* (frz. candir) gedacht werden mag; allein möglicherweise beruht das schriftgemäße Wort, wofür Franzosen und Engländern ein anderes gilt, auf der Umdeutung des volksthümlichen[4]). Wenn der Ungebildete *Feirien* für *Ferien*[5]) sagt, so wird man das nicht als einen bloß lautlichen Vorgang, der auch sonst begegnet, zu beurtheilen haben, sondern die Aenderung geschieht im Gedanken an *feiern* und *Feiertage*. Zur Zeit des Krieges sprach man von *Freischälern*[6]) statt von *Freischärern* oder *Freischärlern*, wie die schlechtgebildete Form an und für sich lautet. Der *Tambour* oder besser (wegen der Betonung) *Tambur* wird in *Tambauer* umgedeutscht, als läge im letzten Theile

---

1) Mittheilung des verst. Dr. Meyn in Uetersen.
2) In meiner Jugend habe ich manchmal singen hören:
„Wenn ich in der Früh aufsteh
Und zu meiner „Schwägrin" geh u. s. w".
Das könnte ja an und für sich auch passen, um so leichter daher der Irrthum.
3) Schmeller 1, 124.
4) Hildebrand in Grimms Wtb. 5, 160. Schon im Idiot. von Lief- u. Ehstland v. J. 1795 geschieht derselben Ansicht Erwähnung; vgl. Adelung Wtb. 1, 1298.
5) Dies Wort leiten Breslauer Schulknaben vom frz. „faire rien" (Briefl. Mittheil.).
6) So steht sogar gedruckt in der Nordd. Allg. Zeit. Jan. 1871.

ein niederd. Wort; für *Leutnant* (Lieutenant), das ohnehin Unkundige an „*Leute*" erinnert, pflegen Kinder, im Hinblick etwa auf „Hauptmann", *Leutmann* zu sagen [1]); *Scherschant, Scharschant, Schersant* f. *Sergent* (von serviens) lassen an *Scherge* (adh. scarjo) denken [2]). Die dem deutschen Lautstande möglichst genäherte Form *Schandarm*, aus *Gendarme*, ursprünglich frz. gens d'armes, hat man in der Entrüstung über die angeblich so schändlich thätigen Arme dieses nothwendigen Sicherheitsbeamten geradeswegs in *Schand-arm* zu zerlegen sich erkühnt [3]); in Achen gilt dafür *Standarm*, in Baiern *Standár* neben *Schandar*, bei Fr. Reuter *Schandôr*. Schweizer verkürzen *Ammann* (*Amtmann*) in *Amme*, was sich auf „Ma" f. „Mann" gründet; in Mundarten bedeutet umgekehrt *Amtfrau* eine Hebamme, dial. *Ammfrau, Ammefrau* [4]). In der Altmark und Ukermark wird das aus dem lat. vetula entlehnte Wort *Vettel* (altes Weib) im Gedanken an *Fiedel* in *Fiddel* verwandelt [5]). Ein Frauenzimmer, welches den Männern allzu freundlich entgegenkommt, bezeichnet die Hennebergische Mundart als *lieberalisch* [6]), offenbar mit Anspielung auf „Lieber, verliebt". Ueberaus zahlreich sind die Verdrehungen der gröstentheils dem Lat. entstammenden offizinellen Benennungen, mit denen der gemeine Mann zu verkehren genöthigt ist [7]). Da heißt es *Ole Peter* und *Peteröl* für *Oleum petrae* u. *Petroleum, umgewendter Napoleon* f. *Unguentum Neapolitanum, umgewendter Schabrian* f. *Un-*

---

1) In der Gartenlaube wurde unlängst der überraschende Vorschlag gemacht *Leutmann* in die Schriftsprache aufzunehmen. Schmeller (Mundarten Bayerns S. 168), Weinhold (Deutsche Dialektforsch. 70), Kehrein Volksspr. Nachtr. S. 34) und Lexer (Kärnt. Wtb. 179) führen „*Leutenamt*" an; man hört auch „*Leichnam*", vielleicht aus „Leutnam" (Weinhold a. a. O.) entstanden.

2) Kuhns Ztschr. 5, 14 fg.

3) Vgl. Hoffmann von Fallersleben Deutsche Gassenlieder S. 38, wo es sich vorzüglich um die Verdrehung „Gänsdarm" handelt; ferner Fuß in Picks Monatsschr. 4, 89. In Berlin soll *Gedärme* bisweilen *Gendarmerie* genannt werden (Der richtige Berliner S. 20b).

4) Frommann 7, 134. Spiess Henneb. Idiot. S. 7.

5) Gombert Progr. Gr. Strehlitz 1878 S. 22.

6) Reinwald 1, 96. Spiess 152.

7) Vgl. Pharm. Kal. f. d. deutsche Reich (Berlin 1876) 2. Theil S. XLIV fg. Goldschmidt Volksmedicin im nordwestl. Deutschl. (Bremen 1854). Verschiedene sehr dankenswerthe Beispiele aus Mecklenburg sind mir von einem jungen Pharmazeuten, Hermann Thoms aus Neustrelitz, zugesandt worden.

guentum contra scabiem, *fliegendes* oder *flüchtiges* oder *flüssiges Element* f. *Linimentum volatile*, *Jackengeist* f. *Salmiakgeist*, *Ochsenkrautpflaster*, *Ochsenkreuzpflaster*, *Ochsenkreditpflaster*, *Executionspflaster* u. *Rekrutenpflaster* f. *Emplastrum oxycroceum*; statt *Arkebusade* fordert man *Hackebussade*, *Aderpussade*, *Aderposaune* oder *Alte Pussade*, *Sektenpulver* und *Jesuitenpulver* st. *Insektenpulver*, *Principitatsalbe* und mitunter *Prinz-Pitat-Salbe* st. *Praecipitatsalbe*, *Kuhlatschenwasser* oder *Julawasser* st. *Goulardsches* oder *Goulards Wasser*, *Diakonuspflaster* st. *Diachylonpflaster*; aus *Essichäther* entsteht durch Verdrehung *Eiteressich*, aus *Balsamum sulphuris* (Schwefelbalsam) *Silberbalsam*, aus *Extractum Saturni* zuerst *stracker*, dann *starker Saturn*, aus *Gummigutt* (drastisches, durchschlagendes Mittel) *Kommhurtig*; *Mercurialsalbe* wird in *Materialsalbe*, *Aloe* in *Alluch*, *Jalappe* u. *Jalappenpulver* in *Galopp* u. *Lappenpulver*, *Resina Jalappi* in *Rosinlapp*, *Koloquinthe* in *Kalte Quinte*, *Appelquint* u. *Quintappel*, *Scabiosa* in *Schaphose*, *Isländisch* Moos in *Ausländisch* Moos, *Sassafras* in *Sachsenfraß* u. *Saß und fraß*, *Sarsaparill* in *Aprilwurzel* verwandelt; mit *Saunickel*, *Dickdam* u. *Dickendarm*, *Beisamen*, *Zederöl*, *Demuthkraut* oder bloß *Demuth*, *Kukuksaat*, *Trinitatis* meint man *Sanikel*, *Dictamnus albus* (Diptam), *Bisam*, *Oleum corticis citri*, *Thymus*, *Semen cocculi*, *Cremortartari*; *Latwerge*, ein an sich schon gehörig (aus electarium oder electuarium) entstelltes Wort (vgl. mnd. leckerwarte), wird als *Glattwerk* u. *Glattwürger*, *Kajaputöl* als *Kaputöl* u. *Hagebuttenöl*, *Unguentum griseum* als *Unkengries*, *Staphisagria* als *Stephanskörner*, *Glacies Mariae* als *Marienglas*, *Spießglanz* (Stibium sulphuratum nigrum) als *Spitzglas* verdeutlicht, unter *Schneeblüten* *Schlehblüten*, unter *Katerplas*, *Kartenplas* u. *Kalteplas Kataplasma*, unter *Katzenschuh Katechu* verstanden; *Karbolsäure* verwandelt sich in *Karambolsäure*, Herba *Sumach* in *Schmack*, *Stanniol* in *Stangenöl*, Cortex *Cascarillae* in *Katzenrille*, *Ammonium* (Hirschhornsalz) in *Harmonium*, *Spiritus nitri* (Salpetersäure) in *Spiritus niedrig*; *Sophienmargaretenpulver* entspringt aus *Semen foeni graeci*, *Lottenpflaster* aus *Melilotenpflaster*, *Spitze Lenore* aus *Species lignorum* (Holzthee), *Stenzelmarie*, *Stelzenmarie*, *Stolze Marie* u. *Stinkmarie* aus *Scincus* oder *Stincus marinus*; statt *Fernambuk* heißt es *Fernebock*, statt *Bittersalz* u. *Karlsbadersalz* zuweilen *Petersalz* u. *Kalbsledersalz*; *Chlorkalk* wird in *Klarkalk*, *Walrath* in *Wohlrath*, *Waldrath* u. *Waldrauch*, *Bergamottöl* in *Perlmuttöl* und *Mottenöl*, *Myrrhentinktur* in *Myrtentinktur*, *Ricinus-Oel* in *Rhinoceros-Oel*, *Coldcream* in *Goldkrem* oder *Goldkrume* umgesetzt. Aus *Tacamahaca* (Art Harz) bildet man in Hamburg *Hack un Muck*, in Lübeck *Hack un Pack*, in Mecklenburg *Hack di pack di*. Der Name *Anchovis* (Art Sardelle) geht in *Anschofisch*, Cognac und Kornbrantwein in *Kornjack* u. *Cornelius, Colophonium* (Geigenharz) in *Califonium* (*Californien*), *Cardamomum* in *Krummum* über. Vielfach entstellt, theils nach dem bloßen Klange, theils zugleich auf Grund einer gewissen Nähe und Aehnlichkeit der Begriffe an bekannte Wörter angelehnt, wird der frz. Name der grünen Pflaume *reine Claude* vom gemeinen Mann gebraucht: in Berlin *grüne Globen*, in Thüringen *grüne Knoten*, in Mecklenburg *reine Kloden*, in Nassau *Reinklauen*, in hiesiger Gegend *Ringelotten*. Der Zurechtlegung von *Bombasin* (mnd. bomsin) als *Baumseide* und *Baumbast* erwähnen schon Richey und Adelung[1]). Das Etymon des franz. Wortes *droguerie* holt sich der Niederdeutsche zurück, indem er *Drögapthek* (ostpreuß. *Gewürzapthek*), auch wol *dröge Handlung* zu sagen pflegt; den Droguisten nennt er *Drögaptheker*[2]). Anstatt *Herzbeutel* oder *Herzfell* (pericordium) heißt es in Oberdeutschland auch *Herzbändel*; hieraus hat die fränkische Mundart *Herzbengel*, die bairische *Herzpünkel* gebildet[3]). Eine württemb. Pfingstfeierlichkeit führt den aus *Pfingstreck* (auch Pfingstbutz, Pfingstlümmel) in *Pfingstdreck* entstellten Namen; das Wort *Eigenbrötlerin* (alte Jungfer, die ihr eignes Brot hat und abgesondert lebt) ist als *Eigenbrätlerin* von Auerbach misverstanden worden[4]). Aus *Vorhübner*, wodurch einer bezeichnet wird, der vorher die Hube, das Gut besaß, macht der Henneberger *Vürhimmler*, verstorbener Ehemann[5]). Was sonst, weil es aus zweierlei Stoff (Leinen und Wolle) verarbeitet ist, *Beiderwand* (niederd. beierwand) heißt, nennt in einigen Gegenden das Volk *Beidermann* und *Petermann*[6]); das frz. *casaquin* (Hausrock) legt sich der Schweizer als „*Gassagenger*" (Sommerrock) zurecht[7]); aus dem frz. *jupe, jupon* (Weiber-

---

1) Vgl. Pott Personennamen S. 19.
2) Duden Rechtschreib. 90b.
3) Frommann in s. Ztschr. 1, 95.
4) Nähere Auskunft über *Pfingstdreck* und *Eigenbrötlerin* gibt Birlinger in Frommanns Ztschr. 6, 233. 234.
5) Frommann 3, 140.
6) Schmidt Westerw. Idiot. 12. Frommanns Ztschr. 7, 148. Vilmar Idiot. 29.
7) Grimm Wtb. 5, 247; vgl. Schmid Schwäb. Wtb. 222.

unterrock) macht man in Rheingegenden *Joseph*[1]), wie umgekehrt der Personenname *Joseph* in *Jup, Jüp* entstellt wird. Eine in Gegenden Norddeutschlands (Bremen, Hamburg, Holstein) früher mehr als jetzt bekannte Speise mit Namen *Köster* und *Kosters* scheint vom engl. gleichbedeutenden *custard* (Eierrahm, Creme, auch Eierkäse) entlehnt zu sein; Herkunft von „*Kost*", die man vermuthet hat[2]), muß wohl ferne gehalten werden, doch mag Anlehnung stattgefunden haben. Das Wort *Halfter* unterliegt theils einer Verwechselung mit *Holfter*, theils der Entstellung in *Halter*, wie es buchstäblich im Engl. lautet, und *Hafter*, die ja beide verständlich genug sind[3]). Nachdem Fremdwörtern wie Phlegmatikus, Rheumatikus ein allgemein bekanntes halbdeutsches „*Schwachmaticus*" vorlängst nachgebildet war[4]), hat man in neuester Zeit davon wieder mit Anlehnung an „*matt*" ein Adj. *schwachmattisch* abgeleitet[5]). Das frz. indifferente *quelque chose* bildet sich zu einer *Geckschoserei* (Albernheit) fort, wo Anlehnung an *Geck* hervortritt[6]); am Niederrhein wird im Gedanken an *kiken* (gucken) *Kickschoserei* (Kleinigkeit) dafür gesagt[7]). Anstatt „in *Bausch und Bogen*" heißt es zuweilen „im *polschen* (polnischen) Bogen"[8]). In Königsberg wird die *Anatomie* vom Gesinde regelmäßig *Antonomie* genannt und dabei vielleicht an einen „Anton" gedacht; die dortigen polnischen Juden sagen statt *Zeuge* (vor Gericht) *Zeiger*[9]). Aus der im vorigen Jahrh. in Anhalt gestifteten *chalkographischen Gesellschaft*, die so ausgezeichnete Kunstblätter geliefert hat, ist im Munde des Volkes die *kalte Grafengesellschaft*

---

1) *Joseph* für Rock ist auch engl.; s. Hare Fragments 1, 53.
2) Vgl. Schütze Holst. Idiot. 2, 335. Brem. Wtb. 2, 858.
3) Heyne in Grimms Wtb. 4ᵇ, 226.
4) Aehnlicher Art sind Schwulität, Lappalien, burschikos, schauderös; vgl. Heinze Ueber die Fremdwörter im Deutschen (Berl. 1878) S. 26.
5) Blätt. f. liter. Unterh. 1876 No. 31 S. 490ᵇ.
6) Frommann 4, 259. Schmeller 2. A. 1, 870. Hildebrand in Grimms Wtb. 4ᵃ, 1924. 5, 774.
7) Vgl. engl. kickshaw (Allerlei, Sonderbares). Da dieses Wort vorzugsweise von Speisegemengsel und wunderlichen Gerichten gebraucht wird, so ist in engl. Pensionsanstalten, wie mir Kindt in Neustrelitz schreibt, für eine harte, schlechtbereitete Art Pudding die witzige Auslegung desselben aufgekommen: „*kick-jaws*", etwa: was den Kinnbacken (jaws) widerstrebt (to kick, stoßen; to kick at, sich auflehnen).
8) Schmidt Progr. Minden 1873 S. 24. Augsb. Allg. Zeit. 1876 No. 239. Mehrmals begegnet der Ausdruck bei Fr. Reuter.
9) Briefliche Mittheilungen von Hertslet in Berlin.

geworden¹). Nachdem durch den Ruin der rheinischen Effektenbank in Köln, deren Lokal neben dem des Schaaffhausenschen Bankvereins gelegen ist, so viel Unglück angerichtet war, wurde der hübsche Witz verbreitet: „*Rheinfall* bei *Schaffhausen*" (reinfallen, herein- oder hineinfallen, volksthümlich f. zu Schaden kommen). Einer Dame, die an eine Zeitschrift ein Manuskript gesandt hatte, in welchem der Ausdruck „*spanischer* Schrecken" vorkam, schickte die Redaktion dasselbe zurück, mit der Bemerkung, ihr komme das *spanisch* vor und ein *panischer* Schrecken habe sie ergriffen²). „*Treff* ist Trumpf", ruft man in Holstein, im Wortspiel mit *Treff* (frz. trèfle, aus trifolium), der anderswo „Kreuz" oder „Eicheln" genannten Farbe der Spielkarte, einem Kegler zu, der nicht *trifft*, gerne pudelt; in Thüringen wird dieselbe Redensart zu Anfang oder zur Bezeichnung einer Prügelei gebraucht³). In der Pfalz heißt es beim Zutrinken „*Alle Bot* santé" (à votre santé); *alle Bot* bedeutet „jedes Mal, recht oft"⁴). Das süddeutsche, besonders schweiz. *Reislaufen*, d. h. Laufen in fremden Kriegsdienst ohne Wissen und Erlaubnis der heimischen Obrigkeit (vgl. mhd. reise, Heerfahrt), denken sich viele als „Reißlaufen", indem ihnen „ausreißen" (vgl. S. 18) einfällt⁵). „Ich bin auch dem Großherzog sein *Fasan*", soll vor 20—30 Jahren ein bürgerliches Mitglied des mecklenburg. Landtags geäußert haben; er meinte „Vasall"⁶). Aus dem Alemannischen stammt die Verwechslung von „*Suwarow*-Stiefel" mit „*subere* oder *sufere* (saubere) Stiefel". Schmeller erzählt⁷), ein Rath, der im Protokoll von einer „*tapeten* Lisel" gelesen, habe dieselbe in der Sitzung „*Tapeten*-Lisel" genannt; das Adj. *tapet* oder besser *tappet* bedeutet „täppisch". In wetterauischen Elementarschulen gilt für den gewöhnlich auf der ersten Silbe betonten Buchstab *Ypsilon*, weil er dem X folgt, der Name *Ixlamm*⁸). Als der Büdinger Schul-

---

1) Kreuzzeit. 1877 Sonntagsbeil. No. 39.
2) Das Buch für Alle, Jahrg. 1872 S. 16ᶜ.
3) Mitgetheilt von Prof. Regel in Gotha.
4) Briefliche Mittheilung des Prof. Bartsch in Heidelberg
5) Vgl. Schwäb. Kronik 1877 No. 124 S. 1061ᵇ.
6) Vehse Gesch. d. d. Höfe 3, 46. Die Verwechselung kommt auch bei Reuter vor.
7) Wtb. 2. A. 1, 612.
8) Weigand Wtb. 2, 1117; vgl. Schmeller Wtb. 1, 132. Nach Gombert Progr. Gr.-Strehlitz 1879 S. 23 wird auch in Dorfschulen der Ukermark regelmäßig „Ixlamm" (Ixlom, Ixlum) gesprochen.

direktor *Thudichum* den Titel *Oberstudienrath* erhalten hatte, nannte ihn ein Schuhmacher schriftlich „*Oberst Thudichum Rath*"[1]). Ein anderer Schuhmacher bezeichnete eine *Gouvernante*, der er die Rechnung ausschrieb, als „*Jungfer Nante*", als sei das letztere Wort ein Name[2]). Am Niederrhein, wo „Prosit" und „Brust" im Dialekt ungefähr gleich („Bross") lauten, hat ein biederer Mann aus dem Volke einem seiner Gönner „ein herzliches *Brust*-Neujahr" schriftlich gespendet[3]). Bei Wanzleben wurde vor nicht langer Zeit ein junger Geistlicher mit dem Titel *Prädikant* zur Aushilfe angestellt; da er auch in der Schule zu unterrichten hatte, wandelten die Dorfbewohner den Titel in *Predigtkantor* um[4]). Tiroler nennen den ital. *Vetturino* (Fuhrmann) einfach *Vetter*, vielleicht im Gedanken daran, daß auch „Schwager" gesagt werde. Eine alte Frau, die eine *mineralische* Quelle gebraucht hatte, behauptete wiederholt, daß ihr das „*moralische*" Wasser sehr gut gethan habe[5]). „Das Kind liegt da und ist ganz *fēg*", wurde dem besuchenden Arzte von einer hessischen Mutter zugerufen; dieser aber, dem das dial. *fēg* (feig, dem Tode nahe; mhd. veige, zum Tode bestimmt[6]) unbekannt sein mochte, verstand: „und ist ganz *weg*", d. h. besinnungslos[7]). In Ostfriesland, wo der Kornbrantwein *Kur* heißt, werden die Brantweinbrenner, welche ein einträgliches Geschäft betreiben, vom Volke spottweise „*Kurfürsten*" genannt[8]). Der Patient, welcher gesagt haben soll, er müsse sehr „*Idee*" (st. *Diät*) halten[9]), wird sich dabei gewiss einer vollkommen richtigen Vorstellung hingegeben haben; man vergleiche, daß es im Engl., wenn dazu aufgefordert wird noch etwas zu essen, oft heißt: „only an *idea*" (nur ein Gedanke, nur ganz wenig). Die im Hessischen volksthümliche Redensart „*aut oder naut*" (eigentlich: etwas oder nichts), d. h. es mag biegen oder brechen[10]), wird von gebildeten Ständen nicht ungerne in der lat. Verkleidung

---

1) Kreuzzeit. 1877 Sonntagsbeil. No. 31.
2) Vgl. Daheim 1876 S. 495[b].
3) Mitgetheilt von Dr. Didolff in Mariaweiler bei Düren.
4) Briefliche Mittheilung des Dr. Mitzschke in Weimar.
5) Kreuzzeit. 1877 Sonntagsbeil. No. 35.
6) Vgl. Bechstein Germ. 8, 339. Hintner Beitr. z. tirol. Dialektforsch. II (Wien 1874) S. 53.
7) Vilmar Idiot. 100.
8) Kern u. Willms Ostfriesland wie es denkt und spricht S. 116.
9) Göpfert Progr. Annaberg 1872 S. 56.
10) Grimm Wtb. 1, 1044.

aut-aut angewendet¹). Für *Schweimer* (Art Falke), wie es nach dem mhd. *sweimaere* (v. sweimen, schweben) lauten sollte und zuweilen auch lautet, kommt in einigen Mundarten *Schwimmer* vor²). Eine ganz gewöhnliche Verdrehung ist *Package*, weil an „packen" und „Pack" gedacht wird, für *Bagage* (vgl. engl. bag, Sack). Anderseits hat die in der deutschen Volksprache verbreitete Beliebtheit der frz. Endung -*age* zu merkwürdigen Assimilationen geführt, wobei sich auch das Genus betheiligt³): *Stellage* und *Stallage* weisen auf „stellen" hin und haben die Bedeutung von Gestell; *Takelage* (Tauwerk an Schiffen), *Leckage* (Schifferausdruck, engl. leakage, frz. coulage), *Schmierage* (Schmiererei), *Kleidage* (Kleidung), *Schenkage* (Schenkung) und ähnliche, vorzüglich in Niederdeutschland heimische Bildungen, deren Auslaut auch -*asche*, -*asch* geschrieben wird, z. B. *Kledasche* (bei Fr. Reuter), *Schenkasche* (bei Auerbach), *Schlittasch* (Schlittenfahrt, siebenbürgisch), *Bommelasche* (Gehänge, besonders an Uhrketten), *Freierasche* (Freierei, Liebesverhältnis), *Buschkasch* (aus dem franz. bocage zurechtgelegt), enthalten einen unangelehnten deutschen Stamm; *Blamage*, *Renommage* gründen sich nicht auf franz. Subst., während das umgebildete, aber so zu sagen zurückgedeutschte *Futterage* dem frz. *fourrage* (nicht *fourage*), das vom deutschen „Futter" stammt, entspricht⁴). *Rondelle* (nd. rundêl, holl. rondeel), *frontispice*, *beefsteak*, *roastbeef* legt sich das Volk als *Rundtheil*, *Frontenspitze* oder *Frontspitz*⁵), *Biefstück*, *Rossbief* zurecht; *Schärpe* (franz. écharpe) wird in *Schärfe* (nd. Scherf), *Atmosphäre* in *Athmungsfähre* verhochdeutscht, aus der Redensart „être du jour" entspringt der Ausdruck „*die Schur* haben"⁶). Ueber ganz Deutschland erstreckt sich *futtern* (fluchen, toben, wettern), ein Wort, worin nicht das frz. foudre (Blitzstrahl), wie vielfach geglaubt wird,

---

1) Vilmar Idiot. 21.

2) Adelung Wtb. 3, 1751. Pott in Kuhns u. Schleichers Beitr. 4, 76.

3) Wackernagel Umdeutsch. 41. Vgl. den bekannten Fehler „belle-étage" f. „bel-étage".

4) Vgl. hierzu die klare und lehrreiche Auseinandersetzung in der Nationalzeitung 1876 No. 417.

5) Dies letztere steht in Wiesbader Wohnungsanzeigen täglich zu lesen, anderswo *Frontspieß*; Richey Hamb. Id. 66 hat *Fransche Spieß*.

6) Schmeller Mundarten Bayerns 168. Wörterb. 3, 396. Man findet auch „die *Dejour* haben, auf *Dejour* gehen" (Sallmann Deutsche Mundart in Estland S. 13). Die Köln. Zeit. 1879 Juni 14 Bl. 3 gestattet sich die überraschende Neubildung: „*Dejourierender* Officier".

sondern ein gemeiner frz. Volksausruf enthalten ist[1]). Hie und da hört man *Kreoline* f. *Krinoline*, *Drehangel* f. *Triangel*, *Bullengrün* f. *Bowlinggreen*, *Schlampagner* f. *Champagner* (vgl. schlampampen, schlemmen), *Allbuch* f. *Album*, *Taubhorn* u. *Dübhorn* f. *Taubert*, *Polonaisenhündchen* f. *Bologneserhündchen*, *Garaus* u. *Garäuslein* f. *Karausche*, häufiger *Mostrose* f. *Moosrose*, isländisch *Most* f. isländisch *Moos*, *Scharlotten* f. *Schalotten*; *Bergamottknöpfe* sollen *Perlmutt-* oder *Perlmutterknöpfe* sein, *Magenmorsellen* (lat. morsellus) werden in *Magenmarseillen* oder gar in *Magenmamsellen* umgetauft[2]), die *Hasenscharte* in einen *Hasenschaden*, die *Garde du corps* (Leibgarde) in ein *Gardecorps*, *Schildpatt* (v. padde, Kröte) in *Schildplatt* (vgl. *Platte*), der *Nachtmahr* (Alp, Alpdrücken) in einen *Nachtmarder* (niederd. *nachtmárte*; vgl. *márte*, Marder) und *Nachtmohr* (-moor), *Rheumatismus* in *Reißmatismus* u. niederd. *Reimertissen*[3]), das *Rothkehlchen* in *Rothkäthel*[4]), *Rothkäthchen*, das frz. *baisemain* (Kusshand; vgl. span. besar las manos) in *Baselman* (Schmeichler), *Baselmanes* verwandelt. Viel weiter ist *Schandal* statt *Skandal*, wobei vermuthlich an *Schande* gedacht wird, verbreitet, desgleichen an Stelle des *gastrischen* Fiebers das *garstige* (niederd. *gastige*); für *Diphtheritis* habe ich in Bonn „*Gifteritis*" sprechen hören[5]), statt „*langwierige* Krankheit" wird mitunter „*langweilige*" gesagt[6]). Der Niederdeutsche bezeichnet Ränke, die einer macht, daß man ihm nicht beikommen kann, als *Kaprálsputzen* (Korporalspossen); wahrscheinlich liegen hier im Hintergrunde *Kapriolen*[7]). Einen verwandten Begriff hat das oberd. *Partiken* (unerlaubte Kunstgriffe, Kniffe, Intriguen),

---

1) Näheres s. bei Weigand in Grimms Wtb. 4, 369. 1036; vgl. Revue crit. 1876 No. 34 S. 119.

2) Vgl. „Marschellen" bei Schmeller 2, 621. „Maschellen" in Frankf. a. M. (Kriegk Deutsche Kulturbilder a. d. 18. Jh. Leipz. 1874 S. 162. 164). Es soll, wie man mir schreibt, auch *Windmamsellen* geben, so nemlich würden in einigen Gegenden vom Volke die „morsuli contra flatulentiam" genannt; vgl. *Windlatwerge* bei Schmeller 1, 127. Die *Marseillaise* heißt bei Fr. Reuter *Mamselljäs*, ebenso in Nassau; s. Nord u. Süd von Lindau 1879 Nov. S. 249.

3) Sogar *Rückmatismus* soll vorkommen (Prof. Bartsch brieflich).

4) Vgl. „Blóketel" in Holteis Schles. Gedichten.

5) Hierzu vergleicht Fischer im Staatsanz. f. Würtemb. 1878 S. 381 den Witz: „Er leidet an *Dichteritis*".

6) Vgl. Brem. Wtb. 3, 11.

7) Brem. Wtb. 2, 757.

welches eine Mischung der von Adelung getrennt verzeichneten synonymen Wörter *Praktiken* und *Partiten* zu enthalten scheint. Das heute wohl nur noch landschaftlich übliche Wort *Kartause* für Kragen oder Schopf, bei dem man einen packt und festhält, stammt aus dem frz. cartouche[1]). Was in der Rheinprovinz *Bellrose* genannt wird, ist keine *belle rose*, sondern die Gesichtsrose, von *belle*, Geschwulst; vgl. den Fuß, die Hand *verbellen* (so beschädigen, daß Schwellung entsteht), engl. *bollen* (geschwollen) und andere verwandte Formen[2]). Im Achener Dialekt werden *Kukuk* und *Markolf* (Holzheher) „*Kukef*" u. „*Märkef*" genannt, was heißen soll: „Kukauf" u. „Merkauf"; ferner braucht man hier die Adj. *malistig* (boshaft) und *kröpelent* (krüppelig), jenes nach dem frz. *malice* und im Hinblick auf *listig*, dieses in Erinnerung des misverstandenen *corpulent*[3]). In Hamburg geht aus einer Mischung der synonymen Adj. *corpulent* und *complet* die gleichbedeutende Form „kumplent" hervor[4]). Wer den mit leichtem Knalle zerplatzenden Staubschwamm, den übelriechenden *Bofist* (lycoperdon), kennt, wird die in der Lausitz unterm Volke gangbare Verdrehung dieses Namens in *Bumfuß* treffend finden[5]); in Merseburg wird *Kuhfist* gesagt. Anstatt *Klicke* (clique) heißt es in Zschopau *Klinke*, vielleicht mit Bezug darauf, daß Familien, wenn sie auf längern Besuch ausgehn, die Thürklinke mitzunehmen pflegen („da kommt die ganze *Klinke*"[6]). Dagegen läßt P. Heyse in einer seiner Novellen[7]) das Wort *Clique* gebrauchen, wo offenbar *Cliquot* (berühmte Champagnersorte) gemeint ist; der Knecht sagt nemlich: „Ein feiner Champagner, Fräulein, von der feinsten *Clique*". Der Romanschriftsteller Jokai legt einem Feldhüter die Bemerkung in den Mund: „Wenn die gnädige Frau ihr *Maigrün*

---

1) Genaueres s. in Grimms Wtb. 2, 608. 5, 243; vgl. Schmidt Westerw. Idiot. 42. Weigand Wtb. 1, 565.

2) Frommann 4, 217. Schmeller Wtb. 2. A. 1, 228. 229. Grimm Gr. 2, 32. 65. Müller u. Zarncke Mhd. Wtb. 1, 117. 118. Kehrein Onomat. Wtb. 463. Bedburg. Progr. 1880 S. XXVI. In der Pfalz heißt es, wie mir Prof. Köster mittheilt, von einem, der aus einer Prügelei ein geschwollenes Gesicht davonträgt: der sieht gehörig „verbellert" aus.

3) Idiot. von Müller u. Weitz S. IX. 131. 133. 151.

4) Von Dr. Lüders in Hamburg mitgetheilt.

5) In der Eifler Mundart sagt man „Pufuß" (Frommann 6, 17), in Schwaben sonderbar „Pfaufisch" (Frommann 7, 405); vgl. engl. puff-ball.

6) Briefliche Mittheilung aus der Lausitz.

7) Westermanns Monatshefte Jan. 1877 S. 338.

(= *Migräne*) hat, so ist sie sehr *narrbös* (= *nervös*)". Eines Tagelöhners Sohn, der vom Militärdienste heimgekehrt war, erzählte mit vielem Pathos, wie der Kronprinz in ihre Garnison gekommen sei, um dieselbe zu „*inspazieren*"[1]; das „Hineinspazieren" war ihm beim „Inspicieren" natürlich der Hauptbegriff. In einem kleinen Lokalblatte stand einmal zu lesen: „daß — der vorschriftsmäßigen Verpflegung noch so manche „*Zubeiße*" gegeben wird, welche den Kostenaufwand der Quartiergeber erhöht"[2]; „Zubuße" war gemeint, aber „Zubeiße" soll dort dafür gesagt werden. Als vor Jahren von dem *Coloradokäfer* überall gesprochen und geschrieben ward, eignete sich das rheinische Volk den ungewohnten Namen durch Anlehnung an ihm bekannte Wörter an, indem es das schädliche Thier bald *Cholerakäfer* bald *Kohlrabikäfer* benannte; in Gotha dagegen wurden um dieselbe Zeit die Mädchen, die in der geogr. Anstalt von Perthes Landkarten zu *colorieren* haben, von dem stets fertigen Volkswitze *Coloradokäfer* betitelt[3]. Dieser Scherz erinnert an die in Sachsen allgemein übliche Bezeichnung *Maikäfer* für diejenigen, die sich an dem Aufstande im *Mai* 1849 betheiligt haben[4], während in Berlin unter demselben Namen die Garde-Füsiliere bekannt sind, welche alljährlich im *Mai* zu den größern Uebungen von Spandau herüberkamen. Von den Gymnasiasten zu Gotha werden die Mädchen in der Pension des Fräuleins *Uhle* und die des Marieninstituts, deren Vorsteherin Fräulein *Huguenin* ist, *Uhlanen* und *Hugenotten* genannt[5]; bei Merseburger Gymnasiasten führt Lützen, welches an dem Bache *Perse* liegt, den Namen *Persepolis*[6]. In Bremen hieß man die Anhänger *Mosles*, des bekannten Patrioten, *Moslemiten*[7]. Durch *Kartoffelkrieg* wird zuweilen der bairische Erbfolgekrieg bezeichnet, da er die Zeit der *Kartoffelernte* ausfüllte; die großen Schulferien heißen auf dem Lande aus demselben

---

1) Kreuzzeit. 1877 Sonntagsbeil. zu No. 35.
2) Anzeiger für Neustädtel und Umgegend 1877 No. 36 d. 7. Sept. G. Freytag (Marcus König) braucht „Zubeiße" im Sinne von Eßwaren (Kuchen, feines Gebäck), die man Gästen auf den Heimweg mitgibt.
3) Kreuzzeit. 1877 Beil. zu No. 202.
4) N. Jahrb. f. Phil. u. Päd. 1877 (2. Abth.) S. 506. Albrecht Leipz. Mundart 165^b.
5) Briefliche Mittheilung des Prof. Regel in Gotha.
6) Von Dr. Holzmüller in Hagen mitgetheilt.
7) Hamb. Corresp. 1878 No. 250 Beil.

Grunde *Kartoffelferien*¹). Da der *Rohrsperling* in der Leipziger Gegend nicht mehr vorkommt, sagt man dort: er schimpft wie ein *roher Sperling*; ebenda heißt eine *zimperliche* Person *Zimtfieke* oder *Zimtliese*²). In Königsberg wird ziemlich allgemein, selbst von Gebildeten, das engl. *mutton-chop* in *Mottenschöps* verwandelt³). Der Berliner Volkswitz soll „Das Erwachen des *Epimenides*" von Goethe, indem er sich bloß an den ihm unbekannten Eigennamen hielt, in ein ironisches „*I, wie mênen Sie des?*" parodiert haben⁴). Das Volk verwechselt die beiden gleichlautenden Fremdwörter *Chor* und *Corps* sehr häufig⁵), bildet insbesondere von diesem Worte den Plur. wie von jenem, spricht z. B. hier in Bonn von „Chören" im Gegensatz zu Burschenschaften. Die Benennung *Raspel*, wie in der Rheinprovinz vom gemeinen Mann ein starker Schnaps genannt wird, gründet sich zwar auf den Namen des frz. Erfinders *Raspail*; allein nahe liegt die Vermuthung, daß das Volk bei dem Worte lediglich an eine der beiden Bedeutungen eines andern *Raspel* denkt, Feile und Holzschnarre des Nachtwächters, vielleicht an beide zugleich, weil sich mit ihnen in der That Eigenschaften und Wirkungen verbinden, die auch der Schnaps hat⁶). In einigen Gegenden wird sogenanntes *Messkorn*, das der Pfarrer und der Mesner für die *Messe* erhalten, theils als *Mast-* oder *Mästkorn* (das Korn wird zu Michaelis gegeben, wo man das Schlachtvieh zu *mästen* beginnt), theils als *Meß-* und *Metzkorn* (weil es *gemessen* wird), theils in roher Verdrehung als *Mistkorn* bezeichnet⁷). *Dolman* (weder „Dollmann" noch „Dolmann"), aus dem ungar. dolmany, Husarenwams, legt sich die köln. Volksmundart als „*Dollmantel*" zurecht⁸). In Mundarten Deutschlands und der Schweiz⁹) hört man *Feuerabend* statt

---

1) Grimm Wtb. 5, 245.
2) Albrecht Leipziger Mundart 1881 S. 30, 240ᵃ.
3) Briefliche Mittheilung des Dr. Ries in Königsberg.
4) Hettner Gesch. d. deutsch. Lit. im 18. Jahrh. 3. A. S. 289.
5) Vgl. Büchmann Geflüg. Worte 417. Gartenlaube 1874 S. 474.
6) Köln. Zeit. 1877 No. 229 Bl. 1. Vgl. Kreuzzeit. 1877 Beil. vom 22. Juli.
7) Kreuzzeit. 1877 Sonntagsbeil. zu No. 40.
8) Hönig Wtb. der Köln. Mundart 54ᵇ; vgl. Siebenbürg. Tagebl. 1875 No. 1528.
9) Idiot. v. Staub u. Tobler I, 37. Der formelle Uebergang von Feier- in Feuer- wird auch durch die heutigen Geschlechtsnamen *Feierabend, Feyerabend* und *Feuerabend* gezeichnet.

Feierabend sprechen; die aus dem ursprünglichen Begriffe „Abend vor einem Festtage" hervorgegangene Bedeutung „abendliches Aufhören der Arbeit" wird mit dem Anzünden des Feuers und Lichts in Verbindung gebracht. Aus *lancmar*, dem ahd. Namen des Mittelfingers, entspringt im heutigen Wetterauer Kinderreime „*Langmann*", während anderswo daraus „*Langmarten*" und „*Lange Marje*" hervorgegangen sind [1]). Im Thüringischen und Hennebergischen wird *Brunnenkresse* in *Bornkirsche* und *Braunkirsch*, in der Schweiz mit Anlehnung an das südd. *herd* (Grund, Erdreich), dessen Identität mit *Herd* (focus) anzunehmen steht [2]), *Erdapfel* (S. 90) in *Herdapfel* umgesetzt. In Merseburg deutet man den Apfel *Grand Richard* als *Gröne Scharen*, die Birne *Cuisse Madame* als *Quitsch Madam*, den Wein *St. Julien* als *Stch Juljen*. Als Mittel gegen Rheumatismus braucht der gemeine Mann in Mecklenburg „*Bilsamöl*"; er meint damit „Bilsenkrautöl"[3]), faßt sich aber kurz und denkt an „Balsam". Wieland und Kant haben *Hirngespenst* statt *Hirngespinst* geschrieben. Den sogenannten *Kragstein* an Gebäuden hat man früher in *Kropfstein* und *Kraftstein*, später in *Tragstein* umgedeutet. Die oberd. Wörter *Drischaufel* (schon mhd. drischůvel) u. *Trittschäufelein* (Thürschwelle) sind, wie das engl. threshold, keine Zusammensetzungen, sondern von „dreschen" (engl. thresh) bloß abgeleitet[4]). Im Gedanken an „verwirrt" sagen manche *verplex* u. *verplext* f. *perplex*; auf einer merkwürdigen Verwechselung zweier himmelweit verschiedenen Fremdwörter beruht der Ausdruck: „kein *Genie* haben" f. „sich nicht *genieren*"[5]). Wie es scheint, muß „*meschant*", wenn es sich auf entstellten Gesichtsausdruck oder überhaupt leibliche Misform bezieht, mit „*misschändet*" in Verbindung gebracht werden, obgleich es an sich das frz. *méchant* ist[6]). Die Schweizer ver-

---

1) Diefenbach Vergl. Wtb. 2, 34. Wackernagel Germ. 5, 338. Pott Ztschr. f. Völkerpsych. 1880 S. 165. Vgl. Grimm Gramm. 3, 404. Im Holstein. Idiot. (1, 316) werden außerdem *Lang Meier*, *Lange Maak* aufgeführt.

2) Diefenbach Vergl. Wtb. 1, 22; vgl. Schmeller 2, 236.

3) Mittheilung aus Neustrelitz.

4) Vgl. Schmeller 1, 416. Grimm Gramm. 3, 431. Frommann 1, 252. 3, 344.

5) Im Staatsanz. f. Würtemb. 1878 S. 381 gedenkt Fischer der schwäb. Redensart: „Er predigt ohne *Genie*, Inhalt und Anstand", d. h. ohne sich zu *genieren*, ohne innezuhalten u. ohne daß es einen Anstand gibt.

6) Weinhold Dialektforsch. 8 führt „*meschenlich*" (neben „mischant")

wandeln das schon vom Altd. her bekannte *wurmäßig* (wurmstichig, von „essen") in *wurmmäßig*[1]). Im Hinblick auf niederd. *Poten* (Pfoten) werden die Füße im Scherze bisweilen *Potentaten* genannt[2]). Großer Beliebtheit erfreut sich der Hundename *Bello*, bei dem die Mehrzahl an *bellen* und nicht an romanischen Ursprung denkt[3]). Norddeutsche Mundarten kennen den Ausdruck „vor *Ohlingszeiten*" (ehemals), der eine Mischung des lat. *olim* und niederd. *ohl* (alt) zu enthalten scheint, wie denn anderswo geradezu „von *Olimszeiten*" gesagt wird. Für ein Gemengsel heißt es theils *Ollepotterie* theils *Allebatterie*[4]), aus *olla potrida* (frz. potpourri). Allgemeiner bekannt ist die Verdrehung der franz. Namen der Butterbirne, *beurré-blanc* und *beurré-gris*, in *Beerblank*[5]) oder *Blankbeer*, *Birneblank* (thüring. Blankbirne) und *Beergrih*, oberlaus. *Birne-Gries*, während hie und da für *Beere* auch *Birn* (Mehlbirn, Stachelbirn) gehört wird; vgl. niederd. beer, oberd. biere, mhd. bir, Birne. Ein sonderbarer Misgriff widerfährt dem Fremdwort *irritieren*, insofern es für „*irre* machen" gebraucht wird; doch ist es nicht vorzugsweise die Volksprache, welche sich dieser Assimilation[6]) überläßt, sondern in namhaften Tagesblättern findet sie sich, erscheint aber hier als Fehler. Auf einem Witz und Spiel mit Worten beruht die Benennung *Kastengeist* für den Theatersouffleur; *Kaste* und *Kasten* sind durchaus unverwandt. Neben *Vielliebchen* gilt in manchen Gegenden *Philippinchen*, durch das frz. Philippine oder Philippienne (engl. Philippina) hat die Verdrehung auch bei uns Fuß gefaßt. Statt *Samt*, *Sämtling* (Samtrock) wird bisweilen *Sanft*, *Sänftling* gesagt; früher

---

an, offenbar ein Gemisch aus „meschant" und „abscheulich"; vgl. Holtei Schles. Ged. S. 153ᵃ.

1) Stalder Schweiz. Idiot. 2, 460.

2) Das im Engl. für denselben Begriff übliche *understandings* erinnert an „*Unterthanen*" für Beine.

3) Vgl. mhd. *belhunt* (Ztschr. f. d. Alt. 3, 11), vielleicht nicht bellender, sondern schöner (frz. bel, beau) Hund.

4) „Diese spanische Kraftsuppe eröffnete gewöhnlich den Kränzchenschmaus" (Frommann 2, 84). Aehnliche Umformungen weist Gombert Progr. Gr.-Strehlitz 1877 S. 3. 4 schon aus dem 17. und 18. Jahrh. nach.

5) Merkwürdig ist die Deutung, welche diesem Namen nach der Versicherung des Pastors Rejahl in Elmshorn in einigen Gegenden Holsteins widerfahren ist: *Blang Dör Beeren*, d. h. Birnen, die zur Seite der Thür wachsen.

6) Ein neues Beispiel des Uebergangs vom Deutschen ins Fremde; vgl. S. 87 *Fassong*.

urtheilte man obendrein, *Samt* komme von *sanft*¹). *Kellerassel*, der Name eines grauen Insekts, lautet im gemeinen Leben *Kelleresel*, wobei es sich trifft. daß *Assel* wirklich aus *asellus* herrührt (Identität der Farbe): auch *Kellerassel*, anscheinend an „rasseln" angelehnt, wird nachgewiesen; endlich kennt die bair. Mundart für dasselbe Thier den aus „Asselwurm" (Assel) umgedeuteten Namen „Achselwurm". Die kleinen Seekrebse, anderswo Krabben genannt, heißen im Oldenburg. u. Hannov. allgemein *Granaten*, umgebildet aus *Garnaten* (niederd. altniederl.), schriftd. *Garnelen*. Mehrerlei Nebenformen und Umbildungen hat der Name des *Iltis* in unsern Mundarten, z. B. *Elbkatze, Elbthier, Ellenbutt*²). Auf zwiefacher Umdeutung beruht die oberd. Form *Pfeifholter* (Schmetterling) aus *Feifalter*³) (mhd. vîvalter, mit Reduplikation von valten); allgemein üblich ist im Elsaß *Bretstelle* f. *Bretzel*⁴). Für das aus dem niederd. *hartslegtig* (von hartslag) ins Oberd. aufgenommene *herzschlächtig* (schwerathmig, asthmatisch, zunächst von Pferden) wird theils, mit Umdeutung des ersten Gliedes der niederd. Zusammensetzung, *hartschlächtig* und *haarschlächtig*, theils *herzschluckig* gesagt; auf Menschen übertragen und an „schlecht" angelehnt, bezieht sich *herzschlächtig* auch auf schlechtes Befinden⁵). Die *Malve* wird in der Wetterau *Maulrose* genannt, die *Kamille* (aus χαμαίμηλον, eigentlich Erdapfel) in südlichen Mundarten *Kamelblume* und *Kühmelle* d. i. *Kühmelde*⁶), in Thüringen *Kammerblume*⁷); anstatt *Fenchel* (aus foeniculum) heißt es im Niederd. *Fenkohl*⁸), anstatt *Pastinaken* bald *Palsternaken*, *Pasternaten* bald *Pingsternaken*, *Pfingsternakel*; am Niederrhein

---

1) Frisch Wtb. 2, 148. *Samt (Sammet)* ist aus dem mlat. *samitum* (ἑξάμιτον, Zeug von 6 Fäden) entsprungen, *sanft* ein deutsches Wort.

2) Frommann 2, 319.

3) Grimm Gesch. d. d. Spr. 599. Schmeller 1, 506. 530. Peters Progr. Leitmeritz 1867 S. 5 fg. Vielleicht ist *Zweifalter* nachgebildet; vgl. *Weifalter, Baufalter* in Schmids Schwäb. Wtb. 175, *Beinfalter* in Lexers Kärnt. Wtb. 89, *Weißfalter* u. *Zweifelsfalter* N. Jahrb. f. Phil. u. Päd. 1877 S. 506, *Weinfalter* bei Schmeller 4, 87.

4) Pfannenschmid German. Erntefeste S. 495; vgl. Grimm Wtb. 2, 378. Frommann 4, 474.

5) Frommann 5, 431.

6) Reinwald Henneb. Idiot. 1, 207. Grimm Wtb. 5, 100; vgl. Siebenbürg. Tagebl. 1878 No. 1524.

7) Regel Ruhl. Mundart 227.

8) Bremen hat eine „Vennkohlstraße"; vgl. Abhandl. d. naturwiss. Vereins zu Bremen 2, 258.

führt die aus dem Ital. so genannte *Scorzonere* (Schwarzwurzel), indem dabei die beiden Wörter „Schötze" (Schürze) und „Niere" (beliebte nierenförmige Kartoffelart) vorschweben, den Namen „*Schötzeniere*"[1]). Weit verbreitet ist in Norddeutschland, auch unter Gebildeten, die Entstellung der *Syringe* (anderswo Flieder oder Hollunder) in *Sirene* (in Holstein *Zirene*, in Straßburg *Zirinke*), wobei doch wohl kaum an eine dem Gelehrten nahe liegende Anlehnung gedacht werden darf; das daselbst niederd. redende Volk verkehrt die Benennung *Brasilienholz*, wie es „Brunsiljen" für „Brasilien" zu sagen pflegt, in „*Brunsiljenholt*", während sonst durch „*Brunsiliensalbe*" das unguentum *basilicum* vertreten wird[2]). In Posen entsteht aus *lilium convallium* (convallaria) *Lilienkonveilchen*[3]), in Kärnten *Lilumfallum*[4]). In der Oberlausitz heißt es *Sauerhanf* f. *Sauerampfer*, für *Schafgarbe*, vielleicht weil die Blätter der Pflanze scharf gekerbt sind, *Scharfkarbe*. Die Früchte des Kornelbaums (lat. cornus) oder (umgedeutet) Körnerbaums werden *Korneliuskirschen* genannt[5]); diese Kirsche führt auch den Namen *Dirlitz*, gekürzt *Dirle* und davon *Dirnlein*[6]). In vielen Gegenden wird ein Schluck Brantwein durch *Wuppdi* und *Wuppdich* bezeichnet, zwar im Anschluß an eine gleichlautende adverbiale Interjektion mit der Bedeutung „plötzlich", insofern der Schluck rasch genommen wird, ursprünglich jedoch wahrscheinlich als Umdeutung der slavischen Benennung dieses Getränkes, *Wutki*[7]). In allgemeinerm Gebrauche sind *Kummer*, *Kümmerling* aus *Kukumer* (Gurke), *Hahnebutten* und niederd. *Hanepoten* f. *Hagebutten* *Spitzruthen* f. *Spießruthen*. Bei *Althee* wird mit der allergrössten Zuversicht, zumal da wirklich ein Thee davon bereitet wird, an „*Thee*" gedacht, obschon das aus dem Griech. stammende Wort

---

1) Mittheilung des Oberlehrers Fuß in Bedburg. Vgl. „Schötzeneere" in Hönigs Wtb. 144ᵃ.

2) Vgl. Adelung Wtb. 1, 743. Richey Idiot. 25. Schiller u. Lübben Mnd Wtb. 1, 439ᵃ. Goldschmidt Volksmedicin S. 87. Krause Jahrb. des Vereins f. niederd. Spr. 1876 S. 83 fg. Der sächs. Verdrehung *Basiliskenpflaster* aus *Emplastrum basilicum* gedenkt Dunger N. Jahrb. f. Phil. u. Päd. 1877 S. 507.

3) Bernd Deutsche Spr. in Posen 157.

4) Lexer Wtb. 180.

5) Mittheilungen von Kiessling in Zschopau. Vgl. Grimm Wtb. 5, 1822, wo auch der Name *Kornbeere* aufgeführt wird.

6) Grimm Wtb. 2, 1184. Schmeller Wtb. 2. A. 1, 541.

7) Gombert Progr. Gr.-Strehlitz 1879 S. 20.

weiblichen Geschlechts ist; zuweilen findet sich auch die Schreibung „*Altthee*" [1]). Für „*condensierte* Milch" hört man theils „*concentrierte*" theils „*conservierte* Milch" sagen. Aus *oleum galbani* bildet sich *Galgenbaumöl*[2]), aus *Galgan*, *Galgant* (mlat. galanga) *Galgenwurzel*[3]); statt *Gardser Oel*, vom Gardasee (ahd. Kartsê), heißt es „*Karzeröl*", statt *Leberthran* zuweilen „*Lebertrank*". Der südamerikanische Baum *Abacata* oder *Abacate*, dessen fleischige Früchte Alligatorbirnen genannt werden, wird im Munde eingewanderter Deutschen zum *Advokatenbaum*[4]) (vgl. schles. affegate, niederd. afkât, Advokat). In oberd. Mundarten gibt es ein Adv. *feindlich* mit der Bedeutung „sehr, überaus"[5]), welches man andern Adv. der Erhöhung des Begriffs wie „ungeheuer, schrecklich, abscheulich" an die Seite zu stellen geneigt sein kann; weil aber daneben zwar selten auch *feinlich* von *fein* (Goethe schreibt einmal: fein hitzig) begegnet, so wird das inlautende *d* wie in vielen andern Fällen als eingeschoben zu betrachten sein. Anstatt *vollends* sagen Süddeutsche häufig mit auffallender Verwechselung *folgends*[6]). Das Adj. *blümerant* (niederd. blömerant) entspringt mit Anlehnung an „*Blume*" aus dem frz. *bleu mourant* (mattblau). Die dial. Adj. *kasperat*, *kaspernat* (ärgerlich, erzürnt) scheinen eine Mischung von „Kasperle", dem bekannten Namen des Hanswurst, und „desperat" zu enthalten[7]); „*kühsättig*", wählerisch im Essen, von Heynatz als niedersächs. angeführt, wo sich die Vorstellung von einer „satten Kuh" aufdrängt, ist verderbt aus „kiesettig" (holl. kiesetig) und stammt von „kiesen" (wählen) und „eten" (essen). Anstatt „den ganzen *heilen* Tag", wo „ganz" pleonastisch verstärkt, da „heil" (niederd. hêl, engl. whole) „ganz"

---

1) M. Höfer Et. Wtb. 1, 25 führt aus dem Oberd. die wunderliche Benennung „*Alte Eh*" an. Altheesalbe nennt der Niederdeutsche „Ade Salv", in Mecklenburg soll für Altheesyrup „Alter Saft" gesagt werden.

2) Brem. Wtb. 2, 478. Adelung Wtb. 2, 390. Grimm Wtb. 4ᵃ, 1165. 1173.

3) Grimm Wtb. 4ᵃ, 1165.

4) Leunis Synopsis 2. A. 2, 963.

5) Schmid Schwäb. Wtb. 188. Schmeller Wtb. 1, 536. Lexer bei Frommann 2, 341. Grimm Wtb. 3, 1461.

6) Schmeller 1, 528. Frommann 2, 275. Grimm Wtb. 3, 1881. Auch in Sachsen kommt der Misgriff vor; s. Albrecht Leipziger Mundart S. 31. 232ᵃ.

7) Grimm Wtb. 5, 259. Vielleicht ist auch an „exasperatus", wie Regel meint, zu denken.

bedeutet, hört man auch „den ganzen *heiligen* Tag" sagen[1]); vielleicht indessen dient hier die hessische Formel „den ganzen *heillangen* Tag hindurch"[2]) zum Vergleich, oder „*heilig*" darf in dem Sinne von „gewiss" genommen werden[3]). Ein merkwürdiges Wort der Volksprache ist *rachgierig* f. habgierig, habsüchtig, woneben vereinzelt in demselben Sinne auch „rachig" begegnet: während Vilmar[4]) dem Volksbewusstsein die Beziehung auf „Rachen", nicht auf „Rache" beimißt, haben andere, einem bekannten Wechsel von *f* und *ch* gemäß, an „raffgierig" gedacht (vgl. raffig, der alles an sich rafft); lieber möchte man urtheilen, daß *rachgierig* der Form nach unverändert geblieben ist, aber jene besondere Bedeutung, der ja gleich der eigentlichen Vorwurf und Tadel beiwohnt, in dem Gedanken an „raffen" oder etwa niederd. „raken" (engl. rake, zusammenscharren) bekommen hat. Obwohl unser Adj. *nett* und das ital. *netto* zusammen von dem lat. nitidus herrühren, weicht doch die in der Geschäftssprache übliche Bedeutung des ital. Wortes von dem Begriffe, den wir mit „nett" verbinden, gewaltig ab; aus diesem Grunde muß ein Ausdruck wie: „das kostet ihn seine *netten* 50 Mark" auf einem Fehlgriff beruhn[5]). In der Sprache der Bergleute bedeutet ein *höfliches* Gebirge ein solches, welches die Hoffnung erweckt, daß man bei näherer Untersuchung und Anlage von Bergwerken nutzbares Erz gewinnen werde[6]); *höflich* steht f. „höfflich", mhd. hoffelich. Süddeutsche sprechen die Verbindung „zu ebner Erde" (parterre) wie „zebner Erde" aus; daraus entsteht nun ein zusammengesetztes „zimmererd", welches weiter volksetymologisch auf *Zimmer*, die nahe an der *Erde* liegen, bezogen wird[7]). Einer von den mancherlei auffallenden Ausdrücken für die Trunkenheit und den Betrunkenen lautet „*halb sieben*", insbesondere plattd. „*halwig söben*"; man

---

1) Heynatz Antibarb. 2, 106.

2) Vilmar Idiot. 159, mit der auffallenden Erklärung: „ein Tag, welcher lang zum Heile ist".

3) Grimm Wtb. 4ᵇ, 836.

4) Idiot. 312.

5) Vgl. Dunger N. Jahrb. f. Phil. u. Päd. 1877 S. 507. Ungewöhnlich heißt es in der Köln. Zeit. 1878 No. 135 Bl. 2: „So lange Andrassy nicht *nett* und nackt erklärt".

6) Mittheilung des verstorb. Dr. Meyn in Uetersen; vgl. Grimm Wtb. 4ᵇ, 1672. 1690.

7) Lexer Kärnt. Wtb. 79. 80; vgl. Schmeller Wtb. 1, 11. Frommann 3, 192.

pflegt denselben aus der engl. metaphorischen Phrase *half seas over*, das wirklich „betrunken" bedeutet, zu erklären und ist geneigt anzunehmen, daß er im Munde von Hamburger Matrosen so sonderbar entstellt worden ist[1]). Aus *Suada, Suade* entsteht zunächst vermöge der Aussprache „Schwade", sodann mit bekanntem Einschub eines *r* „Schwarde" und endlich „*Schwarte*"[2]); vgl. dial. „Schwate, Schwade, Schwatt" f. Schwarte. Schmeller[3]) weist mehrere Uebergänge von „vier" in „führ" (zu führen) und „für" nach, welche durch die Gleichheit der provinziellen Aussprache begünstigt werden: statt *Vierer* (gewisse Beamte in Dorfgemeinden) findet man gewöhnlich „*Führer*" geschrieben, die *Vierung* (die vier Hauptwände eines Gebäudes) wird zuweilen in „*Führung*" verwandelt, neben *Viergrad* und *Vierdrat* (Art Zeug) heißt es auch „*Fürgrad*" und „*Fürdrat*". Das mhd. *itrücken* (ahd. itarucchan), wiederkäuen, eine Zusammensetzung mit der alten Partikel *it* (zurück, wieder) und einem mit $\dot\epsilon\varrho\epsilon\acute{\iota}\gamma\epsilon\iota\nu$ und lat. ructare, ruminare wurzelverwandten und gleichbedeutenden Verb, erscheint in Mundarten theils wenig oder nicht entstellt, theils als *indrucken, niederrucken, niederracken* und *niederdrücken* verdeutlicht[4]). Mit Anlehnung an etymologisch nahe liegende, aber doch jedesmal zunächst einer andern Sprache angehörige Wörter sagt die österreich. Mundart: sich *platzieren* (*placieren*), *maltraktieren* (*maltraitieren*), *suppieren* (eine *Suppe* essen; vgl. frz. *souper*, zu Abend essen[5]). Bei *Speranzien* (Komplimente, Weitläufigkeiten), das vom lat. sperare (hoffen) zu stammen scheint, muß wohl vielmehr auf eine undeutsche Ableitung von „sperren" Bezug genommen werden[6]);

---

1) Woeste bei Frommann 7, 445 erinnert an die fast verschollene Präp. *sieben*, trans (woher Siebenbürgen?), die vielleicht in „halwer *sieben*" stecke; vgl. denselben 5, 68.

2) „Die Frau hat eine gar böse Schwart am Kopfe" heißt es in d. Gegenwart 1878 No. 43 S. 267^b (aus Böhmen). Kehrein Volksspr. 372 führt die Redensart an: „Die hot e Maul wie e *Schlachtschwart*" (an „Schwert" gelehnt).

3) Wtb. 1, 631. 632. 634.

4) Schmeller 1, 475. 3, 46. Diefenbach Vergl. Wtb. 1, 93. Vilmar Idiot. 288. 313. Woeste Ztschr. f. d. Phil. 4, 109. Grimm Wtb. 4^b, 2184. Peters Ztschr. f. d. österr. Gymn. 1877 S. 758. Spiess Henneberg. Idiot. 173. Aus d. 15. Jahrh. verzeichnet Lexer Mhd. Wtb. 1, 17 ein mit „iterücken" gleichbedeutendes, vermuthlich daraus entstelltes „abtrücken".

5) Schlegels Mus. 4, 456. 458.

6) Vgl. Reinwald Henneberg. Idiot. 154. Gombert Progr. Gr.-Strehlitz 1877 S. 18, 19.

für denselben Begriff heißt es auch *Spargimente*, welchem Worte das ital. spargimento (Zerstreuung) zu Grunde liegt. Der unterm Volke gangbare Ausdruck *Fisimatente* scheint endlich eine befriedigende Erklärung gefunden zu haben: ein amtlich festgestellter Thatbestand heißt lat. *Visum authenticum*, das Volk bespöttelt nun durch Verdrehung der Form den ihm oft misliebigen Inhalt des Wortes[1]). In einer Gesellschaft, welche sich von „*Parforcejagden*" unterhielt, äußerte einer, „ein *paar Forsjagden*" habe er auch schon mitgemacht[2]). Als in Achen einmal eine *Illumination* stattfand, hörten Vorübergehende einen Arbeiter, dem die Lichter und *Lampen* entgegenstrahlten, von der „*Lämpenation*" sprechen[3]); dies erinnert an die wohl nur scherzhafte bekannte Auslegung „*Oellampnation*", in Leipzig „*Oellumination*"[4]). Die alte Form für Zwitter, *zwitarn*, deren Auslaut noch unaufgehellt ist, hat sich in heutigen Mundarten zu „*Zwiedorn*" und „*Zwiedarm*", welche wie Zusammensetzungen mit „Dorn" und „Darm" klingen und aussehn, ohne daß dafür ein Verständnis nahe läge, umgestaltet[5]). Neben *Molkendieb* (gemeiner weißer Schmetterling) wird in Schlesien *Molkenteller* gesagt, entstellt aus „*Molkenstehler*"[6]). Für *mutterseelenallein*, „von jedermann verlassen, von jeder Seele, jedem Menschen, den die Mutter geboren hat"[7]), heißt es in Mundarten *mutterseligallein*[8]); man vergleiche die ältere Schreibung „*selig*", welche sich auf vermeintlichen Zusammenhang mit „Seele" zu stützen scheint. Die *medicäische* Venus gilt an Orten, wo das Volk von ihr zu hören bekommt, als die *medicinische*. Aehnlich ist in Kiel, zur Zeit der Erhebung gegen das dänische Joch, an der sich auch Professoren betheiligten, die *provisorische*

---

1) Köln. Zeit. 1880 No. 33 Bl. 2; vgl. Picks Monatsschr. 6, 167. 334. Aus dem lat. *visamentum* deutet Hildebrand im Vorwort zu Albrechts Schrift „Die Leipziger Mundart" S. VI.

2) „Fors" ist doch wohl als „Force" zu nehmen, nicht etwa an „Foss" (Fuchs) zu denken.

3) Von Prof. Loersch mitgetheilt.

4) Albrecht Leipziger Mundart S. 30.

5) Vgl. Grimm Gramm. 2, 336. Germania 22, 370. Schmeller Wtb. 2. A. 2, 1170.

6) Weinhold Beiträge z. e. schles. Wtb. 62b. Frommann 6, 77.

7) Grimm Gramm. 2, 556. Frommann 4, 113. 5, 21. Andere ähnliche Verstärkungen, z. B. *muttersternallein*, s. bei Frommann 1, 233b.

8) Als rheinisch verzeichnet Kehrein Volksspr. Nachtr. S. 50 die Redensart: „Es war kein *seliger* Mensch da".

Regierung in eine *professorische* umgewandelt worden[1]). Die stolze Fregatte *Gefion*, mit welcher die Dänen vor Eckernförde erschienen, galt dem schlesw. holst. Volke als „*Giftjung*". Eine Magd soll in einer Leihbibliothek, wo sie den Auftrag erhalten hatte einen Roman, welcher *Godwie-castle* betitelt ist, zu fordern, nach *Gott wie köstlich* gefragt, ein Soldat anstatt *Quentin Durward von Walter Scott* den *blinden Thorwart vom alten Schott* verlangt haben; von einer andern Person wird erzählt, sie habe das Textbuch zu „*Abraham, könnt ich dir helfen*" (für: *Oberon. König der Elfen*) gewünscht[2]). Interessanter düukt mich, was ich selbst als Knabe unsere sehr gelehrige Magd mit unbefangener Freiheit habe nachsingen hören:

  Wenn die Hochzeitsfackel lodert,
  Sehet, welch ein Gott sie hält!
  Niemand kommt, wenn man ihn fodert,
  Aber, wenn es ihm gefällt[3]).

Auch wird es den Leser ansprechen zu erfahren, daß ein alter holsteinischer Orgelsänger in einem bekannten Polenliede beharrlich gesungen hat: „Du warst in *Rom* und *Glückstadt* (für: *Ruhm* und *Glück stets*) mein Gefährte"[4]). In Königsberg kommandiert man auf dem Kutscherball statt *en avant, en arrière* vielmehr in gutem Ostpreußisch bedeutungsvoll „*anne Wand, anne Där*" (an die Wand, an die Thür[5]). Das ostfriesische Volk spricht von dem *Talent* eines Predigers fast nur mit Bezug auf Stimme und Redegabe, weil der Gedanke an *taal* (Sprache) sich hervordrängt[6]). In Coblenz heißt der Montag nach h. 3 Königen, an welchem Tage früher alle Beamten *schwören* musten, der *schwere Montag*[7]); vgl. mhd. swern, schwören (f. schweren). „De *brede*

---

  1) Prof. Weigand hat mir geschrieben, daß für *provisorisch* in der Wetterau *professorisch* gesagt werde. Statt *Provisioner* od. *Provisoner*, beneficiarius, Pensionist geringer Art, heißt es in Wien *Professoner* (Schmeller Wtb. 2. A. 1, 474; vgl. Schmid Schwäb. Wtb. 99).
  2) Berlin. Tagebl. 1880 No. 235 Beibl. 1 S. 6, wo noch einzelne andere weniger gelungene Verdrehungen mündlicher Bestellungen aufgeführt stehn.
  3) *Niemand* und *Aber* f. *Hymen* und *Amor*.
  4) Mitgetheilt von A. Andresen in Uetersen.
  5) Briefliche Mittheilung von Hertslet in Berlin.
  6) Stürenburg Wtb. 276; vgl. Frommann 4, 357.
  7) Wegeler Wtb. der Coblenzer Mundart S. 83. Vgl. Schiller u. Lübben Mnd. Wtb. 3, 21^b. Direktor Wolff in Mühlbach schreibt mir, daß der „schwere Montag" in Siebenbürgen „geschwiran möntig" (ge-

Mândach" hieß früher in Schlesw. Holstein der Montag nach Michaelis, anscheinend „der *breite* Montag", was keinen Sinn gibt: weil an diesem Tage die Handwerker die Lichtarbeit mit dem Lichtbraten[1]) einweihten, hat man „*Braten*montag" erklärt; mehr dürfte die Deutung „heller, lichter Montag" (von *brehen*, leuchten, glänzen) befriedigen[2]). Einen *schmutzigen* Donnerstag gibt es in Luzern, so genannt, weil „Schmutz" in der Schweizersprache Fett oder Schmalz bedeutet und das materielle Leben in Form des Bratens und Küchelns an ihm den höchsten Gipfel erreicht[3]). In einem großen Theile Deutschlands wurde der frz. Laubthaler mit Namen *Ducaton* als *dicke Tonne* bezeichnet, wobei vielleicht die Benennungen Dickmünze, Dickpfennig, Dickthaler in Anschlag zu bringen sind[4]). Lange Zeit hieß in Würtemberg unterm Volke der *Duc de Berwick* nur der *dicke Bärenwirt*[5]); später galt der frz. Marschall *Mortier* nicht ohne Grund insgemein als das *Mordthier*, und den Generalen *Dumouriez* und *Vandamme* gab man die Namen *Dummerjahn* und *Verdammt*; in neuerer Zeit ist in Schwaben der General *Ducrot* in *die Krott* (Kröte) verwandelt worden. Häufig wurden die *Armagnacs* von Deutschen ihrer Zeit *Armejacken* oder *Armegecken* genannt[6]). Schiller (Abf. d. Niederl.) erzählt, daß das niederländische Volk die von der Regierung bewilligte sogenannte *Moderation* (Milderung), weil durch sie kein wesentlicher Misbrauch abgestellt sei, *Moorderation* (Mörderung) genannt habe. Von einer Speise mit Namen *Bieraufflauf* sprachen Münchener Spaßvögel doppelsinnig beim Maitumult 1844[7]). Die Spanier betitelten den ihnen aufgedrungenen König Josef Bonaparte, anstatt ihn *Pepito* (Koseform v. Josef) zu nennen, *Pepino*, d. h. Gurkenkönig; einen mecklenb. Prinzen *Albrecht* nannte der

schworner M.) laute; in alten niederd. Urkunden wird er „gesworen mondag" genannt (Wallraf Altd. hist. diplom. Wtb. S. 27).

1) Ueber diesen vgl. Pfannenschmid Germ. Erntefeste S. 120.
2) Koppmann Jahrb. d. Vereins f. niederd. Sprachf. 1 (1875), 111. Vgl. Ztschr. der Gesellsch. f. d. Gesch. der Herzogth. Schlesw. Holst. u. Lauenb. 4, 183, 419. Mnd. Wtb. 6, 207.
3) Osenbrüggen Neue kulturhistor. Bilder S. 168. „Schmotz" für Fett ist auch schwäbisch; s. Staatsanz. f. Würtemb. 1878 S. 381.
4) Schütze Holst. Idiot. 1, 221. Schmidt Westerw. Idiot. 46. Frommann 4, 139. 7, 165. 236. Vilmar Idiot. 71. Regel Ruhl. Mundart 147.
5) Schmid Versuch eines Schwäb. Idiot. S. 12.
6) Wackernagel Kl. Schr. 3, 163. 331. Germ. 5, 345. Lexer Mhd. Wtb. 1, 94.
7) Schmeller Wtb. 2. A. 1, 1449.

Berliner Witz wegen seiner hohen *dürren* Figur *Albrecht Dürer*[1]). Unter der Kaiserin Maria Theresia zeichnete sich ein General *Bärenklau* aus, welcher, aus Ungarn stammend, ursprünglich *Pereklö* hieß. Der kurhess. Minister *Hassenpflug* hat es dulden müssen, daß sein imperativ. Name in das schlimme Abstractum *Hessenfluch* umgewandelt, auch in die Worte *Hass und Fluch* aufgelöst wurde. Als der verstorbene König von Italien, der freilich nicht *Alexander* hieß, seine Annexionen vollendet hatte, gab ihm der Kladderadatsch den Spitznamen *Annexander* der Große. Der Wiener Volkswitz taufte vor etlichen Jahren die aufrührischen *Bocchesen* in *Bockesel*, die *Aschantis* an der afrikan. Goldküste in *A Schand is* (eine Schande ists) um[2]). *Bismarcks* Börsenname soll *Baissemarc* lauten[3]); bekanntlich bezeichnet die baisse das Fallen, den Rückgang des Kurses. Die beiden in Kärnten heimischen Personennamen *Törlar* und *Wölflar*, deren Stammväter einst Wirtshäuser hatten,. werden vom Volke so gedeutet, daß bei dem einen der Wein *theurer* (toirar), bei dem andern *wohlfeiler* (wölfilar) sei; in Wirklichkeit bedeutet jener Name den, der beim Eingange (*Thor*) wohnt, während dieser die Abstammung vom Namen *Wolf* bezeichnet[4]). Die Familie *Godefroy* geht unterm Hamburger Volke stets als *Godefro* (gode Fro, gute Frau). Wackernagel hatte mitgetheilt[5]), daß Töchtern, bei deren Geburt die Mutter viel zu leiden (dial. *liden*) gehabt, vorzugsweise gerne der Name *Lydia* beigelegt werde; seitdem ist an dieselbe Sitte in niederd. Gegenden erinnert worden. Gleicherweise pflegt der Name *Bruno* besonders braunäugigen Knaben, wegen des Anklangs an „*Brúnôg*" (Braunauge), verliehen zu werden[6]). Noch öfter scheint man an dem Wortspiel mit *Laura* und *lauern* Gefallen zu finden. Zwei überraschende, ergötzliche und interessante Umänderungen soll der in der Rheinprovinz vorhandene Geschlechtsname *Remacly* (von Remaclus, einem Heiligen) im Volksmunde erfahren haben: der Vater der Familie, ein Buchbinder, wurde von den Leuten, für welche er die Gebetbücher und andere religiöse Bücher, in

---

1) Vehse Gesch. d. d. Höfe 3, 48.
2) Wolff im Siebenbürg. Tagebl. 1878 No. 1524.
3) Nach dem scherzhaften Vorschlage eines Abgeordneten hat das Zweimarkstück *Bismarck* heißen sollen.
4) Lexer bei Frommann 4, 157.
5) Umdeutsch. 60.
6) Schmidt Progr. Minden 1873 S. 21.

denen auch „Mirakel" (Wunder) erzählt werden, zu binden hatte, *„Miracli"* genannt; einer der Söhne, ein Sekretär, der sehr viel mit „Reclamationen" zu schaffen hat, heißt noch heute jeden Augenblick „Herr *Reclami*"[1]). *Apollo*, der den Knaster präpariert, wie es im Kommersbuche heißt, hat seinen ursprünglichen Sitz in der Tabaksfabrik zu *Apolda* in Thüringen. Schon vor länger denn 400 Jahren schrieb man vom *Finsterstern*, das sich später fortgesetzt hat, zur Bezeichnung des Caps *Finisterrae*[2]). In Hessen nennt der Volksmund gewisse Flurstücke *Ebenhütte* (neben Ebenet, Ebenöt); dazu stimmt die ahd. Form *ebanōti*, welche „Ebene" bedeutet[3]). Daselbst wird *Grindel*, eine andere vielerwärts übliche Lokalbenennung, oft in *Kringel* verunstaltet[4]); begünstigt ist diese Entstellung durch den bekannten dialektischen Uebergang des *d* in *g*. Im Siebengebirge liegt ein Hof, der ursprünglich *Malteserhof* hieß, jetzt aber *Mattheiserhof*, wie nach einem Mattheis (Matthias), genannt wird. „*Blecke-Botz*", wörtlich „Blechhose", ist der volksthümliche Name des Civilgefängnisses in Köln, zu dessen Erklärung angeführt wird, daß der Baumeister „Butz" geheißen und ein Blechschläger am Unternehmen Theil genommen habe[5]); einfacher und völlig glaubwürdig lautet die Nachricht, daß den Gefangenen zur Entehrung eine Blechhose angelegt worden sei[6]). Aus *Beauregard*, dem Namen eines Dorfes und eines Ritterguts in der Mark, wurde im niederd. Dialekt *Bürengårn* (Bauerngarten) gemacht[7]). Ebenfalls in der Mark befindet sich eine hohe Steinwand, der Rest einer Wallfahrtskirche, genannt „Bismarcks *Laus*"; dies zweite Wort soll zu einer alten lat. Inschrift gehören, welche mit den Worten „*Laus* Deo" beginnt[8]). Aus *Ryswyk* und *Nimwegen*,

---

1) Mitgetheilt von Dr. Didolff in Mariaweiler bei Düren.

2) Genaueres bei Schiller Thier- u. Kräuterb. 1, 20. Vgl. Frommann 1, 228. 229.

3) Vgl. Ztschr. f. hess. Gesch. 2, 152. Vilmar Idiot. 82. Grimm Kl. Schr. 5, 309.

4) Vilmar Idiot. 137. 227. Auch anderswo finden sich Gegenden mit dem Namen „am Grengel" (Grendel, Grindel).

5) Hönig Wtb. der Köln. Mundart S. 46ᵃ.

6) Vgl Picks Monatsschr. Jahrg. 3 (1877) S. 482.

7) Berghaus Sprachschatz der Sassen 1, 256ᵇ.

8) P. Lindaus Gegenwart Juli 1876 S. 9. „Laus Deo" war weiland übliche Ueberschrift in den Büchern der Kaufleute und Handwerker (Schmeller Wtb. 2, 498). Eine andere, mit einer Volkssage verbundene Erklärung steht in Hesekiels Buch vom Fürsten Bismarck 3. A. S. 21

wo ein bekannter Friede geschlossen wurde, hat man nicht ohne Witz „*Reißweg*" und „*Nimmweg*" gemacht. Die Schlacht bei *Belle Alliance* ist unterm nordd. Volke zu ihrer Zeit die Schlacht bei *Bullerdans* (Donnertanz; vgl. Bullerwedder, Donnerwetter), die Schlacht von *Mars la Tour* im letzten deutsch-franz. Kriege sehr häufig die Schlacht von *Marsch Retour* genannt worden. In Berlin riefen nach dem Siege bei *Le Mans* Träger von Extrablättern aus: Großer Sieg bei *Lehmanns*! Ein westfälisches Bergwerk heißt *Felicitas*, woraus sich der gemeine Mann *Flitzentasche* gebildet hat. Vilmar[1]) spricht von *Schrecksteinen*, großen in der Lahn bei Marburg liegenden Steinen, auf denen man, von einem Stein auf den andern springend[2]), den Fluß überschreite; die Stubenweisheit neuester Zeit nenne sie *Schrittsteine*. Ein Theil der Lahn bei Marburg heißt *Krummbogen*, im 13. Jahrh. aber *krumbe wâg*, krummes Wasser[3]). Die hessische *Nähmühle* und *Nähbrücke*, wie zugleich zwei in der Umgebung angelegte Gasthöfe genannt werden, gründen sich auf *Näh = Nau* (Nachen, navis), welches hier Fähre bedeutet[4]). Aus *Place de repos*, der ursprünglichen Benennung eines Hauses in Leipzig, ist im Volksmunde *Pflasterpo* und *Pflasterdepo* geworden[5]). Bei einem andern sächs. *Place de repos*, einem Jagdhause in der Meißner Gegend, hat sich die Volksetymologie bloß auf das letzte Wort geworfen: das Jagdhaus lautet kurzweg „*Rehbock*"[6]). Dem gemeinen Manne heißt der Turm in Baiern, der eigentlich der *Sinwel-Turn* (runde T.) ist, *Simpelturn*[7]). Merkwürdig ist die Verdunkelung des im 16. Jahrh. noch richtigen oberd. Flurnamens *Pfarrers Saum* in *Farrensohn*[8]). Die Dörfer *Ahorn* und *Eicha* bei Koburg heißen im Volksmunde *Mahrn* (zem Ahorne) und *Draech* oder *Träg* (ze der Aech); aus *Reut im Winkel* (Baiern) wird oft *Reiterwinkel* gemacht[9]). *Philomelenslust*, der ursprüngliche Name eines Haines bei Braunschweig, pflegt in *Vielmannslust* verunstaltet zu werden;

---

1) Idiot. 369.
2) „Schrecken" bedeutete ehemals „springen", daher „Heuschrecke".
3) Vilmar Idiot. 434.
4) Vilmar 280.
5) Liter. Centralbl. 1877 No. 20 S. 663. N. Jahrb. f. Phil. u. Päd. 1877 S. 508. Albrecht Leipz. Mundart 183ᵃ.
6) N. Jahrb. a. a. O.
7) Schmeller Wtb. 3, 255.
8) Buck Oberd. Flurnamenbuch (Stuttg. 1880) S. 148.
9) Schmeller 3, 163.

dieselbe Entstellung soll als bewuster Scherz in Parchim Raum gefunden haben[1]). Für eine Verschönerung mag es dagegen gelten, daß ein Spazierpfad, der sich *am Rande* eines Wäldchens bei Detmold hinzieht, von der dortigen feinern Welt als *Amarantenweg* bezeichnet wird. Die sogenannte *äußere* Promenade in Breslau heißt im Volksmunde häufig die „*eiserne*". Im letzten deutsch-frz. Kriege haben deutsche Soldaten sich das unweit Straßburg gelegene Gasthaus *Cheval blanc* in *Blanke Schwalbe*, den Ort *Sainte Marie-aux-chênes* in *Mariaschön* u. *Sang Maria schöne* umgedeutet; der Mont *Valerien* hieß ihnen theils *Bulrian* theils *Baldrian*, jenes der Bedeutung (vgl. vorhin *Bullerdans*), dieses der Form nach (vgl. *Baldrian* aus Valeriana) angemessener[2]); die *Champs élysiens* wurden „Schanzelieschen", die *Rue de Sèvres Rothe Seife*, ein *maire* und eine *mairie* schlechtweg *Maier* und *Marie* genannt, der *boulevard* als „*Bullewall*" verstanden, aus „*Mac Mahon*" „*Max Mahon*" gemacht, General *Frossard* wohl nur im Scherz in General *Fressack* verwandelt. Nachdem Napoleon ein letztes Asyl in dem engl. *Chiselhurst* gefunden hatte, hieß es, er habe sich nach „*Schüsselwurst*" zurückgezogen[3]). Eine Gegend in Halle wird unterm Volke *Braune Schwarte* genannt; zu Grunde liegt *Brunos Warte* (vgl. *Braunschweig*). Das *Kärntnerthor* in Wien hat nicht die Richtung nach *Kärnten*; M. Behaim schreibt *Kerner turn* (*kerner*, carnarium, Leichenhof), nennt aber die Kärntner auch Kerner[4]). Förstemann hat mitgetheilt[5]), daß die *Justinenpforte* in Hildesheim zu einer *Stinchenpforte* und sodann *stinkenden Pforte* geworden sei. Unterm Rathhaus in Breslau befindet sich der *Schweidnitzer* Keller, den der gemeine Mann den *Schweinschen* nennt[6]). Die nach der Kalandbrüderschaft benannte *Kalandstraße* in Weißenfels wird vom Volke die *galante Straße* geheißen; der gewöhnliche Name ist heute *Kalengasse*[7]). Anstatt

---

1) K. Schröder Blätt. f. liter. Unterh. 1879 S 151b.

2) Anmerkung verdient, daß die Pflanze *Valeriana* im Niederd. sowohl *Ballerjan* als *Ballerjän* genannt wird; vgl. Dähnert Plattd. Wtb. 22a, Schiller Thier- u. Kräuterb. 1, 16a.

3) Europa 1876 S. 726.

4) Schmeller Wtb. 2. A. 1, 937.

5) Ztschr. f. vergl. Spr. 23, 383.

6) Weinhold Beitr. z. e. schles. Wtb. 55b. Gartenlaube 1869 S. 523. *Schweinisch* f. *schweidnitzisch* ist überhaupt schlesisch; vgl. Holtei Schles. Ged. 157b.

7) Grimm Wtb. 5, 50.

Vispbach (Visp, Nebenfluß der Rhone) hört man in der Schweiz häufig „*Fischbach*" sagen¹). Die zinnenreiche Schloßruine *Sigmundskron* unweit Bozen heißt dem Bauer der Gegend *Siebenzigkron*²). In einem schlesischen Dorfe befindet sich eine Turmruine, die im Volksmunde den Namen *Lausepelz* führt, vor Zeiten aber *Laus Palatii* hieß, worunter man im Mittelalter einen Herrenturm, insbesondere Gefängnisturm verstand³). Der böhmische Ort *Bakow*, Eisenbahnknotenpunkt bei Jungbunzlau, wird von den dortigen Deutschen *Backofen* genannt. Eine höchst gelungene Volksetymologie ist mir in Betreff einer bei Kiel befindlichen Straße zugekommen⁴): auf einem runden Platze, von dem 4 Wege abgehn, steht ein Denkmal mit der Inschrift: „Fridericus VI hanc viam sternendam curavit"; aus diesen Worten hat man sich ein vermeintlich passendes (*sternendam*) herausgegriffen und die Straße *Sternendamm* benannt. Ein Pass auf der Straße von Hof nach Schleiz heißt amtlich *Juchhöh*, ursprünglich wohl *Jochhöhe*, vom Volke aber *Juchhe* gesprochen und gedeutet, unter Berufung darauf, daß die Fuhrleute, wenn sie mit ihren Wagen den steilen Berg hinaufgekommen seien, diesen Jubelruf auszustoßen pflegten⁵). Das Landvolk der Insel Rügen nennt das dort befindliche *Arkona*, mit Anlehnung an *ūrt* d. i. *ort* (Ecke, Spitze), *Urtkone*⁶).

Zeigen einige Namen dieses Abschnittes Volksetymologien, bei denen es für diejenigen, welche den Verhältnissen nicht in jedem einzelnen Falle nahe stehen, zweifelhaft sein kann, ob sie in der vulgären Stellung verblieben oder bereits in den, wenn auch bisweilen lokal beschränkten und subjektiven, Gebrauch der Schriftsprache übergetreten sind: so gilt es nunmehr den Wörtern der litterarischen Volksetymologie, begreiflich den wichtigsten von allen, ausschließliche Aufmerksamkeit zu widmen und dieselbe bis zum Ende fortzusetzen.

Im Anschluß an die zuletzt mitgetheilten Eigennamen sachlichen Gehalts wird es angemessen sein zunächst Namen verschie-

---

1) Mitgetheilt von Prof. Benrath.
2) Heufler Botan. Beitr. z. deutsch. Sprachschatz 32.
3) Hesekiel Das Buch vom Fürsten Bismarck S. 21. Nach einer andern Nachricht lautet die Ueberschrift an der Pforte der Ruine: *Laudis palatium*.
4) Von Dr. Hedde Maassen in Rendsburg u. von Hertslet in Berlin.
5) Mittheilung des Dr. Mitzschke in Weimar.
6) Höfer Ztschr. f. d. Wiss. d. Spr. 1, 376. Vgl. *Orkunde* (Schiller u. Lübben Mnd. Wtb. 3, 234ᵇ).

denartiger Lokalbegriffe volksetymologischen Gepräges vorzuführen.

Das *Margaretenkloster* in Köln lautet urkundlich *Maria ad gradus*, die Umdeutung mag durch die verkürzte Aussprache „Margrad" vermittelt sein; die daselbst befindliche Oertlichkeit „am *weichen Hahn*" heißt ursprünglich edler „am *weihen* (geweihten) *Hag*". Ein bekanntes, vor den Thoren Kölns liegendes Wirtshaus führt den auffallenden Namen *Todtenjuden*; derselbe gründet sich einfach auf die niederd. Verbindung „*to* (zu) *den Juden*". Gleicherweise wird der Name von Wirtshäusern bei Minden und bei Malmedy, „*Todten Mann*" oder „*Todtenmann*", aus „*to den Mann*" erklärt, wogegen andere den „todten Mann" festhalten wollen[1]). Die „*bunte Kuh*", eine Felsbildung bei Walporzheim im Ahrthal, verdankt ihren Namen angeblich, aber an sich nicht eben glaubwürdig, einer Verdrehung aus dem frz. (vin) *bon de goût*[2]). Bei Cuxhaven gibt es ein ins Wasser weit hinaus ragendes Bollwerk, dessen Spitze „*Alte Liebe*" heißt, niederd. gesprochen „*Ole Lêf*"; zu Grunde liegen soll der Name eines dort ehemals gestrandeten portugies. Schiffes, *Olivia*[3]). Auf der Klostermauer in Lehnin steht ein Wartturm mit dem sonderbaren Namen „*Kuhbier*"; man hat darin eine eigenthümliche Ableitung vom lat. *cubare* (liegen), *excubiae* (Wache) vermuthet[4]). Eine gelehrte oder vornehme Umdeutung bietet der Name der unweit Leipzig befindlichen *Theklakirche*; im Volksmunde lautet er noch heute „Tigelkirche", nach einem ehemaligen Dorfe Tegeln[5]). Die allgemein so genannte „*Spinnerin* am Kreuz" unweit Wien verdankt ihren Namen einer Umdeutung aus dem des heiligen *Crispin*, dessen Figur sich unterhalb des Kreuzes befindet[6]). In Goethes Knabenmärchen kommt eine in Frankfurt a. M. befindliche „*schlimme Mauer*" vor; der Volksmund hat dies aus dem Namen des ehemaligen Besitzers, „*Slymme*", verdreht[7]). Ueberaus entstellt ist

---

1) Korrespondenzbl. des Vereins f. niederd. Sprachforsch. 4, 76.
2) Vgl. Fuß in Picks Monatsschr. 4, 87.
3) Briefliche Mittheilung des Dr. Lüders in Hamburg; vgl. Leipz. Illustr. Zeit. 1880 Okt. 30 S. 366. Gartenlaube 1882 No. 12 S. 200.
4) Kritzinger Kloster Lehnin und seine Sagen S. 14, laut Bericht des Gymnasiallehrers John in Potsdam. Vor kurzem ist mir *Kuhbier* als Familienname begegnet.
5) Albrecht Leipziger Mundart S. 30.
6) Ztschr. f. d. Gymnasialw. Nov. 1876 S. 685. Picks Monatsschr. 4, 90.
7) Grenzboten 1877 No. 17 S. 128.

aus *Wihsantpeter* (Wihensanctipetri ecclesia bei Förstemann) in Baiern *Weichselpeterthor* hervorgegangen¹). Der steile Felsabhang des Berges, an welchem die hess. Stadt Marburg gelegen ist, hieß an seiner östlichen Seite ehedem *Bülgenstein* (mhd. bulge, engl. billow, Welle, Woge); hieraus wurde im vorigen Jahrh. *Pilgrimstein* gebildet, das Volk spricht aber noch „Bilgenstein"²). Bei Chemnitz liegt an dem Pölitzbache eine sogenannte *Pelzmühle*, aus „Pölitzmühle" entstellt³); eine in der Rheinprovinz befindliche *Hundertthalermühle* hieß früher *Guntherthalermühle*⁴). Der in der Nähe Meiningens gelegene *Stiefelsgraben* soll aus „Stephansgraben" hervorgegangen sein, in einen „*Mordgrund*" ein ursprünglicher *Moorgrund* bei Dresden sich verwandelt haben⁵). Der lange Weg auf dem Kamm des Thüringer Waldes, *Rennsteig* oder *Rennstieg*, hat mit „rennen" nichts zu schaffen, sondern hieß ehemals „*Rainsteig*", d. h. Grenzweg⁶). Die fruchtbare Ebene *Dunkelboden* um Straubing scheint ihrem Namen nach mit *Donaugau* (Dun-ga) zusammenzuhangen⁷). Der Walddistrikt *Affenthal* in Baiern und das *Affenthal* bei Gotha haben zu „Affen" sicher keine Beziehung, sondern enthalten die dem got. ahva (lat. aqua) entsprechende altd. Form *affa*, welche in vielen Fluß- und Ortsnamen, z. B. *Hurnaffa* (Horloff), *Wisilaffa* (Wieslauf), *Ascafa* (Aschaff), *Waldaffa* (Walluff) an zweiter Stelle erscheint⁸). *Wehrmannsbühl*, eine Feldflur in Baden, hieß früher *Werenbrechtesvilla*. Sehr lieblich klingt die Umdeutung des Namens eines schönen Wiesenthals auf der Insel Wollin: „*Liebe Seele*" aus dem slav. *Lipa Selo*, Lindengrund⁹). Aus einer *Martyrerkapelle* ist in Endenich bei Bonn die sogenannte *Mordkapelle* hervorgegangen, wobei es an Hinweisungen auf einen begangenen Mord nicht gebricht. In Bonn selbst befindet sich eine Gegend Namens *Butterweck*, worunter angeblich *Buterwerk*, d. i. Außenwerk, zu verstehen

---

1) Schmeller Wtb. 2. A. 2, 881. Peters Ztschr. f. d. österr. Gymn. 1878 S. 754.
2) Vilmar Idiot. 60.
3) N. Jahrb. f. Phil. u. Päd. 1877 (2. Abth.) S. 509. Einer andern *Pelzmühle* erwähnt Fischer Staatsanz. f. Würtemb. 1878 Beil. 24 S. 381.
4) Picks Monatsschr. 7, 71.
5) N. Jahrb. S. 510.
6) Vgl. Frommann 2, 214. Lüttich Progr. Naumb. 1882 S. 30.
7) Schmeller Wtb. 1, 377. Kirchhoff Schulgeogr. 164.
8) Förstemann Namenb. 2, 85. 86. Lüttich Progr. S. 9.
9) N. Jahrb. S. 511.

ist; die Lage stimmt dazu vollkommen. Das berlinische *Kölln* fußt nicht, wie Köln am Rhein, auf *colonia*, sondern rührt aus dem Slav. her. Derselbe Ursprung wird auch dem sogenannten *Kneiphof*, einem Theile von Königsberg, beizumessen sein[1]), nachdem man früher mit Rücksicht auf die aus dem 14. Jahrh. nachweisbare Form „Knipaf" (kneif ab) eine Gegend verstanden hatte, die durch den Pregel gleichsam abgekniffen sei[2]). Die dort befindliche „Honigbrücke" sollte eigentlich, wie man meint, „Hohnbrücke" heißen, weil sie den Altstädtern zum Hohn von den Kneiphöfern gebaut worden sei[3]). Ueber den Namen der berühmten Besserungsanstalt bei Hamburg, *Rauhes Haus*, klärt die Thatsache auf, daß dies Haus ehedem einem gewissen *Ruge* gehört hat; *Ruges hûs* (niederd.) lautet, wenn das erste Wort als Appellativ misverstanden wird, im Hochd. buchstäblich so, wie jetzt der Name ist. Der sogenannte *Zehrgarten* in Bonn, ein Weinhaus am Markt, läßt sich zwar zur Noth ohne weiteres erklären; indessen aller Wahrscheinlichkeit nach liegt hier eine fast gleiche, in lautlicher Hinsicht noch bequemere Umdeutung vor, wie sie in Baiern als „*Ziergarten*" mit dem Worte „*Zergaden*", Gewölbe für die Lebensmittel, Speisemagazin, vorgenommen worden ist[4]). Am Hamburger *Wall* stand früher eine Schenke mit dem Namen *Wallhalla*; sie wurde später abgebrochen, und als man sie in der Nähe der Alster wieder aufgebaut hatte, erhielt sie den Namen *Walhalla*[5]). Am Ausfluß der Stecknitz in die Elbe befindet sich eine Schleuse mit einem Wirtshause, *Frauwerderschleuse* genannt; vormals hieß sie aber· *Frowedder* (Frühwieder) *Slüs*[6]). „Zum *Greuel*", wie heute ein Haus in Erfurt heißt, ist Umdeutung aus „zum *Kreuel*", Art Gabel, dreizinkige Fleischgabel[7]). In Salzbrunn

---

1) Vgl. Förstemann in Kuhns Ztschr. 1, 21.
2) Hennig Preuß. Wtb. 127.
3) Hennig 104.
4) Schmeller 2, 15. 16. 3, 281 fg. Nach Wagner Arch. f. d. Gesch. d. Spr. 1873 S. 157 gibt es am Wiener Hofe noch heute ein „Zehrgadenamt".
5) Mittheilung von Dr. Gries in Hamburg. Wer den Verhältnissen ferner steht, wird doch lieber annehmen, daß *Wallhalla* bloß mangelhafte Schreibung, die auch sonst oft genug vorgekommen ist, für *Walhalla* gewesen sei. Die Beziehung auf *Wall* hätte ohne Zweifel *Wallhalle*, nicht *Wallhalla* ergeben, es sei denn daß man sich in einem absichtlichen Wortspiel habe gefallen wollen.
6) Koppmann Korrespondenzbl. d. V. f. niederd. Spr. 2, 88.
7) Grimm Wtb. 5, 2083.

und Altwasser heißen ein paar Häuser, welche im ersten Stockwerk sogenannte *Lauben* (Läuben, Leben, Lewen) d. i. Schwibbogengänge haben, die *Löwenhäuser*, und der falschen Deutung gemäß tragen sie Löwenköpfe als Wahrzeichen[1]). Den in der Nähe von Nordhausen liegenden *Kirschberg* weisen Urkunden als *Girsberg* (gîr, Geier) auf[2]), das bei Wittenberg befindliche Gewässer *Frische Bach* als *Rische Bach* (zu risch vgl. rasch[3]). Die *Hummelwiese* bei Kiel ist ursprünglich ein Hopfengarten gewesen; vgl. lat. humulus, mnd. *hommel*, dän. humle, frz. houblon, Hopfen[4]). Im Braunschweigischen gibt es ein Lokal Namens *Hartsprung*, dessen erster Theil die alte niederd. (auch holl. u. engl.) Form für Hirsch ist[5]); man vergleiche dazu die Höhe *Hirschensprung* bei Karlsbad und den Geschlechtsnamen *Herzsprung*. In der Schweiz gibt es einen Berggrat mit sieben Gipfeln, welche *Kurfürsten* genannt werden, an beiden Seiten umgedeutet, wie früher geurtheilt wurde, aus *Kuhfirsten*, nach neuerer Mittheilung[6]) aus *Churfirsten* (summitates Curienses an der Straße nach Chur). Entstellung von *First* in *Fürst* zeigt sich auch in dem Namen *Schillingsfürst* (Baiern), wozu Grimm[7]) bemerkt, am *First* des Neubaus sei aus irgend einem Grunde ein Schilling aufgehangen, während mit mehr Wahrscheinlichkeit der erste Theil der Zusammensetzung einen Personennamen enthält. Zu „Forst" ist *First* geworden in dem offiziellen Namen des hess. *Branforst*, der vom Volke noch „Bramfirst" (vor Alters Branvirst geschrieben) ausgesprochen wird[8]). Verschiedene auf -*klee* ausgehende Bergnamen des Harzes, wie *Sonnenklee*, *Loberklee*, sind ursprünglich mit dem niederd. klêf, klêb (Kliff, Klippe) zusammengesetzt[9]). Der *Neroberg* bei Wiesbaden heißt nicht nach dem römischen Kaiser *Nero*, sondern ursprünglich „Nersberg", auch „Ehrsberg"[10]). Zu dem *Venusberg*

---

1) Weinhold Beitr. z. e. schles. Wtb 51ᵇ.
2) Vgl. Schultze Idiot. der nordthüring. Mundart 37ᵇ.
3) Axt Progr. Creuznach 1855 S. 31ᵃ.
4) Lucht Kiel. Stadtb. (1842) S. XVII. 4. Ztschr. d. Gesellsch. f. d. Gesch. v. Schlesw. Holst. u. Lauenb. 1, 358.
5) Vgl. Schambach Wtb. 75ᵃ.
6) L. Tobler Die fremden Wörter 16; vgl. Buck Oberd. Flurnamenbuch 148.
7) Wtb. 3, 1678.
8) Vilmar Idiot. 103. Lüttich Progr. S. 16.
9) Schiller u. Lübben Mnd. Wtb. 6, 176.
10) Vgl. Otto Gesch. d. Stadt Wiesbaden 1877 S. 107.

bei Bonn, der schwerlich mit der römischen Göttin ursprünglich zusammenhängt, liegt es nahe die benachbarte sogenannte „hohe *Venn*" und die geographisch bekanntere „hohe *Veen*" zu vergleichen. Die *Rehberge* bei Berlin, jetzt Aufenthaltsort für Strolche, sollen früher *Rebberge*, weil auf ihnen Wein gepflanzt wurde, geheißen haben[1]. Der Name einer Gegend in Holstein, *Sandberg*, die zwar recht sandig ist, hat doch mit „Sand" ursprünglich nichts zu schaffen, sondern ist aus *Sanct Johannisberg* entstanden[2]. Der Bergname *Meißner* ist aus „Weißner" entstellt[3], dem *Altmann* in Appenzell liegt „altus mons" zu Grunde[4]. Im *Eichsfeld*, welches wahrscheinlich *Eichenfeld*, nicht Feld eines *Eiko* (Agico), wie man oft angenommen hat, bedeutet[5], liegt die gewöhnlich in eine *Igelsburg* entstellte *Egelsburg* (Egilo); ferner die *Elisabethhöhe*, wofür urkundlich *Ilsebethhohl* (-höhle) geschrieben steht[6]. Der heutige *Inselberg* unweit Schmalkalden ist wohl nicht als ein *Enzenberg*, d. h. Riesenberg, zu verstehen, vielmehr auf den Personennamen Anzo oder Enzo zu beziehen, hieß aber darnach, daß an ihm die Ems entspringt, auch *Emsenberg*[7]); aus einem vorarlbergischen *Matzonaberg* haben die Kartographen sogar einen *Amazonenberg* gemacht[8]. Der *Manhartsberg* in Oesterreich hat mit dem aus Maginhart hervorgegangenen heutigen Geschlechtsnamen *Mannhart* nichts zu thun, sondern hieß vor Alters *Mâninhartesberg* (lunae silva); vgl. Mâninsêo, jetzt Mondsee in Baiern[9].

1) Von Hertslet in Berlin mitgetheilt.
2) Briefliche Mittheilung des Dr. Maassen in Rendsburg.
3) Vilmar Idiot. 266. 267. Ztschr. f. hess. Gesch. 1, 247. 300.
4) Ossenbrüggen Culturhist. Bilder a. d. Schweiz S. 41.
5) Förstemann Ztschr. f. vergl. Spr. 23, 382. Lüttich S. 7.
6) Waldmann Progr. Heiligenst. 1856 S. 33. 34.
7) Grimm Myth. 1, 491, wo noch anderer Formen Erwähnung geschieht. Vilmar Idiot. 91. Im neuen Reich 1877 S. 644. Einen *Enzenberg* kennt noch heute Tirol. Oesterreich hat außerdem die Dörfer *Enzendorf* u. *Enzenkirchen*, in Württemberg liegen die Oerter *Enzenweiler* und *Menzenweiler*; der letztere Name, dessen anlautender Kons. aus der Präp. „am" erklärt werden kann (vgl. Ztschr. f. d. Philol. 2, 477 Anm. Lüttich S. 28), erinnert mich daran, daß der verstorbene Simrock unser benachbartes *Menzenberg*, wo er ein Gute hatte, mit besonderer Vorliebe als „am Enzenberg" zu deuten pflegte und dabei an Riesen dachte, während er zugab, daß auch jener Personenname Anzo oder Enzo betheiligt sein könne.
8) Steub Die oberd. Familiennamen 161.
9) Grimm Myth. 671. Schmeller Wtb. 2. A. 1, 1169.

Das sogenannte mährische *Gesenke* heißt nach dem slavischen *Jessénck*, welches Eschengebirge bedeutet¹). Den *Keisberg* bei Hagen in Westfalen hat man vor einigen Jahren in *Kaiserberg* umgetauft. Ein langsam ansteigender Hügel im Fränkischen führt heute den aus *Katzenzagel* (Katzenschwanz) entstellten Namen *Katzenzobel*²). Die Verwandlung des alten *Hart* (Wald; vgl. die pfälz. Hardt oder Haardt) in *Harz*, den Namen des nördlichsten deutschen Waldgebirges, der bereits im 13. Jahrh. begegnet, läßt sich auf zwiefache Art erklären: entweder als Verschiebung des hochd. *t* in *z*, also Verhochdeutschung, oder aus Uebertragung des Genit. in Hartesburg, heute *Harzburg*, auf den Nom.³). Mehrere schles. Berge heißen *Heidelberg* f. „*Heidelbeerberg*", wie der *Walberg* am Tegernsee „Waldbeerberg", also dasselbe, bedeutet⁴). *Wasgau* (vgl. *Wasko*, Baske) ist aus dem lat. *Vosegus* (franz. Vosges), woneben seltener *Vogesus* gesagt wurde, zurechtgelegt; *Wetterau* entspringt aus *Wetareiba*⁵). Den Namen eines Jurapasses, *Schachmatte* (Raubmatte), hat man in *Schafmatte* verwandelt⁶). Bekanntlich erweist sich der *Mäuseturm* bei Bingen als ein ursprünglicher *Mautturm* zur Entrichtung des Schiffszolls, findet aber seine Stütze in der Volkssage vom Bischof Hatto⁷). Die Benennung *Bodensee*, in der karolingischen Zeit *lacus Potamicus* oder *Bodamicus*, vom Orte Bodama, jetzt *Bodman*, ist an *Boden* angelehnt (schon mhd. Bodemsê), vielleicht im Gedanken an die gleichsam bodenlose Tiefe des Wassers⁸). Der Name der

---

1) Mitgetheilt von Dr. Maassen in Rendsburg.
2) Frommann 1, 263.
3) Vgl. Schmeller Wtb. 2, 242. Germ. 20, 42. Weigand Wtb. 1, 481. 482. Grimm Wtb. 4ᵇ, 509. Ztschr. f. hess. Gesch. 2, 145. Förstemann Ortsn. 56. — Für jeden der beiden Fälle passt der Vergleich des Verhältnisses von *Geiz*, *geizen* zu dem ursprünglichen *git*, *gîtesen* : *z* kann als verschobener oder gesteigerter Laut betrachtet werden, oder der Inf. *geizen*, welcher von selbst aus „gîtesen" entsteht, hat auf das Subst. eingewirkt; vgl. niederd. *gizen* (Brem. Wtb. 2, 514).
4) Weinhold Beiträge z. e. schles. Wtb. 34ᵇ.
5) Schmeller Wtb. 2. A. 1, 15. Grimm Gesch. d. d. Spr. 514. Rechtsalt. 496. Haupts Ztschr. 6, 20. Förstemann Namenb. 2, 1457. 1519. Ortsn. 103. Diefenbach Vergl. Wtb. 1, 86. Weigand Wtb. 2, 1069.
6) Wackernagel Kl. Schr. 1, 109. 3, 48.
7) Weitläufiger spricht hierüber Schrader Im neuen Reich 1877 S. 671. Vgl. Hertslet Der Treppenwitz der Weltgeschichte (Berl. 1882) S. 13.
8) „Lacum fundo carentem" (Plin.). Ueber *Bodmann* u. *Bodensee* handelt ausführlich Uhland Germ. 4, 88 fg.

Insel *Hiddensee* (bei Rügen) lautete zu Anfang *Hiddensoe*[1]); die auf Rügen befindliche *Stubbenkammer* enthält im zweiten Theile das slav. *kamin* (Fels), das ganze scheint „Stufenfels" zu bedeuten[2]). *Donau*, mhd. Tuonouwe, erinnert an *Au*, der Name entspringt aber aus dem Keltischen; im Ahd. konnte auch *Tuonaha* (gleichs. Donach) gesagt werden. Ebenfalls dem Keltischen gehört *Altmühl* an, mhd. Altmule, ahd. Altmuna, kelt. *Alcmona*. Die *Wieslauf* und die *Antrift* hießen in alter Zeit *Wisilaffa* (Wieselwasser?) u. *Antrafa*[3]). Aus *Manigfalt*, worunter wahrscheinlich die Vereinigung verschiedener Gewässer zu verstehen ist, hat sich *Mangfall*, der Ausfluß des Tegernsees, gestaltet[4]). Wie vorhin der *Amazonenberg*, hat auch der südamerikanische *Amazonenfluß* mit den *Amazonen* nichts zu schaffen, sondern gründet sich auf das Wort „*Amassanas*" d. h. Bootzerstörer[5]). Der Volksname *Tartaren* f. *Tataren* (vgl. Tater, Zigeuner) erinnert an das Wortspiel eines frz. Königs, es seien böse Geister des *Tartarus*[6]). Dem schönen Namen *Alemannen*, oder vielmehr eigentlich *Alamannen*, mit dem verstärkenden *ala-* (vgl. Alarich) zusammengesetzt, kommt die Bedeutung „ganze" d. h. „edle, ausgezeichnete Männer" zu; die der Aussprache nachfolgende Schreibung „*Allemannen*" (vgl. frz. Allemand, Deutscher), deren sich viele bedienen, leistet nur der irrigen Auslegung „alle Mannen" Vorschub[7]). Die volksverständliche Erklärung, *Sauerland*, der südlichste Theil des alten Sachsenlandes, stehe im Gegensatze zu *süeze lant*, einem Ausdrucke zur Bezeichnung des Heimatlandes[8]), und die andre, Karl der Große habe nach der Eroberung gesagt: „das war mir ein „*sauer Land*"[9]):

---

1) J. Grimm in Haupts Ztschr. 2, 3; *oe* ist Insel.
2) Vgl. Jüngst Volksth. Benenn. in Preuß. S. 45.
3) Förstemann Ortsn. 31.
4) Schmeller Wtb. 2, 582. Förstemann Ortsn. 54. Namenb. 2, 979.
5) Schmidt Progr. Minden 1873 S. 28.
6) Jolly Sprachwissenschaft München 1874 S. 55. 56. Vgl. Jütting Bibl. Wtb. 186.
7) In alten Zeiten hat man das lat. *Alemannus* „a Lemano" (lacu), dem Bodensee, abgeleitet (Grimm Gesch. d. d. Spr. 348); auch ist die Vermuthung aufgestellt worden, *Ala-* sei, gleichwie in Alsatia (Elsaß), als „fremd" zu verstehen (Herrmann Progr. Mühlhausen 1873 S. 28).
8) Vgl. Grimm Abh. d. Berl. Akad. 1848 S. 214.
9) Kohl Progr. Quedl. 1869 S. 22. Solcher Beispiele sagenhafter, sehr oft mit mehr oder weniger Witz erfundener Deutung geographischer Eigennamen gibt es eine große Menge; ich erinnere an *Wartburg, Wol-*

diese Erklärungen weichen vor der einfachen Thatsache, daß eine Verderbnis aus *Suderland* (Südland; vgl. engl. Sutherland) zu Grunde liegt[1]). Zu dem scheinbar völlig durchsichtigen, in Wirklichkeit schwierigen Namen *Siebenbürgen* sei Folgendes bemerkt: die Siebenzahl liegt nicht darin, so beliebt die Deutung „zen siben bürgen" (Städten) von jeher gewesen ist; daß in *siben* eine alte Präpos. stecke mit der Bedeutung von trans (vgl. Transilvania), hat nicht hinreichende Gewähr; die gröste Wahrscheinlichkeit fällt der Ansicht zu, daß der Fluß *Cibin*, an dem Hermannstadt liegt, dieser Stadt den Namen (Cibinium, Sibinburg) gegeben habe, der dann weiter auf das ganze Land übertragen worden sei[2]). Da *Dänemark* im Altnord. und Isländ. *Danmörk* (mörk, Wald) heißt, so ergibt sich, daß hieraus, aber schon im hohen Alterthume (vgl. mhd. Tenemarke), die jetzige Benennung hervorgegangen ist[3]). Der Name *Seeland* ist an *Land* nur angelehnt; im altnord. *Soelundr* steckt das neunord. *lund*, welches Gehölz, Hain bedeutet (wohl mit Bezug auf die herrlichen Buchenwälder der Insel). Aus *Borgundarholmr* (Burgunderinsel) hat sich *Bornholm* gestaltet[4]). *Holland* hieß im 9. Jahrh. noch „Holtland" (Holzland), aber schon im 11. Hollandia[5]). Auch in *Holstein* ist „*Holz*" richtig, obwohl es nur wenig mehr davon gibt, aber nicht „*Stein*", das sich noch deutlicher kundgibt; das Wort geht aus dem niederd.

---

mirstedt, Wolmirsleben, Haßfurt, Schandau, Oschatz, Wesenstein, Dohna, Trausnitz, Achalm, deren wahrer Ursprung von der Kritik entweder längst erkannt worden ist, oder durch Umsicht und Aufmerksamkeit zu erforschen steht: um bei den 3 zuerst genannten Namen stehn zu bleiben, so hindert nichts *Wartburg* auf eine „Warte" (ahd. warta, Ort zur Aus- und Umschau) zu beziehen; *Wolmirstedt* hieß einst „Walmarstide" (Stätte oder Stadt eines Walmar d. h. Waldomar), *Wolmirsleben*, im 10. Jahrh. „Wilmaresleve", bezeichnet das Erbe eines Wilmar. Aehnliche Deutungen geographischer Namen gibt Pröhle Voss. Zeit. 1881 No. 18 Sonntagsbeil.; vgl. Pott Personennamen S. 25. Minden-Lübbecker Kreisbl. 1861 No. 104.

1) Vermittelt wird die Entstellung durch den im Niederd. bekannten Ausfall des *d*: Suderland kürzt sich in Sûrland, wie Schröder, Schnider in Schroer, Schnier, und aus Sûrland wird hochd. Sauerland. Vgl. *Sürst*, Gegend (Straße) in Bonn, aus *Süderst* (südlichster Theil).

2) Im allgemeinen vgl. Schmeller Wtb. 2. A. 1, 276. Frommann 7, 445. Picks Monatsschr. 5, 112. 6, 578. G. vom Rath in Trommels u. Pfaffs Samml. v. Vorträgen IV (1880), 24.

3) Vgl. Grimm Kl. Schr. 2, 32 fg.

4) Grimm Gesch. d. d. Spr. S. 486.

5) Förstemann Namenb. 2, 796. 797.

Plur. *Holtseten* (Holzsassen) hervor und würde unangelehnt, wie zuweilen die Bewohner (vgl. Holsaten), *Holsten* lauten [1]). Die im Nordwesten Holsteins befindliche Landschaft *Dithmarschen* liegt großentheils in der *Marsch*, daher die Verständlichung aus *Dietmarsgau*. Wenn Westfalen das Land der *rothen* Erde genannt wird, so sollte man denken, der Boden sei rotherdig; dies ist indes nicht der Fall, vielmehr entspringt die Benennung aus dem misverstandenen plattd. *rue ere*, d. i. *rauhe, rohe* Erde, im Sinne von bloßer, freier, wo die Femgerichte gehalten wurden (nicht auf gedieltem Boden [2]). Anstatt *Berberei* (Land der Berbern, in Nordafrika) hört und liest man zuweilen „*Barbarei*". Wahrscheinlich weil man dabei an ἄβυσσος (grundlos, unermeßlich) gedacht hat, ist statt „Abessinien" (von *Habesch*) vielmehr „*Abyssinien*" eingetreten [3]). Es läßt sich denken, daß das *gelobte* Land sehr oft irrthümlich als das gepriesene verstanden und auf „*loben*" bezogen wird; es bedeutet aber das verheißene Land (*gelobt* von *geloben*). Ueber die sogenannten *Nobiskrüge* (abgelegene Schenken), deren es an verschiedenen Stellen Deutschlands gibt, sind mehrerlei Ansichten offenbar geworden, unter denen die Grimmsche hervorragt, daß an *abyssus* zu denken sei, nemlich mit niederd. Verdunkelung des *a* in *o* und Verwachsung des Kons. der Präp. *in* (vgl. ital. nabisso aus „in abisso") mit dem Subst. [4]): Anlehnung an das lat. „nobis" (uns) soll also nicht behauptet werden, wohl aber, daß sich viele unwillkürlich an dasselbe erinnern lassen [5]).

Vor der Besprechung einer Reihe auf volksetymologischem

---

1) Vgl. Wursten, Inste, Lanste, Drost, die gleichfalls mit *-sete* komponiert sind. *Holstein* in Hessen bedeutet aber „hohler Stein"; s. Ztschr. f. hess. Gesch. 1, 267.

2) Umständlich wird hierüber gehandelt in Picks Monatsschrift f. rhein. westf. Gesch. 2, 605. In Hessen gibt es Flurbezeichnungen nach der Farbe des Bodens, unter ihnen begegnet mehrmals *Rothe Erde* (Vilmar Idiot. 94).

3) Köln. Zeit. 1877 No. 220 Bl. 1.

4) S. die genaue Auseinandersetzung in Weigands Wtb. 2, 275 und in Frommanns Ztschr. f. d. M. 6, 375; vgl. Grimm Mythol. 766. 954. Diez Et. Wtb. 1, 3. Vilmar Idiot. 284. Schiller u. Lübben Mnd. Wtb. 3, 190ᵇ. Weitere Untersuchungen über Namen und Sache finden sich Germania 26, 65 ff. und 176 ff.

5) Das zwischen Hamburg und Altona befindliche *Nobisthor*, dessen Zusammenhang mit einem Nobiskruge nachweisbar ist (Schütze Holst. Idiot. 3, 150. Müllenhoff Sag. Märch. u. Lieder S. 601), trug noch vor einigen Jahren die Inschrift: *Nobis bene, nemini male!*

Wege gestalteter Ortsnamen mögen einige umgedeutete Straßennamen aufgeführt werden[1]). In Bonn gibt es eine *Achterstraße* (Hinterstraße), deren Name aus niederd. *Aker-*, hochd. *Acherstraße* (die nach Achen führt) verdreht sein soll[2]); da jedoch diese Straße die Richtung auf Achen nicht hat, wohl aber hinter (*achter*) dem Marktplatze liegt, so dürfte die mehrfach aufgestellte Behauptung, daß der übliche Name auch der ursprüngliche sei, gerechtfertigt sein[3]). Der ziemlich auffallende Name *Bonngasse* für eine Straße in Bonn selbst erklärt sich einigermaßen aus der Lage, nemlich durch den Gegensatz, den ihre Verlängerung, die aus der Stadt hinaus führende Kölnstraße, bietet; unterdessen wird als ursprüngliche Form „*Bovengasse*" (niederd. boven, oben) angenommen. Ferner befinden sich hier eine *Wenzelgasse*, welche urkundlich *Wenstergasse* (altd. winster, dän. venster, link) heißt; eine *Stockenstraße*, die nach einem ehemaligen Orte „Stockheim" führte; eine *Sternenstraße*, deren älterer Name *Pisternenstraße* lautet[4]); eine schmale *Vivatsgasse*, die eigentlich eine *Viehpfadsgasse* gewesen sein soll. Aufmerksamkeit verdient der Name *Mauspfad*, der auch in andern Gegenden vorkommt[5]) und entweder als Diebspfad und Schleichweg oder als kleiner schmaler Gang erklärt

---

1) Für die Sammlung einer Hauptklasse der deutschen Straßennamen ist Förstemann in anerkennenswerther Weise thätig.

2) Hauptsächlich durch Simrock, der daselbst wohnte, ist veranlaßt worden, daß die Straße daneben den officiösen Namen *Acherstraße* erhalten hat.

3) Vgl. Pick Lagerbuch der Stadt Bonn 1870 S. 22. Hundeshagen in seiner Schrift über Bonn (1832) schreibt durchstehend Aacher- oder Aachnerstraße.

4) Zu diesem Namen, über den Pick a. a. O. S. 9 in Zweifel läßt, vgl. Diefenbach Gloss. lat. germ. Frkfrt. a. M. 1857 S. 438^b: pisternum f. pistorium (Backhaus); in München gab es früher auch eine „Pfisternegasse". Ein Weisthum in Grimms Rechtsalt. 875 enthält das Wort *pisterne*, wo Grimm fragend einklammert: Schenke. In einem Schreiben der „Mayerei" zu Bonn vom J. 1783 heißt es noch: „auf dem Viehemark an der *pisternen Pforte*" (heute: Sternthor).

5) Ein *Meuspath* befindet sich im Kreise Adenau (Förstemann Ortsnamen 74); Rode, östlich von Deutz beim Dorfe Rath, wird bezeichnet durch „am *Mauspatt*" (Annalen des histor. Vereins f. d. Niederrhein Heft 15 S. 80); im Bergischen gibt es einen *Musepad* in der Nähe einer an alten Grabhügeln reichen Waldgegend (Frommann 2, 552); unweit Cornelymünster führt ein Haus den Namen *Mauspfad* (Picks Monatsschr. 4, 656). Zu vergleichen ist der im Brem. Wtb. 6, 135 aufgeführte *Kattenpad* (Katzenpfad).

wird, für eine hiesige enge Gasse, welche in die Remigiusstraße mündet: die von achtbarer Seite stammende Deutung aus „Myspfad" („Mys" als niederd. „Müs", hochd. Mäuse, misverstanden), d. h. Remyspfad (Remy = Remigius), lautet so annehmlich und ist eine so vortreffliche Volksetymologie, daß man sie ungerne gegen jene allgemeinern Bedeutungen aufgeben möchte; da jedoch sämmtliche Oertlichkeiten schwerlich von einander getrennt werden dürfen, muß es wohl geschehen. Was in Köln[1]) *Unter Sachsenhausen* oder bloß *Sachsenhausen* genannt wird, gründet sich auf den Ausdruck „*unter sechzehn Häusern*"[2]); die *Drususgasse* daselbst hat, wie versichert wird, ursprünglich mit dem röm. Feldherrn *Drusus* nichts zu schaffen, sondern hieß noch am Schlusse des 18. Jahrh. *Drusen Johannesgasse*, anscheinend nach einem mit Drüsen behafteten Menschen[3]); die Neigung, Lokal- und andre Namen auf die Zeit der Römer zu beziehen, hat auch eine *Römergasse* geschaffen, die indessen ehedem *Reimergasse*, zu Anfang sogar *Reinbachsgasse* geheißen haben soll. Der *Bobstraße* in Köln wird derselbe Ursprung von „boven", wie der *Bonngasse* in Bonn, beigemessen; die *Schildergasse* hat ihren Namen von den „Schiltern" (vgl. mhd. schiltaere) d. h. Wappenmalern[4]). Trägt der *Malzbüchel* seinen Namen nach demselben Worte, womit *Malzmühle* zusammengesetzt ist, oder liegt darin das Adj. *malz* (mhd. malât, frz. malade), aussätzig? Der sogenannte *Kattenbug*, den man mit dem Volke der „Chatten" in Verbindung gebracht, auch zu Zeiten als „Katzenbauch" erklärt hat, war der Hügel, wo „Katzen", eine besondere Art Geschütze, verfertigt wurden; in der *Glockengasse*, die im 13. Jahrh. als *Clocnergazze* verzeichnet wird, scheinen die Glockengießer (nicht etwa Glöckner) ihren Sitz gehabt zu haben[5]). In Trier wurde die alte Straße „*ad undas*" in eine

---

1) Vgl. Düntzer in d. Jahrb. des Vereins von Alterthumsfreunden im Rheinlande Bd. XXVII.

2) Vgl. daselbst Unter Kahlenhausen, Unter Fettenhennen, Unter Seidemacher, Untergoldschmid (urkundlich inter aurifabros). Der Volksmund hat aber „unger Sechzehnhüser" behalten; s. Hönig Wtb. 146b. Das zu Frankfurt a. M. gehörige *Sachsenhausen* heißt übrigens nach den Sachsen.

3) Andere mit „Drusus" beginnende Lokalnamen, welche in derselben Art gelehrt entstellt sind, s. bei Düntzer a. a. O. S. 25. Ein *Drusenthal* in der Nähe des Inselsbergs, wie mir Prof. Regel schreibt, gehört ebenfalls hierher; vielleicht darf zur Erklärung das got. *driusan* (fallen) herangezogen werden.

4) Auch Magdeburg hat eine *Schildlerstraße* gleiches Ursprungs.

5) Förstemann Germ. 14, 8.

Straße „zum Hunde" verwandelt und dann als *ad canes* wieder lateinisch; *Porta alba* wurde in *Altport* entstellt und hieraus *Porta alta* gemacht; *Vicus arctus* erhielt statt „enge Gasse" den Namen *Engelgasse*[1]). In Frankfurt a. M. hört man *Fichtenstraße* und *Palmenstraße* sagen statt *Fichtestraße* u. *Palmstraße*, welche nach „Fichte" u. „Palm" heißen; die nach „Klinger" benannte *Klingerstraße* wird hartnäckig „*Klinglerstraße*" genannt, weil man dabei an den Klingler, den Mann mit der Schelle, denkt[2]); die *Schnurgasse* führt ihren Namen nicht etwa darnach, daß sie schnurgrade sei, oder sonst nach einer Schnur, sondern heißt so von dem *Schnurren* (vgl. mhd. der snur, das Schnurren) der Webstühle, das ehedem dort zu hören war[3]); den Benennungen *Gallusgasse*, *Gallusthor*, *Gallenfeld* (vgl. den Familiennamen *Gallenkamp*) liegen *Galgengasse*, *Galgenthor*, *Galgenfeld* zu Grunde[4]). Hamburg hat eine *Kaffamacherreihe*, ursprünglich die Straße (Reihe), wo diejenigen wohnten, welche *Kaffa* (Art Taffet) bereiteten; im gemeinen Leben heißt es aber dafür *Kaffemacherei*[5]). Ferner befindet sich hier der sogenannte *Burstah*, lange Zeit verstanden als „*Bûr, stah*" (Bauer, steh!), mit Beziehung auf einen mittelalterlichen Kampf der Brauerknechte mit den Bauern; heute waltet allgemeinere Kenntnis der urkundlichen Form *Burstude* d. h. Gestade, Stapelplatz der Bewohner (nicht: Bauern). Den in Hamburg vorkommenden Namen *Scharthor* hat man misverständlich auf den heiligen *Anschar* (Ansgar) bezogen; er bedeutet Uferthor[6]), von alts. *schar* (engl. shore). Das *Millernthor*, früher oft *Müllernthor* genannt, ist, wie es in Urkunden lautet, die porta *Mildradis*, niederd. dat *Mildere* dore, d. h. das Thor der heiligen *Mildrade*. Der sogenannte *Meßberg* bedeutet an sich *Mistberg*, niederd. *Meßbarg*; *Venusberg* soll aus *Feensburg*, hochd. *Feindsberg* (mit Bezug auf die Belagerung der Stadt durch die Dänen im J. 1216), entstellt sein[7]). *Teilfeld* steht für *Tegelfeld*, von *tegel* (Ziegel),

---

1) Fuß in Picks Monatsschr. 4, 87.
2) Im neuen Reich 1873 No. 2 S. 54.
3) Frommann 2, 19.
4) Kriegk Deutsches Bürgerthum im Mittelalter 1, 223. Frankfurts Bürgerzwiste u. Zustände im Mittelalter S. 248. Der Name eines Hügels unweit Gotha, *Galberg*, trägt denselben Euphemismus; in Zeitz ist das ursprüngliche *Galgenthor* sogar in ein *Kalkthor* verwandelt worden.
5) Diese Form begegnet auch bei Heine.
6) Vgl. Beneke Hamb. Gesch. 105 fg.
7) Schütze Holst. Idiot. 1, 311.

weil dort ehedem Ziegeleien standen ¹); *Speersort* ist aus *S. Petersort* hervorgegangen ²). Den *Ebräergang* pflegt man als ursprünglichen *Ehbräkergang* (Ehebrechergang) zu verstehen ³); die *Marktstraße* soll ehedem *Marcusstraße* geheißen haben ⁴); dem *Rödingsmarkt* liegt *Rodingsmarke* (Grenzland, Landbesitz eines Roding) zu Grunde ⁵). Die *Engelsgrube* in Lübeck hat mit *Engeln* nichts zu thun, wohl aber mit *Engländern*, die sich hier vorzugsweise niedergelassen und auch der *Engelswisch* (pratum anglicum) ihren Namen gegeben haben; die *Herzengrube* hieß früher *Hartogengrove*, fossa ducis ⁶). Unter den Heidelberger Straßennamen sind dem Misverstande ausgesetzt: die *Floringasse*, nicht von *florin*, Gulden, sondern nach einer Frau *Flor* (*Florin*, wie Karschin, Muellerin u. s. f.); die *Ingrimstraße* nach *Ingram*, ihrem ersten Bewohner; die *Semmelsgasse* von einem gewissen *Simmel* benannt; der *Friesenberg* nach einer Fischerfamilie *Fries* ⁷). Dem gemeinen Mann in Halberstadt lautet der dort befindliche *Titusplatz* gewöhnlich *Tittenklapp* ⁸). Die *Diebstraße* und *Diebsbrücke* in Speyer hießen ursprünglich *Dietstraße* und *Dietbrücke* (v. diet, Volk), d. h. öffentliche Straße und Brücke ⁹). In Langensalza gibt es eine *Rebellengasse* und ein *Klagethor*, jene nach einem frühern Bewohner Namens *Rebil*, dieses von dem Schutzheiligen der Stadt, St. *Klaus* (vgl. den heutigen Familiennamen *Klages*), benannt. Die *Regensgasse* im thüring. Mühlhausen heißt eigentlich *Regisgasse*, nach einer Familie *Regis* (*Königs*); der auffallende Name *Wochenbett* ist anscheinend entstellt aus *Wackenbett* (mhd. wacke, Stein), in der Nähe befinden sich ein Steingraben, eine Steinstraße und ein Steinthor¹⁰). In Linz am Rhein hat moderner Misver-

---

1) Richey Hamb. Idiot. 306.
2) Schütze 3, 206. Hamb. Corresp. 1878 No. 244 Beil.
3) Mitgetheilt von Dr. Gries in Hamburg, der zugleich daran erinnert, daß ein Bogengang der Börse, in dem sich die (jüdischen) Fondsleute aufhalten, im Scherze *Ebräergang* genannt wird.
4) Beneke 283.
5) Ztschr. des Vereins f. hamb. Gesch. 1, 461. Dialektischer Wechsel zwischen „Markt" und „Mark" findet sich außerordentlich häufig.
6) Pauli Lübeckische Zustände zu Anf. des 14. Jahrh. 1, 37.
7) Picks Monatsschr. 5, 104.
8) Von dem verst. Direktor Hertzberg in Bremen mündlich mitgetheilt.
9) Schmeller Wtb. 2. A. 1, 553; vgl. Wackernagel Kl. Schr. 3, 48.
10) Mittheilungen des Dr. Mitzschke in Weimar.

stand aus einer am Grabenthor mündenden Stadtgasse mit Namen *Schlotgasse* (vgl. Slootgraben in den Niederlanden) eine *Salatgasse* gemacht¹). Danzig kennt eine *Professorgasse*, statt *Professengasse*, nach denjenigen benannt, die das Klostergelübde abgelegt haben²). Aus einer *Altbüßerstraße*, wo die Alt- oder Schuhflicker wohnten oder vielmehr der niederd. Form des Wortes, *Oldeböterstrat*³), ist in Rostock eine *Altebuttel-* und *Altebettelmönchstraße*, in Stralsund eine *Altböttcherstraße*, in Hildesheim eine *Altepetristraße* hervorgegangen. Rostock hat ferner eine *Eselpföterstraße*, die nach dem Geschlechte derer von Eselsröt (Eselsfuß) benannt ist, also eigentlich „Eselsvöterstraße" lauten müste⁴). Nach den *Lodern* oder *Tuchbereitern* heißt in Nürnberg eine Straße in beleidigender Entstellung *Luder-* und *Lottergasse*, eine andre, die gar nicht breit sein soll, *Breitengasse*⁵); die *Beckschlagergasse* (mhd. beckenslaher, Kupferschmied) wird gewöhnlich „*Bettschlagergasse*" genannt; in der *Irrergasse* wohnten ehedem die Weißgerber, welche im Mittelalter *ircher* hießen, auf dem *Plattenmarkt* die *Plattner* (Waffenschmiede, Harnischmacher⁶); die *Lauferstraße* darf nicht etwa mit der Trabantengasse in Dresden verglichen werden, sondern bezieht sich auf die benachbarte Stadt *Lauf*. Auch Bremen hatte früher eine *Breitenstraße*, die nicht breit war; aus *Vredenstrate* (nach einer Familie *Vreden*) war *Bredenstrate* geworden und hieraus der hochd. Name hervorgegangen⁷). Die vom Ansgarii Kirchhof in Bremen nach der langen Straße führende sogenannte *Kurze Wallfahrt*⁸) heißt darnach, daß bei schlechtem Wetter die Prozessionen diesen Weg nahmen, um sogleich wieder durch die Mulkenstraße in die Kirche zu kommen⁹). Die *Haßstraße* in Kiel und die

---

1) Pohl in Picks Monatsschr. 5, 269.
2) Förstemann Ortsnamen 165.
3) Vgl. den Familiennamen *Olböter*.
4) Bartsch Germ. 22, 106; vgl. Jahrb. d. Vereins f. niederd. Sprachforsch. 1876 S. 40.
5) Frommann 2, 18 fg. Zu „breiten" aus „bereiten" vgl. niederd. „Wanbreeder" st. „Wandbereeder" (Tuchbereiter) in Richeys Hamburg. Idiot. 333.
6) Frommann 2, 20. Förstemann Germ. 14, 10. Heyne in Grimms Wtb. 4ᵇ, 2154. Vgl. Schmeller Wtb. 1, 97.
7) Brem. Wtb. 1, 136. Heute soll es in Bremen keine Breitenstraße mehr geben, wohl aber einen Breitenweg, der seinem Namen entspricht.
8) Nach dem Brem. Wtb. 5, 171 wurde st. *korte Walfaart* gewöhnlich *korte Wolfaart* gesagt.
9) Mittheilung des Pastors Schluttig in Bremen.

Hartstraße in Magdeburg hießen ursprünglich *Hertstrate* d. i. Hirschstraße[1]). In Kiel hat man den richtigen Namen *Kehden-, Kedingstraße* offiziell an die Stelle des vor noch nicht langer Zeit allgemein üblichen, sinnlosen Namens *Kettenstraße* (vgl. niederd. kede, hochd. Kette) gesetzt[2]). Die dort befindliche *Holstenstraße* hieß in frühester Zeit „Brüggestrate", nach der „Holtzenbruck"; daher scheint es, daß „Holzen" in „Holsten" verwandelt worden ist[3]). Königsberg kennt eine aus „Bullatengasse" entstellte und nunmehr dem Misverstande ausgesetzte *Bullengasse*; in alten päbstlichen Zeiten haben hier die Bullatenbrüder ihr Kloster gehabt[4]). Vilmar theilt mit[5]), daß der ursprüngliche Name einer Stadtgegend bei Marburg, jetzt einer Straße längs der Lahn, *Grind*, in Aufzeichnungen des 16. und 17. Jahrh. *Grien*, in der neuesten Zeit aber *Grün* genannt werde. Die *Hainstraße* in Leipzig ist aus einer *Heustraße* (regio foeni in Urkunden), die *Zahnsgasse* in Dresden aus einer *Sanitätsgasse*[6]), das *Petersgäßchen* in Eisenach aus einem *Badergäßchen* hervorgegangen[7]). In Breslau leitet man den Namen des dortigen *Hintermarkts* von „Hühndermarkt" (Hühnermarkt); im schlesischen Dialekt wird „hinder" für „Hühner" gesagt[8]). Die *Kaufmacherstraße* in Kopenhagen, dän. Kjöbmagergade, ist im Ursprunge eine Fleischmengerstraße[9]), dän. *Kjödmangergade*, wo die Fleischhändler ihren Sitz hatten. An manchen Orten, z. B. in Mülheim a. d. Ruhr, führt eine Straße den Namen *Nothweg*; darunter ist der Weg für Leichen und Kirchgänger zu verstehen[10]).

Ueberaus viele deutsche Namen von Städten, Dörfern, Burgen beruhen auf Umbildung, Zurechtlegung und Umdeutung

---

1) Lucht Kiel. Stadtb. XIII. Schiller u. Lübben Mnd. Wtb. 2, 256ᵇ. Knorr Progr. Eutin 1882 S. 10 erwähnt des Dorfes *Hassee* bei Kiel, welches urkundlich *Hertesee* (Hirschsee) hieß. Vgl. oben S. 121.

2) Ztschr. d. Gesellsch. f. d. Gesch. v. Schlesw. Holst. u. Lauenb. 3, 144.

3) Vgl. Lucht a. a. O.

4) Hennig Preuß. Wtb. 50.

5) Idiot. v. Kurhessen 137.

6) Grenzboten 1877 No. 17 S. 128. N. Jahrb. f. Phil. u. Päd. 1877 S. 509.

7) Von F. Meister in Breslau mitgetheilt.

8) Frommann 3, 251.

9) Auch Köln hat eine Fleischmengergasse.

10) Schiller u. Lübben Mnd. Wtb. 3, 203. 204.

oder sind vermöge ihrer entstellten Form überhaupt volksthümlichen Misverständnissen ausgesetzt. *Dortmund* und *Holzminden*, ehedem *Throtmeni* und *Holtesmeni*, hangen nach J. Grimm[1]) mit dem monile (alts. meni) oder Halsband der heidnischen Göttin Freya zusammen; zu dem ersten Namen vgl. außerdem engl. throat (Hals), der zweite offenbart niederd. holt (Holz). *Würzburg* ist verderbt aus *Wirzburg* (v. einem Wirzo?), die lat. Uebersetzung *Herbipolis* lehnt sich an *wirz* (Kraut, Kohl; vgl. Wirsing) an[2]). *Braunschweig*, niederd. *Brunswik*, bedeutet *Brunonis vicus*, *Höchst* ist gleich *Höchstett*. *Minden* und *Münden*, wie die alten Formen *Mimida* und *Gimundi* zeigen, etymologisch weit von einander abstehend, scheinen insgemein für identisch gehalten zu werden; daher die Zusätze „preußisch" (Minden) und „hannoversch" (Münden). Nur mit Rücksicht auf die Nähe des *Main* scheint sich der Zusammenhang zwischen *Mainz* und *Moguntiacum* aufrecht zu halten. In *Merseburg*[3]) und *Brandenburg* steckt hinten ursprünglich das slav. *bor* (Wald); diese Namen sind überhaupt slavisch, gleichwie *Potsdam*, dessen zweite Silbe an die gleiche, aber ganz unverwandte Form in Amsterdam und Rotterdam erinnert, und *Berlin*, wo der Bär sich geltend macht[4]). *Utrecht* und *Dortrecht* scheinen mit „recht" zusammengesetzt, während schon die lat. Form *Trajectum*, welche die nächste Rücksicht verdient, wahrscheinlich eine volksetymologische Deutung enthält und ursprünglich das altfries. *drecht* (got. draúhts), Volk, gemeint ist[5]). *Altona*, nach dem Volksglauben und einer zur Erklärung des Namens aufgebrachten Sage gemäß (vgl. S. 124 Anm. 9), aus dem niederd. *all to na* (allzu nahe, nemlich bei Hamburg), bedeutet, wie es heißt, in Wirklichkeit „Altenau"[6]), steht daher dem

---

1) Gesch. d. d. Spr. 433. Abweichend haben geurtheilt Woeste in Picks Monatsschr. 2, 150 fg. Peters Ztschr. f. d. österr. Gymn. 1878 S. 755. Lohmeyer in Herrigs Archiv 63 (1880), 367. Lüttich Naumb. Progr. S. 27.
2) Wackernagel Umdeutsch. 25. Vgl. Schmeller Wtb. 4, 167. Förstemann Ortsn. 143.
3) Nach einer Zuschrift des Dr. Holzmüller in Hagen wurde bei diesem Namen früher fälschlich an den Gott Mars gedacht und derselbe von dortigen Gymnasiasten Martisburgum übersetzt.
4) Ueber den Namen *Berlin* vgl. Ebel in Kuhns u. Schleichers Beitr. 4, 341 fg. Illustr. Sonntagsbl. 1876 No. 48. Im neuen Reich 1877 S. 663.
5) Förstemann Namenb. 2, 430. Ortsn. 100. Lüttich Progr. S. 16. Vgl. außer andern -*drecht* das deutliche Zwijndrecht bei Dortrecht.
6) Nordd. Allg. Zeit 1877 No. 120 (Feuilleton). Beneke Hamb.

westf. *Altena* und *Altnau* am Bodensee gleich. Während die nächstliegende Betrachtung des Namens *Wiesbaden* sich auf *Wiese* und *Bad* bezieht, ist von Grimm[1]) und andern Forschern der Name des benachbarten Volkes der *Usipeter* in Anspruch genommen worden; vielleicht aber ist keine dieser beiden Auslegungen richtig, sondern „wies" als Bezeichnung des Salzgehaltes der Quellen zu nehmen, wonach *Wiesbaden* Salzbad bedeuten würde[2]). Wackernagel[3]) hat das schweiz. *Schaffhausen* aus Aschaffhausen, welches an die Stelle von *Ascapha* gebaut sei, erklärt; ein elsäss. Ort genau derselben Schreibung bedeutet „zu den Vorraths- oder Lagerhäusern", von *Schaff*, Faß[4]). Die erste Silbe von *Hersfeld* (in Hessen) ist nicht wie in andern Ortsnamen desselben Anfangs auf den Hirsch oder das Ross[5]) zu beziehen, sondern auf einen alten Personennamen: Hersfeld lautete vor Alters *Heriolfesvelt*[6]). *Heilsbronn* in Baiern, welches in Folge verfehlter Etymologie längere Zeit im Rufe eines Kurorts gestanden hat, während die dortige Quelle, d. h. der Klosterbrunnen, keine sonderliche Heilkraft besaß, hieß früher „*Halesbrunnen*" d. i. „*Haholdesbrunnen*" (Quelle des Haholt); aber *Heilbronn* am Neckar und die andern Oerter dieses Namens gründen sich auf eine Heilquelle[7]). *Schaumburg* ist aus *Schauenburg*[8]), *Umstadt* in Hessen aus *Autmundistat* (Stadt eines Otmund), *Armenseul* in Westfalen aus *Ermensulen* (vgl. Irmensäule) hervorgegangen; auf *vini cella* (Weinkeller) geht *Winkel* (im Rheingau) zurück, es wird daselbst ein altes römisches Weinlager gewesen sein. *Clausthal* bedeutet nicht Ni-

---

Gesch. 73. 372 fg. Ein Stadttheil von Dresden heißt gleichfalls *Altona*, ursprünglich aber „Aldenau"; der stets geschäftige Volkswitz soll dazu alsbald „Klein Hamburg", als Nachbar von Altona, geschaffen haben (W. Schäfer Deutsche Städtewahrzeichen Leipz. 1858 I, 224). In Friesland aber gibt es ein *Altona*, welches wirklich „all zu nahe" (bei der Stadt Dockum) bedeutet; s. Korresp. d. Vereins f. niederd. Sprachforsch. 2, 87 (vgl. 3, 21).

1) Gesch. d. d. Spr. S. 373; vgl. S. 404.
2) Vgl. Otto Gesch. der Stadt Wiesbaden S. 76. 77, wo sich Näheres über „wies" angegeben findet.
3) Haupts Ztschr. f. d. Alt. 2, 557.
4) Ztschr. f. d. Phil. 6, 158; vgl. Förstemann Namenb. 2, 1227.
5) Vgl. Förstemann Ortsn. 143.
6) Grimm Gramm. 3, 422. Ztschr. f. hess. Gesch. 1, 280. 292.
7) Haupts Ztschr. 18, 153; vgl. Grimm Myth. 553. Nach Schleiden Das Salz (Leipz. 1875) S. 14. 104 soll *Heilbronn* Salzbrunn bedeuten.
8) als Familienname verblieben.

colai vallis, sondern Thal eines Mannes Namens *Klauc*[1]). *Mailand* zeigt zwei deutsche Wörter, die beide dem Namen an sich völlig fern stehn; das *d* ist bloßer Zusatz zum mhd. *Meilân*, welches aus dem lat. *Mediolanum*, dessen Ursprung sich im Keltischen findet, erwachsen ist[2]). *Biebrich* pflegt wie Biberach und Bibra als Biberwasser verstanden zu werden; der Name lautet aber ursprünglich *Biburg* (Beiburg, Vorburg). *Türkheim* im Elsaß und *Türkenfeld* in Baiern haben mit Türken nichts zu schaffen, wohl aber mit *Thüringern*; die alten Namen sind *Thuringoheim* und *Duringfeld*[3]). In einem umgekehrten Verhältnis wie mhd. Norwaege zu Norwegen (S. 58) steht das hessische *Eschwege* zu der ahd. Form *Eskineway* (Eschenwasser), insofern hier *wâc* in *Weg* übergetreten ist. *Querfurt* in Thüringen, *Kornwert* in Holland und *Kornbach* in Hessen leiten sich von *quërn* (Mühle), *Füßen* am Lech aus dem lat. *Fauces*[4]); *Fritzlar* aus Frideslar bedeutet nicht sowohl Friedenswohnung als vielmehr eingefriedigte Wohnung[5]). *Buxtehude* ist mit drei Wörtern zusammengesetzt: *Buckestehude* bedeutet Landungsplatz (hude) der Fahrzeuge (buck) auf der Este[6]). Keltischen Grund haben wieder die ganz deutsch geformten *Nimwegen* und *Remagen*, ehedem *Noviomagus*[7]) und *Rigimagus*, Burt-

---

1) Herrigs Archiv 60, 434. 435.

2) Tobler Die fremden Wörter S. 16 macht auf den im Grunde gleichen Namen des Dorfes *Meilen* am Zürchersee aufmerksam; vgl. Wackernagel Umdeutsch. 61. Eine Reihe französischer Ortsnamen, die aus *Mediolanum* entstanden sind, führt Quicherat an in seiner Schrift „De la formation française des anciens noms de lieu" (Paris 1867) S. 21. Ein österreich. Bauer, dessen Sohn in *Mailand* diente, antwortete auf die Frage, wo er sei und wie es ihm gehe, er sei *'m Ailend* (im Elend); s. Wolff im Siebenbürg. Tagebl. 1878 No. 1526.

3) A. Stöber Ztschr. f. d. Kulturgesch. v. Müller u. Falke 1858 S. 763. Förstemann Namenb. 2. 1418. Lüttich Progr. S. 34.

4) Das ältere Wappen von *Füßen* zeigt 3 zusammen reichende Füße, weil sich hier Schwaben, Baiern und Tirol mit dem Fuße berühren (Uhland Germ. 1, 323).

5) Pabst Zacharias in einem Schreiben an Bonifacius fälscht es in „pacis doctrina" (vgl. ags. lâr, Lehre; hochd. lâr, Haus); s. J. Grimm Kl. Schr. 1, 304.

6) Jänicke Niederd. Elem. 34. Förstemann Ztschr. f. vergl. Spr. 23, 382 denkt an Bocsetahude.

7) Dieselbe Form liegt auch andern Ortsnamen zu Grunde, wie *Neumagen* im Trierschen, *Noyon* in Frankreich, *Nyon* in der Schweiz; s. Quicherat S. 49.

scheid bei Achen aus *Burcitum*, *Enkirch* an der Mosel aus *Ancariacum*[1]). Der Name der dän. Hauptstadt *Kopenhagen*, verglichen mit der in Dänemark selber heimischen Form *Kiöbenhavn*, d. h. Kaufhafen (in mnd. Urkunden „Copmannhaven"), offenbart die Umdeutung im zweiten Worte; *Rothschild* auf Seeland ist zunächst aus dem dän. *Roeskilde* vollständig assimiliert hervorgegangen, nachdem dieses selbst vorher aus dem altnord. *Hroarskilde* (Quelle Hroars, eines alten Königs) verdunkelt worden war[2]); *Odensee* auf Fühnen lautet ursprünglich *Odinsve* (Heiligthum Odins), zuweilen auch *Odinsey* (ey, Insel[3]). *Ehrenbreitstein*, verglichen mit der alten Form *Erinperahtstein*, zeigt die Assimilation in der Mitte. *Winterthur*, ahd. *Winturdura*, entspringt aus dem kelt. *Vitodurum*; auch *Königswinter* hat mit „*Winter*" vermuthlich nichts zu schaffen, sondern vom Weinbau (vgl. got. *veinatriu*, Weinstock) seinen Namen[4]). Die Oerter *Wiesensteig*, *Wiesenfeld*, *Wiesenthau*, an „*Wiese*" angelehnt, leiten auf den *wisent* (Büffel) der alten deutschen Wälder zurück[5]). *Klagenfurt* aus *Claudii forum*, *Finstermünz* in den tirolischen Alpen aus *Venustus Mons*, *Kellmünz* in Baiern aus *Celius Mons*, das Meiningische *Römhild* aus *Rotemulte* (rothe Erde; vgl. *molte* S. 13) zeigen die Umdeutung wieder an zwei Stellen, *Katzenellenbogen*, wenn es aus *Cattimelibocus* entspringt, sogar an dreien[6]). *Spielberg*, wie viele oberd. (bair.) Oerter heißen, steht für *Spiegelberg*, von *spiegel* (specula), Warte[7]). *Gunterschwil* und *Herzweil* in der Schweiz stammen aus *Chuniberteswilari* und *Heribranteswilare*, *Amberg* aus *Ammenberg* (Ammo), *Schweinersdorf* bei Mosburg aus *Suanahiltadorf*; *Geiselhering* u. *Steinhering* sind buchstäbliche Patronymika von Giselher u. Steinher, *Holzbach* und das daran liegende *Ansbach* beide aus *Onoldesbach* entstellt; *Waltersberg* unweit des Ammersees lautete ehedem *Waldrammesperc*. *Velsen* im Münsterlande ist nicht, was sonst wohlberechtigt wäre, einfach Dat. Plur. von *vels*, sondern gekürzt aus *Veltseten* (Feldsassen); vgl. S. 126

---

1) Förstemann a. a. O. Esser Progr. Andernach 1874 S. 13.
2) Stark Kosenamen der Germanen S. 38 führt *Roe* aus *Hródgár* als bei alten dän. Historikern gebräuchlich an.
3) Grimm Myth. 144. Haupts Ztschr. f. d. Alt. 2, 254.
4) Förstemann Germania 16, 285. Wackernagel Umdeutsch. 61.
5) Förstemann Namenb. 2, 1560. Wackernagel Kl. Schr. 3, 18.
6) Schottel Haubtspr. S. 1250. Grimm Gesch. d. d. Spr. 394; s. dagegen Grimm Wtb. 3, 415. Förstemann Ortsn. 314.
7) Förstemann Namenb. 2, 1289. Schmeller Wtb. 2. A. 2, 659. 666.

Holtseten. Dreckenach im Koblenzer Bezirk und *Hundstall* im Nassauischen hatten vor Zeiten die edlern Namen *Drachenach* (vgl. Drachenfels) und *Hunoldstal*; *Käsmark* in der Zips ist aus „Kaisersmarkt" entsprungen¹). Obgleich durch „Kopf" wohl eine Bergkuppe bezeichnet wird²), sind doch mehrere Höhen, die dieses Wort heute an zweiter Stelle enthalten, im Ursprunge vielmehr mit „kapf" (von kapfen, schauen) zusammengesetzt; dahin gehört z. B. der Name der hess. Stadt *Biedenkopf*³). *Ochtendung* (Kr. Mayen) geht aus *of demo dinge* (auf dem Gericht) merkwürdig hervor, wie *Uchtenhagen* im östlichen Preußen aus *ûf dem hagen*⁴). *Feuchtwangen* (*Fiuhtinwang*) und *Vierkirchen* (*Feohtkiricha*) in Baiern heißen nach der *Fichte*, *Thonbach*, *Thonstetten* ebendaselbst nach der *Tanne* (*Tanbach*, *Tanstetin*), während *Wesenberg* an der Trave, in noch höherm Grade entstellt und verdunkelt, ursprünglich Wiese und Birke (*Wisbircon*) in sich vereinigt. Für *Tigerfeld* in Würtemberg, bei welchem Namen an das fremde Raubthier natürlich kaum gedacht, geschweige erinnert werden darf, ist der Stamm *tegar* (niederd. *deger*), groß, herangezogen worden⁵). *Pfuhlsborn* in Thüringen, *Pfalzpoint* und *Pfalsau* in Baiern scheinen auf den heidnischen Gott *Phol* zu weisen, da sie vor Alters *Pholesbrunno*⁶), *Pholespiunt*⁷) und *Pholesouwa* lauteten. Die sächsischen Oerter *Bächelsgrün*, *Gutenfürst*, *Thierbach* hießen ursprünglich *Bechtoldsgrün*, *Gutenfirst* (vgl. S. 121), *Dürrbach*; *Stangendorf* bei Chemnitz, *Schmargendorf* bei Berlin, *Thurm* bei Zwickau sind aus *St. Annendorf*, *St. Mariendorf*, *St. Urban* entstanden. *Godesberg* bei Bonn und *Godensholt* im Olbenburg. stammen aus *Wodenesberg* und *Wodensholt* (Wodan, oberste Gottheit der Altsachsen); *Solothurn* in der Schweiz gründet sich auf das kelt. *Salodurum*, *Altdorf* hieß ehemals *Alchdorf* (zu *alah*, templum). *Berchtesgaden* ist aus *Berhthersgadem* (gadem eines Berhther)

---

1) Heintze Die Deutschen Familiennamen (Halle 1882) S. 170ᵃ.
2) Vgl. Förstemann Ortsn. 47. Grimm Wtb. 5, 1768.
3) Weigand Oberhess. Ortsnamen 319 fg.
4) Jänicke Niederd. Elem. 34. Vgl. Förstemann Ztschr. f. vergl. Spr. 23, 382.
5) Peters Germania 4, 376. Vgl. Förstemann Namenb. 2, 1361.
6) J. Grimm in Haupts Ztschr. 2, 252. 253; vgl. 5, 70. Myth. 206 fg. Förstemann Namenb. 2, 1126. Schmeller 2. A. 1, 424.
7) Unter *point* (peunt, paint), *piunt* ist ein abgeschlossenes Feldstück zu verstehen (Schmeller Wtb. 1, 287. 288); vgl. den F. N. *Lindpaintner*.

entstanden, hat also mit Berhta (Berta) nichts zu schaffen[1]); *Alsleben* an der Saale lautete vor Alters *Adalolfesleiba*[2]). Im Großherzogthum Weimar erscheint vor einem Jahrtausend ein *Habechesberg* (Habichtsberg; vgl. Habsburg aus Habechisburc), im 14. Jahrh. dafür „Haysberg"; jetzt aber lautet es, mit Beziehung auf eine frühere Wallfahrtskirche, *Heilsberg*[3]). *Fleischwangen* in Würtemberg heißt urkundlich *Flinswangen* (zu flins, silex, und wang, campus); aus *Erpeshusen* (Erpo) ist *Erbsen* in der Gegend von Göttingen hervorgegangen; *Sachswerfen* bei Nordhausen, im zweiten Theile mit Antwerpen zu vergleichen, enthält das alte *sahs* (Fels), nach dem die Sachsen benannt sind[4]); *Altripp* in der Pfalz mit berühmten römischen Ruinen ist aus *Alta ripa* entstanden, wie das halb französich klingende *Eltville* im Rheingau aus *Alta villa*. *Wünschendorf*, wie mehrere sächsische Oerter heißen, *Wünschensuhl* an der Suhl und *Wünschenbernsdorf* bei Gera enthalten im ersten Theile der Zusammensetzung das Adj. *windisch* oder *wendisch*; *Wolfmannshausen* bei Römhild und *Wolmuthshausen* im Weimarschen gehen beide auf *Wolfmunteshusun*, wofür auch *Wolmunteshusun* gefunden wird, zurück; *Völkershausen* in Unterfranken ist aus *Wolfricheshusen*, *Völkershausen* bei Heldburg aber aus *Volkricheshusen* entsprungen; *Wohlsborn* bei Weimar, *Märzroda* im Altenburgschen, *Mangelsdorf* im Fürstenthum Reuss lauten urkundlich *Wolvisburn*, *Märtensrode*, *Manigoldisdorf*; die meiningenschen Oerter *Einödhausen*, *Hönbach*, *Jüdewein* hatten früher die Namen *Einharteshusen*, *Haynbuche*, *Godawini*; *Liebsdorf* bei Weida. *Wundersleben* bei Weißensee gründen sich auf *Lupoldisdorf*, *Wunrichesleben*; aus *Askefeld* und *Eberhards* sind *Eisfeld* und *Ebenharz*, beide unweit Hildburghausen, hervorgegangen[5]). *Schwerborn* bei Erfurt lautet in Urkunden theils *Suchurbrunno*, theils *Sueberbrunno*; man hat dabei an *suciga* (südd. Schweig, Viehhof) und an *suebel* (Schwefel) zu denken sich veranlaßt gefunden. Auf wendische Ansiedelungen verweisen *Rüdenschwinden* unweit Meiningen aus *Regenharteswineden*, *Reuterswiesen* in Baiern aus *Ruthardeswiniden*; den alten Personennamen Brunger enthal-

---

[1] Vgl. Schmeller Wtb. 2. A. 1, 272.
[2] Förstemann Namenb. 2, 123. Schmeller 2. A. 1, 1404.
[3] Förstemann Ortsn. 146.
[4] Förstemann Namenb. 2, 1208; vgl. Ortsn. 271.
[5] Mittheilungen des Dr. Mitzschke in Weimar; vgl. Förstemann Namenb. 2, 17. 110. 589. 1568. 1576.

ten ursprünglich *Brennholzfelden* an der Altmühl (*Brungeresfeldun*), *Bruchhausen* bei Höxter (*Brungeringhuson*); *Broterode* bei Schmalkalden ist aus *Brunwardesroth* entstanden; in dem ersten Theile der Zusammensetzungen *Besenbruch* bei Bünde, *Besenhausen* unweit Göttingen und Heiligenstadt, *Pissenheim* bei Bonn liegt der Name Biso versteckt, die Oerter hießen früher *Bisinisburg*, *Bisihusen*, *Pisinheim*; aus *Bilgrinescella* und *Pileheringa*, welche nach den mit bil (Milde) zusammengesetzten Namen Pilegrim und Pileher benannt sind, haben sich *Pilgerzell* bei Fulda und *Bierlingen* in Würtemberg entwickelt; *Frohndorf* in Thüringen lautete ehedem *Frumihercstorph* (Dorf eines Frumiher), *Fronhausen* bei Paderborn aber *Frisenhus*; aus *Eporestal* (Ebersthal) und *Gerrichistal* sind die österreich. Lokalnamen *Eberstallzell* und *Gerstall*, aus *Craolfestal* das schweiz. *Grafstall* hervorgegangen. *Rheinsheim* bei Speier heißt nicht, wie *Rheinheim* bei Düsseldorf und *Rheinheim* bei Schaffhausen, nach dem Rhein, sondern ist auf *Reginesheim* zurückzuführen; *Rheinbach* unweit Bonn hatte mit *Regenbach* in Würtemberg früher denselben Namen *Reginbach*. Aus *Gunderichesleba* ist *Günthersleben* bei Gotha, aus *Guntherisdorf Junkersdorf* bei Köln entsprungen; *Hellenhahn* in Nassau gründet sich auf *Hildenhagen*, *Hühnhahn* an der Haun auf *Huniheim* (vgl. *Hünfeld* an demselben Flusse). Die gegenwärtig mit persönlichen Namen äußerlich übereinstimmenden Ortsnamen *Bernhard* in Meiningen und *Irmtraud* in Nassau offenbaren in ihren ursprünglichen Formen einen weit abliegenden Inhalt: *Bernriod* und *Ermetrode*; das württemberg. *Geiselmacher* ist aus *Gisilmarisriuti* merkwürdig entstellt worden. *Rottleberode* unweit Nordhausen hieß in der alten Zeit *Radulveroth*, *Eberstätten* in Baiern *Eperoltestein*, *Reiskirchen* bei Giessen *Richolveschiricha*, *Blumersheim* unweit Mellrichstadt *Blimareshuson* (Blidmar), *Bierstadt* bei Wiesbaden *Brigidesstat*, *Lanzenried* in Baiern *Lantperhtesreode* (Lambertsried), *Hirschzell* an der Wertach *Herilescella*, *Herzhausen* an der Eder *Heriwardeshusen*, *Herbstadt* in Baiern *Heriolfesstat*. Weder *Waltersdorf* in Oesterreich noch *Waltershausen* bei Gotha stammen von einem Walter, sondern jenes von einem Waltrich (*Waltrichisdorf*), dieses von einer Frau Waltrat (*Waltratehus*). Nach dem Personennamen Egi heißen *Eginhova*, heute *Eichenkofen* bei Langengeisling, und *Egisvilla*, heute *Eisdorf* bei Lützen, während *Eisdorf* bei Halberstadt sich auf *Achilhardesdorp* gründet. *Büschelsried* bei Wolfrathshausen ist aus *Piscofesriet* (Bischofsried) entstanden, *Veitshain* unweit Fulda aus *Fogetdeshayen* (Vogtshagen), *Gerbersdorf* in Baiern aus *Kepahartesdorf* (Gebhardsdorf), *Wettesingen* in der Gegend von Warburg aus *Witisunga*, *Wettringen* in Westfalen aus *Waldiringas*. Schlangen in Lippe-Detmold hat nichts mit dem Thier zu schaffen, welches jedem bei dem Namen unwillkürlich in den Sinn fällt, sondern gehört zum Adj. *lang* und hieß im 15. Jahrh. *Ostlangen*. Eine der großartigsten Verdrehungen und Verdunkelungen der Form und des Inhalts birgt der Name des Ortes *Hanselberg* unweit Mosburg, welcher im 10. Jahrh. *Hangentinpurun* lautet, d. h. zu den hangenden (am Abhang liegenden) Wohnungen. Wie *Godesberg* und *Godensholt* (S. 137), leiten *Guthmannshausen* unweit Weimar, früher *Wotaneshusen*, und *Gutenswegen* bei Magdeburg, früher *Wodeneswege*, auf den obersten Gott der Germanen zurück[1]). Im ersten Augenblicke überraschend, hinterher durchaus einfach und natürlich verhält es sich mit dem Namen *Denklingen* (Rheinprov.), bei dem wohl die Mehrzahl desselben Ausganges in zahllosen südd. Ortsnamen sich erinnert, ohne freilich zu fragen, ob derselbe auch sonst überall angetroffen wird: man theile nur ab „Den-klingen", so zeigt sich sogleich der wahre Ursprung, nemlich der mit Artikel versehene Dativ Plur. von *klinge*, worunter ein Bach zu verstehen ist[2]). *Ermschwerd* an der Werra muß als *Ermeswert* (*wert*, Flußinsel, eines *Ermo*), oder urkundlich genauer *Ermunteswert* gedacht werden; derselben Beschaffenheit wird das schlesische *Habelschwerdt* sein. *Sommerschenburg* unweit Helmstädt hieß früher *Symmersenburg* (Sigmarsburg), *Wichmannsburg* an der Ilmenau *Wigmannesburstal*. Das hessische *Altenstädt* lautet urkundlich *Alahstat* (alah, Gotteshaus), das Volk spricht „Ahlenstädt"; *Allendorf* an der Werra dagegen, von Schleiden[3]) zwar wieder auf Salz bezogen, hat ehemals *Altendorf* geheißen. *Holzleute* u. *Schafleuten* scheinen von *leite* (Bergabhang) zu stammen[4]); *Fischhausen* in Ostpreußen steht für *Bisch-* d. h. *Bischofhausen*; *Weisenau* bei Mainz ist aus *vicus novus* umgedeutscht worden;

---

1) Zu den hier verzeichneten Namen ist außer Förstemanns Namenb. Bd. 2 das bereits angeführte sorgsame Programm von Lüttich in Naumburg (1882) zu vergleichen.

2) Die Herleitung rührt aus einer zuverlässigen Quelle her. Unterdessen macht die Köln. Zeit. 1877 No. 220 Bl. 1 darauf aufmerksam, was allerdings schwer wiegt, daß sich in der Umgegend von Denklingen mehrere Ortschaften befinden, deren Namen auf *-lingen* (*-ingen*) ausgehn.

3) Das Salz S. 15.

4) Förstemann Ortsn. 48.

das nicht weit davon liegende *Bodenheim* lautete früher *Badenheim* (Heim, Wohnsitz eines Bado). Es gibt mehrere Oerter mit Namen *Neunkirchen* anstatt *Neuenkirchen*[1]). Das holstein. Dorf *Willenscharen* soll ursprünglich *Villa Ansgarii* geheißen haben, ein anderes Namens *Poggenbarg*, wo *pogge* (Frosch) sich geltend macht, nach einer daselbst stehenden Vogelstange aus *Papagojenbarg* entstanden sein[2]). Aus keltischen Namen entstellt, an deutsche Wörter und Formen angelehnt und großentheils umgedeutet, sind: *Andernach* aus *Antunnacum*; *Bacharach*, das man zu Zeiten gelehrt als „Bacchi ara" (Altar des Bacchus) erklärt hat, aus *Bacariacum*; *Creuznach* aus *Cruciniacum*, ebendaher auch *Christnach* in Luxemburg; *Boppard* aus *Baudobriga* (Hügel des Baudus); *Emmerich* aus *Ambariacum*; *Mertloch* (Kr. Mayen), als „Märterer-Loch" verstanden, aus *Martiliacum*; *Berglicht* (Kr. Bernkastel), bis zur äußersten Vollkommenheit umgedeutscht aus *Vergiliacum*; *Alpnacht* (Alpnach), *Küssnacht* in der Schweiz aus *Alpiniacum*, *Cussiniacum*[3]); *Judenburg* aus *Idunum*, bei Ptolemaeus Ἰδοῦνον[4]). Einen Gen. des Personennamens, von dem der Ortsname herrührt[5]), offenbart der Name des bekannten schlesischen Bades *Reinerz* (*Reinhards*); ferner mehrere hessische Ortsnamen auf -*los*, wie *Friedlos* (*Fridwaldes*), *Lieblos* (*Liubolfes*), *Magdlos* (*Mahtolfes*), neben *Friedels*, *Machtels*; desgleichen *Sterbfritz* (*Starcfrides*) und *Merkenfritz* (*Erchinfredis*), *Rex* (*Rihgozes*), *Hauswurz* (*Huswartes*). Andere umgedeutete hessische Ortsnamen[6]) sind: *Hesserode* aus *Hasinrode* (Hase), *Wolferode* aus *Waldolferode*, *Rothwesten* aus *Rotwardeshusun*, *Garbenteich* aus *Geriwarteich*, *Martinhagen* aus *Merebotenhagen*, *Buchenwerra* aus *Buochenenwert*, *Gethsemane* aus dem Personennamen *Götzman*; *Merzhausen*, *Asmushausen*, *Hundshausen*, *Sterzhausen* gehen hervor aus *Meginharteshusum*, *Asmundishusum*, *Hunoldeshusum*, *Steinhartshausen*; das sonderbar klin-

---

1) Förstemann Namenb. 2, 1089.

2) Die heutige *Papagojenstraße* in Altona hat ihren Namen aus demselben Grunde, dem „Goyenschêten" (Vogelschießen) erhalten; s. Schütze Holst. Idiot.

3) Zu der ganzen Reihe dieser keltischen Namen vgl. Esser Progr. Andernach 1874.

4) Fuß in Picks Monatsschr. 4, 87.

5) Förstemann Ortsn. 193.

6) Vgl. Vilmar Ztschr. f. hess. Gesch. Bd. 1 und Idiotikon von Kurhessen, Förstemanns Namenbücher, W. Arnold Ansiedelungen u. Wanderungen deutscher Stämme (Marburg 1875).

gende *Leihgestern* heißt ursprünglich *Leitcastre* (*leidi*, iter, ductus; *castrum*); *Herbstein* gründet sich auf *Heriperhteshusun* (Herbertshausen), *Wolferts* auf *Wolfeshart*, *Liesburg* und *Lisberg* auf *Liebesburg* u. *Liebesberg*, *Hebstahl* auf *Heppos Thal*; *Viermünden*, ein Dorf an der Eder, hieß im Mittelalter *Virminni*, *Verminne*[1]); das alte *Hintinbuch* (Hinde u. Buche) ist als *Hinterbach*, wie heute der Name lautet, nicht mehr zu erkennen; *Amöneburg* entspringt aus *Amanapurc*, Stadt an der Ohm, vom Volke noch richtig *Omeneburg* gesprochen, *Lämmerspiel* aus *Liemars bühel*; statt *Habichtsbühl* (Höhe im Habichtswalde) heißt es zuweilen *Habichtspiel*, statt *Hermannsbühl* sogar *Hermannspiegel*[2]); bei Imshausen führen das lange *Loh* (mhd. lôch) und andere kleine Waldstücke zusammen den Namen der Imshäuser *Löcher*[3]). Der thüringische Ort *Wimmelrode* hieß vordem *Wihemannarod* (sanctorum virorum novale); *Walporzheim* bei Ahrweiler wird als *Walprechtshoven*, *Wenigen-Umstadt* bei Aschaffenburg als *Winemundestat*, *Harzgerode* am Harz als *Hatzgerode* (Hazo) nachgewiesen; die beiden Dörfer *Schwerstädt* haben ihren Namen im Ursprunge vom *sueigari* (Schweiger, Rinderhirt) empfangen. Eine Anzahl Ortsnamen, in denen das Adj. *süß* auf die Oberfläche tritt, wie *Süßen*, *Süßbach* u. *Süßenbach*, *Thannsüß*, *Rockensüß*, *Hohesüß*, scheinen das altd. *siaʒa*, *siuʒʒa* (im Walde gelegener Weideplatz) zu enthalten[4]). *Volmarstein* in Westfalen pflegt von dem Flüßchen *Volme*, welches früher dort in die Ruhr gemündet haben soll, abgeleitet zu werden; mit mehr Wahrscheinlichkeit darf man in dem ersten Theile der Zusammensetzung den Personennamen *Volkmar*, der oft in *Volmar* geändert wird, erkennen. *Engelwies* in Baden wird als *Ingolteswis* (Ingoltswiese), *Badeborn* im Anhaltschen als *Bëtabûr* (Betbauer, Kapelle), woher auch *Bedburg* und ein oberd. *Bettberg*[5]) stammen, *Himmelstadt* am Main als *Imminestat* (Irmino), *Herrenhausen* bei Hannover als *Hoyeringehusen*[6]) und *Heringahusun* urkundlich aufgeführt. Aus *Marienau* sind sowohl *Mergentau* in Hessen als

---

1) Vilmar Id. 430, wo auf die Wahrscheinlichkeit mythologischer Beziehung aufmerksam gemacht wird; vgl. dagegen Förstemann Namenb. 2, 500.

2) Vilmar Ztschr. f. hess. Gesch. 1, 247. Piderit das. 290.

3) Vilmar Id. 252.

4) Ztschr. f. deutsches Alterth. 2, 5 fg. Förstemann Namenb. 2, 1258. Vilmar Id. 384. Wackernagel Kl. Schr. 3, 18.

5) Buck Oberd. Flurnamenbuch 25.

6) Th. Mertens Progr. Hannover 1875 S. 18. Lüttich Progr. Naumb. 1882 S. 21.

Morgenau bei Breslau hervorgegangen[1]). *Schlingen* bei Kaufbeuren hieß im 9. Jahrh. *Zuzcilinga*; „zu" fiel weg, weil man es irrig für die Präp. hielt[2]). Aus *Dietwaldsdorf* ist *Düvelsdorf*, hierauf *Teufelsdorf* (bei Schässburg in Siebenbürgen) entstanden[3]). *Ernstroda* in Thüringen lautete im 16. Jh. *Erßroda*, urkundlich *Erphisrode*; das daselbst an der Madel gelegene *Magdala*, angelehnt an den gleichnamigen biblischen Ort, gründet sich auf *Madahalaha*[4]). *Debertshausen* und *Defertshausen* bei Meiningen heißen urkundlich *zu den Einbrechtshausen*[5]). Der Bonn benachbarte Ort *Grau-Rheindorf* bedeutet nicht, wie nach der ältern Schreibung „*Grav*-" vermuthet worden ist, „*Graf-Rheindorf*", sondern heißt nach *grauen* Nonnen, die daselbst gewohnt haben; das gegenüberliegende *Schwarz-Rheindorf* ist nach *schwarzen* Nonnen benannt. Der Name des bairischen Dorfes *Adelschlag* ist aus *Adaloltesloh* bis zur völligen Unkenntlichkeit zurechtgelegt worden; *Ermengerst*, ein anderes Dorf in Baiern, bedeutet *Ermengers Gut*. Baiern[6]) enthält außerdem noch viele volksthümliche Entstellungen von Ortsnamen, unter denen etwa folgende hervorragen: *Tannebrunn*, Badeort bei Müldorf, aus *St. Anna Brunn*, *Tannengärtlein* bei Nürnberg aus *St. Anna Gartlein*; *Samarienkirchen* und später *Semerskirchen* aus *Sant Marien Kirchen*; *Edenhofen*, *Edenthal*, *Edenstraß* aus *Oedenhof, Oedenthal, Oedenstraß*; *Kotzersricht* unweit Sulzbach aus *Jacobsreut*; *Postbauer*, *Hemmau* aus *Passbaur*, *Hembaur* (búr, Wohnung); *Falterbach* st. *Affalterbach* (affalter, Apfelbaum), *Apfeltrang* wahrscheinlich aus *Affaltrawanga*, *Zapfholdern* = zu den Apfelbäumen; Schloß *Donaustauf* f. *Thumstauf* (Thum, Dom); Kloster *Alteich* aus *Altaha* (Altwasser), Kloster *Seligenthal* aus *Saeldental* (saelde, Glück); *Entbach*, *Entbuch*, *Entgrub* haben mit „Ente" oder „Ende" nichts zu thun, sondern enthalten das südd. *ent*, jenseit[7]). In *Amorbach* steckt vorn vielleicht *amar* (Dinkel, Spelt), in *Rheinwald* hinten sicher rom. *val* (Thal). Aus *Ellinpurgochircha*, Adalgerisbrunnen sind *Oelbergs*-

---

1) Piderit Ztschr. f. hess. Gesch. 1, 291. Bartsch German. 22, 106.
2) Anzeiger f. Kunde der deutschen Vorzeit 1877 S. 79 Anm.
3) Siebenbürg. Tagebl. 1878 No. 1526.
4) Regel Ztschr. f. d. Phil. 5, 327. 330. Förstemann Namenb. 2, 965.
5) Frommann 2, 495. 499.
6) Vgl. Schmellers Wtb.
7) Schmeller 1, 69. Frommann 2, 139. 339. Leute jenseits des Ferners, d. h. mit vorigjährigem Schnee bedeckten Berges, werden „Entferner" genannt (Frommann 5, 220).

kirchen (Baiern), *Eliasbrunn* (Reuss), aus *Waldrammeswilare* u. *Manolfinga* das schweiz. *Wappenschwil* u. das hess. *Mainflingen* (am Main) hervorgegangen [1]). Die oldenburgische Fürstenresidenz *Rastede*, wobei an *rasten* gedacht werden mag [2]), lautet ursprünglich *Radestede* (ausgerodete Stätte) und steht einem österr. *Radstedt* gleich; *Nordhorst*, den Namen eines unweit der Landeshauptstadt gelegenen Ortes, pflegt der oldenb. Volkswitz in *Nadorst* (Nachdurst) zu verwandeln [3]); *Wildeshausen* ist aus *Wigoldinghusen* entsprungen. *Harrstehude* bei Hamburg, verhochdeutscht *Herbstchude* [4]), heißt in Urkunden *Herwarteshude* (vgl. S. 135); *Dockenhude* bedeutet den Stapelplatz der altfriesischen Stadt *Dockum* [5]). Der unweit Lübeck gelegene mecklenb. Ort *Schlutup*, niederd. *Slutup* (als „Schließauf" zu verstehen), führte ehedem den Namen *Slucup* (Schluckauf), welcher entweder als Wirtshausname zu fassen oder auf die Unsicherheit der Straße zu beziehen ist [6]). *Grönland*, wie ein bei Glückstadt gelegenes Dorf heißt, bedeutet wahrscheinlich nicht „Grünland", sondern ist auf „Groen" für „Groden", außerhalb des Deichs angewachsenes Wiesenland, zurückzuführen [7]). Aus einer größern Anzahl volksthümlich gestalteter Ortsnamen des Elsaß [8]) können herausgehoben werden: *Eberbach*, *Hundsbach*, *Salmbach*, wo sich 3 Thiere aufdrängen, aus *Erbenbach* (Erbo), *Hunsbach* (Huno), *Salhunbach* (ahd. salaha, Sahlweide, salix); *Elsaßhausen*, früher *Eselshusen*, ursprünglich wahrscheinlich nach einem Ezzilo; *Fröschweiler*, schwerlich von „Fröschen", sondern als Wohnsitz der Frotsindis zu verstehen;

1) Förstemann Namenbuch Bd. 2.
2) Vgl. Th. v. Kobbe Humoresken a. d. Philisterleben 1, 61: „Rastedt, Ruhestätte".
3) Strackerjan im Oldenburg. Schulprogr. 1874 S. 3. Vgl. Brem. Wtb. 1, 232. Bei Friedrichstadt a. d. Eider befindet sich in ursprünglicher Form und Bedeutung der Wirtshausname „op'n Nadöss" (auf den Nachdurst); s. Korrespondenzbl. d. V. f. niederd. Sprachforsch. 3, 61.
4) Diesem Namen analog und wohl nachgeahmt sind *Sommerhude* u. *Winterhude*, Oerter neuern Ursprungs; vgl. Beneke Hamb. Gesch. 70 fg.
5) Schütze Holst. Idiot. 1, 143.
6) Mantels im Korrespondenzbl. des Vereins f. niederd. Sprachforsch. 3, 7, wo zugleich der noch ältere Name „Fretup" (Frißauf) urkundlich nachgewiesen wird.
7) Das Brem. Wtb. 2, 549 nimmt diesen Ursprung für „Grolland" aus „Groenland" in Anspruch.
8) Vgl. Stöbers Alsatia 1854 S. 186 fg. Ztschr. f. deutsche Phil. Bd. 6 Heft 4.

Prinzheim aus *Bruningesheim*, *Heiligenberg* aus *Arlegisberg* (8. Jahrh.), *Schillersdorf* f. *Schiltersdorf*, *Ostwald* f. *Oswald*, *Rittershofen* aus *Ruthartshofen*, *Hausbergen* aus *Hugesbergen*, *Domfessel* umgedeutscht aus *Domus vassalorum*. Lateinischen Ursprung haben ferner *Kammerschien* u. *Fallerschein* aus *Campo ursino* u. *Val ursina*, *Pfetterhausen* aus *Petrosa*¹), *Elfeld* aus *Altavilla*, *Dauborn* im Nassauischen aus *Tabernae*, der schweiz. Ort *Unwillen* aus *Ovile*²). In die Schweiz gehören unter andern noch: *Landenspiel* (*Lantinespuhil*), *Röthel* (*Ruwental*), *Velten* (*Feldheim*), *Landschlacht* (*Lanchasalahi*). Aus vielen ursprünglich slavischen Ortsnamen mögen folgende als Beispiele einer ganz besonders ausgeprägten Umdeutschung angeführt werden: *Himmelwitz*, vom altslav. *imela*, Mispel³); *Dummerwitz* aus *Dubrawice*; *Mehlsack* aus *Maleckuke*; *Liebcrose*, *Müllrose* aus *Luboraz*, *Melraz*; *Tempelhof*, *Dürrhofen* aus *Templow*, *Dwor*; ferner *Dürrmaul*, *Filzlaus*, *Rothwurst*, *Roßwein*, *Rothmül*, *Eisenbrod*, *Unwürde*, *Dreyßig*⁴).

Die reiche Fülle angelehnter und umgedeuteter, so häufig misverstandener Personennamen aller Art fordert zu mannigfachen Beschränkungen auf.

In dem Bereiche der ursprünglichen deutschen Einzelnamen ältester Zeit⁵) treten mehrere überaus gangbare Kompositionswörter in einer Entstellung auf, die mit der Form eines andern regelmäßig ganz unverwandten Wortes buchstäblich zusammentrifft. Aus *win* (wini, wine, Freund) wird, nachdem die Dehnung des Vokals schon im Mhd. (-win) eingetreten war (vgl. S. 64 -*hêr* aus -*her*), „*Wein*" (wîn); die Silbe -*old* (v. walten) entwickelt sich zu den Wörtern *Wald* und *hold*⁶), und wenn derselben ein Guttural vorhergeht oder der patronymische Genetiv folgt, kann

---

1) Bacmeister Germanist. Kleinigk. 37ᵇ und 70.
2) Förstemann Ztschr. f. vergl. Spr. 23, 383.
3) Altpreuß. Monatsschr. v. Reicke u. Wichert 1877 S. 399.
4) Eingehender handelt von solchen Namen Miklosich in der Schrift „Slav. Ortsnamen von Appellativen"; vgl. Dunger N. Jahrb. f. Phil. u. Päd. 1877 S. 510. Förstemann Ortsn. 314.
5) Genaueru Bescheid über die Veränderungen, denen diese Namen unterliegen, gibt meine Schrift über die altdeutschen Personennamen in ihrer Entwickelung und Erscheinung als heutige Geschlechtsnamen (Mainz 1873).
6) Namen auf -*hold* aus -*old* kommen schon am Ende des 12. Jahrh. vor; s. Müllenhoff Ztschr. f. d. Alterth. 17, 64.

einerseits „*Gold*", anderseits „*Holz*" herauskommen; auslautendes *leip* (relictus, -γέρης, filius; v. leiban, woher bleiben) wird in *lieb* umgedeutet. Beispiele: *Baldewein* (Balduin; bald, kühn) und umgekehrt *Weinpold, Trautwein* u. *Weintraut* (vgl. drûd, Drude), *Altwein, Bärwein, Erlenwein* (erl. Graf), *Gottwein, Meerwein* (mâri, berühmt), *Frohwein* (frô, Herr), *Weinhold, Reichwein* u. *Weinreich, Leutwein, Oehlwein* (uodal, Besitz), *Reinwein* (ragin, Rath, Ansehen); *Arnwaldt* u. *Ahrenhold* (Arnold; ar, Adler); *Bärwald* u. *Beerhold, Eiswald* u. *Eishold* (agis, Schrecken), *Meerwald* u. *Mahrhold*[1]), *Osterwald* u. *Osterhold* (Ostrold), *Reinwaldt* u. *Reinhold, Reichwald* u. *Reichhold, Meinwald* u. *Meinhold* nebst *Mannhold* (magin, Kraft), *Herrwald* u. *Herrhold* (*Herold*, umgekehrt *Walther*; her, Heer), *Gottwald* u. *Gotthold, Rabenhold* u. *Krahnhold* (Hrabanold), *Seewald* u. *Sichwald* (Sigold), *Braunwald* (Brunold), *Einwald* (Aginold), *Rothwald* (Hrodold), *Theewald* (Dietold), *Leuthold* u. *Leidhold* (liut, Volk); *Vollgold* (Volk), *Purgolt* (Burg), *Weygold* u. *Weichhold* (wig, Kampf); *Ahrenholz, Archenholz* (êrchan, echt, edel), *Bartholz* (bërht, glänzend), *Leutholz, Helmholz, Lothholz, Reinholz, Burgholz, Volkholz, Braunholz, Mehrholz. Sandholz*[2]), *Weinholz; Gottlieb*[3]), *Friedlieb, Hartlieb* (*Hartleib, Hartleb*), *Rohtliep* (hrôd, Ruhm), *Garlieb* (gâr, ger, Sper), *Herlieb*. Den patronymischen Formen auf -*holz* gleichen einige auf -*harz* und -*herz* (von -*hart*), wie *Burgharz, Rheinharz, Fromherz, Regenhertz* u. *Reinherz. Liebherz* u. *Lebherz*, insbesondere aber auf -*hals*, das überdies dasselbe bedeutet wie -*holz*, z. B. *Bierhals* (Berold; vgl. *Beerhold* u. *Bierhold, Berholz* u. *Bierholz*), *Goethals* (Godoald), *Schmithals* (vgl. *Smital*, altd. Smidoald?); *Seifritz* ist Gen. von Seifrid (Sigfrid), *Wehrfritz* von Werfrid. Merkwürdig verhält sich der Name *Siebenlist*, in welchem zwei deutliche Wörter unserer Sprache entgegentreten, die von manchen Erklärern hartnäckig festgehalten werden: der ebenfalls vorhandene Geschlechtsname *Siebelist* führt aber als Vermittler mit vollster Entschiedenheit auf *Siebelis*, Gen. von *Siebel*, zurück. Patronymisches -*ing* veranlaßt in einigen Namen scheinbare Zusammensetzung mit -*ding*, was leicht zu Fehlgriffen führt[4]), z. B. in

---

1) So verdeutschte der Grammatiker Zesen seinen Vornamen Philipp.
2) Vgl. meine Schrift über die altd. Personennamen S. 79.
3) Suchenwirt gibt einem Ritter, im Wortspiel mit Liebe zu Gott, den Namen Gotliep (Wackernagel Germ. 5, 295).
4) Vgl. Pott Personennamen 59, wo gefragt wird: Hat *Vollbeding*

Allerding (Adalhard), *Eberding* (Ebert), *Gerberding* (Gerbert), *Haberding* (Hadubert), *Leiterding* (Liuthart) und vorzüglich *Vollbeding* (Volcbert; vgl. *Vollbring*). Auch andere Wörter können auf gleiche Weise äußerlich an den Tag treten und zu Misgriffen verleiten, z. B. *Hartgering* (Hardger), *Wollring* (Walther), besonders *Löhdefink*; dieser letztere Name ist alles Ernstes als „Waldfink" gedeutet worden[1]), während er sich zu *Löloff* (*Ludolf*) verhält wie *Rolevinck* (*Rohlfing*) zu *Roleff* (*Rudolf*), mit dem kleinen Unterschiede, daß in dem einen Namen das *d* des ersten, in dem andern das *l* des zweiten Stammes geschwunden ist. Für eine Reihe von Namen auf -*eisen*, wo der Begriff des Metalls großentheils keinen schicklichen Sinn zuzulassen scheint, z. B. *Grimmeisen, Grüneisen, Helmeisen, Hocheisen, Lotheisen, Notheisen*, hat man die Verbindung des schwachen mit dem starken Genetiv in Anspruch genommen, während von andrer Seite lediglich auf die Ableitungsform -*izo* (-*eis*, sodann -*eisen*) verwiesen wird[2]). Die Namen *Liebhold* und *Leibhold* nebst *Laubhold* sowie die Patronymika *Liebholz* und *Leibholz* entspringen aus *Liutbold*; ebendahin gehört auch *Leopold*, wo das lat. *leo* sich geltend machen will. *Glaubrecht* und *Liebrecht*, oberflächlich als jüngere Imperativbildungen verstanden, enthalten die Verbindung von *glau* (einsichtsvoll) und *liut* (Volk) mit *brëht* (*bërht* S. 146); vielleicht ist auch *Leberecht* eine Umdeutung des letztern Namens und *Erbrecht* mit *ére* (Ehre) und *brëht* zusammengesetzt oder als *Herbrecht* zu verstehen. *Vollpracht* geht wie *Vollbrecht* auf Volcbëraht zurück, *Vollrath* auf Volcrat; -*mund* in *Kühnemund* (kuni, Geschlecht, Stamm), *Rothmund* (hrôd), *Reinemund* (ragin), *Wachsmund* (huas, was, wahs, acer) bedeutet Schutz; *Meerbothe, Reinbothe* waren ehedem Meriboto (Marbod), Reginboto, *Waldherr, Warnherr* nebst *Wernherr* sind gleich *Walther* und *Werner* (*Wernher*). In *Seiffarth* u. *Seifhardt, Herrfahrdt. Hennefahrt, Leibfahrt, Reinefahrt* u. *Rennefarth* steckt -*frid*, in *Aubart* (got. áud, Besitz), *Herbart, Hegebart* u. *Hackbart, Volbarth, Rennebarth* -*bëraht*, -*bërht*, eben dasselbe aber auch in *Siphardt* (Sigbert), *Liebhardt* (Liutbert), *Nembhard* (Nantbert). Mit *Gottschick* hat man Θεόπομπος ver-

---

eine juridische Bedeutung? Geschlechtsnamen auf -*ding* hat Höfer Germania 23 (1878), 13 fg. gesammelt.

1) Mertens Progr. Hannover 1875 S. 64.
2) Buck in Pfeiff. Germ. 19, 62 fg. Steub Oberd. Familiennamen 40; vgl. Pott Pers. 566.

gleichen wollen, während nur eine andre Form von *Gotscheck* u. *Götschke* (Goziko) vorliegt; vgl. *Hantschick* u. *Hentzschke, Radzik* u. *Rätzke*. Aus *Liutbrand, Liutfrid* sind *Leibbrand, Leibfried* (Gen. *Leibfriz*) entstanden; *Biernoth* läßt sich bequem als *Bernot* verstehen. Auf alte Personennamen können zurückgeführt werden: *Hunger* u. *Kummer, Billig* u. *Wohlfeil, Rein* u. *Regen, Doch* u. *Wohl, Ihm* u. *Ihn, Mein* u. *Dein, Eine* u. *Keine*; ferner: *Amme, Asche, Backe, Balke, Dame, Elle, Henne, Made, Meile, Mode, Nonne, Pathe, Rache, Rolle, Ruthe, Wille, Wolke, Wolle, Dotter, Ermel, Nacken, Regel, Titel, Trümmer, Sieb, Tanz, That, Witz* und viele andere scheinbare Appellativa mehr[1]). Daß *Immer* u. *Nimmer* ursprünglich semper u. nunquam bedeuten, darf nicht angenommen werden; ganz wohl können ihnen Irminher und Nidmar entsprechen. Kein ableitendes -*er*, sondern Zusammensetzung mit *her* (Heer) steckt in *Danker, Reiner, Volker, Degener* (umgekehrt *Herdegen*; degen, Held), *Kühner, Rother*, während *Volger* (Volk), *Weniger* (wini), *Williger* (Wille) im zweiten Theile *gêr* enthalten. In mehrern mit -*olf* (Wolf), metathetisch -*lof*, zusammengesetzten Namen entwickelt sich die Form -*lauf* und bei Unterdrückung des *l* auch -*auf* und -*hof*, wodurch Misverstand veranlaßt werden kann: so in *Rothlauf* (Rodolf), *Heidelauf* (heid, persona, habitus), *Geislauff* (Gisalolf), *Karlauf* (Gerolf), *Leitlauf* (Liutolf), in *Gangauf* (umgekehrt *Wolfgang*), *Bitterauf* (Biterolf), *Thierauf* (*Thürolf, Dierolf*), *Baldauf*[2]) u. *Ballauf* nebst *Waldauf*[3]), in *Gerlhoff* (*Gerloff*, Gerolf), *Rohlhoff* (Rodolf). Latinisierung aphäretischer Namen auf -*olf* bringt einige Formen zu Wege, die zum Theil einer ganz andern Deutung unterworfen zu werden pflegen, insbesondere *Dolfus, Dolfuss, Dollfus* u. *Dollfuss* aus Adolf, *Rolfus* u. *Rollfuss* aus Rolf d. i. Rodolf[4]). *Wachsmuth* scheint gleich *Wasmuth* (was, wahs S. 147) zu sein; *Warlich, Warmuth* u. *Wermuth* stammen von wari (Wehr). *See* als erstes Glied der Zusammensetzung geht aus *Sig* hervor, z. B. *Seebald*,

---

[1]) Die Begründung im Einzelnen würde hier zu weit führen; meine Schrift über die altd. Personennamen und meine Abhandlung über die Konkurrenzen in der Erklärung der deutschen Familiennamen (Grenzboten 1882 No. 42. 43) geben Aufschluß.

[2]) Jedoch vgl. Becker Progr. Basel 1873 S. 22.

[3]) Obergföll Gottscheer Familiennamen (1882) S. 6.

[4]) Vgl. *Baldus, Brandus, Mundus, Noldus* (Crecelius in Birlingers Alemannia 1875 S. 179).

Seebode, Seebrandt, Seefried, Seewald[1]); neben *Seegebarth* (Sigiberaht) begegnet *Ziebarth*. *Rubarth* wird wie *Rubrecht* gleich *Rupert* u. *Robert* sein, *Rauchbart* könnte auf Umdeutung desselben Namens beruhn; *Udluft* scheint aus *Utloff* = *Uhdolph* (Udilolf) entstellt zu sein. Schwerlich dürfen *Todt, Tödter* appellativ verstanden werden, sind vielmehr auf *diot* (Volk) zurückzuführen; ebendahin scheint *Taubcrecht* (Dietbrecht) zu gehören[2]). *Krautwig, Krutwig, Krudewig* können mit „Kraut" nichts zu schaffen haben, sondern entsprechen dem alten Chrotwig (vgl. *Rodewich, Rudewig*); *Rothreich* u. *Oelreich* haben denselben Ursprung wie *Roderich* u. *Ulrich*. Aus *Walraf* (Rabe der Walstatt) entspringen *Wohlrabe* u. *Wollrabe*, aus *Wolfram* (hraban, Rabe) *Wolfgram* u. *Wohlfromm*; *Wohlfahrt* ist *Wolfhart*. *Huldreich* u. *Ehrenhold* sind keine ursprünglichen Namen, sondern aus *Ulrich* u. *Herold* umgedeutet; ebenso verhält sich *Jordan* im Verhältnis zu Jornandes der alten Zeit[3]). *Theodorich* erinnert an *Theodor*, aber diese Namen stehn weit von einander ab: jener ist gleich dem got. Thiudareiks (hochd. Dietrich), dieser stammt bekanntlich aus dem Griech.[4]). *Armin* (vgl. Irmin) hat sehr nachtheilige Entstellung in *Hermann* erfahren[5]), und diese Form wird wiederum häufig in *Herrmann* verunstaltet, was beim Geschlechtsnamen unantastbar ist, beim sogenannten Vornamen Tadel verdient. *Minna* ist nicht, wie etwa *Mina*, Kürzung aus *Wilhelmine*, sondern ein selbständiger Name mit der Bedeutung „liebevolle Erinnerung"; *Iwan* erinnert zwar an den bekannten russischen Namen (Johann), muß aber gleich dem deutschen *Iwein* gelten[6]). In Hessen soll der altd. Name *Eilicha* (aus Agil-) von der „albernen Büchergelehrsamkeit" in *Eulalia* umgedeutet, aus *Annegele*, d. i. Anna Gela (Gertrud), von den Pfarrern *Angelika* gemacht worden sein[7]).

In der andern Klasse der ursprünglichen Einzelnamen, welche von den fremden, meist durch das Christenthum eingedrungenen Namen gebildet wird, begegnet eins der lehrreichsten Beispiele

---

1) Vgl. engl. *Seabright* aus *Sigbert* (Höfers Ztschr. f. d. Wiss. d. Spr. 1, 326).
2) Die altd. Personennamen 34.
3) J. Grimm Kl. Schr. 3, 171 fg.
4) Vgl. Wackernagel Schweiz. Mus. 1, 116.
5) Wackernagel a. a. O. 117.
6) Vgl. Weinhold Die Personennamen des Kieler Stadtbuchs (1866) S. 4.
7) Vilmar Ztschr. f. hess. Gesch. 4, 56. 57. Idiot. 84. 122.

stufenweise fortschreitender Gestaltung und Umbildung bis zu einer formell höchst gelungenen Umdeutung: die Identität der Namen *Christian* und *Kirschstein* wird vermittelt durch die vorhandenen Geschlechtsnamen *Kristan, Kristen, Kirsten, Kirschten, Kirstein.* Auch die folgende Entwickelung, bei welcher es sich sogar um zwei neue Wörter handelt, ist besonderer Beachtung werth: außer *Pankratz, Bankradz, Pongratz, Pangräz, Pankaz* entspringen aus Pankratius auch *Pankraht, Pankratt* u. *Pankrat*; von der letztern Form ist nur ein Schritt zu *Bankrath* (als Standesname an sich nicht unmöglich) und davon wieder zu *Bankroth*, worunter sich, wenn alles andere nicht wäre, das Adj. „bankrott" wohl denken ließe. Aus *Cornelius* gehen *Kees* und *Nelke* hervor, aus *Ambrosius Brosche* und *Brösel*, aus *Nikolaus* sowohl *Kloß* als *Loos* u. *Laus* (vgl. *Junglaus*), aus *Jakob* theils *Jacke* theils *Koop*. *Hauser* (Waldhauser) stammt von *Balthasar*, *Stachel* von *Eustachius*, *Ander* von *Andreas*, *Kresse* u. *Kress* von *Christian*, *Bust* von *Sebastian*, *Lex* von *Alexis*, lauter Verkürzungen, mit denen schon öfters in oberflächlicher Berücksichtigung anderer anklingenden Wörter unvorsichtig genug verfahren worden ist. Der auffallende Name *Sintenis* soll sich auf *Saint Denis* gründen; richtig ist, daß er französisch gesprochen gerade so klingt. In gewissem Gegensatze dazu gibt es unweit der frz. Grenze Familien Namens *Denis* (Dionysius), deren Vorfahren urkundlich *Tönis* (Antonius) geheißen haben. Eine Aneignung der seltensten Art betrifft den oriental. Namen *Mustapha*, insofern eine im 18. Jahrh. aus der Türkei eingewanderte und im Magdeburg. seßhaft gewordene Familie, welche so hieß, durch den Volksmund den Namen *Mustopf* erhielt, der noch heute daselbst existiert[1]); dazwischen liegt die Form *Mustoph*, die kürzlich in einer Hamburg. Zeitung stand.

Auf dem Gebiete der Beinamen, welche theils im Mittelalter entstanden sind, theils einen jüngern Ursprung haben, kommen zuerst einige Geschlechtsnamen in Betracht, die den Begriff einer Eigenschaft oder Gewohnheit in adjektivischer oder substantivischer Form enthalten. *Seltenreich* soll, wie oft behauptet wird, aus *saelden rich* (reich an Glück) umgedeutet sein: das mag mitunter stattgefunden haben, da *selten* f. *saelde* vorkommt[2]); doch steht es fest, daß *Seltenreich* in alten Dichtungen ein selbständiger,

---

1) Kreuzzeit. 1877 Beil. v. 22. Juli.
2) Vgl. Frau Selten (Saelde) Germania 10, 103.

bedeutungsvoller Name gewesen ist¹). *Hallwachs* geht aus *halbwahs* (halberwachsen) hervor, *Wunsam* gründet sich vermuthlich auf mhd. *wunnesam* (wunne, Wonne), *Umbreit* auf *unbereit* ²). Die Namen *Dürkopf*, *Dürkopp*, *Dürkop*, *Dürckob* bedeuten nicht „dürrer Kopf", sondern sind gleich *Theuerkauf* u. niederd. *Dürkoop*³). Mit *Rauschhaupt* läßt sich, wenn der erste Theil der Zusammensetzung festgehalten werden soll, nichts rechtes anfangen, da die Vorstellung, der Kopf rausche etwa von der Bekleidung desselben, wenig befriedigt; wahrscheinlich liegt Entstellung aus *Rauchhaupt* vor, vermittelt vielleicht durch *Rauschoff*, d. h. mit rauhem Schopf (vgl. *Groschuff*, *Großschupf*). *Wohlhaupt* ist verdreht aus *Wollhaupt*: *Willhöft* wird durch Wildcop (13. Jahrh.) und Wildehövet (14. Jahrh.) erklärt und bezieht sich wahrscheinlich auf ein Hauszeichen. *Sandleben* gehört nicht zu den Ortsnamen auf -leben, sondern zu *Sanftleben* (*Sampleben*, *Sachtleben*, in nd. Urk. Sachtelevent). Nicht die Präp. *an*, die keinen Sinn gäbe, vielmehr *ohne* in der alten echten Form (mhd. âne) steckt in *Anacker*⁴), *Anhut*, *Ansin* u. *Ansinn*, *Ansorge* (vgl. *Ohnesorge* und Sanssouci). Die Möglichkeit, daß der bekannte Name *Overstolz* in den weniger bekannten *Haberstolz*, über den bisher unbefriedigend geurtheilt worden ist⁵), übergetreten sei, wird folgende Darlegung zu begründen suchen: die niederd. Partikel *over* hat die Nebenform *aver* (vgl. *Averbeck*, *Averdieck* mit *Overbeck*, *Overdieck*); sodann findet sich der Vortritt eines *h*, abgesehen von andern Wörtern (heischen, heidechs, heiternezzel, helfenbein, heben-

---

1) Hierüber s. insbesondere Weinhold Weihnachtspiele und Lieder (Graz 1855) S. 143.

2) Grimm Gramm. 3. 785; vgl. Siebenbürg. Tagebl. 1878 No. 1526.

3) Mantels Progr. Lübeck 1854 S. 24 theilt aus dem 14. Jahrh. die Namen Durecop und Godescop mit, im Kieler Stadtbuch des 13. Jahrh. finden sich Durcob und Durcop; vgl. „Döhrekauf, der theuer verkauft" bei Hönig Köln. Wtb. 52ᵃ.

4) Vgl. frz. *Santerre* (sans terre). Im 16. Jahrh. wurde, wie Beneke Hamb. Gesch. u. Sag. S. 168 berichtet, ein holst. Herr von *Alefeld*, der seine Güter verkauft und sein Vermögen verpraßt hatte, spottweise „Ritter *Anefeld*" genannt. Unterdessen findet sich in niederd. Urkunden ohne Anzüglichkeit *Anefelde* wiederholt mit *Alefelde* wechselnd, einzeln auch *Antfelden* geschrieben; s. Ztschr. f. d. Gesch. v. Schl. Holst. u. Lauenb. 3, 217. 225 fg. 4, 184 fg.; vgl. Knorr Progr. Eutin 1882 S. 5.

5) von Pott Personennamen 615. Vgl. meine Auseinandersetzung in d. Jahrb. f. Phil. u. Päd. 20 (Abth. 2) S. 63 u. 64.

holz), gerade bei *aber* in mehrern Beispielen, wie haberklaue, haberraute¹).

Reichen Stoff bieten die Imperativnamen. Daß *Schneewind* auf *Schneidewind* (Landstreicher, franz. taillevent) zurückgeführt werden müsse, wird durch die vermittelnde Form *Schniewind* (vgl. dial. Schnie f. Schnee) so gut wie bewiesen; anders entstellt sind *Schneidewendt* und *Schneidewin*. Neben *Scheuchenpflug* (mhd. schiuhen, scheuen) findet sich *Scheinpflug*, *Scheimpflug* f. Scheupflug (scheu den Pflug), neben *Hassenpflug* das daraus verderbte *Hasenpflug*. Die hochd. Namensformen *Reimschüssel*, *Raumschüssel* u. *Ramschüssel* mit den niederd. *Rumschöttel* u. *Rumschüttel* bedeuten: „räume (leere) die Schüssel" und wollen den bezeichnen, der das zu thun, stark zu essen pflegt²). Gleiches Sinnes mit diesem Namen sind *Rühmekorff* und hochd. zurechtgelegt *Rühmekorb* nebst *Ruhmkorf*, nur daß hier ein Korb statt der Schüssel steht³). *Tretopf* ist gleich *Tredup* u. *Tretrop* (vgl. *Hotopf* und *Huttuff*), *Bettführ* gleich *Bötefür* u. *Büteführ* (*Fürböter*, Einheizer), *Beisenherz* gleich *Beissenhirtz* (beiß den Hirsch); *Preußendanz* bedeutet „preise den Tanz" (vgl. *Lobedanz*), *Lehrenkrauß* u. *Lernbecher* „leere den Krug, den Becher". Die Namen *Klingspaar* und *Klingspiel* sind Nebenformen von *Klingspor* und *Klingebeil* (laß den Sporn, das Beil klingen); *Trinksüss* und *Drinkhut* haben aus *Trinkaus*⁴) (*Trinksaus*) und „Drinkut", *Hausschild* u. *Hauffschild* aus *Hauschild* u. Howeschild (14. Jh.) Umbildung erfahren; *Klophaus* erklärt sich durch mhd. klophen f. klopfen, *Drishaus* ist vermuthlich gleich *Drischaus*. Daß *Leichtweiß* nicht „leicht weiß" bedeutet, sondern aus *Leuchtweiß* entstellt ist, leidet keinen Widerspruch; vgl. *Scheineweiß*. Unter *Stechmesser* ist kein Messer zum Stechen, wie man glauben sollte, zu verstehen, sondern die Form des Namens ist dem niederd. Imperativ *Steckmest* nachgebildet worden: wer bei Zechen für sich bezahlen ließ und dadurch, daß er an dem Platz eines andern sein Messer in den Tisch stach,

---

1) Frommann 5, 217. 345.

2) Wunderlich erklärt Richey Hamb. Idiot. 220 und 240: „*Rumschöttel*, Plauderer, Schwätzer, Großsprecher, der gleichsam geraume Schüsseln mit unbedachten Reden auftischt".

3) In *Rumenap* ist es der Napf, was Schambach Niederd. Wtb. 176 nicht zu wissen scheint; es kommt auch *Rumenapf* vor (Fick Progr. Götting. 1875 S. 18). Vgl. ferner *Reimkasten*, *Reimsfeld* und *Rummfeld*, *Reimstieg*, *Rumelant* (schon mhd.) u. *Rummelandt*.

4) Becker Progr. Basel 1873 S. 12.

dies zu erkennen gab, wurde „Stekemest" genannt¹). Die Namen *Clebsattel* und *Glebsattel* sind gleich *Klebesattel* (in Urkunden öfters Klebsatel, Clebesadel, Clevesattel), wobei wahrlich nicht an ein Kriegsgeräth gedacht werden darf²), vielmehr an einen Beinamen kecker Reiter³); da nun aber auch *Kleesattel* als Familienname vorkommt, so fragt es sich, ob hier eine Umdeutung stattgefunden habe, oder ob dieser Name als Kleeacker (dial. sattel, länglicher Acker⁴) zu erklären sei. Das hessische Adelsgeschlecht *Schutzbar* hat sich früher Schutzsper geschrieben, d. h. Schüttesper (Shakespeare); der Name ist mithin im Laufe der Zeit, was sich bisweilen ereignet, zweimal umgebildet und umgedeutet worden. Die sinnlose Verbindung *Schafgans* gründet sich auf einfältige Gestaltung zweier ganz verschiedenen Wörter: *Schaffganz*⁵) verhält sich wie *Schaffenicht*, wie *Schaffrath* u. *Schaffenroth*. Der Name *Schlichtegroll* heißt nicht: „schlichte den Groll"⁶), sondern bezieht sich auf Schlichtung, Glättung, Ordnung des Haars; die Formen *Schlichtkrul*, *Schlichtkrull*, verglichen mit *Schlichthaar* u. *Glatthaar*, erlauben keinen Zweifel, daß „Groll" auf Entstellung aus „*Krull*" (Locke) beruht. *Singewald* u. *Singeholz* haben mit „*singen*" an sich nichts zu schaffen, bedeuten vielmehr dasselbe wie *Sengewald* und *Sengeholz*, nemlich Waldbrenner (*Brennewald*); vgl. ferner *Sengebusch*, *Sengelaub*, *Sengstake*. Ebenso wird *Singeisen* gleich *Brenneisen* sein. Aus *Kiesewetter* (Wetterspäher) entstellt kommt *Kiesevetter* (vgl. unten *Schiervater*) vor, vielleicht ist auch *Küsswieder* eine Umdeutung desselben Namens. Wie *Reyedanz* gleich *Lobedanz* und *Schickedanz* imperativisch zu verstehen ist (vgl. *Regenfuß*), wird *Reintanz* aus „Regentanz" entstanden sein. Der Name *Rohwetter*, der weder mit „roh" noch mit „Wetter" zu thun hat, findet seine Erklärung durch die niederd. Form *Rowedder* (zusammengezogen *Rohwer*), welche „Ruhwieder" bedeutet, ursprünglich vielleicht ein Wirtshausname, wie Stawedder in Holstein (unweit Hamburg). Bei *Zuckermandel* denkt man natürlich an etwas sehr Süßes, und doch liegt ohne Zweifel etwas Schlimmes

---

1) Heintze Die deutschen Familiennamen S. 206b; vgl. Mantels Progr. Lübeck 1854 S. 25.
2) Vilmar Namenb. 37.
3) Becker Progr. Basel 1873 S. 11.
4) Vilmar Idiot. 338. Bech Progr. Zeitz 1868 S. XVIII.
5) vor Jahrhunderten auch *Schaffenlitzel* (schaff ein wenig).
6) Pott 616. Vilmar Namenb. 64.

und Bittres zu Grunde, nemlich *Zuckmantel* (Zuckenmantel; vgl. *Zuckschwert*), mit Bezug auf Raub in einsamer Gegend [1]. *Regenfuß* heißt: „reg den Fuß", *Ringseis* ist dasselbe wie das ältere *Ringseisen* [2]); *Stürtzenbecker*, *Störtenbecker* sind gleich Stürzenbecher, nd. *Störtebeker*, worunter aber nach neuern Untersuchungen [3]) ursprünglich kein Imperativ sondern ein Deckelbecher, Trinkgefäß mit einer Stürze zu verstehen ist. Unverständlich klingt *Grotwahl*, wogegen *Grothwohl* und besonders *Gerothwohl* auf *Grathwohl* [4]), *Gerathewohl* leiten, die daneben vorkommen; *Gradewald* u. *Grotewohlt* scheinen derselbe Name zu sein. Wie *Streichhahn* entstanden sei und was es bedeute, darauf antwortet die zwischen dieser und der Form *Streichan* in der Mitte liegende Form *Streichhan*: alle drei meinen den Anstreicher. Die Namen *Kieckhäfer* u. *Kickhöfer* bedeuten *kickäver*, *kieköver* (guck über) und sind an sich lokal [5]). Daß in *Schüthuth* und der völlig verwilderten Form *Schüththut* weder „Hut" noch (niederd.) „Haut" stecken, leidet kaum Widerspruch; guten Sinn gibt dagegen die niederd. Präp. ut (aus), nemlich: Schütt aus. In *Spanhut*, *Spannhut* hat sich gleichfalls ein *h* eingeschlichen; es ist der häufige niederd. Name *Spanuth*, *Spannuth*, hochd. *Spannaus*. Nicht mit „Haber" sondern mit „aber" (S. 151) hängt *Ruckhaber* zusammen: wie *Ruckfür* und *Rückforth* sich selbst erklären, heißt *Ruckhaber*, woneben unentstellt *Ruckaber*, aber auch mit neuer Entstellung *Ruckgaber* begegnet, „rück wieder" [6]). Vielleicht bedeutet *Reishaus* den Ausreißer (Reißaus).

Unter die zusammengesetzten Familiennamen, deren zweiter eine Person benennender Theil durch den im ersten befindlichen Sachbegriff individualisiert wird (vgl. *Ackerkurt*, *Baumotte*, *Fischenebert*, *Korflür*, *Schaffgotsch*), gehören *Kampfenkel* u. *Kamfenkel*, Namen, die an sich kaum verständlich klingen, aber volles Licht erhalten durch die daneben vorhandenen Formen *Kamphenkel* und verhochdeutscht *Kampfhenkel*; gemeint ist *Henkel* vom *Kamp*

---

1) Vgl. Bacmeister Germ. Kleinigk. 51ᵇ.
2) Aus *Ringsmaul* (16. Jahrh.), meint Schmeller (Wtb. 2. A. 2, 121), ist der heutige Name *Rindsmaul* entstellt worden.
3) Korrespondenzbl. d. V. f. niederd. Sprachforsch. 4, 28. 151.
4) *Gratwol* findet sich in Nürnberg schon im Mittelalter (Lexer Ztschr. f. vergl. Spr. 17, 382).
5) Vgl. Förstemann Ortsnamen 210.
6) Becker Progr. Basel 1873 S. 13; vgl. Staatsanz. f. Würtemberg 1878 S. 381.

(vgl. *Kampfranz, Kampschulte*). In *Balschmieder* könnte irgend eine Beziehung von *Schmieder* auf *Ball* vermuthet werden; auf den richtigen Ursprung führt die Form *Balschmiter* (Ballwerfer), so eigenthümlich auch ein solcher Beiname erscheint.

Aus der Zahl der Standesnamen sind hervorzuheben: *Küstenmacher*, entstellt aus *Kistenmacher* (*Kistemaker*), *Kiefer* aus *Küfer* (*Küper, Küpper*), *Goldstücker* u. *Seidenstücker* aus -*sticker*, *Küßhauer* aus *Kießhauer*; ferner *Steinhöfel* aus *Steinhöwel* (*Steinhouwer, Steinheuer*) und aus dem letztern wieder *Steinheil*, *Asthöfer* (*Asthöver*) aus *Asthöwer* (vgl. *Baumhauer*); *Budenheuer* (*Bardenheuer*) meint den, der mit der Barte haut, *Budenbender* den Büttenbinder oder Büttner, *Hoffschläger* den Hufschläger[1]), *Vollmüller, Vollmöller* den Walkmüller[2]). *Dürrwächter* u. *Dürrschmidt* bedeuten Thürwächter und Thürschmied (vgl. *Türrschmiedt*); *Pramschieber* ist entstellt aus „Prahmschieber", der einen Prahm auf dem Flusse schiebend fortbewegt[3]). Obgleich sich der Name *Keller* bequem auf Herkunft und Wohnung beziehen läßt (vgl. *Zumkeller*, *aus dem Keller*), so wird doch in den meisten Fällen vielmehr die persönliche Bedeutung der dem lat. Cellarius entsprechenden ältern, in heutigen Mundarten erhaltenen Form[4]) zu Grunde liegen, *Keller* mithin gleich *Kellner* sein. Daß *Bornträger*, zumal da der eigentliche Sinn nicht leicht zu erfassen sein dürfte (Wasserträger?), wörtlich zu verstehen sei, scheint nicht so ausgemacht, wie insgemein angenommen wird: vorzügliche Beachtung gebührt der wohl begründeten Behauptung Ficks[5]), daß dahinter der Bernsteindreher stecke, welcher im ältern Niederd. zuweilen „bornstêndreger" (-dreier) genannt werden mochte, woraus gekürzt „borndreger" allerdings nicht schwer hat entstehen können[6]). Mit merkwürdiger Entstellung der letzten Silbe ist aus *Vieter* (lat. *Victor* = Binder) in Gegenden der holstein. Marsch *Vietheer* hervorgegangen, wo sich „Vieh" und „Theer" aufdrängen. Neben *Rossteuscher* beget-

---

1) Vgl. hofslegher in Mantels Progr. S. 25.
2) Idiot. v. Müller u. Weitz 56. Der Walker heißt engl. fuller, lat. fullo.
3) Heintze Die deutschen Familiennamen S. 187a.
4) In Schillers „Kabale und Liebe" (1, 2) findet sich die Verbindung „Keller und Koch", wofür es heute gewöhnlich „Koch und Kellner" heißt.
5) Progr. Göttingen 1875 S. 16.
6) Das Mnd. Wtb. verzeichnet sowohl bornstén f. bernstên als auch dregen f. dreien; vgl. das. 2, 576b krândreger, Krandreher.

nen *Rossdeutscher* und *Rossteutscher*, neben *Torfstecher* auch *Dorfstecher*. *Seyenschmid* bedeutet *Sensenschmid* (mhd. segense, segens, Sense), *Weißbeck* den Weizenbecker, *Duncker*, *Dünker* den Tüncher[1]), *Rehbinder* den Riedbinder, der das Riedgras oder Schilfrohr (niederd. rêt, Ried) zum Verkaufe in Bunde bindet[2]). *Reitmeister* gehört schwerlich zu „reiten mhd. rîten", obgleich in niederd. Gegenden der Anführer der städtischen Reiterei „ridemester" genannt wurde[3]), vielmehr zum oberd. „raiten mhd. reiten, rechnen", und bedeutet den Vorsteher des Rechenamts; vgl. Reitkammer, Reitbeamte, Hüttenreiter, Münzreiter, südd. Ausdrücke[4]). *Strommenger* ist gleich *Stromenger* (Strohhändler; vgl. *Stromeyer*). *Leidgeber* (*Leidgebel*, *Leitgeb*, *Leygebe*) meint einen Schenkwirt (lît, Most); der gleichbedeutende ursprünglich slavische Name *Kretschmar* hat Umdeutung in *Kretschmann* erfahren. Aus *Leidecker* (*Leyendecker*, von lei, Schiefer) kann *Leidhecker* verunstaltet worden sein, obschon es einen Ort Leidhecken im Darmstädtischen gibt; *Schifferdecker* ist gleich *Schieferdecker*, *Stubenhauer* gleich „Stubbenhauer, der Baumstubben ausrodet"[5]), *Wohlschlegel* gleich *Wollschläger*. *Pfotenhauer*[6]) darf nicht als Spitzname eines Schulmeisters gelten, sondern bedeutet Pfettenhauer (Pfetten, Querbalken eines Hauses). Die Namen *Schuhwirth* und *Schuhwicht* entspringen aus dem mhd. *schuochwürhte*, *schuworhte*, später *schuchwort* (Schuhwirker, Schuhverfertiger), woher bekanntlich auch *Schubert* (*Schuwert*) und *Schuchardt* stammen[7]); *Stahlknecht* scheint Scheideform von *Stallknecht* zu sein. Daß *Schaffhardt* kein Imperativausdruck sei (vgl. *Schaffganz*, *Schaffrath*), wird durch die Nebenform *Schabbehard* (Schafhirt) bewiesen; vgl. *Kuhardt*, *Pagenhardt*, *Gemeinhardt*, *Lemmerhardt*. Da auch *Schapheer* begegnet, insbesondere da der Kuhhirt in niederd. Mundarten geradezu „koherr" lautet[8]), so darf

---

1) Förstemann Germ. 16, 268 erwähnt einer frühern Dunckerstraße in Reval.

2) Vgl. „bunt rêt" im Mnd. Wtb. 6 (Nachtr.), I. Heintze 103[b] fragt, ob in *Rehbinder* das mhd. rê (Todtenbahre) stecke.

3) Schambach Wtb. 171[b].

4) Diefenbach Wtb. 2, 160.

5) Heintze 208[a].

6) Vgl. meine Darlegung in d. Jahrb. f. Phil. 20, 61. Heutige Familiennamen sind außerdem: *Föttkenheuer*, *Vetchenhauer*, *Fetkenhauer*, *Pfätchenhauer*.

7) Vilmar Namenb. 20.

8) Danneil Wtb. 81[b]. Aus „koherr" ist „kôr" zusammengezogen

auch wohl *Soherr*, womit sonst nicht viel anzufangen wäre, als Sauhirt oder eigentlich Sauhüter[1]) erklärt werden. In französ. Kolonien Deutschlands findet sich der Name *Berger*, der auf das franz. *berger* zurückgeht, also dasselbe wie *Schäfer* bedeutet [2]). *Olbeter* ist nicht etwa „alter Beter", vielmehr gleich *Olböter*, hochd. *Altbüßer* (Schuhflicker). Der Name *Creuziger* kommt als Appellativ zwar in der Bedeutung von cruciator vor; insgemein aber muß darunter der Kreuzfahrer, mhd. crûzigaere, verstanden werden[3]). Die Form *Zinkgraf* beruht auf einer sonderbaren Umbildung, vielleicht Umdeutung aus *Zintgraf*, d. i. *Zentgraf* (Graf, der einer zent, centena, präsidiert). *Zehenter* darf nicht mit dem lat. Decimus verglichen werden, sondern es ist damit wie mit *Zehender* der Beamte gemeint, der den Zehnten erhebt. Der Name *Ammon*, welcher im ersten Augenblicke zu dem Gedanken an einen sehr weit entlegenen Ursprung (Jupiter Ammon, woher Ammonshorn benannt ist) verführen könnte, stammt aus Steiermark und bedeutet *Ammann* d. h. Amtmann[4]). Unter *Umlauf* ließe sich freilich mehrerlei verstehen; vorzügliche Rücksicht verdient die Mittheilung, daß im alten Köln der Aufseher über die städtischen Geräthschaften und öffentlichen Arbeiten so hieß[5]). Daß *Bischkopf* gleich *Bischof* sei, würde auch ohne die zwischenliegenden Formen *Bischkop* und *Beschop* angenommen werden dürfen (vgl. *Hotopf*, *Middeldorpf*). So nahe es liegen mag, in den Namen *Person*, *Persoon*, *Persohn* den allgemeinen appellativen Begriff vorauszusetzen, muß diese Annahme doch vor der Erklärung weichen, daß eine Zusammenziehung aus dem nord. *Pederson* (schwed. Perssön, Persen d. i. Petersen; Peer gleich Peter) vorliegt[6]). Trotz der wahrhaft entsetzlichen Schreibung, welche möglicherweise mit irgend einer Assimilation zusammenhängt, wird *Schwiegelsohn* als „Schwiegersohn" zu verstehen sein, weil dane-

---

(Grimm Wtb. 5, 2556); die Form „kûr", welche man danebengestellt hat, gilt aber für den Nacht- oder Turmwächter, z. B. in Krefeld, und wird von Woeste (Frommann 7, 442. 443) aus „kuder" d. i. „kunder" (Verkünder) abgeleitet.

1) Vermuthlich nemlich steht jenes -*heer* (-*herr*) für -*hör* d. i. höder (Hüter).
2) Behaghel in Pfeiffers Germania 23, 269.
3) Vgl. Grimm Wtb. 5, 2195. Schmeller Wtb. 2. A. 1, 1392.
4) Kern Progr. Stuttg. 1858 S. 53.
5) Ennen Gesch. v. Köln 3, 63.
6) Pauli Progr. II Münden 1871 S. 5.

ben *Schwiegelsohn* existiert. Daß *Phaland*, wie *Faland*, *Fahland*, die mhd. Benennung des Teufels, vâlant, fortsetze[1]), ist glaublich, ob auch *Pfahland* und gar *Paland*, sehr fraglich; wahrscheinlich bezieht sich der schon vom Mittelalter her am Niederrhein bekannte Name *Paland* auf ein gleich oder ähnlich lautendes herrschaftliches Gut[2]). Ganz unverständlich klingt der Name *Heldriegel*: er steht für *Hellriegel*, *Höllriegel*, womit der Teufel oder dessen Großmutter gemeint sind; die Hölle wurde mit Riegeln versperrt gedacht[3]).

Namen, die sich auf Herkunft und Wohnung beziehen. *Schlaf*, *Schlaaf* bedeutet nicht somnus, vielmehr *Slavus*[4]), *Krapoth* nicht, wie *Kranpoth* (vgl. *Hasenpoth*, auch Ortsname), Krähenfuß, sondern Kroate (*Crobath*, *Krawath*). *Bleichroth*, von Pott als Adj. oder als „novale zum Bleichen" verstanden, kann ja nichts sein als der Ort *Bleichrode* (woher *Bleichrodt* und *Bleichröder*); *Frühbuß*, an „frühe Buße" erinnernd, wird als *Friebus* (in Böhmen) zu gelten haben; *Schiffbahn*, *Berenschwerdt*, *Erkenzweig*, *Winterschweig* weisen auf die Oerter Schiefbahn, Behrenswerth, Erkenswick, Winterswick zurück; *Krewel*, *Krävel* scheinen die Stadt *Crefeld* zu bedeuten, deren Name vom Rheinländer oft ungefähr so ausgesprochen wird; *Koberstein* ist vielleicht entstellt aus Kobershain (Reg.-Bez. Merseburg). Mehrere Seiten- und Uebergangsformen lassen nicht daran zweifeln, daß mit dem Namen *Kleefisch*, dessen wörtliche Fassung keinen vernünftigen Sinn gäbe, die Herkunft aus *Cleve* (*van Cleev*) bezeichnet wird: *Clefisch*, *Klefisch*, *Kleevisch*, *Clebsch*, *Klebisch*, *Clewisch*. Zu dem böhm. Orte *Frauenreut* gehört *Frauenreiter*, zu dem bair. *Abtsreut*, *Abtsrod* mit merkwürdiger Entstellung *Abstreiter*[5]); *Krekeler* meint nicht etwa einen Zänker, sondern bezieht sich wie *Krekel* auf einen Ort dieses Namens (Reg. Aachen); *Beseler* verhält sich zu *Basler* (Basel) lautlich aufs genaueste wie *Möseler* zu *Mosler* (Mosel). Neben *Weizsäcker*, wo *zs* vielleicht ursprünglich bloß graphisch für *sz* zu nehmen ist (mhd. weize, noch heute dial. Weiß, Weizen), kommt auch *Weizäcker* vor; vgl. *Gerstäcker* (*Gerstewecker*), *Gutenäcker*. Einem glaubwürdigen Zeitungsberichte

---
1) Grimm Mythol. 944.
2) In der Gegend von Arnheim lebt eine Familie *van Pallandt*.
3) Grimm Mythol. 222. 223.
4) Vgl. Mantels Progr. S. 10. Beneke Hamb. Gesch. u. Sag. 353.
5) Steub Die oberd. Familiennamen 150. 161.

zufolge hat ein aus Surinam Zurückgekehrter, also ein Surinamer, den Namen *Sauereinnehmer* bekommen. *Allgeyer* stammt von Allgäu d. i. Albgau; *Horneyer, Morgeneier, Ramseyer, Waldeyer* hangen mit Ortsnamen auf -au zusammen. Unter den Namen auf *-becher* (aus *-bach*, z. B. *Nußbecher*) gibt es einzelne, in denen auch das Subst. Becher enthalten sein könnte, wie *Holzbecher, Leutbecher* (zu lit S. 156); *Steinwender* stammt vom Orte Steinwand, *Osterritter* ist entstellt aus *Osterrieder* (von Osterried). Die oberd. Namen *Hagspiel* und *Singlspiel* nebst *Hackspiller* u. *Singlspieler* sind aus Hagsbühel und Singuldsbühel entsprungen[1]); *Walterspiel* und *Radspieler* werden derselben Art sein. In *Rosenhauer* und *Depenheuer* kann nicht wohl der persönliche Begriff „Hauer" liegen; die richtige Quelle geben die Ortsnamen Rosenau und Diepenau nebst Tiefenau an. Unter *Sonnenleiter* wird der verstanden, welcher an der Sonnenseite eines Berges, unter *Winterhalter* der, welcher auf der Winterhalde wohnt; beide, *leite* und *halde*, bedeuten Bergabhang. Der ziemlich häufige Name *Schneemann* hat vielleicht nichts mit *Schnee* (nix) zu thun, sondern bezeichnet weit eher den, der an der Grenze (Schneide, niederd. *schnê*) wohnt oder daher stammt[2]). *Mitlacher* und *Mittelacher* scheinen sich auf die Wohnung inmitten zweier Seen zu beziehen (vgl. *Ueberlacher* und die geographischen Namen Interlaken und Zwischenahn), *Obenhaus* gleich *Obenaus* zu sein. Mit einer Präp. verwachsene Namen dieser Art, welche dem Misverstande unterliegen, zum Theil auf Anlehnung beruhen mögen, sind: niederd. *Andauer* (hochd. *Amthor*); *Austermühle, Austerwischen*, aus der Mühle (niederd. *Utermöhlen*), aus der *Wieschen* (Wiese); *Bienwald* und *Biensee*, vermuthlich beim Wald, beim See. Die Namen *Amend, Ament* und dial. *Ameng* vermitteln den Zusammenhang zwischen *Amen*, dessen Schlußkons. abgefallen ist (vgl. *Schneidewin*), und *Amende*[3]). am Ende. *Thorbecke* ist nicht der Bäcker am Thor[4]), sondern im Niederd. dasselbe was im Hochd. *Zorbach, Zumbach* (vgl. *Thorley, Thormöhlen* u. a. m.). Mit dem Lokalsuffix -stra gebildet findet sich unter den Friesen der Name *Ekstra*, Herkunft oder Wohnung an Eichen bezeichnend; daher rührt

---

1) Vgl. Schmeller Wtb. 2. A. 1, 218.
2) Fick Progr. Gött. 1875 S. 29.
3) Hierher gehört vermuthlich der Name *Mende* (Grenzboten 1879 S. 329).
4) Fick a. a. O. S. 30.

durch Misverstand nun auch der Name *Extra*¹). Nicht einen Hahn, der kräht, bedeutet *Krähahn*, sondern mit *Krehan, Krehain, Krehein* einen Krähhagen; vgl. Kreyenhagen in Hessen. Die Namen *Kronbiegel, Krombiegel, Crumbiegel, Krumbiegel* und *Krumbügel* enthalten keinen *Bügel* als Geräth, vielmehr das Wort *Bühel* (Hügel); ebensowenig darf an eine *Krone* gedacht werden, wohl aber an *Krähe* und *Kranich*, zum Theil auch an das Adj. *krumm*²). *Leuthaus* und *Leutheußer* (*Leitheuser*) weisen auf das Subst. *lit* (S. 156) hin³); *Frühlinghaus* steht für *Frielinghaus*, Haus eines *Friling*, bei den Altsachsen eines aus freiem Stamm Entsprossenen. Einzelne Familien *Dreckmann* und *Dreckschmidt* geben an, ihre Namen seien aus *Dreieichmann* und *Dreieichschmidt* im niederd. Dialekt zusammengezogen; ob auch *Dreckmeyer* derselben Auslegung anheimgefallen ist? Ueber den bisher unerklärt gebliebenen Namen *Heimsoeth*, welcher eine Mischung des hochd. „Heim" mit dem niederd. „soet" (süß; vgl. *Soetbeer*) zu enthalten scheint, breitet sich Licht durch die Notiz: „Nedderland bei Bremen heißen in alten Urkunden die *Hemsater*, Horstsater, die van der Wetteringe und die Letsater"⁴): der zweite Theil ist derselbe wie in Holsate (-sasse); zwischen dem hiesigen *Heimsoeth* und dem brem. *Hemsath* vermitteln die heutigen Geschlechtsnamen *Hemsoth* und *Heimsoth*. Den Namen *Bachus* auf den alten Weingott zu beziehen darf zwar nicht von vorn herein als verwerflich gelten; allein ein Blick auf die durch ein *h* vermehrte Form *Bachhus* hinterläßt die Ueberzeugung, daß *Bachhaus* und *Backhaus* (*Backes, Backs, Bax*) gemeint sind⁵). *Wiskott*, für sich allein betrachtet, könnte „Wiesenhütte" bedeuten (vgl. *Holtkott, Aldekott*); die Seitenform *Wisgott* mahnt jedoch so sehr an das betheuernde „wiʒʒe got"⁶) (nhd. weiß Gott), daß man für beide Namen dieser Herleitung zustimmen darf. Sicherlich ist *Sünderhauf* nicht wörtlich zu verstehen, insbesondere weil daneben *Sünderhof* angetroffen wird, welches sich

---

1) Ruprecht im Hildesh. Progr. 1864 S. 16.

2) N. Jahrb. 20, 62. 63.

3) Zu „Leuthaus" aus „lithûs" vgl. Schmeller 2, 521. Wackernagel Ztschr. f. d. A. 6, 272. „Bier ausschenken" heißt in bair. Dialekten „verleutgeben"; vgl. Zaupser Bair. oberpfälz. Idiot. 80. Frommann 5, 97.

4) Brem. Wtb. 6, 211.

5) Vgl. Pauli Progr. Münden 1871 S. 22. Für *backen* hieß es in älterer Sprache *bachen*, daher auch der Familienname *Bachofen*.

6) Vgl. *Kotweiß* u. *Kodreis* (Schillers Mutter war aus dieser Familie).

zu *Sunderhof* u. *Sonderhof* verhält wie *Sündermann* zu *Sundermann* u. *Sondermann*; *Sonderhof* ist gleich *Sudhof*, südlich gelegener Hof[1]). Der Name *Seelhof* scheint der in den Weisthümern vorkommenden Form „selehof", d. ist *salhof* (Herrenhof), zu entsprechen; auch gibt es einen Ort *Selhof* bei Honnef am Rhein, und *Seelhof* bedeutete ferner ehemals „Kirchhof"[2]). *Tellkampf* hat weder von *Tell* noch einem *Kampf* den Namen, sondern bedeutet mit *Tilgenkamp*, *Tillenkamp* und *Tellkamp* ein mit Schößlingen (niederd. telg, Zweig) bepflanztes Feld[3]); *Weitenkampf* steht für „Weidenkampf". Bei dem Namen *Bockhacker*, welcher wörtlich genommen keinen Sinn gibt, gilt es wieder ein *h* zu beseitigen; denn unbedenklich stellen sich *Bockhacker* und *Buchacker* gleich, ja das *h* könnte ursprünglich die organische Länge bezeichnen sollen, obwohl sich eine größere Anzahl geographischer Namen derselben Form und Aussprache findet, wie Bockholt, Bockhorn, Bockhorst, Bockwoldt neben Buchholz, Buchhorn, Buchhorst, Buchwald. Die hamburgischen Geschlechtsnamen *Borgeest* und *Bergeest*, welche an „Geest" (vgl. *Vergeest*) denken lassen, scheinen aus *Borgesch* (Gegend in Hamburg) entstellt zu sein; *Papproth* ist gleich *Pfaffenroth*, *Pfafferott* und *Paffrath*.

Vom Thierreich entlehnte Geschlechtsnamen. In sehr vielen Zusammensetzungen mit *Herz* ist der *Hirsch* gemeint, z. B. in *Herzbach*, *Herzberg*, *Herzbruch*[4]), *Herzbruck*, *Herzfeld*, *Herzsprung*, die sämmtlich an sich lokal sind; in kaum weniger zahlreichen mit *Kron* der *Kranich* (niederd. kran, kron), wie in *Kronauge*, *Kronschnabel*, *Kronberg*, *Cronsnest*. Eine merkwürdige Entstellung ist *Kronenbitter*[5]) aus Kranewitter (mhd. kranewite,

---

1) Vgl. Sonderburg u. Suderburg, Südheim u. Sondheim nebst Sundheim. Auch mit „Sonne" berührt sich „Sunder": Sonnenbrücke, Sonnenwind, sonnenhalb (südwärts, von der Südseite); s. Schmeller Wth. 3, 269 und vgl. Ausland 1878 No. 39 S. 764[b].

2) Anz. f. Kunde d. d. Vorzeit 1877 S. 259.

3) In den Weisthümern kommen „Telgenkämpfe" vor; vgl. *Haverkampf*, *Lindenkampf*, *Roggenkamp*, *Wickenkamp*. Aber in *Roskamp* steckt der „Kamm", mit dem die Pferde gestriegelt werden, oder das Wort stammt von dem mlat. cambium, Tauschhandel; *Rosskamm* bedeutet Pferdehändler.

4) Einer Mittheilung des Dr. Claussen in Itzehoe zufolge hat ein vor etwa 20 Jahren verstorbener vornehmer holsteinischer Geistlicher dieses Namens, ehe er aus dem Judenthum ins Christenthum übergetreten war, *Herz Baruch* geheißen.

5) Steub Die oberd. Familiennamen S. 7. Peters Ztschr. f. d. österr. Gymn. 1878 S. 755.

Wacholder, woher Krammetsvogel), auch *Kronawetter* findet sich; von der *Krähe* rührt *Kragenbrink* her. Die Namen *Schellenberg, Schellhorn*[1]), *Schellkopf* sind sicherlich nicht von „Schelle", vermuthlich aber vom *schëlch*, dem Riesenhirsch, gebildet; deutlich stammen *Schelkshorn* und *Schelshorn* daher. Vollständige Umdeutung weist der Name *Scheelhass* auf, bei dem man an „schelen Haß" erinnert wird; zu Grunde liegt *Schelhas, Schellhase* (mhd. schëllec[2]), scheu, vor Furcht aufspringend). *Fußwinkel, Fußhorn, Fußhöller* und *Staudenfuß* beziehen sich auf den *Fuchs, Vossköhler* auf die Fuchskule (-loch). Mehrere mit *Stern* beginnende Geschlechtsnamen besagen nicht dieses Wort, sondern den *ster* (Widder), so die zunächst lokalen Namen *Sternberg, Sternbeck, Sternhagen*, desgleichen *Sternkopf* (*Wedderkop*). *Schneegaß* (niederd. gôs, gâs, Gans) scheint mit *Schneegans* identisch zu sein, *Bofink, Baufink* (niederd.) bedeuten Buchfink, *Pufuhl* (-fagel) ist gleich *Puvogel*[3]). Schon früh kommt *Schwein* als Beiname vor (Swin sive Porcus im 14. Jahrh. zu Lübeck), und es ist kein Grund vorhanden dem heutigen Familiennamen, der auch als *Schwien* begegnet, diese Bedeutung abzusprechen; dagegen scheinen *Schween, Schwenn, Schweinichen* mit dem ahd. snein, nord sveinn, svend, engl. swain (Hirte, Sauhirte, dann Knabe, Jüngling) zusammenzuhangen. Ebenso wird der Name *Schweinigel* wörtlich auszulegen sein, zu Hamburg hat im 14. Jahrh. ein Hans Swinegel gelebt; die Erklärung aus einem ahd. Suênichilo (?), welche kürzlich bekannt geworden ist[4]), befremdet in hohem Grade. *Quadfaß* hat sich aus *Quadfasel* (schlechtes Zuchtvieh) unkenntlich gemacht; *Quatram* bezeichnet einen schlechten Bock. *Riedesel* ist als „Reitesel" zu erklären, im 15. Jahrh. kommen die Beinamen Reitesel und Rietesel vor[5]). Den oberd. Namen *Schafhäutl*, welcher mit einer Schafhaut schwerlich etwas zu schaffen hat, deutet Schmeller[6]) aus „Schafitl, Schafoytlin", franz. chouette, Käuzchen. Die Umbildung *Faßhahn* aus „Fasan" erinnert an die S. 62 an-

---

1) Andere deuten als „Schallhorn"; es gibt auch einen Berg in Westfalen mit Namen „Schellhorn".

2) J. Grimm Reinh. F. CCXXXV. Zarncke zu Brants Narrenschiff 465[b].

3) Ueber diesen Namen der Nachteule s. Wackernagel Voces 11. 20.

4) Heintze Die deutschen Familiennamen 201[b].

5) Vgl. Baemeister German. Kleinigk. 40[a].

6) Wörterb. 2. A. 2, 377; vgl. Steub S. 7.

geführten mhd. Formen vashan und phasehuon; neben *Goldammer* finden sich *Goltdammer* und *Goldhammer*; *Wedderhopf* ist vermuthlich niederd. Entstellung von „Wiedehopf", als hieße der Vogel „Wiederhopf". Vorzugsweise als Hausnamen und auf ein Hausschild bezüglich sind unter andern zu beurtheilen: *Aff*, *Einhorn*, *Frosch*, *Hecht*, *Ochs*, *Perdchen*, *Pfau*, *Stockfisch*. Auffallend oft ist der Thierschwanz in deutschen Familiennamen vertreten, und zwar gewöhnlich in der Form *zahl* f. *zagel* (engl. tail), z. B. *Lämmerzahl*, *Hasenzahl*[1]), *Mäuse-* und *Meisezahl*, *Voszal* (Fuchsschwanz[2]), *Weibezahl* (Wedelschwanz), auch *Zahl* allein; deutlicher offenbart sich *Rattenzagel*.

Unter den dem Pflanzenreiche entnommenen Namen zeichnet sich vor allen der aus *Buxbaum*, niederd. *Busboom*, sodann hochd. *Busebaum*, an ein neues Wort gelehnte Name *Busenbaum* aus[3]). Eine bemerkenswerthe Umdeutung hat *Vielhaber* aus *Fehlhaber* erfahren; denn daß jener Name eine der zahlreichen Zusammensetzungen mit „Haber" (Hafer) ist, scheint durch den urkundlichen Beinamen „Velehavere"[4]) bewiesen. In *Sommereisen* u. *Sommereis* kann kein Sinn hineingebracht werden; *Sommerreis*[5]) dagegen, woraus zunächst die mittlere Form entstellt ist, bedeutet ungefähr dasselbe wie *Sommerlad*, *Sommerlatt* (mhd. sumerlate, Schößling). Die Bedeutung von *Bleidorn* wird durch die niederd. Formen *Bleudorn* u. *Blöhdorn* hinreichend gewiesen, nemlich *Blühdorn*. *Altrock* ist nicht mit *Rock*, vielmehr mit *Roggen* (mhd. rocke) zusammengesetzt (vgl. *Altrocken*, niederd. *Oltrogge*); *Kühnast*, *Kühnapfel* stehen natürlich f. *Kienast*, *Kienapfel*, *Hirschkorn* für *Hirsekorn*; *Walbaum* bedeutet Walnußbaum[6]), und *Wallbaum* wird ja dasselbe sein[7]). Die Familiennamen *Meeressig* u. *Merressig* gehen aus *Merrettig* hervor, eine seltsame Umdeutung, welche von ungebildeten Menschen, die es für ihre Pflicht halten vor Gebildeten ein vermeintlich plattd. Wort ins Hochd. zu übertragen, hie und da auch auf das Gewächs als solches angewandt wird[8]). Schwer-

---

1) Hasenzagel ist auch lokal; s. Förstemann Ortsn. 72.
2) Es gibt auch einen Ort Fuchszahl.
3) N. Jahrb. 20, 63. Anders entstellt ist *Buschbaum*.
4) Vgl. Mantels Progr. Lübeck 1854 S. 11. Lübben Jahrb. des Vereins f. niederd. Sprachforsch. 6, 150.
5) Alle drei Namen finden sich in Coblenz.
6) Mnd. Wtb. v. Schiller u. Lübben 5, 577.
7) Pott S. 298 vermuthet: „Baum am Wall".
8) „Karpfen mit Meeressig" stand auf der Karte eines vielbesuchten

lich darf *Käsebier* für zurechtgelegt aus nd. *Cassebeer* (Kirsche) gelten¹), eher könnte eine Birnart (bir, Birne) verstanden werden; aber mit größerer Wahrscheinlichkeit wird an eine Speise zu denken sein²), wonach denn der Name zur folgenden Klasse zu rechnen wäre. Ergötzlich und zugleich belehrend lautet folgende wahrheitsgetreue Nachricht: in einer bekannten nordd. Handelstadt hat ein Herr *Pflaumbaum* darum nachgesucht den ältern Namen seiner Familie, *Blei*, fortan führen zu dürfen; ein Vorfahre habe diesen Namen ins Lat. übersetzt, *Plumbum* sei jedoch als niederd. (plumbôm, Pflaumbaum) misverstanden worden³).

Essen und Trinken. *Einbrod*⁴) ist verkürzt aus *Eigenbrod* (Gegentheil *Herrenbrod*); *Druckenbrodt* steht für *Trockenbrot*, *Brodhahn* und *Brodhun* für *Brathahn* und *Brathun*, *Bradhun*⁵); *Kornmilch* bedeutet wie *Kernemelk* Buttermilch; neben *Schierwater* (vgl. *Barwasser*) kommt *Schiervater* vor. Daß der Geschlechtsname *Schlemihl*, wenn auch die Schreibung buchstäblich übereinstimmt, mit dem Namen⁶) des von Chamisso dargestellten schattenlosen Wanderers irgend einen Zusammenhang habe, darf nicht vorausgesetzt werden: die angrenzenden Namensformen *Schleemilch*, *Schlemilch*, *Schlömilch* leiten auf *Schlegelmilch* d. i. Buttermilch zurück; vgl. *Susemihl* = *Süßmilch*. Wahrscheinlich ist *Schneemilch* aus dem unverstandenen *Schleemilch* umgedeutet worden (vgl. *Schneemelcher* und *Schlamelcher*), vielleicht um damit die Farbe der Milch besonders hervorzuheben.

Auf die Kleidung bezieht sich eine Anzahl heutiger Geschlechtsnamen, in denen theils *Kugel* theils *Kohl* sich dem Ohr und Auge darbieten, wie *Rothkugel* (*Rotnkoegel*), *Wittkugel*, *Rei*-

---

Kieler Speisehauses im J. 1837 eine lange Zeit hindurch täglich zu lesen; schon Richey Hamb. Idiot. 159 erwähnt derselben Verhochdeutschung.

1) Pott S. 101.

2) Genaueres N. Jahrb. a. a. O. Vgl. „Bierkäse" in Grimms Wtb. 1, 1824.

3) Ein ähnlicher Fall spielt ins Engl. hinein: eine aus Deutschland nach Amerika gewanderte Familie *Feuerstein* ließ sich dort *Flint* nennen, wie der Feuerstein im Engl. heißt; spätere Nachkommen derselben aber hielten dies für deutsch (Flinte) und übersetzten in *Gun*, wie jetzt der Name der Familie lautet.

4) Fick Progr. Götting. 1875 S. 1ᵃ leitet den Namen aus dem altd. Aginbrod.

5) Vgl. den urkundlichen Beinamen Bradenhun bei Mantels S. 24.

6) Vgl. Abr. Tendlau Sprichwörter u. Redensarten deutsch-jüdischer Vorzeit (Frkft. a. M. 1860) S. 194. Weigand Wtb. 2, 592.

fenkugel und *Riefkugel*, *Leinekugel* und umgedeutet *Lindekugel*, *Lindkugel* (auch *Linnekuhl* u. *Linkogel*), *Herrenkohl*, *Linnenkohl* und wiederum ebenso wie vorhin umgedeutet *Lindenkohl*, *Riefkohl*, *Schlapkohl* u. *Slapkohl*; sie rühren sämmtlich von der *cuculla*, *cucullus* (mhd. gugele) genannten Kopfbedeckung her (vgl. später *Kugelhopf*). In den Namen *Trillhase* u. *Trillhaas*[1]), *Mehlhase*, *Knichase*, ferner *Leinhaas* u. *Lederhas* muß der *Hase* fern bleiben, nahe dagegen liegt *Hose*, welche Form mit jener andern, die dem Misverstande Raum gibt, mundartlich wechselt[2]); vgl. *Trillhose* u. *Drillose* (Hose von Drillich), *Mehlhose* (entstellt *Mehlhause*), *Leinhos*, *Ledderhose* (entstellt *Lederhause* u. *Lederhaus*). In *Sandrock* scheint entweder Sandroggen (vgl. *Altrock*) oder Samtrock (vgl. *Sandleben* u. *Sampleben*) versteckt zu liegen. *Preiswerk* bedeutet Schnürwerk, von *preisen* oder *breisen*, mhd. *brisen*, schnüren, heften; vgl. *Preiser*, Verfertiger von Schnürriemen. Auf die Namen *Siedentopf*, *Siedentop* u. *Seidentopf*, welche jedenfalls zusammengehören und an zwei Stellen Umdeutung erfahren haben, ist eine dreifache Erklärung anwendbar: 1) imperativisch *Siede den Topf*, etwa Beiname eines Kochs, 2) niedriger Zopf (niederd. *sid* und *top*), 3) *seidener*, d. h. mit Seide bewundener *Zopf*[3]).

Von verschiedenen andern Dingen und Bedürfnissen des menschlichen Haushaltes und Verkehrs entlehnte Namen. *Boxhammer* und *Bockshammer* können aus *Bosshamer*, von *bôʒen* (schlagen, klopfen), entspringen, obgleich doch lieber, wie bei andern Namen auf -*hammer* (*Rothhammer*, *Forchhammer*, *Schellhammer*, *Thalhammer*), Entstellung aus -*heimer* anzunehmen sein dürfte. *Maushacke* ist gleich *Mushacke*, *Musehak* (zum Behacken des Gemüses), *Schauseil* gleich *Schuseil* u. *Schuband*, *Bauchsack* gleich Buchsack[4]), Ränzel; *Wahlstab* scheint „Wallstab" (Pilgerstab) zu bedeuten. *Reitgeld* stammt nicht von *reiten*, sondern heißt „*bereites* Geld", Baargeld; vgl. niederd. *Redegeld* u. *Breetgeld*, ferner *Redepenning* (*Repenning*), *Redepfennig*. Wie *Brill*

---

1) N. Jahrb. a. a. O.
2) Richey Idiot. 297 theilt die hübsche Anekdote von einem Obersachsen mit, der sich gewundert habe, daß man in Hamburg Hasen über die Beine zöge und Strümpfe (Art Weißbrot) äße, in seinem Lande sei es umgekehrt; vgl. Wagner Archiv f. d. Gesch. d. Spr. 1873 S. 277.
3) Vgl. „Ueber die mentel hiengen ir *zöpfe* hin ze tal, wol bewunden über al mit borten und mit *siden*" (Wigal.).
4) Grimm Wtb. 2, 476.

(Brille) scheint auch *Brüll* aus beryllus hervorgegangen, *Fehleisen* wird gleich *Felleisen* sein. Der Name *Steinkrause* ließe sich wie *Steinjann, Holzweber, Dammköhler* verstehen; ein Vergleich jedoch mit der Form *Steinkrauß* und die Nachricht, daß in Mundarten „Krause" (niederd. Krôs) Krug bedeutet, offenbaren für beide Namen den Sinn von Steinkrug. Wie *Bauchspies* zu erklären sei, wird durch die Seitenform *Buchspieß*, deren wörtlicher Inhalt unverständlich klingt, einigermaßen nahe gelegt: das Subst. Spieß steht bekanntlich mit Ausfall des *r* dem niederl. spriet, woher das schriftdeutsche Bugspriet stammt, gleich; der Anlaut Buch- für Bug- sowie die Verwandlung von Buch- in Bauch- (vgl. *Bauchsack*) hat nichts Auffälliges, so daß die Meinung gerechtfertigt sein dürfte, daß beide Namen „Bugspriet" bedeuten. *Kohlrausch* u. *Kohlrost* scheinen ursprünglich eins zu sein: *Kohlrausch*, auch *Kohlrusch*, früher Kolroß, heißt Kohl- oder Kohlenruß (fuligo), wobei Mythologisches sich betheiligen mag; leicht wandelt sich *Kohlruß* in *Kohlrost*.

Beim Uebergange zu den Appellativen der gegenwärtigen deutschen Schriftsprache, welche der volksetymologischen Behandlung, diese in dem früher angegebenen weitern Sinne genommen, im Gegensatze zur wissenschaftlich etymologischen Erklärung unterliegen, bedarf es keiner Begründung der höhern und allgemeinern Bedeutung dieses Abschnittes der Untersuchung im Vergleiche zu den Darlegungen, die sich theils um ältere und meistens verschollene, theils um mundartlich beschränkte Wörter und Ausdrücke gedreht, theils endlich Eigennamen zum Gegenstande gehabt haben. Die Anordnung und Sonderung der einzelnen Artikel wird sich nicht nach dem anfangs angedeuteten Unterschiede des objektiven und des subjektiven Verhältnisses[1]) richten, deren Grenzen überdies nicht selten in einander laufen; es muß vielmehr hinreichen den äußern Unterschied der Wortklassen zu Grunde zu legen und auf dem Gebiete der an Zahl bei weitem überwiegenden Substantiva auf angemessene, auch sonsther bekannte Gruppierungen nach Begriffen Rücksicht zu nehmen. Daß die meisten volksthümlichen Erklärungen das Substantiv getroffen haben, und zwar das konkrete, hängt offenbar mit der Anschau-

---

1) Man vergleiche *Bockbier, Erlkönig, Fein Gretchen* (objektiv), *Einode, Pokal, Kammertuch* (subjektiv).

lichkeit des Begriffes zusammen, deren die populäre Auffassung vorzugsweise bedarf und von der sie sich leiten läßt. Wie sollte sie mit abstrakten Dingen, mit Handlungen, Zuständen, Eigenschaften, Umständen und andern unsinnlichen Verhältnissen in gleicher Weise und in demselben Grade verkehren? Was in dieser Richtung angetroffen wird, gehört meistens der formellen und subjektiven Assimilation an.

Substantiva.

Persönliche Begriffe. Der durch Goethe berühmt gewordene *Erlkönig* hat durch Vermittlung des dän. *ellekonge, ellerkonge*, als läge darin *Eller* f. *Erle*, seit Herder Eingang in die deutsche Sprache gefunden; aber jenes dän. Wort ist aus *elvekonge, elverkonge* assimiliert hervorgegangen und heißt *Elfenkönig*. Verwechselung von *Drude* (Zauberin, Hexe) und *Druide* (gallischer Priester und Weiser), d. h. Erklärung jenes Namens aus diesem, kommt in der deutschen Literatur öfters vor: Stieler schreibt „Druidenfuß", Klopstock „Drüden" f. „Druiden", Schiller „Druidenbaum" f. „Drudenbaum". *Muselmann* (mlat. musulmanus) entspringt aus dem Plur. *moslemim*[1]) von *moslem*, dem ursprünglichen Partizip eines den Frieden und die Religion bezeichnenden Verbs, dem auch Islam und Salem nebst Jerusalem angehören. Zwar nicht mit doppeltem *n* beschwert, aber gleichem Fehlgriffe ausgesetzt ist *Dragoman* (Dolmetsch), dessen Quelle sich im Arab. findet (targumân, interpres); *Dolmetsch* dagegen, oder das nach dem Verb später gebildete *Dolmetscher*[2]), wobei wohl nicht bloß im Scherze an zwei deutsche Wörter gedacht worden ist[3]), stammt

---

1) Davon bildet Platen einen neuen Plur. „Mosleminen"; vgl. „Cherubinen, Seraphinen" statt „Cherubim, Seraphim" (Wackernagel Kl. Schr. 3, 312). Von *Muselmann* lautet der Plur. *Muselmänner* (vgl. engl. mussulman, Plur. mussulmen), wird dem Sing. einfaches *n* verliehen, *Muselmanen*; die Ungleichheit, daß in demselben Bericht der Köln. Zeit. (1. Juli 1876 Bl. 3) dreimal jene, viermal diese Form steht, wird in einer aus der Redaktion stammenden Anzeige dieser Schrift (Köln. Zeit. 1877 No. 220 Bl. 1) aufgeklärt.

2) Vgl. Bechstein Germ. 10, 114.

3) „Interpret? Was ist das? Ein Dolmetsch. Aber ein Dolmetsch? Läßt die Gedanken in Ruh, Worte *zermetscht* er für *toll*" (Voss). In Niedersachsen, wie Heynatz Antibarbarus 1, 304 bemerkt, wird *dolmetschen* vom undeutlichen Sprechen, besonders kleiner Kinder, gebraucht; dies gründet sich auf dieselbe Zurechtlegung.

aus dem Slav. (russ. tolmatsch, interpres). Bei *Admiral* wird man leicht ans Latein erinnert, wie es denn im Mlat. geradezu *admiratus* (mhd. admirât neben amiral) u. *admirabilis* hieß; aber das zu Grunde liegende arab. Wort (amir-ul-ma, Fürst, Gebieter auf dem Wasser) trägt kein *d*, dem auch das Französ. entsagt, während im Span. und Portug. *al-* anlautet[1]). Die Verwandtschaft, der Adelung das Wort *Recke* (starker Held) überweist (recken, reichen, rex und sogar Rekel), steht demselben in Wirklichkeit so fern als möglich; an Zusammenhang mit „rächen" vermochte er nicht zu denken, weil ihm die alten Formen nicht ausreichend bekannt waren: *Recke* bedeutet ursprünglich einen Verfolgten, Verbannten, umherirrenden Abenteurer, hieß im Alts. und Ags. *wrekkio* u. *vrecca*[2]), im Ahd. zuerst *wrecchio*, dann *hrecchio* und endlich *reccho*, woraus im Mhd. *recke* geworden ist; das zu Grunde liegende Verb, das got. *vrikan* (verfolgen), lautet im Mhd. *rëchen*, heute *rächen*, im Mnd. aber noch *wrëken*. Zwei Wörter, welche vermöge der Aehnlichkeit ihrer Form und Bedeutung insgemein für identisch gehalten werden und auch früh zusammengefallen sind, *Reiter* und *Reuter*, haben in der That gar keine etymologische Verwandtschaft mit einander: nemlich *Reuter*, worauf es hier allein abgesehen sein kann, ist nebst dem niederl. *ruiter* aus dem mlat. *ruterus* (ruptarius) erwachsen und bedeutet einen Wegelagerer oder Straßenräuber[3]). Die herrschende Ansicht, *Korporal* sei an *corps* angelehnt aus frz. *caporal* hervorgegangen, welche letztere Form in oberd. und niederd. Mundarten üblich ist, wird nicht wenig durch den Umstand erschüttert, daß *corporal* in frz. Dialekten noch heute zu Hause ist und vermöge der Endung einen guten Sinn hat, während *caporal* und ital. *caporale* kaum verständlich sind; es scheint mithin, daß *corporal* als die ursprüngliche Form gelten darf, wie es denn im Franz. noch ein andres, sachliches, *corporal* gibt[4]). Der *Feldwebel* trägt seinen Namen nicht, wie der *Webel* (Wiebel, ein Käfer), von *weben*, sondern das

---

1) Diez Et. Wtb. 1, 16. 17. Rom. Wortschöpf. 70. M. Müller Vorles. 2, 552. Vgl. Koch Gramm. d. engl. Spr. 3[b], 201.

2) Aus *vrecca* ist das engl. *wretch* entsprungen, eine Begriffsentwickelung, welche der von *elend* (mhd. ellende) aus dem ahd. *elilenti* (mit lant, Land, und einem zu dem lat. alius stimmenden Adj. zusammengesetzt) aufs genaueste entspricht; s. Grimm Wtb. 3, 410.

3) Weigand Wtb. 2, 485. 490 fg. Wilmanns Kommentar zur preuß. Schulorthogr. S. 73.

4) Vgl. Scheler Dictionn. 51[a].

Wort steht für „Feldweibel", von *weiben*, sich wenden; in südlichen Mundarten bedeutet *Weibel* einen Gerichtsboten[1]). Den *Landsknechten*, d. h. Fußsoldaten im Dienste eines Landesherrn, ist es allzu gut ergangen, indem man sie mit Lanzen in Verbindung gebracht und *Lanzknechte* genannt hat, vielleicht in der Meinung, daß Spießgesellen zu vergleichen seien; aber ein Spieß ist keine Lanze, welche nur Ritter führten, nie Knechte[2]). *Marketender*, aus ital. *mercadante* (lat. mercari), altfranz. marcheant (neufrz. marchand), hat deutsches Ansehen und scheint, nach dem *a* zu urtheilen, an *Markt*, das zwar auch von mercari stammt, angelehnt zu sein[3]). Insofern unter *Generalstab* eine Gesammtheit von Offizieren verstanden wird, enthält dieses Wort einen persönlichen Begriff; *Stab* als Sinnbild der Gewalt kommt auch in andern Verbindungen vor, aber bloß im Kriegswesen hat es heute zugleich die genannte Kollektivbedeutung. Das *wüthende Heer* (der wilde Jäger) erweist sich im Ursprunge als *Wuotanes her* (Wodans oder Odins Heer); in Schwaben, wenn es heftig stürmt oder sonst lärmt, heißt es: „'s *Wuotes Heer* kommt". Aus *Vicedominus* (franz. vidame), Stellvertreter oder Statthalter eines regierenden Herrn, hat sich mit Anlehnung an die deutsche Silbe -*thum* schon vor Jahrhunderten die jetzt fast auf den Geschlechtsnamen (*Vitzthum, Fitzthum*) beschränkte Form *Vizthum* entwickelt. *Truchseß*, früher bald als „Essenträger" verstanden, bald von „Truhe" abgeleitet, hat mit „Essen", obwohl es durch dapifer wiedergegeben wird, etymologisch überhaupt nichts zu thun: die ahd. Form *truhsâzo*, eigentlich *truhtsâzo*, besteht aus *truht* (Schar) und *sâzo* (Sasse) und bezeichnet zunächst den Befehlshaber einer Schar, der dann später ein besonderes auf Küche und Tafel des Fürsten bezügliches Hofamt bekleidete[4]). Nachdem über den Ursprung des Wortes

---

1) Schmeller Wtb. 2. A. 2, 829.

2) Ausführlich bespricht den Namen und seine frühe Umdeutung Hildebrand in Grimms Wtb. 6, 137 fg.; vgl. 191. Stalder Schweiz. Idiot. 2, 157 führt „Lanzknecht" als Gebäck auf, indem er sich dabei auf die einer Lanze ähnliche Form bezieht; vielleicht indessen ist hier die Schreibung verfehlt (vgl. Fuß in Picks Monatsschr. 4, 89). „Landsknecht" ist ein bekanntes von den Landsknechten eingeführtes Kartenspiel.

3) Die niederd. Form *Marketenter* erinnert zugleich an *tent* (Zelt, aus tentorium), das Brem. Wtb. (5, 54) nimmt sogar diesen Ursprung an.

4) Weigand Wtb. 2, 918. Aus der altn. Form *dróttseti* (mlat. drossatus), major domus, ist *Drost* (Landdrost) hervorgegangen. Unterdessen

Graf von jeher verschiedene mehr oder weniger unhaltbare Vermuthungen, unter denen sich die Ableitung von dem Adj. *grau* allgemeinern Beifall erworben hat, aufgestellt und verbreitet worden sind, neigt sich heute die wissenschaftliche Forschung entschieden der Ansicht zu, daß das mlat. *graphio, grafio, gravio* (v. γράφειν, schreiben) zu Grunde liege; die Grafen waren ehedem Vorsitzer eines Gerichts. Die Form *Bürgermeister*, welche seit Jahrhunderten das Uebergewicht hat, nebst der ältern *Burgermeister*, ist aus *Bürgemeister, Burgemeister*, d. i. Meister der Burg, nemlich der Stadt, wo die Bürger wohnen (vgl. mhd. bürgetor, Burgthor, Stadtthor), hervorgegangen; diese ursprüngliche Form ist noch keineswegs ganz verschollen[1]), wie denn die nordischen und niederd. Mundarten burgemester, borgmester haben[2]). Nach Wackernagel hat sich *Pfahlbürger*, der außerhalb der Stadtpfähle, Stadtmauer wohnt, Schutzbürger, aus dem franz. *faubourg* (Vorstadt) entwickelt, das entweder für falbourg (faux v. falsus) steht oder von einem ältern *forbourg* (foris burgum) stammt. Daß der *Flurschütz* die Flur zu schützen hat, liegt zwar auf der Hand; weil man jedoch das Subst. *Schütze* stets auf „schießen" zu beziehen pflegt, und jener Wächter des Feldes mit einer Schießwaffe in der That sehr wohl versehen sein kann und ohne Zweifel oft versehen ist, so liegt das Bedürfnis nahe daran zu erinnern, daß diese Beziehungen von dem Worte als solchem fern gehalten werden müssen, da wirklich ein von „schützen" abgeleitetes Subst. *Schütze*, welches in der Schriftsprache kaum mehr vorkommt[3]), in der Benennung enthalten ist. Unmittelbare Ableitung von *Müller* aus *malen* scheint eine grammatische Unmöglichkeit zu sein; man darf annehmen, daß die Form nicht sowohl aus mhd. *mülnaere* (molner; vgl. den Namen *Müllner*) als vielmehr aus mlat. *multor* f. *molitor* (vgl. die Namen *Molter, Mölders*) assimiliert sei. Das Fremdwort *Sensal* (Wechselmakler) wird leicht zu der Frage veranlassen, ob irgendwie lat. *sensus* zu Grunde liege; das franz. *censal* leitet auf den Ursprung von *census*, aber jenes anlautende s rührt vom Ital.

---

hat Wackernagel Wtb. z. altd. Leseb. 299ᵃ *truht* von *tragen* abgeleitet und unter *Truchseß* den verstanden, der die Speisen aufsetzt.

1) Bekanntlich steht sie in Goethes „Faust", öfters auch in „Wahrh. u. Dichtung".

2) Aus dem Leben gegriffen: „So sin de *Borgemeister*, So müssen mich was *borgen*" (A. Kohl Progr. Quedl. 1869 S. 20).

3) Auf dem Westerwalde, in der Schweiz, in Baiern und anderswo wird *Schutz* oder *Schulz* f. *Schützer* gesagt.

her. Nicht minder mag bei *Pedell*, welcher als Bote seine Füße oft zu gebrauchen hat, an lat. *pes. pedis* gedacht werden[1]), während das Wort ein ursprünglich deutsches ist, von „bitten" stammt und mhd. *bitel* heißt, mlat. bedellus (franz. bédeau, Gerichtsbote); Schülern gefällt es *Pudel* statt *Pedell* zu sagen[2]). Die übliche Schreibung *Meßner* oder *Messner* ist volksetymologisch, weil sie an *Messe* erinnert; das Wort entspringt aus ahd. *mesinâri*, mlat. *mansionarius* (vgl. aedituus), müste folglich *Mesner* geschrieben werden. Der *Lotse* heißt nicht nach dem *Loth* (vgl. die Schreibung *Lothse*), dem Senkblei, dessen er sich zur Erforschung der Tiefe des Wassers bedient, sondern der Ursprung liegt in einem alten Verb, welches unserm „leiten" ganz nahe steht: aus dem angels. *lâdman* (von lâd, Weg; vgl. engl. lodestar, loadstar, Leitstern) ist das ältere engl. *lodesman* hervorgegangen und diesem das niederd. (und holl.) lootsman gefolgt, dessen Kürzung in der allgemein üblichen Form unserer heutigen Schriftsprache vorliegt[3]). Das zwar meist veraltete Wort *Gespan*, Gefährte, Genosse, welches mit *spanen* (vgl. später *abspannen*) und *spänen* (entwöhnen) zusammenhängt, bedeutet eigentlich Milchbruder; durch Umdeutung ist es, mit Rücksicht auf ein Paar, das zusammengehört, gleichsam mit einander vor den Wagen gespannt ist, zuweilen *Gespann* geschrieben worden, und endlich scheint auch die Benennung *Gespan* (magyar. ispan) für einen ungarischen Oberbeamten ursprünglich nichts anders als den Gefährten (des Fürsten) zu bezeichnen, da sie den Begriff des lat. comes wiedergibt, dessen Bezirk, comitatus, *Gespanschaft* heißt. Die von *hefjan* (heben) abgeleitete oder wahrscheinlicher damit zusammengesetzte Form *hevanna* läßt kaum daran zweifeln, daß die mhd. und nhd. Bezeichnung *Hebamme* auf Zurechtlegung derselben beruht[4]). Wenn unter *Theerjacke* ein Matrose verstanden wird, so liegt die Ver-

---

1) Adelung Wtb. 3, 681 vergleicht zu Gunsten dieser Ableitung lat. pedissequus.

2) Vielleicht hängt dies mit einer Verwechselung von „bitel" und „bütel" zusammen, wie denn der *Büttel* (bütel, von bieten) in der ältern Sprache bisweilen „Püdel" genannt wurde (Schmeller 1, 226).

3) Heyne in Grimms Wtb. 6. 1209; vgl. Müller Et. Wtb. 2, 39.

4) Grimm Rechtsalterth. 455. Heyne in Grimms Wtb. 4b, 715. 716; vgl. *Hefang* neben *Hefamme* bei Schmeller Wtb. 2. A. 1, 1057. 2, 155. Vor Jahrhunderten wurde das Wort in *Helfamme* umgedeutet; s. Bech German. 7, 93. Grimm Wtb. 4b, 940.

muthung einer bekannten Metonymie nahe¹); wie aber, wenn hier eine ganz hübsche Umdeutung aus dem engl. *Tarjack* (Theerjakob) vorliegt, statt dessen gewöhnlich *Jack tar* oder auch bloß *tar* für den Matrosen gesagt wird? Während Frisch richtig zwischen *Arrestant* und *Arrestat* unterscheidet, bemerkt schon Adelung, daß im gemeinen Leben jenes für dieses gesagt werde, und so ist es heute der Fall; vielleicht hat man eigentlich „Arrestand" zu denken, wie es „Confirmanden" heißt, die auch oft „Confirmanten" genannt werden. Wenn wir einen griesgrämigen, barschen, etwas bösartigen Menschen einen alten *Isegrimm* nennen, so denken wir dabei nicht an den Wolf in der Thierfabel, dessen ahd. Name *Isangrim*²) mit dem altn. grima (Larve, Helm; vgl. Krimhilt) zusammenhängt, sondern der Name selbst scheint uns einen Menschen von solchem Aussehen und Charakter anzudeuten³); vgl. niederd. isegrimsch, ilsegrimsch, grimmig, wild, besonders vom Blick⁴). *Gauner* hat an sich weder mit dem Subst. *Gau* noch dem niederd. Adj. *gau* (geschwind, mhd. *gâch*, nhd. *jäh*) zu schaffen, obschon beide⁵) einen guten Sinn darbieten (vgl. Gaudieb), sondern stammt aus der Zigeunersprache und steht für *Jauner*⁶); und das eben genannte *Gaudieb* darf nicht, weil im Mhd. *lantdiep* vorkommt, mit dem Subst. *Gau* in Verbindung gebracht werden, ist vielmehr eine Uebertragung aus dem niederd., mit dem Adj. *gau* zusammengesetzten *gaudéf*⁷). Vielleicht meint *Buschklepper*⁸), wofür im ältern Nhd. „Buschklöpfer" begegnet, ursprünglich *Buschklopfer*;

---

1) Vgl. Haudegen, Stelzfuß, Besen, Putzbeutel, Perrüke für solche Personen, welche mit diesen Dingen verkehren oder erscheinen.

2) Die mhd. Form *Isengrin* legt den Gedanken an „grinen" (knurren) nahe; *Eisengrein* kommt als heutiger Geschlechtsname vor.

3) Müllenhoff Ztschr. f. d. Alt. 18, 7. Vgl. Lübben Thiernamen im Reineke Vos (Progr. Oldenb. 1863) S. 22 fg. Aehnlich wie *Isegrim* hat *Neidhart* einen schlimmen Sinn erhalten; während der ursprüngliche Name Nithart sich auf den Zorn und Haß des Kriegers bezieht, verstehen wir unter *Neidhart* einen neidischen Menschen.

4) Schambach Wtb. 90ᵇ; vgl. 93ᵃ.

5) Auf beide bezieht sich Frommann Ztschr. f. d. M. 2, 318.

6) Weigand Wtb. 1, 393. Zaupser Bair. oberpfälz. Id. 39. Grimm Wtb. 4ᵃ, 1584. Herrigs Arch. 33, 205. *Jauner* ist als Geschlechtsname erhalten.

7) Adelung Wtb. 2, 436. Grimm Wtb. 4ᵃ, 1538. Weigand Wtb. 1, 392.

8) Bei diesem Worte soll alles Ernstes an βουκλέπης (Rinderdieb) gedacht worden sein.

bekannt ist der von der Jagd hergenommene Ausdruck „auf den Busch klopfen"¹). Weil statt *polieren* ehemals oft *palieren* gesagt wurde, der *Polierer* (unter Maurern und Zimmerleuten) sogar gewöhnlich *Palier* hieß und an vielen Orten noch heute heißt, so hat daher die Ansicht Platz gegriffen, das Wort entspreche dem frz. *parleur* und bedeute den Sprecher unter den Gesellen²); ob sich dies Urtheil richtig verhalte, dürfte einigermaßen zweifelhaft sein, obgleich in der ältern Sprache *parlier* und *parlierer* für einen die Aufsicht führenden Handwerksgesellen gebraucht worden sind³). Eins der berühmtesten Wörter der deutschen Etymologie ist *Hagestolz*, wo neben, wenn auch nicht zugleich mit der formellen Entstellung eine bemerkenswerthe Verschiebung oder vielmehr Beschränkung des ursprünglichen Begriffes stattgefunden hat: mhd. *hagestalt*, alts. *hagastold*, bedeutet den in den Hag (eingehegtes Grundstück) gestellten, daselbst seßhaften und waltenden, vom Herrenhofe abhängigen jungen und unverheiratheten Menschen; in der nhd. Form macht sich an zweiter Stelle ein Adj. geltend, welches zu mancherlei volksthümlichen Erklärungen, die hier nicht aufgeführt zu werden brauchen, Anlaß gegeben hat⁴). Wer sich den *Vormund* als den denkt, welcher für den Unmündigen zu reden, für ihn den *Mund* zu gebrauchen hat, verwechselt zwei homonyme Wörter, von denen dasjenige, dem *Vormund* angehört, Schutz bedeutet und ebenfalls in *mündig* enthalten ist⁵). *Ehren* vor Pastorennamen und auch sonst⁶) hat mit *Ehre* nichts zu thun, sondern entspringt aus dem den Adressen entnommenen Dat. von *er*, d. i. *her, herre, Herr*⁷). Woher mag es kommen, daß man bei Gelegenheit in gebildeten Kreisen „*Mennoniten*" sagen hört statt *Mennoniten*, wie sie nach *Menno* Symons, dem Stifter ihres Bekenntnisses, heißen? kaum läßt sich ein andrer Grund denken, als

---

1) Jänicke Niederd. Elem. 17.
2) Wendler Progr. Zwickau 1865 S. 10ᵇ. Vgl. dagegen insbesondere Schmeller Wtb. 2. A. 1, 385.
3) Lexer Mhd. Wtb. 2, 208.
4) Die Silbe -*stold* in dem alts. Worte erinnert an *stolt* (*stolz*).
5) Schmeller Wtb. 2, 597 bemerkt: *Mund* liegt ganz ab, sollte auch mancher *Vormund* seinem *Mündel* das Brot vor dem Mund wegnehmen; vgl. 2, 61, wo es aus einem ältern Schriftsteller weiter heißt: „Man nennt sie auch *Gerhaber*, weil sie der Pupillen Güter *gern haben* oder hätten".
6) „*Ehren* Lot" in einem Bürgerschen Gedichte.
7) Brem. Wtb. 1, 313. Grimm Wtb. 3, 52. Vilmar Idiot. 93. Jütting Bibl. Wtb. 48. Dietz Wtb. z. Luthers Spr. 552.

daß mehr oder minder unbewust der Gedanke an den uralt heidnischen *Memnon* sich hineinmischt. Von *Kalmäuser* gibt es verschiedene Herleitungen¹), deren bekannteste sich auf den strengen, kopfhängerischen Orden der *Camaldolenser* bezieht; doch wahrscheinlich besteht das Wort aus einer deutschen Zusammensetzung von *mausen*, leise gehn und schleichen wie die den Mäusen nachstellende Katze (vgl. Duckmäuser), mit *kalm* (ruhig) oder *kahl*²). Sollte der scherzhafte Ausdruck *Vocativus* für einen schlauen Menschen, Schalk, Pfiffikus, mit Rücksicht auf die Kniffe der *Advocaten* sich gebildet haben oder doch so verstanden werden³)? Die studentische, aber auch allgemeiner volksmäßige Bezeichnung theils eines Bauern, theils eines niedrig gesinnten Menschen durch *Kaffer* gehört weder zu *kaffen*⁴), gaffen (mhd. kapfen), noch scheint sie ursprünglich den Bewohner des *Kafferlandes* zu meinen⁵); zu Grunde liegt vermuthlich das Wort *kafir* (Ungläubiger), mit welchem das Volk, weil es nicht an Muhammed glaubte, von den Arabern bezeichnet wurde⁶). Bekanntlich werden auf dem Felde

---

1) Vgl. Frommanns ausführlichen Bericht in seiner Ztschr. f. d. M. 3, 426.

2) In Hauffs Lichtenstein kommt ein fahrender Arzt vor, der eigentlich „Kahlmäuser" heißt, sich aber, weil er ein Gelehrter sein will, „Doctor Calmus" nennt. In Berlin wird ein aus Kalmus bereiteter gemeiner Schnaps „Kalmuser" genannt; s. Frommann 3, 426.

3) Sanders erklärt: „einer, der zu dem Ausruf O! Anlaß gibt". In Schnorr von Carolsfelds Arch. f. Literaturgesch. 1850 S. 124 macht Büchmann auf Sebalds Breviarium historicum (1650) aufmerksam; dort heißt es: „Schlimmer Vocativus. In der lat. Sprache wird der Nominativus und Vocativus genant Casus rectus, recht und grade. Wer nun seines Amptes Person oder Thuns wegen gerade sollte gehen oder aufrichtig handeln, aber es nicht recht machet, den heißet man einen schlimmen Vocativus".

4) Aus Anlaß dieses Wortes mag des lächerlichen Misgriffs Erwähnung geschehen, der einem Herausgeber der Statuten des deutschen Ordens in Betreff der Benennung „caphe spile" widerfahren ist: er hat diese Spiele nicht als Schauspiele, wie er hätte thun sollen, sondern als „Kaffespiele" genommen und gefolgert, daß schon zur Zeit des Ordens Kaffe im Gebrauch gewesen sei; s. Weseler Schulprogr. 1841 S. 18.

5) Zum Beweise der volksmäßigen Beziehung auf den Volksnamen gedenkt die Köln. Zeit. 1878 Aug. 13 Bl. 1 der verstärkenden Form „Zulukaffer".

6) Weigand Wtb. 2. 1179; Köln. Zeit. 1879 No. 43 Bl. 2; vgl. Vollbeding Handwtb. der jüd. deutsch. Spr. S. 50. Nach der zweiten Niederlage der Engländer im Kafferlande machten die Berl. „Wespen" (April

zusammengestellte und aufgeschichtete Garbenschober *Mandel* genannt; daß hier das Deminut. von „Mann" (südd. Mannl, Mandl) vorliege[1]), insofern diese aufgerichtet stehenden Garben einigermaßen der Mannsgestalt gleichen, scheint durchaus glaublich zu sein, wie denn ja der Ausdruck „*Männchen* machen" (von Hasen, Kaninchen, Hunden) sich auf dieselbe Vorstellung bezieht[2]). Ein merkwürdiges, insbesondere Fremden, die sich die Zusammensetzung „Zimmerfrau", wie sie sagen, wohl noch gefallen ließen, unbegreifliches Wort ist das nhd. *Frauenzimmer*, dessen individuelle Bedeutung sich im 17. Jahrh. entwickelt zu haben scheint, nachdem darunter zuerst bloß das Zimmer der Frauen (so in Luthers Bibel), alsdann die Gesammtheit der in dem Zimmer wohnenden Frauen und der Frauen überhaupt verstanden war[3]); vgl. *Windspiel*. Wie kommt es, daß grade dem *Bürstenbinder* eine große Trinklust zugeschrieben wird, so daß es sogar redensartlich heißt: „saufen wie ein *Bürstenbinder*"? vermuthlich trägt davon nichts anders die Schuld, als daß „*bürsten*" f. trinken aufgekommen ist, mag man darunter „die Kehle reinigen" verstehen wollen oder annehmen, daß das Wort aus „bürschten, burschen", lustig leben und zechen wie ein Bursche, entstellt sei[4]). Der Ausdruck „Freund *Hein*" für den Tod, angeblich aber nicht wahrscheinlich[5]) von Claudius eingeführt, hat, abgesehen von mehrern weither geholten Deutungen, welche hier auseinanderzusetzen der Raum verbietet, kürzlich die freilich höchst einfache, aber wenig glaubwürdige Erklärung erfahren. daß *Hein* des Dichters hamburgischer Arzt geheißen habe; bis auf zuverlässige Bestätigung dieser Nachricht

---

1879) das Wortspiel: „Augenblicklich scheinen die Oberbefehlshaber der englischen Armee die hervorragendsten *Kaffern* am Cap zu sein".

1) Schmeller Wtb. 2, 578. 2. A. 1, 1601. Lexer Kärnt. Wtb. 185; vgl. Schatzmayr Deutschlands Norden u. Süden S. 69. Frommann 1, 299. Grimm Wtb. 6, 1535. Die Garben aufrecht stellen heißt „aufmandeln".

2) Zarncke zum Narrenschiff 450ᵃ. Frommann a. a. O. In Tirol pflegt man, um in hohen Regionen die Paßübergänge zu markieren, ein „Steinmandl" aufzuhäufen; das thut auch wohl, wer zuerst einen Gipfel oder eine Spitze erstiegen hat. In Schlesien, nach Weinhold Beitr. z. e. schles. Wtb. 60ᵃ, führt auch das Spiegelbild im Auge den Namen „*Mandel*".

3) Eine ausführliche Darlegung findet sich in Grimms Wtb. 4ᵃ, 84 fg. Vgl. Adelung Wtb. 2, 274. Frommann 2, 23. 5, 333. Deecke Die deutschen Verwandtschaftsnamen S. 55. Der scherzhaften oder witzigen Verdrehung „Frauenziefer" erwähnt Schmeller 1, 597. 4, 223.

4) Frommann in seiner Ztschr. 3, 358 fg.

5) Vgl. Korrespondenzbl. d. V. f. niederd. Sprachforsch. 5, 80.

wird man sich an den Namen *Hein* halten, insofern sein Gebrauch für Teufel und Kobolde nachgewiesen und auch etwa für den Tod angenommen werden kann¹). Gar nicht übel lautet die Meinung, daß aus *Jan Primus*, wie der im 13. Jahrh. regierende Herzog Johann von Brabant im Volke hieß, *Gambrinus*, der Patron des Biers, hervorgegangen sei²). Neben den Erklärungen des Ausdrucks *Oelgötze* für einen dummen, trägen, unthätigen Menschen³), welche unter Festhaltung des Begriffes von „Götze" bald sich auf ein in Oel gemaltes oder mit Oel gesalbtes Götzenbild beziehen, bald die am Oelberge in trägen Schlaf versunkenen Jünger des Heilands in Anspruch nehmen, darf die Ansicht nicht verschwiegen werden, daß „*Götze*" verderbt sei aus dem oberd. *gützc*, *getze*, worunter theils ein Schöpfgefäß oder Krug, theils eine Mehlspeise, Art Pfannekuchen, verstanden wird⁴). Woher aber stammt das einfache *Götze*, welches sich in der ältern Sprache nicht findet? von *gießen* oder von *Gott*? aus dem mhd. *gôz* (gegossenes Bild) kann formell nicht wohl *Götze* entsprungen sein, wogegen die Annahme, daß das hypokoristische *z* eine verächtliche Verkleinerung von *Gott* bezeichne, auf gutem Grunde stehen dürfte⁵). Als verunglückte Uebersetzung des von den römischen Kaisern geführten Ehrenbeinamens *Augustus*, eigentlich eines Adj., welches den Begriff „erhaben, geweiht" bezeichnet und vielleicht nicht einmal von *augere* (mehren, vermehren) stammt, ist seit Jahrhunderten

---

1) Vgl. Grimm Myth. 811. 813. Heyne in Grimms Wtb. 4ᵇ, 885. Büchmann Geflüg. W. 132 fg. Zu beachten ist die Benennung „*Hans Mors*" in dem Bürgerschen Gedichte „Frau Schnips".

2) Das Buch für alle 1872 S. 27ᵃ. Picks Monatsschr. 4, 88. 89.

3) Niederdeutsche Mundarten haben „*trângötze*" dafür; vgl. Schambach Wtb. 233ᵇ.

4) Vgl. Weinhold Beitr. z. e. schles. Wtb. 27ᵃ. Schmeller Wtb. 1, 132. 2, 88. 2. A. 1, 60. 969. Augsb. Allg. Zeit. 1876 No. 239 Beil. Ganz neu ist die Deutung von *Oelgötze* aus dem niederd. *de ole Götz*, der alte (vorchristliche) Gott, bei Xanthippus Malmwort S. 24; ebenso neu, aber in nicht geringem Grade beachtenswerth die Ansicht, welche sich in Spiess Henneberg. Idiot. S. 177 ausgesprochen findet, daß *Oelgötz* ursprüngliche Benennung des hölzernen Pfostens sei, an welchem die Oellampe hängt. — Bei ältern Schriftstellern kommt die Redensart „den Oelgötzen tragen", d. h. schwere und schmutzige Dienste im Hause verrichten, mehrmals vor; vgl. Grimm Myth. 14.

5) Vgl. Weigand Wtb. 1, 451. Heinze Fremdwörter im Deutschen S. 6. Max Müller Vorles. 2, 272. Grimm Gramm. 3, 694. Rückert Neuhochd. Schriftspr. 2, 97.

der Ausdruck „*Mehrer*, Mehrer des Reichs, allzeit Mehrer des Reichs" (Semper Augustus) in den Titel der deutschen Kaiser aufgenommen worden¹). Wie das ahd. frîhals zunächst zwar den freien Hals, darnach aber den freien Mann bezeichnet, so könnte auch in *Geizhals* (dän. skabhals, im Simplicissimus und bei Immermann „Schabhals"; vgl. niederd. gîrhals), anders als in Waghals, Dickhals, das zweite Wort diesen persönlichen Begriff ausdrücken²). Gleichwie dem früher besprochenen Worte *Dolmetsch* widerfahren ist, kann man versucht werden *Tolpatsch* aus zwei naheliegenden deutschen Wörtern (toll, patschen³); vgl. die falsche Schreibung „Tollpatsch") zu erklären oder „Tölpel", das vom mhd. dörper (Dorfbewohner) abgeleitet wird, zu vergleichen; doch kannte schon Adelung die Herkunft aus dem ungarischen *talpas* (breitfüßig). Der Schimpfname *Schweinigel* scheint an den Thiernamen bloß angelehnt zu sein und mit appellativer Verwendung des Namens Nikolaus (Nickel) eigentlich *Schweinnickel* (vgl. Saunickel, unterschieden von Sauigel) zu bedeuten⁴). Ein Wütherich, besonders ein wüthendes, bosbaftes Weib, wird bisweilen *Sadrach* genannt, wo sich *Satan* und *Drache* zu begegnen scheinen; zu Grunde liegt der in der Geschichte des Propheten Daniel vorkommende Eigenname *Schadrach*. Ueber den Ausdruck „böse *Sieben*" als Bezeichnung eines bösen Weibes hat sich noch kein bestimmter Aufschluß gefunden: während insgemein das Zahlwort als ursprünglich vorausgesetzt und entweder auf die siebente Bitte des Vaterunsers oder die sieben Todsünden oder auf ein Kartenspiel, wo die siebente Karte der Teufel ist, Bezug genommen wird, verdient eine ganz andere Ansicht, nach welcher *Sieben* aus dem fast

---

1) Adelung Wtb. 3, 151. Weigand Wtb. 2, 130. Nordd. Allg. Zeit. 23. Mai 1877 Feuilleton. Globus XXXI No. 24 S. 380ᵇ.

2) Vgl. Diefenbach Wtb. d. got. Spr. 2, 523. Im Holl. heißt „en goeden *hals*" ein guter Kerl (Müller u. Weitz Idiot. 88). Der Plur. wird in Siebenbürgen auch für die Kinder gebraucht; s. Kramer Progr. Bistritz 1876 S. 46. Sollte mit Bezug hierauf „Schreihals" ebenfalls hierher gerechnet werden dürfen? Unterdes darf nicht unerwähnt bleiben, daß in Mundarten auch *Geitkragen* für *Geizhals* gebraucht wird; vgl. Schmeller 2, 82. Frommann 2, 346. 566. Nach Hildebrand in Grimms Wtb. 4ᵃ, 2819 ist die eigentliche Bedeutung von Geizhals: gieriger Hals, Schlund.

3) In Frommanns Ztschr. 4, 217 wird zu „patschen" außer „patsch" auch „talpatsch" (ungeschickter Tölpel) gestellt.

4) Idiot. Austr. 98. Schmeller Wtb. 2. A. 1, 1722. Vgl. Hönig Wtb. d. Köln. M. 136ᵇ. 146ᵃ.

gleich lautenden *Sima* d. h. *Siman* (S. 71) durch Misverstand hervorgegangen sei, volle Beachtung[1]). Auch das gehört zur Assimilation und ist zugleich ein Fehlgriff, daß die nhd. Gesellschaftsprache es gewagt hat ein Wort wie *Abonnent* zuzulassen, wo sich eine lat. Endung mit einem franz. Wortstamm bindet; die Franzosen sagen *abonné*. Eine sehr kühne, ja regellose und an sich fehlerhafte, aber wirklich treffende und glückliche Bildung ist das moderne Wort *Attentäter* (aus Attentat), bei dem der Gedanke an „Thäter" sich unwillkürlich aufdrängt[2]). Das kollektive *Grobzeug* (Packvolk) beruht in seinem ersten Theile auf Anlehnung; es ist jedoch schwerlich, wie Weigand urtheilt, das ital. *groppo* (Gruppe), mit dem sich das deutsche „Zeug" auffallend verbunden hätte, vielmehr wird das Ganze aus dem niederd. *kroptüg* (zunächst kleine kriechende Kinder) hervorgegangen sein[3]). Weil nicht selten ein kleines Kind *Krabbe* (vgl. krabbeln), ein muntres, wildes *Krabate* (in Holstein *Krabauter*) heißt, so wird volksthümlich angenommen und Adelung hat gleichfalls die Vermuthung geäußert, daß beide Bezeichnungen etymologisch zusammengehören; allein *Krabate* ist kein deutsches sondern ein slavisches Wort, nichts als die ältere Form von *Kroate*[4]). Das in der Schriftsprache seltene, aber bei Goethe nachweisbare Wort *Räzel* als Benennung desjenigen, dem die Augenbrauen über der Nase zusammenstoßen, stammt nach Schmeller[5]) aus dem Slavischen, wo *Raz* einen griech. katholischen Slaven, der dem serbischen Volke der *Raizen* angehört, als Händler bedeutet. Die übliche Form *Währwolf* zeugt von Unkenntnis und Misverstand; es muß

---

1) Im allgemeinen vgl. Adelung Wtb. 4, 84. Weigand Wtb. 2, 700. 701. Frommann 3, 357. Büchmann Geflüg. W. S. 30. 31. Ueber Land u. Meer 1879 S. 236. Das Buch für alle 1880 S. 167.

2) „Attentat" selbst erinnert an „That", daher sagt Reuter: „dese Attendaht".

3) Heynatz Antibarb. 2, 77. Jänicke Ztschr. f. d. Gymn. 1871 S. 748. Grimm Wtb. 5, 2393. Gombert Progr. Gr. Strehlitz 1876 S. 12. Albrecht Leipz. Mundart 126ᵃ. Bei Reuter heißt es messingisch „Kropzeug".

4) Grimm Wtb. 5, 1908. 1909. Bei diesem Anlaß mag die in kulturhistorischer Hinsicht nicht minder interessante Herkunft der *Kravatte* aus demselben Volksnamen der Erwähnung werth sein; im Franz. gilt *Cracate* für beide Begriffe (Diez Et. Wtb. 1, 145).

5) Wtb. 3, 174. 2. A. 2, 193. Der Bart, den jene Händler trugen, heißt Raizenbart, bei Hans Sachs gleich Schnurrbart. Einen wunderlichen Eindruck macht die Schreibung „Räthsel", welche Sanders aufstellt.

Werwolf heißen, womit der Mann, *wër* (vir), gemeint ist, der sich in einen Wolf verwandeln kann ($\lambda\nu\varkappa\acute{\alpha}\nu\vartheta\varrho\omega\pi o\varsigma$[1]).

Thierreich. *Dammhirsch*, wie der gewöhnlichen Aussprache häufig nachgeschrieben wird, entspringt aus dem lat. *dama*, weshalb einfaches *m* geboten ist; eine ältere falsche Auslegung war *Tannhirsch*. *Elend* für *Elen* oder *Elenthier* ist eine Form, welche schädliche Vermischung mit dem sachlichen Subst., mhd. *ellende* (Fremdland, Elend), erzeugt hat, wie denn zu Zeiten auch doppeltes *l* zu Tage getreten ist[2]); *Elen* scheint slavischen Formen (jelen, Hirsch) nachgebildet, der deutsche Name lautet mhd. *elch* (woher Ellwangen), bei Rückert *Elk* (lat. alces). Das *Rennthier* heißt bei den Lappen *raingo*, altnord. *hreinn*[3]); die nhd. Form beruht vielleicht nicht auf Umbildung (vgl. schwed. *ren*, dän. *rensdyr*), legt aber jedenfalls den Gedanken an *rennen* nahe[4]). Vollständige Umdeutschung zeigt dagegen der aus *Dromedar* (von $\delta\varrho o\mu\acute{\alpha}\varsigma$, laufend, Läufer) hervorgegangene Name *Trampelthier*, wofür im 15. Jahrh. mit andrer Anlehnung *trummeltier* begegnet[5]). Wenn der *Keiler* (wilder Eber) seinen ursprünglichen Namen von *keilen* (hauen) trägt, so ist die Form *Keuler* entweder in Folge falscher Aussprache oder dem Gedanken an „Keule" zu Gefallen eingetreten[6]); stammt dagegen der Name aus der Fremde und wird durch das lettische und litth. kuilis, kuilys die Form *Keuler* wesentlich gestützt[7]), so erweist sich umgekehrt *Keiler* als das

---

1) Grimm Myth. 1048. Im ältern Nhd., auch bei Luther, begegnet *Bärwolf*, mnd. berwulf; im Schaumburgschen wird „Böxenwulf" gesagt (Vilmar Idiot. 58).

2) Man hatte sich eingebildet, daß das Elenthier, weil es bei schnellem Laufe oft fällt, mit der fallenden Sucht, dem sogenannten Elend, behaftet sei, und darin eine Erklärung des Namens gefunden. Rheinische Dialekte kennen die Bezeichnung „Elendsklaue" für einen armseligen Menschen; s. Kehrein Volksspr. S. 126.

3) Wackernagel Kl. Schr. I, 42.

4) „Ein *Rennthier* heißts, weil es entsetzlich *rennet*" (A. W. v. Schlegel Werke 2, 337).

5) Weigand Wtb. 2, 901. Lexer Mhd. Wtb. 1, 468. Auf Menschen angewandt, hat *Trampelthier* verschiedene dialektische Bedeutungen: in Tirol heißt so einer, der im Gehen stark auftritt (vgl. engl. trample und Frommann 4, 448), anderswo eine plumpe Weibsperson (Schmidt Westerw. Idiot. 262. Schmid Schwäb. Wtb. 135), in Berlin ein dummer Kerl (Der richtige Berliner 63^b).

6) Hildebrand in Grimms Wtb. 5, 650. Duden Rechtschreib. 113^a.

7) Grimm Gesch. d. d. Spr. 26. Weigand Wtb. 1, 575.

(an keilen) angelehnte Wort. *Falke* heißen zuweilen blaßgelbe Pferde und Rinder, nicht wie Dietrichs Ross nach dem Vogelnamen, sondern aus demselben Grunde wie *Falbe*; das *w* der flektierten mhd. Form *valwe* (von val, nhd. fahl u. falb) geht in den Kehllaut über, *falh* d. h. *falch* kommt in der bairischen Mundart als Nebenform vor, und die tirolische hat sogar „falkit" für fahl u. falb[1]). Ueber den Ursprung des Namens *Merino-Schafe* hat man kürzlich eine wenig glaubwürdige Nachricht veröffentlicht, welche der bisherigen Deutung des span. *merino* aus *majorinus* (major villae), Bezirksrichter, Aufseher über die wandernde Schafherde[2]), gründlich widerstreitet: im 13. Jahrh. seien aus England nach Spanien Schafe übers Meer (span. mar) gebracht und ovejas marinos (Merino-Schafe) genannt worden[3]). Obgleich fast allgemein für ausgemacht gilt, daß das Wort *Eichhorn*, wenn nicht an beiden Stellen so doch an der zweiten, auf Anlehnung und Umdeutung hinweist, herrschen über den wahren Ursprung desselben doch sehr verschiedene Ansichten: allmähliche Verdrehung aus *sciurus* (σκίουρος) ist unwahrscheinlich, vielmehr darf die Eiche als gegeben betrachtet werden; das zweite Wort wird weder Hase (engl. hare) noch Harm (Hermelin, Wiesel) noch Wurm (nord. orm) enthalten, weit eher, nach der ags. Namensform *ácvern* zu urtheilen, ein Thier bezeichnen, welches formell dem lat. *viverra* (Frettchen) gleich steht[4]), es wäre denn daß in jener Form, mit Bezug darauf, daß das Eichhorn die Stämme umläuft, *quérn* (Mühle) sich darböte[5]). *Murmelthier*, wobei der Gedanke an *murmeln*[6]) aufstößt, entspringt aus *mus montis* (Bergmaus), ahd. *murmenti*, bair. *murmentel*, schweiz. *murmentier*. Der *Vielfraß* (gulo borealis), welcher gar nicht übermäßig viel fressen soll, hat angeblich seinen Namen aus dem nord. *fjällfras* (Bergbär? Felsen-

---

1) Weigand Wtb. 1, 320. Hintner Beitr. z. tirol. Dialektforsch. II, 54; vgl. Frommann 4, 160. 6, 232.
2) Diez Et. Wtb. 2, 152. Heyse Fremdw. 564b.
3) Das Buch für alle 1881 S. 335.
4) Pictet Ztschr. f. vergl. Spr. 6, 188 fg.; vgl. 24 (N. F. 4), 472.
5) Woeste Ztschr. f. vergl Spr. 9, 71.
6) Vgl. franz. marmotter, murmeln, hermurmeln; marmotte, ital. marmotta, Murmelthier. Das Thier läßt, wenn es säuft, Murmeltöne hören. In den Schreckenstagen des März 1848 luden die Volkskämpfer das Spielzeug der Straßenjugend, in Mundarten „Murmel" genannt, in die Kanonen oder Böller, welche davon den Namen „Murmelthiere" erhielten; s. Gegenwart Bd. 2 S. 556. 557.

katze?) zurechtgelegt erhalten. Der *Maulwurf* heißt so, scheint es, weil er mit dem Maule wirft, obgleich diese Auffassung etwas sonderbar klingt; vielmehr ist *Maul*, wie aus den organischen Formen *moltwërfe, moltwurfe* ersehen wird, aus *molte* (Staub, Erde: vgl. dial. Mull, Müll, Gemülle) entstellt worden[1]). Möglicherweise lassen auch bei *Maulesel, Maulthier* (lat. mulus) sich manche an „Maul" erinnern. In *Windhund* und *Windspiel* bedeutet das erste Wort nicht lat. ventus, sondern denselben Hund (mhd. wint; in der Bibel, auch bei Rückert Wind), welcher durch jene beiden neuhochd. Zusammensetzungen bezeichnet wird: *Windhund* zeigt die pleonastisch ausdeutende Verbindung der species mit dem genus (vgl. Maulesel, Walfisch); *Windspiel* meint zunächst Spiel, Jagdvergnügen mit Winden oder Windhunden, sodann diese Thiere zusammen, endlich jeden einzelnen Hund[2]). Der Leithammel führt auch den Namen *Bellhammel*, weil ihm eine Schelle oder Glocke (niederl. niederd. *belle*, engl. *bell*) um den Hals hängt, auf deren Klang die Herde folgt[3]). Den Hundenamen *Wasser*, den Gutzkow mit „Vezir" oder „Azur" zusammengestellt haben soll, Schroer[4]) aus dem ungarischen „Waschel" (d. i. Pascha), dem Namen großer Fleischer-

---

[1]) Mundarten kennen eine Veränderung und Umdeutung auch des zweiten Theiles der Zusammensetzung, nemlich *moltwurm* u. niederd. *mullworm*, in Holstein *mülworm* (weil er wie ein Wurm in der Erde lebt); mitteldeutsche Dialekte wandeln die zweite Silbe in -*wolf* (*moltwolf, mondwolf, mauerwolf*), der fränkische hat *mauraff* (Maueraffe?); im Mhd. wurde zuweilen *mülwelf* gesagt. Vgl. Richey Idiot. 167. Wackernagel Kl. Schr. 3, 50. Förstemann Ztschr. f. vergl. Sprachforsch. 1, 4. Kehrein Volksspr. 281. Peters Progr. Leitmeritz 1864 S. 5. Schroer Sitzungsberichte der philos. hist. Kl. d. Wien. Akad. Bd. 27 S. 189b. Dunger N. Jahrb. für Phil. u. Päd. 1877 S. 511. Ztschr. f. d. österr. Gymn. 1878 S. 755 fg. Linnig Bilder z. Gesch. d. d. Spr. 448. 449. Grimm Wtb. 6, 1811. Oft wird das Thier wie der Haufe genannt, den es wirft, z. B. *Mullerhauf, Multhôp*; vgl. Frommann 5, 40.

[2]) Simrock hat in Birlingers Alemannia 1, 310 die Ansicht vorgetragen, daß „Spiel" in *Windspiel* (und *Federspiel*, wovon sogleich) „Menge" (wie in „Geldspiel, Menschenspiel") bedeute.

[3]) In Hamburg wurde zu Richeys und Schützes Zeiten das Wort in *Bellhamer* verwandelt, zur Bezeichnung derjenigen, „die ein unbändiges und aufrührisches Maul brauchen", also mit dem Gedanken an „bellen" und „Hammer" (mhd. niederd. hamer). Der clevische Dialekt kennt die Form ebenfalls, anscheinend aber ohne jene übertragene Bedeutung; s. Weseler Progr. 1841 S. 34.

[4]) Vgl. Frommann 7, 226.

hunde, Gombert[1]) aus dem mhd. Adj. was (scharf) mit Rücksicht auf das scharfe Gebiß des Thiers gedeutet hat, läßt die neuere niederd. Sprachforschung aus *Basser* (von bassen, bellen) entstanden sein[2]); diesen Erklärungen gegenüber wird doch die nächstliegende Beziehung auf das Element, wie auch der Zusammenhang sei, und der Vergleich mit den ebenfalls auf Hunde angewendeten ältern und jüngern Namen Strom, Rhein, Donau, Birs[3]) beachtet werden müssen. — Obgleich sich mit *Rohrdommel* erfahrungsmäßig „*Rohr*" sehr wohl vereinigen läßt, da dieser Vogel sich im Schilf aufhält, weist die ahd. Form *horotumbil*, deren von Wackernagel behauptete Herkunft aus dem mlat. cretobolus, lat. onocrotalus, dahingestellt bleiben mag, im ersten Theile doch ein andres Wort auf, nemlich *hor*, Koth[4]); *horotumbil* bedeutet wohl nicht, wie oft ausgelegt wird, Kothtummler, im zweiten Theile dürfte eher das Adj. *tump* (dumm) liegen[5]), da dies Thier, wie von Jägern und Naturforschern berichtet wird, sich durch Dummheit auszeichnet. Der *Wiedehopf*, mhd. witehopfe, scheint den im Wald, Holz (ahd. witu, engl. wood) hüpfenden Vogel zu bezeichnen; vielleicht aber wird man eine allmählich fortschreitende Entstellung aus der reduplizierenden, tonnachahmenden Form *upupa*, ἔποψ (vgl. engl. whoop, hoop, hoopoe; frz. huppe) anzunehmen haben[6]). Durch die mlat. Form *gyrofalco*, vorausgesetzt daß sie die ursprüngliche und nicht aus dem Deutschen umgedeutet ist, wird bewiesen, daß der sogenannte *Gierfalke* oder *Gerfalke* (frz. gerfaut) mit den deutschen Wörtern *Gier* und *Ger* nichts zu thun hat, sondern seinen Namen darnach trägt, daß er in kreisförmigem

---

1) Progr. Gr. Strehlitz 1879 S. 5.
2) Korrespondenzbl. d. Vereins f. niederd. Spr. 3, 5.
3) Wackernagel Kl. Schr. 3, 79.
4) Auf die Entstellung mochte „Rohrspatz" einwirken; eine nochmalige ist *Rohrtrommel*, mit Rücksicht darauf, daß der Vogel im Schilfe bisweilen seine dumpfe, trommelnde Stimme vernehmen läßt.
5) Vgl. *rördump* bei Schiller Thier- u. Kräuterb. 2, 14b, *rördum* bei Schambach Wtb. 168a, *raredum* bei Schmeller Wtb. 3, 120; andere Formen giebt Diefenbach Mlat. hochd. böhm. Wtb. 196. In Siebenbürgen führt der Vogel, wie mir Direktor Wolff in Mühlbach schreibt, den Namen *riris* d. h. Rohrochse.
6) Aus Siebenbürgen werden die Benennungen *puppes, pupuser, hupup* mitgetheilt (Kramer Progr. Bistritz 1877 S. 106); *hupphup* ist niederd. (Schütze Idiot. 2, 175). Im allgemeinen vgl. Förstemann Ztschr. f. vergl. Spr. 3, 55. Woeste bei Frommann 5, 169.

Fluge (lat. gyrus, Kreis) seine Beute verfolgt. Der Name einer andern Falkenart, *Wannenweher*, läßt Entstellung an beiden Seiten vermuthen: ob im ersten Theile der Zusammensetzung ein lettisches oder litthauisches Wort stecke, das einen Raubvogel bedeutet, mag auf sich beruhen; das zweite wird, wie auch Adelung angibt, dem deutschen *Weihe* der Hauptsache nach gleichzustellen sein[1]). Der Mäusefalk wird oft *Bußaar* genannt; er heißt aber nach dem frz. busard (aus lat. buteo) besser *Bußhart*, noch richtiger *Bussard*. Dagegen kann in dem Namen *Mauser*, den dieser Vogel ebenfalls führt, ursprüngliche Zusammensetzung mit „Aar" enthalten sein (vgl. Adler, adelar, edler Aar), wenn von den beiden ahd. Formen mûsaro (mhd. mûsar) und mûsâri (mhd. mûsaere, mûser) die erstere den Vorrang des höhern Alters behaupten darf. Eine ursprünglich niederd. Benennung des Uhus oder Käuzchens, *Schufut*, wo sich eine wenn auch kaum verständliche Imperativbildung aufdrängt, geht allem Anscheine nach aus dem frz. *chouette*, dessen Stamm vermuthlich deutsch ist, hervor[2]). Der zur Beize abgerichtete Vogel hieß *Federspiel*, ein Name, der heute mit dem, was er ausdrückt, beinahe verschollen ist; die Entwicklung des individuellen Begriffs gleicht der von *Windspiel* (S. 181). Eine nicht empfehlenswerthe Verhochdeutschung ist *Kriechente* (holst. krüpânt) aus *Krickente*, früher bloß *kricke* (anas crecca), vermuthlich nach dem Ton, den das Thier hören läßt[3]). Der Name *Goldrabe*, den Adelung aus der an der Sonne wie Gold spielenden, glänzend schwarzen Farbe erklärt, ist doch nichts als volksetymologische Entstellung des unverstandenen *Golkrabe*, wie der Vogel daneben richtiger genannt wird, von „kolken", das hier krächzen zu bedeuten scheint[4]). — Der *Lindwurm* heißt nicht nach der *Linde*, unter der ihn Sigfrid getödtet hat, obwohl die mhd. Dichtung diese Beziehung voraus-

---

1) Frisch Wtb. 2, 422ᶜ. Weigand Wtb. 2, 1021; vgl. Grimm Gesch. d. d. Spr. 36. Hehn Kulturpflanzen und Hausthiere S. 526. In Baiern kommt die Form „Windwächel" vor (Schmeller Wtb. 4, 9).
2) Grimm Reinh. F. 282. Weigand Wtb. 2, 643. Vgl. Frisch Wtb. 2, 230ᵇ. Hennig Preuß. Wtb. 247. Lexer Kärnt. Wtb. 215. Daß sich auf die oberd. Deminutivform „Schafoytlin" der ganz anderswohin gedrehte Geschlechtsname *Schafhäutl* (Eule im Wappen) gründet, ist S. 162 wahrgenommen worden.
3) Vgl. Ztschr. f. vergl. Sprachf. 3, 44. 63.
4) Weigand Wtb. 1, 450. Grimm Wtb. 5, 1614. Rheinisch soll „Galgenrab" sein (Kehrein Volksspr. 150); auch „Kohlrabe" hört man den Vogel wegen seiner Schwärze nennen.

gesetzt haben mag; sondern in *lintwurm*, *linttrache* bedeutet *lint* (altnord. *linnr*) Schlange, und *wurm*, *trache* treten tautologisch erläuternd hinzu[1]). Bei der Form *Alligator* wird man mit jedem Buchstaben ans Lat. erinnert, gleichwohl kann der Name mit *alligare* nichts zu thun haben; zu Grunde zu liegen scheint das span. portug. *lagarto* (lacerta) mit vorgesetztem Artikel[2]). In der Zoologie wird von *Warneidechsen* gesprochen, welche darnach heißen sollen, daß sie den Menschen vor dem Krokodil warnen; ihr eigentlicher Name ist aber *Warane* (Wassereidechsen), lat. *Varanidae*[3]). Unter *Mutterkrebs* wird ein Krebs verstanden, der die Schale wechselt; das Wort trägt Verderbnis aus *Muterkrebs* (mecklenb. muterkreft), von dem niederd. *mutern* (hochd. *maußern*), aus lat. mutare[4]). *Wallfisch*[5]) und *Wallross*, wie viele schreiben, haben fälschlich doppeltes *l*, da Zusammenhang mit *wal* (balaena), wie von besser Unterrichteten richtig geschrieben wird, vorliegt[6]); vgl. *Narwal* (Monodon), gleichfalls vom Geschlechte der Walen. *Blutigel* für *Blutegel* beruht auf einer schon ziemlich alten Gewohnheit, welche durch die Ungeläufigkeit der von *Igel* unterschiedenen Form *Egel* unterstützt wird; wirksam zu dieser Vermischung mag zugleich gewesen sein, daß nicht allein im Niederd. der *Egel* in der Regel *il* (Plur. ilen) heißt, dagegen der *Igel* gewöhnlich *egel*, wenigstens in der Zusammensetzung *swinegel* (Schweinigel), sondern daß auch oberd. Mundarten den *Igel* bisweilen *Egel* nennen[7]). *Otter* (Schlange), von Luther eingeführt, aus nd. *adder*, welches mit Abwurf des anlautenden Kons. gleich *Natter* (ahd. nātara) zu sein scheint, hat keinerlei Verwandtschaft mit *Otter* (ahd. ottar) in *Fischotter*; ob eine formelle Anlehnung, wie bei *Blutigel*, statt-

---

1) Grimm Myth. 652. Wtb. 6, 1038. Wackernagel Kl. Schr. 3, 46.
2) Vgl. Hare Fragments 2, 32.
3) Mittheilung aus Hagen, bestätigt von dem verst. Prof. Troschel in Bonn.
4) Weigand Wörterb. 2, 223 gedenkt auch der entstellten Form „*Butterkrebs*".
5) Schleicher Deutsche Sprache S. 117 bemerkt, das Volk spreche mitunter „Waldfisch".
6) *Wallrath* (sperma ceti) gehört ebendahin; Dialekte deuten dies in „Wallrahm" um (Adelung Wtb. 4, 1368. Weigand Wtb. 2, 1017).
7) Schmeller Wtb. 2. A. 1, 52. Luther hat (Sprüche Salom. 30, 15) geschrieben: „die Eigel", wofür jetzt „der Igel" zu lesen steht. Ueber den etymologischen Zusammenhang zwischen *Egel* u. *Igel* belehrt Pictet Ztschr. f. vergl. Spr. 6, 185 fg.

gefunden habe, steht dahin. Es wird darüber gestritten, ob der Fisch *Sander*, der auch *Zander* heißt, vom *Sand* oder vom *Zahn* (dial. *zand*, auch mhd.) seinen Namen trage¹); vielleicht ist eine von beiden Formen durch falsche Anlehnung entstanden, da s und z im Hochd. nicht in solcher Weise zu wechseln pflegen. *Kaulbarsch, Kaulkopf, Kaulquappe* führen ihren Namen nicht von *Kaul* = nd. *küle* (Grube), sondern von *Kaul* = *Keule*; *Seeteufel* (große Quappe) ist umgedeutet aus *Seedöbel* (dobula). *Aalraupe* aus *Aalruppe* (lat. rubeta, mhd. ruppe), wo vielleicht das erste Wort nicht das Thier meint, vielmehr âl f. adel, Jauche²). Obgleich *Beißker* zunächst aus dem Slav. stammt, wird doch der Gedanke an *beißen* auf die Form des Namens eingewirkt haben, da dieser kleine Fisch im Schlamm und zwischen Steinen lebt, daselbst gleichsam anbeißt, weshalb er auch *Schlammbeißer* und *Steinbeißer* genannt wird³). Anstatt *Biswurm*, Bremse, die ihre Eier in die Haut des Rindviehs und des Rothwildes legt, von „bisen", wie toll hin und her rennen, westf. bissen⁴), wird nicht selten *Bißwurm* geschrieben, weil man sich *Bisse* vorstellt, mit denen die Thiere von diesem Insekt geplagt werden⁵). Schon zu Stielers Zeiten, wie seine Erklärung des Namens *Heuschrecke* aufweist⁶), war die ursprüngliche Bedeutung von *schrecken* (S. 115) geschwunden⁷), und heute mögen gleichfalls manche an den *Schrecken* denken, den das im Heu plötzlich auftauchende Thier verursachen kann, einigen mag sogar die durch die Bibel bekannt gewordene *schreckliche* Plage des Orients im Geiste vorschweben; *Heuschrecke* bedeutet *Heuspringer*, dial. *Heusprung* (vgl. Grashüpfer). Wer das hypokoristische z genauer verfolgt⁸), kann sich der Vermuthung kaum entziehen, daß *Wanze* sich zu *Wandlaus* (altd. ausschließlich wantlûs) verhält, wie Fritz, Utz zu Friedrich, Ulrich. besonders aber wie ahd. agaza zu agalastra (Elster), Spatz

---

1) Schiller Thier- u. Kräuterb. 3, 22ᵇ.

2) Vgl. über diese letztern Benennungen Lübbens Mittheilung in der Ztschr. f. d. Phil. 6, 461 fg.

3) Diefenbach Wtb. d. got. Spr. 1, 269.

4) Woeste Ztschr. f. d. Phil. 5, 80; vgl. Frommann 4, 488.

5) Als richtiger Name gilt „Beißwurm" für eine andre Thierart, Vipern, welche die Kühe nicht selten in die Eutern beißen; s. Schmeller Wtb. 1, 208 und vgl. Frommann 4, 54. 484.

6) Grimm Wtb. 4ᵇ, 1293.

7) Wackernagel Kl. Schr. 3, 40. Jolly Sprachwissensch. S. 56. 57.

8) Vgl. Grimm Gramm. 3, 689 fg. Wtb. 5, 367.

zu Sperling (vgl. *Götze* S. 176); auf keinen Fall wird man (nach Adelung u. a.) eine Form „Wandse" voraussetzen dürfen. *Schwabe*, der Name eines schädlichen Insekts (Mehlkäfer) ist weder aus „Schabe" verderbt, noch hat er eine Beziehung zum Volke der Schwaben[1]), sondern scheint dem freilich seltenen mhd. *swarbe* zu entsprechen[2]).

Pflanzenreich. Die mhd. Formen *wecholder*, *wechalter*, welche die Verbindung eines Adj. *wechal* (lebensfrisch; vgl. lat. vigil) mit *-ter* (Baum, got. triu, engl. tree) zu enthalten scheinen[3]), sind im Nhd. zu *Wachholder* geworden, wo sich zwei andre Wörter begegnen, die zusammen einen imperativischen Sinn darbieten, obgleich der zweite Theil des Ganzen zunächst an *Holder*[4]), Kürzung von *Holunder*, angelehnt ist. Dieselbe Anlehnung trägt *Maßholder* (Acer campestre), mhd. *maʒolter*, *maʒalter*, worin gleichfalls jenes *-ter* steckt; was *maʒal* als Subst. oder Adj. bedeute, gilt noch nicht als erwiesen[5]). Unwillkürlich erinnert *Ahorn*, in alter Sprache ebenso genannt, an *Horn*[6]), etwa mit Rücksicht auf die hornartige Härte des Holzes; der Name entspringt aber aus dem lat. Adj. *acernus* (von acer), enthält also ableitendes *-orn*. Wer denkt bei *Chinarinde* nicht an das Land *China*?[7]) doch stammt der Chinabaum aus dem westlichen Südamerika, und der Name ist nichts als eine Entstellung aus einem der alten Peruanersprache angehörigen Worte *quina-quina*[8]), welches frz. quinquina, span. cinchona, ital. aber ebenso wie bei uns

---

1) Beide Deutungen stehn in Adelungs Wtb. 3, 1700.

2) Weigand Wtb. 2, 651.

3) Wackernagel Kl. Schr. 3, 51 fg. 243. Schiller Thier- u. Kräuterb. 1, 19b; vgl. Schmeller Wtb. 1, 453. Linnig Bilder zur Gesch. d. d. Spr. S. 430. 431. Duden Rechtschreib. 157b. Weserzeit. 1878 Dec. 17. Gombert Progr. Gr.-Strehlitz 1879 S. 1. 2.

4) Vgl. „Afholder" st. „Affolder" (Apfelbaum), aus affalter (S. 143).

5) Die Adelungsche Herleitung von Mase, Maser (vgl. dial. Maserle f. Maßerle) wird umständlich wiederholt und durch neue Zuthaten gestützt in der Ztschr. f. d. Phil. 6, 456.

6) Einzeln begegnet ein vielleicht mit absichtlichem Scherz gebildetes Adj. *ahörnern* f. *ahornen*.

7) Latendorf theilt Germania 9, 450 das Räthsel mit: Welches Land wird zum Fiebertrank verordnet?

8) *Quina* heißt Rinde, doppelt gesetzt die Rinde der Rinden d. h. die edelste Rinde; s. Schleiden Die Rose S. 24. Botanische Schriften lassen die Beziehung auf eine spanische Gräfin *Chinchon*, Gemahlin des Vicekönigs, die durch jenes Mittel vom Fieber genesen sei, überwiegen.

lautet. Der *Sperberbaum* (Sorbus) heißt nicht nach *Sperbern*, die Zusammenstellung ist vielmehr wie in Lorbeerbaum, Maulbeerbaum, mit *ber* (Beere) und einem vorhergehenden Wortstamme, hier *sper*, *spir*, wovon *Speierling* (die Frucht). Obgleich Kennern des Lat. der Ursprung des Wortes *Ebenholz* aus *ebenus* (Ebenbaum) auf der Hand liegt, so weiß man doch aus Erfahrung, daß Laien sich unwillkürlich auf das deutsche Adj. *eben* beziehen, indem sie dabei an die Glätte des feinen verarbeiteten Holzes, dessen rohen Zustand sie nicht kennen, erinnert werden. Hinsichtlich der Benennung *Gutta Percha* ist indessen der Kenner des Lat. einem Misverstande ausgesetzt, vor dem der Ungelehrte bewahrt bleibt: an *gutta* (Tropfen) erinnert sich jener natürlich und unwillkürlich, mag er auch das zweite Wort nicht hinzubringen wissen; aber der Ursprung des Namens liegt nicht im Lat., sondern in der fernsten Fremde, nemlich im Malayischen, wo *Gutta*[1]) einen erhärteten Pflanzenstoff bedeutet, *Percha* den Baum bezeichnet, von dem er herrührt[2]). Aus dem ahd. *sumarlota* (frischer Sproß oder Schößling), von liotan, wachsen, ist *sumarlata*, mhd. *sumerlate*, verderbt worden[3]); im Nhd. gelten *Sommerlote* (nicht gut — *lode*) und an „Latte" angelehnt *Sommerlatte* neben einander, das letztere besonders im Forstwesen für junge, einen Sommer alte Schößlinge. *Seidelbast* (Daphne), an „Seide" gelehnt, da dieser Strauch in der That ein feines, wie Seide glänzendes Bastgewebe hat, meint entweder *Zeidelbast*, was sich auf die Bienen bezöge (vgl. Zeidler, Bienenzüchter), oder weist, wie die Mythologen wollen, auf den *Zio*, den Kriegsgott der heidnischen Germanen, zurück[4]). In Betreff der auffallenden Benennung *Kellerhals* für denselben Strauch verdient die Vermuthung hervorgehoben zu werden, daß ein imperativisches „Kellenhals" (quäl den Hals, von kellen, engl. quell) zu Grunde liege, mit Beziehung darauf, daß die Beeren als Gewaltmittel bei Halskrankheiten heftiges Brennen verursachen[5]). Der Name *Epheu* zeigt ein großes Misverhältnis zwischen Schreibung und Aussprache, insofern entweder *f* geschrieben oder *p* und

---

1) Derselben Quelle ist *Gummigutt* (Gummiharz) entsprungen.

2) Nach der Leipz. Illustr. Zeit. 1881 S. 126ᵇ ist Percha im Malaiischen die Insel Sumatra, das Ganze also „Sumatraharz".

3) Grimm Gramm. 2, 21. 429. Weigand Wtb. 2, 67.

4) Vgl. Vilmar Idiot. 476. Grimm Myth. 1144. 1145. Simrock Myth. 270. Keltischen Ursprung fordert Leo in Haupts Ztschr. f. d. Alt. 5, 510 für „zeidel".

5) Grimm Wtb. 5, 518.

h getrennt gesprochen werden müsten; Zusammensetzung mit *Heu*[1]) und dem Stamme des nahe verwandten *Eppich* (apium, mhd. epfe) hat ungleich mehr für sich als die Annahme einer bloßen Veränderung der ältern Formen epfi, epfe u. s. w.[2]). Die Entstehung des Namens *Oleander* aus *Rhododendron* wird durch die an *laurus* angelehnte mlat. Form *lorandrum*, wozu später auch der Gedanke an *olea* (Oelbaum) hinzugetreten zu sein scheint, vermittelt. *Schachtelhalm* (Equisetum), mit niederd. *cht*, entspringt aus *Schafthalm*, wird auch *Schachthalm* und *Schaftheu* genannt[3]). Das *Heide*- oder *Heidenkorn*, wie man in einigen Gegenden den Buchweizen nennt, der bekanntlich dürren Boden liebt, heißt doch nicht nach der „Heide", sondern nach den „Heiden", d. h. den unchristlichen Bewohnern südöstlicher Länder, woher das Getreide eingeführt worden ist[4]). In dem Bewustsein der Gegenwart herrscht die Vorstellung, daß der *Kelch* der Blume dasselbe Wort sei wie der *Kelch* als Trinkgefäß; allein in Wirklichkeit ist der letztere zwar dem lat. *calix* entnommen, der Blumenkelch dagegen dem griech. κάλυξ, Wörtern, die fast gleich klingen und einander etymologisch doch nicht nahe stehn: unterdessen läßt sich vermuthen, daß das griech. Wort wohl nicht buchstäblich ebenso wie das lat. verdeutscht worden wäre, wenn die Vermischung nicht bereits in der Vorstellung gehaftet hätte[5]). Was heute *Schöll*- oder richtiger *Schellkraut* heißt, führte schon im Ahd. den aus dem mlat. *celidonia* (χελιδόνιον, Schwalbenkraut) übernommenen, an „Schelle" (scëlla) angelehnten Namen „scëlliwurz"[6]). Der Name *Beifuß* (Artemisia vulgaris), niederd. bîfôt, ist umgedeutet aus mhd. *bibóʒ* (niederd. auch bibôt, oberd. beipoß), von *bóʒen*, stoßen[7]), wohl mit Rück-

---

1) Schon Schottel (Haubtspr. 1307) bemerkt: „Ebheu, Ephen"; im Mhd begegnet „ephöu, ebchön" (höu, Heu). Bei Schmeller Wtb. 2. A. 1, 14 stehn aus ältern Schriften „Ebaum" und „Erdbaum" für „Ephen" angegeben.

2) Mundartlich wird *Epha*, *Era* f. *Ephen* gesagt.

3) Jänicke Niederd. Elem. 14; vgl. Staatsanz. f. Würtemb. 1878 S. 381. Das engl. *shave-grass* scheint eine Assimilation zu sein.

4) Adelung Wtb. 2, 1064. Weigand Wtb. 1, 491. Grimm Wtb. 4b, 805. Hehn Kulturpflanzen 441; vgl. Schmeller Wtb. 2, 151. Fuß im Bedburg. Progr. 1877 S. XI.

5) Ausführlich belehrt hierüber Hildebrand in Grimms Wtb. 5, 507.

6) Weigand Wtb. 2, 573.

7) Im ältern Nhd. findet sich die buchstäblich gleiche Entstellung von *Amboß*, das auch von bóʒen stammt, in *Anfuß*.

sicht darauf, daß dies Gewürz zu der Speise gestoßen wurde; die volksetymologische Erklärung meldet, daß man nicht müde werde, wenn man diese Pflanze bei sich trage [1]). *Biberklee*, *Biberkraut*, *Biberwurz* verhalten sich unter einander insofern gleich, als sie für *Fieberklee*, *Fieberkraut*, *Fieberwurz* zu stehen scheinen, wie sie daneben auch genannt werden (vgl. mhd. *biever* einzeln f. *vieber*), da diese Kräuter als Mittel gegen das Fieber angewandt wurden; indessen wird für das erste Wort von einigen die Ursprünglichkeit von *Biber*, der im Lat. bekanntlich *fiber* heißt, in Anspruch genommen, *Fieber* als Umdeutung betrachtet [2]). Deutlich an *Bieber* oder *Biber* angelehnt ist *Bibernelle* (neben *Pimpernelle*), holl. bevernel, mhd. bibenelle, aus lat. *pimpinella* (bipinnula, zweifidrig?). Will man dem Uebergewichte des Gebrauches die Entscheidung nicht einräumen, so verdienen die Formen *Krauseminze* und *Pfefferminze*, welche mit *Minze* (mentha) zusammengesetzt sind, nicht mit *Münze* (moneta), Berichtigung; daß schon in der alten Sprache die Verderbnis von „minze" in „münze" vereinzelt vorkommt, kann damit verglichen werden, daß im Engl. und Holl. beide Wörter, aber nach entgegengesetzter Richtung, überein lauten (mint, munte). *Aschlauch* [3]), auch *Eschlauch* und zuweilen *Eßlauch*, gehen aus *Ascalonicum* (von Ascalon in Palästina) hervor; der bekanntere, ebendaher entsprungene Name ist *Schalotte*. *Hauslaub* und *Hauslauch*, welche beide Sempervivum tectorum bedeuten, scheinen ursprünglich eins zu sein, mithin das eine durch Anlehnung entstanden [4]). Da *Zwiebel* aus *cepula* (ital. cipolla) stammt, so wird billig nach dem Zwischentritt des *w* gefragt; ein Blick auf die mhd. Form *zwibolle* (neben zibolle, plattd. zippel) zeigt die Umdeutschung (doppelte Bolle [5]). Anstatt *Bieße*, wie die in der Schriftsprache übliche eigentlich niederd. Form *Bete* (Beta vulgaris, engl. beet) in hochd. Mundarten heißt, kommt *Beiße*

---

1) M. Höfer Et. Wtb. 1, 82. Grimm Myth. 1161. Ascherson Flora von Brandenburg S. 321. Schiller Thier- u. Kräuterb. 1, 15ᵃ.
2) Vgl. Grimm Wtb. 1, 1808. 3, 1622. Förstemann Ztschr. f. vergl. Spr. 1, 9. Weigand Wtb. 1, 149. 150.
3) bei Schambach 14ᵃ „astlâk".
4) Mundartlich wird, wie mir der verst. Prof. Hanstein mitgetheilt hat, auch „Hauslob" gesagt.
5) Dialektisch werden Zwiebeln *Bollen* genannt; s. Brem. Wtb. 1, 113. Schmeller Wtb. 2. A. 1, 232 und vgl. Frisch Wtb. 1, 118ᵇ. Grimm Wtb. 2, 232.

(und *Beißkohl*) vor [1]). Wohl einzig in ihrer Art ist die Form *Kohlrabi*, verglichen mit ihrem Ursprunge, dem ital. *cauliravi*, wofür es jetzt *cavoli rape* (frz. chou-rave) heißt; man begreift sowohl, daß Mundarten es vorziehen eine deutsche Endung hören zu lassen („Kohlrabe"), als auch, daß das Wort als „Kohlrübe" völlig umgedeutscht wird [2]). „*Mohrrübe*" hat nichts mit „Mohr", aber auch nichts mit „Moor" zu thun [3]), sondern ist eine pleonastische Zusammensetzung mit dem gleichbedeutenden „*Möhre*" (mhd. morhe), wozu auch „*Morchel*" (ahd. morhila) gehört. *Huflattich* (Tussilago) ist ungeachtet der Formähnlichkeit vielleicht nicht mit *Lattich* (Lactuca) zusammengesetzt, sondern auf den mlat. Pflanzennamen *lapatica* (Lapacium) zurückzuführen [4]). Mit *Andorn* (Marrubium) scheint es etymologisch ähnlich bestellt zu sein wie mit *Ahorn* (S. 186): daß man geneigt ist an *Dorn* zu denken, begreift sich leicht, obgleich keine annehmliche Beziehung nahe liegt; vermuthlich steckt auch in diesem Worte ableitendes -*orn* [5]). Da das Kraut *Gänserich* (Potentilla) im Ahd. zwar *gensinc*, doch auch *grensinc* (von grans, Schnabel) und im ältesten Nhd. *grenserich* lautet, so mag Anlehnung an *Gans* immerhin vermuthet, wenn gleich nicht mit Bestimmtheit behauptet werden. Dem mhd. Fem. *wëgetrëte*, in welchem, gleichwie in *wëgewarte*, die Präsens- oder Infinitivform des Verbs enthalten ist, entspricht das nhd. Masc. *Wegetritt*, wie man sieht, formell nicht, während *Wegwarte* (Cichorium), abgesehen von der männlichen Nebenform *Wegwart*, unentstellt geblieben ist [6]). Es gibt ein Kraut, Namens

1) Regel Mnd. Arzneib. 8; vgl. Schmeller 1, 209. 210.

2) Vgl. Höfer Et. Wtb. 2, 17. Weigand Wtb. 1, 617. Hildebrand in Grimms Wtb. 5, 1596. Strenger genommen übrigens, wie mich Hanstein unterrichtet hat, unterscheiden sich „Kohlrabi" und „Kohlrübe", haben auch verschiedene lat. Namen: der Kohlrabi wächst mehr über der Erde, die Kohlrübe mehr unter der Erde, daher jener auch „Oberkohlrübe", dieser „Unterkohlrabi" heißt, in Magdeburg „Uebersichrübe" und „Untersichrübe", im Henneberg. „Obersicherübe" und „Untersicherübe". Von Köchinnen in niederd. Gegenden werden Kohlraben auch in „Kalte Raben" verwandelt; in Oesterreich soll man „Kellerrabi" sagen hören (Schmidt Westerw. Idiot. 84).

3) Dieser letztern Ableitung zu Gefallen schreibt das Brem. Wtb. 3, 186 „Moorrübe", bemerkt jedoch, daß die „Möhren" besser in sandigen als morastigen Gegenden wachsen.

4) Näheres in Weigands Wtb. 2, 15.

5) Die Volksprache verwandelt *Andorn* in *Anton*.

6) Weigand Wtb. 2, 1033. Die vielen Namen dieser Pflanze stehn aufgeführt in Wagners Arch. f. d. Gesch. deutscher Spr. 1873 S. 285.

Brunelle, Braunelle, Prunelle (Prunella), welches als Mittel wider die Bräune gegolten hat; ohne Zweifel allein wegen dieser besondern Heilkraft ist der Name der Pflanze auch in *Braunheil* und *Bräunheil* umgeändert worden. Der *Kienpost* oder wilde Rosmarin (Ledum palustre) trägt die erste Hälfte seines Namens vermuthlich nach seinem stark aromatischen Geruch, die zweite hat nach vorherrschend niederdeutscher Weise das *r* eingebüßt; „Porst", früher „Pors", lautete im Mhd. borse[1]). Anstatt *Sinau*, wie die Alchemilla vulgaris insgemein genannt wird, würde wohl richtiger „*Sinnau*" geschrieben, assimiliert aus „*Sindau*", d. h. Sinthau, Immerthau (vgl. Singrün); die Thautropfen nemlich, welche sich in den Falten der breitlappigen Pflanze sammeln, bleiben auch bei Sonnenschein stehen, daher ihr auch der zugleich umgedeutete Name *Sonnenthau* zu Theil geworden ist[2]). Für das poetische Singrün findet sich der prosaische Name *Finkenohren*, welcher ersichtlich aus dem lat. *Vinca minor* entstellt ist[3]). Der mehrdeutige Pflanzenname *Widerthon* läßt in seiner zweiten Hälfte ein Wort sehen, welches im Ursprunge ganz anders beschaffen gewesen sein muß (alte Formen sind: wedertam, widertat und volksetymologisch widertod), so unsicher es auch um die Erklärung steht[4]). Aus *Abrotanum* sind *Aberraute, Haberraute, Eberraute, Eberruthe, Eberreis, Ebenreis, Eberitz* umgedeutscht hervorgegangen; aus *Agrimonia*[5]) *Odermennig, Ottomennig, Ottermönch, Odermännchen, Adrianmennig, Ackermennig, Adermennig, Angermennig, Angelmund*, Namen die freilich nicht alle in der Schriftspache heimisch, zum Theil auf verschiedene Dialekte beschränkt sind. *Foenum graecum* (frz. fénugrec, holl. fijnegriek), ist in *Fein Gretchen* (niederd. fine Grêt, fine Margrêt, fine Greiten) umgewandelt[6]), *Acorus* (Kalmus) als *Ackerwurz* der deutschen Sprache vortheilhaft assimiliert worden. Die nach dem Feuer benannte hitzige

---

1) Vgl. Weigand Wtb. 1, 582. Grimm Wtb. 5, 684. Schmeller Wtb. 1, 165 vergleicht irrthümlich „pîpôʒ", Beifuß.

2) Weigand Wtb. 2, 709. Vielleicht indessen muß „Sonnenthau" (Drosera) als selbständige Bildung genommen, mithin von „Sindau" getrennt werden; s. Regel Mnd. Arzneib. 33.

3) Grimm Wtb. 3, 1665.

4) Vgl. Weigands (Wtb. 2, 1076) ausführliche Darlegung, ferner Lexer Kärnt. Wtb. 257. Peters Ztschr. f. d. österr. Gymn. 1878 S. 758. 759.

5) von den Franzosen als *aigremoine* (saurer Mönch!) assimiliert. Lexer Mhd. Wtb. 1, 91 erwähnt der umgedeutschten Form „argenwân".

6) Volksthümlich begegnet auch „*Faule Grete*".

Wurzel πύρεθρον hat die Gestalt des bekannten Personennamens *Bertram* angenommen; der *Feldkümmel* hieß im Mhd. *veltkonele, veltquenel* (κονίλη, cunila, Quendel). Unter *Degenöl, Degenschwarz* wird ein zur Juchtenbereitung gebrauchtes Birkenrindenöl, Birkentheer verstanden; diese Namen, statt deren auch *Daggert* u. *Daggeröl* vorkommen, gelten für entstellt aus dem russ. degt, deogt[1]). Eine zwar formell ziemlich naheliegende, sonst jedoch höchst seltsame Acclimatisation betrifft den Namen der Pflanze *Esula minor*, welche gewöhnlich Euphorbia esula heißt, insofern daraus *Eselsmilch* (auch *Eselskraut, Eselswurz*) gebildet worden ist[2]). Merkwürdig ist die Uebersetzung der *Herba centauria*, gr. κενταύριον (so benannt nach dem kräuterkundigen Kentauren Cheiron), durch *Tausendgüldenkraut*, als lägen in dem lat. Namen wo nicht tausend, so doch hundert Gülden (centum aurei[3]). Aus dem mlat. Namen der Mannstreu, *Eryngium*, hat sich mit Anlehnung an *Ohr* (früher Or), da die Pflanze als Heilmittel bei Ohrenleiden angewendet wurde[4]), möglicherweise auch an *Engel* (helfendes Wesen?), die Form *Orengel* entwickelt. *Bachbohne* ist aus *Bachbunge* (Beccabunga), dessen zweite Hälfte nicht verstanden werden mochte, verderbt worden. Die als *Fitzebohne* bekannte Bohne heißt keineswegs, wie nach ältern Wörterbüchern oft angenommen wird, ursprünglich richtiger *Vitsbohne* (mit Bezug auf den Kalendertag Vitus am Ende des Frühjahrs), sondern der Name ist aus *Fisebohne* entstellt hervorgegangen[5]); vgl. Fese, dial. fisl, Schale, Hülse. Eine höchst ausgeprägte Umdeutschung zeigt der Name *Liebstöckel* (vgl. S. 43) mit zahlreichen ältern und neuen Formen[6]),

---

1) Adelung Wtb. 1, 1370. 1434. Grimm Wtb. 2, 677. 901.

2) Regel Arzneib. 15. Diefenbach Mlat. hochd. böhm. Wtb. 111.

3) Pott Doppelung 81. Regel Arzneib. 9. Auch in dem polnischen, dem deutschen nachgebildeten Namen der Pflanze tritt die Zahl „tausend" entgegen; s. Kuhn u. Schleicher Beitr. z. vergl. Sprachforsch. 6, 302.

4) Vergleichbar hiemit ist der Zulauf zum *Orendelsal*, der den tauben Ohren Hülfe erweisen könne (Ztschr. f. d. Alt. 7, 558. 559).

5) Frommann 3, 263. 522.

6) Schiller Thier- u. Kräuterb. 1, 24. Regel Arzneib. 22. Lexer Mhd. Wtb. 1, 1974. Grimm Wtb. 6, 979. Das Brem. Wtb. 3, 60 und Schambach 123ª haben „leverstock, lewerstock", Goldschmidt Volksmedicin 50 „lippstock"; Lexer Kärnt. Wtb. 117 führt „luststock", Heyne in Grimms Wtb. 6, 8 „labestock" an (vgl. das. 464 u. 979). Die Volksetymologie in der slav. Form des Wortes bespricht Malinowski Beitr. z. vergl. Sprachforsch. 6, 303.

entsprungen zunächst aus mlat. *levisticum, lubisticum*, denen *ligusticum* (von Ligurien) zu Grunde liegt. Die *Aristolochia* hat sich zu *Oterluzei* umgestaltet¹), die *Betonica* und zwar deren Deminutiv *Betoniculus* zu *Batengel* (Batenikel), welches man ehedem als βαθὺς ἄγγελος gedeutet hat. Nicht unwahrscheinlich im Hinblick auf *gamen, gaman* (Freude) ist der Name *Gamander* schon in älterer Zeit dem gr. χαμαίδρυς (eigentlich Erdeiche²), Zwergeiche) entsprungen³). Dem lat. gr. Worte *Asphodelus* wäre im Deutschen nicht die Form *Affodill* gefolgt, wenn nicht Assimilation mitgewirkt hätte, mindestens in der zweiten Worthälfte. Der Name *Tuberose* stammt zwar höchst einfach aus dem lat. Adj. *tuberosus* (tuber, Höcker, hier Knolle); daß aber der Ungelehrte diese Pflanze zu den Rosen zählt, lehrt die Erfahrung⁴). Nach Provins, einem franz. Städtchen mit berühmter Rosenzucht, heißen in Frankreich die *roses de Provins*; durch fehlerhafte Aussprache oder Verwechselung sind daraus im Deutschen die *Provinzrosen* geworden⁵). Der zweite Theil von *Rainfarn* (Tanacetum vulgare) ist mit Rücksicht auf die farnähnlichen Blätter aus „Fahne" entstanden; in der alten Sprache hieß die Pflanze *reinvane* (Grenzfahne), wie noch heute in Schwaben „der Fahne" gesagt wird. Die *Saflor* genannte Färbedistel stammt aus dem Arabischen; schon im ital. *asfiori* stellt sich „Blüte" (fiori) dar, und in dem deutschen Worte gleichwie im engl. *safflower* findet zugleich Anlehnung an „Saft" (mhd. saf, engl. sap) statt⁶). Daß *Küchenschelle* (Pulsatilla), eine Art Anemone, misverständlich aus *Kühchenschelle* entstanden sei, weil auch *Kuh-* und *Kühschelle* gesagt werde, dürfte nicht so ausgemacht sein, als von Botanikern geglaubt wird; weniger zwar befriedigt die Annahme einer Zurechtlegung aus der franz. Benennung *coquelourde*, da deren zweite Hälfte widerstrebt, während der Hinweis auf ein dial. *kucke*, welches sich auf die Form einer halben Eierschale bezieht, alle Beachtung ver-

---

1) Eine merkwürdige Entstellung im Mittelniederd. verzeichnet Regel Arzneib. 18: *Aristotelis* holwort (Hohlwurz).

2) Vgl. Weserzeit. 1878 Dec. 15.

3) In den franz. und engl. Benennungen dieser Pflanze, *germandrée, germander*, liegt wahrscheinlich eine neue Umdeutung.

4) Auf dieselbe Deutung scheint auch die Schreibung „Tubbe-Rose" in Richeys Idiot. 316 hinzuweisen; „Tubbe" wird durch „Botte, Kubel" erklärt.

5) Mitgetheilt von Cand. Prochnow in Greifswald.

6) Weigand Wth. 2, 531.

dient; wie es aber mit dem Worte bestellt sei, „*Küche*" wird nicht ursprünglich darin stecken, sondern erst später durch Assimilation hineingetragen sein¹). Wenn *Hederich*, mhd. ebenso, zunächst den epheuähnlich kriechenden Gundermann (Hedera terrestris, Glechoma hederacea) und erst später andere Pflanzen bezeichnet hat, so darf wohl angenommen werden, daß der Name, mit Benutzung der beliebten Kompositionssilbe -*rich* (vgl. Wegerich, Weiderich, Knöterich), dem lat. *hedera* (Ephen) nachgebildet oder aus dem Adj. *hederaceus* gestaltet worden sei²). *Wallnuß*, wie sich oft geschrieben findet, bedeutet *welsche Nuß* (mhd. welhisch nu3), hat daher ein *l* zu viel; ob die Doppelung lediglich der Vokalschärfung hat dienen sollen, oder ob zugleich Anlehnung im Spiel gewesen ist³), wird schwer zu entscheiden sein (vgl. *Wallfisch*). Die *Lambertsnuß* heißt nicht etwa nach dem bekannten Personennamen *Lambert*⁴), sondern bedeutet die Nuß aus der *Lombardei*, welche ehedem wie ihre Bewohner, die Langobarden, *Lamparten* genannt wurde. Der Name *Bucheckern* stützt sich nebst dem mehr niederd. einfachen Worte *Ecker* für Eichel (engl. acorn) auf das got. *akran* (Frucht), von akrs, Acker⁵). Wohl vermöge einer falschen Ableitung (apricus? Epiroticum?) hat *Aprikose* p für b erhalten; vgl. frz. *abricot*, ital. *albercocca*, dessen Ursprung im lat. praecoquus (frühreif) zu suchen ist⁶). Den zunächst aus dem Franz. übernommenen Namen einer sehr geschätzten Birne, *Bergamotte*, hat man bald auf die ital. Stadt *Bergamo* bald sogar auf das alte *Pergamon* bezogen; in der neueren Zeit ist die schon von Menage

---

1) Vgl. Schmeller Wtb. 2, 26. Wagner Arch. f. d. Gesch. deutscher Spr. 1, 261. Weigand Wtb. 1, 646. Hildebrand in Grimms Wtb. 5, 2508. 2518.

2) Grimm Mythol. 1163. Weigand Wtb. 1, 488. Regel Mnd. Got. Arzneib. 17.

3) Vgl. M. Müller Vorles. 2, 346. 347. In der 30. Anm. S. 565 geschieht einer engl. Schreibung *wallnut* st. *walnut* Erwähnung.

4) Hare Fragments 1, 17 gründet die Bezeichnung darauf, daß die Frucht um Lamberti reif werde.

5) Vgl. Grimm Gramm. 3, 377. Diefenbach Wtb. d. got. Spr. 1, 31. E. Müller Etym. Wtb. 1, 7. Ztschr. f. vergl. Sprachf. 24, 471. Vilmar Idiot. 88. Vielleicht indessen ist das engl. *acorn* eine assimilierte Zusammensetzung mit dem ags. *âc* (engl. oak, Eiche) und *corn* (Korn).

6) Diez Et. Wtb. 1, 13. Scheler Dict. 3ᵃ. Vgl. Hehn Kulturpflanzen S. 369. Ausland 1874 S. 243ᵇ. Das Wtb. von Frisch (1741) hat nur „Abricose".

vorgeschlagene Herleitung aus dem arab. *begarmudi*, d. h. Königin der Birnen (beg, König; armud, Birne), wohl mit Recht wieder aufgenommen worden¹). Es gibt eine Apfelsorte mit dem Namen *Seidenhemdchen*, welche sich allerdings durch eine dünne und zarte Schale auszeichnen soll, aber doch von der engl. Stadt *Sydenham* herrührt²). *Kronsbeere*, ein anderer Name der Preiselbeere, heißt nach dem niederd. *krôn*, Kranich, der diese Frucht besonders liebt³). Die *Weichselkirsche*, könnte man denken, stamme von der „Weichsel", wie ja mehrere unserer Obstnamen, z. B. Kirsche, Pfirsich (Cerasus, Persien), sich auf einen geographischen Namen gründen; dies ist nun keineswegs der Fall, sondern das mhd. einfache *wihsel* (ahd. wihsela), dem romanische und slavische Formen entsprechen⁴), bedeutet schon diese saure Kirsche, so daß das zweite Glied der Zusammensetzung lediglich als Genus zur Verdeutlichung der Species hinzugefügt worden ist. Daß der *Gallapfel* mit „Galle" in Verbindung gebracht werde, dürfte um so näher liegen, als dies Gewächs in der That einen herben Geschmack hat; der Name entspringt jedoch anderswoher, nemlich aus dem lat. *galla*, woher das frz. galle und engl. gall-nut⁵).

Mineralreich. Unter den Steinen beruht auf Assimilation der Name des hochrothen *Karfunkels*, aus lat. *carbunculus*, aber an *funkeln* angelehnt⁶). Dem *Tufstein* (ital. *tufo*, gr. lat. tophus) sind durch Anlehnung an *tauchen*, niederd. *duken* oder *ducken* (vgl. ital. *tuffo*, das Eintauchen), einerseits und an *Duft* anderseits auch die Benennungen *Duckstein*, oberd. *Tauchstein* und *Duftstein* zu Theil geworden⁷). Für die sogenannte Umbererde oder das aus Umbrien stammende Bergbraun wird auch *Umbraun* gesagt⁸). Der frz. Name für ein goldähnliches Metall, *Similor*

---

1) Vgl. Heyse Fremdw. 108.
2) Picks Monatsschr. 4, 90.
3) Vgl. Frommann 5, 50. Schmeller Wtb. 2. A. 1, 1370. Weserzeit. 1878 Dec. 17.
4) Diez Et. Wtb. 1, 442. Weigand Wtb. 2, 1037.
5) E. Müller Et. Wtb. 1, 426.
6) Mundarten, z. B. die hiesige, nennen auch den Karbunkel, jenes schlimme Hautgeschwür, „Karfunkel". Im jüngern Titurel begegnet für den Stein Karfunkel die Umdeutung „clârifunkel"; im Sinne von glänzend machen, erleuchten heißt es daselbst einmal „beklârifunkeln".
7) Weigand Wtb. 1, 262. 2, 922. Wackernagel Ztschr. f. d. Alt. 7, 131. Ferner verzeichnet Lexer Mhd. Wtb. 2, 1578 „tupfstein" und „topfstein".
8) Vgl. Weigand 2, 940. Fuß in Picks Monatsschr. 1878 S. 90.

(Scheingold), hat sich durch einen anscheinend gelehrten Misgriff bei uns in *Semilor* (Halbgold) verwandelt; beide Ausdrücke gelten nebeneinander. Schon früh ist aus *auripigmentum* (franz. engl. orpiment) *Operment* (Rauschgelb) umgedeutscht worden.

Naturerscheinungen. Obenan steht die berühmte und unantastbare Umdeutung *Sündflut*, die als göttliche Strafe für die *Sünden* der Menschen eingetretene (Noachische) Ueberschwemmung, „menschlicher *sünden sintfluot*", wie Frauenlob richtig erklärt[1]), hervorgegangen eben aus diesem *sintfluot*, eigentlich *sinvluot*, d. h. intensiv und extensiv große und lange anhaltende Flut (ahd. ummezvluot), einer mit der Partikel *sin*[2]), welche verstärkt oder Dauer bezeichnet, zusammengesetzten Form. *Platzregen* gehört natürlich nicht zu *Platz* aus platea, als ob Strichregen verglichen werden dürfte, sondern zu *platzen* (laut anschlagen). Die Ausdrücke *Höhenrauch, Heiderauch, Heerrauch, Hehrrauch* und *Haarrauch* machen sich in der mündlichen und schriftlichen Sprache den Rang streitig; keiner von ihnen trifft das ursprünglich Richtige, nemlich *Heirauch*, von *hei* (vgl. καίω), heißtrocken[3]). Das Wort *Gas* ist oft mit „Gäscht, Gischt, Gest", welche vom altd. jesen (Prät. jas), gären, stammen, zusammengestellt worden; dies beruht auf Irrthum, die Benennung erweist sich vielmehr als eine ziemlich willkürliche Erfindung des alten Brüsseler Chemikers van Helmont, der dabei an „Chaos" gedacht hat[4]). Sehr auffallend scheint es zu sein, daß für *Lawine* zuweilen *Löwin* gesagt wird (z. B. in Schillers Berglied); der Vergleich des ahd. *lewina* (mlat. labina, wohl von labi) und des mhd. *lewinne* (leaena) lehrt jedoch, wie nahe sich die Formen berühren. Obwohl *Mehlthau*, mhd. miltou, an zwei bekannte deutsche Wörter unmittelbar erinnert, so liegt doch keins von ihnen darin, auch nicht im ersten Theile „Honig", der zwar im Got. milith lautet, aber hochdeutsch in dieser Form nicht vorhanden ist; die richtige Quelle scheint viel-

---

1) Im 15. Jahrh. und später wurde nochmals zurechtgelegt: *Sündfluß*; vgl. Wackernagel Kl. Schr. 3, 56. 57. Schmeller Wtb. 1, 593.

2) Vgl. *Singrün* (Immergrün), zuweilen misverständlich (etwa im Gedanken an „Sinnpflanze") *Sinngrün* geschrieben.

3) Lexer bei Frommann 2, 515 u. Kärnt. Wtb. 130. Hintner Progr. Wien 1877 S. 106. Duden Rechtschr. 105ª. Staatsanz. f. Würtemb. 1878 S. 381; vgl. Schmeller 2, 127. Vilmar Idiot. 157. Wackernagel Kl. Schr. 3, 53.

4) Vgl. Grimm Wtb. 5, 1429. Büchmann Geflüg. W. S. 195. Diez Etymol. Wtb. 4. A. S. 721 (Scheler). Duden Rechtschr. 99ª.

mehr das gr. *μίλτος* zu sein, welches Röthel, aber auch rubigo bedeutet[1]). Nach dem englischen, mit „god" und „samar, simar" (langes, weites Kleid, altfrz. samarre, span. zamarra; vgl. nordd. Samar, Amtskleid der Prediger, Talar) zusammengesetzten *gossamer* (Gottes Schleppkleid), worunter die im Herbst in der Luft umherfliegenden weißen Spinnefäden verstanden werden, hat es den Anschein, daß in dem deutschen Namen für diesen Begriff, *Altweibersommer*, das Wort „Sommer" aus jenem „samar" verderbt worden sei[2]). Hier mag auch *Essichmutter* erwähnt werden, der dicke Bodensatz im Essich (faex aceti), ein widerwärtiges und den Sinn verdunkelndes Wort; gemeint ist das nd. *mudder* (Schlamm), oberd. *motter*, verwandt mit *Moder* und oberd. *mud*[3]).

Lokalbegriffe. *Eiland* stammt nicht von *Ei*, „wenn schon der Dotter wie eine runde Insel im Eiweiß schwimmt"[4]), sondern entweder aus mhd. *einlant*[5]), d. h. allein liegendes Land (vgl. frz. isoler, isolieren), oder ist auf nordische und niederl. Formen zurückzuführen, denen hochd. „Auland" (wasserumflossenes Land) entspräche[6]). *Einöde* klingt wie Zusammensetzung mit *Oede*, während im Ursprunge wahrscheinlich eine bloße Ableitung vorliegt[7]); im Mhd. verhalten sich *einoede*, *einoete* wie kleinoede, kleinôt (kleinat[8]), kleinet), nhd. *Kleinod*, dessen wunderlicher Nebenplural „Kleinodien" sich auf die latinisierte Form „clenodium" gründet[9]). *Werft, Schiffswerft* (engl. wharf) hat mit *werfen* keine Verwandt-

---

1) Umdeutungen sind mhd. *milchtou* und nhd. dial. *Milbthau* (Wackernagel Kl. Schr. 3, 53); bei Schambach 133ᵃ findet sich nd. *meldreck*.

2) Weigand Wtb. 1, 33. 2, 152. Im neuen Reich 1877 S. 611. Englische Grammatiker bringen „gossamer" mit der Sage in Verbindung, daß bei der Himmelfahrt der Mutter Maria Stücke und Fäden ihres Sterbehemds oder Grabtuchs niedergefallen seien; vgl. Adelung Wtb. 3, 71. E. Müller Et. Wtb. 1, 459.

3) Das engl. *mother* heißt außer „Mutter" auch „Bodensatz". Auf *mud, motter, Moder* ist der Ortsname *Mutterstadt* (Mannheim gegenüber) zurückzuführen.

4) Grimm Wtb. 3, 105.

5) Vgl. eilf aus einlif.

6) Grimm 3, 105. Kl. Schr. 3, 121. Diefenbach Wtb. 1, 86.

7) Vgl. Schmeller Wtb. 1, 66. Lexer Mhd. Wtb. 1, 527.

8) Diese Form verhält sich zu der vorhergehenden buchstäblich wie das nhd. Heimat zum mhd. heimôt.

9) Wirklich zusammengesetzt ist dagegen *Allod* (ôt, Besitzthum, Erbgut; vgl. S. 147), mlat. allodium, ganzer Besitz, Vollbesitz im Gegensatze zum Lehn; s. Grimm Rechtsalt. 492 fg. 950.

schaft, kommt vielmehr von *werben* (vertere) und scheint zunächst einen Platz zu bedeuten, wo man sich (zum Schiffsbau) drehen und wenden kann; aber ein andres *Werft* (engl. warp) in der Weberei ist von *werfen* abgeleitet. Die deutsch geformte Benennung *Gletscher* fußt auf dem franz. *glacier*, der Gedanke an „glatt" muß daher fern gehalten werden. *Lochstein*, im Bergwesen so viel wie Grenzstein, ist nicht mit „Loch" zusammengesetzt, sondern mit dem altd. *lâch*, eingeschnittenes Merkmal, woher *Lachbaum* (Grenzbaum mit Einschnitt als Zeichen) stammt, dessen erste Silbe bisweilen auch in „Loch" entstellt wird. Daß das Wort *Schleuse* nicht auf *schließen* zurückgeht, die Schreibung „Schleuße" mithin ein arger Misgriff ist, wird durch Formen wie mlat. *exclusa, sclusa* (von excludere), frz. écluse, plattd. slüs, deutlich bewiesen. Die besonders norddeutsche Bezeichnung eines *ab*gelegenen, *seit*wärts unterm Dache befindlichen, vorzüglich zur Aufbewahrung alten Hausrathes dienenden Raums durch *Abseite* (plattd. áfsît), schon mhd. absîte (doch nur in Kirchen), stammt durch das mlat. *absida* aus *apsis* (ἄψις, von ἅπτω), was eigentlich Fügung bedeutet, jetzt als architektonischer Ausdruck bekannt ist[1]). Da *Karawanserai* (Herberge für Karawanen) mit *Serai* (Serail) zusammengesetzt ist, so stößt das verschiedene Geschlecht der beiden Wörter auf; ohne Zweifel liegt dem Fem. des ersten Wortes der Gedanke an die häufige Endung *-ei* zu Grunde, wie sich denn auch die Schreibung „Karawanserei" findet. Eine schöne, zum Herzen sprechende Beziehung hat *Friedhof* gewonnen, das an sich nur einen eingehegten, eingefriedigten Raum um die Kirche bezeichnet, auch Schutzort, wo dem Verfolgten Schonung widerfährt: das Wort steht nemlich, an *Friede* (vride) angelehnt, für *Freithof*, was noch im 16. Jahrh. gesagt wurde und in Süddeutschland heute fortlebt, mhd. *vrîthof* (von vrîten, schonen, got. freidjan[2]). Die Formen *Wallhalla* einerseits und *Wahlplatz, Wahlstatt* anderseits verdunkeln den unmit-

---

1) In Siebenbürgen bedeutet, wie mir Direktor Wolff in Mühlbach schreibt, „ôfsetj" (Abseite) die Schattenseite, im Gegensatze zur Sonnenseite.

2) Der Umdeutung in *Freihof* erwähnen Frommanns Ztschr. 2, 91. Grimm Wtb. 4ª, 115; vgl. Adelung 2, 297. Bruder Berthold meinte, es heiße *frithof*, „das er geheiliget und gefriet sol sin vor allen boesen dingen"; vgl. Deutsche Orthogr. S. 34. Peters Ztschr. f. d. österr. Gymn. 1878 S. 756. Auch in *Freudhof* ist *Friedhof* oder eigentlich *Freithof* mit Beziehung auf den himmlischen Freudensaal, das himmlische Paradies, welches durch den Tod gewonnen wird, umgedeutet worden; s. Germania 23, 52. 24, 382. 26, 66.

telbaren Zusammenhang mit *Walküren* und *Walpurgis*, da diese Wörter alle mit *wal*, worunter Niederlage, Kampfplatz, auch die Gesammtheit der Gefallenen verstanden wird, zusammengesetzt sind: *Walhalla* ist die Halle der Erschlagenen (aula occisorum), und *Walplatz*, *Walstatt* bezeichnen die Stätte blutigen Kampfes. *Kirchspiel* hat im Ursprunge wohl nichts mit *Spiel* zu schaffen, obschon sich darunter nach der Analogie von *Menschenspiel* (vgl. S. 181) die Gemeine denken ließe[1]); gemäß der mnd. Form *kirspel* (plattd. *käspel*) wird *spel* (Rede) zu Grunde zu legen und entweder der Bezirk zu verstehen sein, so weit die Rede der Kirche reicht, oder an Besprechung, Verhandlung der Gemeine gedacht werden müssen[2]). Das Gebiet einer Stadt wird ihr *Weichbild* genannt, ein Wort, welches zwiefacher Deutung anheimgefallen ist[3]): als Ortsbild (wîch, vicus), Bild der Ortsgerichtsbarkeit, und als das an den Grenzen aufgestellte Heiligenbild (wîch, heilig); die mnd. Formen *wicbelde*, *wicbilde* entscheiden für die erstere Erklärung. Die Form *Abzucht*, welche neben *Abzug* im Sinne von Kloake begegnet, hat nur den Schein desselben Ursprungs von „abziehen"; sie gründet sich auf das lat. *aquaeductus* und wird dem mnd. *affetucht*, welches aus *agetucht* umgedeutet ist, nachgebildet sein[4]).

Der menschliche Leib. Mit „*Leichnam*" wurde ehedem des Menschen Leib überhaupt bezeichnet[5]), ahd. *lihhamo*[6]), wörtlich Körperhülle (lîh, Leib; hamo, Hülle), entweder als Kleid der Seele oder, von dieser abgesehen, als Bedeckung des Fleisches gedacht, also das nach außen Tretende, im Gegensatze zu den in-

---

1) Woeste bei Frommann 7, 127.
2) S. insbesondere Hildebrand in Grimms Wtb. 5, 825.
3) Vgl. Adelung 4, 1444. Grimm Gramm. 2, 641. Schiller u. Lübben Mnd. Wtb. 5, 710.
4) Grimm Wtb. 1, 160. Schiller u. Lübben 1, 16b. Pick Monatsschr. 3, 457. Aus der gekürzten Form „Aduch" scheint das hess. „*Erdocke*" (Vilmar Idiot. 94) zurechtgelegt, die „Aduchen" in Frankf. a. M. sollen jetzt „*Antauchen*" heißen (Kriegk Frankf. Bürgerzwiste u. Zustände im Mittelalter S. 273; vgl. *Andauche* in Weigands Wtb. 3. A. 1, 50, *Andau* bei Kehrein Volksspr. 44); das oldenb. „*Wasserzucht*" wird eine Verhochdeutschung sein (Förstemann Ortsn. 76).
5) „Der sterbliche *Leichnam* beschweret die Seele", heißt es Weish. Salom. 9, 15.
6) Heyne in Grimms Wtb. 6, 625 legt das uneigentlich zusammengesetzte „lichenamo" (lichenhamo) zu Grunde.

nern Theilen ¹); das unverstandene zweite Wort hat sich im Hochd.
seit langer Zeit an ein bekannteres angelehnt²), während die nord.,
sächs. und niederl. Mundart der ursprünglichen Form treu geblieben sind. Die altnord. Form *lidhamôt*, Gliedfügung (môt, Begegnung; vgl. engl. meet und plattd. möten), läßt den Gedanken aufkommen, daß das plurale *Gliedmaßen*, nd. *ledematen*, derselben
ganz nahe stehe, daß sich folglich das Wort *Maß* auf Assimilation
gründe; *Gliedmaßen* denkt man sich als Glieder in gemessener
Länge, und der Ausdruck wird wirklich fast nur von Armen und
Beinen, Händen und Fingern gebraucht, namentlich in Betreff
ihrer sichtbaren Thätigkeit. Anstatt *Eisbein* (Hüftbein) würde es
richtiger „Ischbein" (os ischium, ἰσχίον, Hüftgelenk) lauten; aber
das schriftdeutsche Wort ist der niederd. Form *isbén* als Uebersetzung gefolgt. Für Schenkel, Lende heißt es mitunter *Dickbein*;
man kann die Vermuthung hegen, daß dies Wort eine Zurechtlegung und Erklärung des nicht mehr verstandenen, mit mhd.
diech (femur, Oberschenkel) zusammengesetzten *diechbein* (Schenkelbein) sei³). Der mhd. Form *oucprâ* (brâwe, brâ, ὀφρύς) entspricht
am genausten *Augbraue*, gewöhnlicher ist *Augenbraue*, weiter entstellt und vermöge des mhd. Plur. brâwen, brân⁴) an „braun"
angelehnt die *Augenbraune* und das *Augenbraun* (mit dem Plur.
Augenbraunen). Durch *oucprâ*, *ougbrâwa* wurde in alter Zeit
auch das *Augenlied* bezeichnet, ein Wort welches leicht zu dem
Glauben verführt, zwar nicht daß „Lied", was sinnlos wäre, wohl
aber „Glied" darin enthalten sei⁵); im Ahd. heißt *hlit*, ganz un-

---

1) L. Tobler Germania 4, 178.
2) Ueber mhd. *lichname* und *lichname* ist gestritten worden (vgl.
Germania 8, 488. 9, 216. 22, 107): wahrscheinlich hat die ältere Zeit
-*name* (ahd. -*nâma*, zu vergleichen mit rauba, Kleid), die spätere -*name*
(nomen) vorgezogen; *lichname* darf zu den Umschreibungen mit name,
z. B. mannes name (Mann), des fiwers name (das Feuer), gehalten werden
(s. Müller u. Zarncke Mhd. Wtb. 2ª, 306. 307. Vilmar Idiot. 260).
3) Frisch Wtb. 1, 194ᵈ erwähnt aus einer Chronik der Form „deich"
f. „diech" („er war über den deich oder das dicke bein verwundet").
4) Bei Herder findet sich „Augenbran"; Reuter schreibt gewöhnlich
„Ogenbranen", selten „Ogenbrunen".
5) Vgl. Adelung Wtb. 1, 563. 2, 721, wo „Lid" als Gelenk gefaßt
und zu „Glied" gestellt wird; Verwechselung scheint schon früh eingetreten zu sein (Bech Germ. 20, 50), im ältern Hochd. begegnet „Augenglied"
(Schmeller Wtb. 1, 242. Diefenbach Ztschr. f. vergl. Sprachf. 7, 74).
Ueber „Lid" hat J. Grimm German. 3, 2 fg. ausführlich gehandelt; vgl.
Hintner Progr. Wien 1877 S. 143.

verwandt mit *glit* (Glied), Deckel[1]), und *Augenlied* oder, wie es richtiger lautet und allmählich gebräuchlich wird, *Augenlid* (vgl. engl. eyelid) bedeutet Augendeckel. Obgleich der dens caninus, wie im Ital. Franz. Engl. Holl. so im Deutschen, als *Augenzahn* bezeichnet wird, scheint doch die volksthümliche Beziehung gerade dieses Zahns auf das Auge erst eine Folge der Entstellung des Namens zu sein; der Zahn heißt auch „Spitzzahn" und im Ahd. „scharphzan", und da in oberdeutschen Mundarten „Agen" für „Augen" oft begegnet, so darf die Vermuthung[2]), daß der erste Bestandtheil zur Wurzel *ak* gehöre, welche die allgemeinen Begriffe „spitz, scharf" enthält, auf volle Würdigung Anspruch machen.

Krankheiten und Heilmittel. *Weichselzopf*, eine Krankheit, die allerdings am häufigsten in Polen auftritt (franz. plique polonaise), heißt doch nicht nach der *Weichsel*, sondern der Name wird einem polnischen Worte desselben Begriffs nachgebildet sein; man sagt auch *Wichtelzopf*, da nach der Mythologie der Wicht oder Wichtel (Kobold) das Haar verfilzt[3]), wenn gleich diese Bezeichnung keine ursprüngliche, sondern eine Erklärung der andern unverstandenen zu sein scheint. *Scorbut* hat sich zuerst in niederd. *scharbûk* (bûk, Bauch), sodann hochd. *Scharbock* umgestaltet[4]). Bei *Bauchgrimmen* wird wohl an grimmige Schmerzen gedacht, allein das Wort ist ursprünglich mit *krimmen* (kneifend packen), nicht mit *grimmen* (wüthen) zusammengesetzt[5]). Wie es scheint, muß der studentische *Kater*, obwohl er in kürzerer Weise wesentlich denselben leidenden Zustand bezeichnet wie *Katzenjammer* (S. 11), formell als Umdeutschung des gr. *Katarrh* angesehen

---

1) Vgl. schles. „Fensterlied", Fensterladen (Frommann 4, 167), niederd. „Kröslid", Krugdeckel (Richey Id. 152) und andere Zusammensetzungen mit „Lied, Lid" (Grimm Wtb. 6, 982).

2) Ztschr. f. vergl. Sprachforsch. 24. 437.

3) Bernd Deutsche Spr. in Posen 349. Weigand Wtb. 2, 1038. 1071. Simrock Myth. 421. Grimm Myth. 433. 442. 443. In Richeys Idiot. 120 wird die Krankheit „Mahrklatte" genannt (zu „Mahr" vgl. S. 99).

4) Weigand Wtb. 2, 560. 561; den umgekehrten Weg geht Diez Et. Wtb. 1, 372.

5) Frisch Wtb. 72c hat „Bauchkrimmen" u. „Bauchkrümmen", kein „Bauchgrimmen" (vgl. niederd. „dat krimmel im bûk" bei Strodtmann Idiot. Osnabr. 115), während es bei Luther heißt: „das *grimmen* und bauchwehe" (Dietz Wtb. 214b). Der gemeine Mann in Oldenburg nennt Bauchgrimmen „Tramin" oder „Termin", vielleicht vom lat. tormina (Goldschmidt Volksmedicin 145).

werden; im Schott. wird Katarrh *catter* genannt, das doch deutlich auf *cat* (Katze) fußt. Erst im Nhd. hat sich aus *Omacht*, wie sehr viele noch heute fortwährend sprechen, d. i. mhd. *âmaht*¹), das an *ohne* angelehnte Wort *Ohnmacht* entwickelt. *Nietnagel*, auf „*Niet, nieten*" (vgl. niet- und nagelfest) verweisend, geht zunächst aus dem niederd. *Niednagel* (wie Lessing schrieb) hervor, d. i. hochd. *Neidnagel*, im ältern Nhd. Neidhaken, im Fleisch des Nagels an Finger oder Zehe festgehaltener Nagelsplitter, auch losgerissenes aber haftendes Hautstückchen, nach dem Glauben, daß der damit Behaftete beneidet werde (frz. envie dafür); es begegnet auch mit neuer Anlehnung *Nothnagel*²), Noth verursachender Nagel³). *Reitersalbe*, gewöhnlich *Reutersalbe*, Salbe wider Hautausschlag, hat den in seiner jetzigen Gestalt kaum verständlichen Namen⁴) aus dem Holl. empfangen, wo *ruitzalf* Salbe gegen die *Räude* (ruit) bedeutet. *Räude* selbst würde wohl nicht so entschieden das *ä* erhalten haben und bis zur Gegenwart behaupten, wenn nicht der irrige Gedanke an „*rauh*" sich aufdrängte; dem mhd. riude, ahd. hriudi (vgl. lat. crudus) sollte im Nhd. „*Reude*" gefolgt sein⁵). Ein Mittel bei Augenleiden heißt *Nicht* und *Nichts*, das sogenannte Zinkweiß, angeblich entstanden aus dem gr. *onychitis*, Galmeiflug⁶).

---

1) Zu *â*- vgl. Grimm Gramm. 2, 704 fg. Hahn Nhd. Gramm. 5. 16. Luther schreibt „*Anmacht, Ammacht*", doch neben „anmächtig, ammechtig" auch „amächtig"; vgl. *Anname* im ältern Nhd. (mhd. âname, Beiname, dial. Oname), wofür auch *Unname* (z. B. bei Goethe) vorkommt.

2) Als Familienname bezeichnet *Nothnagel* einen Menschen, der immer mit Noth zu kämpfen hat (Schmeller Wtb. 2, 685), oder einen armen Tropf, der aber doch groß thun will (Frommann 4, 158).

3) Weigand Wtb. 2, 253. Kohl Progr. Quedl. 1869 S. 22.

4) Wie er gleichwohl verstanden worden ist, lehrt Stürenburg Ostfries. Wtb. 205ᵃ, wo zugleich „Offizierensalbe" verglichen wird.

5) Deutsche Orthogr. 66.

6) Weigand Wtb. 2, 261. 263, wo der wortspielenden Redensart „*Nichts* ist gut für die Augen" gedacht wird; vgl. Goldschmidt Volksmedicin 96. Woeste in Picks Monatsschr. 1877 S. 468. Albrecht Leipz. Mundart 176ᵃ. Ins Lat. wurde der Name durch Nihilum misverständlich übersetzt, und für „weißes Nichts" (Nihil album) heißt es aus Unverstand oder Scherz auch wohl „Weißnichts". Da der genannte Ursprung aus *onychitis* nicht sicher festgestellt werden kann, so sei einer andern, jedenfalls recht sinnigen Vermuthung des S. 92 genannten mecklenb. Pharmaceuten gedacht: „Das Zinkoxyd ist ein weißes, lockeres Pulver und kann wegen dieser Eigenschaften mit dem lat. Namen *nix* (Schnee) bezeichnet worden

Waffen. Eine der berühmtesten und vollkommensten Umdeutschungen ist *Armbrust*, hervorgegangen aus einer mlat. Zusammensetzung von *arcus* (Bogen) mit dem aus βάλλειν gebildeten Subst. *ballista* (Wurfmaschine), nemlich *arcuballista*, woneben schon im Mlat. selbst *arbalista* vorkommt, diejenige Form, aus welcher alle übrigen spätern entstanden sind; während das franz. *arbalète* (früher *arbalestre*) und engl. *arbalist*[1]) dem Ursprunge ganz nahe stehn, sind ältere deutsche Formen, die den Uebergang zu unserer heutigen Benennung etwa deutlicher als *arbrost*, *armbrest* (16. Jh.) erkennen ließen, nicht zu finden. Einige Schriftsteller, z. B. Claudius und W. Alexis, haben sich des sonst nur im gemeinen Leben üblichen Wortes *Muskedonner* bedient; die Verlängerung und Umdeutung aus dem franz. *mousqueton* (Art Muskete) ist offenbar mit Rücksicht auf „Donner" eingetreten[2]). Aus *helmbarte*, schwerlich Barte (breites Beil) zum Durchhauen der Helme, vielmehr Barte mit Stiel[3]), ist *Hellebarde* entsprungen, wohl nicht, nach den ältern Formen zu urtheilen, mit Anlehnung, aber doch nicht unbedeutend entstellt und dem Misverstande ausgesetzt[4]). Vermuthlich hat das Wort *Degen*, welches im reinen Mhd. noch nicht vorhanden war, Form und Geschlecht mit Rücksicht auf die ganz unverwandte persönliche Benennung *Degen* (Held) erhalten, da es von den roman. Wörtern, denen es entlehnt ist (it. daga, franz. dague), so weit absteht. Obgleich unter einem *Haudegen* ein Krieger verstanden wird, enthält die Zusammensetzung doch nicht den alten persönlichen Namen, sondern den jüngern der Waffe[5]); zu Zeiten wurde für denselben Begriff auch „*Degenknopf*" gesagt. Daß Adelung die beiden *Spieß*, hasta und veru, für dasselbe Wort hielt und mit *spitz* zusammenstellte, darf ihm nicht übel genom-

---

sein und der Volksmund hieraus „Nichts" gemacht haben". Schmeller Wtb. 2, 675 führt die Form „Nicks" an; vgl. „Nischte" bei Frommann 3, 418.

1) Im ältern Engl. gab es, weil die erste Silbe misverstanden ward, die auf arrow (Pfeil) bezogene Form „arrowblaster" für den arcubalistarius oder Armbruster; s. Koch Gramm. 3ª, 161. 3ᵇ, 31. 58.

2) Zu der Form vgl. Schütze Holst. Idiot. 1, 230. 3, 334. Brem. Wtb. 3, 208. Adelung Wtb. 3, 327. Weigand Wtb. 3. A. 2, 161.

3) Adelung Wtb. 2, 1101. Diefenbach Wtb. d. got. Spr. 2, 514. Schirlitz Progr. Stargard 1844 S. 12; vgl. Axthelm.

4) Schottel Haubtspr. 455 erklärt „Hellebarde" als „Heldenbarte" oder „Hallebarte" (securis palatina).

5) Vgl. *Theerjacke* S. 171. 172.

men werden, da dieselbe Ansicht, wie die Erfahrung lehrt, auch heute noch jedem, der keine Veranlassung findet tiefer zu forschen, nahe tritt; das Urtheil beruht indes auf einem sehr großen Irrthum, wie aus den mhd. Formen *spiez* (hasta) und *spiz* (veru) zu ersehen ist, von denen jene für *spriez* (von sprießen, hervorsprießen, hervorragen) steht (vgl. nd. Spriet, Bugspriet), diese allerdings mit *spitz* zusammenhängt. Anstatt *Pickelhaube*, wo man irrig an „picken" (stechen) gedacht hat[1]), würde richtiger *Bickelhaube* geschrieben, da das Wort, welches früher *beckelhaube* (mhd. beckenhübe) lautete, seinen Namen von der beckenähnlichen Gestalt trägt; vgl. mlat. bacinetum von bacinum, Becken[2]).

Andere Instrumente. *Fiedel* (mhd. videle) stammt nicht aus *fidicula* (fides, fidis, Saite, Saiteninstrument), so befriedigend diese Ableitung, der sich auch Grimm überlassen hat, nach Form und Begriff zu sein scheint, sondern nebst dem später durch das Romanische gebildeten *Violine*[3]) aus mlat. *vitula* (Streichinstrument zur Begleitung des Gesanges und Tanzes), von dem bei Plautus vorkommenden Deponens *vitulor* (laetans gaudeo, ut in prato *vitulus*[4]). Das aus dem Arab. entsprungene frz. *luth* (span. laúd, provenz. laút) ist in die deutsche Sprache als *Laute* übergegangen, ohne daß man gezwungen wäre Anlehnung an *Laut* vorauszusetzen. In jedem Falle der Auslegung des ursprünglichen ersten Theiles der Zusammensetzung beruht das Wort *Hüfthorn* auf Umdeutung (Horn, das um die Schulter hangend auf der Hüfte ruht?); es fragt sich, ob *Hifthorn* (*hift* entweder interjektionell oder Nebenform von *hief*) oder *Hiefhorn* (ahd. *hiufan*, clamare) zu Grunde liege. Je weniger geleugnet werden kann, daß in den meisten Gegenden *Schlittschuh*, nicht *Schrittschuh* angetroffen wird, um so nöthiger dürfte es sein nachzuweisen, daß jene erstere Form aus der andern durch Anlehnung an *Schlitten* entstellt und umgedeutet worden ist; den Beweis liefern alte Formen wie *schriteschuoch, schrittelschuoch*, neben welchen niemals eine der spätern Umdeu-

---

1) „die gegen den Stich schützende Haube" (Jütting Bibl. Wtb. 83).
2) Brem. Wtb. 1, 41. Adelung Wtb. 1, 1002. Schmeller Wtb. 2. A. 1, 202. Lexer Mhd. Wtb. 1, 264.
3) In der Oberlausitz sagt der gemeine Mann mit Zusammenmischung beider Wörter, deren eines er für deutsch halten mag, *Fideline* (Anton im Görlitzer Progr. 1845 S. 16).
4) Diez Et. Wtb. 1, 411. Nagel Franz. engl. et. Wtb. 355. Vgl. *kälbern*, muthwillig springen, alberne Possen machen.

tung ähnliche Zusammensetzung auftritt[1]). Merkwürdig verhält sich der *Dietrich*, niederd. *dierk*[2]), als clavis adulterina oder Nachschlüssel, ohne Zweifel eins mit dem altd. Personennamen[3]), aber wahrscheinlich mit wortspielendem Bezug auf das Diebeshandwerk, also gleichsam „Dieberich"[4]); man vergleiche den Katzennamen *Dieprecht* im Thierepos, der an sich gleich *Dietperht* ist, allein durch die Anspielung auf „Dieb", welche durch den Ausfall des *t* begünstigt wird, seine Bedeutung erhält[5]). Mag auch in Betreff des Wortes *Messer* eine volksetymologische Vermuthung weder bekannt sein noch nahe liegen, da die formell freilich leicht sich darbietende Ableitung von „messen" keinem denkbaren Sinne

---

1) Der Niederd. sagt *stridschó, stridschau*, aus *striden* (engl. stride), welches hochd. *schreiten* ist. Ueber den materiellen Vorzug des ursprünglichen Wortes *Schrittschuh* vor jener Umdeutung vgl. meinen Aufsatz in Kuhns Ztschr. f. vergl. Spr. 18. 158; auch in Thüringen, wie mir Prof. Regel schreibt, ist *Schrittschuh* volksmäßiger Ausdruck, ferner, nach Albrecht S. 207ª, in Leipzig. Mit *Schlittschuh* sind die in rheinischen Mundarten gangbaren Wörter „Glittschuh" und „Schleifschuh", welche Kehrein Volksspr. 167 und Nachtrag 47 aufführt, zu vergleichen.

2) Hierzu vergleicht Schambach Wtb. 43ᵇ das schott. *dirk*, Art Dolch, nimmt also Verwandtschaft an. Wie wäre diese denkbar?

3) In alten nieders. Urkunden sowie im heutigen Westfalen heißt dieser Schlüssel *Peterken*, eine Bezeichnung welche auf den Apostel mit der Schlüsselgewalt hinzuweisen scheint (vgl. Fuß Progr. Bedburg 1877 S. XIII). Am Niederrhein sagt man *Klößche*, welches wohl nicht aus dem lat. clavis verdreht, auch nicht, wie die Köln. Zeit. 1877 No. 220 Bl. 1 vermuthet hat, gleich „Klüsterche" (von klüster, mittelrhein. klauster, lat. claustrum) zu stellen ist, da unter „Klüsterche" kein Schlüssel sondern ein kleines Vorhängeschloß verstanden zu werden pflegt (vgl. Korrespondenzbl. d. Vereins f. niederd. Spr. 1, 46), vielmehr als eine Verkleinerungsform von Nikolaus zu betrachten sein wird. Wie leicht, nebenbei bemerkt, jenes „Klüsterche" von denjenigen, die des rheinischen Dialekts nicht hinreichend kundig sind, misverstanden werden kann, beweist folgende Anekdote: In einen hiesigen Buchladen tritt eine Bäuerin mit den Worten: Ich hätt gern en Gebetbuch mit eme „Klüsterche"; der Lehrling, welcher „Klösterchen" (kleines Kloster) versteht und an ein derartiges Bild im Buch denkt, entgegnet: Das haben wir nicht. Endlich klärt sich die Sache auf.

4) Wackernagel Germania 5, 306.

5) So heißt auch der Rabe nicht ohne Grund *Diezelin*; vgl. den Namen des Bockes, *Bartolt* (wegen des Bartes). Eines Wortspiels zwischen *Diebolt* und *Dietbolt* gedenkt Wackernagel Kl. Schr. 3, 107; am ausführlichsten bespricht die in diesen Namen enthaltene Anspielung auf „Dieb" Höfer Germ. 2, 171.

begegnet und das dial. „metzen" (schlachten) ferne bleibt; so läßt sich doch voraussetzen, daß die Mehrzahl der Gebildeten, denen der merkwürdige, ja unvergleichliche Ursprung dieses Wortes noch nicht offenbar geworden ist, dasselbe irriger Weise als eine Ableitungsform nach Art von Hammer, Feder, Becher u. a. m. betrachten: — die stufenweise fortschreitende Entwickelung lautet aber wie folgt: das mit *maʒ* (Speise; vgl. engl. meat) und *sahs* (zunächst Steinwaffe, dann Schwert, Messer) zusammengesetzte ahd. *meʒʒisahs* wird, mit Verwandlung des *s* in *r* und Auswurf der Gutturale, zu *meʒʒiras*, welches sich weiter in *meʒres*, *meʒers* kürzt, worauf endlich in dem mhd. *meʒʒer* auch das auslautende *s* schwindet, so daß von dem ganzen Worte *sahs* nur das verwandelte *r* übrig bleibt[1]), wogegen die erste Hälfte des Wortes sich unversehrt erhalten hat[2]). Die Thatsache, daß der Niederdeutsche im allgemeinen *Knüppel* sagt, wo der Hochdeutsche *Knüttel* (gewöhnlich aber unhistorisch *Knittel*) braucht, darf nicht zu der Annahme verleiten, daß diese Wörter im Ursprunge eins seien: während *Knüttel* zu „Knoten" (vgl. Knotenstock) gehört, heißt die dem niederd. *Knüppel* entsprechende, in der Schriftsprache kaum mehr übliche hochd. Form „Knüpfel", welche für „Klüpfel" (von klopfen) steht, wie Kneuel (Knäuel), Knoblauch f. Kleuel, Kloblauch (mhd. kliuwel, klobelouch). Den Schreinern heißt ein Meißel, mit dem sie Löcher machen, *Lochbeutel*, ein Ausdruck dessen zweiter Theil aus dem holl. *beitel* (niederd. betel) entstellt ist, wofür im Hochd. „Beißel" eintreten müste und früher bisweilen gebraucht wurde[3]). *Staupbesen* darf nicht als „Staubbesen" (vgl. Stäuber) gefaßt oder damit verwechselt werden, was für eine oberflächliche Anschauung und Praxis gleichwohl formell sehr nahe liegt, zumal da auch die Begriffe (vgl. ausstäuben, ausklopfen) nicht zu widerstreiten scheinen; das Wort *Staupe*, Ruthe zu öffentlicher Züchtigung und Ruthenschlag (mhd. stûpe, Pfahl, Schandpfahl), hat das *p* aus den niederd. Mundarten, woher es stammt, behalten, „Staub" dagegen lautet im Niederd. „stoff", steht also etymologisch weit

---

1) Heutige Mundarten lassen auch dies fahren, wodurch Einsilbigkeit entsteht: metz, mest, mes.

2) Eine ausführliche Darlegung aller bezüglichen und mitwirkenden Formen s. in Weigands Wtb. 2, 148; vgl. Schmeller Wtb. 2, 632. 3, 193. Wackernagel Kl. Schr. 3, 43. Lexer Mhd. Wtb. 1, 2131.

3) Vgl. Adelung Wtb. 1, 958. 2, 2086. Weigand Wtb. 1, 145. 2, 57. Vom Lochbeutel unterscheidet sich der Stechbeutel, ein breiterer Meißel (Adelung 4, 315).

ab. Während hinsichtlich des noch ziemlich jungen Wortes *Oxhoft* insgemein die Ansicht gilt, daß das holl. *oks-, oxhoofd*, welches als „Ochsenkopf" verstanden wird, obgleich der Ochse in dieser Sprache nicht „oks" oder „ox" sondern „os" heißt, zu Grunde liege, ferner daß das entsprechende engl. *hogshead* (wörtlich Schweinskopf) auf Umdeutung beruhe[1]), scheinen die jüngsten Forschungen auf dem Gebiete des ältern Niederd. vielmehr folgendes Verhältnis herausgestellt zu haben: aus dem engl., entweder ursprünglichen oder anderweit entstellten, *hogshead* hat sich durch die niederdeutschen Formen „*hoggeshovet, huxhovet, uxhoft*", welche den heutigen holländischen und nordischen begegnen, *Oxhoft* herausgebildet[2]). *Näber* (Bohrer, Bohre) stammt zwar von *Nabe* (im Wagenrade), ist aber keineswegs, wie Adelung lehrte, mit der Silbe -er davon abgeleitet: es liegt vielmehr eine Zusammensetzung mit *gêr* (Spieß, hier spitzes Eisengeräth) und *nabe* vor, also *nabegêr, nabigêr*, wie es ursprünglich hieß (niederd. näviger[3]), in welchem Worte alsdann eine Buchstabenversetzung stattfand, so daß es *nageber*[4]), *negeber* lautete, worauf zuletzt Kürzung in *nagber, nägwer* und endlich in die jetzige Form erfolgte[5]). Eine Art Nägel wird *Speichernagel* genannt; dies ist Uebertragung des niederd. *spikernagel*[6]) oder bloß *spiker*, welches auf lat. spica hinweist[7]). Der Achsnagel am Rade heißt *Lünse*, nicht *Linse*, wie man oft in gedankenloser Vermischung mit einem bekanntern Worte sagen hört. Einer formellen Verwechselung unterliegen im

---

1) Diese Umdeutung, wenn sie stattgefunden hätte, müste einigermaßen befremden, da dem Engländer, dem der Ochse grade „ox" heißt, bei der Uebernahme nichts natürlicher und bequemer gewesen wäre als die Form „oxhead", die er im Sinne von „Oxhoft" nun nicht kennt.

2) Vgl. Koppmann Hansische Geschichtsbl. 1874 S. 156. Lübben Ztschr. f. d. Phil. 7, 124. Mnd. Wtb. 6, 165.

3) Brem. Wtb. 3, 225. Mnd. Wtb. 3, 182a.

4) Vielleicht ist aus diesem Worte das nhd. *Nagelbohr* zurechtgelegt hervorgegangen; vgl. im Holst. Idiot. 3, 138 „Navenbaar".

5) Wackernagel Kl. Schr. 3, 50. Wtb. 207a. Weigand Wtb. 2, 227. Lexer in Grimms Wtb. 7, 8. Verschiedene von Adelung verzeichnete dialektische Formen zeigen den ursprünglichen Stand des Wortes; vgl. Frommann 4, 37. Peters Progr. Leitmeritz 1864 S. 6. Daß auf das deutsche Wort auch das frz. *navrer* (durchbohren, verwunden) zurückzuführen sei (Diez Et. Wtb. 1, 288), ist neuerdings bezweifelt worden; s. Scheler Anhang zu Diez Wtb. 4. A. S. 725.

6) Vgl. den heutigen Geschlechtsnamen *Spiekernagel*.

7) Frommann 5, 528. Weigand Wtb. 2, 747.

Gebrauche die gänzlich verschiedenen Wörter *Kardätsche* (franz. cardasse, vom lat. carduus), Stallbürste, und *Kartätsche* (franz. cartouche, vom lat. charta), gefüllte Kanonenpatrone[1]). Aus dem franz. *cavesson* (capitium, von caput), Zaum mit Nasenband, entspringt zwiefach angelehnt *Kappzaum* (niederd. kabbesûn). Das Wort *Petschaft* slavischen Ursprungs (russ. petschat), mhd. noch *betschat*, hat mit Benutzung der Kompositionssilbe -schaft oder auch des Subst. *Schaft* (im Gedanken an den Griff) deutsches Ansehn gewonnen. *Griffel* gehört, wie schon Adelung sah, nicht zu *Griff* u. *greifen*, sondern stammt aus *graphium* oder mlat. *graphius*. Was in Mundarten zu Hause ist, *Kräusel* (niederd. krüsel, küsel), muß als die ursprüngliche Form betrachtet werden, die wohl auf „kraus" zurückführt; *Kreisel*, das schriftgemäße Wort, verdankt seine Gestalt einer nahe liegenden Anlehnung an *Kreis*[2]). Gleichwie Adelung zwischen *Seiger* und *Zeiger* nicht unterschied, sondern geneigt war jenes für eine verderbte Aussprache dieses Wortes zu halten, ebenso herrscht die Vermischung der beiden dem Begriffe nach verwandten, etymologisch weit von einander abstehenden Ausdrücke im Bewustsein der Gegenwart vor: *Seiger*, mhd. seigaere (zunächst Wage), von sîgen, sinken, sich neigen, ursprünglich wahrscheinlich vom Sinken des Sandes und Wassers bei Sand- und Wasseruhren so genannt, wird später den Pendel oder Perpendikel an andern Uhren und erst allmählich eine Uhr selbst, besonders eine Wanduhr, wie es heute in manchen Gegenden der Fall ist, bezeichnet haben[3]); *Zeiger* wird nie für Uhr gebraucht, was gleichwohl an und für sich, wie das frz. „montre" bestätigt, der Fall sein könnte. Unter den mancherlei Vermuthungen oder Einfällen über die Quelle des Wortes *Fidibus*, welche zu wiederholen es an Raum gebricht, scheint das, was Schmeller[4]) als möglich hinwirft, genauerer Beachtung werth zu sein: mit Rücksicht auf das für eine Abschrift benutzte Stück Papier kann *Fidibus* aus *vidimus* (wovon vidimieren) entstanden sein. *Fächer* hat an sich weder mit *Fach* noch mit *fachen* zu thun, steht

---

1) Vgl. Schultze Idiot. der nordthür. Mundart S. 34b. Schirlitz Progr. Stargard 1844 S. 25. Frommann 6, 332.

2) Weigand Wtb. 1, 635. Grimm Wtb. 5, 2096. 2156; vgl. Duden Rechtschr. 116ª.

3) Vgl. Weinhold Beitr. z. e. schles. Wtb. 90. Regel Ruhlaer M. 270. Krause Hochd. Sprachlehre 90.

4) Wtb. 1, 625.

vielmehr f. *Focher* (focarius), wie es früher hieß¹), und bedeutet eigentlich Blasbalg; Anlehnung an „fachen" scheint jedoch stattgefunden zu haben. Aus dem mlat. *valisia*, frz. *valise*, dem vielleicht das lat. *vidulus* (bei Plautus) in demselben Sinne zu Grunde liegt²), ist *Felleisen* (früher Felleis) vollkommen umgedeutscht hervorgegangen. Wie viele in der lat. Sprache besser als in der franz. Etymologie bewanderte Gebildete mag es geben, die das Fremdwort *Equipage*, dessen Quelle das deutsche Wort *Schiff* (vgl. franz. *esquif*, Boot) ist³), von *equus* ableiten! Unter *Plane* oder *Plahne* (ursprünglich Plahen, Blahen) wird dialektisch grobes Leintuch zum Schutz gegen Regen und Sonne verstanden⁴); daher stammen die in manchen Gegenden, namentlich in Berlin, sogenannten *Planwagen*, deren man sich zu größern Ausfahrten bedient. Vielleicht gründet sich auf das im Nhd. verschwundene mhd. Wort *valtstuol*⁵), woher durch das Mlat. das franz. fauteuil entlehnt ist, die Benennung *Feldstuhl*, zumal da dergleichen Stühle in der That zusammengefaltet oder geklappt werden können. *Ottomanne* entspringt aus dem franz. Adj. *ottoman*, welches *osmanisch* (türkisch) bedeutet (von Otman = Osman, einem türk. Kaiser). Es mag sein, daß die in der Schriftsprache allein übliche Benennung *Bienenkorb* (f. Bienkorb, mhd. selten bîn-, binekorp) aus der schon vom Ahd. her allgemein üblichen, in heutigen Mundarten erhaltenen Form *binekar* (kar, Gefäß) entstellt und gedeutet hervorgegangen ist⁶). So nahe sich nach Form und Begriff *Pokal* und lat. *poculum* berühren, stammt jenes doch nicht von diesem: die roman. Formen, it. *boccale* und franz. span. *bocal*, denen unser Wort gleichsteht, leiten durch das Mlat. auf βαύκαλις (Trinkgefäß mit engem Hals) zurück. Das Wort *Schleifkanne* (hölzerne Kanne mit Henkel) ist ein Beispiel der Umbildung von

---

1) Vgl. flackern f. flockern.
2) Diez Et. Wtb. 1, 435. Nagel Franz. engl. et. Wtb. 350.
3) Diez 1, 370. 371. Vgl. Duden Rechtschr. 92. Das franz. équiper gilt zunächst von der Einrichtung und Ausrüstung eines Schiffes. In Lessings „Minna von Barnhelm" kommt „Equipage" in der Bedeutung der ganzen militärischen Ausrüstung vor.
4) Schmeller Wtb. 1, 236. Schmid Schwäb. Wtb. 71.
5) Es begegnet in gleicher Bedeutung auch „valzstuol" (von valzen).
6) Vgl. *Leichkorb*, dial. f. Sarg, mhd. lîchkar (M. Höfer Et. Wtb. 2, 113. Weigand Wtb. 2, 31. Vilmar Idiot. 193). Zu *kar* s. Grimm Gramm. 2, 500. 3, 456. Wtb. 5, 202 fg. Schmeller Wtb. 2, 320. Diefenbach Vergl. Wtb. 2, 447. 775.

Schläufe (sliefen) in *Schleife* (slîfen); unter *Schläufe* (vgl. S. 212 *Bandschleife*), mhd. sloufe (ansula), wird die Handhabe oder der Griff der Kanne verstanden[1]). Der Name *Kapelle* in der Bedeutung von Schmelztiegel, z. B. in der Redensart „auf die Kapelle setzen, bringen" (strenge prüfen), steht für *Kupelle* (frz. coupelle, engl. coppel), vom lat. cupa[2]). *Phiole*, mhd. viole und so auch noch oft im 18. Jahrh. geschrieben, daher von Frisch und Adelung wegen einer gewissen Aehnlichkeit der Form der *Viole*, d. h. Fiedel, Violine, gleich gestellt, ist das griech. lat. *phiala*, mlat. fiola, franz. phiole.

Kleid, Decke, Lager. Wenn auch keineswegs anzunehmen steht, daß *Leinwand* aus dem gleichbedeutenden mhd. *linwât*[3]) hervorgegangen sei[4]), da *want* (vgl. *Gewand*), das von *winden* herrührt, und *lingewant* hinreichende Selbständigkeit behaupten; so ist doch richtig, daß jenes *linwât*, dessen zweiter aus *wëten* (binden) entspringender Theil nicht mehr verstanden wurde, durch die äußerlich sehr nahe liegende Form *Leinwand* völlig verdrängt ward. Die dem nhd. Worte *Köder* zu Grunde liegende Form *Querder* (*Quarder*, *Queder*), ahd. querdar (Regenwurm, dann Lockspeise), wird in sehr vielen Gegenden Deutschlands allgemein vom Quersaum an einem Kleidungstück, auch von dem schmalen Lederstreif in der Kappe des Schuhs oder Stiefels gebraucht[5]); dieses *Querder* oder *Quarder* erleidet nun häufig die Umdeutung in *Quartier*[6]). Der in südlichen Gegenden Deutschlands für Taufkleid übliche Name *Westerhemd* hat natürlich mit dem Adj. *wester* (westlich) keine Gemeinschaft; er gehört zu einem mhd. Fem.

---

1) Vilmar Idiot. 354. Aus dem Jahre 1740 führt Bech Germania 20, 331 *Schläufkante* an.

2) Grimm Wtb. 2, 605. 5, 183. 2756; vgl. Adelung Wtb. 1, 1301. Ztschr. f. d. Phil. 8, 119. Schiller u. Lübben Mnd. Wtb. 6, 171. Schleiden Die Rose S. 212 faßt „Kapelle" als Kappe, Käppchen, indem er sich auf Aehnlichkeit der Form bezieht.

3) Luther schrieb „Linwad", seltener „Linwand", auch „Leinwad"; s. Frommann Vorschläge z. Revis. v. Luthers Bibelübers. II. 2 Abth. 1 (Halle 1862) S. 35.

4) „mit dem eingeschobenen Nasallaute", wie der oberd. Schulmeister in den „Philolog. Belustigungen" (München 1824) 1, 18 meint.

5) Ueber die Identität der den beiden Begriffen nach anscheinend unvereinbaren Wörter *Köder* und *Querder* s. Weigand Wtb. 1, 616.

6) Adelung Wtb. 3, 875. 884. Schmeller Wtb. 2, 403. Weigand Wtb. 2, 442. Diefenbach Ztschr. f. vergl. Spr. 8, 391.

wester, welches vom got. vasjan (kleiden) abgeleitet ist[1]). Ein solches Hemd führt dort auch den Namen *Chrisamhemd*, weil es dem mit Chrisam (geweihtes Oel, aus χρίσμα, von χρίειν) gesalbten Kinde umgethan wird; nicht selten aber heißt es dafür „*Christenhemd*"[2]). Da für *Futterhemd* (Brusttuch) im Niederd. „*foorhemd*" (d. i. foderhemd) gesagt wird[3]), so kann daraus *Vorhemd*, obgleich man hierunter heute gewöhnlich etwas anderes versteht, hervorgegangen sein[4]). Der feine Leinenstoff, den wir *Kammertuch* nennen (engl. cambric), erinnert unwillkürlich an vornehmes Wesen, dem Kammerherren und Kammerjunker angehören[5]), heißt aber einfach nach dem deutschen Namen der Stadt *Cambray* (kelt. Cameracum), holl. *Kamerijk*, hochd. *Kamerich* (*Kemmerich*). Ein grobes Zeug, Art Rasch, trägt den Namen *Grobgrün* (niederd. grofgrön), welcher allem Anscheine nach aus dem frz. *grosgrain* (ital. grosso grano) entstellt ist[6]). Der Name des Kleidungsstoffes *Casimir* ist dem aus dem Slavischen stammenden Vornamen bloß homonym; jene Benennung stützt sich auf *Kaschmir*, das Land, welches einem andern, weit feinern Tuch den Namen gegeben hat[7]). In öffentlichen Anzeigen findet man sehr oft *Buxkin* anstatt *Buckskin* (engl. buck, Bock; skin, Haut, Fell) geschrieben; daß dabei zuweilen an das niederd. Bux, Büx, die bekannte Benennung des Beinkleids oder der Hose, gedacht werde, ist nicht unwahrscheinlich. Das Wort *Gardine* wird in seiner heutigen Gestalt in niederrheinischen Gegenden aufgekommen sein, denen das frz. *garder* (Vorhänge schützen) geläufig war; die Gemeinschaft mit dem frz.

---

1) Schmeller 4, 192; vgl. Osthoff Ztschr. f. vergl. Spr. 23 (N. F. 3), 315. Albrecht Leipz. Mundart 236.

2) Schmeller 2, 395, wo auch „Christengeld" f. „Chrisamgeld" (Geschenk für den Täufling) verzeichnet steht.

3) Vgl. Brem. Wtb. 1, 434.

4) Diefenbach Vergl. Wtb. 1, 412.

5) Von andrer Art ist mhd. *kamergewant* (Zeug unter den Vorräthen der Kammer) und davon wieder verschieden holl. *kamergewaad* (Nachtkleid); vgl. mnd. *kamergewant* (Bettzeug) im Mnd. Wtb. von Schiller u. Lübben 2, 422[b].

6) Frisch Wtb. 1, 374[c]. Adelung Wtb. 2, 808. Schiller u. Lübben Mnd. Wtb. 2, 150[a]. Koppmann Hansische Geschichtsbl. 1874 S. 158. Wie aus der engl. Benennung dieses Stoffes, *grogram*, der Name eines auch bei uns wohlbekannten Getränkes, *Grog*, hervorgegangen ist, lehrt E. Müller Et. Wtb. 1, 469; vgl. Büchmann Geflüg. W. 366. Heyse Fremdwörterb. 392[a]. Heinze Fremdw. 24. Hamb. Corresp. 1878 Beil. No. 286.

7) Der Engländer unterscheidet zwischen „cassimere" u. „cashmere".

courtine, ital. *cortina* (von chors, Umzäunung), steht durch die Form *gordine* (holl. gordijn) vermittelt da[1]). *Zieche*, in alter Sprache ebenso[2]), kann wegen des *ch* nicht wohl von *ziehen* stammen, die niederd. Form lautet „Teek", die engl. „tick"; vielleicht liegt ϑήκη zu Grunde[3]). Nach dem holl. *hangmac, hangmat* heißt es heute *Hängematte*, aber das holl. Wort (franz. hamac) ist nur Zurechtlegung eines amerikanischen Ausdrucks[4]). *Rockelor*, der jetzt fast veraltete Name eines weiten Reise- oder Regenmantels, läßt an „Rock" denken, hat damit aber nichts zu thun, sondern gründet sich auf den Namen eines franz. Herzogs von *Roquelaure*, der diesen Mantel im vorigen Jahrh. eingeführt hat[5]). In *Schlafrock* gibt zwar *Schlaf* einen Sinn, wenn auch keinen ganz befriedigenden; weit besser für den Begriff würde „*Schlaufrock*" passen (mhd. slouf, sloufen, nhd. dial. Schlauf, schlaufen, von sliefen, schlüpfen; vgl. dial. Schluffer, Schluppe, Pantoffel), welche Form möglicherweise die ursprüngliche gewesen ist[6]). Von demselben *sliefen*, wie es scheint, kommt *Schleife, Bandschleife*, wofür in vielen Gegenden *Schläufe* (dial. wiederum Schluppe), *Bandschläufe* gesprochen wird; Abstammung von *schleifen* stimmt zu dem Begriffe nicht gut, während jede Bandschleife als eine Art Hülle (mhd. slouf, sloufe und sluf; vgl. engl. sleeve, Ermel, oberd. Schliefer und Schlupfer, Muff) betrachtet werden kann[7]). Ueber-

---

1) In Picks Monatsschr. 4, 91 bemerkt Fuß, daß in Rheinberg ein zur ehemaligen Befestigung gehöriges Werk, die lange Courtine, beim Volke „die lange Gardine" heiße.

2) Adelung stellte dafür fälschlich *Züge* auf.

3) Diez Et. Wtb. 2, 417. E. Müller Et. Wtb. 2, 465. Vichoffs Arch. II (1844), 1, 164. Albrecht Leipz. Mundart 240b. Vgl. chirotheca, Handschuh.

4) S. die gründliche Darlegung bei Pott Doppelung 83.

5) Weigand Wtb. 2, 503. In Hönigs Wtb. d. Köln. Mundart 134b findet sich „Röckelör, Männerrock mit langem Kragen", während das ebenda verzeichnete „Röckeling, leinenes Priestergewand" wohl von Rock abgeleitet ist; vgl. altniederd. roegelen (rockelin) in Höfers Denkm. nd. Spr. u. Lit. 1, 101.

6) Vgl. Schlaraffen für Schlauraffen, insbesondere aber die Formen „Schlieffrökhel" und „Einschlaf" (Einschlauf) in Birlingers Schwäb. Augsb. Wtb. 398a und 140a.

7) Die mehrfach wahrgenommene Verwechslung von *schliefen* mit *schleifen* zeigt sich 2. Sam. 14, 14 auch in dem zusammengesetzten *verschliefen*. Luther hat geschrieben: „wie das Wasser in die Erde verschleuft", jetzt steht aber an der Stelle „*verschleift*". Genau derselben Art ist die von Sanders (s. Herrigs Arch. 26, 464) in Grimms Wörterbuch be-

aus entstellt ist *Sahlband* (natürliche Tuchkante), durch mitteld. Mischung der Vokale e und a und Anlehnung an *Band* hervorgegangen aus *Selbend, Selbende* (eigenes Ende, niederd. selfkant). Ungeachtet des u darf bei dem Worte „*Pumphosen*" wohl nicht an „Pump" oder „pumpen" gedacht werden; zu Grunde liegt das lat. *pompa* (Gepränge, Pracht, Pomp), das u ist niederd. und zugleich mlat.¹), „Pomphosen" zu schreiben, wie Adelung thut, ist deshalb nicht nöthig. Daß der Name *Stiefel*, mhd. *stival*, ahd. *stiful*, kein heimischer, sondern aus dem mlat. *aestivale* (altfranz. estival), welches ursprünglich leichte Fußbekleidung für den Sommer (aestas) bedeutete, entsprungen sei, leidet keinen Zweifel; allein vermuthlich hat der bequeme Anklang an „stiefeln" (stützen; mhd. stivel, Stütze, Stange zum Stützen), „aufstiefeln" (aufstützen, z. B. Bohnen und Erbsen), mhd. *understivelen*, ahd. *arstifulên* (unterstützen), die Aufnahme begünstigt²). Obwohl sogenannte *Klotzen* (Klotzschuhe) sich von *Galoschen* jetzt weit unterscheiden, so vermitteln doch ältere Formen wie „glotze, gallotze" den formellen Zusammenhang deutlich genug; es bedarf keines Beweises, wie sehr die volksthümliche Auffassung im Rechte war, als der allgemeinere Begriff eine besondere Gestalt gewann, das fremde Wort in so treffender Weise umzudeutschen, daß es auch der Sprache des Gebildeten, der mit der Bezeichnung „Holzschuh" nicht völlig ausreichen kann, durchaus genehm ist. Die noch immer üblich gebliebene Schreibung „*Vließ*" erfordert Berichtigung vorne und hinten: dort zeigt sich der zwar im Mhd. bekannte und regelmäßige, im Nhd. aber ganz unzulässige Anlaut *vl*, dessen wahrer Grund jedoch in diesem Falle nicht etwa auf Behaltung der ältern Weise beruht, sondern auf der Annahme, daß das Wort vom lat. vellus stamme, und das anlautende ß wird wohl einer verkehrten Aussprache, die sich vielleicht gar auf einen Ursprung von „fließen" stützen will, nachgeschrieben sein; *Flies*, mhd. vlies (engl. fleece),

---

merkte Verkehrung des seltenen transitiven „*einfleußet*" (zu fließen), welches Luther einmal gebraucht hat, in „*einfleißet*", wie von einem sonst unerhörten „einfleißen" mit der Bedeutung „einstudieren".

1) Weigand Wtb. 2, 435. Aber Schmeller Wtb. 1, 285 lehrt: „Pumpfhosen", weite, faltige Beinkleider; vgl. „Pumpfnase", dicke, breite Nase, also zu „pumpet".

2) Hinsichtlich der Formen beider verschiedenen Wörter s. Lexer Kärnt. Wtb. 241. Weigand Wtb. 2, 807; vgl. Frisch Wtb. 2, 334ᶜ. Wackernagel Umdeutsch. 37. Krause Hochd. Sprachlehre § 29. Duden Rechtschreib. 148ᵇ.

ist mit „Flaus"[1]) nahe verwandt, verlangt daher dieselben Konsonanten. Im Hinblick auf zwei deutsche Wörter, deren Begriffe angemessen erscheinen[2]), hat das slav. *wilczura*, welches Wolfspelz bedeutet, als *Wildschur* Aufnahme in der Schriftsprache gefunden, nachdem schon viel früher für dasselbe Fremdwort *wintschur*[3]) geschrieben worden war. Ebenfalls zwiefach angelehnt ist *Blankscheit* (Niederstange), aus dem franz. *planchette* (Brettchen). Die Form *Packet*, als ob *packen* zu Grunde liege, taugt nichts; nach dem franz. *paquet*, woher das Wort stammt, muß *Paket* geschrieben werden (vgl. piquet, Piket), obgleich paquet mit dem deutschen *Pack* etymologisch nahe zusammenhängt. Insofern darunter zunächst hochrothes Tuch verstanden wird, reiht sich hier das Wort *Scharlach* an, gekürzt aus *scharlachen*, welche mhd. Form in *schar* (v. schern) und *lachen* (Laken) zerlegt werden kann[4]) und wohl auch so gedeutet worden ist (tunica rasilis, geschorenes Tuch), in Wirklichkeit aber sich auf die ältere Form *scharlât* (mlat. scarlatum, aus dem Türk.) gründet.

Speise und Trank. Weil die Speise *gekostet* wird, so scheint es nicht bloß sondern findet sich auch in Büchern ausdrücklich angegeben, daß das Subst. *Kost*, Lebensunterhalt, zu demjenigen *kosten* gehöre, welches dem lat. *gustare* entspricht; überzeugend hat aber Hildebrand[5]) nachgewiesen, daß vielmehr an das andere, dem lat. *constare* entlehnte *kosten* zu denken sei, *Kost* bedeute an sich das, was man aufwendet, wie der Plur. *Kosten*. *Wildbret* erinnert nach der gewöhnlichen Schreibung an *Bret*, während ein ä, dessen organische Länge freilich in der Aussprache verloren gegangen ist, die Herkunft von *braten* anzeigen würde (mhd. *wiltbrât, -braete*). Unter *Bratwurst* verstehen wir jetzt insgemein die zum Braten bestimmte Wurst, obgleich die Erfahrung lehrt, daß es Bratwürste gibt, die nicht gebraten sondern anders zubereitet werden: *brât* bedeutet im Mhd. das weiche Fleisch[6]), in heutigen

---

1) Vgl. mnd. „vlûs, vlûsch" (Schiller u. Lübben Wtb. 5, 289), altköln. „vloesch" (Frommann 3, 55b), aus dem 16. Jahrh. „das guldene Flüss" (Gombert Progr. Gr.-Strehlitz 1882 S. 10).

2) Vgl. die irrige Erklärung in Schmids Schwäb. Wtb. 483.

3) Bei dieser Form dachte Frisch Wtb. 2, 451b an „Wind" und „Schur" (Scheuer, Schutz).

4) Vgl. oberharz. scharlaken (Herrigs Arch. 60, 441a) und oberd. schartuoch (Schmeller Wtb. 3, 386).

5) Grimm Wtb. 5, 1849.

6) Vgl. „Der lewe zarte im cleit unde *brât*" (zerriß ihm Kleider

südlichen Mundarten ungefähr dasselbe, aber gewöhnlich nur insofern es gegessen werden soll, insbesondere kleingehacktes Fleisch[1]); folglich ist Bratwurst eigentlich gleich Mettwurst[2]), d. h. Fleischwurst. Norddeutsche Schriftsteller brauchen zuweilen „Möhrbraten", das Wort steht sogar in einem neuern freilich untauglichen Lehrbuche der Orthographie, wohin es erst recht nicht gehört; da das Adj. „mürbe" im Niederd. „mör" lautet, so heißt die hochd. Form, deren man sich angemessener bedient, „Mürbebraten"[3]). Aus Westfalen stammt ein ursprünglich aus kalt gewordener Fleischbrühe und Mehl bereitetes, jetzt gewöhnlich mit gehacktem Fleisch untermischtes, in der Pfanne gebratenes Gericht mit Namen *Pannas*, besser *Panhas* oder *Pannhas*; dies bedeutet nicht, wie man misverständlich übersetzt hat, „Pfannhase", sondern heißt eigentlich *Panharst* und ist von dem mnd. harsten, ahd. harstjan, angels. hearstjan (vgl. hearste pan, Bratpfanne), braten, rösten, herzuleiten[4]). Gleichen Ursprung hat *Potthast*, wo der Topf (niederd. pott) anstatt der Pfanne steht[5]). *Weißbrot* als „weißes Brot" im Gegensatz zu Schwarzbrot muß jeden so natürlich und klar wie möglich dünken; wenn aber in Adelungs Wörterbuch „Weißbrot" gar nicht, dagegen wohl „Weizenbrot" aufgeführt steht[6]), wenn ferner heutige Mundarten nicht bloß „Weißmehl" im Sinne von Weizenmehl sondern auch „Weiß" allein für Weizen sagen, so scheint doch die Sache anders, nemlich der bestimmte Grund dafür in der mhd. Form *weize* (vgl. S. 158) zu liegen, welche sich erst im Nhd. in „Weize, Weizen" gewandelt hat[7]): hieraus folgt nun

---

und Fleisch) im Iwein; „*Brât* und lide (Fleisch und Glieder) im tâten wô" im Parzival.

1) Schmeller 1, 269. Frommann 4, 209.

2) Nicht zu vermengen mit „Mettenwurst", Wurstschmaus nach der Christmette (Schmeller 2. A. 1, 1690).

3) Schmeller 2. 479 hat „Mehrbraten" (Lendenbraten, rhein. Lummer), der Ausdruck ist ihm dunkel; es wäre merkwürdig, wenn derselbe nicht gleich „Möhrbraten" sein sollte.

4) Frommann 5, 349. 6, 210. Picks Monatsschr. 4, 658. 5, 470 fg. Bedburg. Progr. 1880 S. VIII.

5) Frommann 6, 210. Schiller Progr. Schwerin 1867 S. 13[a]. Pick 5, 470 fg. In vier Formen läßt sich das Wort als heutiger Familienname nachweisen: *Pottharst, Potharst, Potthast, Potaß*.

6) Im mhd. Wtb. von Müller u. Zarncke 1, 264[b] steht „wei3brôt", nicht „wi3brôt", verzeichnet; allein Weigand Wtb. 2, 1049 ändert jenes in dieses.

7) Vgl. beizen, heizen, reizen, mhd. bei3en, hei3en, rei3en (Grimm Gramm. 1[2], 412).

die Richtigkeit der Behauptung, daß *Weißbrot* ursprünglich nicht *weißes Brot*, vielmehr *Weizenbrot* gewesen sei[1]). In einem großen Theile Norddeutschlands spielen zu Fastnacht die sogenannten *Hedwige* (feines Weizengebäck) eine wichtige Rolle; das Wort ist aus dem plattd. *Hêtwecken* (heiße Wecken) ins Hochd. wunderlich genug übertragen worden[2]). Eine vorzüglich beliebte Art Schwarzbrot ist bekanntlich der westfäl. *Pumpernickel*, ein merkwürdiges Wort, worüber, außer der witzigen Deutung eines in Deutschland reisenden Franzosen aus „*bon pour Nicol*"[3]), mehrere andere unglaubwürdige Vermuthungen, welche hier zu wiederholen der Raum verbietet, geäußert worden sind: — die wahre Quelle des Namens liegt außerhalb Westfalens und ist folgende: *pumpern* (von *pumpen*, mlat. bombare; aus βόμβος, dumpfer, tiefer Ton) heißt „dumpf tönen", das südd. Adj. „pumpet" bedeutet untersetzt, vierschrötig, *Nickel* (aus Nikolaus) hat appellativen Sinn (vgl. S. 8. 9), *Pumpernickel* meint also einen groben, plumpen Kerl; von der Person ist die Benennung alsdann auf Sachen, z. B. derbe, rohe Lieder, insbesondere aber auf jenes grobe Brot übertragen worden[4]). In dem meist pluralen Worte *Brosamen*, welchem mhd. *broseme*, *brosme* (wahrscheinlich mit Ausfall der Gutturale von *brechen*; vgl. dial. brochseln[5]) und Brocken) entspricht, scheinen sich *Brot* und *Samen* zu begegnen; bei Fischart kommt, aber wohl absichtlich zurechtgelegt, *Brotsam* vor[6]). Der Name *Lebkuchen* läßt nicht ahnen, daß er auf Pleonasmus beruht, wenn nemlich in seiner ersten Silbe das lat. Wort *libum* steckt, das Opferkuchen bedeutet;

---

1) Regel Ruhlaer Mundart 281. Im Engl. lautet es „wheat-bread", nicht „white-bread".

2) Vgl. Brem. Wtb. 5, 222. Schütze Idiot. 2, 123. Richey Idiot. 92. Korrespondenzbl. d. V. f. niederd. Spr. 1, 61. 75. 3, 7. 4, 25. Die verhochdeutschte Form scheint Pfannenschmid (Germ. Erntefeste 215) verführt zu haben, da er „Heidenwecken" vergleicht und von Götterbildern redet.

3) Ob mit „Nickel" der Bediente oder das Pferd gemeint sei, weiß man nicht.

4) Wackernagel Germ. 5, 350 fg. Woeste in Frommanns Ztschr. 3, 373. 4, 337. Weigand Wtb. 2, 434. Staub Das Brot (Leipz. 1868) S. 119 fg. Hüffer in Picks Monatsschr. 2, 272 fg. Korrespondenzbl. d. V. f. niederd. Sprachf. 1, 62. 63. 5, 45 fg. Vgl. tirol. „Komissnigkl" (Soldatenbrot) bei Frommann 6, 300.

5) Germania 3, 442; vgl. Lexer Mhd. Wtb. 1, 359.

6) Umständlich spricht über alles, was zu „Brosmen" gehört, Staub in seiner eben genannten Schrift S. 167 fg.

man denkt dabei und bei den mehr dial. Benennungen *Lebzelten*[1]), *Leblaib* (mnd. levekoke) unwillkürlich an *leben*, während südliche Mundarten in anders bezeichnender Umdeutung *Leckkuchen* (vgl. schwäb. Leckerle, schweiz. Leckerli) sagen[2]), die ostpreußische aber „Leibkuchen". Hinsichtlich des Ursprungs der in der Rheinprovinz üblichen Benennung *Speculatius* für ein bekanntes Kuchengebäck hatte die Ansicht Beifall gefunden, dieselbe stamme vom lat. *speculum* im Sinne von Bild, Abdruck, und sei zuerst auf die kleinen Conchylien, welche keinen besondern Namen haben, angewandt worden[3]); mehr Vertrauen erweckt eine jüngere Nachricht, daß die Form eigentlich „Speculaties", vorher „Specaties" gelautet habe und diese Bezeichnung aus der Aufschrift *spec. art.*, d. h. Species artificiales, die sich auf Schubfächern mit Zuckerwerk in Apotheken noch vor 50 Jahren befand, von Kindern gebildet worden sei[4]). Was heute in einem großen Theile von Deutschland allgemein *Rodonkuchen* (runder Kuchen mit einem durchgehenden Loch in der Mitte) genannt wird, dessen erste Hälfte an *rund* (rotundus) denken läßt, obwohl es keine Mundart zu geben scheint, die jene Form *rodon* kennt und braucht, wird ursprünglich nichts anders sein als das von Weigand verzeichnete *Ratonkuchen*, zusammengesetzt mit dem franz. *raton* (Art Kuchen), welches seinerseits aus dem ältern holl. *rate* (Honiggroß), heute *raat* (honigraat), mhd. râჳ, entspringt, das sich mit rayon de miel berührt[5]). *Kugelhopf* oder *Gugelhopf*, ein in Süddeutschland überall bekanntes haubenförmiges Gebäck, hängt mit demselben „*Kugel*" zusammen, welches S. 164. 165 für eine Reihe heutiger Geschlechtsnamen in Anspruch genommen wurde; der zweite Theil scheint eine entstellte Bildung aus dem Stamme von „*Hefe*" (bair. hepfen) zu enthalten[6]). Ein anderes Weizengebäck hat den in manchen Gegenden Deutschlands (z. B. Holstein) ebenso allgemein üblichen Namen *Maulschelle*

---

1) Stalder Schweiz. Idiot. 2, 162 schreibt „Lebselten".
2) Vgl. Birlinger Wörterbüchl. 57. Grimm Wtb. 6, 467. 486. 487.
3) Rhein. Provinzialblätter 1834 (Bd. IV) S. 277.
4) Picks Monatsschr. 5, 115.
5) Diez Et. Wtb. 1, 339. 2, 395; vgl. Grimm Gramm. 3, 464. In der Wetterau sowie in Frankfurt a. M. sagt man, wie mir Prof. Regel schreibt, „Radánkuchen".
6) M. Höfer Et. Wtb. 1, 336. Schmeller Wtb. 2, 22. Weigand Wtb. 1, 463. Jahrb. des Vereins von Alterthumsfreunden im Rheinlande XXVII, 138. Frommann 2, 319. In Siebenbürgen wird „Kugelappel" gesagt (Siebenb. Tagebl. 1878 No. 1524).

vielleicht einer Zurechtlegung aus den auf das mhd. *mutsche* (mutze) verweisenden ältern Deminutivformen *Mutschel*, *Muntschel* (Mötzchen) zu verdanken, nachdem schon vorher sich die Form *muntschelle* gebildet hatte[1]). Niemand wird so leicht unvorbereitet auf den Gedanken gerathen, daß das unter dem Namen *Makronen* bekannte Mandelgebäck mit dem griech. Adj. μάκαρ (selig) in Verbindung stehe, und doch leidet der etymologische Zusammenhang dieser beiden Wörter keinen Zweifel: die nächste Quelle des im Deutschen eingebürgerten Fremdwortes, das ital. *maccherone*, woher wir *Macaroni* haben, führt den Namen darnach, daß diese Speise bei den Leichenessen zu Ehren der Verstorbenen (Seligen, μάκαρες), welches noch heute μακαρία heißt, genossen wurde[2]). In norddeutschen Gegenden (Hamburg, Holstein) sind kleine Apfelkuchen, die man, ohne zu ahnen, was der zweite Theil eigentlich bedeutet, *Apfelförtchen* nennt, ein beliebtes Nachgericht: anderswo stehn „Nonnen", mit Bezug darauf, daß diese jene Kuchen am besten zu bereiten verstanden, an Stelle der „Aepfel"[3]): wird nun für niederd. ö und t nach der Regel hochd. ü und z gesetzt, so hat man verschiedene mundartliche Namensformen[4]), denen das franz. „pet de nonne" entspricht. Vielleicht ist das in der heutigen Sprache fast veraltete Wort *Eierklar* (Eiweiß) aus dem engl. *glare* (of an egg), richtiger *glair*, wozu man auch das frz. *glaire* halten kann, entstanden[5]). Eine gröbere Art Kochzucker wird hie und da *Lumpenzucker* genannt, nicht, wie Adelung vermuthete, weil er gemeiniglich in Lumpen eingepackt werde; die Bezeichnung ist vielmehr dem engl. *lumpsugar* (von lump, Klumpen) entlehnt

---

1) F. Bech Progr. Zeitz 1868 S. XII. Im Staatsanz. f. Würtemb. 1878 Beil. 24 S. 381 erwähnt Fischer einer schwäbischen Verwechselung von „Mutschel" und „Muschel". J. Grimm in Haupts Ztschr. 7, 562 ist geneigt „Mutschel" (auch „Mitschel") gleich dem dial. „Micke" (Art Weißbrot) von „credemica (bei Ducange), credemiche, credemicke" (klösterliches Weizengebäck), denen lat. „credemihi" zu Grunde liegt, herzuleiten; vorsichtiger urtheilt A. Höfer Germ. 15, 80 über „Micke", frz. miche (Brot, aus lat. mica; vgl. mic, Brotkrume), und sein Verhältnis zu „credemica". Im Mnd. Wtb. 5, 569ᵃ lautet es „Micke = Wicke d. i. Wecke".

2) Liebrecht Jahrb. f. rom. u. engl. Spr. 13, 230.

3) Vgl. „nunnekenfurt" im Mnd. Wtb. 3, 208ᵇ. Die hochd. Form dieses Wortes ist in Dialekten zu Hause; s. Spiess Henneb. Idiot. 174.

4) Vgl. Schütze Idiot. 1, 341. Weinhold Beitr. z. e. schles. Wtb. 65ᵃ. Hönig Wtb. d. Köln. Mundart 119ᵇ.

5) E. Müller Et. Wtb. 1, 448. Diez Et. Wtb. 2, 311.

und nachgebildet. *Kandel-* oder *Kandiszucker*¹), auch bloß *Kandis* genannt (vgl. Zuckerkand, frz. sucre candi), hat weder mit dem lat. Adj. candidus noch mit dem Namen der Insel Kandia irgend welchen Zusammenhang, sondern stammt aus Asien und reicht bis ins Indische zurück²). Die Benennung *Zwergkäse* geht aus *Quarkkäse* hervor, mit bekanntem Wechsel zwischen *zw* und *qu*, möglicherweise indes umgedeutet, im Gedanken daran, daß diese Käse verhältnismäßig klein sind; im Mhd. hieß es *twarc* (Plur. twerge), welche Form (*twarg*) noch heute in Westpreußen angetroffen wird³). *Mostrich* ist eine Form, welche eine alte Zusammensetzung mit *-hart* (mhd. musthart, frz. moutarde, niederd. mustert oder mostert) gegen eine mit *-rich* ohne Noth aufgegeben hat; der Name, im Ursprunge auf die Bereitung mit Most beschränkt, gilt heute da, wo er gebraucht wird, für Senf im allgemeinen. Den Beweis, daß mit Rücksicht auf *Bockbier* die volksthümliche Vorstellung sich mit dem *Bock* beschäftigt⁴), liefern außer andern Erscheinungen, insbesondere in süddeutschen Bierkellern, gelegentliche Verkaufsanzeigen, die von einem Bilde begleitet sind, welches ein von zwei Ziegenböcken in die Mitte genommenes Faß darstellt; unterdessen steht der Bock der Quelle so fern als möglich, diese ist vielmehr die durch Bereitung vorzüglichen starken Bieres ehedem berühmte hannov. Stadt *Eimbeck*, nach welcher das Bier anfänglich mit Veränderung des Vokals der zweiten Silbe⁵) *Aimbock* genannt wurde, was denn leicht die Zer-

---

1) Merkwürdig ist das henneberg. „Gehandelzucker" (Frommann 7, 272); in Mecklenburg wird „Kantenzucker" (und „Zuckerkanten") gesagt.
2) Diez 1, 108. Weigand Wtb. 1, 201.
3) Förstemann Ztschr. f. vergl. Spr. 1, 426. J. Grimm Ztschr. f. d. Alt. 7, 469. Weinhold Beitr. z. e. schles. Wtb. 74ª theilt mit, daß die Zwerge längs des dortigen Gebirges „Quargmännlein" heißen, die Volksetymologie deute den Namen davon, daß sie 3 „Quärge" (Käse) hoch seien; zu „Quarg" f. „Zwerg" s. Peters Progr. Leitmeritz 1864 S. 10.
4) Im „Briefkasten" des Hamb. Corresp. 1882 No. 67 wird die Vermuthung geäußert, der erste Brauer dieses Bieres habe Bock geheißen, die Ableitung von „Bock" aus „Einbeck" sei vielleicht nach Analogie von Fuchs aus ἀλώπηξ entstanden; ein neuer Beweis, wie wenig Sicherheit diese Brief- und ähnliche Kasten selbst in den gelesensten Zeitungen und auf Unterhaltung berechneten Zeitschriften dem Leser gewähren. Was soll man aber dazu sagen, daß die folgende Nummer jener Zeitung eine lange Anekdote aus München bringt, in welcher ein Ziegenbock an dem Namen schuld gewesen sei?
5) Zwischen *-beck* und *-bock* ließe sich als Uebergangsform *-böck* denken. In Dresden lebt heute eine Familie *Einbock*.

legung in *ein Bock* (vgl. franz. un boc, ein Glas Bier) veranlassen konnte[1]). In dem Münchener Kloster der Paulaner wurde schon vor mehr als 200 Jahren ein vortreffliches Bier gebraut, welches von den Mönchen, die den Stifter ihres Ordens, Franz von Paula, „Heiliger Vater" nannten, als „Heiligvater-Bier" bezeichnet ward; das Volk soll dafür *Sanct-Vater-Bier* gesagt haben und hieraus *Salvator-Bier*, wie das beliebte Getränk heute heißt, entstanden sein[2]). *Kofent*, Dünn- oder Nachbier, Halbbier, ist eine Entstellung von „*Convent*" (vgl. franz. couvent), Kloster, und heißt darnach, daß die Klosterbrüder (fratres) dies schwache Bier, im Gegensatze zu dem stärkern ihrer Obern (patres), zu trinken bekamen; allein mit Rücksicht auf die vorwiegende Betonung der ersten Silbe (Kófent; vgl. dag. Convént) und die einzeln nachweisbare Schreibung „Koffent" scheint zugleich der Gedanke an „Kufe", wofür auch eine ältere Form „Koffe" begegnet, im Spiel gewesen zu sein[3]). Das bei Seume vorkommende *Kleinbier* ist vielleicht eins mit *Kleienbier*, da beide dasselbe, Kofent oder Dünnbier, bedeuten[4]). Die Erklärung, welche das deutsche Wörterbuch von *Breuhahn* (Art Weißbier) gibt, daß es wahrscheinlich mit „breuen" (brauen) und dem „Hahn des Fasses" zusammengesetzt sei, lautet ebenso wenig annehmlich, als die ältere, welche darin den angeblichen Namen des Brauers und Erfinders erblickt; aber auch der Berufung Weigands, welcher *Broihahn* ansetzt, auf das dän. „broihan, bryhan", woher ins Deutsche nicht gut *Breihahn* gerathen sei, hält es schwer beizutreten: ist *Breuhahn* die ur-

---

1) Vgl. Schmeller Wtb. 1, 151. 2. A. 1, 205. Gräße Bierstudien 81; Hamb. Corresp. 1878 Beil. 280 (Nov. 24). Zaupser Bair. oberpfälz. Wtb. 55 verzeichnet „Oanbock". In Hamburg stand bis zum Mai 1842, wo der große Brand es zerstörte, ein Haus, welches zu vielen wichtigen Verwaltungszwecken diente, das sogenannte „*Eimbeckische* Haus", Cellarium Eimbeccense oder Domus Einbeccensis: der Name bezieht sich darauf, daß hier ehedem das berühmte „Einbecks bier" geschenkt wurde; s. Lappenberg Ulenspiegel S. 256 (vgl. S. 92). — Im Gegensatze zu dem als „Bock" bekannten Doppelbier wird eine schwächere und süßere Art von den Baiern „*Geiß*" genannt (Schmeller 2, 73); früher hieß es: „cerevisia, cui ab ariete aut capricornio nomen" (Schmeller 2. A. 1, 205).

2) Illustr. Sonntagsbl. 1878 No. 40 S. 476ª; vgl. Schmeller Wtb. 1, 45. 637.

3) Dunger N. Jahrb. f. Phil. u. Päd. 1877 S. 512. Nach einer in Grimms Wtb. 5, 2531 angeführten Stelle aus der Leipz. Stadtordnung von 1701 wurde der *Kofent* gewöhnlich in *Kufen* aus den Brauhäusern geschafft.

4) Vgl. Grimm Wtb. 5, 1086. 1105.

sprüngliche Form, so scheint die einfachste Auslegung darin zu bestehen, daß ein Brauer Namens *Hahn* angenommen werde (vgl. die Namen *Braumüller*, *Braunagel*, *Mahlstephan*, *Schreibvogel*, *Spehlmeier*), nach dem das Bier benannt sei, eine Auslegung, welche von jener ältern insofern bedeutend abweicht, als der Brauer dort wirklich und an sich *Breuhahn*, hier aber *Hahn* und nur zur Bezeichnung oder Unterscheidung gelegentlich auch *Breuhahn* geheißen hat[1]. Den studentischen Ausdruck *Stoff* für Bier wird wohl jedermann stillschweigends im eigentlichen Sinne als Materie oder Substanz verstehen; dennoch darf der Vermuthung Raum gegeben werden, daß ein Flüssigkeitsmaß zu Grunde liege, welches in einigen niederd. Gegenden *stôf*, in andern *stôp*, im Engl. *stoop* lautet, mit „Stübchen" verwandt ist und auf das altd. *stoup* (Becher), mlat. *stopa*, zurückleitet[2]. Aus dem mhd. Namen eines vortrefflichen Weines, *Reinfal*, welcher sich angeblich auf den Ortsnamen *Rivoglio* gründet[3], ist in dem Glauben, daß *der Rhein* wirklich betheiligt sei[4], geradezu *Rheinfall* geworden; die neuere Form *Reinfall*[5] will diese Anlehnung wieder beseitigen. Ohne Zweifel enthält die Bezeichnung *Dreimännerwein* ursprünglich eine Umdeutschung aus *Traminerwein* (S. 73); da aber unter *Dreimännerwein* keineswegs jene edle Sorte, vielmehr ein elendes Getränk verstanden zu werden pflegt[6], so scheint der auffallend klingende Name zu einem Scherz oder Spott in Betreff eines schlechten Weins Anlaß gegeben und gereizt zu haben[7]. Der Ursprung des Wortes *Sekt* (süßer span. Wein), bei welchem vermöge der Vorstellung von etwas Ausgezeichnetem, so zu sagen Apartem, irgend ein Zusammenhang mit „Sekte" dem Bewustsein auch des gebildeten Laien sich aufdrängen mag, verdunkelt sich

---

1) Vgl. die Familiennamen *Breuhahn*, *Breyhahn*, *Breyhan*, nach dem Bier.
2) Picks Monatsschr. 4, 92; vgl. Adelung Wtb. 4, 397. 461. Weigand Wtb. 2, 812.
3) Eingehend handelt hierüber Lexer Mhd. Wtb. 2, 392.
4) Adelung Wtb. 3, 1097.
5) Zarncke zum Narrenschiff 404[b]. Weigand Wtb. 2, 482. 492.
6) Die drei Männer werden so gedeutet: einer soll trinken, ein andrer hält ihn fest, ein dritter gießt ein. Schlechter Wein führt auch den Namen „Apostelwein", da ihrer zwölf an einem kleinen Seidel zu trinken haben (Schmeller Wtb. 1, 89).
7) Vgl. Frommann 3, 12. Grimm Wtb. 2, 1388. 1389. Kehrein Volksspr. 117.

vollkommen durch den Zutritt des *t* zu der ältern Form „Seck" (engl. sack); zu Grunde liegt das romanische mit „vino" (Wein) verbundene Adj. *seco, secco* (franz. sec, trocken), insofern jener Wein, dessen Uebertragung auf den Champagner übrigens der neuern Zeit angehört[1]), aus beinahe trocknen Beeren gepresst wird[2]). Die an sich auffallende Beziehung des Begriffes „trocken" auf die Flüssigkeit des Weines zeigt sich auch in dem Namen *Dry Madera*, welcher häufig deutsch gesprochen und bisweilen alles Ernstes als Madera, der *drei* Mal die Linie passirt hat, erklärt wird: die Benennung rührt, wie Kenner dieser Sprache wissen, vom Engl. her, und das Adj. *dry* (trocken) hat hier, im Gegensatze zu „sweet" (süß), die Bedeutung von „herbe"[3]). Der gemeine Brantwein oder Schnaps wird zuweilen mit dem sonderbaren, durch die Gaunersprache überkommenen Namen *Finkeljochem* bezeichnet, dessen zweiter Theil mit Anlehnung an den Eigennamen *Joachim* auf dem hebr. *jajin* (Wein) fußt, während in dem ersten wohl nicht „Fenchel", vielmehr das gaunerische „fünkeln, finkeln" (brennen) enthalten zu sein scheint[4]).

Bauwerke. Weil die Fremdwörter *Katafalk* und *Katakombe*, welche Adelungs Wörterb. noch nicht kennt, oberflächlich für ursprünglich griech. (vgl. Katalog, Katarakt u. a. m.) gehalten werden mögen, so sei auf die ital. Quelle derselben ausdrücklich hingewiesen: hier heißt *catafalco* Schaugerüst, von *catar* (schauen) und *falco* (= palco, Balke), und *catacomba* bedeutet eigentlich Schaugruft, zusammengesetzt mit demselben *catar* und einem Subst. *comba* (Krümmung, Gewölbe) oder *cumba* (mlat. für cymba[5])

---

1) Vgl. Büchmann Geflüg. W. 109. Gombert Progr. Gr. Strehlitz 1877 S. 17.

2) Adelung 4, 5. Weigand 2, 670. Genaueres in Betreff nicht bloß der Bereitung sondern auch verschiedener Arten dieses Weines und ihrer romanischen Namen s. bei Berg Pharmakognosie (Berl. 1869) S. 360; vgl. ferner K. Braun in d. Ztschr. „Ueber Land und Meer" 1882 S. 566. 583 fg.

3) Hoppe in Herrigs Arch. 34, 135. Suppl. Lex. 130b.

4) Grimm Wtb. 3, 1664. 4a, 602. 605. 4b, 2331. Frommann 5, 55; vgl. Adelung Wtb. 2, 160. Blätter f. liter. Unterh. 1876 No. 31 S. 490b. Frommann 6, 222. Bei Hebel kommt das einfache „*Jochem*" f. Wein vor (German. 5, 345).

5) Diez Et. Wtb. 1, 117. 118. Scheler Dict. 53b. Anhang zu Diez Et. Wtb. 4. A. S. 715. Weigand Wtb. 1, 567. Vgl. Diez Rom. Wortschöpf. 10. Aus der franz. Form von catafalco, *échafaud* (altfranz. escadafaut), ist *Schafott* (engl. scaffold) hervorgegangen.

Dem Gebrauche und der bestimmten Bedeutung des Wortes „*Sarg*", eigentlich eines fleischverzehrenden (σαρκοφάγος) Behälters, gemäß kann man sich der Vermuthung kaum erwehren, daß die in vielen Gegenden, z. B. der hiesigen, allgemein übliche Benennung *Regensarg* (Cisterne, Reservoir) ursprünglich nicht mit „Sarg", sondern mit dem ähnlich klingenden seltenen „*Zarge* (ags. und westfäl. targe), *Zarg*" (Seiteneinfassung) zusammengesetzt, oder vielmehr, da schwerlich jemals „Regenzarge" gesagt worden ist, daß „Sarg" in dieser Verbindung als „Zarg" zu verstehen sei. Der Name *Tafelrunde* (des Königs Artus), in welchem an zweiter Stelle unwillkürlich ein Subst. vermuthet wird, ist in früher Zeit aus dem franz. *table ronde* übernommen worden; die Bezeichnung *Rundtafel*, welche daneben gebraucht wurde, heute aber nur selten begegnet, entspricht dem Gesetz der deutschen Zusammensetzung genau[1]). Das etymologisch sehr schwierige Wort *Schwibbogen* wird, nach Formen wie ahd. *suipogo*, mhd. *swiboge*, zu urtheilen, mit *schweben* (suëpên, swëben) ursprünglich nichts zu schaffen haben, scheint aber allerdings an dieses Wort angelehnt zu sein, wie denn aus dem 15. Jahrh. geradezu *swëbeboge* angeführt wird[2]). Mit Benutzung zweier überaus geläufigen Wörter ist das mlat. *berfredus* (S. 42. 52), dessen Herkunft nicht klar vorliegt, wofern es nicht, was ja möglich wäre, aus dem Deutschen stammt, als *Bergfriede* (mhd. bërcvrit) gestaltet worden[3]). Weil anstatt *Kaserne* nicht nur in deutschen Mundarten „Kasarme" gesprochen wird, sondern auch in zwei romanischen Sprachen ähnliche Formen mit dem *m* zu Hause sind, hat man sich der Deutung aus *casa* und *arma* überlassen und ein ital. *casa d'arme* als Ursprung angenommen; aus Gründen der Form (es heißt ital. caserma, nicht casarma) und Bedeutung (eine Kaserne ist kein Waffenhaus, sondern eine Soldatenwohnung) scheint jedoch dem *n* des Wortes, welches nach der Analogie von caverna gebildet sein mag, in den drei andern roman. Sprachen, denen die deutsche Schriftsprache gefolgt ist, die Priorität zu gebühren[4]).

---

1) Vgl. Heyse Deutsche Gramm. 1, 615.
2) Andere Formen s. bei Schmeller 3, 523. Lexer Kärnt. Wtb. 228. Mhd. Handwörterb. 2, 1370. Ztschr. f. vergl. Spr. 14, 391. Vgl. Duden Rechtschr. 143^b.
3) Vgl. v. Cohausen Jahrb. d. Vereins von Alterthumsfreunden im Rheinl. XXVIII S. 1—53. Weigand Wtb. 3. A. 1, 190.
4) Diez Et. Wtb. 1, 116. Vgl. Heynatz Antibarb. 2, 173.

Geld. Von demselben *wër* (vir), welches in *Werwolf* (S. 179) steckt, stammt auch *Wehrgeld*, daher richtiger *Wergeld*, Mannsgeld, Geldbuße für einen getödteten oder schwer geschädigten Mann [1]). Eine gewisse lästige Abgabe wird in Süddeutschland *Umgeld* genannt, entstellt aus *Ungeld* [2]), in der Schweiz bisweilen nochmals umgedeutet als *Ohmgeld* [3]). Die Zusammensetzungen *Friedrichsdor*, *Wilhelmsdor*, *Christiansdor* und ähnliche beruhen auf einem Misgriff, als ob *dor* eine Münze bedeute, oder sie sind dem ältern Worte *Louisdor*, dessen *s* zum Namen gehört, bloß nachgebildet; an „Friedrichdor" u. s. w. wird man sich nicht gewöhnen wollen, obgleich neben „Napoleonsdor" auch „Napoleondor" üblich ist [4]). Im Mlat. bedeutet *nobulus*, *nobelus*, dessen Ursprung, vermuthlich unter Einwirkung des lat. Adj. *nobilis*, die griech. Scheidemünze ὀβολός, ὀβελός zu sein scheint, eine Goldmünze; ins Deutsche gieng das heute fast verschollene Wort als *Nobel* und mit „Rose" (wegen des Gepräges) zusammengesetzt *Rosenobel* (frz. noble à la rose) über, nachdem zuvor die Engländer sich des Namens und der Sache bedient hatten [5]). In einigen Gegenden der Rheinprovinz wurde vor der neuen Münzrechnung das 2½ Silbergroschen betragende Geldstück sehr häufig *Kassemännchen* (irrthümlich auch „Kastemännchen") genannt; der Name rührt daher, daß diese Münzen, worauf das Brustbild eines Mannes (Männchens) geprägt war, meist in die Staatskassen wanderten [6]). Für „Geld" heißt es, nach einem orientalischen, durch die Judensprache überkommenen Worte [7]), in gewissen Kreisen häufig *Moos*

1) Grimm Rechtsalt. 650.
2) Vgl. die Geschlechtsnamen *Umgelter* und *Ungelter*.
3) Adelung Wtb. 4, 857. Wackernagel Kl. Schr. 3, 47. Birlinger Alem. 4, 48. Genau so ist Hiob 12, 24 aus einem *Unwege*, „da kein Weg ist" (wie ausdrücklich beigefügt steht), ein *Umweg*, der hier gar keinen Sinn gibt, in die Bibel eingeschwärzt worden; s. Jütting Bibl. Wtb. 197. Kiessling Progr. Zschopau 1876 S. 13. Vielleicht muß auch der Famlienname *Umland*, in welchem die Präpos. nicht wohl zu verstehen ist, als *Upland* (gleichfalls Familienname), unbebauter Grund (vgl. Weinhold Beitr. z. e. schles. Wtb. 50b), erklärt werden.
4) Vgl. Duden Rechtschr. 97b.
5) Weigand Wtb. 2, 509.
6) Woeste Ztschr. f. deutsche Philol. 10 (1879), 114. Korrespondenzbl. d. V. f. niederd. Sprachforsch. 4, 26. Mit den Kassemännchen sind die Fettmännchen (Fettmannel bei Frisch) oder Fettmönche, geringe altköln. Scheidemünze, zu vergleichen.
7) Vgl. Vollbeding Handwörterb. 61. Adelung Wtb. 3, 292. Sanders in Herrigs Archiv 29, 470.

(Mos); hieraus ist scherzhaft *Moses* ¹) und weiter, mit Anspielung auf Christi Worte Luc. 16, 29, „Moses und die Propheten" hervorgegangen ²).

Spiel und Kunst. *Schönbartspiel* (Fastnachtspiel) ist aus *Schembartspiel* entstellt, von *scheme*, *schem* (Maske) und *bart* ³). *Dammspiel*, wie nach der in Norddeutschland herrschenden Aussprache geschrieben wird (vgl. *Dammhirsch* S. 179), hängt mit *Dame* zusammen, weshalb *Damspiel* oder *Damenspiel* (franz. jeu de dames) verlangt werden kann, desgl. *Dambrett* (damier) u. *Damstein* (dame); der Name rührt nicht davon her, daß etwa Damen dieses friedliche Unterhaltungspiel gerne treiben, sondern von der Bezeichnung eines der Steine, dann einer ganzen Reihe durch Dame ⁴). Unverständlich klingt die Benennung *Kümmelblättchen*, jenes Hasardspiel der modernen Bauernfänger, welches in der geschickten Vermischung dreier Karten besteht; das Wort geht unter volksetymologischer, durch die Aussprache gewisser Gegenden unterstützter Gestaltung aus *Gimelblättchen* hervor, in der Gaunersprache so benannt nach dem dritten Buchstaben des hebr. Alphabets (Gimel), der auch die Dreizahl bezeichnet. Dem anscheinend aus drei Imperativen zusammengesetzten Namen eines über ganz Deutschland verbreiteten Kartenspiels, *Schnippschnappschnurr*, folgt während des Spiels in der Regel noch ein Ausdruck, *Baselorum* oder *Basilorum*, welcher verschiedenen Deutungen unterworfen worden ist; den meisten Anklang wird die Erklärung finden, *Baselorum* sei euphemistisch, um die vier Apostel nicht als Kartenspieler erscheinen zu lassen, aus *Apostolorum* verdreht worden, der volle Name bedeute eigentlich „Schnippschnappschnurr der Apostel" ⁵). Im Kartenspiel wird ein Stich zuweilen *Lese* genannt, insbesondere ist dies beim Piketspiel der stehende Ausdruck für das Uebergewicht an Stichen; wie es scheint, beruht das Wort auf Entstellung

---

1) Am Niederrhein hört man „he hett vil *Mösche*" (E. Weyden Köln am Rhein vor 50 Jahren), anderwärts wird „Möpse" gesagt.
2) Büchmann Geflüg. Worte 40.
3) Schmeller Wtb. 3, 362. Schmid Schwäb. Wtb. 459. Anz. f. Kunde d. d. Vorzeit 1877 S. 106. Vgl. den Familiennamen *Schombart*.
4) Schachspiel enthält eine gleiche Beziehung auf Schach, König.
5) Vilmar Idiot. 363. Vgl. Weigand Wtb. 2, 620. Ztschr. f. vergl. Sprachf. 14, 397 fg. 17, 396 fg. Das zuweilen noch als fünfte Nummer hinzugefügte „Ex", das scherzhaft ins Lat. übersetzte „aus", d. h. zu Ende, gehört einer jüngern Zeit an.

und Umdeutung aus dem veralteten „Lässe" (v. lassen), Stich [1]). Spielmarken (frz. jetons) heißen in vielen Gegenden *Tantes* (*Dantes*) und selbst *Tanten*, ein Wort welches durch das Spanische, woher manche andere Spielausdrücke stammen, aus dem lat. *tantus* (zur Bezeichnung einer gewissen Größe, eines gewissen Werthes) entspringt [2]). Bekanntlich führt ein Ball im Billardspiel den Namen *Karoline*, angeblich eine Verkürzung von „Caramboline" [3]). Das Wort *Rakete* deutet auf französischen Ursprung hin, wie nur eins, und wirklich findet sich hier ein Subst. *raquette*, das aber ein Netz zum Ballschlagen bedeutet, ital. *racchetta*, vom lat. *rete* (Netz), und gar nichts mit jenem Worte zu thun hat: in „*Rakete*" ist *a* aus *o* entstanden, ital. *rocchetta* (engl. rocket), so genannt, weil ein Stab hindurchgeht und das obere dicke Ende die Form eines Spinnrockens (ahd. roccho, it. rocca) darstellt [4]); zu der aus dem 17. Jahrh. nachweisbaren deutschen Entstellung könnten die jenem frz. raquette entsprechenden Wörter *Raket* (vgl. engl. racket) und *Rakette* formell mitgewirkt haben. Bei dem Worte *Serenade* (frz. ebenso, ital. serenata) lassen sich Lateinkundige an „serenus" (heiter) erinnern, und diese Ableitung hat sich auf dem Gebiete der roman. Wortforschung auch einiges Schutzes erfreut; allein Diez [5]) zieht ungeachtet einer formellen Schwierigkeit der Bedeutung wegen die Herkunft aus *serus* (spät) vor, woher it. sera, frz. soir (Abend) stammen. Für Fangball wird auch *Katzball* gesagt (im holstein. Niederd. *kâsball*), nicht von *Katze*, vielmehr vom holl. *kaats*, d. i. frz. chasse, Jagd, hier Fleck, wo der Ball aufspringt [6]). *Fuge*, als Musikstück, ist nicht, wie man unwillkürlich voraussetzt und Zelter an Goethe ausdrücklich schreibt, mit *fügen* verwandt, sondern dem ital. *fuga* („vocis quasi fugientis

---

1) Heyne in Grimms Wtb. 6, 213. 772.
2) Schmeller Wtb. 1, 448. Weinhold Beitr. z. e. schles. Wtb. 97ᵃ. Frommann 2, 245. 247. Der Herkunft eines Subst. aus *tantus* vergleicht sich, bei dieser Gelegenheit bemerkt, die eines andern aus *quantus*: *Gant*, mhd. ebenso, engl. cant, franz. encan, ital. incanto, d. i. in quantum, etwa als Ruf des Gantmeisters gedacht; die Bezeichnung ist übrigens fast auf Süddeutschland beschränkt, Norddeutsche sagen „Auktion".
3) Heyse Fremdwörterb. 143.
4) Diez Et. Wtb. 1, 338. 355.
5) Et. Wtb. 1, 378; vgl. dagegen Scheler Anhang 731.
6) Umständlich gibt über alles Nöthige Bescheid Hildebrand in Grimms Wtb. 5, 279. 280; vgl. Frisch Wtb. 1, 505ᶜ. Schiller u. Lübben Mnd. Wtb. 2, 432ᵇ. 436ᵃ. Picks Monatsschr. 4, 92. 652 fg.

insectatio") entsprungen ¹). Max Müller ²) erinnert daran, daß der Name *Mysterien* für jene mittelalterlichen theatralischen Darstellungen aus der biblischen Geschichte, dergleichen heute noch im bair. Ammergau zu sehen sind, eigentlich unrichtig sei, es wären *Misterien*, von *ministerium*, welches Dienst, Amt (frz. métier), hier religiöses Amt bedeute; vgl. engl. minstrel aus ministerialis, besonders Spielmann, Sänger.

Zeitbegriffe. Das Wort *Jubeljahr* nebst *Jubelfest*, *Jubelhochzeit* u. a. geht mit sehr nahe liegender Anlehnung an *Jubel* auf das hebr. *jobel* ³) zurück, welches zunächst ein musikalisches Instrument, etwa Posaune, mit deren Schall verkündet wurde, dann Feierjahr (nach 50 J.) bezeichnet; es ist das Halljahr der Israeliten, so genannt vom Hall der Hörner. Während insgemein die Form *Fasnacht*, bei der von *vasen*, schwärmen (vgl. nhd. faseln), ausgegangen wird, als die eigentliche, *Fastnacht* als die umgedeutete Form betrachtet wird, haben Grimm, Schleicher und andere die Ursprünglichkeit der Zusammensetzung mit *fasten* behauptet, die im Mhd. allerdings überwiegende Schreibung *vasnaht* dagegen aus einem häufig vorkommenden Abfall des *t* nach *s* erklärt (vgl. is f. ist): *Fastnacht*, wozu mhd. *vastelnaht* (dän. fastenat) und niederd. *fastelavend* (faslavend; vgl. holl. vastenavond) gehören, bezeichne, wie es bei Festen öfters der Fall sei (vgl. Sonnabend, Weihnachtsabend), eben den Vorabend der Fastenzeit, der natürlich zuletzt noch gehörig ausgebeutet wurde. Anstatt *Mittfasten* (Mitte der Fasten) hat sich, wohl weniger aus Misverstand als durch den Einfluß der aus *mittevaste* gekürzten Form *mitvaste*, die Schreibung *Mitfasten* geltend gemacht, deren Berechtigung indessen kaum eingeräumt werden darf ⁴). Während

---

1) Mehr bei Weigand in Grimms Wtb. 4ᵃ, 383; vgl. Diez Et. Wtb. 2, 28.

2) Vorles. 2, 240. Essays 3, 68. Vgl. Ztschr. f. vergl. Spr. 5, 74. Ebel in Kuhns u. Schleichers Beitr. 5, 164. Im Engl. ist *mistery* zwar auch in *mystery* übergegangen, allein die historische Grammatik (s. Koch 3ᵇ, 137) hat das Recht beide getrennt vorzuführen.

3) In neuern wissenschaftlichen Schriften über biblische Alterthümer findet sich *Jobeljahr*; Jean Paul (Titan) spricht von „Jobelperioden". Ueber *Jubeljahr* vgl. Förstemann Ztschr. f. vergl. Spr. 1, 17. Tobler Die fremden Wörter S. 15. Aus dem 17. Jahrh. steht *Jubelfest* für *Julfest* (Weihnacht) nachzuweisen.

4) Weigand urtheilt, *Mittfasten* mit *tt* sehe pedantisch aus; allein niemand erlaubt sich doch *Mitwoch* f. *Mittwoch* zu schreiben, obgleich neben mittewoche früher auch mitwoche (plattd. midweken) begegnete.

es im Süden Deutschlands einen Rosensonntag gibt, den Mittfastensonntag oder Lätare, an welchem weiland der Pabst eine Rose weihte¹), spielt in der hiesigen Gegend der *Rosenmontag*, der Tag vor Fastnacht, eine große Rolle; wird aber nach der Rose gesucht, so kann sie niemand finden: Glauben verdient daher die zugleich auf die strengen Gesetze der mundartlichen Aussprache gegründete Vermuthung, daß „Rasenmontag" gemeint sei ²). Mit dem *blauen* Montag, zu dessen Erklärung früher allerlei Verkehrtheiten, deren Aufführung erspart werden kann, ans Licht getreten sind, verhält es sich so: ursprünglich ist bloß der arbeitsfreie Montag vor Aschermittwoch (also der eben besprochene Rosenmontag) gemeint, an welchem die Altäre in den Kirchen mit *blauen* Decken behängt sind; später wurde die Bezeichnung „blau" auf jeden Montag übertragen, der zum Vergnügen statt zur Arbeit bestimmt wird ³). Daß der Name *Quatember* in seinen beiden letzten Silben buchstäblich mit dem Monatsnamen „September" zusammentrifft, ist baarer Zufall; *Quatember* geht gekürzt aus dem mitteld. *quatertemper* hervor, d. h. *quatuor tempora*, vier Zeiten oder Tage der strengen Fasten, dann in weltlicher Uebertragung, besonders mit Rücksicht auf Abgaben und andere Zahlungen, gebraucht ⁴). Die Wochentage *Dienstag* und *Freitag* sind zu Zeiten als Tage des Dienstes und der Freiheit ausgelegt worden, beides nicht im Einklange mit der eigentlichen Bedeutung: *Freitag* ist der *Fria*, altn. Frigg (Gemahlin Odins) geweiht, mhd. *vrîtac*, Anlehnung an *frei* bleibt ausgeschlossen; *Dienstag*, entstellt und umgedeutet aus mitteld. *diestag* (oberd. deistig, niederd. zuweilen dêsdag), d. i. mit schwer zu begründender Erweichung des Anlauts nieders. *tiesdag* (angels. tivesdäg, engl. tuesday), welchen Formen hochd. *ziestac* gegenübersteht ⁵), ist der Tag des Kriegsgottes, der im Altnord. Tŷr,

---

1) Adelung Wtb. 3, 1161. Schmeller Wtb. 3, 135.

2) Prof. Eckertz in Köln schreibt mir: „1720 kommt „der *raesende* Montag" vor (s. Gesch. der Familie Schenk von Nydeggen p. 13); vgl. Korrespondenzbl. d. Vereins f. niederd. Sprachforsch. 3, 68. Laut Firmenichs Germ. Völkerstimmen 1, 469 sagt man auch „der *unsinnig* Montag" (s. Schmeller Wtb. 3, 258); ferner soll es ein Adj. „*rosig*" f. „rasend" geben (Schmeller 2. A. 2, 137). „Rose" wird am Niederrhein meist wie „Ruse", „rasen" dagegen meist wie „rosen" gesprochen.

3) Einer andern Erklärung wird Germania 16, 506 Raum gegeben.

4) Vgl. Adelung Wtb. 3, 887. Lexer Mhd. Handwörterb. 2, 316. Pfannenschmid German. Erntefeste 119. 424 fg.

5) Vgl. Schmeller Wtb. 1, 95. Grimm Rechtsalterth. 818. Mythol. 113. Ztschr. f. d. Mundarten 3, 223.

im Hochd. Ziu hieß ¹). Die Wörter *Montag* und *Donnerstag* scheinen keiner Erklärung zu bedürfen, und doch darf man darauf wetten, daß insgemein vorausgesetzt werde, „Montag" stehe für „*Mondtag*" ²) und Donnerstag sei der Tag des Donners: keins von beiden trifft zu, sondern das nhd. „Mond" ist aus der alten Form von „Monat" entstanden, der Mond hieß im Mhd. mâne, womit mântac, *Montag*, zusammengesetzt ist; durch *Donnerstag* aber wird der dem Donnergotte (ahd. Donar, altnord. Thôrr) geheiligte Tag bezeichnet. Da kein deutsches Wort heutzutage mit *ch* anlautet, so begreift sich die Schreibung *Charfreitag*, *Charwoche*, welche noch immer als üblich bezeichnet werden muß, wohl nur daher, daß man diese Wörter für Fremdwörter gehalten hat ³), während in ihnen das echtdeutsche *kar*, Klage, Trauer (vgl. engl. care) enthalten ist; in neuerer Zeit sind mit Recht *Karfreitag*, *Karwoche* an Stelle jener Formen als allgemein verbindlich bezeichnet worden. Der Donnerstag der Karwoche, der Tag der Einsetzung des Abendmahls, hieß im Lat. des Mittelalters *dies viridium*, eine Benennung, die nicht von den grünen Kräutern oder dem grünen Gemüse herrührt, welches an diesem Tage gegessen wurde und hie und da noch heute gegessen wird, vielmehr in geistigem Sinne als der Tag der nach der öffentlichen Buße von der Sünde Befreiten, rein und frisch, gleichsam wieder jung und grün ⁴) Gewordenen zu verstehen ist; eigenthümlich genug

---

1) Das niederd. *dingsdag* lehnt sich an *ding* (Gericht) an, im Oberd. wird *zistag* (zistig) bisweilen in *zinstag* (dies census) umgebildet; vgl. German. 19, 428—430, wo noch anderer Deutungen gedacht wird, und Grimm a. a. O. Daß die Form *Dinstag* in der hochd. Schriftsprache den oft nachdrücklich ausgesprochenen Tadel in hohem Maße verdiene, muß nach wie vor behauptet werden. Die beharrlichen Vertheidiger des bloßen *i* scheinen nicht zu wissen, daß in Norddeutschland überdies fast allgemein die erste Silbe des Wortes gerade so gedehnt gesprochen wird wie in „Dienst". Im deutschen Wörterb. 2, 1120 erklärt sich W. Grimm ausdrücklich für die Form „Dienstag"; vgl. auch Duden Rechtschr. 89a.

2) Adelung hielt diese letztere Form für eigentlich richtiger.

3) Vgl. χάρις und lat. charus f. carus. Daß sich, wie Grimm lehrt, das strengalthochdeutsche *chara* bewahrt habe, scheint nicht glaublich zu sein; vergebens würde nach dem Grunde solcher Auszeichnung geforscht werden. Ueber den Namen *Karfreitag* wird in der Kreuzzeit. 1877 Sonntagsbeil. No. 12 ausführlich gesprochen.

4) Ein Schriftsteller des 15. Jahrh. bemerkt: „viridis, ein grunender, der dâ ôn sunde ist, grun".

hat man nun *dies viridium* in *Gründonnerstag* übersetzt ¹). Von den vielen Deutungen des Namens *Hornung* für den Februar ²) scheint den gebildeten Laien diejenige am meisten anzusprechen und vollständig zu befriedigen, welche sich darauf bezieht, daß gegen Ende jenes Monats der Hirsch das Geweih (Horn) abwerfe ³); diese Auslegung kann, von andern Bedenken abgesehn, deshalb nicht richtig sein, weil auch der Januar „Horn" und zwar im Gegensatze zum „kleinen Horn", dem Februar, der „große Horn"⁴), zuweilen gleichfalls „Hornung" genannt wurde: zu der patronymischen Bildung des über tausend Jahre alten Wortes *hornunc* stimmt die Benennung „kleiner Horn", gegenüber dem eigentlichen „Horn", dem Januar, sehr gut⁵); es kommt also nur auf die Beziehung des Ausdrucks an, und da dürfte sich Weinholds Vermuthung wohl empfehlen, daß „Horn" und „Hornung" nach dem hornharten Frost, der in jenen Monaten häufig herrscht, benannt sind ⁶). Gemäß der ursprünglichen sinnlichen Bedeutung des Wortes „*Wonne*" als „Weide, Weide- oder Wiesenland" ⁷) meint „*Wonnemonat*", wie seit Karl dem Großen der Mai genannt wird, an sich nichts als „Weidemonat" ⁸); heute fassen wir „Wonne", wie überhaupt so in dieser Zusammensetzung, als den abstrakten Begriff hoher Freude und hohen Genusses, fühlen auch, daß der Mai es wohl verdient vor allen übrigen Monaten als Monat der Freude und Wonne gepriesen zu werden ⁹). Der Ausdruck *Laubrüst* für das Laubhüttenfest der Juden ist umgedeutet aus „Laubbrust, Laubprost" ¹⁰), d. i. Laubbruch (vgl. Erdbrust, Wolkenbrust), Laub-

---

1) Eingehend handelt von dem Namen und seiner Entstehung W. Grimm im deutschen Wtb. 2, 1252. 1253; vgl. Weigand Wtb. 1, 461. Jütting Bibl. Wtb. 81.

2) Weinhold Die deutschen Monatnamen S. 45. 46.

3) Ueber Land und Meer 1878 No. 18 S. 397ᶜ.

4) Beide Bezeichnungen finden sich noch heute im Oberharz; s. Herrigs Archiv 60, 433ᵃ.

5) Vgl. Grimm Gramm. 2, 360.

6) Vergleichen läßt sich der Name des Kornelbaums, lat. cornus (von cornu, Horn), deutsch mitunter „Hörnerbaum" und „Hornkirsche".

7) Vgl. die alliterierende Verbindung „Wonne und Weide".

8) Weinhold Monatnamen S. 63. 64. Grimm Gesch. d. d. Spr. 59. Schmeller Wtb. 4, 94. Weigand Wtb. 2, 88. 1105. Wackernagel Kl. Schr. 3, 39. Nordd. Allg. Zeit. 1877 No. 119 (Feuilleton).

9) In Schwaben hört man den Mai mitunter „Lustmonat" nennen (Grimm Gesch. d. d. Spr. 62).

10) Vgl. Weinhold Monatnamen S. 48.

fall, Zeit des Laubfalls (Oktober), eine Bezeichnung die sodann auf jenes Fest übertragen wurde. *Flitterwoche, -monat, -jahr* beziehen sich nicht auf *Flitter* als Glanz und Putz, sondern stammen von *flittern*, schmeicheln, kosen; vgl. ahd. flitarazan (liebkosen) und mhd. gevlitter (heimliches Lachen [1]).

Zeichen, Wort, Schrift. Da in der ältern Sprache *wortzeichen* in demselben Sinne wie *warzeichen*, aber häufiger als dieses vorkam, im Alts. allein üblich war, da ferner Formen wie *wartzeichen, worzeichen* sowohl dem einen als dem andern Worte angehören können; so steht zu vermuthen, daß *Wahrzeichen* aus *wortzeichen* umgedeutet worden ist, wobei es sich vielleicht fragt, ob *wâr* (wahr) oder *war* (Wahrung, Acht) anzunehmen sei [2]). Statt *Tüttel*, Punkt (von tutte, Brustwarze), wird oft fälschlich *Titel* gesagt und geschrieben [3]); den Misgriff erklärt die von Frisch, Adelung und andern verschuldete Annahme, Tüttel sei überhaupt kein selbständiges Wort. Die bei den Buchdruckern so genannte *Norm*, der unten auf der ersten Seite jedes Bogens stehende Name des Verfassers und Titel des Buches, heißt in der Sprache der Setzer hie und da auch *Wurm* (der sich durch das Buch hinzieht, gleichsam durchkriecht), ein Ausdruck der sehr wahrscheinlich aus dem vorhergehenden fremden entstellt ist. Obgleich sich *Spitzname* wohl auf das Adj. *spitz* beziehen läßt, zumal da man von „Spitzen" im Sinne von Sticheleien und von „spitzigen" Reden spricht, in der alten Sprache auch ein Verb *spitzen* (sticheln, höhnen) gebraucht wurde, verdient doch die Ansicht, daß dem Worte das niederd. *spitsname* zu Grunde liege, alle Beachtung [4]). Die nordischen Formen *auknefni* (von auka, augere), *öknamn*, *ögenavn* [5]) geben der Vermuthung Raum, daß das dialektische

---

1) Grimm Wtb. 3, 1807. 1808. Weigand Wtb. 1, 352. Preime Erklär. deutscher Redensarten Cassel 1875 S. 9. Kramer Progr. Bistritz 1876 S. 26. Illustr. Sonntagsbl. 1882 S. 356ª. Vilmar Idiot. 107. 478.

2) Deutsche Orthogr. S. 52. Müller u. Zarncke Mhd. Wtb. 3, 864ª. German. 4, 203. Frommann 5, 522. Schmeller Wtb. 4, 166. W. Schäfer Deutsche Städtewahrzeichen 1, 4. Weigand Wtb. 2, 1013. Wackernagel Wtb. z. altd. Leseb. 386ª; vgl. Herrigs Archiv 38, 359.

3) *Titel* oder *Tittel* des Gesetzes, in Bibelausgaben; kein *Titelchen* Wahres, bei Bürger. Vgl. dagegen im Henneberg. (Reinwald 1, 175) „net e *Tüttele*", nicht das Mindeste.

4) Schambach Wtb. 205ª. Frommann 3, 281. Bedburg. Progr. 1880 S. XX; vgl. nd. *spitsch* (höhnisch, spöttisch) und engl. spite (Subst. u. Verb.).

5) Grimm Wtb. 3, 399.

Oekelname dem Ursprunge ganz nahe stehe, *Ekelname* dagegen hieraus zurechtgelegt sei [1]). Nicht *Sprüchwort*, das zugleich falschen Umlaut hätte (vgl. Spruchbuch), muß es heißen, sondern *Sprichwort* (vgl. niederd. niederl. sprek-, spreekword), tautologisch zusammengesetzt mit einem alten seltenen Subst. *spriche* (Wort). Die verkehrte Schreibung *Addresse* (und *addressieren*) läßt sich gewissermaßen eine volksetymologische nennen, jedoch zum Volke diesmal insbesondere diejenigen gerechnet, denen mit *ad-* beginnende Fremdwörter in den Sinn fallen; es sei denn daß man über den nächsten Ursprung (frz. *adresse*, nicht etwa engl. *address*) zwar genau unterrichtet ist, aber dennoch sich dem doppelten *d* überläßt [2]). Das Wort *Plakat* hielt Adelung, was allerdings formell ungemein nahe liegt, für entlehnt aus dem Lat., obgleich ihm die Herleitung vom niederd. *placken* (anheften, aufkleben) nicht unbekannt war; daß dieser letztere und zwar durch das franz. *placard* (engl. ebenso) vermittelte Ursprung der allein richtige ist, leidet keinen Zweifel [3]). Wenn in neuern Zeiten mit Vorliebe darauf aufmerksam gemacht wird, daß das junge Wort *Telegramm* keine richtige Bildung sondern Wörtern wie *Ana-*, *Epigramm* nachgeahmt sei, da von $\tau\eta\lambda\varepsilon\gamma\varrho\alpha\varphi\varepsilon\tilde{\iota}\nu$ (nicht $\tau\eta\lambda\varepsilon\gamma\varrho\acute{\alpha}\varphi\varepsilon\iota\nu$) nur „Telegraphem" (vgl. Philosophem), das niemand brauche [4]), stammen könne; so ist darauf zu erwidern, daß wir das Wort, welches in Amerika entstanden ist [5]), zunächst aus dem Franz. oder Engl. besitzen und somit aller Verantwortlichkeit uns ledig erachten dürfen. Die weit verbreitete und beliebte Erklärung des Wortes *Hokuspokus* aus der von Gegnern der sogenannten Transsubstantiationslehre verspotteten, von Gauklern und Taschenspielern misbrauchten Abendmahlsformel „*Hoc est corpus* (meum)" hat zwar den Vorzug vor einer andern, welche einen Zusammenhang mit „*Ochse*" und „*Bock*" (vgl. *Ockes Bockes* im 17. Jahrh. bei Schuppius) als Namen von Opferthieren annimmt [6]), weil aller Wahrscheinlichkeit nach

1) Vgl. Schiller u. Lübben Mnd. Wtb. 3, 221ᵃ. Höfer Germania 23 (1878), 9 fg.

2) Außer Adelung hält auch Heyse (Fremdwörterb. 19ᵃ) merkwürdigerweise „Addresse" für richtig, wagt es aber nicht so zu schreiben.

3) Kern Progr. Stuttg. 1858 S. 29 fg. Weigand Wtb. 2, 386. Diez Et. Wtb. 2, 387. E. Müller Et. Wtb. 2, 186.

4) Die Neugriechen schreiben $\tau\eta\lambda\varepsilon\gamma\varrho\acute{\alpha}\varphi\eta\mu\alpha$ (Köln. Zeit. 1877 No. 220 Bl. 1).

5) Büchmann Geflüg. Worte 386. Blätt. f. litter. Unterh. 1876 Juli S. 492ᵇ; Hoppe Suppl. Lex. 413ᵇ. Leipz. Ill. Zeit. 1878 S. 6ᶜ.

6) Vgl. Weigand Wtb. 1, 514. Grimm Wtb. 4ᵇ, 1732. Schmidt

der Ausdruck in England, wo deutsche Wörter nicht betheiligt sein können, sich herausgebildet hat; allein, wenn man das engl. *hocus-pocus* mit dem gleichbedeutenden, aber etymologisch, wie es scheint, unerklärt gebliebenen *hankey-pankey* zusammenstellt, so drängt sich leicht und ziemlich natürlich die Vermuthung auf, daß wir es hier mit einem Klang- und Reimspiel zu thun haben, welches sich einer bestimmten etymologischen Auslegung entzieht. Der Ansicht Gottscheds, *Meineid* sei unmittelbar von „meinen" abzuleiten und als vermeinter Eid zu erklären, mag auch heute noch mancher entweder mit Bewustsein oder unwillkürlich zu huldigen geneigt sein; das Wort ist aber mit dem alten Subst. oder Adj. *mein* (Falschheit, falsch) zusammengesetzt, welches sich zwar möglicherweise zu „meinen" ähnlich verhält, wie lat. mentiri zu mens [1]). Wie höchst wahrscheinlich in *Kirchspiel* (S. 199), ist mit Bestimmtheit in *Beispiel* das Wort *spel* (Rede) ursprünglich enthalten: das mhd. *bispel*, niederd. ebenso, bedeutet Beirede, Gleichnis, belehrende Nebenerzählung (ahd. auch *piwort*); aber sehr nahe lag es, zugleich in dem Gedanken an den Begriff der Anspielung, das unverstandene *spel* in das äußerlich so ähnliche allgemein bekannte *spil* (Spiel) umzudeuten, zumal da neben *spellen*, erzählen (ahd. spëllôn; vgl. engl. spell) auch „*spillen*" (got. spillôn) in heutigen Mundarten begegnet [2]). Der moderne Ausdruck für einen schlechten Witz, *Kalauer*, welcher an die Stadt *Kalau* erinnert, die an der Sache wohl völlig unschuldig ist, entspringt vom frz. *calembourg*, das seinerseits auf dem alten Schwankbuche „der Pfaffe von *Kalenberg*" fußt [3]). Wer durch die Deutung der Bezeichnung *Larifari* für leeres Gerede, albernes Geschwätz, aus einer Verbindung des holl. *larie* (Geschwätz) mit dem lat. Inf. *fari*, sagen [4]), sich nicht befriedigt erklärt, dem wird die Rücksicht auf die ital. Notennamen *la re fa re* [5]) wohl eher passend erscheinen; vielleicht aber bedeutet auch dieser Ausdruck gleich dem vorhin besprochenen *Hokuspokus* nichts weiter als ein

---

Progr. Minden 1873 S. 23. E. Müller Et. Wtb. 1, 514. Hoppe Suppl. Lex. 201a.

1) Wackernagel Wtb. z. altd. Leseb. 194a.
2) Vgl. Weinhold Ztschr. f. vergl. Spr. 1, 251. Wackernagel Kl. Schr. 3, 53.
3) Büchmann Geflüg. Worte 204. Grenzboten 1877 S. 132. Vgl. Lappenberg Ulenspiegel S. 306.
4) Weigand Wtb. 2, 12.
5) Bech Germania 20, 50.

harmloses Klangspiel¹). Ueber die Herkunft des dem Begriffe nach mit dem vorhergehenden verwandten Wortes *Galimathias* (verworrenes, unverständliches Gerede, Gewäsch, Unsinn) gibt es eine bekannte und sehr beliebte Anekdote: ein Advokat habe bei einem Prozesse über den Hahn eines gewissen Matthias in lateinischer Sprache anstatt „*gallus Matthiae*" stets verwechselnd „*galli Matthias*" gesagt; so wenig Glauben diese Meldung verdient, ebenso wenig Anhalt läßt sich für den wunderlichen Ausdruck sonsther schöpfen, so daß die Annahme berechtigt erscheint, *Galimathias*, franz. galimatias, sei mit dem frz. galimafrée, engl. gallimawfrey (Mischgericht von Speiseresten, auch ungeordnete, verworrene Erzählung), welches sich ebenfalls einer bestimmten etymologischen Zerlegung weigert, auf gleiche Linie zu stellen ²). *Leihkauf*, Trunk zur Befestigung eines Handels oder Vertrags, in einigen Gegenden Angeld bei Miete der Dienstboten, nöthigt mit seinem falschen *h* an einen Ursprung von „leihen" zu denken, die bessere Schreibung des übrigens nicht sehr gebräuchlichen Wortes, *Leikauf*, geht mit Unterdrückung der Lingualis aus *litkouf* (zu *lit* S. 156) hervor und hat denselben Sinn wie das gleichfalls wenig mehr übliche „Weinkauf" (wînkouf). Wer in *Satire* und *Stil* anstatt des *i* ein *y* zuläßt, folgt einer irrigen gelehrten Etymologie, die aus dem Griech. schöpft statt beim Lat. zu bleiben: mit den *Satyrn* hat *Satire* nicht das mindeste zu schaffen, alles aber mit dem Adj. *satur*, wonach es ursprünglich *satura* hieß ³); und *stilus* (Stil) stammt mit nichten aus στίλος, wie noch heute die Mehrzahl urtheilt, steht vielmehr für *stiglus* (vgl. stimulus, στίγμα, Stichel ⁴).

Streit und Strafe. Bei *Scharmützel* dachte Adelung an *Schar* und *metzeln*, dieselbe Vorstellung mag mancher heute noch hegen; das Wort ist indessen überhaupt kein zusammengesetztes, sondern aus dem ital. Deminutiv *scaramuccio* (frz. escarmouche, engl. skirmish) entsprungen, welches von mhd. *schirmen* (kämpfen) stammt ⁵). Im Holl. heißt *Ohrfeige* sowohl oorvijg als oorveeg,

---

1) Vgl. Phillips Urspr. der Katzenmusiken S. 67.

2) Vgl. Diez Et. Wtb. 2, 305. E. Müller Et. Wtb. 1, 426. Weigand Wtb. 1, 385. Grimm Wtb. 4ᵃ, 1179. 1180.

3) Ueber die Entwicklung der Bedeutung vgl. Weigand Wtb. 2, 542. Wackernagel Poetik, Rhetorik und Stilistik S. 105.

4) Curtius Grundz. d. griech. Etym. S. 214. Fick Ztschr. f. vergl. Spr. 20, 360.

5) Diez Et. Wtb. 1, 367; später (Roman. Wortschöpf. 71) hat der-

ohne daß feststeht, welcher von beiden Formen die Priorität einzuräumen sei; leichter fällt es anzunehmen, daß *vijg* aus *veeg* (fegen = schlagen; vgl. mhd. *òrslac*), als daß dieses aus jenem herrühre [1]. Aehnlich scheint es sich mit dem fast nur pluralen Worte *Kopfnüsse* zu verhalten, dessen zweiter Theil schwerlich die bekannte Frucht bedeutet, mag auch dem Volksbewustsein vollkommen damit gedient sein [2], vielmehr auf das dial. *nussen*, schlagen, zurückzuführen sein wird [3]. Das volksthümliche bairische Rügegericht, das sogenannte *Haberfeldtreiben*, bezieht sich vielleicht nicht darauf, daß in ein Haberfeld getrieben wurde; sinnreicher ist die Erklärung, daß eigentlich ein *Haberfell* (pellis caprina; haber = caper) gemeint und an Thierverkleidung und Thierstimmen zu erinnern sei [4].

Andere abstrakte Begriffe. Die volksetymologische Deutung des Wortes *Abenteuer*, mhd. *âventiure*, frz. *aventure*, vom mlat. *adventura* [5], hat nachgelassen, seitdem es in dieser gereinigten Form erneuert worden ist; allein es gibt doch auch jetzt noch manche, welche sich des *h* nach dem *t* nicht entschlagen mögen, und einzelne, denen sogar nach dem *n* noch ein *d* für unentbehrlich gilt, wodurch denn die Form „Abendtheuer" herauskommt, deren beide Theile ohne Frage einen sehr angemessenen Sinn darbieten. Da die Erfahrung lehrt, daß von vielen gebildeten Menschen *Mette* für eins mit *Messe* gehalten wird, so muß auf den etymologischen Abstand dieser beiden Wörter aufmerksam gemacht

---

selbe umgekehrt das ital. vom deutschen Worte geleitet. Hans Sachs sagt „Scharmützel", wo er „Scharnützel", Krämertüte (ital. scarnuzzo, Papiertüte) sagen sollte; vgl. Schmeller Wtb. 3, 402. 403. Auch bei Adelung (Wtb. 3, 1366) lauten beide Wörter noch gleich.

1) Vgl. Grimm Wtb. 3, 1412. Ein Weihnachtspiel aus einer Handschrift des 14. Jahrh. hat zweimal „òrvige" (Lexer Mhd. Wtb. 2, 174).

2) Regel Ruhl. Mundart 243 führt die verbreitete thüring. Redensart an: „Du kriegst Prügel wie ein Nußsack".

3) Schmeller 2, 711. Frommann 3, 191. Vgl. Köln. Zeit. 1876 No. 146.

4) Philipps Urspr. d. Katzenmusiken 14 fg. 73 fg. Simrock Myth. S. 527. Blätt. f. d. bair. Gymn. 1876 S. 173. 174.

5) Dies Wort ist vielleicht aus „ad ventura" (auf das, was kommen mag) zu deuten; s. Schmeller Wtb. 2. A. 1, 11. Der Form „ofentür" (âventiure) bei Seb. Brant (Zarncke z. Narrensch. 463b), so auffallend sie uns heute erscheinen mag, wohnt doch kein Nebengedanke bei. Früher hieß es auch „Ebenteuer", wobei an „eben" gedacht sein mag, obgleich das lat. eventus zu Grunde zu liegen scheint. Grimm Wtb. 1, 27 bemerkt, das holl. „avontuur" nehme auf „avond" (Abend) Bezug.

werden: *Messe* ist aus einem mlat. Subst. *missa* (Entlassung) entsprungen und bezieht sich darauf, daß die zum Gottesdienst versammelte Gemeinde vor der Abendmahlshandlung vom Priester entlassen wurde (ite, missa est concio); *Mette* dagegen, mhd. mettîne (vgl. frz. matines), stammt aus dem lat. matutina (hora). Daß *Gelag, Gelage* nicht von *liegen* herkomme, so nahe sich nach Form und Begriff die Wörter berühren, sondern aus *gelach, geloch*, niederd. *gelake*, von *lâch, lâche* (Zeichen, Mal; vgl. S. 198) entstellt hervorgegangen sei, wird heute gewöhnlich angenommen [1]; die neueste Erörterung des Wortes und seines Begriffs setzt dagegen entschieden den Ursprung von *liegen, legen* fest [2]. Die Redensart „*zu guter Letzt*" pflegt so verstanden zu werden, daß *zuletzt* noch etwas *Gutes* kommt; sie heißt aber eigentlich „zu guter *Letz*", von *letze*, Abschied, Abschiedsgeschenk, Abschiedsfest, woher wir „letzen, sich letzen" haben [3]. Da sich die beiden Feminina *Diät* begrifflich insofern nahe berühren, als sich beide auf die tägliche Kost beziehen lassen, so sei auf ihren ganz verschiedenen Ursprung hingewiesen: das eine ist das griech. δίαιτα (Lebensweise), das andre das mlat. *dieta* (Tageslänge, Tagegeld), von „dies" [4], würde daher richtiger „Diet" geschrieben. Der studentische *Comment* wird in den üblichen Fremdwörterbüchern als das gleichlautende franz. Fragadverb, welches bekanntlich „wie" heißt, verstanden; wer dieser Ansicht beizupflichten aus guten und naheliegenden Gründen sehr großes Bedenken trägt, dem wird der Hinweis auf die römischen Fechterschulen, wo das Unterrichten als „*commenticren*" bezeichnet wurde, willkommen sein [5], wenn sich auch nicht leugnen läßt, daß jenes franz. Wort, welches man

---

[1] Vgl. Schmeller 2, 427. Vilmar Idiot. 235. Bech Progr. Zeitz 1868 S. X. XI. Jänicke Niederd. Elem. 20. Schiller u. Lübben Mnd. Wtb. 2, 37ᵇ, 608ᵃ. Germania 20, 37. Köln. Zeit. 1877 No. 220 Bl. 1. Zu *lâch, lâche* s. Grimm Wtb. 6, 14.

[2] Grimm Wtb. 4ᵃ, 2845 fg.

[3] Schmeller 2, 529. Regel Ruhl. Mundart 230. 231. Lexer bei Frommann 3, 312 und Kärnt. Wtb. 178. Thimm Progr. Bartenstein 1874 S. 39. Lehmann Goethes Spr. S. 247. Grimm Wtb. 6, 822. Leipz. Ill. Zeit. 1881 S. 206. Albrecht Leipz. Mundart 161ᵇ.

[4] Weigand Wtb. 1, 244. Auch im Franz. und Engl. lauten beide Wörter gleich: diète, diet, ebenfalls im Ital. und Span.: dieta.

[5] M. Jähns Ross u. Reiter 2, 79. Vielleicht liegt das mlat. *commentum* f. commentarium (Du Cange Wtb. 2, 477ᵃ; Ztschr. f. d. Alterth. 1878 Anz. S. 167) unmittelbar zu Grunde; vgl. engl. comment (Auslegung, Deutung).

für die wirkliche Quelle halten mochte, auf die Aussprache eingewirkt haben kann. Der Ausdruck *Bocksbeutel* für steife, pedantische Bewahrung eines alten Gebrauchs gilt seit langer Zeit als zurechtgelegt aus dem niederd. *bóksbüdel*, mit Bezug darauf, daß Frauen ihr Gesangbuch in einem Beutel trugen, was man später wunderlich gefunden hat: dieser annehmlichen Erklärung hatte sich Grimm [1]) nicht anschließen wollen, ohne indes erkennen zu lassen, in welchem Zusammenhange das Verhältnis der verschiedenen Bedeutungen des von ihm auf den Bock bezogenen Wortes zu denken sei. Welcher von beiden Ansichten man beipflichten wolle, ob *Zierat* als Ableitung (vgl. Heimat) oder *Zierrath*, was nicht wahrscheinlich ist, als Zusammensetzung (vgl. Heirath) betrachtet und demnach geschrieben werden müsse [2]): eine Entstellung hat das Wort, da es in beiden Formen gebräuchlich ist, auf jeden Fall erfahren [3]). Wie Vormund (S. 173), erinnert auch *Leumund*, dessen Beschaffenheit freilich ganz anders ist, an *Mund*, ja man hat sich darunter wirklich *Leutemund* und an die Redensart „in der *Leute Mund* sein" gedacht [4]); unterdessen weicht seiner Bildung nach das mhd. *liumunt*, aus einem dem got. *hliuma* (Ohr) und altn. *hliomr* (Schall, Ruf) gleichstehenden Stamm entsprossen, von Wörtern wie Abend, Jugend nur durch die ältere volle Endung *-unt* ab, welche in „verleumden" (vgl. mhd. liumde) nicht mehr offenbar ist [5]). Da

---

1) Wörterb. 2, 206; vgl. Ztschr. f. d. Phil. 6, 473, wo indessen auf Grimms spätere Erklärung (German. 2, 301) verwiesen wird. Beiläufig die Mittheilung, daß nach Schambachs Wtb. 35ᵃ die Sprache der obrigkeitlichen Erlasse durch „Bocksbeutel" oft den Lokalnamen „Bocksbühel" (Bockshügel) übersetzt. Ausführlich handelt von „Bocksbeutel" Frommann im Anzeiger f. Kunde d. d. Vorzeit 1877 S. 115. 116; vgl. Schmeller Wtb. 2. A. 1, 198.

2) Wird *Armuth* als „Arm-ut" oder „Arm-muth" verstanden? vgl. Grimm Gramm. 2, 256. Wtb. 1, 561. Weigand Wtb. 1, 55. *Wermut* (S. 40) ist sicher unzusammengesetzt (vgl. niederd. warmke, wörmke, würmken); das dial. *Wärmde* (so heißt es auch für das abstrakte „Wärme", engl. warmth) legt man in Sachsen als *Wärmthee* aus.

3) Schütze Progr. Gera 1808 S. 7 gesteht, daß er vor Adelung gewohnt gewesen sei „Zierart" zu schreiben.

4) Vgl. Philol. Belustigungen 1, 22. 2, 51. Im Leipziger Tageblatt erklärte vor einigen Jahren eine Frau, wenn ihre Nachbarin ihren bösen *Leumund* nicht bald von selber halte, werde sie ihn ihr durch das Gericht halten lassen (Blätter f. liter. Unterh. 1879 No. 10 S. 154ᵇ). In oberd. Mundarten wird auch „Leumuth" gesagt (Schmid Schwäb. Wtb. 366).

5) Die Schreibung „verläumden" verdient Tadel; wer ihr dennoch

Miniatur Kleinmalerei bedeutet, so glaubte man auf lat. *minor*, *minus* sich beziehen zu dürfen, während in Wirklichkeit *minium* zu Grunde liegt, nhd. Mennig, die rothe Farbe, deren sich die Schreiber der Handschriften zu kleinen Verzierungen bedienten [1]). Ein anderer gelehrter Misgriff besteht in der fast allgemein üblichen Form *Repressalien*, als stamme das Fremdwort vom lat. *repressalia*, zu *reprimere* [2]), anstatt vom frz. *représailles*, zu reprehendere [3]). An der mhd. Form *hêrschaft* vom Adj. *hêr* (nhd. hehr) läßt sich sehen, daß das nhd. *Herrschaft* sich abgewandt und an „*Herr*" angelehnt hat. Zusammenhang zwischen *Gelichter* und *gleich* (mhd. gelich) konnte solange behauptet werden, als die gleichbedeutende oberd. Form *Gelifter* unbekannt geblieben war: diese scheint zu lehren, mag sich für sie selbst auch noch kein angemessenes Etymon gezeigt haben, daß jenes schriftgemäße Wort nach bekannter Weise niederd. *cht* für hochd. *ft* trägt [4]); es wäre denn, daß man gerade umgekehrt, nach der Analogie von „seift" für „seicht", „gesifte" f. „gesichte" [5]), *Gelifter* nach *Gelichter* zu beurtheilen hätte. Was in der Jägersprache „*Kette* Hühner" genannt wird, wobei die Vorstellung auf den in einer Reihe liegenden Vögeln haften mag, würde richtiger *Kütte* lauten [6]), das süddeutsche Mundarten bewahrt haben, ahd. *chutti*, niederd. küdde (Schar, Herde). — *Witthum* mit *Witwe* [7]) vereinigen erscheint in jeder Hinsicht bequem, wie das frz. douaire (Witthum, Leibgedinge) und engl. dowager (Witwe mit einem Leibgedinge) desselben

---

huldigt, würde folgerichtig auch gegen „Läumund", wofern ihm der Gebrauch nicht einziges Gesetz ist, nichts einwenden dürfen.

1) Wendler Progr. Zwickau 1865 S. 11. Nagel Franz. engl. Wtb. 184. Grenzboten 1877 No. 17 S. 123, wo passend an „Miniaturausgaben" erinnert wird.

2) So Frisch und Adelung in ihren Wörterbüchern.

3) Herrigs Archiv 44, 111. Kern Progr. Stuttg. 1858 S. 34. Grenzboten 1877 S. 124.

4) Vgl. Schmeller Wtb. 2. A. 1, 1451. Bei Abraham a S. Cl. findet sich sowohl Gelichter, Glichter als Glifster, Glüffter. Kramer Bistritzer Progr. 1876 S. 76 hat „geläfter", ein Gleiches, so daß zwei davon ein Paar bilden, z. B. Stiefel; vgl. Frommann 4, 194.

5) Schmeller 3, 205.

6) Schmeller 2, 344. Grimm Gramm. 3, 476. Wtb. 5, 2896. Frommann 3, 121. Hintner Progr. Wien 1877 S. 118. In Thüringen und Schwaben wird „Kitt" gesprochen.

7) Vgl. Wittfrau, desgleichen Wittmann und dialektisch Wittleute; s. Woeste Ztschr. f. vergl. Sprachf. 2, 87. 4, 507.

Ursprungs sind (lat. dos); allein *Witwe* ist dem lat. *vidua* entlehnt, *Witthum* dagegen umdeutende Entstellung aus *widum*[1]), einer Nebenform von *widem* (Leibgedinge), wozu „widmen" gehört. Was einer Witwe an Speise gebührt oder zufällt, hieß vor Zeiten ganz richtig *musteil* (niederd. môsdêl); später ist daraus durch Misverständnis, welches durch die verkehrte Schreibung *Muß* statt *Mus* (mhd. muos; vgl. Gemüse) unterstützt wurde, *Muβtheil* (*u* kurz gesprochen) geworden, als sei ein Theil gemeint, der geleistet werden *muß* (Pflichttheil). Anstatt *Lebzucht* (Lebensunterhalt, auch Leibzucht genannt) wird in den Gegenden, wo das Wort überhaupt gebräuchlich ist, häufiger *Lebsucht* gesagt und bisweilen geschrieben [2]).

Für *Bezeigung* in der Zusammensetzung mit Ehre, Gunst, Dank und etwa andern Subst. wird oft fälschlich *Bezeugung* geschrieben, namentlich *Ehrenbezeugung*[3]) statt *Ehrenbezeigung* (vgl. Ehrenerweisung). Das letzte Wort, in welchem eine Bildung aus *schliefen* Verwandlung in eine aus *schleifen* erlitten hat (vgl. S. 210. 212), ist *Unterschleif* für „*Unterschlauf*", wie es nach mhd. *underslouf* (Schlupfwinkel, geheimer Aufenthalt; von *undersliefen*) hätte lauten müssen und in Mundarten wirklich lautet[4]). *Aberacht*, mhd. aberâhte, bedeutet nicht wiederholte Acht[5]), sondern besteht neben und anstatt *Oberacht*, mhd. oberâhte[6]), über jede andere gehende kaiserliche Acht. Wahrscheinlich ist *Aber-*

---

1) Schottel (Haubt-Sprache 333b) nahm umgekehrt „Widum" als „Witwetuhm"; heute heißt es dialektisch „Widemut" (Frommann 4, 190). Der nahen Verwandtschaft von „widum" (ahd. widamo) mit „wette" (Pfand, Kampfpreis) gedenkt Curtius Grundz. 249.

2) Schmeller Wtb. 3, 196. 4, 247. 2. A. 1, 1408. Grimm Wtb. 6, 469; vgl. Vilmar Idiot. 243. Umgekehrt leidet im Elsaß „Sucht" gewöhnlich Entstellung in „Zucht" (Frommann 6, 10).

3) Wagler in Herrigs Archiv 27, 120. Schon Frisch Wtb. 2, 470a verwechselte beide Wörter. Goethe schrieb in seinem Alter: „Alles *zeigte* von einer verwegenen Lust".

4) Ein Schweizer Blatt schreibt 1881: „*Unterschlauf* flüchtiger Attentäter".

5) Vgl. dagegen Schweiz. Idiot. v. Staub u. Tobler I, 78.

6) Lexer Mhd. Handwtb. 1, 11. Vgl. Adelung Wtb. 1, 30. Dietz Wtb. zu Luthers Schriften 11b. Als man den Markgrafen Albrecht den Jüngern von Brandenburg warnte, der Kaiser werde ihn in die Acht und Aberacht erklären, entgegnete er lächelnd: „Habt keine Sorge, acht und aber acht macht sechzehn, mit denen will ich schon fertig werden" („aber" = wieder, nochmals).

glaube ebenso zu beurtheilen ¹), holl. *overgeloof* (vgl. superstitio) neben bijgeloof, „Ueberglaube, bei dem zu viel geglaubt wird". Das zwar nicht allgemein gebräuchliche aber gut deutsche *Liedlohn*, Arbeitslohn, hat natürlich mit „Lied" und „Glied" nichts zu thun ²), vermuthlich aber ebenso wenig mit „liut" (Volk), woran man gerne gedacht hat, wird vielmehr mit dem alten *lito* (höriger Diener) zusammenhangen ³). Daß das Wort *Gerücht* von *riechen* oder von *ruochen* stamme, ist unwahrscheinlich; weit mehr hat die Rücksicht auf das mhd. *gerüefte* (von ruofen) für sich, dessen niederd. Form nach bekanntem Lautwandel eben jenes schriftdeutsche Subst. ist ⁴). Vielleicht muß *Geruch* gleich Ruf, heute fast nur noch in der Redensart „im *Geruch* stehn" gebräuchlich, von *Geruch* aus *riechen* getrennt werden, wenn nemlich ein angebliches älteres *gerüche* (von *ruochen*, Rücksicht nehmen), das sich von *ruch, geruch* durch die Quantität des *u* bestimmt unterschiede, mit Sicherheit nachgewiesen werden kann; unterdessen bedeutete mhd. *ruch* auch Ruf⁵). Anstatt „aufs *Gerathewohl*" pflegen manche „aufs *Geradewohl*" zu sprechen und gelegentlich auch zu schreiben, indem sie dabei etwa denken: wies *gerade* trifft; *Gerathewohl* ist eine Imperativbildung (vgl. S. 154). Wie *Los* (Loos, Loß) in der ältern Sprache Parole, Erkennungszeichen bedeutet, scheint auch das in demselben Sinne beim Militär übliche *Losung* f. *Loßung* (mhd. lôʒunge) zu stehn, also weder mit *losen* (hören) noch mit *los* zusammenzuhangen⁶). Daß *Hoffart* gleich *Hochfahrt*⁷) sei, kann leicht erkannt werden: nach Ausfall des *ch* (vgl. mhd. hôvart und hôchvart) und Kürzung des *o* (vgl. Hochzeit) erfolgt die Doppelung des *f* von selbst, wodurch Anlehnung an *Hof* sich herausstellt, aber auch

---

1) Lexer 1, 12; vgl. Adelung 1, 31. Dietz a. a. O.

2) Das dial. „Gliedlohn" scheint aus einer etymologischen Deutung hervorgegangen (Schmeller 2, 43ᵃ); in einer niederrhein. Urkunde von 1447 heißt es „Gleidlohn" (Wallraf Altd. hist. diplom. Wtb. S. 29).

3) Grimm Rechtsalt. 358; vgl. Schmeller Wtb. 2, 439. M. Höfer Et. Wtb. 2, 215. Auf ahd. *lid*, Gang, Wanderung, bezieht sich Heyne in Grimms Wtb. 6, 994.

4) Adelung Wtb. 2, 598. Frommann 3, 41. 208. Vilmar Idiot. 332. Jänicke Niederd. Elem. 13. Bech Progr. Zeitz 1868 S. XVII. Rückert Neuhochd. Schriftspr. 1, 96.

5) Müller u. Zarncke Wtb. 2ᵃ, 747ᵃ. Vgl. Frommann 3, 41.

6) Schmeller Wtb. 2, 503. 504. Grimm Wtb. 6, 1156. 1199.

7) „Dâ von heiʒet eʒ hôhe vart, daʒ du gerne in den lüften vüerest, ob du möhtest" (Bruder Bertold).

der Gedanke au „Art" leicht veranlaßt wird¹). Den Ausdruck „*Bock*" für Fehler, Verstoß hat man dem bekannten Thiernamen gleichgestellt und die Redensart „einen Bock machen" oder „schießen" aus einer Geschichte erklärt, nach der von einem Edelmann auf der Schnepfenjagd ein aufgescheuchter Ziegenbock unversehens geschossen sei: annehmlicher erscheint der Hinweis auf ein altes, in südlichen Mundarten erhaltenes, mit „bücken" nahe verwandtes Verbum „*bocken*" (lat. labi; vgl. lapsus, Verstoß); das Wahrscheinlichste aber dürfte sein, daß „Bock" aus „Burzelbock" (Bocksprung) gekürzt ist²). Ein seltsamer Neologismus ist das Wort *Unverfrorenheit*, das namentlich in Berlin zu Hause zu sein scheint, im Sinne von Unerschrockenheit, Kühnheit; es wird angenommen, daß das niederd. *verfēren* (erschrecken) zu Grunde liege³), aber mit *verfrēren* (verfrieren) verwechselt sei; vielleicht hat auch „unverworren" Einfluß gehabt⁴). Wenn heute gesagt wird „die *Sucht* nach" (z. B. Reichthum), so macht sich insgemein ein unwillkürlicher Drang geltend den Begriff *suchen* in dem Subst. vorauszusetzen⁵); nichts wäre etymologisch unrichtiger, da im Mhd. *suht* und *suochen* weit von einander abstehn und *Sucht* unter allen Umständen und in jeder Verbindung Krankheit bedeutet. Von der *Leidenschaft* der *Eifersucht* gibt es bekanntlich eine hübsche, wahrscheinlich von Schleiermacher, nach andern von Saphir herrührende wortspielende Erklärung: „*Eifersucht* ist eine *Leidenschaft*, die mit *Eifer sucht*, was *Leiden schafft*"⁶).

---

1) Vgl. Axt Progr. Creuzn. 1855 S. 81b. Rumpelt Deutsche Gramm. S. XIV u. 95. Herrigs Archiv 57, 433. „Die Hoffart wird jetzt Hof-Art genannt", heißt es bei einem alten Schriftsteller (Birlinger Alemannia 5, 153).
2) Grimm Wtb. 2, 203. 554. Regel Ruhl. Mundart 169.
3) Vgl. unverfért (unerschrocken) in Richeys Hamb. Idiot. 321.
4) Wolff Siebenbürg. Tagebl. 1878 No. 1528. Latendorf Niederdeutsch u. Neudeutsch (1879) S. 19. Korrespondenzbl. d. V. f. niederd. Spr. 2, 95. Xanthippus Mahnwort S. 22. 23.
5) Linnig Bilder z. Gesch. d. d. Spr. 421 schreibt geradezu: „*Sucht* ist ausschließliches Begehren, ein unerfülltes und nie zu erfüllendes *Suchen*".
6) Büchmann Geflüg. Worte 465. Nationalzeit. 1876 No. 450 Beibl. 1. Ein ähnliches, aber einfacheres Wortspiel lautet: „*Händelsucht* zeigt, wer *Händel sucht*".

Verba und Verbalausdrücke.

Großentheils durch den Einfluß formell benachbarter, an sich unverwandter einfachen Verba sind entstanden und erscheinen, entweder bloß im ersten Augenblick und bei oberflächlicher Kenntnis oder fortdauernd und im allgemeinen Bewustsein haftend, als mit ihnen partikelhaft zusammengesetzt eine Anzahl Verba, deren wahre Herkunft ganz anderswo zu suchen ist.

Ein vom lutherischen Katechismus her bekanntes, auch von Lessing gebrauchtes, in heutigen Mundarten noch lebendiges Wort ist *abspannen* (von ahd. spanan, spuon) in der Bedeutung „ablocken", abziehen, entfremden[1]), formell angelehnt an *spannen* (ahd. spannan, spien), davon es ein andres *abspannen* gibt[2]). *Abstreifen* (z. B. Blätter, die Haut) darf nicht von demjenigen *streifen* (mhd. ebenso) geleitet werden, welches „da und dorthin sich bewegen" bedeutet, sondern steht für „*absträufen*[3]), niederd. afströpen (ostpreuß. abstruppsen), mhd. *abe stroufen*[4]), das mit jenem *streifen* unverwandt zu sein scheint, da es vielmehr die Formel striufan, strouf voraussetzt[5]). Trotz des Unterschiedes der Konjugationsverhältnisse und der widerstrebenden Bedeutung mag es dem oberflächlichen Beurtheiler doch nahe liegen *befehlen* und *empfehlen* auf *fehlen* zu beziehn, da dergleichen verführerische Gleichklänge, wie die Erfahrung lehrt, einen fast unglaublichen Einfluß äußern: jene beiden zusammengesetzten Verba sind uralt, haben organisches *h* und hießen im Mhd. *bevëlhen* und *enpfëlhen* (vgl. got. filhan, anafilhan, condere, commendare), während *fehlen* (mhd. vaelen) aus der Fremde (franz. faillir, lat. fallere) stammt[6]). *Bedauern*,

---

1) Vgl. die zugehörigen Wörter *Gespenst, abspenstig* und *widerspenstig*, ferner *Spanferkel* und dial. *Spünne* (weibliche Brust); s. Schleicher Deutsche Spr. 115.

2) Zur Verwandtschaft von *spanan* und *spannan* (vgl. σπάω, ziehe) s. Curtius Grundzüge 272.

3) Woeste Ztschr. f. d. Phil. 4, 110. Vgl. Schmidt Westerw. Idiot. 244. Schmeller Wtb. 2. A. 2, 811.

4) Vgl. Deutsche Orthogr. 64. Grimm Gesch. d. d. Spr. 2. A. S. 18. Herrigs Archiv 14, 141.

5) *Abstreifen* für *absträufen* verhält sich genau wie *Bandschleife* f. *Bandschläufe* (S. 212).

6) *Befehligen* gründet sich wahrscheinlich auf das ältere Subst. Befelich (Befelch, Befehl) und hat *g* erhalten im Hinblick auf die Geläufigkeit der Verbalendung *-igen*.

mhd. *betûren, betiuren* (von *tiure*, theuer), wird das an sich fehlerhafte *d* wohl weniger mit Rücksicht auf das aus dem lat. *durare* übernommene *dauern* als durch niederd. Einfluß bekommen haben¹). *Begleiten* ist natürlich nicht mit *gleiten* zusammengesetzt, sondern aus *begeleiten* (früher nur beleiten) zusammengezogen²). Ebensowenig hat das seltene *befahren* im Sinne von „befürchten" mit *fahren* (fuhr) zu schaffen, gehört vielmehr zu einem andern gleichlautenden schwachen Verb. mhd. *vâren* (nachstellen; vgl. engl. fear, fürchten). Fast nur noch provinziell gilt der früher von Luther und andern gebrauchte Ausdruck *bezähmen* (plattd. betemen), besonders in den Verbindungen „bezähmen lassen" (gewähren lassen) und „sich etwas bezähmen" (erlauben, zu gute thun); das Simplex ist nicht das trans. *zähmen* sondern dessen Stammwort, das intrans. *zëmen* (ziemen), altniederd. *tëman*³). Bei *bezüchtigen* (Goethe schreibt auch *beziüchten*) wird etwa an ein *züchtigen* mit Worten gedacht, obwohl eine Anlehnung nicht nothwendig angenommen zu werden braucht, da Verkehrung von *i* in *ü* und umgekehrt so häufig vorkommt; *bezichtigen* nemlich, wie es richtig lautet, gehört nebst „Inzicht" (Beschuldigung) zu „zeihen", dem auch „verzichten" entspringt. *Durchholen* vom Winde⁴) scheint kein Kompositum von *holen* zu sein, obgleich jetzt so verstanden, vielmehr das

---

1) Frisch hielt die beiden homonymen Verba *dauern* für identisch, während Lessing regelmäßig *betauern* schrieb, ohne über den Ursprung des Wortes, von dem auch Adelung nichts wuste, unterrichtet zu sein.

2) Wäre das Part. „beglitten" (f. begleitet) bloßer Scherz, dergleichen es manche gibt, so würde kein Grammatiker ein Wort dagegen verlieren dürfen; da es aber manchem voller Ernst damit ist, scheint eine Anmerkung nicht überflüssig zu sein (vgl. Krause Hochd. Sprachl. S. 40). Die unverständige Meinung, der auch gute Schriftsteller unterlegen gewesen sind, es müsse heißen: einen Rang, eine Stelle, ein Amt *begleiten* statt *bekleiden*, wird heute nicht leicht mehr wiederholt; die Erklärung des richtigen Ausdrucks gibt Grimm Wtb. 1, 1422. Durch einen ähnlichen Misgriff ist das bildlich gebrauchte *eintränken* (vgl. Grimm Reinh. Fuchs XCV) zu Zeiten in *eindrängen* verwandelt worden (vgl. *eintreiben* in gleichem Sinne); s. Adelung Wtb. 1, 1756. Heynatz Antibarb. 1, 332.

3) Grimm Wtb. 1, 1794. Frommann 6, 52. Vilmar Idiot. 468. Richey Idiot. 305. 306. Jänicke niederd. Elem. 26. Höfer Denkmäler niederd. Spr. 2, 181. Jütting Bibl. Wtb. S. 27. Dietz Wtb. zu Luthers Schr. 299ᵇ. Korrespondenzbl. d. V. f. niederd. Sprachforsch. 5, 35 fg. Vgl. Herrigs Arch. 20, 197, wo von dem seltenen engl. *beteem* ausgegangen wird.

4) „Der Wind hat uns recht *durchgeholt*" (Grimm Wtb. 2, 1629).

niederd. *dörhalen*, vom Adj. *hal* (halig), trocken (de hale wind, en halig wind); vgl. et halt, es zieht¹). Ebensowenig wird *einschwärzen* im Sinne von „einschmuggeln" mit „schwärzen", schwarz machen, zusammengesetzt sein; ein in südlichen Mundarten heimisches „schwerzen" für schmuggeln mag mit dem rothwelschen Namen der Nacht, *swerze*, in Verbindung stehn²). Da es im Mhd. ein intrans. *trinnen* (tran, trunnen) mit der Bedeutung „auseinandergehen" gab, woher außer *trennen* das Subst. *trunne* (Herde, Schar) und das Adj. *abtrünnig* stammen, so dürfte die Ansicht Wackernagels³), daß *entrinnen* mit jenem Verb und nicht mit *rinnen* zusammengesetzt sei, wohl zu beherzigen sein; ob ursprünglich zwei verschiedene *entrinnen* anzunehmen seien, wie von einigen vermuthet wird, muß dahingestellt bleiben. *Erwähnen* ist nicht mit *wähnen* zusammengesetzt, sondern stimmt zum mhd. *gewehenen* (gedenken, commemorare), einer Ableitung aus dem starken *gewahen* (gewuoc), hat also echtes *h*, während *wähnen* (mhd. waenen) das dehnende enthält. Das heutige *geruhen*, wobei wir an die herablassende Ruhe des Fürsten zu denken geneigt sind⁴), hat doch, wie das mhd. *geruochen* aufweist, mit *ruhen*, mhd. *ruowen*, nichts zu schaffen, wird aber die gleiche Form daher entlehnt haben, da es bei organischem Fortschritt hätte „geruchen" (vgl. suochen, suchen) lauten müssen; *ruochen* heißt Rücksicht nehmen, sorgen, und entspringt aus ahd. rahha (Sache), wie suochen aus sahha⁵). *Gewähren* muß von *währen*, mhd. *wern* (dauern), getrennt werden, wie schon der abstehende Sinn der beiden Wörter voraussetzen läßt; dem nhd. *gewähren* (mhd. *gewern*,

---

1) Brem. Wtb. 2, 568. Schambach Wtb. 72. Vilmar Ztschr. f. hess. Gesch. 4, 72. Idiot. 145. Schiller Thier- u. Kräuterb. 3, 13.

2) Weigand Wtb. 1, 280; vgl. Schmeller Wtb. 3, 549, wo mit Rücksicht auf die geschwärzten Gesichter der Schmuggler die Möglichkeit der Verwandtschaft beider Wörter in Betracht gezogen wird. In einem Roman von Jókai kommt „Schwärzer" für „Schmuggler" vor.

3) Wtb. z. altd. Leseb. 76ª. Ztschr. f. d. Alt. 7, 145 Anm. 5. Vgl. Curtius Grundz. 237. Aus der ältern Sprache führt Schmeller Wtb. 2. A. 1, 666 „undertrinnen" im Sinne von „entrinnen" an; im Mhd. begegnet ein reflexives „entrennen", sich lostrennen (s. Pfeiffer Jeroschin 296).

4) Frankf. Zeit. 2. Apr. 1876. Man vergleiche den Titel Serenissimus, welcher ursprünglich heitere Ruhe bezeichnet.

5) Vgl. *ruchlos* (engl. reckless), unbekümmert um Gott und Menschen, *verrucht*, von mhd. verruochen, aufhören Sorge zu tragen; s. Bechstein Germ. 8, 315.

in Besitz setzen) liegt ein anderes *wërn* zu Grunde¹), während das mhd. *gewaeren* von *wâr* stammt. Nicht von *ringen* (rang) sondern von dem Subst. *Ring* (vgl. mhd. *umberinc*, Umkreis) leitet sich *umringen*, folgt daher der schwachen Konjug.; *umrang* f. *umringte* bei J. Paul, Platen und Schillers mehrmaliges Part. *umrungen* sind Fehlgriffe. *Ueberwinden, unterwinden* und *verwinden* gehören im Ursprunge ohne Zweifel zu *winnen* (vgl. *gewinnen*), nicht zu *winden*, welche letztere Form freilich schon seit vielen Jahrhunderten in jenen Wörtern allein geherrscht hat: das ahd. *winnan* bedeutet kämpfen, sich anstrengen, erlangen, Begriffe die hier offenbar weit angemessener erscheinen, als was unter „winden" je verstanden worden ist²). Von welchem mhd. Worte das heutige *versiegen*³), das mit *siegen* (vincere) natürlich nur Klang und Schreibung gemein hat, abzuleiten sei, dürfte weniger leicht zu beantworten sein, als angenommen wird: zwar leitet die ältere Nebenform „verseigen" sehr bequem auf das mhd. *versigen* (versinken) zurück; daneben aber macht sich, zumal der Bedeutung nach, *versihen* (vertrocknen) geltend, mit dem Part. *versigen*, dessen *g*, wie bei „schlagen" (mhd. slahen, Part. geslagen), in die Infinitivform gedrungen sein könnte⁴). Das Wort *vertuschen*⁵) würde kaum ein Recht haben hier mit aufgeführt zu stehn, wenn nicht die Erfahrung lehrte, daß die volksthümliche Auffassung einiger Ununterrichteten auf das in der Malerei bekannte fremdher entlehnte *tuschen* (schwarze Farbe auftragen) geräth und sich die Verheimlichung unter dem Bilde, so zu sagen, einer Uebertuschung vorstellt. Da *schleudern* in der heutigen Schriftsprache nur in einer einzigen Bedeutung gebraucht zu werden pflegt, so begreift

---

1) Grimm Rechtsalterth. S. 602.
2) Vgl. das niederd. upwinnen (erwerben) und das gleichbedeutende mhd. erwinnen.
3) Aus Unkenntnis bedienen sich dafür einzelne Schriftsteller der Form *versiechen* (siech); vgl. Herrigs Archiv 60, 126. 469. Der häßliche Fehler steht auch in der Bonn. Zeit. 1882 No. 129.
4) Vgl. Schleicher Deutsche Spr. 321. Deutsche Orth. 35. Zuweilen passt der Begriff „versinken" gar nicht, nur „vertrocknen", namentlich wenn es vom Vieh, das aufhört Milch zu geben, „versiegen" heißt (Frisch Wtb. 2, 277ᵃ); vgl. dafür „verseihen" in Frommanns Ztschr. 4, 308. Die lutherische Verbindung „versiegene Brüste" (Hosea 9, 14) trifft Form und Bedeutung aufs lehrreichste.
5) Deutsche Orthogr. 67. Weigand Wtb. 2, 928. 984. Frommann 3, 228.

es sich, daß dieselbe auch dem zusammengesetzten *verschleudern* beigemessen wird; allein dies Wort gehört zu einem andern „schleudern", niederd. „sludern", nachlässig verfahren, unter dem Preise weggeben (vgl. *Schlaraffe* S. 6). Die doppelte Bedeutung unsers jetzigen *verweisen*, hin- oder wegweisen und vorwerfen oder tadeln, war in der ältern Sprache über zwei gänzlich verschiedene Verba vertheilt, deren Mischungen ziemlich früh begonnen haben, *verwisen*, von dem organisch schwach konjugierenden *wisen* (nhd. weisen), und *verwiʒen* von dem starkformigen *wiʒen* (holl. wijten, engl. wite), welches mit „wissen" sehr nahe zusammenhängt; den Uebergang der einen in die andere Form mag neben der formellen Nähe zugleich eine Verwandtschaft der Begriffe, da sich der Verweis als eine Zurechtweisung denken läßt, gefördert haben[1]). Das Simplex von *verzetteln* ist nicht dasselbe wie in *anzetteln* (*zetteln*, zu einem Gewebe aufziehn), sondern scheint eine Verkleinerungsform von dem jetzt nur noch in Mundarten verbliebenen alten *zetten* (auseinanderstreuen) zu sein[2]). Die Redensart „einem etwas *zuschanzen*" enthält ein Verb, welches auf keinen Fall mit *schanzen* von Schanze in der Kriegswissenschaft zusammengesetzt ist; entweder gehört es zu *Schanze* franz. chance, oder es entspringt mit Anlehnung aus einem niederd. *toschranzen* mit ähnlicher Bedeutung[3]). Daß in dem hergebrachten Ausdruck „einem etwas *aufzurathen geben*" der präpos. Inf. zusammengezogen sei aus „*auf zu rathen geben*", wofür es richtiger heiße „*zu rathen aufgeben*", wird insgemein behauptet; unterdes ließe sich, wenn auch mit einigem Zwang, ein Verb *aufrathen* denken, rathen mit dem Zweck der Lösung (enträthseln), einigermaßen zu vergleichen mit „auflösen, aufbrechen, aufschneiden, aufknacken"[4]).

Es darf wohl nicht *ablugsen, belugsen* heißen, als liege *lugen* (schauen) zu Grunde, vielmehr, wie schon Wachter sah, *abluchsen, beluchsen*, von *Luchs*[5]). *Abeschern* stammt ursprünglich vielleicht

---

1) Vgl. Diefenbach Wtb. d. got. Spr. 1, 218. Deutsche Orthogr. 118.

2) Frisch Wtb. 2, 472ᶜ. Adelung Wtb. 4, 1695. Weigand Wtb. 2, 1137.

3) Brem. Wtb. 4, 691. Adelung 3, 1355. 4, 1770. Weigand 2, 1161. Lexer Kärnt. Wtb. 214.

4) Die Köln. Zeit. 1877 No. 220 Bl. 1 wirft gegen diese Annahme ein, daß in „aufzurathen" nicht „auf" sondern „rathen" den Hauptton habe.

5) Vgl. Grimm Wtb. 1, 75. 1455. Frommann 3, 184. Duden Rechtschreib. 696. N. Jahrb. f. Phil. u. Päd. 1877 S. 513 fg. Heyne in Grimms Wtb. 6, 1223. 1224. Man sagt: „Er hat Luchsaugen". Auf *luchsen* reimt

nicht von *Asche,* woher man es gewöhnlich leitet; aus deutschen Mundarten wird in demselben Sinne *abespern* nachgewiesen [1]). *Anberaumen,* an *Raum* deutlich erinnernd (als spatium temporis, hier etwa als terminus gedacht), ist das mhd. *berámen* (Ziel setzen), von *rámen* (zielen); die Entstellung, welche zunächst wohl von einer dialektischen Eigenheit herrührt, fällt zwar schon ins 17. Jahrh., aber noch im 18. fühlten gute Schriftsteller das Bedürfnis sich ihrer zu erwehren [2]). Wer *beschwichtigen* mit *schweigen* zusammenstellt, gibt einer formell und materiell sehr nahe liegenden Vermuthung Raum; allein die Quelle des Wortes ist eine wesentlich andere, nemlich niederd. *swichten* (holl. *zwichten*), dessen *cht* hochdeutschem *ft* entspricht (mhd. swiften, stillen, sedare), vorne mit *be-* zusammengesetzt, hinten durch *-igen* erweitert [3]). Einem Lieblingsworte Goethes, *bethätigen,* sieht man es nicht an, daß es mit *vertheidigen* verschwistert ist: *betedigen* [4]), von *tagedinc, teidinc* (Taggericht), welches zunächst „verhandeln" bedeutete, hat durch Anlehnung an „thätig" Umbildung erfahren, wobei der eigentliche Begriff der Verhandlung den der thätigen Erweisung angenommen hat. *Bewillkommnen* anstatt *bewillkommen* ist unrichtig und wahrscheinlich durch „vervollkommnen" veranlaßt; zwar heißt das in Betracht zu ziehende Adj. heute „willkommen", früher aber ohne *n* „willekome" (vgl. das Subst. Willkomm, neben Willkommen), während „vollkommen" das *n* des starken Part. trägt. Ungemein nahe liegt es *empören* von *empor* abzuleiten, der Möglichkeit indes widerspricht die Quantität der mhd. Wörter *enboeren* und *enbor,* ahd. in por (in die Höhe), wo das Subst. por (bor) von përan (bërn, tragen) kommt; bôr, woher das mit *ent-* (*en-*) zusammengesetzte *enboeren* abgeleitet ist, heißt Trotz, Widersetzlichkeit [5]). Von dem got. *áugjan* (zeigen), mhd. *öugen* (ouge, Auge), stammt das

---

fuchsen (betrügen, stehlen), das auf gleiche Weise von „Fuchs" zu stammen scheint (Grimm Wtb. 4ᵃ, 343); dagegen vgl. Schmeller Wtb. 1, 508. Frommann 4, 263. Gradl Ztschr. f. vergl. Sprachf. 19, 128. N. Jahrb. f. Phil. u. Päd. a. a. O.

1) Frommann 4, 5 fg.
2) Vgl. Richey Idiot. 203.
3) Bei Rückert finden sich *beschwichten* (niederd. beswichten) und *schwichten.*
4) Schmeller Wtb. 1, 429 hat „betheidigen"; vgl. „vertedigen, verthätigen" im ältern Nhd.
5) Grimm Wtb. 3, 435. Weigand Wtb. 1, 289.

reflexive *ereugen* ¹) oder *eräugen* und mit weiterer Bildung *eräugnen*, wie noch Lessing schrieb und einzelne allzu eifrige Historiker heute wieder herzustellen sich freilich vergebens bemühen, nachdem dafür mit Veränderung des ursprünglichen Begriffs *ereignen* festen Fuß gefaßt hat, bei welchem Worte der Gedanke an „*eigen*" so berechtigt als möglich ist²). Wenn für *hintansetzen* jetzt gewöhnlich *hintenansetzen* gesagt wird, so soll, wie es scheint, jene ältere Form damit erklärt werden, d. h. „hintan" als kürzere oder zusammengezogene Form von „hintenan" gelten; dies ist falsch, da vielmehr „hintansetzen" überhaupt mit „hinten" etymologisch nichts gemein hat, sondern das alte *hindan*, d. i. *hin dan* (von da hin, von dannen, von der Stelle weg; vgl. her dan, von da her) enthält, aber der Umdeutung zu Gefallen *d* gegen *t* vertauscht hat³). *Verübeln* hat ohne Zweifel nur den Schein der Zusammensetzung, ein einfaches „übeln" wird es zu keiner Zeit gegeben haben; das Wort darf als verbale Ableitung von dem dialektischen „verübel", d. h. für übel (vgl. verlieb = für lieb), betrachtet werden⁴).

Wirklich oder scheinbar mit einem Nomen zusammengesetzte Verba. In *griesgramen* (*Griesgram*, *griesgrämisch*) ist das erste Wort unkenntlich geworden und hat den Schein eines andern angenommen⁵): mhd. *grisgramen*, vor Grimm mit den Zähnen knirschen, steht f. *gristgramen*, von angels. *grist* (zu grindan), molitura, Zerreibung, Zerknirschung⁶). *Hohnecken* (verhöhnen) zeigt Zusammensetzung mit *necken*, während die ältere und bessere Form *hohnecken*, die indessen vielleicht auch nicht die ursprüngliche ist, auf mhd. *ecke* (Spitze, Schneide; vgl. ausecken) verweist⁷). Wenn „scheiben" (mhd. *schiben*), d. h. die Kugel (welche „gescheibt", rund, ist) rollen lassen, ein unverstandenes Wort geworden war, so lag nichts näher als statt *kegelscheiben*, wie in Süddeutschland zwar noch

---

1) Das Simplex begegnet noch heute im Henneberg. Dialekt, wo „es *eigt* sich" bedeutet: „es geschieht etwas" (Frommann 7, 172).

2) Eine umständliche Auseinandersetzung findet sich in meiner Schrift üb. deutsche Orthogr. S. 63. 64; vgl. Schleicher Deutsche Spr. 190. Zu *ereignen* gehört *Ereignis*, früher *Eräugnis*, ahd. *arouenissa*.

3) Sanders in Herrigs Archiv 22, 460 fg. Heyne in Grimms Wtb. 4ᵇ, 1404 fg. Vgl. Keller Antibarbarus (Stuttg. 1879) S. 26.

4) Frommann 5, 337. 6, 95. 175. Schmeller Wtb. 2. A. 1, 747.

5) Vgl. „Griesgram sieht alles grau" (aus einem bekannten Liede).

6) Wackernagel Voces 24.

7) Das Genauere bei Heyne in Grimms Wtb. 4ᵇ, 1719. 1725.

gesprochen wird, *kegelschieben* einzuführen, wobei man sich ein Hinschieben der Kugel auf die Kegel denken mochte und gewiss noch heute denkt[1]). Nachdem von einem Subst. *weterleich* (leich eigentlich Spiel, Tanz, hier Erscheinung) das Verb *weterleichen* (fulgurare) abgeleitet war, welches noch in manchen Gegenden Deutschlands mundartlich vorhanden ist[2]), wurde aus diesem in dem Gedanken an den leuchtenden Blitz die jetzige schriftgemäße Form *wetterleuchten* gebildet, wozu mitgewirkt haben mag, daß das *t* der Endung des auf den unpersönlichen Gebrauch eingeschränkten Ausdrucks „(es) wetterleicht" irrthümlich zum Stamme gezogen worden ist[3]). Die erste Hälfte des Wortes *preisgeben* wird insgemein für das Subst. *Preis*, welches aus dem frz. *prix* (lat. pretium) stammt, angesehen; der Ausdruck (ital. dar presa) enthält aber das franz. Subst. *prise* im Sinne von Beute, mnd. prîs[4]). Den Unterschied zwischen *weismachen*, eigentlich certiorem facere, ahd. *wis* (wîsi) tuon, niederd. *wis* maken, und *weißmachen*[5]) kennt jeder; daß man gleichwohl jenes oft wie dieses geschrieben findet, hat seinen Grund offenbar in einer unrichtigen Ableitung von „wissen" anstatt von „weise"[6]). Schon im Mhd. ist das von *wiʒac* (sapiens) abgeleitete ahd. *wiʒagón* in das zusammengesetzte *wissagen*, wo *wise* (weise) und *sagen* sich geltend machen, verwandelt worden; für das Nhd. ergibt sich daraus *weissagen*, es sei denn daß man es vorzieht das organische Verhältnis, wie es im Ahd. bestand, durch die Form *weißagen* aufrecht zu halten[7]). Wenn Grimm

---

1) Schmeller 3, 307. Wackernagel Kl. Schr. 1, 255.

2) Stalder Schweiz. Idiot. 2, 447. Frommann 3, 532. Wackernagel Kl. Schr. 3, 53. Vgl. Diefenbach Wtb. d. got. Spr. 2, 124. Birlinger Alemannia 9, 99 fg.

3) Vgl. Gombert Progr. Gr.-Strehlitz 1879 S. 10. Schiller (die Schlacht) hat sich des Subst. Wetterleucht bedient.

4) Schiller u. Lübben Mnd. Wtb. 3, 376b. Nagel Franz. engl. etym. Wtb. 240b. Vgl. „Preisschiff", erbeutetes Schiff, im ältern Nhd. (Frisch Wtb. 2, 70a. Adelung Wtb. 3, 831). Schmeller Wtb. 1, 345 hat die Redensart: etwas preis machen, sich zueignen, besonders gewaltsam; Goethe (Wahrh. u. Dicht.) braucht „preismachen" im Sinne von „preisgeben".

5) „*Weiß* hat Newton *gemacht* aus allen Farben. Gar Manches
    Hat er euch *weis gemacht*, das ihr ein Seculum glaubt".
                                                    (Goethe).

6) Vgl. Götzinger Deutsche Sprache 1, 634, wo dieser falschen Ableitung Raum gegeben ist.

7) Aber *weiſſagen* (anstatt *weisſagen*) in deutscher Schrift ist unter allen Umständen ein arger Fehler. Zu der mnd. Form *wittighen*, in der

und andere *faulenzen* als das in der allgemeinen Schriftsprache einzig erhaltene Beispiel der Verbalendung *-enzen* betrachten[1]), die Schreibung *faullenzen* dagegen daraus erklären, daß man aus *Faulenz* (Faulenzer) einen *faulen Lenz* machte, so hält Wackernagel nach älterm Vorgange umgekehrt die Form mit *ll* für die ursprüngliche[2]); wie dem sei, auf jeden Fall zeigt eine der beiden Schreibungen Entstellung und Anlehnung. Daß *salbadern* (*Salbader*, *Salbaderei*), wie gewöhnlich angenommen wird, sich auf einen an der *Saale* wohnenden *Bader* gründe, der sich durch seine stets wiederholten schalen Witze bekannt gemacht habe[3]), dürfte noch sehr fraglich sein; Beachtung verdient eine andere Ansicht, daß das Wort aus *salvatern*, mit dem Heiland (salvator) um sich werfen, entstanden sei[4]). — Unter den Verben, welche von einem zusammengesetzten Subst. abgeleitet sind, gibt es mehrere, deren Konjugationsverhältnisse sich einige unleidliche gewissermaßen volksetymologische oder, so zu sagen, volksgrammatische Verirrungen haben gefallen lassen müssen[5]). Nach Art von *umrang*, *umrungen* (S. 245) findet sich *rathschlägt* (H. Sachs, J. Grimm), *rathschlug* (Murner, Luther, H. Sachs); *verangelassen* (Abr. a S. Clara); *radebricht* (Platen), *radebrach* (G. Heyne); *willzufahren* (A. W. Schlegel); *handgehabt* (Tieck), *handzuhaben* (Schiller); *wettgeeifert* (Wieland); *lachen Hohn* (Schiller).

Umschriebene Verbalausdrücke und Redensarten. Der Ausdruck „einem den *Rang* ablaufen" vermischt zwei verschiedene Subst.: *Rank*, dessen Plur. „Ränke" nebst „verrenken" bekannte Wörter sind, heißt Biegung, Krümmung; wer einem den krummen

---

sich „witag" (ahd. wîȝac) und „wittig" mengen, vgl. Walther Jahrb. f. niederd. Sprachforsch. 1875 S. 43. Das Subst. „Weissager" hat sich der Engländer als „wiseacre" auffallend angeeignet, während zugleich die Uebersetzung „wisesayer" gebraucht wird.

1) Vgl. die ältern Verba bockenzen, judenzen, fischenzen (Adelung Wtb. 1, 1845. Grimm Gramm. 2, 341). Zu „fauler Lenz" aus „Faulenz" s. Heyne in Grimms Wtb. 6, 752.

2) Germania 5, 346. Vgl. Frisch Wtb. 1, 252ª. 607ª. Blätt. f. lit. Unterh. 1876 No. 31.

3) Frisch 2, 144ᵇ. Weigand Wtb. 2. 533. 534. Büchmann Geflüg. W. 189. Andere Deutungen s. in Heyses Fremdwörterb. 816ᵇ.

4) Bernd Deutsche Spr. in Posen 242. Cholevius Progr. Königsb. 1873 S. 20. Gombert Progr. Gr.-Strehlitz 1877 S. 12. 1882 S. 17; vgl. schles. *jeseln*, Jesus rufen (Weinhold Dialektforsch. 95. Beitr. z. e. schles. Wtb. 38ᵇ).

5) Vgl. Viehoff Archiv f. d. Unt. im Deutschen II, 2, 15 fg.

Weg abläuft, kommt eher zum Ziel, und doch wie ungezwungen scheint auch in *Rang* derselbe Sinn zu liegen! Anstatt „aufs Spiel setzen" heißt es in einem andern Bilde häufig „in die *Schanze* schlagen"[1]), wobei die volksthümliche Vorstellung, namentlich wenn es das Leben ist, was in die Schanze geschlagen wird, sich mit der gefährlichen Erstürmung einer feindlichen Schanze beschäftigen mag: allein hier liegen wieder zwei Homonyme vor, die nicht das geringste mit einander zu thun haben, *Schanze* (Glückswurf, Glücksfall, Wagnis), aus frz. *chance* (mlat. cadentia), und *Schanze* (Befestigung, Wall), vermuthlich dem ital. *scancia* (Gestell) entlehnt[2]). Die Redensart „zu *Kreuz kriechen*" läßt in ihrer heutigen Abstraktion und Allgemeinheit nur schwach ahnen, daß sie in ihrem Ursprunge sich auf eine Demüthigung und Buße vor einem Crucifix bezieht und deshalb auch „zum Kreuz kriechen" (mehrmals bei Goethe) hieß[3]). Zu dem vom Studentenleben herrührenden Ausdruck „*Salamander reiben*", der in Betreff seines Ursprunges und der Zeit desselben zu so mannigfachen Behauptungen und Vermuthungen, deren keine befriedigt, Anlaß gegeben hat[4]), mag es jetzt hinreichen zu wiederholen, was ein besonnener Forscher vor geraumer Zeit öffentlich ausgesprochen hat: „Vielleicht ist gar keine Erklärung möglich und nöthig: studentischer Witz fällt auf Unsinniges gerade, weil es unsinnig ist". Das bekannte „ein X für ein U machen" nimmt auf den Zahlenwerth der Buchstaben X und V Rücksicht und darauf, daß X aus zwei an der Spitze mit einander verbundenen V besteht, V aber, wie oft, die Stelle des U vertritt; es bedeutet eigentlich doppelt schreiben oder anschreiben, doppelt rechnen oder anrechnen[5]). Was das FF in der Redensart „aus dem FF verstehn" an sich bedeute, darüber ist mancher-

---

1) Vgl. niederd. „in de *schans* slân" (Höfer Denkm. niederd. Spr. 2, 180).

2) L. Tobler Die fremden Wört. 16. 17. Preime Erklär. deutscher Redensarten S. 3. 4.

3) Frommann 6, 303. Hildebrand in Grimms Wtb. 5, 2179.

4) Vgl. Westermanns Monatshefte Jan. 1875 S. 403 fg. Staatsanz. f. Würtemb. 1878 S. 381. Büchmann Geflüg. Worte S. 363. 364. Herrigs Archiv 64, 126. 65, 363. Deutsche Volksetymologie 3. A. S. 149.

5) Weigand Wtb. 2, 1115; vgl. Germania 13, 270. 20, 8. 383. Sanders Deutsche Sprachbriefe 1, 32. Orthograph. Hilfsbuch (1879) S. 3. Leipz. Ill. Zeit. 1881 S. 531ª. Dagegen ist A. Höfer German. 14, 215 geneigt ursprünglich Geheimschrift anzunehmen, die anstatt des Vokals den nächstfolgenden Konsonant setzte.

lei vermuthet worden[1]); am meisten befriedigt die Beziehung auf das Zeichen *ff* für *fortissimo* in den musikalischen Noten. Das zwar weit überwiegend dem gemeinen Leben angehörige, aber unter andern von Bürger und Jean Paul gebrauchte „*kapores* gehn" darf nicht für eine Variation von „*kaput* gehn" gehalten werden, wenn gleich beides ungefähr dasselbe aussagt; sondern *kapores* stammt aus der Judensprache, wo es eigentlich „Sühnopfer" bedeutet[2]), und *kaput* ist dem frz. *capot* entlehnt. Während gewöhnlich gesagt wird: „ein Paroli *bieten*" (in gleicher Weise begegnen oder erwidern, vergelten), heißt es wahrscheinlich richtiger: „ein Paroli *biegen*", da der Ausdruck vom Pharaospiel herrührt, wo zu einem bestimmten Zeichen an einer Karte gebogen wird[3]). Den familiären Ausdruck „in seinem *Esse* sein" (sich behaglich fühlen) hat man für Nachbildung des frz. „être à son *aise*" gehalten[4]), wohl mit Unrecht; ältere Belegstellen legen es nahe lieber an den substantivisch gesetzten lat. Inf. *esse* zu denken[5]). Die Redensart „*Stein* und *Bein* schwören" (einen hohen Eid leisten) bedeutet auf Altar und Reliquien (Gebeine verstorbener Heiligen) schwören[6]). Das Volk vergleicht das Feuer einem von Haus zu Haus fliegenden Hahn: „ich will dir einen *rothen Hahn* aufs Dach setzen" ist Drohung des Mordbrenners[7]). In dem Ausdrucke „auf den *Hund* kommen" bezieht sich „Hund" wahrscheinlich auf die alte Strafe des Hundetragens; mit weiterer Ausführung des Bildes wird auch gesagt: „Komm ich über den Hund, komm ich auch über den Schwanz", d. h. „Komm ich über das Schlimmste hinaus,

---

1) Vgl. Wander Sprichw. Lex. 1, 1009.

2) Tendlau Sprichwörter u. Redensarten deutsch-jüdischer Vorzeit S. 68. Weigand Wtb. 1, 204; vgl. Vollbeding Handwörterb. 49. In der kölnischen Mundart heißt es mit Anlehnung an den bekannten Namen für „Kohl": „*kappes* sin" (Hönig Wtb. 91a).

3) Vgl. Heyse Fremdwörterb. S. 655a.

4) Fuchs Roman. Spr. 180.

5) Grimm Wtb. 3, 1159, wo die Bemerkung Platz verdiente, daß der Ausdruck auch von Sachen gebraucht wird, was sich von der franz. Redensart schwerlich behaupten läßt; vgl. Brem. Wtb. 6, 56 „en ding wedder in sin *esse* bringen, it is gans ût sin *esse*". Hoppe Engl. Suppl. Lex. 140a erwähnt des engl. Ausdrucks „persons in *esse*", mit Bezug auf gegenwärtig lebende Personen. In Berlin wird verdreht gesagt: „Er ist janz in seinen *Essich*" (Der richtige Berliner S. 17a).

6) Schmeller Wtb. 3, 547.

7) Grimm Myth. 568. 635.

überwinde ich auch die Nachklänge desselben¹). Zur Bezeichnung einer unbedeutenden, wirkungslosen Sache heißt es neben: „Es kräht kein Hahn darnach" in alliterierender Verbindung auch: „Es kräht weder *Hahn* noch *Huhn* darnach" und endlich: „Es kräht weder *Hund* noch *Hahn* darnach"; daß hier trotz der umgekehrten Stellung, die vielleicht in dem Vorzug der Größe ihre Erklärung findet, „*Hund*" aus „*Huhn*" verderbt sei, ist durchaus wahrscheinlich²). Die familiäre Redensart „*flöten* gehn" (sich fortmachen, verschwinden, verloren gehn) erklärt Weigand³) aus dem jüdisch deutschen „*pleite* gehn" (sich fortmachen), während Grimm⁴) die Deutung aus dem verhallenden, sich verlierenden Flötenlaut für natürlicher und schöner hält; andere haben das niederd. „*vloten*" (schwimmen), „*vloten* gân" (eine Seereise machen) verglichen⁵), noch andere endlich eine Entstellung aus dem niederd. „*vleden* (verleden) gân" (verloren gehn, sterben) erkannt⁶): vielleicht ist keine von diesen Erklärungen richtig, sondern das engl. *flit* (dän. *flytte*, ausziehn, die Wohnung wechseln), welches in der Vulgärsprache betrügerischer Weise fortziehen bedeutet, zu berücksichtigen, womit ein altes niederd. *wegfleuten* (wegziehn) übereinstimmt⁷). Bekanntlich wird der Begriff „Mangel am Nothwendigsten leiden, sich sehr kümmerlich behelfen" oft durch das Bild „am *Hungertuch nagen*" bezeichnet; dafür lautet es früher, z. B. mehrmals bei Hans Sachs, „am *Hungertuch nähen*", was sich unstreitig besser versteht und wahrscheinlich als die Quelle auch des andern Ausdrucks zu betrachten ist⁸). Aufmerksamkeit ver-

---

1) Grimm Wtb. 4ᵦ, 1915.
2) Vgl. Latendorf bei Frommann 2, 222. Grimm Wtb. 4ᵇ, 1912.
3) Wtb. 1, 354; vgl. Tendlau Sprichwörter und Redensarten S. 119.
4) Wtb. 3, 1824; vgl. Schütze Holst. Idiot. 1, 326.
5) Frommann 7, 433. Für „fortgehn" wird in Berlin „abschwimmen" gesagt (Der richtige Berliner S. 2ᵃ).
6) Xanthippus Mahnwort S. 11, 12.
7) Soll „flöten" für ursprünglich gelten, so ließe sich auch daran denken, daß gleichgiltige oder trotzige Jungen, welche Schelte bekommen haben, ihrer Stimmung beim Fortgange bisweilen durch Flöten Luft machen. Widersetzlichkeit, Widerspruch zeigt sich auch in der niederd. Redensart „enen wat fleuten" („ik wil di wat fleuten"), einem den Willen nicht thun; vgl. „einem etwas pfeifen, husten" in gleicher Bedeutung.
8) Vgl. Schmeller Wtb. 2, 666. Uebrigens ist das Hungertuch ursprünglich ein blaues Tuch, womit zur Fastenzeit der Altar und die Altarbilder verdeckt wurden.

dient die unlängst aufgestellte Behauptung¹), daß in der Redensart „jemand ins *Gebet* nehmen" (niederd. enen int *Gebett* nemen), ihm ins Gewissen reden, „*Gebet*" aus „*Gebett*" (Gebiß) entstellt und umgedeutet sei: der Bauer nehme sein übermüthiges Pferd ins Gebiß, kneble ihm Eisen ins Maul und unterziehe es somit schärfer Zucht. Das Sprichwort: „Morgenstunde hat Gold im *Munde*" versteht jeder Gebildete, ohne über die Beschaffenheit des Bildes weiter nachzudenken, und doch ist dieselbe nicht ganz leicht festzustellen: ein historisch mythologischer Hintergrund, aus welchem die Morgenröthe als persönliches Wesen mit Gold im Munde hervorträte²), läßt sich nicht klar nachweisen; aber die Deutung von „*Mund*" als „Schutz" (vgl. S. 173) mit der Erklärung: „Morgenstunde hat Gold in Verwahrung"³) scheint zu gezwungen um sich Beifall zu erwerben, während sich alles aufs beste fügen dürfte, wenn das zuletzt genannte „Mund" in dem ursprünglichen Sinne des lat. manus aufgefaßt und demnach verstanden wird: Morgenstunde hat Gold in der Hand⁴). Da sich in der deutschen Litteratur theils „Wurst *wider* Wurst" theils „Wurst *wieder* Wurst" findet, so folgt daraus, wenn nicht eine völlige Vermischung beider Schreibungen, wogegen auch der Unterschied der Betonung streitet, angenommen werden darf, daß von zwei verschiedenen Auffassungen der in jedem Falle gleichen Sinn enthaltenden Redensart die eine aus der andern durch Misverstand hervorgegangen ist⁵). Der allgemein bekannte Ausdruck „auf *großem Fuße* leben" soll sich an die im Mittelalter üblich gewesene Sitte der großen d. h. langen oder besser langgespitzten Schuhe lehnen⁶): das kann unmöglich richtig sein und würde für ebenso allgemein gebräuchliche Verbindungen wie „auf gutem, vertrautem, freundschaftlichem, demselben, dem bisherigen Fuße" eine neue Erklärung nöthig machen; in allen diesen und ähnlichen formelhaften Ausdrücken hat „Fuß" vielmehr die zuerst im 17. Jahrh. auftauchende Bedeutung von Grundlage, Maß, Regel, Stand, Art und Weise⁷). In der alten Sprache bedeutete „zu *baren* (baaren, barn) treiben" das Vieh in den Stall

---

1) Korrespondenzbl. d. V. f. niederd. Sprachforsch. 1, 46.

2) L. Tobler Germania 25 (1880), 80 fg.

3) Hoffmann Rhetorik (Clausthal 1867) 2. Abth. S. 4.

4) Germania 26, 348 fg.

5) Eine genaue Auseinandersetzung s. bei Gombert Progr. Gr.-Strehlitz 1879 S. 12. 13.

6) Ueber Land und Meer 1878 S. 417.

7) Weigand in Grimms Wtb. 4ᵃ, 1006. Vgl. „Münzfuß".

zur Krippe (mhd. barn) treiben; hieraus wird die Redensart „zu Paaren treiben" entstanden sein [1]).

Einfache Verba. Dem mhd. *bliuwen* (got. bliggvan) entspricht nhd. *bleuen*, nicht *bläuen*, wie gleichwohl in falscher Ableitung vom Adj. *blau* (vgl. braun und blau schlagen), welches vielmehr umgekehrt von bliggvan stammt, gewöhnlich geschrieben wird [2]). Zu der Entstellung von *gleisen* (simulare), mhd. gelîchesen (gelîche tuon; gelîche, gleich), später (mit niederd. Ausfall des ch) *glisen* [3]), in *gleißen*, das „glänzen" bedeutet, mag eine gewisse Begriffsnähe mitgewirkt haben, da es Gleisnern eigen ist blendenden Schein statt der Wahrheit an den Tag zu legen; unterdessen wird man wohl thun den organischen Unterschied auch für die Praxis aufrecht zu halten [4]). In dem Ausdrucke „das Blut *stillen*" hat *stillen* vielleicht Umbildung aus *stellen* erfahren, das früher daneben gebräuchlich war und heute noch in einigen Gegenden gehört wird [5]). Da *kehren* in der Bedeutung von „fegen" nicht ohne Wendungen des Besens oder eines andern Werkzeugs, mit dem gekehrt wird, stattfindet, so liegt es ziemlich nahe vorauszusetzen, daß das Wort eins sei mit *kehren* im Sinne von „wenden"; dies ist aber nicht der Fall, und im Mhd. waren *kern* (ahd. cherran), verrere, und *kêren* (ahd. chêran), vertere, welche im 17. Jahrh. von einigen „keeren" und „kehren" geschrieben wurden, genau unterschieden. Adelung hielt „schmälen" für ein Deminutiv von „schmähen" und daher auch die Schreibung „schmählen" (vgl. schmählich von Schmach) für berechtigt; die ältere Sprache (mhd. smeln, verkleinern) lehrt jedoch hinreichend deutlich den Ursprung von *schmal* (mhd. smal), nur scheint das Wort seine transitive Kraft, welche in „schmälern" noch lebendig ist, verloren zu haben. Wäre „*täuschen*" eine Ableitung von „*tauschen*", wie sich der Form nach ohne Widerspruch von Seiten der Bedeutung wohl annehmen ließe, so müste es jünger sein als dieses; es findet sich

---

1) Vgl. Grimm Wtb. 1, 1139. 3, 328. Lexer Kärnt. Wtb. 16. Leipz. Illustr. Zeit. 1881 S. 598b. Adelung gibt als eigentliche Bedeutung an: „die getrennten Paare einer Prozession durch Gewalt wieder herstellen".

2) Grimm Kl. Schr. 3, 127. Frommann 2, 413.

3) In Beheims mitteld. Evangelienbuch (14. Jh.) von Bechstein S. 258a findet sich: glîsen, glîsnêre, glîsenerîe; vgl. Weigand Wtb. 1, 443.

4) Vgl. Duden Rechtschr. 38 u. 102a.

5) Jänicke Ztschr. f. d. Gymn. 1871 S. 756; vgl. Adelung Wtb. 4, 380. In einem alten tirol. Gartenbuch heißt es: „Coriandersamen angezindt *stöllt* (stellt, stillt) die Catär und fliss".

aber schon im Mhd. (tiuschen, tûschen), während „tauschen" erst im Nhd. auftritt: „täuschen" scheint mit „tuschen" (vertuschen), dial. „tüschen", und dem partizipialen Adj. „verdutzt" (vgl. „bedutzt" bei Goethe) demselben Stammverb anzugehören, dem das mhd. tûʒen (sich leidend still verhalten) entsprungen ist¹). Nachdem als Ursprung des Wortes *fahnden* früher bald *fahen* (fangen) bald *Fahne* angenommen war, haben die Formen *fandôn* (alts.), *fantôn* (ahd.), *fandjan* (ags.), *vanden* (niederd.), welche etwa visitare, tentare, explorare bedeuten, die Abstammung von *finden* deutlich genug offenbart; das Misverhältnis der Schreibung zwischen *finden* und *fahnden* dauert jedoch fort. Daß *lecken* in der berühmten, später allgemein sprichwörtlich gewordenen Bibelstelle: „Es wird dir schwer werden wider den Stachel zu *lecken*" (πρὸς κέντρα λακτίζειν) häufigem Misverstande anheim fällt, scheint durch die Worte eines Zeitgenossen Adelungs: „Meinet ihr, daß dem die Zunge und das Herz nicht bluten, der beständig wider den Stachel lecket?" hinreichend bewiesen; um Vermischung mit *lecken* (lingere) zu verhüten, sind für jenes lutherische an sich niederd. *lecken* (springen, hüpfen, ausschlagen; vgl. mhd. leichen und got. láikan) ohne zwingenden Grund, zumal da es noch ein drittes *lecken* zu berücksichtigen gibt, theils *läcken* theils *löcken* vorgeschlagen worden²). Für ein anderes Wort der lutherischen Bibel, *äfern* (mhd. aferen, repetere, iterare; von afar, aber), ist sehr bald das ganz abstehende, eine andre Konstruktion erfordernde *eifern* durch Misverstand eingetreten³). In der Stelle Matth. 23, 24: „die ihr Mücken seiget und Kamele verschlucket" haben, wie Adelung bemerkt, die meisten ältern Herausgeber *„seigen"* in

---

1) Vgl. Wackernagel Wtb. z. altd. Leseb. 303ᵇ. 338ᵃ. Weigand Wtb. 1, 117. 2, 868. 928. Frommann 3, 228. Schmeller Wtb. 2. A. 1, 558. 628. Die gewöhnliche Schreibung „täuschen" für „teuschen" verhält sich wie „bläuen" f. „bleuen", „Räude" f. „Reude"; vgl. Deutsche Orthogr. 67. Duden Rechtschr. 51 und 150ᵃ.

2) Jänicke Niederd. Elem. 28. Vgl. Jütting Bibl. Wtb. 114. Ztschr. f. vergl. Sprachf. 24, 483. Grimm Wtb. 6, 480 fg. Unter dem Stachel ist der mit einer Spitze versehene Stecken zu verstehen, womit der an den Pflug gespannte Ochse angetrieben wurde.

3) Vgl. Spr. Salom. 17, 9: „Wer aber die Sache *eifert*" (äfert, wieder aufrührt); s. Frisch Wtb. 1, 13. Adelung Wtb. 1, 173. Grimm Wtb. 1, 182. Jütting S. 1. Frommann 2, 186. 4, 59. Dietz Wtb. zu Luthers Schr. 45ᵇ. Eines andern „eifern", bair. „äufern" (vermehren, fördern), zu mhd. ûfen (aufbringen, häufen), gedenkt Diefenbach Vergl. Wtb. 1, 64; vgl. Schmeller 1, 32.

„säugen" verwandelt und dadurch zu unrichtigen Auslegungen Anlaß gegeben; seigen hat sich durch niederd. Einfluß für und neben seihen geltend gemacht, wird aber jetzt mit Recht gemieden. Man darf darauf wetten, daß die Worte des vom Evangelisten Lucas geschilderten ungerechten Haushalters „Graben *mag* ich nicht" von fast allen Bibellesern, denen bloß die heutige Bedeutung von „mögen" im Bewustsein haftet, misverstanden werden; der Gedanke ist: „Zu graben vermag ich nicht, besitze ich nicht die Kraft" (οὐκ ἰσχύω), wie denn Luthers Sprache „mögen" sehr oft in dem ursprünglichen Sinne von „vermögen, können" gebraucht. Misverständnisse veranlaßt auch die Veraltung des dem engl. „dare" entsprechenden anomalen *durren*, wagen, sich unterstehen, sich getrauen, mhd. *turren*, und sein Zusammenfall mit dem ursprünglich ganz verschiedenen, aber begriffsverwandten *dürfen*; zahlreiche Beispiele finden sich in neuern Bibelausgaben, und andere Schriftsteller kennen den Gebrauch ebenfalls[1]). Vom Flachs wird von vielen misbräuchlich *rösten* gesagt für *rößen*, in Fäulnis bringen, mhd. roeʒen (engl. ret), Causativ von rôʒen (engl. rot), wozu rotten gehört[2]). Das Schifferwort *löschen*, ein Schiff ausladen, könnte als löschen im Sinne von auslöschen verstanden werden, insofern die Ladung, wenn sie nicht mehr da ist, gleichsam ausgelöscht ist, wie man einen Namen, der getilgt wird, löscht; da indessen die niederl. und niederd. Mundart für denselben Begriff *lossen* sagen, d. i. hochd. *lösen*, so läßt sich denken, daß hieraus, vielleicht mit Anlehnung an das homonyme Wort, *löschen* entstanden sei. In den beiden Verbindungen „ein Schiff *lichten*" und „die Anker *lichten*" sollen zwei verschiedene ursprünglich niederd. Verba enthalten sein, von denen das eine *leicht* machen (mhd. lîhten) bedeutet, das andere, wie man glaubt, für *lüchten* (vgl. plattd. uplüchten, vom Boden heben, aufheben), hochd. *lüften* (engl. lift), steht; nach aller Wahrscheinlichkeit aber beruht die letztere Annahme auf Irrthum, und *lichten* ist in beiden Ausdrücken ein und dasselbe Wort[3]). Die volksthümliche Vorstellung pflegt *schlingen*, *verschlingen* so aufzufassen, daß die Nahrung schlingend, windend in den Schlund hinabgleitet; sie verwechselt damit zwei heute zwar in jeder formellen Hinsicht übereinstimmende, im Ursprunge

---

1) Grimm Wtb. 2, 1722. 1729. 1743. Jütting 190. 191. Dietz 473.
2) Vgl. Vilmar Idiot. 331. Bech Progr. Zeitz 1868 S. XVI. XVII. Diefenbach Ztschr. f. vergl. Spr. 10, 74.
3) Heyne in Grimms Wtb. 6, 640. 881.

jedoch grundverschiedene Verba, welche im Mhd. *slingen* (woher Schlange) und *slinden* (woher Schlund) lauteten, von denen das letztere im Mittel- und Niederd. vermöge eines bekannten dial. Lautwechsels[1]) die Gestalt des ohnehin nahe liegenden andern angenommen hat. Obgleich die Verba *ahnen* (praesagire) und *ahnden* (vindicare) wurzelverwandt sind und beide auf das got. *anan* (spirare; vgl. lat. animus) zurückleiten, darf doch ihre Verwechselung, wie sie vielfach angetroffen wird, nicht gerechtfertigt erscheinen; selbst für den Fall, daß die ursprüngliche Identität beider Wörter mit Sicherheit nachgewiesen werden könnte, bleibt der mhd. Unterschied zwischen *anen* (unpers.) und *anden* auch für das Nhd. vortheilhaft[2]). Wie *verzichten* zu *verzeihen*, könnte sich *sichten* zu *seihen* verhalten[3]); es liegt aber wohl vielmehr *sieben* (cribrare) zu Grunde, dessen niederdeutsche, durch ableitendes *t* erweiterte Form *siften*, als wäre das Wort hochd., zu *sichten* geworden ist. An den engl. Formen *thaw* und *dew* ersieht man die Verschiedenheit der beiden heute gleich geschriebenen, in Wörterbüchern sogar gemischten Wörter *thauen*, regelari, und *thauen*, rorescere[4]), von denen jenes für „dauen" (vgl. verdauen) steht, aber die tenuis möglicherweise durch Einfluß des andern Wortes erhalten hat. Nachdem es in der ahd., sodann strengmittelhochd. Mundart stets *eiscôn, eischen* (niederd. eschen[5]), engl. ask) gelautet hatte, ist zwar schon vor Beginn der nhd. Periode ein ungehöriges *h* vorgetreten, so daß daraus *heischen* entstanden ist, wahrscheinlich unter Einwirkung des sinnverwandten aber etymologisch abliegenden *heißen*[6]). Man kann im ersten Augenblicke geneigt sein *kapern* vom lat. *capere* abzuleiten, und einzelne zumal ältere Sprachforscher haben diesen Ursprung angenommen; da das Wort aber von den Holländern stammt, wird mit größerer

---

1) Vgl. Hung, Kinger f. Hund, Kinder, namentlich Schlung oder Schlunk f. Schlund; s. Adelung Wtb. 3, 1546. Schmidt Westerw. Idiot. 192. Kehrein Volksspr. 354. Der richtige Berliner S. 55b. Göpfert Progr. Annaberg 1873 S. 10. Frommann 5, 459. Lexer in Grimms Wtb. 7, 3.

2) Grimm Wtb. 1, 193. 194. Weigand Wtb. 1, 21.

3) Grimm Gramm. 2, 211. Frommann 7, 188. 189.

4) Grimm Gramm. I², 252. I³, 479. Kl. Schr. 1, 300. 3, 125 fg.

5) „Eschen" ist in manchen Gegenden Norddeutschlands noch heute stehender Ausdruck bei gerichtlichen Ladungen; vgl. Strodtmann Idiot. Osnabr. 50. Brem. Wtb. 1, 320. Adelung Wtb. 2, 1087.

6) Grimm Wtb. 3, 363. 4b, 897. Regel in Haupts Ztschr. 3, 93. Vgl. S. 268 *anheischig*.

Wahrscheinlichkeit das dem mhd. *kapfen*, nhd. gaffen, entsprechende mittelniederl. *kapen* im Sinne von „lauern" als Quelle von *Kaper* und *kapern* zu betrachten sein[1]). Wenn vom Federwechsel der Vögel *mausen* oder *mausern* gesagt wird, so geschieht dies vielleicht nicht in irgend einem klaren Gedanken an *Maus* und das davon abgeleitete *mausen*, wohl aber mag die formelle Nähe dieser Wörter zu der Gestaltung beigetragen haben; die richtigen Formen *maußen*, *maußern* folgen dem mhd. *mûʒen* (aus lat. mutare). So natürlich und angemessen *stänkern* auch im figürlichen Sinne von *Stank* abgeleitet wird, scheint doch beachtenswerth, daß das dialektische *stankern* zunächst „mit der *Stange* worin rühren", dann allgemein „worin wühlen" bedeutet[2]); vgl. niederd. stakern, upstakern (Staken = Stange). *Aehneln*, erst nhd., wird dadurch entstanden sein, daß man die erste Silbe des Adj. *ähnlich* als einen Stamm betrachtet hat, von dem sich, zumal im Hinblick auf das *l* jenes Adj., ein Verb auf -eln, wie in andern Fällen, bilden ließ[3]). Merkwürdig verhält es sich mit *zackern*, *abzackern* (pflügen, abpflügen), die zwar wenig üblich sind aber doch der Schriftsprache angehören: Adelung nennt „zackern" ein Iterativ von „zacken", das von „ziehen" stamme, was beides falsch ist; *zackern* kommt zunächst von „*zacker*" welches in der Verbindung „ze acker gân" aus „*ze acker*" (zu Acker) zusammengezogen ist[4]). Da die *Zwiebel* Thränen aus den Augen lockt, so heißt, meint Adelung, jemand *zwiebeln* ihn hart behandeln, ihm gleichsam Thränen auspressen[5]); gefälliger klingt eine andere Deutung, der zufolge *zwiebeln* aus dem dialekt. *zwirbeln* (circumagere, drehen, quälen), einer Ableitung vom mhd. *zwirben*, entstellt sei. Wackernagel betrachtete die Herleitung des Wortes *hänseln* von *Hanse* als zu edel für den

---

1) Hildebrand in Grimms Wtb. 5, 184.

2) Schmid Schwäb. Wtb. 507. Weinhold Dialektforsch. 83 und Beitr. z. e. schles. Wtb. 93; vgl. Hennig Preuß. Wtb. 262.

3) Früher leitete man wirklich „ähneln" von „Ahnen" (Vorfahren); s. Bernd Schles. Idiot. 5. In Königsberg gilt „ähnen" für „ähneln" (vgl. Cholevius Progr. S. 2); in der Schweiz heißt es „anleichen" (Diefenbach Wtb. 2, 134). Luther hat einmal „ähnlichen", nie „ähneln" gesagt (Dietz Wtb. 49b).

4) Dieser seltene Vorgang hat noch seines Gleichen in dem bei Hans Sachs vorkommenden Subst. „Zimes", aus „ze Imes", heute schwäb. „Zimmes, Zimis", d. h. zum Imbiß (dial. Immes, Ims); ferner in dem Straßb. „Zowe, Zowenesse" (Abendessen, von Owe, Abend).

5) Mundarten unterscheiden zwischen beiden Wörtern: *Zipolle* (Zwiebel) und *zwibbeln* (zwiebeln).

Begriff und wollte sich lieber auf den Namen *Hans* beziehen, *hänseln* sei zum *Hans* haben [1]); dagegen stellen ältere Beispiele, in denen die Wörter begegnen, es als zweifellos dar, daß *hänseln* und *hansen* zuerst in eine *Hanse* aufnehmen, darauf allgemein in eine Genossenschaft feierlich und unter oft lächerlichen Gebräuchen aufnehmen bedeutet, endlich den Sinn von aufziehen, foppen, verhöhnen, zum Narren haben bekommen hat [2]). *Schurigeln* (plagen, quälen), was man früher als Zusammensetzung von *Schuh* und *riegeln* gefaßt und zunächst auf die Fesselung gefangener Missethäter bezogen hat, entspringt wie das dial. *schurgeln*, woher es unmittelbar gebildet ist, aus *schurgen*, *schürgen*, schiebend fortbewegen, forttreiben (vgl. Schurgkarren), einer Ableitung von *schüren*, welches im Ursprunge „heftig bewegen" bedeutet haben wird [3]). Aus dem mhd. *hêrsen* (ahd. hêrisôn), *hêrsen* (von hêr, hehr) ist mit Anlehnung an das Subst. *Herr* im Nhd. *herrschen* (vgl. S. 238 *Herrschaft* und S. 265 *herrlich*) geworden; durch die in neuern Zeiten zuweilen geforderte Schreibung *herschen* (vgl. birschen, forschen) soll jene Anlehnung wieder beseitigt werden. *Blinzen* stammt schwerlich von *blind*, wie nicht bloß Adelungs sondern auch Grimms Wtb. lehrt; es wird vielmehr eine Kürzung sein aus „blinkezen" (vgl. *blitzen* aus blickzen, *schmatzen* aus smackezen), mithin zu *blinken* gehören [4]). Ueber die Herkunft von *hantieren* gibt es schon seit langer Zeit zweierlei Ansichten, für deren jede sich eintreten läßt: entweder vom deutschen *Hand* mit Behaltung des alten *t*, oder vom franz. *hanter* (oft besuchen) mit späterer Anlehnung an Hand [5]); die letztere Annahme scheint deswegen den Vorzug zu verdienen, weil die fremde Verbalendung *-ieren* weit überwiegend an Fremdwörtern haftet, vorzüglich weil der Ausdruck *hantieren* zunächst nicht auf Beschäftigungen mit der Hand, sondern auf den Verkehr hausierender Kaufleute und Gewerbtreibenden angewandt wurde. Wer obenhin das Fremdwort *regalieren* betrachtet, wird, wenn er latein versteht, leicht den Gedanken an eine königliche Bewirtung bei sich beherbergen;

---

1) Germ. 5, 320. Kl. Schr. 3, 132; vgl. Frommann 5, 448.

2) Brem. Wtb. 2, 593. Adelung Wtb. 2, 970. Weigand Wtb. 1, 479. Frommann 2, 403. 516. Vilmar Idiot. 149. 150. Grimm Wtb. 4b, 464. Picks Monatsschr. 4, 93.

3) Vgl. Frommanns Ztschr. 5, 477, wo zugleich die Form „schuhriegeln" aus einem Aufsatze von Schücking nachgewiesen wird.

4) In der Ruhlaer Mundart (Regel 165) lautet das Wort noch mit „ks".

5) Vgl. die jetzt unerlaubten Schreibungen *handieren*, *handtieren* (*handthieren*).

allein das frz. *régaler*, dem das Wort entlehnt ist, soll nach Diez[1]) mit *regalis* nichts zu schaffen haben, vielmehr aus dem span. port. *regalar*, aufthauen, erwärmen, entsprungen sein. Statt *vidimieren* (S. 208) schreibt Abr. a. S. Clara „fidimieren", was kaum erwähnenswerth wäre, wenn nicht heute hie und da, namentlich aus dem Munde von Juristen, die mit dem technischen Ausdrucke „in *fidem*" (zur Beglaubigung) täglich verkehren, die irrige Ansicht vernommen würde, daß die richtige Form *fidemieren* sei. Liegt es gleich der volksthümlichen Auffassung nahe *fallieren* von *fallen* abzuleiten[2]), zumal da der Sprachgebrauch dieses Wort mitunter für jenes verwendet[3]), so berühren sich doch beide Wörter etymologisch in keiner Weise: *fallen* ist urdeutsch, *fallieren* fremdher entlehnt, nemlich durch das Ital. aus dem gleichnamigen mlat. *fallire* (frz. faillir), welches auf lat. *fallere* zurückweist. Die Erfahrung lehrt, daß die beiden Fremdwörter *fixieren* und *vexieren* im täglichen Sprechen manchmal insofern verwechselt werden, als jenes für dieses gesagt wird; gedruckt fällt der Fehler natürlich mehr auf[4]). Das unter andern von Wieland und Schiller gebrauchte *haselieren* (sich närrisch, toll gebärden, toben, schelten) lehnt sich an *Hase* an[5]), gründet sich aber nach aller Wahrscheinlichkeit auf das franz. *harceler* (zwacken, quälen). *Schwadronieren*, ein Wort welches Adelung noch nicht kennt, erinnert unwillkürlich an *Schwadron*, scheint jedoch nicht daher zu stammen, obwohl sich eine passende Beziehung denken ließe, sondern von einem in süddeutschen Mundarten erhaltenen *schwadern*[6]), plaudern, schwatzen, ursprünglich plätschern[7]).

---

1) Et. Wtb. 1, 345. Dagegen vgl. Bech Germ. 19, 46. Heyse Fremdwörterb. 779b. Scheler Anhang 728.

2) Diese Herkunft findet sich auch gedruckt, z. B. in Kehreins Onomat. Wtb. S. 1101.

3) „Das Handlungshaus ist gefallen" (Grimm Wtb. 3, 1282).

4) Kern und Willms in der Schrift „Ostfriesland wie es denkt und spricht" schreiben: „Brühst du mi, brüh (*fixire*) ik di wer". Dieses niederd. „brüen" oder „brüden" heißt, „necken, narren, *vexieren*, plagen" (Schambach Wtb. 33b).

5) Vgl. *häseln* in ähnlicher Bedeutung (Grimm Wtb. 4b, 533. Bei Hagedorn heißt es: „Kaum können *Hasen* selbst im Busche *haselieren*" (s. Adelung Wtb. 2, 991).

6) Vgl. *schwaderhaft*, plauderhaft, in Schmids Schwäb. Wtb. 485. Nach einer oberflächlichen Analogie hat sich auch ein Subst. „*Schwadronör*" (s. Heynatz Antibarb. 2, 401) gebildet.

7) Frisch Wtb. 2, 239c. Schmeller Wtb. 3, 529. Frommann 5, 432. Lexer Kärnt. Wtb. 228.

Adjectiva.

Daß *steil*, mhd. *steigel*, mit *steigen* zwar zunächst aber nicht im Ursprunge zusammenhängt, wird durch die üblichen ältern Formen ahd. *stěcchal*, mhd. *stěchel* und *stickel*, welche von *stechen* stammen, ungefähr bewiesen; aus dem Spitzen geht das jäh Ansteigende hervor, eine steile Anhöhe wird in südd. Mundarten noch heute *Stich* genannt[1]). Das aus dem Niederd. stammende, vorzüglich in Norddeutschland gangbare, in der hiesigen Gegend ganz unbekannte Adj. *schier* (rein, unvermischt, glatt; vgl. engl. sheer und got. skeirs), z. B. schieres Fleisch (ohne Knochen), die schiere Butter, ein schieres Gesicht, darf dem gleichlautenden Adv. (mhd. *schiere*, bald), wie von Adelung geschehen ist, etymologisch nicht gleichgestellt werden. Von dem aus dem lat. fixus übernommenen „*fix*" (vgl. fixe Luft, fixe Idee), welches dem gemeinen Manne so gut wie unbekannt ist, pflegt ein andres „*fix*" im Sinne von hurtig, bereit (vgl. fix und fertig), dessen sich die Volksprache gerne bedient, insgemein getrennt und bald mit dem altn. „fika" (eilen) in Verbindung gebracht, bald einem ahd. fizes, fizus (gescheit, verschlagen), unter Hinweis auf die formelle Entwickelung des Wortes „Hexe" aus dem ahd. hazes, hazus, gleichgestellt zu werden: sollte man indessen als vornehmsten Grund gegen die ursprüngliche Identität der beiden Wörter anführen wollen, daß sich die Begriffe nicht wohl einigen lassen, so muß im Gegentheile behauptet werden, daß derjenige, der fest (fixus, firmus) ist, auch entschlossen (promtus) und hurtig (agilis, celer) sein oder werden kann[2]). Die Entstehung des selten gewordenen, beinahe veralteten Adj. *frohn* (herrlich, heilig) sucht ihres Gleichen: das schließende *n* nemlich ist allem Anscheine nach aus dem alten Gen. Plur. *frônô* (von frô, Herr), der sich mit Substantiven sehr oft verband, entstanden; später hat man das Wort misverständlich als Adv. gefaßt und

---

1) Kuhn in seiner Ztschr. f. vergl. Spr. 10, 392. Vgl. Schmeller 3, 611. Frommann 6, 39. 485. Schambach 210b. Vilmar Idiot. 400.

2) Vgl. Grimm Wtb. 3, 1696. Zur Unterstützung darf auch das Englische herangezogen werden, wo es z. B. heißt „We'll finish our pipes, it will be about time to *fix* ourselves" (daß wir uns fertig machen); s. Herrigs Archiv 60, 368. In der holstein. Mundart gibt es ein Adj., welches das Gegentheil von „fix" mit Rücksicht auf die beiden genannten Vorstellungen bezeichnet: „lösig", von „los"; dem „fixen" Kerl steht der „lösige" (schwache, unentschlossene) Mensch gegenüber.

endlich zum Adj. erhoben[1]). „*Krass*" stammt zwar vom lat. *crassus* (dick), scheint sich aber mit „graß", mhd. gra₃ (woher gräßlich), vermengt zu haben[2]). Das Verhältnis von *wirsch* zu *unwirsch*, die beide, was zunächst wegen der negativen Vorsilbe *un-* auffallen muß, einen übeln, der Hauptsache nach sogar übereinstimmenden Begriff bezeichnen, klärt sich durch folgende Auseinandersetzung auf: *unwirsch* ist aus dem mhd. „unwirdisch" (unwürdig) zusammengezogen, und *wirsch* darf nicht für den dem engl. „worse" (schlimmer, übler) entsprechenden alten mhd. Komparativ „wirs" gehalten werden, sondern ist erst aus „unwirsch" entstanden, obwohl unter Einfluß von „wirs" und daher mit Wegwurf der negativen Vorsilbe[3]). „*Bieder*" klingt und sieht aus wie eine der vielen Ableitungen auf *-er*, während Entstellung aus *biderb, biderbe* (mit dem *b* des got. thaúrban, nhd. bedürfen) vorliegt; die schon im ahd. *piderpi* herrschende Betonung der ersten Silbe, d. h. der Partikel pi- (bi-, be-), hat später den Abfall der dritten Silbe veranlaßt, und durch die Schreibung mit *ie* ist das ursprüngliche Präfix vollends unkenntlich geworden[4]). *Mausig* in der Redensart „sich *mausig* machen" (sich hervorthun, ungebührlich und trotzig betragen und zur Wehr setzen) trägt dasselbe *s* für *ß*, wie *mausen, mausern* (S. 259); der Federwechsel wird sich hier entweder auf das Herausputzen beziehen oder darauf, daß der Vogel in der Mauße ein rauhes, unfreundliches Aussehen hat[5]). Während bei Lessing *wählig* für „wählerisch" begegnet, findet sich bei Voss ein gleichlautendes Adj. mit der Bedeutung „munter, behaglich, muthwillig" genau ebenso geschrieben, was zu der Annahme verleitet hat, daß es gleichfalls von „Wahl" stamme; das Wort ist niederd., müste *welig* geschrieben werden (vgl. alt-

---

1) J. Grimm Bericht d. Berl. Akad. 1849 S. 340 fg. Wtb. 4ª, 230 fg.; vgl. Weigand Wtb. 1, 370 fg. Wackernagel Kl. Schr. 3, 37.

2) Hildebrand in Grimms Wtb. 5, 2069; vgl. Duden Rechtschreib. 87ª.

3) Schmeller Wtb. 4, 149. 157; vgl. Diefenbach Wtb. 1, 190. Gombert Progr. Gr.-Strehlitz 1879 S. 16. Tadel verdient die Schreibung „unwirrsch", welche mehrmals und augenscheinlich mit Bedacht, als hienge das Wort mit „wirren, wirrig" zusammen, von Th. Storm in der Zeitschrift „Deutsche Rundschau" dem Leser vorgeführt wird.

4) Grimm Wtb. 3, 1810. 1811; vgl. Duden Rechtschr. 78ª.

5) Weigand Wtb. 2, 124; vgl. Frommann 2, 180. 4, 4. Grimm Wtb. 6, 1833. Die Beziehung auf eine Maus, die sich keck hervorwagt (Schambach 140ᵇ) wäre sehr annehmlich, wenn nicht die ältere Form (mû₃ic) widerstrebte.

sächs. wel = hochd. wol) und entspricht dem seltenen, aber durch Goethes „Fischer" allgemein bekannt gewordenen hochd. *wohlig*[1]). Ein wichtiges Wort der lutherischen Bibelsprache ist das von *durren*, mhd. *turren* Prät. *torste* (vgl. engl. dare, durst), stammende *dürstig* (*thürstig*), kühn, beherzt[2]); Verwechselung mit *durstig* wird dadurch erleichtert, daß beiden Adj. der Begriff des Verlangens und Strebens innewohnt. In der Sprache Luthers kommt ferner häufig ein Adj. *freidig* vor, mhd. vreidic, wohlgemuth, audax, eigentlich profugus (von vreide, transfuga); später ist das unverstandene Wort in *freudig* geändert worden, was um so eher geschehen konnte, als auch hier die formelle Aehnlichkeit durch eine gewisse Aehnlichkeit der Begriffe unterstützt wird[3]). Was Richey[4]) bemerkt, in etlichen Bibeln stehe (2. Sam. 13, 20) unrichtig: „Thamar blieb in Absaloms Hause *ledig*" (für „*leidig*", in der Trauer, als eine Witwe), bedarf folgender Aufklärung: Luther selbst hat in den ersten Ausgaben der Bibel „einsam", in der folgenden Zeit seit 1541 „leidig" geschrieben, das betreffende hebräische Wort ist sowohl durch „ledig" als auch durch „betrübt" von den Juden und den ältern Exegeten erklärt worden[5]). Der familiäre Ausdruck *pomadig* (langsam, bequem), welcher an ein bekanntes deutsches Fremdwort erinnert, in der Lausitz *pomalig*, gründet sich auf das schles. *pomále* (poln. pomálu), langsam, allmählich[6]); vgl. die Redensart „das ist mir pomade", gleichgültig[7]). *Schlüpfrig* hat keine Verwandtschaft mit *schlüpfen*, worauf gleich-

1) Vgl. Schütze Idiot. 4, 349. Brem. Wtb. 5, 223. Vilmar Idiot. 447. Höfer Denkmäler niederd. Spr. u. Lit. 1, 78. Woeste bei Frommann 5, 172.

2) Die hessische Mundart kennt *dorst* in demselben Sinne (Vilmar Idiot. 76); vgl. „torsch" (audax) bei Schmeller 1, 458.

3) Zu *dürstig* und *freidig* vgl. Kiessling Progr. Zschopau 1876 S. 13. Jütting Bibl. Wtb. 62. 191. Dietz Wtb. 475ª. 703ᵇ.

4) Hamburg. Idiot. 151.

5) Von Prof. Gildemeister mitgetheilt.

6) Reinwald Henneberg. Idiot. 2, 98. Frommann 2, 432. 5, 476. Förstemann in Kuhns Ztschr. f. vergl. Spr. 1, 422. Schmeller Wtb. 2. A. 1, 391. In den deutschen Mundarten Ungarns wird „pameelich", mit Anlehnung an „mählich", gesagt (Schroer Sitzungsberichte der Wien. Akad. 25, 242ª. 27, 188ª); Pasch Das Altenburger Bauerndeutsch (1878) S. 90 hat: „bummahle", allmählich, langsam.

7) Ueber den interessanten Ursprung der witzigen Bezeichnung einer Straßenecke in Berlin durch „Gleichgültigkeitsecke" s. Nationalzeit. 1876 No. 450; vgl. Bonn. Zeit. 3. März 1877. Der richtige Berliner S. 47ᵇ.

wohl Form und auch etwa Bedeutung hinzuweisen scheinen möchten, sondern ist entstellt aus *schlipfrig*, wie die mhd. Wörter *slipferec* u. *slipfec* lehren, die vom Subst. *slipf* (das Ausgleiten), zu *slifen* (schleifen) gehörig, abgeleitet sind. Ohne Zweifel ist *häkelig* oder richtiger *häkelich* (bedenklich) durch Anlehnung an *Haken*[1]) aus dem gleichbedeutenden *heiklich* hervorgegangen; dies letztere scheint nur eine andere Gestalt von *eklich* zu sein[2]). Gleichwie *Herrschaft* und *herrschen* (S. 238. 260) hat *herrlich* (mhd. *hêrlich*) durch Anlehnung an *Herr* Umbildung und theilweise Umdeutung erfahren. Fast einzig in ihrer Art ist die Entwickelung des Wortes *ähnlich*, insofern hier eine Präpos. den Schein eines Stammwortes erhalten hat (vgl. *ähneln* S. 259); nach dem got. analeiks, ahd. anagalih, mhd. anelîch, wäre bei ungestörtem Fortschritt im Nhd. entweder „anlich" oder „angleich" eingetreten[3]). Das Sprichwort *„ländlich, sittlich"* wird häufig falsch angewendet, weil man an Land im Gegensatze zur Stadt denkt; „ländlich" bezieht sich hier auf das ganze Land im Gegensatze zu andern Ländern und bedeutet „landesgemäß". *Greulich* (mhd. griuwelîch, griulîch) von *gräulich* (grau, mhd. grâ) zu unterscheiden hat nicht bloß theoretischen sondern auch praktischen Werth; nichtsdestoweniger wird von sehr vielen jenes Wort wie dieses geschrieben, wodurch die unwillkürliche Vorstellung, daß das Greuliche zunächst in grauer Farbe auftrete, Nahrung gewinnt. Das Adj. *scheußlich* steht keineswegs für „scheuselig", eine Form, die man allerdings im 17. Jahrh. von dem Subst. „Scheusal" (wie trübselig von Trübsal) gebildet und eine Zeitlang gebraucht hat[4]), sondern statt „scheutzlich"[5]), vom mhd. schiuze (Abscheu), welches aus schiuheze (schiuhen, scheuen) verkürzt später auftritt[6]). Obgleich für die Form *liederlich* sich bis jetzt kein faßlicher und befriedigender Wortstamm dargeboten zu haben scheint, *„lüderlich"* dagegen unmittelbar auf „Luder" bezogen

---

1) Vgl. die Redensart: die Sache hat einen Haken.
2) Wer heikel ist, empfindet gegen manches Ekel. Im allgemeinen vgl. Frommann 1, 293. Heyne in Grimms Wtb. 4ᵇ, 102. Hintner Beitr. z. tirol. Dialektforsch. II, S. 95. Im Henneberg. Dialekt bedeutet *häkelig* geradezu „wählerisch" (Frommann 7, 287).
3) Bei Tschudi findet sich „angelich", im Mnd. „angelik".
4) Vgl. „schutzlich" in Schmids Schwäb. Wtb. 484.
5) Nach Herrigs Archiv 64, 469 hat eine weit verbreitete Zeitschrift im Jahre 1876 „scheusälig" geschrieben.
6) Schmeller Wtb. 3, 339; vgl. Deutsche Orthogr. 116.

werden kann, so folgt daraus doch nicht, was oft behauptet worden ist, daß „liederlich" fehlerhaft sei und in „lüderlich" geändert werden müsse: schon vor 1400 findet sich die Schreibung mit *ie*, ein altes „lüederlich" (von luoder) ist dagegen nicht nachweisbar[1]). Was wir *messingische* Sprache nennen, ein mit Niederd. gemischtes Hochd.[2]), ist an *Messing* wohl nur angelehnt, entspringt aber schwerlich aus dem franz. *messin* (metzisch), dagegen wahrscheinlich aus *meißnisch*[3]). Das Fremdwort *bigott*, franz. *bigot*, bei dem es überaus natürlich ist nicht allein an einen Zusammenhang mit „Gott" zu denken, sondern sich geradezu auf den Ausruf „*bi got*" (bei Gott) zu beziehn, stammt doch wahrscheinlich aus rom. Quelle, wo es einen Knebelbart bedeutet[4]). In den Adj. *langsam* und *seltsam* beruht die Kompositionssilbe auf Entstellung, wie aus den ältesten mhd. Formen *lancseine, lancseime* (diuturnus) und *seltsaene* erkannt wird[5]), deren erstere im zweiten Theile das dem lat. segnis (träge) zu vergleichende Adj. *seine* enthält[6]), die letztere ein Wort, das aus lautlichen Gründen, so sehr der Sinn passen würde, nicht wohl von „sehen" herkommen kann[7]), anscheinend dagegen sich zu „saejen" (säen) verhält wie „grüene" (grün) zu „grüejen"[8]). Die noch lange nicht, vorzüglich in der mündlichen

---

   1) Vgl. Bech Germ. 20, 51. Lexer Mhd. Wtb. 1, 1904. Weigand Wtb. 2, 49. Grimm Wtb. 6, 987. 990. 991.
   2) Pfeiffer Jeroschin S. VIII.
   3) Jänicke Ztschr. f. d. Gymn. 1871 S. 755.
   4) Mehr darüber bei Diez Et. Wtb. 2, 218. Weigand Wtb. 1, 252. Aehnlich hat sich bei dem Adj. *flämisch*, welches zuerst „flandrisch", sodann mundartlich „ungeschlacht, derb, zornig, verdrießlich" bedeutet, aus einer äußern Erscheinung der Begriff einer innern Eigenschaft entwickelt; vgl. Weinhold Beitr. z. e. schles. Wtb. 21[b]. Weigand Wtb. 1, 346. Schambach Wtb. 271[a]. Förstemann Ortsn. 292. Auch „*bizarr*" kann hier verglichen werden, wenn es mit dem bask. bizarra (Bart), span. Pizarro (der Bärtige), zusammenhängt (Heyse Fremdw. 114[a]; vgl. Diez Et. Wtb. 1, 71); ferner „heunisch" im ältern Nhd. (ungeschlacht, grob, unangenehm) gleich „hunnisch" (Frommann 1, 257. Grimm Wtb. 4[b], 1291).
   5) Das Brem. Wtb. 3, 12 schreibt: „lanksem, lanksen" und 4, 74[b] „seldsen, selsen"; auf dem Oberharz gelten „länksen" und „saltsen" (Herrigs Arch. 60, 436[b]. 440[b]); im Sinne von „sonderbar, mürrisch" steht bei Frommann 7, 192 „seltse" verzeichnet. In Leipzig (Albrecht 212[a]) bedeutet „Seltsenes" etwas Seltenes.
   6) Vgl. dial. langsam f. spät (Göpfert Progr. Annaberg 1872 S. 33).
   7) Grimm Gramm. 2, 653 fg. 664. Weigand Wtb. 2, 10. 688.
   8) Lexer Mhd. Handwörterb. 2, 872.

Rede, aufgegebene Form *gescheut* für *gescheit*, (wegen der Aussprache) st. *gescheid* (mhd. geschîde, Verbaladj. wie gevüege u. a.), gründet sich vielleicht nicht ausschließlich auf den freilich sehr verbreiteten, bedeutungslosen Wechsel von *ei* und *eu*, sondern mag auch im Hinblick auf *scheuen* eingetreten sein[1]); durch die gleich verwerfliche Schreibung *gescheidt* hat der Irrthum, daß die Form (wie beredt) ein schwaches Part. sei, Stütze gefunden[2]). Zu demselben Stamme wie *Gerücht* (S. 240) gehören *ruchtbar* und *berüchtigt*, letzteres eigentlich Part. von *berüchtigen*, einer Erweiterung von *berüchten*, die beide als Verba heute nicht mehr gebräuchlich sind; vielleicht muß auch *anrüchig*, besonders weil daneben früher *anrüchtig* galt, dahin gezogen und nicht von *riechen* abgeleitet werden[3]). Wer anstatt *ungestalt*, *misgestalt*, *wohlgestalt* glaubt sagen zu müssen *ungestaltet*, *misgestaltet*, *wohlgestaltet*, verkennt gänzlich die Beschaffenheit dieser auf den organischen Rückumlaut der ältern Sprache gegründeten Partizipialformen (vgl. mhd. stellen, stalte, gestalt); dagegen muß neben *bestalt* (von *bestellen*) auch *bestallt*, weil sich im Nhd. *bestallen* (*Bestallung*) festgesetzt hat, für berechtigt gelten. Schlimmer steht es um die Aenderung des Adj. *ungeschlacht* (ungeslaht, von slaht, Art, Geschlecht) in das Part. *ungeschlachtet*[4]); während *behaft* (von *beheften*), wie Luther schrieb, heute nicht mehr zurückgeholt werden kann, sondern dafür *behaftet* (von *behaften*) zu gebrauchen ist. Die Form *unbaß* (*unbäßlich*), welche von manchen Schriftstellern, sogar von ausgezeichneten Sprachforschern[5]) in Anspruch genommen wird, offenbart unbestritten einen Misgriff; es muß *unpass* (*unpässlich*) lauten (vgl. franz. passer, vom lat. passus), womit der Ausdruck „zu Pass" (niederd. to pass) über-

---

1) Wer „gescheut" ist, vor dem scheut man sich.

2) Ausführlich und gut spricht über das Wort und seine verschiedenen orthographischen Formen Sanders in Lindaus Gegenwart 1875 No. 37 S. 166; vgl. Wilmanns Kommentar zur preuß. Schulorthogr. S. 78.

3) Adelungs Wtb. hat nur *anrüchtig*, nicht *anrüchig*; vgl. mnd. anruchte (böser Ruf), anruchtich im Wtb. von Schiller u. Lübben 1, 100ᵇ.

4) Vgl. Kohl Progr. Quedl. 1869 S. 20. Mundartlich heißt es: nachschlachten, nach einem schlachten (arten). In Schwaben ist das mhd. geslaht als „gschlacht", gut geartet, noch allgemein üblich; s. Staatsanz. f. Würtemb. 1878 S. 382.

5) Schleicher Deutsche Spr. S. 338ᵇ. Scheler Anhang zu Dietz Et. Wtb. 4. A. S. 723.

einstimmt[1]). Nicht *beredtsam* mit ungehöriger Rücksicht auf *beredt* (beredet), vielmehr *beredsam* (von bereden) ist zu schreiben. Aus *bresthaft* (vgl. Gebresten, Gebrechen; mhd. brest, Mangel) hat sich *presshaft* gestaltet, höchst wahrscheinlich mit Anlehnung an *pressen*, insofern Mangel und Gebrechen drückend sind. So angemessen im ersten Augenblicke die zweite Silbe des Adj. *urbar* für die Bedeutung zu sein scheint, wird ihr doch dadurch, daß die erste keinen Wortstamm enthält, sondern nur eine alte Präpos. bezeichnet, eine wesentlich andere Beziehung beizumessen sein: in der That ist *bar* nicht die abstrakte Kompositionssilbe, wie in „tragbar" und „fruchtbar", sondern behauptet den Begriff des zu Grunde liegenden Verbs *bërn* (tragen), *urbar* heißt ertragbar (vgl. mhd. erbërn). *Abgemergelt* und *ausgemergelt* sind nicht von *Mergel* herzuleiten, vielmehr auf *Mark* (medulla) zu beziehen, welches für *Marg* steht, mhd. marc Gen. marges[2]), ahd. *marag*, womit das niederd. „sik afmarachen" (sich abarbeiten, abplagen) zusammenhängt[3]). Der von Grimm aufgestellten Ansicht, daß *abgeschmackt* an sich das mit Rückumlaut versehene Part. von „abschmecken" (den Geschmack verlieren) sei, darf vielleicht eine andere, nach welcher dem alten Adj. „abgeschmack" ein *t* angefügt ist, den Rang streitig machen[4]). Mischung von *heischen* und *heißen* (vgl. S. 258) zeigt sich in der Form *anheischig*, insofern es dafür eigentlich *antheißig* hätte lauten sollen, vom mhd. Subst. antheiʒ (Verheißung), zu entheiʒen (verheißen). Als noch weit überwiegend *allmälig* geschrieben wurde, herrschte die Meinung, daß *Mal* das entscheidende Wort und *-ig* die Endung sei, obgleich schon Adelung den richtigen Weg gewiesen hatte; heute leidet die berichtigte Form *allmählich*, d. i. allgemächlich[5]), keinen

---

1) Mehr hierüber in der Schrift üb. deutsche Orthogr. 91 und von R. v. Raumer in der Ztschr. f. d. österr. Gymn. 1856 S. 241. 242; auch vgl. Diefenbach Wtb. d. got. Spr. 1, 289. Schmeller Wtb. 2. A. 1, 408. Duden Rechtschr. 154ᵃ.

2) Umgekehrt ist aus *sarc* Gen. sarkes im Nhd. *Sarg* (st. Sark) geworden.

3) Vgl. Weigand Wtb. 2, 145, gegen 1, 6 und 60. Grimm Wtb. 1, 78. 917. Frommann 6, 356. Nach Schmidts Idiot. 114 wird auf dem Westerwalde eine große magere Person „Märgel" genannt.

4) Vgl. Schmid Schwäb. Wtb. 469. Schmeller 3, 462. Weigand 1, 4.

5) ganz gemächlich; vgl. allein = ganz ein, ganz allein. Ueber *allmählich* und *allmälig* in orthogr. Hinsicht spricht einsichtsvoll Duden Rechtschreib. S. 48.

Widerspruch. Für das Verständnis des im gewöhnlichen Leben beinahe veralteten, sprachlich interessanten Wortes *männiglich* kommt es auf richtige Abtheilung der Kompositionsglieder an: der volksthümliche Ausleger wird hinten die der Zusammensetzung dienende Silbe *-lich* vermuthen und das erste Wort etwa mit *mannig, manch* in Verbindung bringen; dagegen weist die wissenschaftliche Etymologie ein ahd. mit dem Gen. Plur. von *man* (mannô) und dem Adj. *gilih* (gleich) zusammengesetztes Wort *mannôgilih, manniclih* nach, welches der Männer (Menschen) Gesammtheit, Jedermann, bedeutet[1]). Durch Misverstand, als ob *Geld* in dem Worte stecke, wird häufig (seit Adelung) *unentgeldlich* geschrieben, anstatt *unentgeltlich*, ohne *Entgelt* (Bezahlung). *Stattlich* ist keineswegs, wie Adelung lehrt, aus „staatlich" entstellt, gründet sich vielmehr mit dem mhd. Adv. stateliche, welches ein Adj. statelich voraussetzt, auf das in mehrern abstrakten Bedeutungen sehr gebräuchlich gewesene Subst. *state*, von dem wir noch den Dat. Plur. in den präpositionalen Ausdrücken „von *Statten*" und „zu *Statten*" besitzen. Da es früher *ehrbietig* hieß mag daraus, wie Grimm vermuthet, durch einen Fehlgriff *ehrerbietig* entstanden sein; vgl. die ältere Schreibung „eerbietig"[2]). Das Adj. *selbständig* gibt zu zweierlei Betrachtungen Anlaß: die Form *selbstständig*, welche sich daneben findet, würde, auch wenn Zusammensetzung mit *selbst*, anstatt mit *selb*, bewiesen werden könnte, was jedoch keineswegs der Fall ist, Empfehlung nicht verdienen, weil der Wohlklang die Unterdrückung eines der beiden *st* mit Recht verlangen könnte; ferner scheint es, daß der zweite Theil des Wortes, welcher auf das Subst. *Stand* hinweist[3]), vielmehr aus dem Part. Präs. (vgl. *selbstênde*, selbstehend, aus dem 14. Jahrh.) hervorgegangen und mit „lebendig" zu vergleichen ist[4]). *Kostspielig* kann von *Spiel*, wie wenn „Kostenspiel" (Menge

---

1) Ueber ahd. *-gilih* und *-lih* in der Bedeutung „jeder" vgl. Grimm Gramm. 2, 569. 570. Wackernagel Wtb. 99. 179b. Paul u. Braune Beitr. 5 (1877) S. 51 fg. Im Mhd. begegnen *vrouwengelich* (jede Frau), *riterlich* (jeder Ritter), *dinglich* (jedes Ding, alles) und andre Beispiele; als heute auf dem Oberharz üblich wird „gewandlich" in Herrigs Archiv 60, 430b angeführt.
2) Luther hat einmal *ehrerbietig* geschrieben, sonst *ehrbietig* (Dietz Wtb. 485b. 771b).
3) Vgl. inständig, verständig, zuständig.
4) Weigand Wtb. 2, 686.

Kosten) zu denken wäre, nicht wohl herrühren[1]); dagegen gibt die aus dem vorigen Jahrh. nachweisbare Form *kostspillig* (*kostenspillig*) den guten Sinn „Kosten verschwendend", vom niederd. *spillen* (verschütten, verlieren, vergeuden), engl. spill[2]). Die heutigen Adj. *wahnsinnig, wahnwitzig* werden unwillkürlich auf das Subst. „*Wahn*", mhd. wân, bezogen und Ableitung von „Wahnsinn, Wahnwitz" vorausgesetzt: allein beides entbehrt der Richtigkeit, da vielmehr ein veraltetes Adj. „wahn", d. h. wan (vgl. engl. want), mit der Bedeutung „leer, mangelnd", zu Grunde liegt, und ferner im Ahd. und Mhd. nur das Adj. *wanawizi, wanwitze* begegnet, welches im Nhd. durch -*ig* erweitert zu „wahnwitzig" wird, während „wahnsinnig" und die beiden entsprechenden Subst. „Wahnwitz, Wahnsinn" jüngere Bildungen sind[3]). Wenn gleich als *barmherzig* sehr richtig derjenige bezeichnet werden kann, der ein Herz für die Armen hat (vgl. lat. misericors), so ist doch das Wort höchst wahrscheinlich nicht aus „bearmherzig" hervorgegangen, überhaupt „arm" gar nicht in demselben enthalten, sondern das mhd. *barm* (Busen, Schoß), woher „barmen", misereri, heute „erbarmen", stammt[4]). Das seltene *maßleidig* enthält vorn ein im Nhd. nicht mehr gebräuchliches Wort, altd. maʒ, Speise (S. 206), und ist, wie mitleidig von Mitleid, abgeleitet von einem Subst. *Maßleid* (mhd. maʒleide), welches zuerst Ueberdruß am Essen, dann Ueberdruß im allgemeinen bezeichnet[5]). In der Sprache jüngerer Geschäftsleute und auch sonst tritt häufig ein Adj. *pickfein* oder *piekfein* auf, dessen erster Theil aus dem holl. *puik*

---

[1]) Vgl. *Kirchspiel* S. 199.

[2]) Vgl. „kossspillig" in Hönigs Wtb. d. Köln. Mundart S. 99ᵃ. Zu gewissen Zeiten wurde das Wort als „kostbillig" gefaßt; s. Wackernagel Kl. Schr. 3, 55. 422. Bei J. Paul findet sich die Umdeutung „kostensplitterig". Die aus Rosenblüt in Frommanns Ztschr. 1, 258 angeführte und als „kostspielig" verstandene Form „kosperlich" gehört gar nicht hierher, sondern steht für „kostbarlich". Ueber das, was Xanthippus Mahnwort S. 23 vorbringt, „kostspielig" scheine eine merkwürdige Metathesis des niederd. „köpselig" (Mnd. Wtb. 6, 183) zu sein, braucht kein Wort gesagt zu werden.

[3]) Vgl. Diefenbach Wtb. 1, 163. Weigand Wtb. 2, 1010. 1011. Frommann 3, 187. Höfer Germania 23 (1878), 5 fg.

[4]) Ausführlich handelt über alles, was hierher gehört, Grimm Wtb. 1, 1134. 1135. Vgl. Weigand 1, 106.

[5]) Diefenbach Wtb. 2, 55. Im bair. oberpfälz. Dialekt bedeutet „maßleidig" grämlich, verdrießlich (Zaupser 50).

(ausgezeichnet) entstellt ist[1]); besser lautet es in norddeutschen Gegenden *pükfein*, in Holstein bloß *pük*, namentlich vom Anzug. Obgleich *windschief* am meisten mit Beziehung auf Bretter und Verschläge gebraucht wird, die durch den Einfluß der Witterung eine schiefe Richtung bekommen haben, und aus diesem Grunde der Gedanke an *Wind* unwillkürlich aufstößt[2]), findet die Zusammensetzung doch nicht mit diesem Subst. statt, vielmehr mit einem aus *winden* stammenden Adj. *wind*, dessen nordische Formen *vindr*, *vind* lauten und „schief" bedeuten[3]). Unter „*plattdeutsch*" darf wohl nicht plattes d. h. niedriges, gemeines, unedles Deutsch (vgl. „platter Ausdruck") verstanden werden, sondern „platt" bezieht sich auf die niedrige, flache Gegend (vgl. „plattes Land") Norddeutschlands, das daher auch Niederdeutschland heißt, im Gegensatze zu „hoch" in „hochdeutsch"[4]). Zur Erklärung von „*windelweich*" in der Verbindung „windelweich schlagen (prügeln)" bedarf es, wie es scheint, keiner weither geholten Vermuthungen über Ursprung, Bedeutung oder Beziehung des ersten Wortes[5]); der Ausdruck wird in der Volksprache entstanden sein, wo es noch andere Verstärkungen von „weich" gibt, wie „butter-, feder-, seidenweich"[6]), und daß eine Windel weich ist, kann ja nicht geleugnet werden. Zwar läßt sich, wie „pudelnärrisch", auch „*pudelnaß*" auf Pudel als Thier beziehn, insofern diese zur Wasserjagd abgerichtete kraushaarige Hundeart oft durchnäßt aus dem Wasser herauskommt[7]); weit annehmlicher aber lautet die Vermuthung Weinholds[8]), daß die Form aus „pfudelnaß" (oberlaus. „pfitzefudelnaß"), von „pfudel", Pfütze, Lache (vgl. oberlaus. „fudel", Mistlache) verderbt sei. In „*kreuzbrav, kreuzfidél*" scheint das steigernde

---

1) Leipz. Illustr. Zeit. 1882 S. 404ᶜ.
2) Vgl. winddürr.
3) Frommann 5, 181. Diefenbach Wtb. 1, 143. Weinhold Beitr. z. e. schles. Wtb. 82ᵇ. Schmeller Wtb. 4, 108. Weigand Wtb. 2, 1085. 1087. Die rheinische Mundart hat „windsch" in demselben Sinne (Bedburg. Progr. 1880 S. XXIX); vgl. windisch S. 75. 138.
4) Weigand 2, 391; vgl. Jahrb. d. V. f. niederd. Spr. 1875 S. 114 fg.
5) Vgl. Schambach Wtb. 299ᵃ. Kehrein Onomat. Wtb. 269.
6) Frommann 1, 232ᵃ. 5, 194.
7) Weigand Wtb. 2, 432; vgl. L. Tobler in Frommanns Ztschr. 5, 22.
8) Beitr. z. e. schles. Wtb. 69. Hierzu stimmen die oberd. und mitteld. Ausdrücke „pfütz-, pfutsch-, pütsch-, putschnaß" (vgl. Weigand 2, 376. Vilmar Idiot. 301) und das niederd. „miss-, messnatt", hochd. gleichsam „mistnaß" (vgl. Grimm Gramm. 2, 572. Schambach Wtb. 134ᵃ).

„Kreuz" ursprünglich als christliches Symbol der Betheurung zu verstehn[1]). Den mit *selig* zusammengesetzten Adjektiven *friedselig, glückselig. gottselig* u. a. steht eine äußerlich völlig gleiche, an sich gänzlich verschiedene Klasse von Wörtern zur Seite, die auf Ableitung von -*sal* beruhen, wie *mühselig, saumselig, trübselig*. Das Wort *naseweis* (mhd. nasewîse[2]), feines Geruches, spürkräftig) dürfte hier nicht in die Reihe treten, wenn die Schreibung *naseweiß* nicht auf mehr als bloßer Nachlässigkeit beruhte; in der That fehlt es nicht an Beispielen ernsthafter Beziehung auf das Farbadjektiv, wie denn noch unlängst ein berühmtes Unterhaltungsblatt die von einem Bilde begleitete Bemerkung macht: „Dem Mohren fällt es schwer sich *naseweiß* zu zeigen"[3]). Wenn man, besonders häufig in Niederdeutschland, sagen hört: „er ist *reintoll, reintaub, reintodt*" u. dgl.[4]), so tritt einem von selbst der Gedanke nahe, daß *rein* hier für völlig, gänzlich stehe, grade wie auch *heil* (plattd. hêl) gebraucht wird (z. B. heilfroh, heillang); allein wenn nicht zwei im Ursprunge verschiedene Ausdrücke angenommen werden sollen, was nicht rathsam erscheint, so leidet es keinen Zweifel, daß *rein* aus dem steigernden *ragin* (S. 146) entstanden ist, wie noch heute in der Schweiz *regenblind* für kurzsichtig gilt[5]). Ungelehrte Bibelleser stutzen vor den Formen *rosinfarb, rosinroth* (scharlachroth), welche Luther einigemal gebraucht, und wirklich haben ältere Sprachforscher, durch die vorherrschende Betonung veranlaßt, dabei an die hochrothe Farbe gewisser *Rosinen* erinnert[6]); das mhd. Adj. *rosin* (roseus) mit der bekannten Ableitungsendung -*in* (nhd. -*en*) hellt auf einmal das Dunkel auf: jene Wörter bedeuten und heißen im jetzigen Deutsch *rosenfarb* (-farbig), *rosenroth*. Anstatt *schloßweiß*[7]) wird oft *schlohweiß* gehört und gelesen,

---

1) Frommann 5, 19.
2) Vgl. „nasenwitzig" bei Schmeller 4, 207.
3) Soll es ein Witz sein, so ist er schlecht und übel angebracht.
4) Vgl. Richey Idiot. 209. Weigand 2, 482. Frommann 5, 289. 290.
5) Stalder Idiot. 2, 267. Grimm Gramm. 2, 553. Frommann 5, 24. Stackerjan Progr. Jever 1864 S. 11. Vgl. J. Grimm Ztschr. f. hess. Gesch. 2, 145. Diefenbach Wtb. 2, 155. Zu *ragin* hält H. Kern (Die Glossen in der lex salica 84) das gr. ἀρχι- (Erz-), dem es auch etymologisch gleich stehe; vgl. ags. reginthiof, ἀρχιώρ, Erzdieb.
6) Vgl. Gombert Progr. Gr.-Strehlitz 1877 S. 9. 10.
7) Vgl. mhd. „wiʒer dan ein slôʒ" (Hagelschlosse), ferner niederd. „hagelwitt" (Richey Idiot. 84), nhd. „hagelweiß" (Grimm Gramm. 2, 564) und nochmals verstärkt dial. „schneehagelweiß" (Frommann 1, 231ᵃ. Schambach Wtb. 199).

eine ganz verwerfliche Form mit irreleitendem *h*, hervorgegangen aus dem nd. „slohwit" d. i. *slôtewit*[1]); die mundartlichen Formen „schlotteweiß" und „schlorweiß"[2]) enthalten ein anderes Wort, welches in „schlohweiß" nicht steckt.

Auf dem Gebiete der Adj. gibt es mancherlei Schreibungen, die aus der Neigung zur Assimilation und volksthümlichen Auslegung entsprungen, den historisch gesetzmäßigen Formen gegenüber zum Theil einen sehr sichern Stand behaupten. Dahin gehört *todt*, als ob es Part. eines Verbs „toden" wäre, für *tot*[3]); ferner *adelig, billig, unzählig* und einige andere Adj. mit wurzelhaftem *l* mehr[4]), weil man ableitendes -*ig*, nicht die Kompositionssilbe -*lich* (mhd. adellîch, billîch, unzallîch) in ihnen voraussetzte, statt *adelich, billich, unzählich; größte*, damit das *ß* des Positivs *groß* nicht geopfert werde, was gleichwohl bei *beste* (von *baß*) allgemein geschieht, für *gröste* (mhd. groeste aus groeȝiste). Dagegen verdient die schon von Adelung gerügte, aber noch immer nicht gänzlich aufgegebene Schreibung *ächt*, als ob *achten* zu berücksichtigen sei, den allerschärfsten Tadel; längst hätte mindestens das Resultat der Ableitung des Wortes *echt* (Zusammenziehung aus dem niederd. *êchacht* = hochd. *êhaft*[5]), rechtmäßig) Gemeingut aller Gebildeten werden müssen. Nicht minder verwerflich ist die gleichfalls sehr verbreitete Form *tödtlich* für *tödlich*, da Zusammensetzung mit dem Subst. „Tod", was schon Adelung wuste, nicht mit dem Adj. „todt" vorliegt; auch muß es *todkrank, todmüde* (zum Tode) lauten, nicht *todtkrank, todtmüde*. Daß es fehlerhaft sei *mannichfach, mannichfaltig* statt *mannigfach, mannigfaltig* zu schreiben, lehrt der Vergleich der mhd. Formen *manecvach, manecvalt*, auch die Rücksicht auf das Subst. *Menge*, welches von manec (got. manags) abgeleitet ist; Berufung auf das Adj. *manch* der heutigen Schriftsprache reicht nicht hin, da dieses durch Einfluß des Niederd. durchgedrungene Wort zwar das an sich richtigere „mannig" beinahe völlig verdrängt[6]), aber nicht sich zu

---

1) Schambach 193^b; vgl. Adelung Wtb. 3, 1538.
2) Schmeller Wtb. 3, 461. Dunger N. Jahrb. f. Phil. u. Päd. 1877 S. 515. Peters Progr. Leitmeritz 1866 S. 2 fg. Vgl. Albrecht Leipz. Mundart 202^b.
3) Wilmanns Kommentar S. 78.
4) Vgl. Grimm Gramm. 2, 305.
5) Deecke Die deutschen Verwandtschaftsnamen S. 155.
6) Goethe sagt einmal: „durch *mannigen* Sieg".

Verbindungen wie „manchfach, manchfaltig", wie es denn doch mindestens eher hätte heißen müssen, hergegeben hat.

Adverbia.

Aus dem mhd. *anderweide*, zum zweiten Male (altera vice), wiederum[1]), ist mit Anlehnung an *weit* und damit zusammenhängender Veränderung des Sinnes, die sich auch dem Worte *ander* mitgetheilt hat, insofern der Begriff von alter in den von alius übergetreten ist, die nhd. Form *anderweit* (anderwärts) entsprungen[2]). Die Verbindung *bisweilen* läßt keine annehmliche Beziehung des einen auf das andre Wort zu, wenn man nicht die Partikel *bis* nach Art des Gebrauches der heutigen schwäb. Mundart, in der sie auch auf den Zeitpunkt bezogen wird, beurtheilen will[3]); diese Ansicht gewinnt durch den wahrscheinlichen Ursprung der Partikel aus *bi* (bei) und entweder *ze* (zu) oder *aʒ* (= ad) eine nicht unbedeutende Stütze (vgl. *beiweilen* im ältern Nhd. und *zuweilen* im jetzigen) und hat auf jeden Fall mehr für sich als die Vermuthung, *bisweilen* sei geradezu aus *beiweilen*, niedersächs. *biwîlen* (mhd. bewîlen, bî wîlen), entstellt worden[4]). Das heute in eingeschränkter Beziehung gebrauchte „*weiland*" hat man zu Zeiten theils mit „Land" in Verbindung gebracht, theils für eine Partizipialform, wie „Heiland"[5]), gehalten; es ist aber ein subst. Adverb, lautete im Altd. mit an den Dat. Plur. von *wîla* (Weile) zugetretenem *t*[6]) *wîlunt* (wîlônt), *wîlent*, deren Kasusvokal sich später

---

1) Nach der abgeschwächten Bedeutung „Fahrt" drückt *weide* mit Zahlwörtern verbunden den abstrakten Begriff „Mal" aus (vgl. drîweide, dreimal u. a. m.); *anderweide* steht wie später *anderwerbe*, wie schweiz. *anderfahrt*, dän. *anden gang*, welche sämmtlich mit *andermal* zu vergleichen sind.

2) Das Wort wird auch als Adj. gebraucht (vgl. mein Buch über die Sprache J. Grimms S. 121), und zu diesem Zwecke hat man zugleich die Form „anderweitig" geschaffen.

3) Schillers Vater schreibt einmal: „Ich werde *bis Montag* früh von hier abfahren"; vgl. Schmid Schwäb. Wtb. 69.

4) Schmeller Wtb. 4, 57.

5) Auch in diesem Worte, wo sich der ursprüngliche Vokal des Part. Präs. erhalten hat (ahd. mhd. heilant, von heilan, heilen) ist früher, beiläufig bemerkt, „Land" vermuthet und das ganze als „Landheiler" ausgelegt worden; schon der alte Otfrid sagt: „Er geheilit thiz lant, heiʒ inan ouh Heilant".

6) Vgl. jemand, niemand (mhd. ieman, nieman).

in *a* gewandelt hat[1]). Die heute zwar fast veraltete Form *jetzund* (jetzo, jetzt) darf weder in *jetzt* und *und*, wie man oberflächlich urtheilen könnte, noch in *je* und *Stund*, was Adelung mit Vergleichung des niederd. upstund (zur Stunde) für unzweifelhaft hielt, zerlegt werden; das mhd. iezunt ist nichts als eine Verlängerung von iezo, iezuo (ie zuo[2]). *Ungefähr* hat durch Vermischung der Präp. *ohne* mit der negativen Vorsilbe *un-*, wozu die ältere Form *ongefär* (ohne Gefahr) Anlaß bieten mochte, seine gegenwärtige Gestalt erhalten; früher wurde *ohngefähr* geschrieben[3]), d. i. mhd. *âne gevaere, âne vâr* (vâren, nachstellen), welches eigentlich „ohne bösen Vorsatz" bedeutet. Der in deutscher Rede und Schrift unter Gebildeten bekannte lat. Ausdruck *sub rosa*, im Vertrauen, soll von einer Abtheilung des berühmten Bremer Weinkellers, unter deren Decke eine Rose gemalt ist, herrühren[4]), während von anderer Seite[5]) statt dieses Weinkellers die Speise- und Conventsäle der Klöster für dasselbe Verhältnis in Anspruch genommen werden; diese geschichtlichen Nachweise bei Seite gestellt, läßt sich behaupten, daß die *Rose* das Sinnbild der Vertraulichkeit sei[6]). Die Redensarten „bis in die *Puppen*" und „Das geht über die *Puppen*" haben folgenden historischen Hintergrund: am sogenannten großen Stern im Berliner Thiergarten standen früher antike Statuen, vom Volke *Puppen* genannt, jenseits deren fast alles wüste lag; die Entlegenheit des Platzes gab den Berlinern Anlaß den Begriff „zu weit" durch jenen Hinweis sinnlich zu veranschaulichen[7]). Durch das Lessingsche *gewandweise* verleitet, hat man den familiären Ausdruck *quantsweise* als Verderbnis aus jener Form betrachtet[8]), während das Verhältnis sich grade umkehrt: *gewandsweise* ist

---

1) Grimm Gramm. 3, 217. Vgl. Jütting Bibl. Wtb. 213. 214.
2) Grimm Gramm. 3, 120. 217. Frommann 2, 140.
3) Vgl. umgekehrt die unrichtigen Formen *ohnlängst, ohngeachtet* f. *unlängst, ungeachtet*.
4) Brem. Wtb. 6, 260 („Dat blift under der Rose").
5) Adelung Wtb. 3, 1158.
6) Heyse Fremdwörterb. 803[a]; vgl. Grimm Rechtsalt. 941.
7) Büchmann Geflüg. W. 413. 414. Der richtige Berliner 48[b]. Bonn. Zeit. 1880 No. 35 S. 139.
8) Grimm Reinh. Fuchs 281. 282. Vilmar Idiot. 125. Aus einem ältern Schriftsteller führt Schmeller 4, 103 an: „Die Jesuwiter haben überall das Prae und sind die *Quantesten*" (Gewandtesten). Umständlich hat neuerdings Regel über „quanswis" gehandelt (Korrespondenzbl. d. V. f. niederd. Spr. 5, 21).

bloße Verhochdeutschung des nicht verstandenen Wortes *quantsweise*, welches im Niederd. *quantswis* (zum Scheine, dem bloßen Ansehn nach) lautet, schwerlich von dem lat. *quasi*, wie das holstein. Idiotikon vermuthet[1]), sondern von dem Subst. *quant*, Schein[2]). Durch die Verwechselung von *für* und *vor*, die auch sonst begegnet, namentlich in Niederdeutschland, wo die Volkssprache beide Wörter, deren nahe Verwandtschaft bekannt ist, nicht zu unterscheiden vermag, wird anstatt des richtigen „*fürlieb* nehmen" (mhd. vür guot, verguot nemen) fast häufiger „*vorlieb* nehmen"[3]) gesprochen und geschrieben. Die Wörter *entgegen*, *entlang*, *entzwei* sind nicht, wie es den Anschein hat, mit *ent*- zusammengesetzt, gründen sich vielmehr auf eine Verbindung mit der Präp. *in*[4]): *entgegen* lautet im Mhd. *engegene*; von *entlang* (in die Länge, engl. along) stehen altd. Formen nicht zu Gebote; *entzwei*[5]), mhd. enzwei, heißt im Ahd. *in zwei* (nemlich Theile oder Stücke). In einem andern mhd. Worte ist aus *en* (in) mit der Zeit *hin* geworden: denn unbestritten gründet sich *hinweg* auf *enwec*; vgl. oberd. „aweg" und engl. „away"[6]). Obwohl der Ausdruck „nach *Noten*" (tüchtig, stark), z. B. schimpfen, prügeln, als von den musikalischen Noten hergenommen verstanden werden kann, scheint doch die Vermuthung Regels[7]), daß nur Anlehnung

---

1) Strodtmann Idiot. Osnabr. 174 bemerkt, daß der gemeine Mann „quasi vero" in demselben Sinne wie „quantswis" brauche; vgl. Richey Idiot. 198.

2) Brem. Wtb. 3, 395. Heynatz Antibarb. 2, 53. Schiller Progr. Schwerin 1867 S. 13. Schiller u. Lübben Mnd. Wtb. 3, 395 fg. 6, 239. 240; vgl. *verquanten* (zum Schein verhehlen) in Stalders Schweiz. Id. 2, 251. Im Wtb. der Köln. Mundart von Hönig heißt es: „perquanzius, per Quanzius, zum Schein". *Quant* hat auch die persönliche Bedeutung von Bursche, Schalk, z. B. ein curioser Quant; vgl. Brem. Wtb. 3, 394. Schmidt Westerw. Id. 152. Frommann 6, 260.

3) im gewöhnlichen Leben „*verlieb*" (niederd. verleif) und dafür zuweilen „*verliebt*" (Grimm Wtb. 4ᵃ, 769).

4) Vgl. „Entspekter Bräsig", desgleichen „entfahmt" (infam) bei Reuter.

5) Einer ausführlichen Besprechung würdigt dies Wort M. Müller Vorles. 2, 234; vgl. 553 Anm. 6. Im holstein. Plattd. kürzt sich „entwei" häufig in „twei", während das hochd. zwei immer „twê" lautet.

6) Vgl. Schmid Schwäb. Wtb. 33. Schmeller Wtb. 4, 45. 2. A. 1, 91. Behaghel Germania 23, 263. Grimm Wtb. 4ᵇ, 1535.

7) Ruhlaer Mundart 244 fg. Vgl. Leipz. Ill. Zeit. 1881 Sept. 17 S. 246c.

an „Noten" stattfinde und im Ursprunge ein ahd. „nâch nôtin", gleichsam „nach Nöthen" (vgl. mit nôti, bî nôti, nôtin; nôti, violenter, vehementer), anzunehmen sei, voller Beachtung werth zu sein. Die zwar nur noch in Mundarten recht eigentlich und ungemein lebendige, aber zuweilen doch auch in der vertraulichen Schriftsprache erscheinende temporale Adverbialpartikel *als* in Beispielen wie: „Ich bin *als* gerne dort gewesen; Er kommt *als* Sonntags zu uns" ist aus *alles* (alle₃), Acc. von *all*, zusammengezogen¹). Nachdem schon Adelung ein temporales *nur* (vor einem Augenblicke, ganz eben) in Beispielen wie: „Nur jetzt erklärte mir der Kriegszahlmeister" (Lessing) von dem ausschließenden *nur* (ni wâri, newaere, enwaere²), wärs nicht, es wäre denn) getrennt hatte, ist diese Sonderung von Weigand³) umständlich begründet worden: jenes *nur* scheint durch Zusammenziehung aus *nuwer* zu entspringen, dem Komparativ des mitteld. *nuwe*, neu, mithin eigentlich *nuper* (eben) zu bedeuten. Die Schreibung *nehmlich* statt *nämlich* oder *nemlich* taugt nichts, da das Wort mit *nehmen* (vgl. dagegen *vornehmlich*) keine Gemeinschaft hat, sondern von *Name*, wo kein *h* am Platze ist, herrührt. Unser heutiges *indes*, *indessen* enthält die Präp. *in* nur scheinbar; die ahd. Form *innandes* lehrt, daß der erste Bestandtheil das Adv. *innen, inne* ist⁴). Weil man irrthümlich angenommen hat, *indes* und *unterdes* seien verkürzte Formen von *indessen* und *unterdessen*, wird weit überwiegend *indeß* (ss), *unterdeß* (ss) geschrieben; nun aber weist sich *dessen* vielmehr als eine erst im Nhd. eingetretene Verlängerung von *des* aus, dem Gen. von *das*, der in *deshalb, deswegen* meist unentstellt bleibt. Wie *dessen* zu *des*, genau so verhält sich *wessen* zu *wes*; man schreibe daher *weshalb, weswegen*.

---

1) Daß „alls" geschrieben werden müsse, wie außer Adelung auch Weigand Wtb. 1, 30. 31 lehrt, leuchtet nicht ein: der Auswurf des einen Kons. hat genug Analogien, z. B. Abt (mhd. abbet), Wams (früher Wammes), Samt (Sammet), Hans (Johannes), Taft (Taffet); vgl. mein Buch über Sprachgebrauch und Sprachrichtigkeit 2. A. S. 11.
2) Schleicher Deutsche Spr. 288.
3) Wtb. 2, 287.
4) Heyne in Grimms Wtb. 4ᵇ, 2083. 2109. Wilmanns Deutsche Gramm. S. 154.

Andere Wortarten.

Die Konjunktion *entweder* ist mit Verschluckung des *i*[1]) aus *eintweder*[2]), *eindeweder* (alterutrum) entstanden, hat also mit der Vorsilbe *ent-* an sich nichts zu thun[3]).

Obgleich die zur Präposition erhobene Partizipialform *während* mit dem ital. durante, frz. durant (und pendant), engl. during, verglichen werden kann, scheint sie diesen Wörtern doch nur nachgebildet zu sein; ihr eigentlicher Ursprung liegt in der Konstruktion des absoluten Partizips, wie: *währendes* Krieges (Lessing), *währendes* Druckes (J. Grimm), *währender* Arbeit (Schleiermacher), indem die Wörter *währendes, währender* als *während des, während der* gedacht und so zerlegt wurden[4]).

Verglichen mit dem mhd. *anderhalp*, enthält das nhd. Zahlwort *anderthalb* zwar unorganisches *t*, aber nicht dasselbe, welches in *meinethalben, deinetwegen* steckt, vielmehr ein nach falscher Analogie der Ordinalien (viert, fünft) hinzugefügtes, als ob neben *zweit* nicht *ander* sondern *andert*[5]) das Ordinale der Zweizahl wäre.

Ausrufe[6]). Das dem familiären Tone gewisser Gegenden

---

1) Genau so verhält sich das übliche *en* f. *ein* der mündlichen Rede.

2) Diese Form steht noch in „Der Teutschen Sprach Ehren-Krantz" vom J. 1644 Vorrede S. IV.

3) Grimm Gramm. 3, 38. Wtb. 3, 332. 647.

4) Aus präpositionalen Konstruktionen wie „in währendem Streite, unter währender Malzeit" erklärt sich die Rektion des Dat., welcher statt des bessern Gen. mitunter auch bei guten Schriftstellern angetroffen wird. Die thüring. Mundart sagt, wie mir Prof. Regel schreibt, „inwährend dem Regen"; in Leipzig (Albrecht S. 232ª) heißt es nach älterer Weise noch geradezu „im währenden Regen".

5) „*Andert*" findet sich bei Abraham a S. Clara und einzelnen andern ältern Schriftstellern, auch heute noch mundartlich („annert"); s. Schmeller Wtb. 1, 75. Herrigs Archiv 60, 426ª. Zu *anderthalb* vgl. Frisch Wtb. 1, 27ᶜ. Jolly Sprachwiss. 84. Der kenntnisreiche Verfasser des Aufsatzes „Zur deutschen Volksetymologie" in der Köln. Zeit. 1877 No. 220 Bl. 1 führt als ähnliches Beispiel die neuere Uebersetzung des lat. lustrum durch „*Jahrfünft*" an, dies Wort sei nach „Jahrzehnt" gebildet, worin die Ordinalzahl nicht stecke. Die Sache verhält sich so: *Jahrzehnt* ist ein Zehent an Jahren und den Wörtern „Jahrhundert, Jahrtausend" nachgebildet, dieselbe Nachbildung liegt in *Jahrfünft*; vgl. Grimm Wtb. 4ᵇ, 2249.

6) Eine reiche Sammlung gibt Stöber in Frommanns Ztschr. 2, 501 fg. 4, 462 fg.

eigene *mein*[1]) kann nicht für *meine* (ich meine) stehn[2]), weil die Mundarten, in denen das Wort zu Hause ist, im Vokalismus widerstreben; der Ausruf, an sich das Possessivpron. der 1. Pers. Sing., wird auf euphemistische Ellipse des Namens Gottes oder des Wortes Eid zu beziehen sein[3]). Ueber den Ursprung der Betheurung *meiner Six*, *mein Sixchen* haben sich verschiedene Ansichten Geltung zu verschaffen gesucht: während einige ein verkapptes *meiner Seel* annehmen, wollen andere den Schwur des Sachsen bei seiner Nationalwaffe, *min säks*, zu Grunde legen; am meisten befriedigt die Erklärung, daß *Six* aus *sechs* entstellt sei, wie denn auch *meiner Sechs*[4]) gehört wird, der Ausruf rühre von der sogenannten Besiebnung (Ueberführung vor Gericht durch sieben Zeugen) her und bedeute „ich und sechs, ich selbsiebenter"[5]). In der Versicherung „bei *Leibe* nicht" gebührt dem Subst. nicht die heutige Bedeutung, sondern die ältere von „Leben" (mhd. lîp, alts. lîf); vgl. *Leibzucht* u. *Lebzucht* (S. 239) sowie das eigentlich tautologische „Leib u. Leben"[6]). Fluchende wissen das Wort *verdammen*, welches ihnen selbst unbehaglich sein mag, dadurch zu verstecken, daß sie auf die Anfangssilbe „ver" andere unschuldige Wörter folgen lassen, wie: „Gott *ver-Danzig*, Gott *ver-Danneboom*, Gott *versorge* mich, Gott *verdopple* mein Traktament"[7]). Das verwünschende „daß dich der *Donner*" wird bisweilen euphemistisch in „daß dich der *Donnerstag*" abgeändert;

---

1) „*Mein!* sollte wohl der Wein noch fließen?" (Goethes Faust).

2) Vgl. *halt* und mhd. *waen* (opinor).

3) Schmeller Wtb. 2, 592. Weigand Wtb. 2, 135. Jänicke Ztschr. f. d. Gymn. 1871 S. 745. Vgl. Gombert Progr. Gr.-Strehlitz 1876 S. 19. Lexer Kärnt. Wtb. 188. Anstatt „mein *Eid*" heißt es mit absichtlicher Verdrehung auch „mein *Eichel*" (M. Höfer Volkspr. in Oesterr. S. 186. Schmeller 1, 18. Frommann 3, 465. Schweiz. Idiot. v. Staub u. Tobler I, 73). Beim engl. Volke findet sich, entsprechend der Erklärung des deutschen „mein", *oh my* (Hoppe Suppl. Lex. 281ª).

4) Mit Rücksicht auf diese Form werde noch folgende zwar wenig wahrscheinliche, aber an sich nicht üble Muthmaßung mitgetheilt: „meiner *Sechs*" sei nichts als ein schlechter Witz, nemlich eine Doppelung von „meiner *Drei*", d. h. nach mundartlicher Aussprache „meiner *Treu*".

5) Bacmeister Germ. 12, 476 fg. In Schlesien, wie Lexer Ztschr. f. vergl. Spr. 14, 392 bemerkt, gilt auch „*meiner Sieben*"; dasselbe ist in der Oberlausitz der Fall. Vgl. Leipz. Illustr. Zeit. 1881 S. 430ᶜ.

6) Grimm Wtb. 6, 581. 582. Thimm Progr. Bartenstein 1874 S. 29.

7) Zarncke Centralbl. 1879 No. 47 S. 1538. Albrecht Leipz. Mundart S. 125.

anstatt „*Kreuzdonnerwetter*" hört man in Tirol „*Krautsdonnerwetter*" sagen. Der Name des höchsten Wesens pflegt aus Scheu in *Kotz* und besonders *Potz* Welt, *Potz* Element[1]), *Potz* Wetter[2]), statt *Gotts* Welt (*Gotts* Allewelt), *Gotts* Element, *Gotts* Wetter, welche daneben üblich sind, entstellt zu werden; bei Hans Sachs begegnet *Potz* Leichnam, wofür heute in Baiern *Gotts* Leichnam gesagt wird, eine Betheurung bei des Herrn Leib (vgl. Frohnleichnam) oder der geweihten Hostie (corpus Christi); Luther schreibt einmal *Box* Marter f. Gottes Marter[3]). *Potz Sapperment* mit zwiefachem Euphemismus bedeutet *Gottes Sakrament*; auch heißt es allein *sackerment* und *sapperment* nebst *schlapperment*, ferner *sackerlot* und *sapperlot*[4]). Die niederrheinische Fluchformel *Zacker Menschekopp* kann nicht, wie vermuthet worden ist[5]), statt *sacré Mentschikoff*, womit die Franzosen zur Zeit unserer Fremdherrschaft diesen russischen Diplomaten bedacht hätten, eingetreten sein; denn sie kommt schon bei Fischart als *Sackermenschenkopf* vor[6]). Das familiäre *O Gitt*, auch *Egitt*, mancher Mundarten scheint nichts als ein verhülltes *O Gott* zu sein[7]); der Engländer hat das ähnlich entstellte „*Egad*". Wahrscheinlich steckt selbst in dem Ausruf „du *meine Güte*" ursprünglich „du *mein Gott*"; vgl. das englische „my *goodness*" (S. 52). Eine Verbindung des Namens Gottes mit dem des Fürsten der Finsternis offenbart der Ausruf *Gotts Teufel*, wofür aber häufiger *Gotts Tausend* und mit zwei Glimpfwörtern *Potz Tausend*[8]), oberd. *Potz dausi*, gebraucht wird; denn daß *Tausend* hier wirklich den *Teufel* bedeutet, leidet

---

1) Hieraus machte Abraham a S. Clara *postelement*.

2) Vgl. „*Potz* Stern, was das für Zeug ist!" (Lessing). Noch andere Verbindungen mit *Potz* führt Stöber auf in Frommanns Ztschr. 4, 462 fg. 7, 469 fg.; vgl. Weinhold Weihnachtspiele u. Lieder S. 222. Schaible Stich- und Hiebworte S. 42.

3) Dietz Wtb. 335ᵇ.

4) Vgl. Adelung Wtb. 3, 1242. Frommann 3, 185. Gombert Progr. 1877 S. 11. Vilmar Id. 337.

5) Fuß Progr. Bedburg 1873 S. 9.

6) Frommann 2, 504.

7) Frommann 2, 24 fg.

8) Der gehäufte Euphemismus „*Potz* Tausend Sack voll Enten" kommt 1644 in dem genannten Buche „Der Teutschen Sprach Ehrenkrantz" S. 9 vor, auch bei Moscherosch (Frommann 2, 504), schon früher in den Schwänken des 16. Jahrh. (Goedeke) und in anderer Verglimpfung „*Potz* Tausend Sack am End".

wohl kaum einen Zweifel, zumal da man neben und anstatt „der *Teufel*" häufiger „der *Tausend*" und „daß dich der *Tausend*" hört. Während J. Grimm der Ansicht war, daß in dem zweiten Namen des Ausrufs *Potz Velten* ebenfalls der Teufel stecke, d. h. seine mhd. Benennung *vâlant*, spricht mehr für eine Beziehung auf den heiligen *Valentin*, bei dem häufig versichert, der vorzüglich als Helfer in der Fallsucht[1]) angerufen wurde. Die Zahl der sonstigen Verdrehungen des Wortes *Teufel* ist in Ausrufen, Betheurungen, Flüchen, Verwünschungen ungemein groß, namentlich: *Deiker*, *Deikert*, *Deuker* (niederd. *Düker*), *Deister*, *Deuster*, *Deutscher*, *Deixel*[2]); jedoch wagen es diese Glimpfwörter nur selten in der Schriftsprache aufzutreten. Auch bei dem Namen *Jesus* finden sich Entstellungen, die wenigstens zum Theil zugleich als Verhüllungen zu betrachten sind[3]): neben *O Jesses*[4]) und *Herrjes* wird häufiger *O Je* und *Herrje* gehört; *O Jemine*[5]) ist sicherlich ebensowenig aus *O Je min Je* oder aus dem lat. *O Jesu domine* hervorgegangen, wie *O Jerum* auf den westfäl. König *Jerome* zu beziehen[6]), sondern beide werden euphemistische Variationen von *O Jesus* sein.

---

1) das *fallende*, die *Valentinskrankheit*, mit wortspielendem Bezug; vgl. Wackernagel Germ. 5, 296. Kl. Schr. 3, 104. Frommann 6, 2 fg.
2) Vilmar Idiot. 410. Frommann 3, 252. Grimm Wtb. 2, 824. 910. Schmeller Wtb. 1, 432. Germania 15, 416. Haupts Ztschr. f. d. A. 11, 170. Auch heißt es *Teufhenker*, *Deubhenker*, *Deiffenker*, *Deiphenker*, wo sich außer „Henker", wie es scheint, „Dieb" einmischt; s. Strodtmann Id. Osnabr. 38. Schmidt Westerw. Idiot. 253. Stürenburg Ostfries. Wtb. 35b. Frommann 2, 501 fg. 3, 352. Weigand Wtb. 1, 245. Vilmar Idiot. 68. In Ostfriesland (Kern und Willms S. 121) wird der Teufel *Saterdag*, d. i. eigentlich Samstag, genannt, wie man merkt, im Gedanken an „Satan".
3) Vgl. Schmeller 2, 262. Lexer Kärnt. Wtb. 151. Frommann 1, 298.
4) Eine merkwürdige Gradation wird bei Frommann 4, 129 aufgeführt: Jesses! Jisses! Jasses! Jusses!
5) Ins Engl. ist *Jemine* als *gemini* gerathen, genau so geschrieben wie der wissenschaftliche Name des dem Lat. entnommenen Wortes für Zwillinge, nur am Schluß verschieden ausgesprochen.
6) Dieser König wurde umgekehrt spottend „König *Jerum*" genannt, z. B. jeden Augenblick in dem Gedicht mit dem witzigen Titel „die Jeromiade", welches nach dem Sturze jenes Bonaparte herauskam.

Register.

A.

â- altd. 202.
a pot he carries engl. 47.
A Schand is 113.
Aalraupe, Aalruppe 185.
Abacata, Abacate amerik. 107.
A. B. C. frz. 37.
Abdecker 90.
abe stroufen mhd. 242.
Abendtheuer 3. 235.
Abenteuer 3. 235.
aber 239.
Aber 111.
Aberacht 239.
Aberglaube 239. 240.
Aberraute 191.
abeschern 246. 247.
abespern 247.
Abessinien 126.
abgemergelt 268.
abgeschmack 268.
abgeschmackt 268.
abgewürdigt 89.
abgewürgt bair. 89.
ablang 71.
abluchsen 246.
ablugsen 246.
Abonnent 178.
Abraham, könnt ich dir helfen 111.
Abricose 194.
abricot frz. 194.
abrutschen 84.
abschwimmen 253.
Abseite 4. 198.
absida mlat. 198.
absite mhd. 198.

abspannen 242.
abspenstig 242.
abstreifen 242.
Abstreiter N. 158.
abstruppsen ostpreuß. 242.
Abt 277.
abtrücken 109.
abtrünnig 244.
Abyssinien 126.
ἄβυσσος 126.
abzackern 259.
Abzucht 199.
Abzug 199.
acat 49.
Accessor dial. 32.
Accinse dial. 32.
accise frz. 32.
Accisen 32.
acernus lat. 186.
Achalm N. 125.
achat frz. 49.
Acherstraße 127.
Achselwurm bair. 105.
ächt 273.
Achterstraße 127.
Ackerkurt N. 154.
Ackermännchen 5.
Ackermennig 191.
Ackerwurz 191.
acorn engl. 194.
æcern ags. 180.
adder nd. 184.
Addresse, addressieren 232.
Ade Salv nd. 107.
Adebar 84.
adelich 273.
adelig 273.

Ἀδελφοί neugr. 55.
Adelschlag N. 143.
Adermennig 191.
Aderposaune 93.
Aderpussade 93.
admirabilis mlat. 168.
Admiral 168.
admiratus mlat. 168.
ador lat. 72.
Adresse 232.
Adrianmennig 191.
Aduch 199.
adventura mlat. 235.
Advokatenbaum 107.
aestivale mlat. 213.
äfern 256.
Aff N. 163.
affa 119.
affalter 143.
Affe 6. 7.
äffen 7.
Affenteuer 65.
Affenthal 119.
affctucht mnd. 199.
Affodill 193.
Afholder 186.
sik *afmarachen* nd. 268.
afströpen nd. 242.
agaza ahd. 185.
-age frz. 98.
Agen dial. 201.
agestein, agetstein mhd. 58.
ἅγιο πέλαγος neugr. 55.
ἁγιόκλημα neugr. 55.
ἅγνος 26.
ἅγνος 26.
agnus lat. 26.
agnus castus lat. 26.

— 283 —

Agrigentum lat. 24.
Ahlenstädt 140.
ahnden 258.
ähneln 259.
ahnen 76. 258.
ähnen dial. 259.
ähnlich 59. 265.
ähnlichen 259.
Ahorn 186.
ahörnern 186.
Ahrenhold N. 146.
Ahrenholz N. 146.
aigremoine frz. 191.
Aimbock 219.
ak 201.
akran got. 194.
Akrat bair. 91.
Aktenwahr 91.
Aktèr bair. 91.
Aktzessor dial. 32.
âl 185.
ala- 124.
alah 137. 140.
Alamannen 124.
alausa lat. 73.
albercocca ital. 194.
Alberto ital. 54.
Albrecht Dürer 113.
Aldekott N. 160.
Aldenau N. 134.
Alefeld N. 151.
Alemannen 124.
Alemannus lat. 124.
Alfred 2.
ἀλκυών 21.
all to na nd. 133. 134.
allblaster engl. 47.
Allbuch 99.
Alle Bot santé 96.
Allebatterie dial. 104.
allein 268.
Alleman N. 31.
Allemand frz. 31. 124.
Allemannen 124.
Allendorf 140.
Allerding N. 147.
alleʒ mhd. 277.
Allgäu N. 159.
Allgeyer N. 159.
Alligator 184.
Alligatorbirnen 107.
Allkühmisterei 66.
allmählich 3. 268.
allmälig 3. 268.
Allmosen 57.
Allod 197.
alls 277.
Allweh 93.

Almosen 57.
almnosen mhd. 57.
along engl. 276.
Alpmacht N. 141.
als 277.
Alsatia N. 124.
Alse 73.
Alsleben N. 138.
Altböttcherstraße 131.
Altbüßer N. 157.
Altbüßerstraße 131.
Altdorf 137.
Alte Eh oberd. 107.
Alte Liebe N. 118.
Alte Pussade 93.
Altebettelmönchstraße 131.
Altebuttelstraße 131.
Alteich N. 143.
Altena N. 134.
Altenstädt 140.
Altepetristraße 131.
Alter Saft dial. 107.
Alteweibersommer 197.
Althee 106. 107.
Altmann N. 122.
Altmühl N. 124.
Altmuna ahd. 124.
Altnau N. 134.
Altona 133. 134.
Altport N. 129.
Altripp N. 138.
Altrock N. 163.
Altthee 107.
Altwein N. 146.
amächtig 202.
âmaht mhd. 202.
Amakker 74.
Amanapure altd. 142.
amandier frz. 35.
Amarantenweg 116.
Amazonenberg 122.
Amazonenfluß 124.
Ἀμαζόνες 21.
Amberg N. 136.
Amboß 188.
Amen N. 159.
Amend 65.
Amend N. 159.
Ameng N. 159.
Ament N. 159.
amiral 168.
amir-ul-ma arab. 168.
Ammann 92. 157.
Amme N. 148.
Amme dial. 92.
Ammfrau dial. 92.
Ἀμμόχωστος N. 54.

Ammon N. 157.
Ammonshorn 157.
amnistie frz. 36.
Amöneburg 142.
Amorbach N. 143.
Amtfrau dial. 92.
Amulett dial. 86.
analeiks got. 265.
âname mhd. 202.
anan got. 258.
anberaumen 247.
anbrechen 18.
anchor engl. 56.
ancient engl. 45.
Andacht 71. 72.
andario span. 5.
Andau dial. 199.
Andauche 199.
Andauer N. 159.
anden mhd. 258.
Ander N. 150.
anderfahrt dial. 274.
Andernach N. 141.
andert 278.
anderthalb 278.
anderweide mhd. 274.
anderweit 274.
anderweitig 274.
anderwerbe mhd. 274.
Andorn 190.
andrâdan alts. 61.
âne mhd. 151.
âne gevaere, âne vâr
mhd. 275.
Anefeld N. 151.
anelich mhd. 265.
anen mhd. 258.
Anfuß 188.
angeli u. *Angli* 59.
angelich dial. 265.
angelik mnd. 265.
Angelika 149.
Angelmund 191.
Angermennig 191.
angeschirrt 89.
Angli u. angeli 59.
Anglitz 83.
Anhalt 66. 74.
anheischig 268.
Anhut N. 151.
Animus 76.
Anklamer 74.
anleichen dial. 259.
Anmacht, Ammacht 202.
Anname 202.
anne *Wand*, anne *Där* 111.
Annegele N. 149.

Annexander 113.
anrüchig 267.
anruchte, anruchtich
  mnd. 267.
anrüchtig 267.
Ansbach N. 136.
Anschar N. 129.
Anschofisch 94.
Ansin, Ansinn N. 151.
Ansorge N. 151.
anstechen 18.
anstiff engl. 42.
Antauchen dial. 199.
Antfelden N. 151.
antheiz mhd. 268.
'Ἀνθήρα neugr. 55.
Antlitz ahd. 56.
antlutti ahd. 56.
antluzi ahd. 56.
Anton 190.
Antonomie dial. 95.
Antorf N. 68.
Antrift N. 124.
antwerc mhd. 63.
Antwerpen 68.
Anwies 86.
anygoat engl. 51.
anzapfen 18.
anzetteln 246.
ápen nd. 7.
apengeter nd. 7.
apenkrös nd. 7.
Apfelförtchen 218.
Apfeltrang N. 143.
Apfrikosen dial. 63.
Apollo 114.
Apostelwein 221.
ἀπόστημα 43.
Apostolorum 225.
apostumer frz. 43.
Appelkosen dial. 83.
appelliren 75.
Appelnariskirche 47.
Appelquint 93.
appentis frz. 47.
apple-John engl. 39.
appleplexy engl. 47.
Aprikose 83. 194.
Aprilwurzel 93.
apsis 198.
arancio ital. 31.
arangia mlat. 31.
arbaléte frz. 203.
arbalist engl. 203.
arbalista mlat. 203.
arban altfrz. 32. 33.
arbrost 203.
archal frz. 23.

Archenholz N. 146.
ἀρχι- 272.
archibuso ital. 11.
Archigenes N. 12.
architectura lat. 25.
des *Arcs* frz. 35.
arcuballista mlat. 203.
argenwán 191.
Aristotelis holwort mnd.
  193.
armbrest 203.
Armbrust 70. 203.
Armegecken 112.
Armejacken 112.
'Ἀρμένιος 23.
Armenseul N. 134.
Armin N. 149.
armuosen mhd. 57.
Armuth 237.
Arnold 146.
Arnwaldt N. 146.
arquebuse frz. engl. 11.
  47.
Arquencuf frz. 34.
Arrestant 172.
Arrestat 172.
arrièreban frz. 32.
arrowblaster engl. 203.
arstifulén ahd. 213.
Artoffel dial. 90.
des *Arts* frz. 35.
arzatie mhd. 12.
arzen 12.
Arzenei 12.
arznen 12.
Arzt 13.
Ascafa, Ascapha N. 119.
  134.
Ascalonicum lat. 189.
Asche N. 148.
-asche, -asch 98.
Aschlauch 189.
asfiori ital. 193.
ask engl. 258.
Asmushausen 141.
asparagus engl. 40.
Assel 105.
assise frz. 32.
assistieren 69.
Asthöfer N. 155.
Asthöwer N. 155.
astläk nd. 189.
'Ἀτάββας 23.
Athmungsführe 98.
Attentat 178.
Attentäter 178.
Atterminz 71.
Aubart N. 147.

áud got. 147.
-auf in N. 148.
äufern bair. 256.
Aufkläricht 69.
aufmandeln südd. 175.
aufrathen 246.
aufstiefeln 213.
aufzurathen geben 246.
Augbraue 200.
Augenbran 200.
Augenbrane 200.
Augenbraue 200.
Augenbraun 200.
Augenbraune 200.
Augenglied 200.
Augenlid 201.
Augenlied 200. 201.
Augenzahn 201.
áugjan got. 247.
augstein 58.
Augustus 176.
auknefni nord. 231.
Auktion 226.
Auland 197.
aurichalcum lat. 23.
aurtigards got. 38.
ausecken 248.
Ausfahrt dial. 84.
ausgemergelt 268.
aushunden dial. 19.
Ausländisch Moos 93.
ausreißen 18.
Austermühle N. 159.
Austerwischen N. 159.
Auswart, Auswärts 84.
aut aut 97. 98.
aut oder naut 97. 98.
autres chiens frz. 37.
aver nd. 151.
Averbeck N. 151.
Averdieck N. 151.
avontuur holl. 235.
away engl. 276.
aweg oberd. 276.
Axthelm 203.
ayes and *noes* engl. 45.

B.

baccalarius mlat. 26. 27.
baccalaureus nlat. 26.
Bacchanten 73.
Bachamsel dial. 5.
Bacharach N. 141.
Bachbohne 192.
Bachbunge 192.
bachelier frz. 26.
bachelor engl. 26.

— 285 —

Bächelsgrün N. 137.
bachen 160.
Bachenschwanz N. 4.
Bachhaus N. 160.
Bachhus N. 160.
Bachofen N. 160.
Bachstelze 4. 5.
Bachus N. 160.
Bachvogel dial. 5.
bacillarius nlat. 26.
bacinetum mlat. 204.
Backe N. 148.
Backes N. 160.
Backhaus N. 160.
Backofen N. 117.
Backs N. 160.
Badeborn N. 142.
Badenheuer N. 155.
Bag of nails engl. 49.
Bagage 98.
baisemain frz. 99.
baisse frz. 113.
Baissemarc 113.
Balbuz 76.
Baldauf N. 148.
Baldewein N. 146.
Baldrian 116.
Baldus N. 148.
Balke N. 148.
Ballauf N. 148.
Ballerján nd. 116.
ballista mlat. 203.
Balschmieder N. 155.
Balschmiter N. 155.
balravêsei got. 30.
Bancos Geist 69.
Bandschläufe 212.
Bandschleife 212.
Bangenett 88.
Bankier 76.
Bankradz N. 150.
Bankrath N. 150.
Bankroth N. 150.
banque maritime frz. 36.
Banquier 62.
bar 268.
Barbarei N. 126.
Barbuz 76.
Bardenheuer N. 155.
zu baren treiben 254. 255.
Bärenklau N. 113.
Barfleur N. 34.
barigildus 68.
barm mhd. 270.
barmen mhd. 270.
barmherzig 270.
barn mhd. 255.

Bart 7.
Bartel dial. 83.
Bartholz N. 146.
Bartolt N. 205.
Bärwald N. 146.
Barwasser N. 164.
Bärwein N. 146.
Bärwinkel dial. 48.
Bärwolf 179.
Baselman, Baselmanes 99.
Baselorum, Basilorum 225.
Basiliskenpflaster sächs. 106.
bassen 182.
Bast N. 150.
basûne mhd. 60.
batador span. 40.
batadour frz. 40.
Batengel 193.
battifredo ital. 52.
battle-dore, battledoor engl. 40.
Baucharzt 71.
Bauchgrimmen 201.
Bauchkrimmen 201.
Bauchkrümmen 201.
Bauchsack N. 165.
Bauchspies N. 166.
Bauchweizen 40.
Bauernwenzel 80.
Bauerwäschel 79. 80.
Bauerwetzel 79. 80.
Baufalter dial. 105.
Baufink N. 162.
βαύκαλις 209.
baumantje nd. 5.
Baumbast 94.
Baumotte N. 154.
Baumseide 94.
Bauvogel 5.
Bax N. 160.
B. C. frz. 37.
beaupré frz. 32.
-becher in N. 159.
beckenhübe mhd. 204.
beekenslaher mhd. 131.
Beckschlagergasse 131.
bedauern 242. 243.
Bedburg 142.
bédeau frz. 171.
Bedlam engl. 51.
bedutzt 256.
beefeaters engl. 48.
Beerblank 104.
Beere 104.
Beergrih 104.

Beerhold N. 146.
befahren 243.
befehlen 242.
befehligen 242.
Befelich 242.
beffroi frz. 52.
begarmudi arab. 195.
begleiten 243.
beglitten 243.
bégueule frz. 6.
begunde mhd. 64.
behaft 267.
behaftet 267.
Beidermann dial. 94.
Beiderwand 94.
Beifuß 88. 189.
Beinfalter dial. 105.
Beinsterz dial. 5.
beipoß oberd. 188.
Beisamen 93.
Beischaf 70.
Beisenherz N. 152.
Beispiel 233.
Beissenhirtz N. 152.
Beiße dial. 189.
Beißel 206.
beizen mhd. 215.
Beißker 185.
Beißkohl dial. 190.
Beißschaf 70.
Beißwurm 185.
beitel holl. 206.
beiweilen 274.
beizen 215.
bejaen 19.
bejahen 19.
bejëhen mhd. 19.
bekannt 87.
békesteltje nd. 5.
beklärifunkeln mhd. 195.
bekleiden 243.
beleiten mhd. 243.
belfredus mlat. 42.
belfry engl. 42.
belhunt mhd. 104.
bell engl. 181.
bell and savage engl. 49.
belle 100.
belle-étage 98.
Bellhuner 181.
Bellhammel 181.
Bello N. 104.
Bellrose 100.
beluchsen 246.
belugsen 246.
Beneventum lat. 24.
benjamin engl. 47.
berämen mhd. 247.

Berberei N. 126.
Berchtesgaden N. 137.
beredsam 268.
beredt 267. 268.
beredtsam 268.
Βεφενίχη 24.
Berenschwerdt N. 158.
berfredus mlat. 42.52.223.
Bergamotte 194. 195.
Bergamottknöpfe 99.
Bergeest N. 161.
bergeronnette frz. 5.
Bergfriede 223.
Berglicht N. 141.
Berholz N. 146.
Berlin 133.
bërn mhd. 268.
Bern mhd. 58.
Bernhard 139.
Bertram 192.
berüchten 267.
berüchtigen 267.
berüchtigt 267.
besace frz. 42.
Beschop N. 157.
beschreiten 18.
beschwichten 247.
beschwichtigen 247.
Beseler N. 158.
Besen 172.
Besenbruch N. 139.
Besenhausen 139.
bestallt 267.
bestalt 267.
beste 273.
bestreiten 18.
bestriden nd. 18.
Betabür altd. 142.
betauern 243.
Bete 189.
betedigen 247.
beteem engl. 243.
betel nd. 206.
betemen plattd. 243.
bethätigen 4. 247.
betheidigen 247.
Bethlehem 66. 74.
Betist 90.
betschat mhd. 208.
Bettberg N. 142.
Bettelrain 67.
Bettenhausen 74.
Bettführ N. 152.
Bettingen 74.
Bettschlagergasse 131.
betüren, betiuren mhd. 243.
beurré blanc frz. 104.

beurré gris frz. 104.
bevëlhen mhd. 242.
bewilen mhd. 274.
bewillkommen 247.
bewillkommnen 247.
bezähmen 243.
Bezeigung 239.
Bezeugung 239.
bezichtigen 3. 243.
bezüchten 243.
bezüchtigen 3. 243.
Bibelapthek 88.
Biber, Bieber 189.
Biberach N. 135.
Biberklee 189.
Biberkraut 189.
Bibernelle 189.
Biberwurz 189.
Βίβλος 23.
biböz mhd. 188.
bibôt nd. 188.
Bibra N. 135.
Bibulus N. 23.
Biburg 135.
Bickelhaube 204.
biderb, biderbe 263.
Biebrich N. 135.
Biedenkopf N. 137.
bieder 263.
Biefstück 98.
biegen (ein Paroli) 252.
Bienenkorb 209.
Biensee N. 159.
Bienwald N. 159.
Bierauflauf 112.
Biereule dial. 73.
Biergelde 68.
Bierhals N. 146.
Bierhold 73. 146.
Bierholer 73.
Bierholz N. 146.
Bierlingen N. 139.
Biernoth N. 148.
Bierstadt 139.
Bieße 189.
bieten (ein Paroli) 252.
biever mhd. 189.
bifôt nd. 188.
bigott 266.
Bilgrinescella 139.
billich 273.
billig 273.
Billig N. 148.
billow engl. 119.
Bilsamöl dial. 103.
bimente mhd. 60.
biminze mhd. 60.
binckar mhd. 209.

bir mhd. 104. 163.
Birne 104.
Birneblank dial. 104.
Birne-Gries dial. 104.
Birolf 73.
bis 274.
bisant mhd. 23.
Bisantium N. 23.
Bischkop N. 157.
Bischkopf N. 157.
Bischof 64. 70.
bischolf mhd. 64.
bisen 185.
Bismarck 113.
bispel mhd. 193.
bissac frz. 42.
bissen westfäl. 185.
bisweilen 274.
Biswurm 185.
Bißschaf 70.
Bißwurm 185.
bitel mhd. 171.
bitesheep engl. 70.
Bittation 89.
Bitterauf N. 148.
Bitterfeld N. 66.
Bitterzilje dial. 90.
bizarr 266.
Blamage 98.
Blang Dör Beeren nd. 104.
Blankbeer 104.
Blanke Schwalbe 116.
Blankscheit 214.
Blasius 74.
blasüne mhd. 60.
blau 255.
der blaue Montag 228.
bläuen 3. 255.
Blech 17.
Bleche-Botz 114.
blechen 17.
Blechröder N. 158.
Bleichrodt N. 158.
Bleichroth N. 158.
Bleidorn N. 163.
bleu frz. 33.
bleu mourant frz. 107.
Bleudorn N. 163.
bleuen 3. 255.
bliggvan got. 255.
blinden Thorwart vom alten Schott 111.
blinzen 260.
blitzen 260.
bliuwen mhd. 255.
Bloedel, Bloedelin mhd. 59.

Blöhdorn N. 163.
Blôkêtel dial. 99.
bloody engl. 52.
blôtmônadh ags. 11.
Blume 80.
blümerant 107.
Blumersheim 139.
Blutegel 3. 184.
Blutigel 3. 184.
bob engl. 49.
Bob engl. 49.
bobbies engl. 49.
Bobstraße 128.
boc frz. 220.
bocal frz. 209.
Bock 219. 241.
Bock- in N. 161.
Bockbier 4. 166. 219. 220.
bocken 241.
bockenzen 250.
Bockesel 113.
Bockhacker N. 161.
Böcklein 71.
Bocksbeutel 237.
Bocksbühel 237.
Bockshammer N. 165.
Bockweizen 40.
Bodama N. 123.
Bodenheim 141.
Bodensee 123.
Bodman, Bodmann 123.
Bofink N. 162.
Bofist 100.
bôksbüdel nd. 237.
Bollen dial. 189.
bollen engl. 100.
bolz mhd. 61.
bombare mlat. 216.
Bombasin 94.
βόμβος 216.
Bommelasche 98.
bon chrétien frz. 34.
bon pour Nicol frz. 216.
bonheur frz. 33.
Bonifaciustag 79.
Bonmoutier frz. 34.
Bonngasse 127.
Boppard N. 141.
bor mhd. 247.
bor slav. 133.
bór mhd. 247.
Borgeest N. 161.
Borgesch N. 161.
Borgundarholmr 125.
Bornholm N. 125.
Bornkirsche dial. 103.
bornstên mnd. 155.
Bornträger N. 155.

borse mhd. 191.
Bosshamer N. 165.
bôʒen mhd. 165. 188.
Bötefür N. 152.
boterham holl. 75.
Botteram dial. 75.
Botteramisierböss dial. 75.
bouche frz. 25.
βουκλέπτης 172.
βούτυρον 21.
boven nd. 127. 128.
Bovengasse 127.
Box Marter 280.
Böxenwulf dial. 179.
Boxhammer N. 165.
boxing-day engl. 42.
Bramfirst N. 121.
Brandenburg 133.
Brandus N. 148.
Branforst N. 121.
brasser frz. 50.
brât mhd. 214. 215.
Bratenmontag 112.
Bratenrock 14.
Bratenstipper dial. 14.
Bratwurst 214. 215.
Braubeere dial. 83.
Braumüller N. 221.
Braunagel N. 221.
Braunbeere dial. 83.
Braune Schwarte 116.
Braunelle 191.
Braunheil, Bräunheil 191.
Braunholz N. 146.
Braunkirsch dial. 103.
Braunschnitzer dial. 80.
Braunschweig 133.
Braunwald N. 146.
Bräutigam 63.
bráwe, brâ mhd. 200.
braze engl. 50.
Brazenose engl. 50.
de *brêde* Mândach nd. 111. 112.
Bredenstrate nd. 131.
Breetgeld N. 165.
brehen mhd. 18. 112.
Breihahn 220.
breisen 165.
breiten 131.
Breitengasse 131.
Breitenstraße 131.
Breitenweg 131.
Brenneisen N. 153.
Brennewald N. 153.
Brennhilde 66.

Brennholzfelden N. 139.
brest mhd. 268.
bresthaft 268.
Bretstelle dial. 105.
Breuhahn 220. 221.
Breyhan, Breyhahn N. 221.
Bride's Church engl. 50.
bridegroom engl. 63.
Bridewell engl. 49. 50.
Bridget engl. 50.
brieven mhd. 63.
brigen südd. 76.
Brigete, Erzbrigete dial. 76.
Brill N. 165. 166.
Brille 166.
brindisi ital. 53.
brisen mhd. 165.
briutegunt mhd. 63.
broccoli ital. 85.
brochseln dial. 216.
Bröckelkohl 85.
Brockeln 85.
Brocken 216.
Brodhahn N. 164.
Brodhun N. 164.
Broihahn 220.
Bronchite frz. 36.
Brosamen 216.
Brosche N. 150.
Brösel N. 150.
broseme, brosme mhd. 216.
Bross niederrhein. 97.
Broterode N. 139.
Brotfresser 91.
Brotfression 65.
Brotsam 216.
Bruchhausen 139.
Bruder Jonathan 48.
brüen, brüden nd. 261.
brüeven mhd. 63.
Brüggestrate nd. 132.
brugnon frz. 30.
Brüll N. 166.
Brunelle 191.
Brunnentrût mhd. 58.
bruno span. 30.
Bruno 113.
Brunóg nd. 113.
Brunsiliensalbe 106.
Brunsiljen N. 106.
Brunsiljenholt nd. 106.
brunwinkel mnd. 48.
Brust Neujahr 97.
buccia lat. 25.
Bucco, Buco N. 73.

— 288 —

Bücharei 69.
Bucharzt 71.
Bucheckern 194.
Buchenwerra N. 141.
Buchsack N. 165.
Buchspieß N. 166.
bucina lat. 25.
Bucinobantes N. 25.
buck 135.
Buckskin 211.
buckwheat engl. 40.
Budenbender N. 155.
Budike 88.
bürʒen mhd. 9.
Bugspriet 32. 166. 204.
Bühel 160.
Bükó, Büköken 73.
bulge mhd. 119.
Bülgenstein 119.
Bull and Mouth engl. 49.
Bullatengasse 132.
Bullengasse 132.
Bullengrün 99.
Bullerdans nd. 115.
Bullerjän nd. 116.
Bullewall 116.
bull-rush engl. 6.
bully engl. 50.
Bullyruffian engl. 50.
Bulrian 116.
Bumfuß dial. 100.
bummahle dial. 264.
Bummelasche 98.
die bunte Kuh 118.
buonpresso ital. 32.
bür altd. 143.
Bürengarn N. 114.
Burgemeister, Bürgemei-
  ster 170.
Burgermeister, Bürger-
  meister 170.
bürgetor mhd. 170.
Burgharz N. 146.
Burgholz N. 146.
βύρσαξ dial. 26.
burschen 175.
burschikos 95.
Burstade nd. 129.
Burstah N. 129.
bürsten 175.
Bürstenbinder 175.
Burtscheid N. 135. 136.
Burzelkraut 61.
busard frz. 183.
Buschbaum N. 163.
Büschelsried N. 139.
Buschkasche 98.
Buschkett 88.

Buschklepper 172.
Buschklöpfer 172.
Busenbaum N. 163.
busine, busûne mhd. 60.
Bussard 183.
Bußaar 183.
Büteführ N. 152.
bütel mhd. 171.
Buterwerk 119.
butt, buttet dial. 80.
Büttel 171.
Buttelhenne dial. 80.
Butter 21.
Butterhenne dial. 80.
Butterkrebs 184.
Butterrahm dial. 75.
Butterweck N. 119.
Bux, Büx nd. 211.
Buxkin 211.
Buxtehude N. 135.
bye engl. 46.
bysack engl. 42.

C.

cabal engl. 15.
Cabal-Ministerium 15.
cachemate frz. 36.
caduceus lat. 24.
caerefolium lat. 24.
caeteri lat. 25.
calembourg frz. 233.
calfeutrer frz. 30.
Califonium 94.
calix lat. 188.
Call-an-see-em engl. 50.
Calmus N. 174.
Camaldolenser 174.
cambium mlat. 161.
Cambray N. 211.
cambric engl. 211
Campbell engl. 51.
Campidoglio ital. 54.
Campobello ital. 51.
Canaillenvögel 90.
canal-coal engl. 43.
candle-coal engl. 43.
ad canes N. 128. 129.
cannel-coal engl. 42. 43.
Cannibal 52.
cant engl. 226.
caphe spile 174.
caporal frz. 168.
cardasse frz. 208.
care engl. 229.
cartouche frz. 208.
caserma ital. 223.

cashmere engl. 211.
Casimir 211.
Cassebeer N. 164.
cassimere engl. 211.
Casteljaloux frz. 34.
catacomba ital. 222.
catafalco ital. 222.
catar ital. 222.
caterpillar engl. 40.
catter schott. 202.
cauliravi ital. 190.
causeway engl. 47.
cavesson frz. 208.
cavoli rape ital. 190.
C. D. frz. 37.
celidonia mlat. 188.
cena lat. 25.
censal frz. 170.
ceteri lat. 25.
χαιρέφυλλον 24.
chalkographische Gesell-
  schaft 95.
χαμαίδρυς 193.
χαμαίμηλον 105.
Champagne frz. 34.
chance frz. 246.
chantepleure frz. 33.
chapelet frz. 17.
chara ahd. 229.
Charfreitag 229.
χάρις 229.
Charlemagne frz. 34.
Charlemaine frz. 34.
charter-house engl. 44.
chartreuse frz. 44.
charus lat. 229.
Charwoche 229.
Chateauroux frz. 34.
χελιδόνιον 188.
chesel altengl. 51.
Chesilbeach engl. 50. 51.
Chesilburn engl. 51.
chicken engl. 6.
Chinarinde 186.
chincough engl. 46.
chirp engl. 44.
chirrup engl. 44.
chisel engl. 51.
chlausazüg schweiz. 84.
Cholerakäfer 101.
Chor 102.
choucroute frz. 32.
chouette frz. 162. 183.
chou-rave frz. 190.
Chrisam 211.
Chrisamgeld 211.
Chrisamhemd 211.
Christ (toller) 17.

Christanie dial. 90.
Christelsaft dial. 24.
Christengeld 211.
Christenhemd 211.
Christian 150.
Christiane dial. 90.
Christiansdor 224.
Christmas-boxes engl. 42.
Christnach N. 141.
Christophel dial. 73.
Χρυσόπολις 23.
cht nd. 188. 238. 247.
chuosmëro ahd. 21.
Churfirsten 121.
chutti ahd. 238.
Cibin N. 125.
Cichorius 90.
cinchona span. 186.
Cinq-Mars frz. 34.
cipolla ital. 189.
citamus lat. 10.
Claire frz. 37.
clàrifunkel mhd. 195.
Claude frz. 37.
Claus-Aurach 84.
Clausthal 134. 135.
Clebsattel N. 153.
Clebsch N. 158.
Clefisch N. 158.
Clewisch N. 158.
Clique 100.
Cliquot 100.
Clocnergazze 128.
clucht mnd. 14.
coat-cards engl. 46.
Coblenzküssen 83.
cocagne frz. 43.
cock engl. 52.
cockney engl. 43.
cod engl. 52.
coena lat. 25.
cofgodas ags. 9.
Colas frz. 31.
coliander mhd. 61.
colley engl. 46.
colonel frz. 29.
Coloradokäfer 101.
colourbine engl. 44.
columbine engl. 44.
comba ital. 222.
Comment 236.
comment engl. 236.
comment frz. 236.
commentieren 236.
commentum 236.
Compressen 87.
comptroller engl. 48.

concentrierte Milch 107.
concio lat. 25.
Confirmanden 172.
Confirmanten 172.
Conrad Beef 87.
conservierte Milch 107.
consilium abeundi 27.
consols engl. 42.
Constance frz. 35.
contio lat. 25.
Convent 220.
convicium lat. 25.
convitare ital. 53.
convitium lat. 25.
cop engl. 49.
copper engl. 49.
coquelourde frz. 193.
corbleu frz. 33.
corinth engl. 41.
Cornelius 94.
Cornétt Böff 87.
cornus lat. 230.
coronel roman. altengl. 29.
corporal frz. 168.
Corps 102.
corpulent 100.
cortina ital. 212.
couche frz. 83.
coulte-pointe altfrz. 32.
counterpane engl. 39.
counterpoint engl. 39.
counting-house engl. 45.
country-danse engl. 47.
court-cards engl. 46.
courte-pointe frz. 31. 32. 39.
courtine 212.
couteau frz. 43.
couvent frz. 220.
couvre-feu frz. 41.
coward engl. 46.
cowheart engl. 46.
crabfish engl. 38.
Cravate frz. 178.
crawfish engl. 38.
crayfish engl. 38.
Creaturen 91.
credemica mlat. 218.
credemiche 218.
crescent city engl. 51.
Creuziger N. 157.
Creuznach 141.
Cridar 78.
Criminalsteuer 86.
Crobath N. 158.
Cronsnest N. 161.
Crumbiegel N. 160.

cruogo ahd. 56.
cucania mlat. 43.
cuculla, cucullus lat. 165.
cucumber engl. 58.
culbear engl. 39.
cumba mlat. 222.
cunctus lat. 25.
curfew engl. 41.
currant engl. 41.
curtail engl. 46.
curtaldus 46.
custard engl. 95.
cutlas engl. 43.
cutler engl. 43.
cutlet engl. 46.

D.

Daggeröl, Daggert 192.
Dambrett 225.
Dame 225.
Dame N. 148.
dame frz. 33.
dämelig, dämisch 82.
Damenspiel 225.
Dammhirsch 179.
Dammspiel 3. 225.
Damspiel 3. 225.
Damstein 225.
Dänemark 125.
dang engl. 52.
Danker N. 148.
Danmörk N. 125.
Dantes 226.
Danzig 67.
dare, durst engl. 257. 264.
Darmstadt 65.
darn engl. 52.
dash engl. 52.
Dauborn N. 145.
dauen 258.
dauern 243.
dausi oberd. 280.
Davy Jones engl. 52.
D. C. D. frz. 37.
Debertshausen 143.
Debist schwäb. 90.
déconfire frz. 57.
Defertshausen 143.
Degen 148. 203.
Degener N. 148.
Degenknopf 203.
Degenöl, Degenschwarz 192.
deger nd. 137.
deich 200.

Deiffenker 281.
Deiker, Deikert 281.
Dein N. 148.
deinetwegen 278.
Deiphenker 231.
Deister 281.
deistig oberd. 228.
Deixel 231.
Dejour dial. 98.
demokrätzig 69.
Demuth 60. 93.
Demuthkraut 93.
Denfert frz. 35.
Denis N. 150.
Denklingen N. 140.
Deodatus N. 25.
Depenheuer N. 159.
déposer frz. 30.
derbärmetieren dial. 85.
des 277.
désdag nd. 228.
deshalb 277.
dessen 277.
deswegen 277.
Deubhenker 231.
deuce engl. 52.
deuced engl. 52.
Deuker 281.
Deuster 281.
Δεύτερος, δεύτατος 21.
der *deutsche Michel* 7. 8.
Deutseher 281.
devil-may-care engl. 52.
dew engl. 258.
Dezimalrath 91.
Διαιτα 236.
Diakonuspflaster 93.
diamante ital. 53.
Diane-la-Chapelle frz. 34.
Diät 236.
Dichteritis 99.
Dickbein 200.
Dickdam 93.
der *dicke Bärenwirt* 112.
dicke Tonne 112.
Dickendarm 93.
dickens engl. 52.
die Krott schwäb. 112
Diebolt N. 205.
Diebsbrücke 130.
Diebstraße 130.
diech mhd. 200.
dienuot mhd. 60.
dienmuot mhd. 60.
Dienstag 228. 229.
Dieprecht N. 205.
dierk nd. 205.
Dierolf N. 148.

dies viridium lat. 229. 230.
diestag mitteld. 228.
diet engl. 236.
dieta mlat. 236.
Dietbolt N. 205.
Dietbrücke 130.
diëte frz. 236.
Dietmarsgau 126.
Dietrich 205.
Dietstraße 130.
Diezelin N. 205.
ding nd. 229.
-ding in N. 146. 147.
dinglich mhd. 269.
dingsdag nd. 229.
Dinkel 71. 72.
Dinstag 229.
Direx 76.
dirk schott. 205.
Dirle 106.
Dirlitz 106.
Dirnlein 106.
discidium lat. 25.
discomfit engl. 57.
dissidium lat. 25.
Distanzen 89.
Dit un Dat nd. 59.
Dithmarschen 126.
diu ahd. 60.
dix-huit frz. 36.
Doch N. 148.
Dockenhude N. 144.
does it engl. 51.
Dohna N. 125.
Döhrekauf 151.
Dolfus, Dolfuss N. 148.
Dollfus, Dollfuss N. 148.
Dollmantel 102.
Dolman 102.
Dolmetsch 167. 168.
dolmetschen 167.
Dolmetscher 167.
δολοβέλλα; 23.
Domfessel N. 145.
Domnau N. 74.
Donar ahd. 229.
Donatus 79.
Donau 124.
Donaustauf N. 143.
donkey engl. 46.
Donnerstag 229. 279.
Donnerwetter Parapluie 33.
Dorfstecher N. 156.
dörhalen nd. 244.
Dornburg N. 66.
Dornbutt 43.

dörper mhd. 177.
dorst hess. 264.
Dortmund 133.
Dortrecht 133.
Dose an Dose 86.
Dotter N. 148.
douaire frz. 238.
dowager engl. 238.
D. P. C. frz. 37.
Drachenschuß 10.
Draech N. 115.
Dragoman 59. 167.
drake engl. 40.
drat engl. 52.
dread engl. 61.
drecht altfries. 133.
Dreckenach N. 187.
Dreckmann N. 160.
Dreckmeyer N. 160.
Dreckschmidt N. 160.
Dreckstipper dial. 14.
dregen mnd. 155.
Drehangel 99.
Dreiackers dial. 59.
Dreiangel 72.
Dreieck 87.
Dreimännerwein 221.
Drengfurt N. 74.
Dreyßig N. 145.
driakel mhd. 59.
Drillose N. 165.
Drinkhut N. 152.
Drischaufel oberd. 103.
Drishaus N. 152.
driusan got. 128.
Drögapthek, Drögaptheker nd. 94.
dröge Handlung 94.
droguerie frz. 94.
δρομάς 179.
Dromedar 179.
dromo mlat. 59.
dropsy engl. 40.
Drost 126. 169.
dröttseti altnord. 169.
Druckenbrodt N. 164.
Drude 167.
Druide 167.
Drusen Johannesgasse 128.
Drusenthal 128.
Drusus 128.
Drususgasse 128.
dry engl. 222.
Dry Madera 222.
Dübhorn 99.
Ducaton frz. 112.
Duckstein 195.

— 291 —

Duftstein oberd. 195.
dujourierender Officier 98.
duken, ducken nd. 195.
Düker 281.
Dummbart 7.
Dummenloch 67.
Dummerjahn 112.
Dummerwitz N. 145.
Dummsdorf 74.
Duncker N. 156.
Dunckerstraße 156.
Dünkel 72.
Dunkelboden N. 119.
Dünker N. 156.
dürangeln dial. 18.
durant frz. 278.
durchholen 243. 244.
durchleuchtig 86.
Dürckob N. 151.
dürfen 257.
during engl. 278.
Dürkoop N. 151.
Dürkopf N. 151.
Dürkopp N. 151.
durren 257. 264.
Dürrhofen 145.
Dürrländer 78.
Dürrmaul N. 145.
Dürrschmidt N. 155.
Dürrwächter N. 155.
durstig 264.
dürstig 264.
Düwelsdorf 143.

E.

ealand ags. 38.
ebanóti ahd. 114.
Ebaum 188.
Ebenharz N. 138.
Ebenholz 187.
Ebenhütte dial. 114.
Ebenreis 191.
Ebenteuer 235.
Eberbach N. 144.
Eberding N. 147.
Eberitz 191.
Eberraute 191.
Eberreis 191.
Eberruthe 191.
Eberstallzell N. 139.
Eberstätten N. 139.
Ebirwih ahd. 57.
Ebrärgang 130.
E. B. T. frz. 37.
échafaud frz. 222.

echt 273.
ecke mhd. 248.
Ecker 194.
écluse frz. 198.
école frz. 31.
écorce frz. 31.
Écosse frz. 31.
écrevisse frz. 38.
écrin frz. 31.
ecstasy engl. 34.
Edenhofen 143.
Edenstraß 143.
Edenthal 143.
edrar provenç. 31.
Egad engl. 280.
Egarten 72.
Egel 184.
Egelsburg 122.
Egert, Egerde dial. 72.
Egitt 280.
éhaft mhd. 273.
Ehegarten 72.
Ehelich 72.
Ehescheider 91.
Ehethum 66.
ehrbietig 269.
Ehren 173.
Ehrenbezeigung 239.
Ehrenbezeugung 239.
Ehrenbreitstein 136.
Ehrengesell 78.
Ehrenhold N. 72. 149.
ehrerbietig 269.
Eichenkofen N. 139.
Eichhorn 4. 180.
Eichsfeld N. 122.
Eidam 66.
Eidmann 66.
Eierklar 218.
eifern 256.
Eifersucht 241.
sich *eigen* henneb. 248.
Eigenbrätlerin 94.
Eigenbrod N. 164.
Eigenbrötlerin 94.
Eiko N. 122.
Eiland 197.
Eilau N. 74.
Eilenburg 66. 74.
eilf 197.
Eilicha altd. 149.
Eimbeck N. 219.
das *Eimbeckische* Haus 220.
Einbock N. 219.
Einbrod N. 164.
einchoranêr ahd. 56.
Findarm, eindärmig 78.

eindeweder, eintweder mhd. 278.
eindrängen 243.
Eine N. 148.
Einfahrt dial. 84.
einfleißen 213.
einfließen 213.
Einhorn N. 163.
einjäl dial. 82.
sich *einkutschen* dial. 83.
Einländer 89.
einlant mhd. 197.
Einöde 166. 197.
Einödhausen 138.
einreißen 18.
Einschlaf südd. 212.
einschwärzen 244.
eintränken 243.
eintreiben 243.
Einwald N. 146.
Einwart, Einwärts 84.
einwendig 89.
Eisbein 200.
eischen mhd. 258.
eiscón ahd. 258.
Eisdorf 139.
-*eisen* in N. 147.
Eisenbrod N. 145.
Eisengrein N. 172.
eiserne Promenade 116.
Eisfeld N. 138.
Eishold N. 146.
Eiswald N. 146.
Eitcressich 93.
Eiternessel 84.
eitstein mhd. 58.
Ekelname 232.
eklich 265.
Ekstra N. 159.
Elbkatze dial. 105.
Elbthier dial. 105.
elch mhd. 179.
Elen, Elenthier 179.
Elend 179.
elend 168.
Elendsklaue dial. 179.
Elfeld N. 145.
Eliasbrunn N. 143. 144.
elilenti ahd. 168.
Elisabethhöhe 122.
Elk 179.
Elle N. 148.
ellekonge, ellerkonge dän. 167.
Ellenbutt dial. 105.
ellende mhd. 168. 179.
Eller 167.
Ellwangen N. 179.

Elsaß 124.
Elsaßhausen 144.
Eltville N. 138.
E. L. V. frz. 37.
elvekonge dän. 5.
Emmerich 141.
empfehlen 242.
empor 247.
empören 247.
Emporium 81. 82.
Emsenberg 122.
en f. *ein* 278.
enboeren mhd. 247.
enbor mhd. 247.
encan frz. 226.
Endekrist 58.
d'*Enfer* frz. 35.
engegene mhd. 276.
Engelgasse 120.
Engelland 59. 67.
Engelsaat 72.
Engelseit 72.
Engelsgrube N. 130.
Engelswisch N. 130.
Engelwies N. 142.
England 59.
englisch 59.
Enkel 73.
Enkelbogen 73.
Enkirch N. 136.
enpfelhen mhd. 242.
enschumpfieren mhd. 57.
enseigne frz. 45.
ensign engl. 45. 46.
ent südd. 143.
Entbach N. 143.
Entbuch N. 143.
Ente 21. 66.
entfahmt dial. 276.
entfehlen, Entfehlung 89.
Entferner südd. 143.
entgegen 276
Entgelt 269.
Entgrub N. 143.
entlang 276.
enträten mhd. 61.
entrinnen mhd. 244.
entrinnen 244.
Entspekter dial. 276.
entweder 278.
entzwei 276.
envie frz. 202.
enwec mhd. 276.
-*enzen* 250
Enzenberg 122.
Enzendorf 122.
Enzenkirchen 122.
Enzenweiler 122.

epfe mhd. 188.
Epha dial. 188.
Epheu 187. 188.
ephöu, ebehöu mhd. 188.
épingle frz. 79.
ἔποψ 182.
Eppich 188.
Equipage 209.
équiper frz. 209.
equivocen 69.
er f. *Herr* 173.
-*er* in alten N. 148.
eräugnen 247. 248.
Eräugnis 248.
erbarmen 270.
erbern mhd. 268.
Erbrecht N. 147.
Erbsen N. 138.
Erdapfel 90. 103.
Erdbaum 188.
Erdbrust 230.
Erdengesell 78.
Erdfurt N. 68.
Erdocke hess. 199.
Erdschocke 90.
creignen 248.
Ereignis 248.
ἐρεύγειν 109.
creugen, cräugen 247. 248.
Erin N. 25.
Erkenzweig N. 158.
Erlenwein N. 146.
Erlkönig 166. 167.
Ermel N. 148.
Ermengerst N. 143.
Ermschwerd N. 140.
Ernstroda N. 143.
errant frz. 30.
errer frz. 30.
Ertoffel dial. 90.
erwähnen 244.
erwinnen mhd. 245.
Erz- 272.
erzen 12.
escarmouche frz. 234.
eschen nd. 258.
Eschleie 91.
Eschlauch 189.
Eschwege N. 135.
Eselpföterstraße 131.
Eselshusen 144.
Eselskraut 192.
Eselsmilch 192.
Eselsröt N. 131.
Eselswurz 192.
Eskineway ahd. 135.
esquif frz. 209.

Esse 252.
Essich 252.
Essichmutter 197.
Esslingen 65.
Esula minor lat. 192.
Eßlauch 189.
étendard frz. 60.
Etternessel dial. 84.
Etzscheider 91.
Eulalia N. 149.
eur altfrz. 33.
Eva dial. 188.
Ex 225.
Examenvers 84.
ἐξάμιτον 105.
excise engl. 42.
exclusa mlat. 198.
Executionspflaster 93.
Existent 69.
Exmouth engl. 50.
Exodus 49.
extase frz. 34.
Extra N. 160.
eyelid engl. 201.
eyes and *nose* engl. 45.

F.

F. A. C. frz. 37.
Fächer 208. 209.
fagot frz. 54.
fahl 180.
Fahland N. 158.
fahnden 256.
Fahne schwäb. 193.
Fähre dial. 89.
Fahrebund dial. 86.
faillir frz. 242. 261.
fait frz. 15. 16.
Faland N. 158.
falaresca rom. 56.
falawiska ahd. 56.
falb 180.
falbala rom. 41.
Falbe 180.
Falbel 41.
falco ital. 222.
falh 180.
Falke 180.
falkit tirol. 180.
fallen 261.
das *fallende* 281.
Fallerschein N. 145.
fallieren 261.
fallire mlat. ital. 261.
falmesch dial. 56.
falo ahd. 56.

— 293 —

Falterbach N. 143.
Famagusta N. 54.
famillionär 69.
fandjan ags. 256.
fandón alts. 256.
fantón ahd. 256.
Farrensohn N. 115.
Fasan 96.
faseln 227.
fasihuon ahd. 62.
faslavend nd. 227.
Fasnacht 227.
Fassong dial. 87.
Fassung 87.
fastelavend nd. 227.
fastenat dän. 227.
Fastnacht 227.
Faßhahn N. 162.
faubourg frz. 170.
Faule Grete 191.
Faulenz 250.
faulenzen 250.
fauler Lenz 250.
faullenzen 250.
fauteuil frz. 209.
faux frz. 170.
fear engl. 243.
featherfew engl. 40.
featherfoil engl. 40.
featherfowl engl. 40.
fechten 19.
Federhausen 74.
Federico ital. 54.
federscelli ahd. 56.
Federspiel 181. 183.
Feensbarg nd. 129.
fêg dial. 97.
Fehleisen N. 166.
fehlen 242.
Fehlhalden 67.
Feierabend, Feyerabend N. 102.
Feifalter 105.
feig 97.
fein, feinlich 107.
Fein Gretchen 166. 191.
feindlich oberd. 107.
feira port. 29.
Feirien 91.
Feldkrebschen dial. 86.
Feldkümmel 192.
Feldstuhl 209.
Feldwebel 168. 169.
Felleisen 70. 209.
female engl. 38.
femelle frz. 38.
Fenchel 105.
Fenkohl 105.

Fensterlied schles. 201.
fénugrec frz. 191.
feria lat. 30.
Ferien 91.
fermos 88.
Fernebock 93.
ferz pers. 29.
Fese 192.
fête frz. 16.
Fetkenhauer N. 156.
Fett 15. 16.
Fettmännchen 224.
Fettmönche 224.
feu frz. 27.
Feuchtwangen N. 137.
Feuerabend 102. 103.
Feuerstein N. 164.
feverfew engl. 40.
aus dem *FF* 251. 252.
fjällfras nord. 180.
fiber lat. 189.
Fichtenstraße 129.
Fichtestraße 129.
Fick N. 54.
Fiddel dial. 92.
Fideline dial. 204.
in *fidem* lat. 261.
fidemieren 261.
Fidibus 208.
Fidrich N. 54.
Fieberklee 189.
Fieberkraut 189.
Fieberwurz 189.
Fiedel 204.
fiera ital. 29.
fierce, fierche, fierge altfrz. 29.
fika altnord. 262.
filhan got. 242.
Filzlaus N. 145.
Finanzen 72.
fine Grêt, fine Greiten, fine Margrêt nd. 191.
Finessen 72.
Finkeljochem 222.
Finkenohren 191.
Finstermünz N. 136.
Finsterstern N. 114.
fiola mlat. 210.
firincizi ahd. 56.
First 121.
Fischbach N. 117.
Fischenebert N. 154.
fischenzen 250.
Fischhausen 140.
Fischotter 184.
Fisebohne 192.
Fisimatente 110.

fisl dial. 192.
Fitzebohne 192.
Fitzke N. 54.
Fitzthum N. 169.
fix 262.
fix engl. 262.
fixieren 261.
fizes, fizus ahd. 262.
flackern 209.
Flackhering 12.
flak poln. 12.
flämisch 222.
flamme frz. 29.
Flandern 74.
flandern dial. 74.
Flat 13.
Flätz, Fläz 13.
Flaum, Flaumen 80.
Flaus 214.
flèche de lard frz. 12.
Fleck 12.
Fleckhering 12.
fleece engl. 213.
Fleischwangen N. 138.
fleuten nd. 253.
Flicken Speck nd. 12.
Flickhering 12.
fliedima ahd. 29.
Fliedner N. 29.
fliegendes Element 93.
Flies 213. 214.
Fliete 29.
flins 138.
Flint N. 164.
flit engl. 253.
flitarazan ahd. 231.
flitches of bacon engl. 12.
Flitterjahr 231.
Flittermonat 231.
flittern 231.
Flitterwoche 231.
Flittner N. 29.
Flitzentasche N. 115.
flömen nd. 80.
floresta span. port. 54.
Floringasse 130.
flöten gehn 253.
Flötz 13.
flüchtiges Element 93.
Flurschütz 170.
Flushing engl. 51.
Flüss 214.
flüssiges Element 93.
flytte dän. 253.
F. M. R. frz. 37.
Focher 209.
fogote span. 54.
foire frz. 29. 30.

— 294 —

fois frz. 32.
folgends südd. 107.
folk's-glove engl. 39.
follemang dial. 63.
foorhemd nd. 211.
forbourg frz. 170.
Forchhammer N. 165.
forense ital. 53.
forese ital. 53.
foresta ital. 54.
formica lat. 26.
Fors 110.
Forst 121.
Föttkenheuer N. 156.
fourrage frz. 98.
fox-glove engl. 39.
Francterrors engl. 51.
Fransche Spieß 98.
Frauenreiter N. 158.
Frauenstadt 66.
Frauenziefer 175.
Frauenzimmer 175.
Frauwerderschleuse 120.
freidig 264.
freidjan got. 198.
Freierasche 98.
Freihof 198.
Freimeier 90.
Freimörder 90.
Freischäler 91.
Freischürer, Freischärler 91.
Freitag 228.
Freithof 3. 198.
Fressack N. 116.
Fressitt dial. 88.
Fretup N. 144.
Freudhof 198.
freudig 264.
Fria N. 228.
Friedels N. 141.
Friedhof 3. 198.
Friedlieb N. 146.
Friedlos N. 141.
Friedrich 66.
Friedrichsdor 224.
Frielinghaus N. 160.
Friesenberg 130.
Frigg N. 228.
frihals ahd. 177.
Friling 160.
Frische Buch 121.
Frißgar 70.
Fritzlar N. 135.
frohlocken 17.
frohn 262.
Frohndorf 139.
Frohwein N. 146.

froleich 17.
Fromherz N. 146.
Fromhausen 139.
frônô altd. 262.
Frontenspitze 98.
frontispiece engl. 39.
Frontspieß 98.
Frontspitz 98.
Frosch N. 163.
Fröschweiler N. 144.
Frowedder Slüs nd. 120.
Frühbuß N. 158.
Frühlinghaus N. 160.
Fuchs 8.
fuchsen 247.
Fuchskule 162.
Fuchszahl N. 163.
fudel oberlaus. 271.
fuego span. 54.
fuga ital. 226. 227.
Fuge 226. 227.
Führer dial. 109.
Führung dial. 109.
fuller engl. 155.
Füllmund 63.
fünkeln, finkeln 222.
für u. vor 276.
furbelow engl. 41.
Färböter N. 152.
Fürdrat dial. 109.
Färgrad dial. 109.
fürlieb 276.
Fürst 121.
Furt 13. 14.
furwize ahd. 56. 57.
fürzog mhd. 58.
Fuselthier 91.
Fuß 254.
Fuß in N. 162.
Fußbaum dial. 83.
Fäßen N. 135.
Fußhöller N. 162.
Fußhorn N. 162.
Fußmai dial. 83.
Fußwinkel N. 162.
futraschieren 89.
Futterage 98.
Futterhemd 211.
futtern dial. 98. 99.

G.

gaffen 7. 174. 259.
Gähnaffe dial. 6.
galante Straße 116.
Galberg 129.
Galgan, Galgant 107.

Galgenbaumöl 107.
Galgenberg 73.
Galgenrab rhein. 183.
Galgenwurzel 107.
galimafrée frz. 234.
Galimathias 234.
galla lat. 195.
Gallapfel 195.
Gallenfeld 129.
Gallenkamp N. 129.
gallimaufrey engl. 234.
Gallusgasse 129.
Gallusthor 129.
Galopp 93.
Galoschen 213.
Gamander 193.
Gambrinus 176.
gamen, gaman 193.
gang nord. 32. 274.
Gangauf N. 148.
Gänsdarm 92.
Gänserich 190.
Gant 226.
ganze Scharmusik 89.
Garaus, Garäuslein dial. 99.
Garbenteich N. 141.
Gardecorps 99.
Gardine 211. 212.
Gardser Oel 107.
Garlieb N. 146.
Garmann 72.
Garnaten 105.
Garnelen 105.
Garnsee N. 68.
garotag ahd. 57.
das garstige Fieber 99.
Gas 196.
Gäscht 196.
Gassagenger dial. 94.
Gassenbeleuchtung 89.
gâter frz. 27.
gätze, getze oberd. 176.
Gau 172.
gau nd. 172.
Gaudieb 172.
Gaul 66.
Gauner 172.
Gaz türk. 36.
gaza lat. 52.
Gazari ital. 67.
gazelle frz. 52.
gazza ital. 52.
gazzetta ital. 52.
ins Gebet nehmen 254.
Gebett nd. 254.
Geckschoserei 95.
Geflügel 13.

— 295 —

Gehandelzucker henneb. 219.
Gehhunger 85.
Geiselhering N. 136.
Geiselmacher N. 139.
Geislauff N. 148.
Geiß bair. 220.
Geitkragen dial. 177.
Geiz, geizen 123.
Geizhals 177.
gelach, geloch 236.
geläfter dial. 238.
Gelag, Gelage 236.
gelake nd. 236.
Geldkatze 11. 12.
Geldspiel 181.
gelichesen mhd. 255.
Gelichter 238.
geliefern 62.
Gelifter 238.
das *gelobte* Land 126.
Gemeinhardt N. 156.
gemini engl. 281.
Gendarme 92.
Gendarmerie 92.
Generalstab 169.
gengel mhd. 61.
Genie 103.
genieren 103.
geniting engl. 39.
genot, genöte nl. nd. 8.
gensinc ahd. 190.
George engl. 52.
Γήπαιδες 23.
Gepidae lat. 23.
gêr mhd. 207.
aufs *Geradewohl* 240.
aufs *Gerathewohl* 240.
Gerathewohl N. 154.
gerben 75.
Gerberding N. 147.
Gerberhund 75.
Gerberschwein 75.
Gerbersdorf 140.
Geressen N. 87.
Gereutstelze 5.
Gerfalke 182.
gerfaut frz. 182.
Gerhaber 173.
Geriß 87.
Gerlhoff N. 148.
Gerloff N. 148.
germander engl. 193.
germandréé frz. 193.
Germani lat. 24.
Germuden N. 68.
Gerothwohl N. 154.
Gerstäcker N. 158.

Gerstall N. 139.
Gerstenacker N. 158.
Geruch 240.
gerüche 240.
Gerücht 240.
gerüefte mhd. 240.
geruhen 244.
geruochen mhd. 244.
gescheibt südd 248.
gescheid 267.
gescheidt 267.
gescheit 267.
gescheut 267.
geschide mhd. 267.
Geschirr 73.
Geschrei 14.
geschworner Montag 111. 112.
Gesegnet bair. 86.
Gesenke (mährisches) 128.
gesifte dial. 238.
Gespan 171.
Gespann 171.
Gespanschaft 171.
Gespenst 242.
Gest 196.
Gethsemane N. 141.
gevlitter mhd. 231.
gevügele mhd. 13.
gewaeren mhd. 245.
gewahen mhd. 244.
gewähren 244.
Gewand 210.
gewandlich dial. 269.
gewandsweise 275. 276.
gewehenen mhd. 244.
gewërn mhd. 244. 245.
Ghazi türk. 36.
gibbeter engl. 52.
Gibilterra ital. 54.
Gierfalke 182.
Gifteritis 99.
Giftjung 111.
-*gilih*, -*lih* ahd. 269.
gilliflower engl. 43.
Gimelblättchen 225.
Ginaff bair. 6.
girasole ital. 39.
girofle, giroflée frz. 43.
Girsberg 121.
Gischt 196.
git, gitesen mhd. 123.
gizen nd. 123.
glaire frz. 218.
Glaraffe dial. 6.
glare, glair engl. 218.
Glas-Aurach N. 84.

Glasbrunnen, -kirche, -thor, -turm 84.
Glaszeug dial. 84.
Glattwerk, Glattwürger 93.
glau 147.
Glaubrecht N. 2. 147.
Glebsattel N. 153.
Gleichgültigkeitsecke 264.
Gleidlohn 240.
gleisen 3. 255.
gleißen 3. 255.
Gletscher 198.
Glied 201.
Gliedlohn dial. 240.
Gliedmaßen 200.
glisen mhd. 255.
Glittschuh dial. 205.
Glockengasse 128.
glotze, gallotze 213.
Glückstadt 111.
γλυκύρριζα 23.
Goat and compasses engl. 49.
goats engl. 49.
Godefro 113.
Godensholt N. 137.
Godesberg 137.
go-down engl. 49.
Goethals N. 146.
-*gold* in N. 146.
Goldhammer N. 163.
Goldkrem, Goldkrume 94.
Goldorange 31.
Goldrabe 183.
Goldstücker N. 155.
Golkrabe 183.
Goltdammer N. 163.
good engl. 52.
goodb'ye engl. 46.
goodness engl. 52. 280.
gooseberry engl. 44.
goout engl. 49.
gordijn holl. 212.
gordine 212.
gôs, gás nd. 162.
gossamer engl. 197.
goʒ mhd. 176.
gothaischer Baustil 77.
Gotscheck N. 148.
Götschke N. 148.
Gott wie köstlich 111.
Gotthold 146.
Gottlieb 146.
Gotts Leichnam 280.
Gotts Tausend 280. 281.
Gotts Teufel 280.
Gottschick N. 147. 148.

Gottwald N. 146.
Gottwein N. 146.
Götze 176.
Goukelsahs mhd. 59.
goutte frz. 86.
gowts engl. 49.
Goyenscheten nd. 141.
Grad, gradieren 71.
Gradewald N. 154.
Graf 170.
Graf-Rheindorf 143.
Grafstall N. 139.
Gramanzies dial. 60.
gramaʒie mhd. 60.
gramaʒien mhd. 60.
gramerʒien mhd. 60.
Granaten dial. 105.
Grandbéta 36.
Grandbetta 36.
grand' mère frz. 37.
graphio, grafio, gravio mlat. 170.
grass engl. 40.
graß 263.
gräßlich 263.
Grathwohl N. 154.
grätschen 75.
grau 265.
gräulich 265.
Grau-Rheindorf 143.
Gregorius 90.
Grengel dial. 114.
grenserich 190.
grensine ahd. 190.
Greuel 120.
greulich 265.
grida, gridare ital. 78.
Grien N. 132.
Gries 87.
Griesgram, griesgramen 248.
Griffel 208.
Grillparzer N. 69.
grim 89.
grima altnord. 172.
Grimmeisen N. 147.
grimmen 201.
Grimmhilde 66.
grinap nd. 6.
Grind N. 132.
Grindel 114.
grisgramen mhd. 248.
grist ags. 248.
griuwelich, griulich mhd. 265.
Grobgrün 211.
Grobzeug 178.
Groden 144.

Groen nd. 144.
groffel dial. 43.
Grog 211.
grogram engl. 211.
Groll 153.
Grolland N. 144.
Gröne Scharen dial. 103.
Grönland 144.
groom engl. 63.
Groschuff N. 151.
grosgrain frz. 211.
gröste 273.
Großdank 83.
auf *großem Fuße* leben 254.
Großschupf N. 151.
größte 273.
Grotewohlt N. 154.
Grothwohl N. 154.
Grotwahl N. 154.
grübeln 14.
Gruft 14.
grün 229. 266.
Grün N. 132.
Gründonnerstag 229. 230.
grüne Globen dial. 94.
grüne Knoten dial. 94.
Grüneisen N. 147.
Grünspeck schwäb. 83.
gruß dial. 83.
Grußdank dial. 83.
G'schor dial. 14.
G'scherei dial. 14.
gschlacht schwäb. 267.
guêpe frz. 27.
guerdon altfrz. 26.
gugele mhd. 165.
Gugelhopf 217.
gum engl. 52.
Gummigutt 187.
Gun N. 164.
Gunterschwil N. 136.
Günthersleben N. 139.
Guot, Guet dial. 86.
gürteltübe mhd. 63.
Gut dial. 86.
Gutenäcker N. 158.
Gutenfürst N. 137.
Gutenswegen N. 140.
Guthmannshausen 140.
Gutta Percha 187.
Gymnasiengast 84.
gyrofalco mlat. 182.

H.

h eingeschoben 154. 161; vorgesetzt 27. 57. 151.

Haarrauch 196.
haarschlächtig 105.
Habechesberg 138.
Habelschwerdt N. 140.
Haberding N. 147.
Haberfeldtreiben 285.
Haberfell 235.
haberklaue 152.
Haberraute 152. 191.
Haberstolz N. 151.
Habichtspiel N. 142.
Habsburg 138.
Hack di pack di 94.
Hack un Mack 94.
Hack un Pack 94.
Hackbart N. 147.
hackbush engl. 47.
hackbut engl. 47.
Hackebussade 93.
Hackspiller N. 159.
Hadrian 66.
Hafter 95.
hagastold alts. 173.
Hagebuttenöl 93.
hagelweiß 273.
Hagen N. 16.
hagestalt mhd. 173.
Hagestolz 4. 173.
hagmane schott. 40.
Hagspiel N. 159.
Hahnebutten dial. 106.
Hahnrei 13.
Hainstraße 132.
häkelich, häkelig 265.
Hakenbüchse 10. 11.
hal nd. 244.
halb sieben 108. 109.
halde 159.
Halesbrunnen 134.
half seas over engl. 109.
Halfter 95.
Halljahr 227.
Hallwachs N. 151.
Hals 177.
-hals in N. 146.
halt 279.
Halter 95.
halwig söben nd. 108.
hamac frz. 212.
-hammer in N. 165.
Handborg 68.
Händelsucht 241.
handhaben konj. 250.
handicap engl. 41.
handicraft engl. 41.
handieren 260.
handiwork engl. 41.
handstaff engl. 42.

— 297 —

handthieren 260.
handtieren 260.
Handwerk 63.
Hanepoten nd. 106.
Hängematte 212.
Hangentinpurun altd. 140.
hangmac, hangmat holl. 212.
hankey-pankey engl. 233.
Hans 260. 277.
Hans Mors 176.
Hanse 82. 260.
Hanseestadt 82.
Hanselberg 140.
hänseln 259. 260.
hansen 260.
hanter frz. 260.
hantieren 260.
Hantschick N. 148.
hantwerc mhd. 63.
Happetit 65.
harceler frz. 261.
Harfelieschen 90.
Harfleur frz. 34.
haribanum 33.
Harmonium 93.
harsten mnd. 215.
harstjan ahd. 215.
Hart 123.
hart 121.
Hartgering N. 147.
Hartleb N. 146.
Hartleib N. 146.
Hartlieb N. 146.
Hartogengrove nd. 130.
hartschlächtig 105.
hartslegtig nd. 105.
Hartsprung N. 121.
Hartstraße 132.
harübel 88.
Harvstehude N. 144.
Harz N. 123.
-harz in alten N. 146.
Harzburg 123.
Harzgerode N. 142.
Hasard 62.
hasardig dial. 62.
Hase 16. 62. 165.
haschart mhd. 62.
haselieren 261.
häseln 261.
Hasenpflug N. 152.
Hasenpoth'N. 158.
Hasenschaden 99.
Hasenzagel N. 163.
Hasenzahl N. 163.
Hassard dial. 62.

Hassee N. 132.
Hassenpflug N. 113. 152.
Haß und Fluch 113.
Haßfurt N. 125.
Haßstraße 131. 132.
Haudegen 172. 203.
Hauffschild N. 152.
Hauptmann 74.
Hausbergen N. 145.
Hauser N. 150.
Hauslaub 189.
Hauslauch 189.
Hauslob dial. 189.
Hausschild N. 152.
Hauswurz N. 141.
haut frz. 27.
Haverkampf N. 161.
hearstjan ags. 215.
Hebamme 171.
hebenholz 151. 152.
Hebstahl N. 142.
Hechse 10.
Hecht N. 163.
Hedehexe dial. 73.
Hederich 194.
Hedwige 216.
-heer, -herr nd. 157.
Heerrauch 196.
Hefamme dial. 171.
Hefang dial. 171.
Hegeburt N. 147.
Hehrrauch 196.
hei 196.
heid altd. 148.
Heidechs 73. 151.
Heide-, Heidenkorn 188.
Heidelauf N. 148.
Heidelberg 123.
Heidenwecken 216.
Heiderauch 196.
Heidochs dial. 73.
heikel 265.
heiklich 265.
heil 107. 108.
Heiland 274.
Heilbronn 134.
Heilebart 84.
heilfroh 272.
heilig 108.
Heiligenberg 145.
Heiligvaterbier 220.
heillang 108. 272.
Heilsberg 138.
Heilsbronn N. 134.
Heimat 197.
Heimsoeth N. 160.
Heimsoth N. 160.
Hein 175. 176.

Heirauch 196.
heischen 151. 258.
heißen 258.
heiʒen mhd. 215.
Heiternessel 84. 85. 151.
heizen 215.
hêl nd. 19. 107.
Heldriegel N. 158.
Heldväterland 65.
Helfamme 171.
helfant mhd. 57. 58.
helfenbein mhd. 151.
helfentier mhd. 57. 58.
helle Haufen 19.
Hellebarde 203.
hëllen mhd. 19.
zur Hellen N. 36.
Hellengasse 36.
Hellenhahn N. 139.
Hellriegel N. 158.
helmbarte mhd. 203.
Helmeisen N. 147.
Helmholz N. 146.
Hemmau N. 143.
Hemsater 160.
Hemsath N. 160.
Hemsoth N. 160.
Henne N. 148.
Hennefahrt N. 147.
Henri cinq frz. 36.
Hentschke N. 148.
Hep Hep 15.
hepfen bair. 217.
Heppe dial. 15.
-hêr in mhd. N. 64.
her dan 248.
Herappel N. 35.
Herbart N. 147.
Herbipolis N. 133.
Herbstadt 139.
Herbstehude N. 144.
Herbstein N. 142.
herd südd. 103.
Herdapfel dial. 103.
Herdegen N. 148.
herefugol ags. 56.
herfogeli ahd. 56.
Herhohen 65.
Heribann 33.
Hering 12.
hêrlich mhd. 265.
Herlieb N. 146.
Hermann 149.
Hermannspiegel N. 142.
Herold 72. 146. 149.
-herr 62.
Herrenbrod N. 164.
Herrenhausen 142.

19*

— 298 —

Herrenkohl N. 165.
Herrfahrdt N. 147.
Herrhold N. 146.
Herrje, Herrjes 281.
herrlich 265.
Herrmann 149.
Herrschaft 238.
herrschen 3. 260.
Herrwald N. 146.
Herr-weg 69.
hêrschaft mhd. 238.
herschen 3. 260.
hêrsen, hërsen mhd. 260.
Hersfeld N. 134.
Hertstrate nd. 132.
Herz in N. 146. 161.
Herzbach N. 161.
Herzbändel oberd. 94.
Herzbengel fränk. 94.
Herzberg N. 161.
Herzbruch N. 161.
Herzbruck N. 161.
Herzengrube N. 130.
Herzfeld N. 161.
Herzhausen 139.
Herzpünkel bair. 94.
herzschlächtig oberd.105.
herzschluckig 105.
Herzsprung N. 121. 161.
Herzweil N. 136.
Hessenfluch 113.
Hesserode 141.
Hêtwecken plattd. 216.
Heu 188.
heunisch 266.
heur frz. 33.
Heuschrecke 115. 185.
Heusprung dial. 185.
Heustraße 132.
hevanna ahd. 171.
Hexe 262.
Hexenschuß 10.
Hibernia lat. 25.
Hiddensee 124.
Hiddensoe 124.
Hiefhorn 204.
Hiéraple frz. 35.
Hifthorn 204.
hileich mhd. 72.
himelitz mhd. 63.
himmelblitz 63.
Himmelstadt 142.
Himmelwitz N. 145.
hin dan 248.
hindan 248.
hinder dial. 132.
hintan 248.
hintansetzen 248.

hintenansetzen 248.
Hinterbach N. 142.
Hinterim 67.
Hintermarkt 132.
Hinterpunktion 67.
Hintinbuch ahd. 142.
hinweg 276.
Hippe dial. 15.
Hirngespenst 103.
Hirschbrei bair. 83.
Hirschensprung 121.
Hirschkorn N. 163.
Hirschzell N. 139.
Hirse 83.
Hitternessel dial. 85.
hiufan ahd. 204.
hliomr altnord. 237.
hlit ahd. 200. 201.
hliuma got. 237.
Hoc est corpus lat. 232.
Hocheisen N. 147.
Höchst N. 133.
hôchvart mhd. 240.
-hof in alten N. 148.
Hof-Art 241.
Hofereise dial. 68.
Hofert dial. 68.
Hoffart 240.
hoffelich mhd. 108.
Hoffschläger N. 155.
höfliches Gebirge 108.
Hofreide dial. 68.
Hofreit N. 68.
hoggeshovet nd. 207.
hogmanay, hogmenay
  schott. 40.
hog-money engl. 40.
hogshead engl. 207.
Höhenrauch 196.
Hohesüß N. 142.
Hohnbrücke 120.
hohnecken 248.
hohnlachen konj. 250.
hohnecken 248.
Hokuspokus 232. 233.
-hold in alten N. 145.
Holder 186.
Holderstock 70.
Holfast 74.
Holfter 95.
Holland 125.
Höllgabel 67.
hollow engl. 44.
Höllriegel N. 158.
Holsaten 126.
Holstein 125. 126.
Holsten 126.
Holstenstraße 132.

Holtesmeni alts. 133.
Holtkott N. 160.
Holtland 125.
Holtseten nd. 126.
-holz in alten N. 146.
Holzbach N. 136.
Holzbecher N. 159.
Holzbock 11.
Holzleute N. 140.
Holzminden 138.
hommel mnd. 121.
Hönbach N. 138.
honest-faced engl. 45.
honeyseed engl. 51.
honeysuckle engl. 52.
Honfleur frz. 34.
Honigbrücke 120.
Honigsam 70. 71.
Honigsaum 71.
Honorius N. 24.
hoop, hoopoe engl. 182.
Hoppmann nd. 74.
hor ahd. 182.
Horloff N. 119.
Horn 230.
Hörnerbaum 230.
Horneyer N. 159.
Hornkirsche 230.
hornunc ahd. 230.
Hornung 230.
horotumbil ahd. 182.
horse-emmet engl. 6.
horse-leech engl. 6.
horse-mint engl. 6.
horseradish engl. 6.
Hose 165.
houblon frz. 121.
hôvart mhd. 240.
hovereite mhd. 68.
hrecchio ahd. 168.
hreinn nord. 179.
hrindi ahd. 202.
Hroarskilde nord. 136.
H. T. frz. 37.
huckendäud nd. 20.
hude nd. 135.
Huflattich 190.
Hüfthorn 204.
Hugenotten 101.
Hühnhahn N. 139.
huile frz. 27.
huissier frz. 27.
huit frz. 27.
huitre frz. 27.
Huldreich N. 149.
Hummelwiese 121.
humulus lat. 121.
Hund 252. 253.

auf den *Hund* kommen 252.
weder *Hund* noch *Hahn* 253.
Hunde 16.
zum *Hunde* N. 128. 129.
Hundertthalermühle 119.
Hundsbach 144.
Hundshausen 141.
Hundsrück N. 20.
Hundstall N. 137.
Hünfeld N. 139.
Hung dial. 258.
Hunger N. 148.
Hungerer 67.
Hungersberg 67.
am *Hungertuch* nagen 253.
Hunjareiks got. 25.
Hunnen 16. 20.
Hunsrück N. 20.
hunzen 19.
huppe frz. 27. 182.
hupphupp nd. 182.
hupup dial. 182.
hurler frz. 27.
husten 253.
huxhovet nd. 207.
H. V. frz. 37.
Hyperboren 69.

I.

I, *wie ménen Sie des?* 102.
idea engl. 97.
Idee 97.
idole frz. 36.
-*ieren* 260.
ἱερός 22.
'Ἱεροσόλυμα 22.
iezunt mhd. 275.
iezuo mhd. 275.
Igel 184.
Igelsburg 122.
ignitegium mlat. 41.
Ihm N. 148.
Ihn N. 148.
il nd. 184.
Ilsebethhohl 122.
ilsegrimsch nd. 172.
imela altslav. 145.
Immer N. 148.
Immes dial. 259.
impuccio ital. 16.
imposthumate engl. 43.
impostumate engl. 43.

Ims dial. 259.
in *nummer dumen namen* mhd. 60.
in *zuei* ahd. 276.
incanto ital. 226.
indes 277.
indessen 277.
indeß (ss) 277.
indrucken dial. 109.
-*ing* in N. 146. 147.
Ingrimstraße 130.
innandes ahd. 277.
Inselberg 122.
inspazieren 101.
Inste 126.
Interlaken N. 159.
inwährend dial. 278.
Inzicht 243.
ircher 131.
Irmtraud N. 139.
Iron devil engl. 50.
Irrergasse 131.
irritieren 104.
Irrländer 67.
Isangrim ahd. 172.
isbên nd. 200.
ἰσχίον 200.
Isegrimm 172.
isegrimsch nd. 172.
Isengrin mhd. 172.
Isis engl. 50.
island engl. 38.
isländisch Most 99.
isle frz. 38.
isola ital. 38.
isoler frz. 197.
Israelites engl. 48. 49.
Ist gar roth 67.
it altd. 109.
itrücken mhd. 109.
Iwan N. 149.
Iwein N. 149.
Ixlamm 96.
-*izo* in N. 147.

J.

Jack tar engl. 172.
Jacke N. 150.
Jackengeist 93.
Jähhunger 85.
Jahrfünft 278.
Jahrzehnt 278.
jajin hebr. 222.
Jan Primus 176.
Jauner 172.
jaw engl. 95.

jázen, bejázen mhd. 19.
Jean-Peter-Ball 86.
jelen slav. 179.
jemand 274.
Jemine 281.
jenneting engl. 39.
Jeromiade 281.
Jerum 281.
Jerusaleben 22.
Jerusalem 22.
Jerusalem-artichoke engl. 39.
jeseln schles. 250.
jösen 196.
Jessenek slav. 123.
Jesses 281.
Jesubitter 65.
Jesuiten 65.
Jesuitenpulver 93.
Jesuwider 65.
Jesuwiter 65.
jetzund 275.
Jew Peter engl. 52.
jobel hebr. 227.
Jobeljahr 227.
Jobelperioden 227.
Jochem dial. 222.
John-apple engl. 39.
Jordan N. 149.
Jorsálir altnord. 22.
Joseph 95.
Jubelfest 227.
Jubelhochzeit 227.
Jubeljahr 227.
Jubilierer 91.
Juchhe N. 117.
Juchhöh 117.
Judenburg 141.
judenzen 250.
Jüdewein N. 138.
Julawasser 93.
Julfest 227.
Julyflower engl. 44.
Juneating engl. 39.
Junetin engl. 39.
Jungfer Nante 97.
Junglaus N. 150.
Junkersdorf 139.
Jup, Jüp dial. 95.
jupe, jupon frz. 94. 95.
just am End 88.
Jux 76.

K.

kaats holl. 226.
Kaffa 129.

— 300 —

Kaffamacherreihe 129.
Kaffemacherei 129.
kaffen 174.
Kaffer 174.
kafir arab. 174.
Kahlmäuser 174.
Kaiserberg 123.
Kalandstraße 116.
Kalauer 233.
kälbern 204.
Kalbsledersalz 93.
Kalenberg 233.
Kalengasse 116.
Kalkthor 129.
kalm 174.
Kalmäuser 174.
Kalmuser dial. 174.
kalte Grafengesellschaft 95.
Kalte Quinte 93.
Kalte Raben 190.
Kalteplas 93.
kaltwinisch 65.
χάλυξ 188.
Kamel 16.
Kamelblume dial. 105.
kamergewaad holl. 211.
kamergewant mhd. 211.
kamergewant mnd. 211.
Kamerich N. 211.
Kamerijk holl. 211.
Kamfenkel N. 154.
Kamille 105.
Kammerblume thüring. 105.
Kammerschien N. 145.
Kammertuch 166. 211.
-kamp, -kampf in N. 161.
kamperfoelie holl. 55.
Kampfenkel N. 154.
Kampfhenkel N. 154.
Kampfranz 155.
Kamphenkel N. 154.
Kampschulte N. 155.
Kandel 67.
Kandelberg 67.
Kandelzucker 219.
kandieren 91.
Kandis 219.
Kanditor 91.
kann dat nd. 70.
der kantegorische Imperativ 82.
Kantenzucker 219.
Kapaun 73.
Kapelle 210.
kapen mittelniederl. 259.
Kaper, kapern 258. 259.

kapf 137.
kapfen mhd. 174. 259.
kapores 252.
kappes sîn köln. 252.
Kapphahn 73.
Kapphuhn 73.
Kapptheil 79.
Kappzaum 208.
Kaprálsputzen nd. 99.
kaput 252.
Kaputöl 93.
kar (Trauer) ahd. 57. 229.
kar (Gefäß) 209.
Καράκαλλος 23.
Karambolsäure 93.
Karawanserai 198.
Karawanserei 198.
Karbunkel 195.
Kardätsche 208.
Karfreitag 57. 229.
Karfunkel 195.
Karlauf N. 148.
Karnickel dial. 62.
Kärntnerthor 116.
Karoline 226.
Kartätsche 208.
Kartause 100.
Kartenhäuser 65.
Kartenhausierer 65.
Kartenplas 93.
Kartoffel 90.
Kartoffelferien 101. 102.
Kartoffelkrieg 101.
Kartsé ahd. 107.
καρύκιον dor. 24.
Karwoche 229.
Karzeröl 107.
Kasarme dial. 223.
Kuschmir 211.
Küsebier N. 164.
Kaserne 223.
Küsmark N. 137.
kasperat, kaspernat 107.
Kassemännchen 224.
Kustemännchen 224.
Kastengeist 104.
Katafalk 222.
Katakombe 222.
Katarrhe 69.
Kater 201. 202.
Katerplas 93.
Kattenbuy N. 128.
Kattenpad nd. 127.
Katzball 226.
Katze 12. 67. 128.
Katze Whittingtons 49.
Katzenbauch 128.

Katzenbuckel N. 20.
Katzenellenbogen N. 136.
Katzenjammer 11.
Katzenmeister 67.
Katzenrille 93.
Katzenschuh 93.
Katzenzagel N. 123.
Katzenzobel N. 123.
kaudern 20.
kauderwelsch 20.
Kaufmacherstraße 132.
Kaul 185.
Kaulbarsch, Kaulkopf, Kaulquappe 185.
kede nd. 132.
Keding-, Kehdenstraße 132.
Kees N. 150.
kegelscheiben dial. 248. 249.
kegelschieben 248. 249.
kehren 255.
keifen 76.
keilen 179.
Keiler 179. 180.
Keine N. 148.
Kelch 188.
kellen 187.
Keller N. 155.
Kellerassel 105.
Kelleresel 105.
Kellerhals 187.
Kellerrabi österr. 190.
Kellerrassel 105.
Kellmünz N. 136.
Kemmerich N. 211.
κενταύριον 192.
κεραμβύξ 11.
Kerbel 24.
kéren mhd. 255.
kern mhd. 255.
Kernemelk N. 161.
Kerner 116.
Kerner turn 116.
Kerstoffel dial. 73.
Kette Hühner 238.
Kettenstraße 132.
Ketzer 67.
Keuler 179.
Keuschlamm 26.
kick engl. 95.
kickjaws engl. 95.
kickshaw engl. 95.
Kickschoserei dial. 95.
Kidron N. 22.
Kieckhöfer N. 154.
Kieckhöfer N. 154.
Kiefer N. 155.

Kienpost 191.
kiesetig holl. 107.
Kiesevetter N. 153.
Kiesewetter N. 153.
Kif-, Kieferbsen essen 75. 76.
Kilian 66.
Kinger dial. 258.
kinkhôst, -hoest nd. nl. 46.
Kiöbenhaven dän. 136.
Kiödmangergade dän. 132.
Kirchherr 62.
kircher mhd. 62.
Kirchspiel 199.
Kirschberg 121.
Kirsche 195.
Kirschstein N. 150.
Kirschten N. 150.
Kirstein N. 150.
Kirsten N. 150.
Kitt dial. 238.
Klaffenzimmer 72.
Klagenfurt N. 136.
Klages N. 130.
Klagethor 130.
Klarkalk 93.
Klaszeug dial. 84.
klauster dial. 205.
klebermer mhd. 62.
Klebesattel N. 153.
Klebisch N. 158.
Kledasche 98.
-*klee* in Bergnamen 121.
Kleefisch N. 158.
Kleesattel N. 153.
Kleevisch N. 158.
kléf, kléb nd. 121.
Klefisch N. 158.
Kleidage 98.
Kleienbier 220.
Klein Hamburg 134.
Kleinbier 220.
Kleinod 197.
Kleinodien 197.
klinge 140.
Klingebeil N. 152.
Klingerstraße 129.
Klingler 129.
Klinglerstraße 129.
Klingsohr 72.
Klingspaar N. 152.
Klingspiel N. 152.
Klingspor N. 152.
Klinke dial. 100.
kliuwel mhd. 206.
klobelouch mhd. 206.

Klophaus N. 152.
klophen mhd. 152.
Kloß N. 150.
Klößche dial. 205.
Klotzen 213.
Kluft 14.
Klüpfel 206.
Klüsterche dial. 205.
Knauf N. 8.
Knaus N. 8.
Knaust N. 8.
Kneiphof N. 120.
Kneuel 206.
Kniehase N. 165.
Kniephusen 74.
Knipaf N. 120.
Knittel 206.
Knobbe N. 8.
Knoblauch 206.
Knocke N. 8.
Knoll N. 8.
knoop-, knoplook holl. 71.
Knopf N. 8.
Knopflauch 71.
Knorre N. 8.
Knote 8.
Knöterich 194.
Knüppel 206.
Knust N. 8.
Knüttel 11. 206.
Knüttelvers 11.
Koberstein N. 158.
Kobold 9.
Köder 210.
Koderces N. 160.
Kofent 220.
Koffe 220.
Koffent 220.
koherr nd. 156.
Kohl, kohlen 14. 15.
Kohl in N. 164. 165.
Kohlebrater 69.
Kohlrabe dial. 183. 190.
Kohlrabi 190.
Kohlrabikäfer 101.
Kohlrausch N. 166.
Kohlrost N. 166.
Kohlrübe 190.
Kohlrusch N. 166.
Kohlruß N. 166.
kolgras mhd. 61.
kolken 183.
Kollel dial. 46.
Kölln N. 120.
Köln 120.
Kolroß N. 166.
Komissnigkl tirol. 216.

Kommhurtig 93.
Konditor 91.
Königswinter N. 136.
Konrad 67.
Konstabler 72.
Konzertoatorium 88.
Koop N. 150.
Kopenhagen 136.
Kopf 137.
Kopfnüsse 235.
köpselig nd. 270.
kör nd. 156.
Korflür N. 154.
Kornbach N. 135.
Kornbeere 106.
Kornelbaum 106. 230.
Korneliuskirschen dial. 106.
Körnerbaum 106.
Kornjack 94.
Kornmilch N. 164.
Kornwert N. 135.
Korporal 168.
korte *Walfaart* nd. 131.
korte *Wolfaart* nd. 131.
kortelas holl. 55.
Kosegarten 69.
kosperlich 270.
Kost 214.
kostbillig 270.
Kosten 214.
kosten 214.
kostensplitterig 270.
Köster, Kosters nd. 95.
Kostnitz N. 74.
kostspielig 269. 270.
kostspillig 270.
Rothlake 88.
Kotweiß N. 160.
Kotz 280.
kotzebuen 76.
Kotzebues Werke studieren 76.
Kotzersricht N. 143.
Krabate 178.
Krabauter 178.
Krabbe 178.
Kraftstein 103.
Kragenbrink N. 162.
Krähahn N. 160.
Krahnhold N. 146.
Krähwinkel N. 75.
sich *krällen* dial. 86.
Krammanzien dial. 60.
Krammetsvogel 162.
kran, kron nd. 161.
krandreger nnd. 155.
kranewite mhd. 161. 162.

Kranpoth N. 158.
Kranzi-Mänzi dial. 60.
Krapoth N. 158.
krass 263.
Krause dial. 166.
Kräusel 208.
Krausemünze 189.
Krautsdonnerwetter tirol. 280.
krautwelsch dial. 20.
Krautwig N. 149.
Kravatte 69. 178.
Krawath N. 158.
Krehain, Krehan, Krehein N. 160.
Kreide 78.
Kreidenfeuer, -schuß 78.
Kreisel 208.
Krekeler N. 158.
Kreoline 99.
Kress, Kresse N. 150.
Kretschmann N. 156.
Kretschmar N. 156.
Kreuel 120.
zu *Kreuz* kriechen 251.
kreuzbrav, kreuzfidel 271. 272.
Kreuzfeuer, -schuß 78.
Kreuznach 66.
Krewel N. 158.
kricke 183.
Krickente 125. 183.
Kriechente 183.
Krimhilt 172.
krimmel nd. 201.
krimmen 201.
Kringel N. 114.
Krintenjungens nd. 82.
Kristan N. 150.
Kristen N. 150.
Kritzelsaft dial. 24.
Krombiegel N. 160.
Kron- in N. 160. 161.
Kronauge N. 161.
Kronawetter N. 162.
Kronberg N. 161.
Kronbiegel N. 160.
Kronenbitter N. 161.
Kronsberre 195.
Kronschnabel N. 161.
kröpelent dial. 100.
Kropfstein 103.
kroptüg nd. 178.
Kropzeug 178.
Krös nd. 166.
Kröslid nd. 201.
Krudewig N. 149.
Krull 153.

krumbe wâg mhd. 115.
Krumbiegel N. 160.
Krumbügel N. 160.
Krummbogen 115.
Krummum 94.
krüpânt holst. 183.
Krutwig N. 149.
Krypta 14.
Küchenschelle 193.
kucke dial. 193.
kuder nd. 157.
Kugel 164. 165. 217.
Kugelappel siebenb. 217.
Kugelhopf 217:
Kuhardt N. 156.
Kuhbier N. 118.
Kuhfirsten 121.
Kuhfist 100.
Kuhhase dial. 62.
Kuhlatschenwasser 93.
Kühmelle dial. 105.
Kühnapfel N. 163.
Kühnast N. 163.
Kühnemund N. 147.
Kühner N. 148.
kühsättig dial. 107.
Kuh-, Kühschelle 193.
Kuhstelze 5.
Kukef dial. 100.
Kukuksaat 93.
Kukümerlant mhd. 58.
Kümmelblättchen 225.
Kummer N. 148.
Kummer dial. 106.
Kümmerling dial. 106.
kumplent dial. 100.
künigel mhd. 62.
Königlein 62.
Künihas dial. 62.
Kunkelfusen nd. 84.
Kunstenöpel mhd. 58.
Kunststäbler 73.
Kunterschaft 89.
Kupelle 210.
Kur 97.
kür nd. 157.
Kurfürsten 97. 121.
Kurze Wallfahrt N. 131.
käsel nd. 208.
Küssnacht N. 141.
Küsswieder N. 153.
Küstenmacher N. 155.
Küßhauer N. 155.
Kutsch dial. 83.
Kätte 238.
Kuttelfleck 12.

L.

la mi fa re 67.
la re fa re 233.
λᾶας, λᾶς 21.
Lab 62.
Laban 78.
Labander dial. 79.
labben 79.
labestock 192.
labina mlat. 196.
Labommel dial. 79.
Labsal 88.
lâch, lâche ahd. 198.
Lachbaum 198.
lachenie mhd. 11.
läcken 256.
lâdman ags. 171.
lagarto span. port. 184.
laikan got. 256.
laisser frz. 27.
Lakritze 23.
Lambertsnuß 194.
Lamech dial. 79.
Lamerlein dial. 79.
Lämmerspiel N. 142.
Lämmerzahl N. 163.
Lamparten mhd. 194.
Lämpenation 110.
Lamprete 56.
lanemar ahd. 103.
lanceseime mhd. 266.
lanceseine mhd. 266.
Landenspiel N. 145.
ländlich 265.
Landschlacht N. 145.
Landsknecht 169.
Lang Meier dial. 103.
Lange Maak dial. 103.
Lange Marje dial. 103.
Langenbacher 79.
Langendocken N. 73.
Langmann 103.
Langmarten dial. 103.
langsam 266.
langues vertes frz. 36.
langweilige Krankheit 99.
lanksem, lanksen 266.
länksen dial. 266.
Lanste 126.
lantdiep mhd. 172.
lantfrida ahd. 56.
lanthorn engl. 43.
lantwurz mhd. 61.
Lanzenried N. 189.
Lanzknecht 169.
λαός 21.
lapatica mlat. 196.

— 303 —

Lappalien 95.
Lappen 89.
Lappen dial. 81.
Lappenpulver 93.
Lapphengste 81.
Lappländer 88.
lår 135.
larie holl. 233.
Larifari 233. 234.
Lässe 226.
Lastrologium 65.
Laß mich fahren 67.
Latten 89.
Lattich 190.
Latwerge 93.
Laubangel 72.
Laubbrust 230. 231.
Lauben 121.
Laubhold N. 147.
Laubrüst 230. 231.
Laudis palatium lat. 117.
-*lauf* in alten N. 148.
Lauferstraße 131.
Laura 113.
Laus N. 150.
Laus Bismarcks 114.
Laus Deo lat. 114.
Laus Palatii lat. 117.
Lausefisch 73.
Lausepelz 117.
Laute 204.
Lavement 88. .
law engl. 52.
Lawine 196.
lebchart mhd. 61.
lebendig 269.
Lebensbaum dial. 66.
Leber 62.
Leberecht N. 147.
löbermer mhd. 62.
Lebertrank 107.
Lebherz N. 146.
Lebkuchen 216. 217.
Leblaib 217.
Lebselten dial. 217.
Lebsucht dial. 239.
Lebzelten 217.
Lebzucht 239.
Leckage 98.
lecken 256.
Leckeritzen dial. 23.
Leckerle, Leckerli dial. 217.
leckerwarte mnd. 93.
Leckerzweig dial. 23.
Leckkuchen dial. 217.
lectie, letzge mhd. 76.

ledematen nd. 200.
Lederhas N. 165.
Lederhaus N. 165.
Lederhause N. 165.
ledig 264.
leeuwerik holl. 77.
Leghorn engl. 51.
legorizia ital. 23.
Lehmanns 115.
Lehrenkrauß N. 152.
lei 156.
Leib 279.
Leibbrand N. 148.
bei *Leibe* nicht 279.
Leibfahrt N. 147.
Leibfried N. 148.
Leibfriz N. 148.
leibhart mhd. 61.
Leibhold N. 147.
Leibholz N. 147.
Leibkuchen ostpreuß. 217.
Leibzucht 239.
leich mhd. 249.
leichen mhd. 17. 256.
Leichkorb dial. 209.
Leichnam 92. 199. 200.
Leichtweiß N. 152.
Leidecker N. 156.
Leiden N. 66.
Leidenschaft 241.
Leidgeber N. 156.
Leidhecker N. 156.
Leidhold N. 146.
leidi altd. 142.
leidig 264.
Leihgestern N. 142.
Leihkauf 234.
Leinekugel N. 165.
Leinhaas N. 165.
Leinwad 210.
Leinwand 210.
-*leip* in N. 146.
Leitcastre N. 142.
leite 140. 159.
Leiterding N. 147.
Leitheuser N. 160.
Leitlauf N. 148.
Lemmerhardt N. 156.
lemoncholish engl. 45.
lendern 33.
lendore frz. 33.
Lene (faule) 65. 66.
Leopard 60. 61.
Leopold 147.
Lerche 77.
Lernbecher N. 152.
Lese 225. 226.

Letz 236.
letze mhd. 236.
letzen 236.
Letzt 236.
Leuchtweiß N. 152.
λεύκιος 23.
λεύκουλλος 23.
Leumund 237.
Leumuth oberd. 237.
Leun altfrz. 60.
Leutbecher N. 159.
Leutemund 237.
Leutenamt dial. 92.
Leuthaus N. 160.
Leutheußer N. 160.
Leuthold N. 146.
Leutholz N. 146.
Leutmann 92.
Leutnant 92.
Leutwein N. 146.
levekoke mnd. 217.
Leverenz N. 87.
leverstock, lewerstock nd. 192.
levisticum mlat. 193.
lewehart mhd. 61.
lewenbart mhd. 61.
Lex 76.
Lex N. 150.
Leyendecker N. 156.
libberig nd. 62.
liberen mhd. 62.
libum lat. 216.
lichkar mhd. 209.
lichname, lichnäme mhd. 200.
lichten 257.
lickstone engl. 56.
licorice engl. 24.
Lid 200. 201.
lidhamöt altnord. 200.
-*lieb* in N. 146.
liebart mhd. 61.
Liebe Seele N. 119.
lieberalisch dial. 92.
Lieberose N. 145.
Liebhardt N. 147.
Liebherz N. 146.
Liebhold N. 147.
Liebholz N. 147.
Lieblos N. 141.
Liebrecht N. 147.
Liebsdorf 138.
Liebsprecher 71.
Liebstöckel 43. 192. 193.
liederlich 265. 266.
Liedlohn 240.
Liedsprecher 71.

Liénard frz. 37.
Liesburg 142.
Lifetenant engl. 52.
lift engl. 257.
ligusticum lat. 193.
lihhamo ahd. 199.
lihten mhd. 257.
Lilienkonveilchen dial. 106.
Lilumfallum dial. 106.
Lind-, Lindekugel N. 165.
Lindenkampf N. 161.
Lindenkohl N. 165.
Lindpaintner N. 137.
Lindwurm 183. 184.
-lingen in Ortsn. 140.
lingewant 210.
Linkogel N. 165.
Linnekuhl N. 165.
Linnenkohl N. 165.
Linse 207.
lint 184.
Linwad 210.
Linwand 210.
linwât mhd. 210.
liofante ital. 53.
lione ital. 53.
Lipa Selo slav. 119.
lippstock 192.
liquiritia lat. 23.
Lisberg 142.
lit mhd. 156. 159. 160. 234.
litkouf 234.
lito 240.
liumde mhd. 237.
liumunt mhd. 237.
Liutana ahd. 57.
liutmâri ahd. 57.
Loberklee N. 121.
Lochbeutel 206.
Löcher N. 142.
Lochstein 198.
locken 17.
löcken 256.
Loder 131.
lodesman engl. 171.
lodestar, loadstar engl. 171.
-lof in N. 148.
Loh N. 142.
Löhdefink N. 147.
Löloff N. 147.
Lombardei 194.
lonza ital. 64.
Loos N. 154.
lootsman nd. nl. 171.

lorandrum mlat. 188.
Lorengel 59.
Lorenz 87.
Los (Loos) 240.
löschen 257.
lösig nd. 262.
lossen nd. 257.
Lossignol frz. 54.
Losung 240.
lôzunge mhd. 240.
Lotheisen N. 147.
Lothholz N. 146.
Lotse, Lothse 171.
Lottenpflaster 93.
Lottergasse 131.
Louisdor 224.
louprise mhd. 87.
lovage engl. 43.
Löweneckerchen dial. 77.
Löwenhäuser 121.
Löwin 196.
löwpart 61.
lubisticum mlat. 193.
Luchsaugen 246.
luchsen 246.
lüchten nd. 257.
Lucie frz. 37.
Lucius N. 22.
Lucullus N. 22.
L. U. D. frz. 37.
Ludergasse 131.
lüderlich 265. 266.
ludja got. 56.
lüften 257.
lugen 246.
Lügende 66.
Lüg-Ente 66.
λύχνος 22.
Lukrezie, Lukrezel, Lukrezchen dial. 24.
Lumpenzucker 218.
lump-sugar engl. 218.
lund nord. 125.
Lünse 207.
lunze mhd. 64.
Lustmonat dial. 230.
luststock 192.
lutreisch 65.
luth frz. 204.
lütmâri ahd. 57.
Luwise 65.
Lydia 113.
Lyon frz. 57. 60.

M.

M aus *am* 122.
Maatjesheringe 85.

Macaroni 218.
maccherone ital. 218.
Machtels N. 141.
Macklotur 69.
Made N. 148.
madelief, madeliefje holl. 10.
maere mhd. 80.
Magdala N. 143.
Magdeburg 66.
Magdlos N. 141.
Magenmamsellen 99.
Magenmarseillen 99.
Magenmorsellen 99.
Mahlstephan N. 221.
Mahnnichäer 81.
Mahr dial. 6.
mähren 86.
Mahrhold N. 146.
Mahrklatte 201.
Mahrn N. 115.
Mährrettich 6.
Maier 116.
Maigram dial. 61.
Maigrän 100. 101.
Maikäfer 80. 101.
Maikleber dial. 80.
Mailand 135.
main de gloire frz. 31.
mainbour altfrz. 53.
Mainflingen N. 144.
Mainz 133.
Majoran 61.
μάκαρες 218.
μακαρία 218.
Makronen 218.
Malerentum lat. 24.
malheur frz. 33.
malistig dial. 100.
Μαλώσις 24.
maltraktieren dial. 109.
malz 128.
Malzbüchel N. 128.
Malzmühle 128.
mamelle frz. 37.
Mammaire frz. 37.
Mamselljüs 99.
manahonbit ahd. 56.
manch 273. 274.
mancipium lat. 56.
Mandel 175.
mandraagerskruid holl. 55.
Mandragora 31. 43. 55.
mandrake engl. 43.
mâne mhd. 229.
manec mhd. 273.
Mangelsdorf 138.

Mangfall N. 124.
Manhartsberg 122.
Munichäer 81.
manicordion frz. 28.
Manigfalt N. 124.
Mâninhartesberg altd. 122.
mank dial. 65.
mankolisch dial. 65.
Männchen machen 175.
manneken holl. 46.
Mannhart N. 122.
Mannhold N. 146.
mannichfach, -faltig 273.
mannig 273.
mannigfach, -faltig 273.
mämiglich 269.
Manni, Mandl südd. 175.
mannógilih, mannielih ahd. 269.
Mannsehr 65.
manovaldo ital. 53.
mansionarius mlat. 171.
Mantouve mhd. 59.
manus lat. 53.
Manzer N. 65.
marchand frz. 169.
marchpane engl. 43.
Margaretenkloster 118.
Märgel dial. 268.
margram mhd. 61.
margrât mhd. 61.
Mariaschön N. 116.
Marie 116.
Marienglas 93.
marigrioʒ ahd. 57.
marikreitus got. 57.
Mark 268.
Mark f. *Markt* 130.
markata sanskr. 5.
Märkef dial. 100.
Marketender 169.
Marketenter nd. 169.
Markt 130. 169.
Marktstraße 130.
marmotte frz. 180.
marmotter frz. 180.
marrow-bone engl. 46. 47.
marry engl. 52.
Marsch Retour 115.
Marschellen dial. 99.
märte nd. 99.
Martinhayen 141.
Marylebone engl. 47.
Marzipan 31. 43.
Märzroda N. 138.
Maschellen dial. 99.

mäse ags. 41.
massepain frz. 31.
Mast-, Mästkorn 102.
maʒ ahd. 206.
maʒal mhd. 186.
Maßholder 186.
Maßleid 270.
maßleidig 270.
Maßliebchen 9. 10.
mate nd. holl. 10.
matelief holl. 10.
Materialsalbe 93.
matines frz. 236.
Matschheringe 85.
matsößche dial. 10.
matt 69. 81.
Matthäi am letzten 81.
Mattheiserhof 114.
Matthisson 69.
mauerwolf dial. 181.
Maulaffe 6. 7.
Maulauf dial. 6. 7.
Maulbrunn 67.
Maulesel 181.
maulhängolisch dial. 65.
maulhangtkomisch dial. 65.
maulhenkolisch 65.
Maulrose dial. 105.
Maulschelle 217. 218.
Maulthier 181.
Mauhwurf 4. 181.
mauraff dial. 181.
mausedreckeltodt dial. 20.
mausen 3. 20. 174. 259.
Mauser 183.
mausern 3. 259.
mausetodt 20.
Mäuseturm 123.
Mäusezahl N. 163.
Maushacke N. 165.
mausig 263.
Mauspatt N. 127.
Mauspfad N. 127. 128.
mausverreckttodt dial. 20.
maußen 3. 259.
maußern 3. 184. 259.
Mautturm 123.
mauvais frz. 30.
maybug engl. 11.
Max Mahon 116.
maza 31.
meat engl. 206.
medicinische Venus 110.
Mediolanum N. 135.
Meerbothe N. 147.

Meeressig 163.
Meerkatze 5. 6.
Meerrettich 6. 86.
Meerwald N. 146.
Meerwein N. 146.
megrim engl. 39.
Mehl 13.
Mehlhase N. 165.
Mehlhause N. 165.
Mehlsack N. 145.
Mehlthau 196.
mehr dial. 81.
Mehrbraten 215.
Mehrer 176. 177.
Mehrholz N. 146.
meigramme mhd. 61.
Meilân mhd. 135.
Meile N. 148.
Meilen N. 135.
Mein N. 148.
mein (Ausruf) 279.
mein altd. 233.
mein Eichel dial. 279.
mein Eid 279.
mein Sixchen 279.
du meine Güte 280.
Meineid 233.
meiner Drei 279.
meiner Sechs 279.
meiner Sieben 279.
meiner Six 279.
meinethalben 278.
Meinhold N. 146.
Meinwald N. 146.
Meisezahl N. 163.
Meißner N. 122.
meldreck nd. 197.
Memnoniten 173. 174.
Mende N. 159.
Menge 273.
meni alts. 133.
Mennig 238.
Mennoniten 173.
Menschenspiel 181.
mentiri lat. 233.
Menzenberg 122.
Menzenweiler 122.
Mephistopheles 27.
mépris frz. 63.
mercadante ital. 169.
merdorn mhd. 61.
Mergentau N. 142. 143.
mergrioʒ mhd. 57.
merino span. 180.
Merino-Schafe 180.
Merkenfritz N. 141.
merlin mhd. 61. 62.
Merressig N. 163.

Merrettich 6.
merry maniacs engl. 51.
Merseburg 133.
Mertloch N. 141.
Merzhausen 141.
mes dial. 206.
meschant 103.
mescheulich dial. 103.
Mesner 171.
Messe 235. 236.
messenger engl. 85.
Messer 205. 206.
messin frz. 266.
messingische Sprache 266.
Messkorn 102.
Messner 171.
mest dial. 206.
-mest altengl. 44.
Meßberg N. 129.
Meßner 171.
meʒʒer mhd. 206.
meʒʒiras ahd. 206.
meʒʒisahs ahd. 206.
métier frz. 227.
Mette 235. 236.
Mettenwurst 215.
mettine mhd. 236.
Mettwurst 215.
metz dial. 206.
Metzkorn 102.
Meuspath N. 127.
Miau 35.
miche frz. 218.
Michel 8.
michel mhd. 8.
Micke dial. 218.
midweken nd. 227.
mie frz. 218.
Milbe 13.
Milbthau dial. 197.
milchtou mhd. 197.
dat Mildere dore nd. 129.
milith got. 196.
Millernthor 129.
Millionarr, Millionärrin 69.
μἄλιος 197.
min säks alts. 279.
Moorland 59.
Mina 149.
Minden N. 133.
Mine (fromme) 86.
Miniatur 238.
ministerium lat. 227.
minium lat. 238.
Minna 149.
minstrel engl. 227.
mint engl. 189.

Minze 189.
Miracli 114.
Misbrauch 80.
misgestalt 267.
missa mlat. 236.
missepris mhd. 63.
missnatt, messnatt nd. 271.
Misterien 227.
mistery engl. 227.
Mistkorn 102.
Mitfasten 227.
Mitlacher, Mittelacher N. 159.
Mitschel 218.
Mittfasten 227.
Mittwoch 227.
mitwoche mhd. 227.
Mode N. 148.
Moder 197.
modest thür. 179.
mögen 257.
Möhrbraten 215.
Möhre 190.
Mohrrübe 190.
Mölders N. 170.
Molkendieb 110.
Molkenteller schles. 110.
molte mhd. 13. 181.
Molter N. 170
Moltkekur 70.
moltwerfe, -wurfe mhd. 181
moltwolf dial. 181.
moltwurm dial. 181.
Mond 229.
Mondsee 112.
Mondtag 229.
mondualdo ital. 53.
mondwolf dial. 181.
monkey engl. 46.
monna ital. 46.
μοϱόχαρδον 28.
Montag 229.
Montmartre frz. 36.
Montmercre frz. 36.
montre frz. 208.
Moorderation 112.
Moorland 59.
Moos 224. 225.
Möpse 225.
mör nd. 215.
moralisches Wasser 97.
Morchel 190.
Mordblei dial. 33.
Mordgrund 119.
Mordkapelle 119.
mordsackerieren 89.

Mordthier 112.
Morgenau N. 142. 143.
Morgeneier N. 159.
Moritz lehren 76.
mörk nord. 125.
Mörlant mhd. 59.
morthleu frz. 33.
Mösche niederrhein. 225.
môsdêl nd. 239.
Möseler N. 158.
Moses 15. 225.
Moses und die Propheten 225.
moslem orient. 167.
Moslemiten 101.
-most engl. 44.
mostert nd. 219.
Mostrich 219.
Mostrose 99.
mother engl. 197.
Mottenöl 93.
Mottenschöps 102.
motter oberd. 197.
mousqueton frz. 208.
mousseron frz. 42.
moutarde frz. 219.
mud oberd. 197.
mudder nd. 197.
Muff, Muffel, Muffmaff 80.
Mufti dial. 80.
mühselig 272.
Mükauh 73.
mül mhd. 13.
Mull, Müll dial. 13. 181.
Müller 170.
Müllernthor 129.
Müllner N. 170.
Müllrose N. 145.
mullworm nd. 181.
mülop nd. 6.
Multerhauf 181.
Multhöp 181.
multor mlat. 170.
mühreif mhd. 181.
mülworm nd. 181.
Mund 173. 254.
-mund in alten N. 147.
Mündel 173.
Münden N. 133.
mundiburdus mlat. 53.
mündig 173.
Mundus N. 148.
munt ahd. 53.
muntaffe mhd. 7.
muntboro ahd. 53.
munte holl. 189.

Muntschel 218.
muntschelle 218.
muntwalt altd. 53.
Münze 189.
Münzfuß 254.
Murmel dial. 180.
Murmelthier 180.
murmentel bair. 180.
murmenti ahd. 180.
murmentier schweiz. 180.
μύρμηξ 26.
Murrnarr 65.
mursalöd nd. 20.
Mus 239.
müsari ahd. 183.
müsaro ahd. 183.
Muschak N. 165.
Muselmann 167.
Musepad N. 127.
mush engl. 42.
Mushacke N. 165.
mushroom engl. 42.
Muskedonner 203.
Muskelthier 91.
mussulman engl. 167.
Mustapha N. 150.
musteil 239.
mustert nd. 219.
musthart mhd. 219.
Mustopf N. 150.
Mustoph N. 150.
Muß 239.
müzen mhd. 259.
Mußtheil 239.
mutterkreft nd. 184.
mutern nd. 184.
mutsche mhd. 218.
Mutschel 218.
Mutterkrebs 184.
mutterselenallein 110.
mutterseligallein 110.
Mutterstadt 197.
muttersternallein 110.
Myrtentinktur 93.
Myspfad 128.
Mysterien 227.
mystery engl. 227.

N.

n eingeschoben 82. 83. 85.
nabegêr, nabigêr mhd. 207.
Näber 207.
nabisso ital. 126.

nachschlachten dial. 267.
Nachtmahr 99.
Nachtmarder 99.
nachtmärte nd. 99.
Nachtmohr 99.
Nacken N. 148.
Nadelöhr 16.
Nadorst oldenb. 144.
op'n Nadöss N. 144.
nagber, nägwer 207.
nageber, negeber 207.
Nagelbohr 207.
Näh dial. 115.
Nähbrücke, Nähmühle 115.
näma ahd. 200.
name mhd. umschreib. 200.
nämlich 277.
Nanterre frz. 34.
Napoleondor, Napoleonsdor 224.
narrbös 101.
Narval 184.
nasenwitzig dial. 272.
naseweis 272.
naseweiß 272.
Nassauer 81.
nassauern 81.
nasser Ede 35.
Natter 184.
naturalische Klotzaken 69.
Navenbaar holst. 207.
näviger nd. 207.
navrer frz. 207.
nehmlich 277.
Neidhart 172.
Neidnagel 202.
neidval thüring. 79.
neidscherig dial. 89.
νεκρομαντεία 60.
Nelke N. 150.
Nembhard N. 147.
nemlich 277.
Neroberg 121.
nèsgirig, niggesgirig nd. 89.
νῆσσα 21.
nett 108.
netto ital. 108.
Neumagen N. 135.
Neunkirchen 141.
neuschierig dial. 89.
newaere, enwaere mhd. 277.
Niccolo ital. 53.
Nicht 202.

Nichts 202. 203.
Nickel 177. 216.
Nicks dial. 203.
Nicodème frz. 31.
Nicolas frz. 31.
niederdrücken dial. 109.
niederracken dial. 109.
niederracken, -rücken dial. 109.
Nielnagel 202.
niemand 274.
Niemand 111.
Niere 106.
Nießbrauch 80.
Nietnagel 202.
nigaud frz. 31.
nigromanzie mhd. 60.
Nihil album lat. 202.
Nihilum lat. 202.
Nim 74.
Nimmer N. 148.
Nimmweg 115.
Nimwegen N. 135.
Nirgendsheim 67.
nischern nd. 89.
Nischte dial. 203.
Nithart N. 172.
Nobel 224.
Nobiskrug 126.
Nobisthor 126.
nobulus, nobelus mlat. 224.
Noldus N. 148.
Νομάδες 23.
Nonne N. 148.
Nordhorst N. 144.
Norm 231.
Norwaege mhd. 58.
Norwegen 58.
Norweide mhd. 58.
nach Noten 276. 277.
Notheisen N. 147.
Nothnagel 202.
Nothweg 132.
nóti ahd. 277.
Notnarr 65.
Νουμήτωρ 23.
Noyon N. 135.
nummekenfurt mnd. 218.
nur 277.
nussen dial. 235.
Nußbecher N. 159.
nuze mitteld. 277.
Nyon N. 135.

O.

O Gitt 280.
O Je 281.
O Jemine 281.
O Jerum 281.
O Jesses 281.
O yes engl. 45.
Oanbock dial. 220.
Obenhaus N. 159.
Obentraut N. 8.
Oberacht 239.
Oberkohlrübe 190.
Obersicherübe dial. 190.
Oberst Thudichum Rath 97.
ὀβολός ὀβελός 224.
Ochs N. 163.
Ochse 207.
Ochsenbrück N. 59.
Ochsenfurt N. 50.
Ochsenkrautpflaster 93.
Ochsenkreditpflaster 93.
Ochsenkreuzpflaster 93.
Ochtendung N. 137.
Ockes Boekes 232.
odds engl. 52.
Odensee N. 136.
Odermännchen 191.
Odermennig 191.
Odinsey nord. 136.
Odinsre nord. 136.
oe 124.
Oedgarten dial. 72.
Oehlwein N. 146.
Ockelname 232.
Oelbergskirschen 143. 144.
Oelgötze 176.
Oellampnation 110.
Oellumination 110.
Oelreich N. 149.
ofentür 235.
offerieren dial. 85.
ofsetj siebenb. 198.
ogenarn nord. 231.
oh my engl. 279.
Ohlingszeiten dial. 104.
Ohmgeld 224.
ohne und un- 275.
Ohneform dial. 84.
Ohnepost dial. 84.
Ohnesorge N. 151.
ohngeachtet 275.
ohngefähr 275.
ohnlängst 275.
Ohnmacht 202.
Ohrfeige 234. 235.

Ohrlochschiff 71.
Ohsenbrucke mhd. 59.
óknamn nord. 231.
Olbeter N. 157.
Olböter N. 131. 157.
-old 9. 145.
Oldeböterstrat nd. 131.
Ole Léf nd. 118.
Ole Peter 92.
Oleander 188.
Olckolón 69.
Olevár nd. 84.
Olewang 69.
-olf 64. 148.
Olimszeiten 104.
olla potrida 104.
Ollepotterie dial. 104.
olm, ohnig dial. 74.
Oltrogge N. 163.
Omacht 202.
ombrello ital. 28.
Omeneburg 142.
Oname dial. 202.
ondraedan ags. 61.
onychitis 202.
oorveeg holl. 234. 235.
oorvijg holl. 234. 235.
Operment 196.
Opernthüre 89.
O. Q. P. frz. 37.
orange frz. 31.
orchard engl. 38.
Ordensgesell 78.
ὀρείχαλκος 23.
Orendelsal 192.
Orengel 192.
Orion 58.
Orkunde 117.
orpiment frz. engl. 196.
örslac mhd. 235.
ortgeard ags. 38.
Ortrant mhd. 58.
Ortsgesell 78.
os holl. 207.
Oschutz N. 125.
Osenbrugge mhd. 59.
Osnabrück 59.
Osterhold N. 146.
Osterletzei 193.
Osterritter N. 159.
Osterwald N. 146.
Ostwald N. 145.
ót altd. 197.
Otman 209.
Otter 184.
Ottermönch 191.
Ottomanne 209.
Ottomennig 191.

oucprá mhd. 200.
des Oues frz. 35.
öugen mhd. 247.
des Ours frz. 35.
Ouse engl. 50.
outdacious engl. 51.
over nd. 151.
Overbeck N. 151.
Overdieck N. 151.
overgeloof holl. 240.
Overstolz N. 151.
Owendör nd. 89.
ox 207.
Oxford engl. 50.
Oxhoft 207.
oyez 45.

P.

ein paar Forsjagden 110.
zu Paaren treiben 254. 255.
Package 98.
Packet 214.
Paderborn 68.
Padouwe mhd. 59.
Padresbrunna, Patrisbrunna N. 68.
Paffrath N. 161.
Pagenhardt N. 156.
páida got. 80.
Paket 214.
palafreno ital. 52.
Paland N. 158.
palefrenier frz. 52.
Palier 173.
palieren 173.
van Pallandt N. 158.
Palmenstraße 129.
Palmstraße 129.
Palsternaken dial. 105.
pameelich dial. 264.
Pär 22.
Pangräz N. 150.
Panharst 215.
Panhas, Pannhas 215.
Pankaz N. 150.
Pankraht N. 150.
Pankrat N. 150.
Pankratiusbirne dial. 34.
Pankratt N. 150.
Pankratz N. 150.
Pannas 215.
nárǝɳǝ 62.
pantier mhd. 62.

Pantominen 90.
Papagojenstraße 141.
pappagallo ital. 52. 53.
Papproth N. 161.
paquet frz. 214.
par f. *part* frz. 34.
paradoxe frz. 28.
parafe frz. 41.
parapluie frz. 28. 33.
parare ital. 28.
parasol frz. 28.
parbleu frz. 33.
parfournir altfrz. 46.
parieren 28.
parlier, parlierer 173.
Parteisen 88.
Parthenias N. 26.
Partiken oberd. 99. 100.
partisan frz. 32.
Partisane 32.
Partiten 100.
zu *Pass* 267.
Passah 42.
passamano ital. 28.
Passeltand dial. 86.
passement frz. 27. 28.
passenger engl. 85.
passer frz. 267.
passover engl. 42.
pasterlantant dial. 86.
Pasternaten dial. 105.
Paʒʒouwe mhd. 59.
Paßwort 71.
Patenrock dial. 14.
Pathe N. 148.
Patsche 17.
Pedell 171.
peel engl. 49.
peeler engl. 49.
Peer engl. 51.
Peer nord. 157.
Πείσων 23.
Pelzmühle 119.
pendant frz. 278.
penthouse engl. 47.
Pepino N. 112.
Pepito N. 112.
Perdchen N. 163.
Percklö N. 113.
perform engl. 46.
Pericles in *Morea* 76.
periwig engl. 47.
periwinkle engl. 48.
Perlmuttöl 93.
perquanzius, per Quanzius köln. 276.
Perrüke 172.
Persen schwed. 157.

Persepolis 101.
Persohn N. 157.
Person N. 157.
pertuisane frz. 32.
peruse engl. 41.
pestialisch 89.
pet de nonne frz. 218.
Peter-see-me engl. 51.
Peterken 205.
Peterle, Peterlin, Peterling dial. 90.
Petermann dial. 94.
Peteröl 92.
Petersalz 93.
Petersgäßchen 132.
Petersilie 56. 90.
Peterwitzel dial. 80.
Petschaft 208.
Pfad 24.
Pfaf 15.
Pfaffenroth, Pfafferott N. 161.
Pfahland N. 158.
Pfahlbürger 170.
Pfalsau N. 137.
Pfalzgräfin dial. 86.
Pfalzpoint N. 137.
Pfannenbolzen dial. 61.
Pfarrer 62.
Pfarrers Saum 115.
Pfarrherr 62.
Pfätchenhauer N. 156.
Pfau N. 163.
Pfaufisch schwäb. 100.
Pfeffermünze 189.
pfehten mhd. 19.
Pfeifel dial. 80.
pfeifen 253.
Pfeifholter dial. 105.
Pfeitel dial. 80.
Pfennigbrei bair. 83.
Pferd 52.
Pferdeameise 6.
Pferdregel 6.
Pfetten dial. 156.
Pfetterhausen 145.
Pfingstdreck 94.
Pfingsternakel dial. 105.
Pfingstreck württemb. 94.
Pfingsttag 88.
Pfinztag 88.
Pfirsich 195.
Pfisternegasse 127.
pfitzefudelnaß dial. 271.
Pflasterdepo, Pflasterpo 115.
Pflaum, Pflaumen dial. 80.

Pflaumbaum N. 164.
pforzich mhd. 58. 68.
Pfotengram 65.
Pfotenhauer N. 156.
Pfründe 32.
pfudel dial. 271.
pfudelnaß dial. 271.
Pfuhlsborn N. 137.
pfutschnaß dial. 271.
pfütznaß dial. 271.
Phaland N. 158.
phaschuon mhd. 62.
phiala lat. 210.
Philippinchen 104.
Philosaufaus 66.
Phiole 210.
phlebotomus 29.
Phol N. 137.
pick-, piekfein 270. 271.
Pickelhaube 204.
piderpi ahd. 263.
Piewitz dial. 80.
Pikenier 90.
Piket 214.
Pilatus 27.
Pilavna N. 55.
pilerow engl. 41.
Pilcheringa N. 139.
Pilgerzell N. 139.
Pilgrimstein 119.
Pimpernelle 189.
pimpinella lat. 189.
Pingsternaken dial. 105.
Pirol 73.
Piso lat. 23.
Pissenheim 139.
pisterne 127.
Pisternenstraße 127.
pisternum mlat. 127.
pistris, pistrix lat. 26.
pixcort ahd. 233.
Pizarro span. 266.
placard frz. engl. 232.
Place de repos N. 115.
placken nd. 232.
Plakat 232.
planchette frz. 214.
Plane, Plahne 209.
Planwagen 209.
platt 271.
plattdeutsch 271.
Plattenmarkt 131.
Plattner 131.
platzen 196.
sich *platzieren* dial. 109.
Platzregen 196.
plechan ahd. 17.
pleite gehn 253.

Plewna N. 55.
plique polonaise frz. 201.
plogärla schwed. 5.
plögstert nd. 5.
Plon-Plon 37.
Plum and feathers engl. 50.
plumbóm nd. 164.
Plumbum N. 164.
Plume of feathers engl. 50.
plus chiens frz. 37.
poggdód nd. 20.
Poggenbarg N. 141.
point, piunt dial. 137.
Pokal 66. 209.
Poland N. 68.
Pólander, Pólender mhd. 68.
Polei 47. 61.
polenkrūt mhd. 61.
poley engl. 47.
polieren 173.
Polierer 173.
Polonaisenhändchen 99.
polony engl. 46.
im *polschen* Bogen 95.
pomade 264.
pomadig 264.
pomále dial. 264.
pomalig dial. 264.
Pomeranze 31.
pompa lat. 230.
Pomphosen 213.
Pongratz N. 150.
pons lat. 24.
pontifex lat. 24.
pontischer Pilatus 27.
πόντος 24.
popinjay engl. 38.
por ahd. 247.
porcilana mlat. 61.
Porst 191.
Porta alta lat. 129.
Portulak 61.
Posamentier 27.
Posaune 60.
Posen 74.
Posentur 85.
poser frz. 30.
Possentanz 86.
Postbart 71.
Postbauer N. 143.
postelement 280.
posterior lat. 25.
posthumus lat. 25.
postremus lat. 25.
postumus lat. 25.

Potaß N. 215.
potecarry engl. 47.
Potentaten 104.
Potharst N. 215.
Potsdam 133.
Potsdamer, potsdämelich 82.
pottercarrier engl. 47.
Pottharst N. 215.
Potthast 215.
Potz 280.
Potz Leichnam 280.
Potz Sapperment 280.
Potz Tausend 280. 281.
Potz Tausend Sack am End 280.
Potz Tausend Sack voll Enten 280.
Potz Velten 281.
poverliêren 60.
Praktiken 100.
Pramschiefer N. 155.
Präsendent 85.
prébende frz. 32.
Predigtkantor 97.
Preis 249.
preisen 165.
Preiser N. 165.
preisgeben 249.
preismachen 249.
Preisschiff 249.
Preiswerk N. 165.
présent frz. 58.
pressluft 268.
prestidigitateur frz. 28.
prestigiateur frz. 28.
Preußendanz N. 152.
primrose engl. 43.
Principitatsalbe 93.
Prinz 76.
Prinz-Pitat-Salbe 93.
Prinzheim 145.
pris mnd. 249.
prisant mhd. 58.
prise frz. 249.
πρίσις 26.
Pritschnell oberd. 90.
prix frz. 249.
profentieren 85.
Professengasse 131.
Professoner dial. 111.
Professor 91.
Professores 82.
Professorgasse 131.
professorisch 111.
promontorium lat. 25.
promunturium lat. 25.
proposer frz. 30.

protestieren dial. 75.
provende frz. 32.
Proviant 32.
Provinzrosen 193.
Provisioner, Provisoner 111.
prune frz. 30.
Prunelle 191.
Pruntrut N. 58.
pudding-grass engl. 47.
Pudel 171.
Pūdel 171.
pudelnaß 271.
Pufahl N. 162.
puff-ball engl. 100.
Pufuß dial. 100.
puik holl. 270. 271.
pūk, pūkfein 271.
pulbret mhd. 58.
pulcinella ital. 41. 90.
Pult 58.
pumpen 216.
pumpern 216.
Pumpernickel 216.
pumpet südd. 216.
Pumpfhosen 213.
Pumpfnase 213.
Pumphosen 213.
Punch engl. 41.
Punkatine dial. 34.
Punsch 41.
pupitre frz. 58.
die *Puppen* 275.
puppes, pupuser siebenb. 182.
πυρσοον 192.
πυρσός 22.
Purgolt N. 146.
πυρφλεγέθον 22.
purzel mhd. 61.
Putzkramp dial. 65.
putsch-, pütschnaß dial. 271.
Putzbeutel 172.
Putzmacherin 82.
Putzmakersche nd. 82.
Putznelken nd. 90.
Puvogel N. 162.

Q.

Qualfasel N. 162.
Qualfaß N. 162.
quaere 39.
Quant 276.
die *Quantesten* 275.
quantsweise 275. 276.

Quarder 210.
Quarg 219.
Quargmännlein 219.
Quarkkäse 219.
Quartier 210.
quasi vero 276.
Quatember 228.
quatertemper mitteld. 228.
Quatram N. 162.
quatuor tempora lat. 228.
Quedler 210.
quell engl. 187.
quelque chose frz. 95.
Quendel 192.
quërdar ahd. 210.
Querder 210.
querelle d'Allemand frz. 31.
querelles Allemandes frz. 31.
Querfurt N. 135.
quërn 135. 180.
querquedula lat. 25.
query engl. 39.
quina amerik. 186.
quinquina frz. 186.
Quintappel 93.
Quitsch Madam dial. 103.

R.

raat holl. 217.
rabbit engl. 47.
Raben mhd. 58.
Rabenhold N. 146.
Rabenschlacht 58.
racchetta ital. 226.
Rache N. 148.
rächen 82. 168.
rachgierig 108.
rachig 108.
racket engl. 226.
Radänkuchen dial. 217.
radebrechen konj. 250.
Radestede N. 144.
radicaille frz. 37.
Radspieler N. 159.
Radstedt 134.
Radzik N. 148.
der raesende Montag 228.
raffgierig 108.
raffig 108.
ragin ahd. 146. 272.
rainleer engl. 46.
Rainfarn 193.

Rainsteig 119.
raiten oberd. 156.
Raizenbart 178.
raken nd. 108.
Raket 226.
Rakete 226.
Rakette 226.
râmen mhd. 247.
Ramschüssel N. 152.
Ramseyer N. 159.
den Rang ablaufen 250. 251.
Rank 250.
rapp nd. 13.
raquette frz. 226.
rare engl. 47. 48.
raredum dial. 182.
rasen 228.
Rasenmontag 228.
Raspel 102.
Rastede N. 144.
râz mhd. 217.
rate holl. 217.
rathschlagen konj. 250.
raton frz. 217.
Ratonkuchen 217.
rattckahl dial. 70. 88.
Rattenzagel N. 163.
Rätzke N. 148.
Rauchbart N. 149.
Rauchhaupt N. 151.
Räude 202.
Rauhes Haus 120.
Raum 247.
Raumschüssel N. 152.
Rauschhaupt N. 151.
Rauschoff N. 151.
Raynouard frz. 59.
rayon de miel frz. 217.
Raz slav. 178.
Räzel 178.
Rebellengasse 130.
Rebhuhn 13.
recchо ahd. 168.
rechen mhd. 168.
rechen dial. 83.
rechnen 82. 83.
Recke 168.
reckless engl. 244.
Reclami 114.
Redegeld N. 165.
Redepenning N. 165.
Redepfennig N. 165.
rederijker holl. 55.
redoubt engl. 38.
redoute frz. 38.
redouter frz. 38.
Redpöblicheit 65.

Redtorich 65.
refusare lat. 31.
refuser frz. 31.
regalar span. port. 261.
régaler frz. 261.
regaliren 260. 261.
Regedanz N. 153.
Regel N. 148.
Regen N. 148.
Regenbach N. 139.
regenblind dial. 272.
Regenfuß N. 154.
Regenhertz N. 146.
Regensarg 223.
Regensgasse 130.
Regis N. 130.
Regisgasse 130.
réglisse frz. 23.
Rehberge 122.
Rehbinder N. 156.
Rehbock N. 115.
Reichhold N. 146.
Reichwald N. 146.
Reichwein N. 146.
Reifenkugel N. 164. 165.
Reimergasse 128.
Reimertissen nd. 99.
Reimkasten N. 152.
Reimschüssel N. 152.
Reimsfeld N. 152.
Reimstieg N. 152.
rein 272.
Rein N. 148.
Reinbachsgasse 128.
Reinbothe N. 147.
reindeer engl. 46.
reine Claude frz. 94.
reine Kloden dial. 94.
Reinefahrt N. 147.
reineführen 89.
Reinemund N. 147.
Reiner N. 148.
Reinerz N. 141.
Reinfal 221.
Reinfall 221.
reinfallen 96.
Reinherz N. 146.
Reinhold N. 146.
Reinholz N. 146.
Reinklauen dial. 94.
Reintanz N. 153.
reintaub 272.
reintodt 272.
reintoll 272.
reinvanc 193.
Reinwaldt N. 146.
Reinwein N. 146.
reise mhd. 96.

Reishaus N. 154.
Reiskirchen N. 139.
Reislaufen 96.
reizen mhd. 215.
Reißlaufen 96.
Reißmatismus 99.
Reißweg 115.
reiten mhd. 56.
Reiter 168.
Reitersalbe 202.
Reiterwinkel N. 115.
Reitgeld N. 165.
Reitmeister N. 156.
reizen 215.
Rekrutenpflaster 93.
Remacly N. 113.
Remagen N. 135.
remulcare lat. 24.
Remy N. 128.
ren schwed. 179.
rencführen 88.
renegade engl. 47.
Rennebarth N. 147.
Rennefarth N. 147.
rennefieren dial. 88. 89.
Rennewart mhd. 59.
Rennsteig, Rennstieg 119.
Rennthier 91. 179.
Renommage 98.
rensdyr dän. 179.
Repenning N. 165.
reposer frz. 30.
représailles frz. 238.
Repressalien 238.
ret engl. 257.
rêt nd. 156.
réticule frz. 32.
retorte frz. 28.
Reude 202.
Reuter 168.
Reutersalbe 202.
Reuterswiesen N. 138.
revemlieren 85.
Rex N. 141.
Rheinbach N. 139.
Rheinfall 221.
Rheinfall bei Schaffhausen 96.
Rheinharz N. 146.
Rheinheim 139.
Rheinsheim 139.
Rheinwald N. 143.
Rhinoceros-Oel 93.
ridemester nd. 156.
ridicule frz. 32.
Riedesel N. 162.
Riefkohl N. 165.

Riefkugel N. 165.
rigelstein mhd. 13.
righteous engl. 45.
rihtwis ags. 45.
Rindsmaul N. 154.
Ringelotten dial. 94.
Ringseis, Ringseisen N. 154.
Ringsmaul N. 154.
Rinnstein 13.
rip engl. 15.
rips, ripsch dial. 15.
riris siebenb. 182.
Rische Bach 121.
risen 18. 87.
riterlich mhd. 269.
Rittekiel, Ritterkiel dial. 32.
Rittershofen 145.
Rivoglio N. 221.
roantree engl. 43.
roastmeat clothes engl. 14.
Robchomme frz. 34.
roc frz. 29.
rocca ital. 226.
rocchetta ital. 226.
roccho ahd. 226.
Roche 29.
rocke mhd. 163.
Röckeling dial. 212.
Rockelor 212.
Röckelor dial. 212.
Rockenbolle dial. 85.
Rockensüß N. 142.
rocket engl. 226.
Rodewich N. 149.
Rodingsmarke 130.
Rödingsmarkt 130.
Rodonkuchen 217.
Roe dän. 136.
roegelen nd. 212.
Roeskilde dän. 136.
roczen mhd. 257.
Roggenkamp N. 161.
roher Sperling 102.
Rohlfing N. 147.
Rohlhoff N. 148.
Rohrdommel 4. 182.
Rohrtrommel 182.
Rohtliep N. 146.
Rohwer N. 153.
Rohwetter N. 153.
roi amant frz. 28.
roisignor altfrz. 54.
rokh, roch pers. 29.
Roland 78.
Roländer 78.

Roleff N. 147.
Rolevinck N. 147.
Rolfus N. 148.
Rollauf, Rolluf 86.
Rolle N. 148.
Rollfuss N. 148.
Rom 23. 74. 111.
Römergasse 128.
Römhild N. 136.
'Ρῶμος 23.
rondelle frz. 98.
Roquelaure N. 212.
rôrdum, rôrdump dial. 182.
rosario ital. 17.
rosarium lat. 17.
Rose 228. 275.
rosemary engl. 44.
Rosenhauer N. 159.
Rosenkranz 17.
Rosenmontag 228.
Rosenobel 224.
Rosensonntag 228.
Rosenstock N. 68.
rosig 228.
rosin mhd. 272.
rosinfarb 272.
Rosinlapp 93.
rosinroth 272.
Roskamp N. 161.
Rosmarie dial. 44.
Rossameise 6.
Rossbief 98.
Rossdeutscher N. 156.
Rossegel 6.
Rossglück 6.
rossignol frz. 54.
Rosskamm N. 161.
Rossteutscher N. 156.
rösten 257.
Rostock 68.
rözen mhd. 257.
rößen 257.
Roßwein N. 145.
rot engl. 257.
rot zigeun. 19.
Rotemulte N. 136.
roth 19. 20.
Rothe Erde 126.
Rothe Seife N. 116.
Röthel N. 145.
Rother N. 148.
rother Hahn 252.
Rothhammer N. 165.
Rothkäthchen 99.
Rothkäthel 99.
Rothkugel N. 164.
Rothlauf N. 148.

— 313 —

Rothmül N. 145.
Rothmund N. 147.
Rothreich N. 149.
Rothschild 136.
Rothstock N. 68.
Rothwald N. 146.
rothwelsch 19.
Rothwesten N. 141.
Rothwurst N. 145.
rotten 257.
Rotten row engl. 50.
Rottleberode N. 139.
rouette frz. 28.
rountree engl. 43.
Route du roi frz. 50.
Rowedder N. 153.
ῥοζάριο, ῥοζάριον neugr. 17.
ῥόζος neugr. 17.
R. S. T. frz. 37.
Rubarth N. 149.
Rubrecht N. 149.
ruch mhd. 240.
ruchlos 244.
ruchtbar 267.
Ruckaber N. 154.
Rücken 77.
Rückenbesitzer 77. 78.
Rückenbrot, -mehl dial. 88.
Rückforth N. 154.
Ruckfür N. 154.
Ruckgaber N. 154.
Ruckhaber N. 154.
rückin ahd. 88.
Rückmatismus 99.
Rückruten 88.
ructare lat. 109.
Rüdenschwinden N. 138.
Rudewig N. 149.
rue engl. plattd. 126.
ruffian engl. 50.
Ruges hús nd. 120.
ruhen 244.
Ruhland N. 74.
Rühmekorb N. 152.
Rühmekorff N. 152.
Ruhmkorf N. 152.
ruiseñor span. 54.
ruitzalf holl. 202.
Rumänensalat 77.
rumänischer Baustil 77.
Rumclant N. 152.
Rumenap N. 152.
Rümenapf N. 152.
ruminare lat. 109.
Rummelandt N. 152.
Rummfeld N. 152.

ὑγμουλκεῖν 24.
Rumschöttel N. 152.
Rumschüttel N. 152.
runagate engl. 47.
Rundtafel 223.
Rundtheil 98.
rungenieren 85.
runger dial. 85.
ruochen mhd. 244.
ruppe mhd. 185.
rustres frz. 37.
ruterus mlat. 168.
Ruthe N. 148.

S.

Sachsenfraß 93.
Sachsenhausen 128.
Sachswerfen N. 138.
Suchtleben N. 151.
sack engl. 222.
suckerlot 280.
Sackermenschenkopf 280.
sackerment 280.
Sadebaum 66.
südesärla schwed. 5.
Sadrach 177.
sacculum lat. 25.
saelde mhd. 143. 150.
saelden rich 150.
safflower engl. 193.
Saflor 193.
Saft 193.
Sagebaum 66.
Sahlband 213.
sahs altd. 138. 206.
Saint-Branches frz. 34.
Saint Gétorix frz. 36.
Sainte-Helène frz. 36.
salaha ahd. 144.
Salamander reiben 251.
Salatgasse 131.
salbadern 250.
salhof 161.
Sallwürk N. 60.
Salmbach N. 144.
salsepareille frz. 29.
saltsen dial. 266.
salvatern 250.
Salvaterwurst bair. 88.
Salvator-Bier 220.
Salvette 88.
salwirt mhd. 60.
salwürhte mhd. 60.
Samar 197.
samar, simar engl. 197.
Samarienkirchen N. 143.

samarre altfrz. 197.
sambleu frz. 33.
Samiklaus schweiz. 90.
samitum mlat. 105.
Sampleben N. 151.
Samt 105. 277.
Sämtling 104.
San Oreste ital. 54.
Sanct-Vater-Bier 220.
Sandberg N. 122.
Sander 185.
Sandholz N. 146.
Sandleben N. 151.
Sandrock N. 165.
Sanft 104.
Sanftleben N. 151.
Sänftling 104.
Sang Maria schöne 116.
Sauhedrin 22.
Saukristei dial. 85.
sans venin frz. 35.
Santerre frz. 151.
santo (vino) ital. 53.
Saphie 88.
sapperlot 280.
sapperment 280.
Sardelle 90.
Sarg 223.
σαρκοφάγος 223.
sarwürhte mhd. 60.
σαρξίφαγος 22.
Sassaparille 29.
Saß und fraß 93.
sázo ahd. 169.
Saterdag dial. 281.
Sathan bair. 77.
Satire 3. 234.
sattel dial. 153.
satura lat. 234.
Satyre 3. 234.
Saucisschen 79.
Sauereinnehmer N. 159.
Sauerhanf dial. 106.
Sauerland 124. 125.
säugen 257.
Sauglück 6.
Sauigel 6.
Saunickel 93. 177.
Saurezähnen 65.
saxifraga lat. 22.
scaffold engl. 222.
scancia ital. 251.
scaramuccio ital. 234.
scarlatum mlat. 214.
scarnuzzo ital. 235.
scëlliwurz ahd. 188.
scent engl. 39.
Schabbehard N. 156.

20*

Schabhals 177.
Schabzieger 85.
Schach 225.
Schachmatte N. 123.
Schachtelhalm 188.
Schachthalm 188.
schâchzabel mhd. 58.
schâchzagel mhd. 58.
Schadrach N. 177.
Schäfchen 16.
Schäfer N. 157.
Schaff 134.
Schaffenicht N. 153.
Schaffenlitzel N. 153.
Schaffenroth N. 153.
Schaffganz N. 153.
Schaffgotsch N. 154.
Schaffhardt N. 156.
Schaffhausen 134.
Schaffrath N. 153.
Schafgans N. 153.
Schafhäutl N. 162. 183.
Schafitl, *Schafoytlin* dial. 162.
Schafkarbe dial. 106.
Schafleuten N. 140.
Schafmatte N. 123.
Schafott 222.
Schafthalm 188.
Schafthen 188.
schäfzagel mhd. 58.
Schafzieger 85.
Schagrillen dial. 88.
Schalotte 189.
Schampeljungs 90.
schampeln dial. 90.
schampfutter dial. 57.
Schandul dial. 99.
Schandar bair. 92.
Schandarm 92.
Schandau N. 125.
Schandeklas schwäb. 90.
Schandör nd. 92.
Schanze (chance) 4. 246. 251.
Schanze (scancia) 251.
Schanzelieschen 116.
schanzen 246.
Schapheer N. 156.
Schaphose 93.
schäpken nd. 16.
schar alts. 129.
Scharbock 201.
scharbok nd. 201.
Schärfe 98.
Scharluch 214.
scharlachen mhd. 214.
scharlaken dial. 214.

scharlât mhd. 214.
Scharlotten 99.
Scharmützel 234.
Scharnützel 235.
Schärpe 98.
scharphzan ahd. 201.
Scharschant 92.
Scharthor 129.
schartnoch oberd. 214.
Scharwenzel 9.
schauderös 95.
Schauenburg 134.
Schaumburg 134.
Schauseil N. 165.
Scheelhass N. 162.
scheiben 248.
Scheimpflug N. 152.
Scheinpflug N. 152.
schëlch 162.
Schellhas N. 162.
Schelkshorn N. 162.
schëllec mhd. 162.
Schellenberg N. 162.
Schellhammer N. 165.
Schellhase N. 162.
Schellhorn N. 162.
Schellkopf N. 162.
Schellkraut 188.
Schelshorn N. 162.
Schembartspiel 225.
scheme, schem 225.
Schemel 67.
schemel mhd. 67.
Schenkage, -asche 98.
Scherer dial. 9.
Scherge 92.
Schersant, *Scherschant* 92.
Scherwenzel 9.
Scheuchenpflug N. 152.
scheusälig 265.
scheuselig 265.
scheußlich 265.
schiben mhd. 248.
schier 262.
schiere mhd. 262.
Schiervater N. 164.
Schirrvater N. 164.
Schiffbahn N. 158.
Schiffbank 36.
Schiffchen 16.
Schifferdecker N. 156.
Schiffswerft 197. 198.
Schildergasse 128.
Schilderstraße 128.
Schildpatt 99.
Schildplatt 99.
Schillersdorf 145.

Schilling 121.
Schillingsfürst N. 121.
schiltaere mhd. 128.
schimpfen 57.
schimpfentiure mhd. 57.
schirmen mhd. 234.
schiuhen mhd. 152.
schiuze mhd. 265.
Schlaaf N. 158.
Schlachtmonat 11.
Schlachtschwart dial.109.
Schlaf N. 158.
Schlafrock 212.
schlagen 245.
Schlamelcher N. 164.
Schlammbeißer 185.
Schlampagner 99.
Schlange 258.
Schlangen N. 140.
Schlapkohl N. 165.
schlapperment 280.
Schlaraffe 6. 212.
Schlauderaffe 6.
Schlaudraff N. 6.
Schlauf, schlaufen dial. 212.
Schläufe 210. 212.
Schläufkante 209.
Schleemilch N. 164.
Schlegelmilch N. 164.
Schleife 210. 212.
schleifen 210. 212. 239 265.
Schleifkanne 209. 210.
Schleifschuh dial. 205.
Schlemihl N. 164.
Schlemilch N. 164.
schleudern 245. 246.
Schleuse 198.
Schleuße 198.
Schlichtegroll N. 153.
Schlichtkrul, *Schlichtkrull* N. 153.
schliefen 210. 212. 239.
Schliefer oberd. 212.
Schließfröhkel dial. 212.
schlimme Mauer 118.
schlingen 257. 258.
Schlingen N. 143.
schlipfrig 265.
Schlittasch dial. 98.
Schlittschuh 204. 205.
Schlockwärter N. 82.
schlohweiß 272. 273.
Schlömilch N. 164.
schlorweiß dial. 273.
schloßweiß 272. 273.
schlotteweiß dial. 273.

Schlottgasse 131.
Schluckspecht dial. 76.
Schluckwächter 82.
Schluckwärter 82.
schluckzessive dial. 88.
Schluffer dial. 212.
Schlukspecht dial. 76.
Schlukspeck nd. 76.
Schlund 258.
Schlunk, Schlung dial. 258.
Schlupfer oberd. 212.
schlüpfrig 264. 265.
Schlupfwächter 82.
Schluppe dial. 212.
Schlutup N. 144.
Schmack 93.
schmählen 255.
schmählich 255.
schmälen 255.
schmälern 255.
Schmargendorf 137.
schmatzen 260.
Schmierage 98.
Schmirakel 77.
Schmithals N. 146.
schmölle dial. 10.
Schmollis 10.
Schmotz schwäb. 112.
Schmutz schweiz. 112.
schmutziger Donnerstag 112.
schnê nd. 159.
Schneeblüten 93.
Schneegaß N. 162.
schneehagelweiß dial. 271.
Schneemann N. 159.
Schneemelcher N. 164.
Schneemilch N. 164.
Schneewind N. 152.
Schneidewendt N. 152.
Schneidewin N. 152.
Schneidewind N. 152.
Schnier dial. 125.
Schniewind N. 152.
Schnippschnappschnurr 225.
Schnitthan dial. 77.
Schnitz schweiz. 32.
Schnurgasse 129.
schofel 45.
Schöllkraut 188.
Schombart N. 225.
Schönbartspiel 225.
Schönhaupt N. 23.
Schönkopf N. 23.
schorgeln dial. 260.

Schötze niederrhein. 106.
Schötzeniere dial. 106.
schrecken 115. 185.
Schrecksteine 115.
Schreibvogel N. 221.
Schreihals 177.
Schrittschuh 204. 205.
Schrittsteine 115.
Schroer N. 125.
Schubert N. 156.
Schuchardt N. 156.
schüchwirt mhd. 60.
Schufut 183.
Schuhputzer 9.
schuhringeln 260.
Schuhwicht N. 156.
Schuhwirth N. 156.
schülen nd. 9.
Schulfuchs 8.
schumpfentiure mhd. 57.
schumpfieren mhd. 57.
schuochwürhte mhd. 60. 156.
die Schur haben 98.
schüren 260.
schurgeln dial. 260.
schurgen, schürgen 260.
schurigeln 260.
Schuseil N. 165.
Schüsselwurst 116.
Schüththut N. 154.
Schüthuth N. 154.
Schutz, Schütz dial. 170.
Schutzbar N. 153.
Schütze 170.
schutzlich dial. 265.
Schuwert N. 156.
Schwabe 186.
Schwachmaticus 95.
schwachmattisch 95.
Schwade, Schwarde 109.
schwaderhaft dial. 261.
schwadern dial. 261.
schwadronieren 261.
Schwadronör 261.
Schwager 9.
Schwägerin 91.
Schwarte 109.
Schwarz-Rheindorf 143.
Schwärzer 244.
Schwarzwälder 90.
Schwarzwelscher 90.
Schwate, Schwatt dial. 109.
schweben 223.
Schween N. 162.
Schweig 138.
Schweigerin 91.

Schweimer 98.
Schwein 6.
Schwein N. 162.
Schweinersdorf 136.
Schweinichen N. 162.
Schweinigel 177.
Schweinigel N. 162.
Schweinisch dial. 116.
Schweinnickel 177.
Schweinscher Keller 116.
Schwenn N. 162.
Schwerborn N. 138.
der schwere Montag 111.
Schwerstädt 142.
schwerzen dial. 244.
Schwibbogen 233.
schwichten 247.
Schwiegelshohn N. 157.
Schwien N. 162.
Schwimmer dial. 98.
schwören 111.
Schwulität 95.
scire 89.
sciurus lat. 180.
sclusa mlat. 198.
sconfiggere ital. 57.
Scorbut 201.
scorza ital. 31.
scorzare ital. 31.
Scorzonere 106.
Scabright engl. 149.
sea-coal engl. 43.
Sebenbaum 66.
Seck 222.
Seckeldarius 66.
seco, secco roman 222.
seculum lat. 25.
See- in alten N. 148. 149.
Seebald N. 148.
Seebode N. 149.
Seebrandt N. 149.
Seedöbel 185.
Seefried N. 149.
Seegebarth N. 149.
Seeland 125.
Seeländer 88.
Seelhof N. 161.
seelig 110.
Seeteufel 185.
Seewald N. 146. 149.
Segelbaum 66.
Segenbaum 66.
Segenschmid N. 156.
segense mhd. 60. 156.
segisen mhd. 60.
segnuzzo ital. 63.
Seidelbast 187.

Seidenhemdchen 195.
Seidenstücker N. 155.
Seidentopf N. 165.
Seiffarth N. 147.
Seifhardt N. 147.,
Seifritz N. 146.
seift dial. 238.
seigen 256. 257.
Seiger 208.
seihen 257.
seine mhd. 266.
Sekt 221. 222.
Sektenpulver 93.
Selbend, Selbende 213.
selbständig 269.
selbstènde mhd. 269.
selbstständig 269.
Selde 77.
Seldner 77.
seldsen, selsen 266.
selchof 161.
selfkant nd. 213.
Selhof N. 161.
selig 110.
Selig bair. 86.
-selig 272.
Seligenstadt 66.
Seligenthal 143.
selon frz. 30.
selten f. saelde 150.
Seltenreich N. 150. 151.
seltsaene mhd. 266.
seltsam 266.
seltse dial. 266.
Semerskirchen 143.
semeur frz. 5.
Semilor 196.
Semmelsgasse 130.
sénéchal frz. 63.
Seneschall 63
seneschalt mhd. 63.
Sengcholz, -wald N. 153.
Sensal 170.
sent engl. 39.
Seradella 90.
Serai 198.
Serenade 226.
Serenissimus 214.
Sergent 92.
-sete nd. 126.
Shakespeare 51. 153.
shamefaced engl. 45.
shamefast engl. 45.
shamrock engl. 44.
shave-grass engl. 188.
sheer engl. 262.
sherbet engl. 28.
shore engl. 129.

showful engl. 45.
Shutover engl. 50.
siaʒa, sinʒʒa altd. 142.
siben, sieben Präp. 109. 125.
sichten 258.
Sichwald N. 146.
sid nd. 165.
Sieb N. 148.
Siebelis N. 146.
Siebelist N. 146.
sieben 258.
Sieben (böse) 177. 178.
Siebenbaum 66.
Siebenbürgen 109. 125.
Siebenlist N. 146.
Siebensprung 77.
Siebenzigkron N. 117.
Siedentop N. 165.
Siedentopf N. 165.
siften nd. 258.
sigen mhd. 208.
Sigmundskron N. 117.
Silberbalsam 93.
Silbersprung 77.
silicernium lat. 25.
Sima 178.
Siman 71. 178.
Similor 195. 196.
Simon 71.
Simons Tag 71.
Simpelturn 115.
simulieren dial. 85.
sin 196.
Sinau 191.
sind nord. 32.
Sindau 191.
Sinflut 3.
Singcholz N. 153.
Singeisen N. 153.
singes frz. 36.
singessa dial. 63. 64.
Singewald N. 153.
Singlspiel N. 159.
Singlspieler N. 159.
singöz mhd. 63.
Singrün 3. 196.
Sinnau 191.
Sinngrün 3. 196.
sinnieren dial. 85.
Sintenis N. 150.
sintrluot mhd. 196.
sinrluot mhd. 196.
Sinwel-Turn 115.
Siphardt N. 147.
Sirene dial. 106.
sirloin engl. 47.
Six, Sixchen 279.

skabhals dän. 177.
skeirs got. 262.
skirmish engl. 234.
Sladöt nd. 76.
slaht mhd. 267.
Slapkohl N. 165.
sleeve engl. 212.
sliefen mhd. 212.
slinden mhd. 258.
slingen mhd. 258.
slipf mhd. 265.
slipferec, slipfec mhd. 265.
slohwit nd. 273.
slötewit nd. 273.
slouf mhd. 212.
sloufe mhd. 210. 212.
Slucup N. 144.
sludern nd. 246.
sluf 212.
slür 6.
slüs plattd. 198.
smeln mhd. 255.
Smital N. 146.
Smithfield engl. 51.
smör nord. 21.
smul, smullen holl. 10.
snur mhd. 129.
Soclundr altnord. 125.
Soherr N. 151.
soir frz. 226.
Söldner 77.
sollerieren dial. 85.
Solothurn N. 137.
somerset engl. 44.
Sommereis N. 163.
Sommereisen N. 163.
Sommerhude N. 144.
Sommerlad, Sommerlatt N. 163.
Sommerlatte 187.
Sommerlode 187.
Sommerlote 187.
Sommerreis N. 163.
Sommerschenburg 140.
Sommerthierchen 78.
Sommerthürlein 78.
Sonderburg 161.
Sonderhof N. 161.
Sondermann N. 161.
Sondheim 161.
Sonnabend 227.
Sonnenbrücke 161.
sonnenbuhlerisch 69.
sonnenhalb 161.
Sonnenklee N. 121.
Sonnenleiter N. 159.
Sonnenthau 191.

Sonnenwind 161.
Sophie dial. 88.
Sophienmargaretenpulver 93.
Sophist 76.
sorbet frz. engl. 28.
sorrow engl. 47.
sorry engl. 47.
soubresaut frz. 44.
spanan ahd. 242.
spanen, spänen 171.
Spanferkel 242.
Spanhut N. 154.
spanischer Schrecken 96.
spannan ahd. 242.
spannen 242.
Spannhut N. 154.
Spannuth N. 154.
Spanuth N. 154.
Spargimente 110.
sparrowgrass engl. 40.
Spatz 185. 186.
Spec. art. 217.
Speculatius 217.
speculum lat. 217.
Speersort N. 130.
Spehlmeier N. 221.
Speichernagel 207.
Speier 75.
Speierling 187.
spel mhd. 199. 223.
spell engl. 233.
spellen 233.
Spenadel dial. 79.
Spenel bair. 79.
Speranzien 109.
Sperberbaum 187.
Sperlinge 91.
Sperraffe dial. 6.
spiegel 136.
Spiekernagel N. 207.
Spiel 181. 199. 233.
Spielberg N. 66. 136.
Spieß 166. 203. 204.
spiez mhd. 204.
spiker nd. 207.
spikernagel nd. 207.
spill engl. 270.
spillen 233.
spillen nd. 270.
spillôn got. 233.
Spinadel dial. 79.
spincle mhd. 79.
Spinnebett bair. 83.
Spinnenwät dial. 83.
Spinnerin am Kreuz 118.
Spiritus niedrig 93.

spiz mhd. 204.
spite engl. 231.
spitsch nd. 231.
spitsname nd. 231.
Spitze Lenore 93.
Spitzen 231.
spitzen 231.
Spitzglas 93.
Spitzname 231.
Spitzruthen dial. 106.
Spitzzahn 201.
sprekword nd. 232.
Sprezices dial. 85.
spriche 232.
Sprichwort 3. 232.
spriet niederl. 166. 204.
Sprüchwort 3. 232.
Spünne dial. 242.
Stab 169.
Stachel 256.
Stachel N. 150.
Stahlknecht N. 156.
Staken nd. 259.
stakern nd. 259.
Stallage 98.
Standár bair. 92.
Standarm dial. 92.
Standarte 60.
stande Bene dial. 90.
Stangendorf 137.
Stangenöl 93.
stankern dial. 259.
stänkern 259.
Stankett 88.
stanthart mhd. 59. 60.
starker Saturn 93.
state mhd. 269.
stateliche mhd. 269.
Statiosus 91.
von, zu Statten 269.
stattlich 269.
Staubbesen 206.
Staudenfuß N. 162.
Staupbesen 206.
Staupe 206.
Stauwedder N. 153.
Stechbeutel 206.
stëchel mhd. 262.
Stechmesser N. 152.
Steckmest N. 152. 153.
Stch Juljen 103.
steigel mhd. 262.
steil 262.
Stein und Bein schwören 252.
Steinbeißer 185.
Steinberz dial. 5.
Steinheil N. 155.

Steinhering N. 136.
Steinhöfel N. 155.
Steinhouwer N. 155.
Steinhöwel N. 155.
Steinkrause N. 166.
Steinkrauß N. 166.
Steinmandl dial. 175.
steinrutze altköln. 84.
Steinwender N. 159.
Stellage 98.
stellen 255. 267.
Stelze 5.
Stelzenmarie 93.
Stelzfuß 5. 172.
Stenzelmarie 93.
Stephanskörner 93.
Sterbfritz N. 141.
Stern- in N. 162.
Sternbeck N. 162.
Sternberg N. 162.
Sternendamm N. 117.
Sternenstraße 127.
Sternhagen N. 162.
Sternkopf N. 162.
Sternlichter 90.
Sternthor 127.
Sterzhausen 141.
Steuerquaker 73.
Steuercater 73.
Stich südd. 262.
Stichel 234.
stickel mhd. 262.
Stiefel 213.
Stiefelfuchs 8.
stiefeln 213.
Stiefelsgraben N. 119.
στίγμα 234.
stigráp ags. 38.
Stil 3. 234.
stillen 255.
Stillentium 89.
stilus lat. 234.
stimulus lat. 234.
Stinchenpforte 116.
stinkende Pforte 116.
Stinkmarie 93.
Stinkstoff 69.
stirrup engl. 38.
stival mhd. 213.
Stockenstrasse 127.
Stocket dial. 88.
Stockfisch N. 163.
Stockgarten N. 66.
stof, stöp nd. 221.
Stoff 221.
stoff nd. 206.
stölbruoder mhd. 58.
Stolze Marie 93.

— 318 —

stoop engl. 221.
stopa mlat. 221.
Störtebeker N. 154.
Störtenbecker N. 154.
story engl. 39.
stoup altd. 221.
-stra fries. 159.
stracker Saturn 93.
strangulare lat. 26.
Straßburg 74.
Streichan N. 154.
Streichhahn N. 154.
Streichhan N. 154.
streifen 242.
Strickreiter 90.
stride engl. 18. 205.
striden nd. 18. 205.
stridschó, stridschau nd. 205.
Strommenger N. 156.
Stubbenkammer N. 124.
Stübchen 221.
Stubenhauer N. 156.
Stückgarten N. 66.
Stüemhering schlesw. 12.
Stuhlamt 87.
Stumsdorf 74.
stuolbruoder mhd. 58.
stüpe mhd. 206.
Stürtzenbecker N. 154.
Stuttgart 66.
Styl 3. 234.
sub rosa 275.
subere, sufere Stiefel 96.
suchen 241. 244.
Sucht 241.
Suderburg 161.
Suderland 125.
Sudhof N. 161.
suebel 138.
sueigu ahd. 138.
sueigaru ahd. 142.
suein ahd. 162.
süeze lant mhd. 124.
süfsgarüs 70.
suipogo ahd. 223.
sumarlota ahd. 187.
sumerlate mhd. 163. 187.
summerset engl. 44.
Sünder Kläs 90.
Sunderhauf N. 160.
Sunderhof N. 161.
Sunderhof N. 160.
Sundermann N. 161.
Sundermann N. 161.
συνδόνων 22.
Sündfluß 196.
Sündflut 3. 196.

Sundheim 161.
superpellicium mlat. 30.
Superphosphat 77.
Suppenfaß 77.
suppieren dial. 109.
surlonge frz. 47.
surplis frz. 30.
Sürst N. 125.
Susemihl N. 164.
suspicio lat. 26.
suspitio lat. 26.
Süßbach N. 142.
Süßchen 79.
Süßen N. 142.
Süßenbach N. 142.
Sutherland engl. 125.
Suwarow-Stiefel 96.
sveinn, svend nord. 162.
swain engl. 162.
swarbe mhd. 186.
swebeboge 223.
sweetheart engl. 46.
sweimen mhd. 98.
swerze 244.
swichten nd. 247.
swiften mhd. 247.
swinegel nd. 184.
Syringe 106.

T.

Tafelrunde 223.
Taft 277.
tagarot ahd. 56.
tagedinc mhd. 247.
taglia ital. 32.
tail engl. 46. 163.
tailler frz. 27.
taillevent frz. 152.
Takelage 98.
Talent 111.
talpatsch 177.
Tambauer 91.
Tambur 91.
Tannebrunn N. 143.
Tannengärtlein N. 143.
Tannhirsch 179.
Tanten 226.
Tantes 226.
tantus lat. 226.
Tanz N. 148.
tapet, lappet dial. 96.
Tapeten-Lisel 96.
tar engl. 172.
targe ags westf. 223.
Tarjack engl. 172.
Tartaren 124.

tartufola ital. 90.
Tutaren 124.
Tater 124.
Tattermandl oberd. 91.
Tauberecht N. 149.
Taubhorn 99.
Tauchstein oberd. 195.
tauschen 255. 256.
täuschen 255. 256.
Tausend 280. 281.
Tausendgüldenkraut 192.
teatotalers engl. 48.
Teck nd. 212.
teetotalers engl. 48.
tectotum engl. 48.
tegar 137.
tegel nd. 129.
teidinc mhd. 247.
Teilfeld N. 129.
Telegramm 232.
τηλεγραφεῖν 232.
τηλεγράφημα neugr. 232.
telg nd. 161.
Telgenkämpfe 161.
Tellkamp N. 161.
Tellkampf N. 161.
teman altniederd. 243.
Tempelhof N. 145.
temporality engl. 52.
tent nd. 169.
-ter altd. 186.
Termin dial. 201.
Teufel 280. 281.
Teufelsdorf 143.
Teufhenker 281.
teuschen 256.
Thalhammer N. 165.
Thannsüß N. 142.
That N. 148.
thauen 258.
thaurban got. 263.
thaw engl. 258.
Theerjacke 59. 171. 172.
Theewald N. 146.
Theklakirche 118.
Theodor 149.
Theodorich 149.
Theriak 59.
Theuerkauf N. 151.
Thierauf N. 148.
Thierbach N. 137.
Thonbach N. 137.
Thonstetten N. 137.
Thorbecke N. 159.
thornhut engl. 42.
Thörr altnord. 229.
Thran 42.
threshold engl. 103.

— 319 —

throat engl. 133.
Throtmeni alts. 133.
Thum 143.
thüringeln 18. 19.
Thüren ein 75.
Thurm N. 137.
Thürolf N. 148.
thurs altnord. 64.
thürstig 264.
thyrs ags. 64.
tick engl. 212.
tide engl. 44.
tiefer Freund 87.
tiesdag nieders. 228.
Tigerfeld N. 137.
tihan ags. 44.
tijloos holl. 10.
Tilgenkamp N. 161.
Tillenkamp N. 161.
tilöt nd. 10.
time engl. 44.
Timothee 69.
Titel 231.
Titel N. 148.
titmouse engl. 41.
Tittel 231.
Tittenklapp N. 130.
tiuschen, tûschen mhd. 256.
tivesdäg ags. 228.
tiwit dial. 86.
todkrank 273.
tödlich 3. 273.
todmüde 273.
todt 273.
Todt N. 149.
Todten Mann N. 118.
Todtenjuden N. 118.
Tödter N. 149.
todtkrank 273.
tödtlich 3. 273.
todtmüde 273.
Tolpatsch 177.
Tölpel 177.
Tönis N. 150.
Tonnerre frz. 34.
top nd. 165.
topfstein 195.
Törlar N. 113.
torsch dial. 264.
toschranzen nd. 246.
tot 273.
toutefois frz. 32.
toutesvoies altfrz. 32.
trag im munt 59.
Träg N. 115.
tragemunt mhd. 59.
tragmunt mhd. 59.

Tragstein 103.
trainoil engl. 42.
Trajectum lat. 133.
Tramin dial. 201.
Traminer 73.
Trampelthier 179.
trângötze nd. 176.
Tränksolduten 89.
transgulare 26.
Traumimmer Wein 73.
Trausnitz N. 125.
Trautwein N. 146.
treacle, triacle engl. 59.
tree engl. 186.
Treff 96.
tremuoto ital. 52.
trennen 244.
Treppine 88.
tres viri lat. 26.
Tretoir dial. 82.
Tretopf N. 152.
Treveri N. 26.
Treviri N. 26.
Trillhaas, Trillhase N. 165.
Trillhose N. 165.
Trillirium clemens 86.
Trinitatis 93.
Trinksüss N. 152.
trinnen mhd. 244.
Trittoir dial. 82.
Trittschäufelein oberd. 103.
triu got. 186.
Trou aux rats frz. 35.
trougemunt mhd. 59.
trübselig 265. 272.
Truchseß 169. 170.
Trüffel 90.
truhsâʒo, truhtsâʒo ahd. 169.
truht ahd. 169. 170.
trummeltier 179.
Trümmer N. 148.
Trunkenbolz 71.
trunne mhd. 244.
Tu, ora lat. 85.
Tubbe nd. 193.
tuber lat. 193.
Tuberose 193.
tuesday engl. 228.
tuffo ital. 195.
tufo ital. 195.
Tufstein 195.
tump mhd. 182.
tumphart 7.
Tuonaha ahd. 124.
Tuonouwe mhd. 124.

tupfstein 195.
turbot engl. 42.
Türkenfeld 135.
Türkheim 135.
turren mhd. 64. 257. 264.
Türrschmiedt N. 155.
türse mhd. 64.
türstce mhd. 64. 264.
tuschen (vgl. vertuschen) 256.
tuschen (frz. toucher) 245.
tüschen dial. 256.
tûʒen mhd. 256.
tuttavia ital. 32.
tutte mhd. 231.
Tüttel 231.
twarc mhd. 219.
twarg dial. 219.
twei holst. 276.
Tyr altnord. 228.

U.

überbohren 69.
überwinden 245.
Uchtenhagen N. 137.
Udluft N. 149.
Ueberlacher N. 159.
Uebersichrübe dial. 190.
Uertengesell 78.
ûfen mhd. 256.
Uhlanen 101.
Ulm 74.
Ulrich 75. 149.
ulrichen 75.
umberinc mhd. 245.
Umbraun 195.
Umbreit N. 151.
umbrella engl. 28.
Umgeld 224.
Umgelter N. 224.
umgewendter Napoleon 92.
umgewendter Schabrian 92. 93.
Umland N. 224.
Umlauf N. 157.
umringen 245.
Umstadt 134.
Umweg 224.
un- und ohn- 275.
unbaß 267.
unbäßlich 267.
Uncle Sam engl. 48.
ad undas N. 128. 129.

underslouf mhd. 239.
understandings engl. 104.
understivelen mhd. 213.
undertrinnen 244.
unentgeldlich 269.
unentgeltlich 269.
ungefähr 275.
Ungeld 224.
Ungelter N. 224.
unger Sechzehn:äser köln. 128.
ungeschlacht 267.
ungestalt 267.
Unkengries 93.
Unland 224.
Unname 202.
unpass 267.
unpässlich 267.
unpris mhd. 63.
unschemel mhd. 67.
der *unsinnig* Montag 228.
Untenamend 65.
Unter Sachsenhausen 128.
unterdes 277.
unterdessen 277.
unterdeß (ss) 277.
Untergoldschmid N. 128.
Unterkohlrabi 190.
Unterschlauf dial. 239.
Unterschleif 239.
Untersicherübe, Untersicherübe dial. 190.
Unterstützminister 89.
Unterthanen 104.
unterwinden 245.
unveredigt dial. 88.
unverfert nd. 241.
Unverfrorenheit 241.
Unwey 224.
Unwillen N. 145.
unwirdisch mhd. 263.
unwirrsch 263.
unwirsch 263.
Unwürde N. 145.
unzählich 273.
unzählig 273.
Unze 64.
uplüchten nd. 257.
uppermost engl. 44.
Upsala N. 22.
upstand nd. 275.
upapa lat. 182.
upwinnen nd. 245.
ur- 268.
urbar 268.

urt nord. 38.
ürte oberd. 78.
Urtkone N. 117.
Utermöhlen N. 159.
Utloff N. 149.
utmost engl. 44.
Utrecht 133.
Uxbridge engl. 50.
uxhoft nd. 207.

V.

V für *U* 251.
vache espagnole frz. 36.
vagamundo span. 54.
Vaganten 73.
Vagelbunt 86.
valstus got. 38.
val mhd. 180.
val roman. 143.
câlant mhd. 158. 281.
rálává ags. 45.
Valentin 281.
Valentinskrankheit 281.
valise frz. 209.
Valten nd. 79.
Valtl bair. 79.
valtstuol mhd. 209.
valwisch mhd. 56.
valzstuol mhd. 209.
van John engl. 45.
vanden mnd. 256.
vâren mhd. 243. 275.
vaschung 62.
vasen mhd. 227.
vashan mhd. 62.
vasnaht mhd. 227.
vastelnaht mhd. 227.
vastenavond holl. 227.
vauderille frz. 30.
vedetta ital. 53.
Veen 122.
veige mhd. 97.
veille frz. 53.
veinatrin got. 136.
Veitshain N. 139.
Velsen N. 136.
Velten N. 145. 281.
veltkonele, veltquend mhd. 192.
velvet engl. 41.
Venn 122.
Vennkohlstraße 105.
venster dän. 127.
Ventilator 86.
ventre-saint-gris frz. 33.
ventreblen frz. 33.

Venusberg 121. 122. 129.
Gott ver- 279.
veraffen 7.
veranlassen konj. 250.
verarzen 13.
verbellen 100.
verbellert 100.
verdammen euphemistisch versteckt 279.
Verdammt 112.
verdauen 258.
Verdun frz. 27.
verdutzt 256.
verfèren nd. 241.
Vergeest N. 161.
Vergilius N. 26.
vergnot nëmen mhd. 276.
verhunden schweiz. 19.
verjus frz. 33.
verkünnden 237. 238.
verleif nd. 276.
verleumden 237.
verleutgeben bair. 160.
verlieb dial. 248. 276.
verliebt dial. 276.
vermost 88.
Veronica N. 24.
verplex, verplext 103.
verquanten dial. 276.
verrenken 250.
verrucht 244.
verschleifen 212.
verschleudern 246.
verschliefen 212.
verschlingen 257.
verseigen 245.
versehen 245.
versiechen 245.
versiegen 245.
versigen mhd. 245.
versilven mhd. 245.
vert-de-gris frz. 30.
vertedigen, verthätigen 247.
vertheidigen 247.
vertublen frz. 33.
vertuschen 245. 256.
verübel dial. 248.
verübeln 248.
vervollkommnen 247.
verweisen 4. 246.
verwinden 245.
verwisen mhd. 246.
verwizen mhd. 246.
verzetteln 246.
verzichten 243. 258.
Vetchenhauer N. 156.

Vettel 92.
Vetter 97.
vexieren 261.
Vicedominus 169.
vidame frz. 169.
vidimieren 208. 261.
vidimus lat. 208.
vidulus lat. 209.
Vielfraß 180.
Vielhaber N. 163.
Vielmannslust 115.
Vierdrat 109.
Vierer 109.
vierge frz. 29.
Viergrad 109.
Vierkirchen N. 137.
Viermünden N. 142.
Vierung 109.
Vieter N. 155.
Vietheer N. 155.
Vietor N. 155.
vil frz. 29.
vilain frz. 28. 29.
Vilainton frz. 35.
vilcuma ags. 39.
villain engl. 29.
villano ital. span. 29.
vindr, vind nord. 271.
Vinipöpel mhd. 58.
viole mhd. 210.
Violine 204.
Vire frz. 30.
Virgilius N. 26.
Virminni, Virminne N. 142.
vischatze mhd. 60.
vischenutz mhd. 60.
vischenze mhd. 60.
vischschutze mhd. 60.
visentieren 85.
Vispbach 117.
Visum autenticum 110.
Vitsbohne 192.
vitula mlat. 204.
vitulor lat. 204.
Vitzthum N. 169.
vivalter mhd..105.
Vivatsgasse 127.
Vizthum 169.
vl 213.
vleden nd. 253.
Vließ 213.
vlits got. 56.
vloesch altköln. 214.
vloten nd. 253.
vlûs, vlâsch mnd. 214.
Vocativus 174.
Vogesus 123.

voie frz. 32.
Volbarth N. 147.
Volbort 72.
Volger N. 148.
Volker N. 148.
Völkershausen 138.
Volkholz N. 146.
Vollbaling N. 146. 147.
Vollbrecht N. 147.
Vollbring N. 147.
vollemunt mhd. 63.
Vollgold N. 146.
vollkommen 247.
Vollmöller N. 155.
Vollmüller N. 155.
Vollpracht N. 147.
Vollrath N. 147.
Volmar N. 142.
Volmarstein N. 142.
Volwort 72.
von Pharao 88.
vor und für 276.
Vorhemd 211.
Vorhübner 94.
vorlieb 276.
Vormund 4. 173.
vornehmlich 277.
Vorwitz 57.
Vorzeichen 68.
Vosegus 123.
Vosges frz. 123.
Vosskühler N. 162.
Voszul N. 163.
vrecca ags. 168.
Vredenstrate nd. 131.
vreidic mhd. 264.
vrithof mhd. 198.
vrouwengelich mhd. 269.
vullemunt mhd. 63.
vür guot nëmen mhd. 276.
Vürhimmler dial. 94.

W.

Wachholder 186.
Wachsmund N. 147.
Wachsmuth N. 148.
wacke mhd. 130.
Wackenhett N. 130.
waen mhd. 279.
Wagenkrengel dial. 61.
Wagenschwanz N. 4.
wagtail engl. 4.
wählig 263. 264.
Wahlplatz 198.
Wahlstab N. 165.

Wahlstatt 198.
Wahn 270.
wähnen 244.
Wahnkrengel dial. 61.
Wahnsinn 270.
wahnsinnig 270.
Wahnwitz 270.
wahnwitzig 270.
währen 244.
während 278.
Währwolf 4. 178.
Wahrzeichen 231.
waist engl. 38.
waistcoat engl. 38.
wal (clades) 199.
wal (balaena) 184.
Walbaum N. 163.
Walberg 123.
-wald in N. 145. 146.
Waldauf N. 148.
Waldeyer N. 159.
Waldfisch 184.
Waldherr N. 147.
Waldrath 93.
Waldrauch 93.
Waldstelze 5.
Walhalla 120. 199.
Walküren 199.
Wallbaum N. 163.
Wallfisch 184.
Wallhalla 120. 198.
Wallnuß 194.
wallnut engl. 194.
Wallrahm dial. 184.
Wallrath 184.
Wallross 184.
Walluff N. 119.
walnut engl. 194.
Walplatz 199.
Walporzheim 142.
Walpurgis 199.
Walraf N. 149.
Walstatt 199.
Waltersberg 136.
Waltersdorf 139.
Waltershausen 139.
Walterspiel N. 159.
Walther 146. 147.
Wams 277.
wan 270.
Wanbreeder nd. 131.
wang altd. 138.
Wannenweher 183.
want mhd. 210.
want engl. 270.
wantlûs altd. 185.
Wanze 185.
Wappenschwil N. 144.

Andresen, Deutsche Volksetymologie. 4. Aufl. 21

ware mhd. 61.
waregengel mhd. 61.
Warlich N. 148.
Wärmde dial. 237.
warmke nd. 237.
Wärmthee dial. 237.
Warmuth N. 148.
Warneidechsen 184.
Warnherr N. 147.
warp engl. 198.
warta ahd. 125.
Wartburg 124. 125.
Wartenberg N. 66.
was, wahs altd. 147. 148.
Wasgau 123.
Wasko 123.
Wasmuth N. 148.
Wasser N. 181. 182.
Wasserstelze 5.
Wasserzucht 199.
Wasthm dial. 38.
watsche dial. 80.
Webel 168.
wechal ahd. 186.
Wedderhopf N. 163.
wedertam 191.
weg 97.
Wegerich 194.
Wegetritt 190.
wegfleuten ud. 253.
wegisen mhd. 60.
Wegwart, Wegwarte 190.
Wehrfritz N. 146.
Wehrgeld 224.
Wehrmannsbühl 119.
Weibel 169.
weiben 169.
Weibezahl N. 163.
-weich 271.
Weichbild 199.
am weichen Hahn 118.
Weichhold N. 146.
Weichselkirsche 195.
Weichselpeterthor 119.
Weichselzopf 201.
weide mhd. 274.
Weiderich 194.
Weifalter dial. 105.
am weihen Hag 118.
Weihnachtsabend 227.
weiland 274.
Weimar 68.
Wein in alten N. 145.
Weinfalter dial. 105.
Weinheim N. 66.
Weinhold N. 146.

Weinholz N. 146.
Weinkauf 234.
Weinmar 68.
Weinnacht 71.
Weinpold N. 146.
Weinreich N. 146.
Weintraut N. 146.
weisen 246.
Weisenau N. 140.
weismachen 249.
weissagen 249.
Weissager 250.
Weiß dial. 158. 215.
weißagen 249.
Weißbeck N. 156.
Weißbrot 215. 216.
weize mhd. 158. 215.
Weißfalter dial. 105.
weißmachen 249.
Weißmehl dial. 215.
Weißnichts 202.
Weitenkampf N. 161.
Weizäcker N. 158.
Weizen 158. 215.
Weizenbrot 215. 216.
Weizsäcker N. 158.
wel alts. 264.
welaway engl. 45.
welcome engl. 38. 39.
welig nd. 263. 264.
well a day engl. 45.
well a way engl. 45.
Welsh rabbit engl. 47.
Wenigen-Umstadt 142.
Weniger N. 148.
Wenstergasse 127.
Wenzelgasse 127.
wer 179. 224.
Werft 197. 198.
wergel mhd. 61.
Wergeld 224.
Wermut 40. 237.
Wermuth N. 148.
wern mhd. 244. 245.
Werner 147.
Wernher N. 147.
Wernherr N. 147.
wert 140.
Werwolf 179.
wes 277.
Wesenberg N. 137.
Wesenstein N. 125.
weshalb 277.
wessen 277.
Weste 38.
wester mhd. 211.
Westerhemd südd. 210. 211.

weswegen 277.
wet-monday engl. 42.
weterleich mhd. 249.
weterteichen mhd. 249.
wette 239.
wetteifern konj. 250.
Wetterau 123.
Wetterleucht 249.
wetterleuchten 249.
Wettesingen N. 140.
Wettringen N. 140.
wetze, wetzel dial. 80.
Weygold N. 146.
wharf engl. 197.
wheat-bread engl. 216.
Whig engl. 15.
whit-monday engl. 42.
whoop engl. 182.
wicbelde, wicbilde mnd. 199.
wich mhd. 199.
Wichmannsburg 140.
Wichtelzopf 201.
Wickenkamp N. 161.
widarlón ahd. 26.
widem mhd. 239.
Widemut dial. 239.
wider 254.
widerdonum mlat. 26.
widerspenstig 242.
widertat 191.
Widerthon 191.
widertod 191.
widmen 239.
widum 239.
Wiebel 168.
Wiedehopf 27. 182.
wieder 254.
wies 134.
Wiesbaden 134.
Wiesche N. 65.
Wiesenfeld N. 136.
Wiesensteig N. 136.
Wiesenthau N. 136.
Wieslauf N. 119. 124.
wig engl. 47.
Wihemannarod altd. 142.
Wihsantpeter altd. 119.
wihsel mhd. 195.
wilczura slav. 214.
Wildbret 214.
Wildeshausen 144.
Wildschur 214.
Wilhelmsdor 224.
Wille N. 148.
Willenscharen N. 141.
willfahren konj. 250.

— 323 —

Willhöft N. 151.
Williger 148.
Willkomm 247.
willkommen 247.
wiltbrât, -braete mhd. 214.
wilunt, wilent altd. 274.
Wimmelrode N. 142.
win, wini, wine altd. 145.
-wîn in N. 145.
Wind 87. 181.
wind 271.
Windbraus 71.
Windelator 86.
windelweich 271.
winden 245.
windes sprout mhd. 59.
Windhund 181.
windisch 75. 138.
Windischgrätz 74. 75.
Windlutwerge 99.
Windmamsellen 99.
Windsbraut 59. 71.
windsch dial. 271.
windschief 271.
Windspiel 181.
Windwächel bair. 183.
wink engl. 48.
Winkel N. 134.
winkle engl. 48.
winnan ahd. 245.
winster ahd. 127.
Winterhalter N. 159.
Winterhude N. 144.
Winterschweig N. 158.
Winterthur N. 136.
wintschur 214.
wipstêrt nd. 4.
wirs mhd. 263.
wirsch 263.
Wirsing 133.
Wirtina ahd. 57.
wirz 133.
Wirzburg 133.
wis tuon ahd. 249.
Wischhart 65.
wiseacre engl. 250.
wisen mhd. 246.
wisent 136.
wisesayer engl. 250.
Wisgott N. 160.
Wisilaffa ahd. 124.
Wiskott N. 160.
wissagen mhd. 249.
wiʒac ahd. 249.
wiʒagôn ahd. 249.
wiʒen mhd. 246.

Wiʒzunt mhd. 58.
wiʒʒe got mhd. 160.
witag mnd. 249.
wite wê mhd. 67.
Wittfrau 238.
Witthum 238. 239.
wittig mnd. 249.
wittighen mnd. 249.
Wittkugel N. 164.
Wittleute dial. 236.
Wittmann 238.
Witwe 67. 238. 239.
Witwetuhm 239.
Witz N. 148.
Wochenbett N. 130.
Wodan 137. 140.
Wohl N. 148.
Wohlfahrt 89.
Wohlfahrt N. 149.
Wohlfeil N. 148.
Wohlfromm N. 149.
wohlgestalt 267.
Wohlhaupt N. 151.
wohlig 264.
Wohlrabe N. 149.
Wohlrath 93.
Wohlsborn N. 138.
Wohlschlegel N. 156.
Wohlwort 72.
Wolferode 141.
Wolferts N. 142.
Wolfgang 148.
Wolfgram N. 149.
Wölflar N. 113.
Wolfmannshausen 138.
Wolfram N. 149.
Wolke N. 148.
Wolkenbrust 230.
Wolle N. 148.
Wollrabe N. 149.
Wollring N. 147.
Wolmirsleben N. 125.
Wolmirstedt N. 124. 125.
Wolmuthshausen 138.
Wonne 230.
Wonne und Weide 230.
Wonnemonat 230.
wood engl. 182.
woodbine engl. 44.
wörmke nd. 237.
wormkruid holl. 40.
wormwood engl. 40.
worse engl. 263.
wortzeichen 231.
wrecchio ahd. 168.
wreken mnd. 168.
wrekkio alts. 168.

wretch engl. 168.
Wuchs 8.
Wundersleben N. 138.
Wundsam N. 151.
wunnesam mhd. 151.
Wünschenbernsdorf 138.
Wünschendorf 138.
Wünschensuhl N. 138.
Wuotanes her 169.
Wuppdi, Wuppdich dial. 106.
würgen 61.
Wurm 231.
wurmäßig 104.
würmken nd. 237.
wurmmäßig schweiz. 104.
Wursten N. 126.
Würzburg 133.
das *wüthende Heer* 169.
Wutki slav. 106.

X.

X für U machen 251.

Y.

York engl. 57.

Z.

z hypokorist. 176.
zabel mhd. 58.
zacker 259.
Zacker Menschekopp dial. 280.
zackern 259.
zagel 163.
Zahl in N. 163.
Zahn 185.
Zahnsgasse 132.
Zallfi dial. 87.
Zander 185.
Zanktippe 82.
Zapfholdern N. 143.
Zarge, Zarg 223.
Zartehansträuble dial. 90.
Zedern 22.
Zederöl 93.
Zehender N. 157.
Zehenter N. 157.
Zehrgadenamt 120.
Zehrgarten 120.

Zeidelbast 187.
Zeidler 187.
zeigen 239.
Zeiger 95. 208.
zeihen 44.
Zeit 44.
Zeitlose 10.
zëmen mhd. 243.
Zentgraf 157.
zepfen oberd. 18.
Zergaden 120.
zetteln 246.
zetten 246.
zibolle mhd. 189.
zickzackzive 88.
Ziebarth N. 149.
Zieche 212.
Ziegenkäse 85.
Ziegerkäse 85.
Ziegeröhrel schles. 82.
Ziehbock dial. 82.
Ziehgauner 90.
Zieljarn dial. 70. 82.
Zieraffe 6.
Zierart 237.
Zierat 237.

Ziergarten 120.
Zierrath 237.
Zieskenwürste 79.
ziestac hochd. 228.
Zimes 259.
Zimis, Zimmes schwäb. 259.
zimmercrd südd. 108.
Zimtfieke, Zimtliese 102.
Zinkgraf N. 157.
zinstag oberd. 229.
Zintgraf N. 157.
Zio, Ziu ahd. 187. 229.
Zipolle dial. 259.
zippel plattd. 189.
Zirene holst. 106.
Zirrinke dial. 106.
zistag, zistig oberd. 229.
Zitteressich 88.
Zorbach N. 159.
zounds engl. 52.
Zowe, Zowenesse dial. 259.
Zubeiße dial. 101.
Zuberklaus schwäb. 79.
Zucht dial. 239.

Zuckerei 90.
Zuckerkand 219.
Zuckerkanten 219.
Zuckermandel N. 153.
Zuckmantel N. 154.
Züge 212.
Zulukaffer 174.
Zumbach N. 159.
zuschanzen 246.
Zuvielehe 83.
Zuvielverdienstorden 83.
zuweilen 274.
Zweifalter 105.
Zweifelsfalter dial. 105.
Zwergkäse 219.
zwibbeln dial. 259.
zwibolle mhd. 189.
Zwiebel 189. 259.
zwiebeln 259.
Zwiedarm dial. 110.
Zwiedorn dial. 110.
Zwijndrecht holl. 133.
zwirbeln dial. 259.
zwirben mhd. 259.
Zwischenahn N. 159.
zwitarn altd. 110.

www.ingramcontent.com/pod-product-compliance
Lightning Source LLC
Chambersburg PA
CBHW021204230426
43667CB00006B/542